本书为国家社科基金一般项目"藏书纪事诗研究"(12BZW082)最终成果
本书为苏州大学优势学科重点序列学科中国语言文学建设经费资助项目

藏书纪事诗研究

周生杰 ◎ 著

中国社会科学出版社

图书在版编目（CIP）数据

藏书纪事诗研究/周生杰著. —北京：中国社会科学出版社，2019.10
ISBN 978-7-5203-2235-5

Ⅰ.①藏… Ⅱ.①周… Ⅲ.①藏书家—生平事迹—中国—古代 Ⅳ.①K825.41

中国版本图书馆 CIP 数据核字（2018）第 059389 号

出 版 人	赵剑英
责任编辑	郭晓鸿
特约编辑	张金涛
责任校对	冯英爽
责任印制	戴 宽

出　　版	中国社会科学出版社
社　　址	北京鼓楼西大街甲 158 号
邮　　编	100720
网　　址	http://www.csspw.cn
发 行 部	010-84083685
门 市 部	010-84029450
经　　销	新华书店及其他书店
印　　刷	北京明恒达印务有限公司
装　　订	廊坊市广阳区广增装订厂
版　　次	2019 年 10 月第 1 版
印　　次	2019 年 10 月第 1 次印刷
开　　本	710×1000　1/16
印　　张	35.5
字　　数	562 千字
定　　价	148.00 元

凡购买中国社会科学出版社图书，如有质量问题请与本社营销中心联系调换
电话：010-84083683
版权所有　侵权必究

叶昌炽像

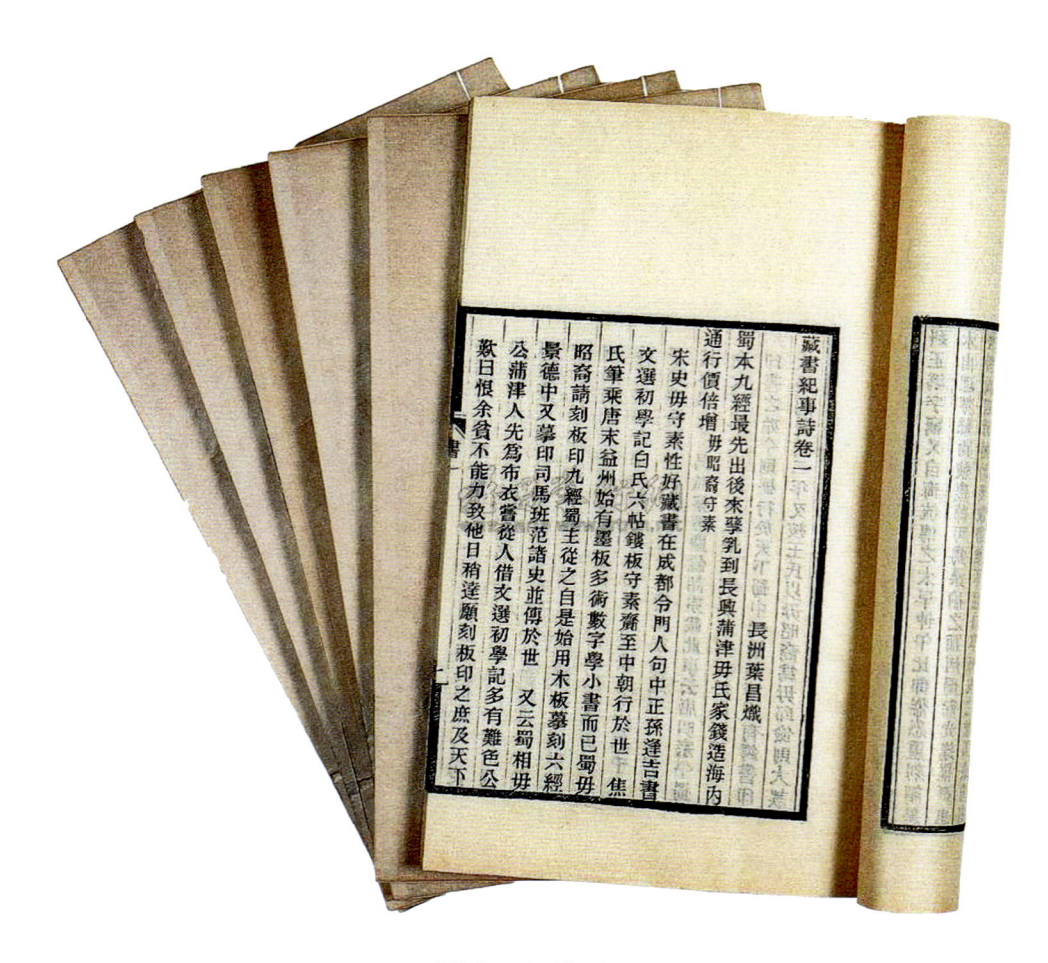

《藏书纪事诗》书影

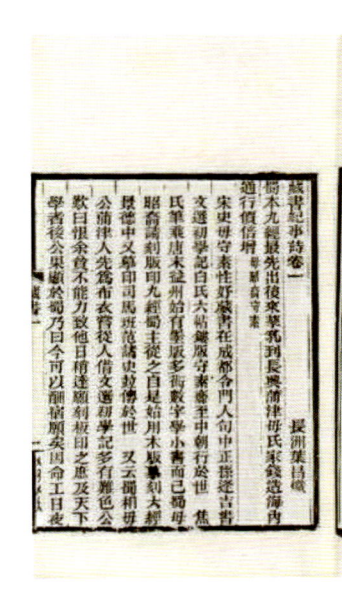

灵鹣阁本《藏书纪事诗》（2）

伦明像

王謇像

续藏书纪事诗

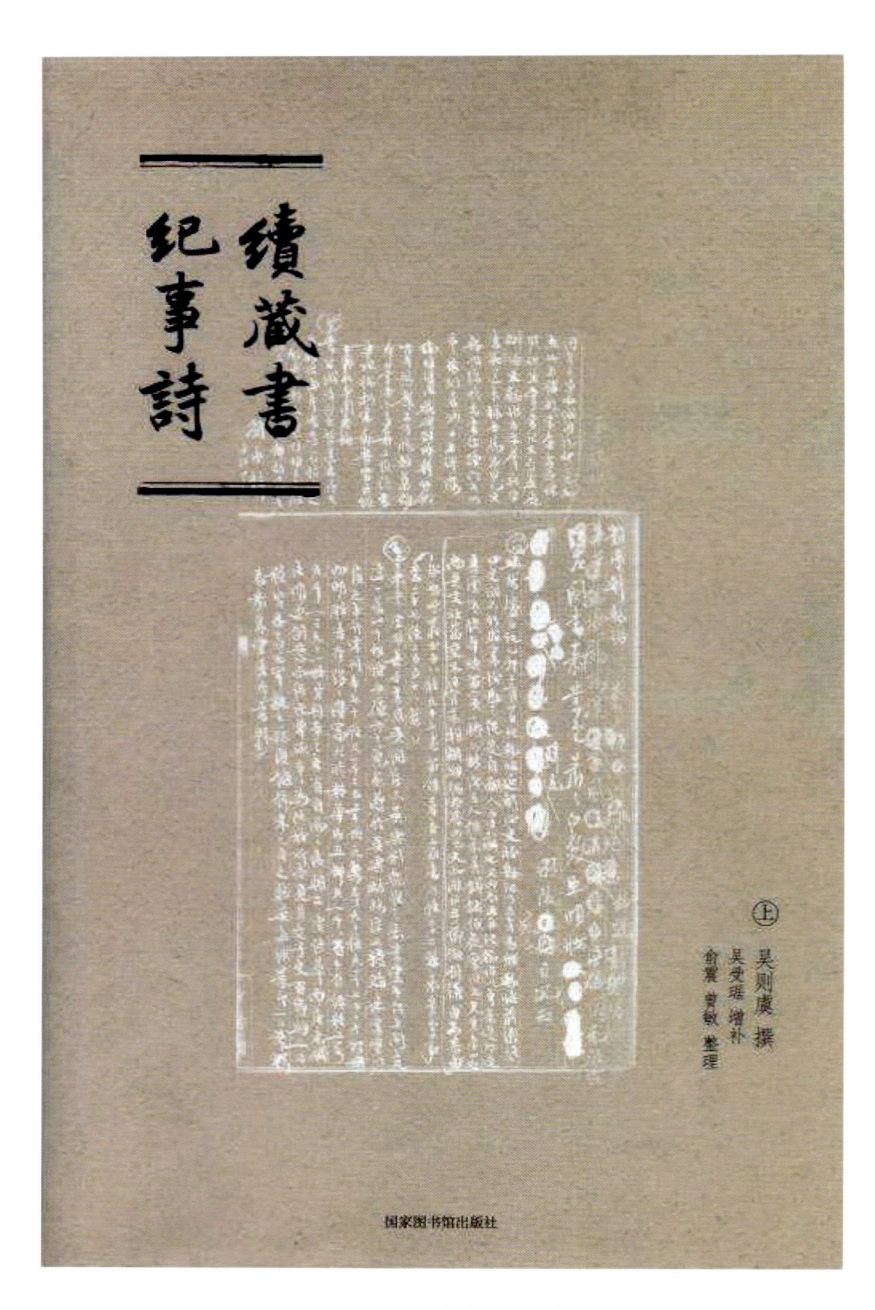

上

吴则虞 撰
吴受琚 增补
俞震 曾敏 整理

国家图书馆出版社

吴则虞《续藏书纪事诗》

周退密像

序

  《周易·系辞》说:"上古结绳而治,后世圣人易之以书契。"以"书契"易"结绳"的"后世圣人"是什么时代人,史书没有明确的记载,不过据考古研究发现,夏朝即有陶器上的刻划符号,这应该是文字的雏形,而商代殷墟出土的甲骨文、各地出土的商周冶铸青铜器上的铭文以及石头上的刻文,可以算是中国最早书籍的雏形了。但是,真正意义上的书籍出现,当以简帛为书写载体,东汉造纸术出现后,纸又取代简帛成为书写载体,书籍的形制经过卷轴装、蝴蝶装、线装等装帧形式的变化,最终发展成为今日模样。

  书籍是人类的知识载体和交流工具,是人类文明的重要标志,清人孙从添说:"夫天地间之有书籍也,犹人身之有性灵也。人身无性灵,则与禽兽何异?天地无书籍,则与草昧何异?故书籍者,天下之至宝也。人心之善恶,世道之得失,莫不辨于是焉。天下唯读书之人而后能修身,而后能治国也。是书者,又人身中之至宝也。"[①] 深刻地阐释了书籍与人类密不可分的关系。

  自书籍产生之日起,人类就同时开始了藏书活动。古代藏书活动一如社会发展,其间经历了数不尽的磨难,但无论朝代如何嬗替,岁月经历多少轮回,人类这一伟大的文化活动始终体现出顽强的生命力,历久而不衰,可以说,没有藏书文化,便不会有中国的历史文化。藏书活动保存了丰富多彩的文献典籍,整理传播博大精深的古代文化,为民族文化的传承做出了巨大贡献,泽惠后人。

  古代藏书成就非凡,故藏书史研究一直是中国文化史研究的重要组成部

[①] (清)孙从添:《藏书记要》,与祁承㸁《藏书记》合刊本,广陵书社2010年版,第39—40页。

分。自宋代版刻盛行，私家藏书繁荣以后，学术界便开始了藏书史研究，但是，研究者往往重典籍，重过程，对藏书活动的主体——藏书家缺少足够的关注，各类以传记为主体的史志，传主的身份非富即贵，或忠或烈，学者传记则分属儒学门或文苑门，从未设立过典藏门或藏书门，而古诗中虽有咏藏书家和藏书楼之作，但吉光片羽，不成系统。直至晚清学者叶昌炽创作《藏书纪事诗》，把藏书家作为独立传主，史传作品才开始确立一种新题材、新样式。

清人叶德辉论《藏书纪事诗》说："于古今藏书家，上至天潢，下至方外、坊估、淮妓，搜其遗闻佚事，详注诗中。发潜德之幽光，为先贤所未有。"[①] 该书所记古代藏书家起自五代，迄于清末，共七百多人。叶昌炽别出心裁，一改传统的传记体书写模式，采用诗注结合的体例，每篇由诗歌、系名、注文三部分构成。其中，诗歌全部是整齐划一的七言绝句，由一位或几位藏书家史料构成，内容一般是撮录他们最具特征的藏书楼名、藏品、藏书事迹、著作、学术观点等；系名即在绝句后附本篇所叙述的一位或几位藏书家的姓名；注文是从正史、方志、笔记、诗文集、墓碑、书目题跋、时贤言论、作者见闻等各种史料中辑录出藏书家事迹，或作为绝句的注脚，或仅与本篇所叙藏书家有关，而与诗无涉。作为《藏书纪事诗》的主体，注文辑录文献的内容包括藏书家的姓名籍贯、生平行止、藏书事迹、学术成就乃至掌故逸闻等，从而提供藏书家的基本史料和学术线索。

该书一经问世，立刻引起学术界的高度关注，当时即有"文字一日不灭，此书必永存天壤"[②] 之赞语。近代以来，多位学者从事续补工作，主要有伦明《辛亥以来藏书纪事诗》、徐信符《广东藏书纪事诗》、王謇《续补藏书纪事诗》、吴则虞《续藏书纪事诗》、周退密和宋路霞《上海近代藏书纪事诗》以及蔡贵华《近代扬州藏书纪事诗》等。上述作品或以断代为史，或以地域为史，或钩稽史料，或亲见亲闻，凸显各类藏书家为保存和传承古代文化所做

---

① （清）叶德辉：《书林清话》卷首《叙》，广陵书社2007年版，第1页。
② （清）吴郁生：《缘督庐日记钞序》，叶昌炽《缘督庐日记钞》卷首，王季烈编，北京图书馆出版社2007年版，第2页。

出的贡献,彰显藏书家的人格魅力,把藏书纪事诗创作不断推向新高度。

人文学科中,史学和诗学是最有力量的,史学需要渊博的知识积淀,而诗学需要才情的长久磨炼。两者相得益彰,相互促进,共同培养出众多史才诗人或诗才史家,而史学和诗学交融而成的完美书写,在藏书纪事诗上得以体现。史书撰写注重史料搜辑和爬梳,重在客观和严谨;而诗歌创作需要文学天赋,是知识与激情的结合。藏书纪事诗的出现,很好地融合了两种文体的优长。

藏书家不是社会上赖以生存的一种职业,而是社会人群中基于知识修养、性情嗜好、专业需求、收藏动机、财产收入、所处境遇等多种因素综合而成的特殊群体。这一群体的共同点在于以保存图书为己任,以传播文化为天职,他们为追求精神生活而不惜牺牲丰厚的物质享受,其生也短,而泽被绵长。藏书纪事诗运用艺术性手法为藏书家立传,将绝句和传文有机结合,诗句虽短,但蕴含丰富的内容,与传文相映成趣,起到画龙点睛、提纲挈领的作用。藏书家的事迹和精神在短短28字中情态毕现,内容包括歌颂藏书家保护图籍的献身精神,介绍藏书家的藏书特色,赞扬藏书家爱书如痴的动人事迹,评述藏书家的学术方法与成就,揭示藏书家的奇闻轶事,介绍藏书家对古代文化事业的贡献等,史料丰富,精心提炼,字斟句酌,诗味绵长。

但是,叶昌炽等人并非仅仅局限于客观地反映历史,停留在撰写藏书家传记这一层面上,他们要在"史"的基础上继续升华,与"诗"的创作技巧有机结合,从文学的层面彰显藏书家的精神特质。这是因为,诗歌是所有文学体裁中最有意境,最能抒情的,它对语言的淬炼、运用,对思想感情的表达,往往能够融入国民的血液中,成为一种精神传统。藏书纪事诗这一做法,与古典小说、戏曲等的开场诗或结尾诗一样,有凝练,有总结,还有引人深思的意味,在诗句中品味传文,在传文中寻找诗意。其不独是古代文人独有的兴味体现,也是读者审美感受的需求,具有深远的文化意义。

藏书家被认为是百家之外特殊的一家,其藏书活动,包含许多相关学科的理论与方法。藏书史的发展,与我国古代的政治、经济、文化有着密切的联系并相互影响,因此研究古代藏书发展,是一项既有历史意义又富有现实价值的工作。

传统文化在多数藏书家身上得到完整呈现，在他们极力维护发扬下，古代文化核心部分历久不衰。明代广东藏书家梁朝钟身上有着古代文人的铮铮铁骨，在清兵攻陷广州之时，他不为淫威所胁，毅然赴死，令人景仰。明末清初嘉兴藏书家沈嗣选侍母极孝，顺治二年（1645）奉母避兵，群盗知其为孝子，相互告诫不许侵扰。上海近代藏书家王植善早年就读于南洋公学，后留学日本，在日期间加入同盟会，归国后于上海创办私立南洋中学，自任校长并兼国文教员。民国十五年（1926），南洋中学图书馆正式建立，王植善将私人所藏全部图书捐给该馆，供公众阅览。"五四"时期的外交总长曹汝霖是王植善的妹夫，家饶赀财，但王植善深鄙这位高官亲戚，虽一度生活穷困，但从不向其求援。

　　古代藏书家不仅注重于典籍的收藏，他们还从事抄补、校勘、刻印等工作。藏书纪事诗诸作十分注意收集这方面的史料，全方位反映藏书家的藏书活动。如清代徽商藏书家鲍廷博，不惜家财，拿出父祖经营所得的全部财富，致力于典籍的收藏、校勘和刊刻。乾隆三十八年（1773），清廷开《四库全书》馆，他把家藏珍善之本七百余种进呈，号称"献书之冠"。受到清廷赏赐后，鲍廷博十分感动，举全家三代之力编刻《知不足斋丛书》，晚年家财用尽，无以为生，但矢志不渝。

　　藏书与读书是一对孪生姐妹，藏书提供更多的可读之书，而读书多了，见识大长，更有眼光，利于鉴别。古代藏书家多好学，他们博览群书，对藏书和读书的关系多有清醒认识，如宋代藏书家尤袤尝云"饥读之以当肉，寒读之以当裘，孤寂而读之以当友朋，幽忧而读之以当金石琴瑟也"[1]，千古传为名言。清人何绍基说："藏书不解读，如儿嬉戏得珠玉；读书不能藏，如千里行无粮粮。"[2] 辩证地阐明藏书和读书的关系，发人深思。古代绝大多数藏书家通过藏书而读书，而治学，从而走上仕途，他们对于读书十分看重，影响一代又一代人，传播知识，弘扬文化。

---

[1] （清）叶昌炽：《藏书纪事诗》（王欣夫补正）卷一《尤文简袤》，上海古籍出版社1989年版，第55页。以下引用该版本书只注书名和页码。

[2] 《藏书纪事诗》卷六《刘康春禧　袁芳瑛漱六》引何绍基《东洲草堂集·闵宁乡刘春禧康红豆山房藏书目喜而有赠》，第684页。

藏书家十分重视藏书数量，以多聚典籍为追求，因而古代藏书楼多称"万卷"。同时，藏书家们更看重藏书品质，刻意收藏宋刻元刊、稿钞校本，为此演绎了一幕幕曲折的收藏故事，古代藏书中的大量精品得以留存至今。藏书家们还在藏书理论、藏书楼设计、典籍保护和利用等方面作出了多方探索，丰富藏书文化内涵。如宁波天一阁典藏大量珍善图籍，自明代以迄于今，楼主范氏世代勤于修缮，成为迄今保存最为完好的古代私家藏书楼，为古代私家藏书史书写了一部文化传奇。

一种传统文化处在衰落过程中，必有一些钟爱传统文化之人挺身而出，他们尽心守护，绝不让文化断层。藏书是一项最具传承意义的工作，古代藏书家往往子承父业，世代守护，终成藏书世家。藏书世家十分重视家风建设，如宋代藏书家苏颂曾为子孙立下这样的家训："惟苏氏世，宦学以儒。何以遗后？其惟此书。""非学何立？非书何习？终以不倦，圣贤可及。"[1] 明确告诫后世子孙以藏书、读书为人生要务，弘扬追求知识文明的可贵品质。

---

[1] （宋）苏颂：《苏魏公文集》卷七十二《诫》，王同策点校，中华书局1988年版，第1104页。

目 录

上 编

第一章 藏书纪事诗创作概述 …………………………………… 3
    第一节 藏书纪事诗创作背景 ……………………………………… 3
    第二节 藏书纪事诗创作分期与类型 …………………………… 14
    第三节 藏书纪事诗研究综述 …………………………………… 29

第二章 叶昌炽与《藏书纪事诗》 ……………………………… 42
    第一节 叶昌炽生平 ……………………………………………… 42
    第二节 《藏书纪事诗》创作 …………………………………… 52
    第三节 《藏书纪事诗》版本 …………………………………… 91
    第四节 近代学者对《藏书纪事诗》的整理与研究 ………… 102

第三章 伦明与《辛亥以来藏书纪事诗》 …………………… 126
    第一节 伦明生平 ………………………………………………… 126
    第二节 《辛亥以来藏书纪事诗》创作 ………………………… 143
    第三节 《辛亥以来藏书纪事诗》版本 ………………………… 168

第四节 《辛亥以来藏书纪事诗草稿》述略 …………………………… 171

第四章 徐信符与《广东藏书纪事诗》 ……………………………… 184
第一节 徐信符生平 …………………………………………………… 184
第二节 《广东藏书纪事诗》创作 …………………………………… 201

第五章 王謇与《续补藏书纪事诗》 ………………………………… 228
第一节 王謇生平 ……………………………………………………… 228
第二节 《续补藏书纪事诗》创作 …………………………………… 239

第六章 吴则虞与《续藏书纪事诗》 ………………………………… 253
第一节 吴则虞生平 …………………………………………………… 253
第二节 《续藏书纪事诗》创作特色 ………………………………… 255

第七章 周退密、宋路霞与《近代上海藏书纪事诗》 ……………… 268
第一节 周退密、宋路霞生平 ………………………………………… 268
第二节 《上海近代藏书纪事诗》创作及特色 ……………………… 274

第八章 蔡贵华与《近代扬州藏书纪事诗》 ………………………… 288
第一节 蔡贵华生平 …………………………………………………… 289
第二节 《近代扬州藏书纪事诗》 …………………………………… 290
附录一 《近代扬州藏书纪事诗》原文 ……………………………… 295
附录二 寻找《近代扬州藏书纪事诗》经过 ………………………… 302

下 编

第九章 藏书纪事诗诗歌艺术 309
第一节 藏书纪事诗诗体形成 309
第二节 藏书纪事诗诗歌艺术 323

第十章 藏书纪事诗与藏书家 349
第一节 藏书家类别 349
第二节 藏书家活动 374
第三节 藏书家逸事 404

第十一章 藏书纪事诗与古代典籍史料 421
第一节 图书编纂史料 421
第二节 图书出版史料 437
第三节 图书流传史料 445

第十二章 藏书纪事诗与藏书文化 481
第一节 藏书观 482
第二节 藏书楼 494
第三节 藏书印 511
第四节 藏书诗 517

参考文献 550
后记 556

上 编

第一章　藏书纪事诗创作概述

图书是人类知识的载体和交流工具，是人类文明的重要标志。作为世界上古老文明的四大发源地之一，中国早在四千多年前的夏商时代就发明出文字，创造典籍，开始文化传播。有典籍，就有藏书活动，那么，什么是藏书？"顾名思义就是收藏图书典籍。它是人类为了阅读、鉴赏、校勘、研究和利用的目的，而进行的收集、典藏、整理图书的活动。"[①] 古代藏书活动伴随古代社会向前发展，其间经历了数不尽的磨难，无论朝代如何嬗替、岁月经历多少轮回、世间发生多少次兵燹动乱，人类这一伟大的文化活动始终体现出顽强的生命力，历久而不衰，甚至可以说，"没有藏书文化，便不会有中国的历史文化"[②]。藏书活动收集和保存丰富的文献典籍，整理传播博大精深的古代文化，是中华文明的重要载体，为民族文化的传承做出了巨大贡献，泽惠后人。藏书、藏书楼、藏书家、藏书诗也成为古代文化的炫美符号，把每一代人创造的文明不断向前推进。

第一节　藏书纪事诗创作背景

藏书活动对象是典籍，而活动中心是藏书家，因而研究藏书活动的中心也应放在藏书家身上。"过去学者们重点关注私人藏书家，事实上是把藏书史变成了一系列个人传记，绝大部分是中国士人的传记，他们被认为是整个中

[①] 傅璇琮、谢灼华：《中国藏书通史》，宁波出版社2001年版，第1页。
[②] 肖东发：《中国私家藏书》卷首《序》，贵州人民出版社2009年版，第1页。

国历史上除了朝廷以外中国书面文化的主要传播者。"① 中国向来史学发达，人物传记创作丰富多彩，种类繁多，各类史乘多以传记为主体，未见有传记设立藏书一门。直至晚清，随着藏书纪事诗出现，藏书家作为独立的传主开始进入传记著述之中。

每一种新鲜事物出现，都是各种因素交互作用的结果，藏书纪事诗也一样，它的创作与古代私家藏书事业发展、为藏书家作传兴起及晚近以来藏书风气转变等因素密不可分。

一 发展迅猛的私家藏书事业

古代典籍起源于何时？史无明文记载，但是根据文字出现的时间，大致可以上推至殷商之时。有典籍，即有典藏之举，故《尚书·多士》云："惟殷先人，有典有册。"② 考古发现河南安阳殷墟中甲骨文文献是按照一定规律摆放的，由此可以认定为藏书之所，当然这应该是较早的官府藏书。古代私家藏书起源亦较早，《韩非子·五蠹》云："今境内之民皆言治，藏商、管之法者家有之，而国愈贫；言耕者众，执耒者寡也；境内皆言兵，藏孙、吴之书者家有之，而兵愈弱，言战者多，被甲者少也。"③ 可见那时民间已出现收藏法家、兵家著作的现象，藏书家根据自己需要，收藏典籍以实用为主。早期私家藏书造就了一大批影响深远的哲人智者，春秋战国时期诸子百家，依靠丰富藏书著书立说，开门授徒，为古代学术文化和教育事业的发展做出了突出贡献。

秦汉时期，私家藏书经历了一个曲折的发展过程。秦初，为了维护刚刚建立的封建集权统治，消灭异端思想，始皇帝接受丞相李斯建议，在思想文化领域开展了一场规模空前的焚书坑儒运动，这一举措的直接后果是使长期积累和秦朝统一后所搜集的浩瀚官私藏书，遭遇一次空前浩劫。不过，秦嬴的焚书淫威并没有完全扼杀私家藏书势头，许多藏书家冒着生命危险，或掘

---

① ［美］周绍明：《书籍的社会史》卷首《书史与士人书籍的非士人背景》，何朝晖译，北京大学出版社2009年版，第5页。
② 《尚书正义》卷十六，北京大学出版社1999年版，第426页。
③ （清）王先慎：《韩非子集解》卷十九，《诸子集成》本，中华书局1954年版，第347页。

土深埋，或隐之屋壁，待汉王朝建立后，部分"消失"的藏书经过口耳相传，又以汉代通行的隶书传抄出来，再次流行，而壁藏的典籍亦以战国古文形式重现世间，私家藏书再次兴起。汉代私人藏书不仅对汉代藏书事业的发展产生了巨大促进作用，而且对汉代文化、学术和思想领域的繁荣和发展也产生了重大影响，出现了西汉河间献王、东汉蔡邕等名垂青史的藏书名家。

魏晋南北朝时期，纸张开始广泛使用，书籍载体轻便价廉，文献制作更为容易，私家藏书得到快速发展。据范凤书先生统计，这一时期藏书家有102人，其中，曹魏4人，晋代19人，南朝宋4人，南朝齐11人，南朝梁27人，北魏15人，北齐14人，北周5人，南朝陈3人。① 私人藏书家分布情况随着时局的变化而呈现出不同的发展态势，大致而言，魏和西晋主要在北方，东晋之后，江南政治局面较为稳定，经济相对繁荣，文化发展迅速，且北人南迁时带来一定数量的典籍，所以南朝藏书家多而且藏书量大，出现了像沈约、萧纶、张缵等藏量超过万卷的藏书家。魏晋时期私人藏书家在藏用结合、推动学术文化研究方面取得明显成效，同时，这一时期出现以抄书为职业的"佣书"和以贩卖图书为生的"书贩"，图书收聚更为方便，加速私家藏书事业向前发展。

隋唐五代是私家藏书事业迅速发展时期。这一阶段书业贸易也较为发达，各类图书流布甚广，为私人藏书提供了极大便利。文人学士大多从事编纂、抄录、保存图书等工作，据统计，仅在唐代，私家藏书在万卷以上者就有近20家，其中著名藏书家有李元嘉、李元裕、李冲、元行冲、杜暹、韦述、萧颖士、李泌、柳仲郢、柳宗元、蒋乂、苏弁、韦处厚、田弘正、王涯、李磎等。与魏晋时期私人藏书家主要聚集在吴地不同，隋唐藏书家主要在长安和洛阳，重点是长安，五代则集中在南方十国，以越、南唐、西蜀为中心。此外，隋唐五代私家藏书还出现了前代没有的新现象：一是扩大藏书范围，如颜师古除收藏古籍外，还收藏书画、器物、书帖等；李范"聚书画，皆世所

---

① 范凤书：《中国私家藏书史》，大象出版社2001年版，第30页。

珍者"①；钟绍京多藏"王羲之、献之、褚遂良真迹，藏家者至数十百卷"②；韦述所收多"古草隶帖、秘书、古器、图谱"③，等等。二是有专业人员管理藏书，如五代青州人王师范，聚书数千卷，聘请专业人员管理藏书室。三是藏书家开始镌刻自己的文集，如五代和凝，将文集百卷自镌上板，模印数百部分赠好友，开藏书家自刻文集之先河。

在私家藏书史上，两宋时期占据重要地位，私家藏书出现繁荣局面。据范凤书《中国私家藏书史》统计，两宋藏书家多达七百余人，是周至唐五代千年左右藏书家总和的近三倍。藏书家身份出现多样化特征，除士大夫外，武将、宗室、布衣草莽、僧道隐逸等喜爱藏书者数不胜数，而尤以武将与宗室藏书为最，这和宋代推行重文轻武的政策似乎有很大关系。为了防止被边缘化，在宋太祖"武将须尽读书"号召下，武将们不甘落后，藏书、读书成为普遍现象。宋代国家藏书机构——三馆（史馆昭文馆和集贤院）藏书主要来源也是私家藏书，这时期民间教育发展较快，各种书院、塾学主要依靠私家藏书来从事教育，满足读书人求知需求，保证科举考试开展和完善。宋代私人藏书家秉承藏校结合原则，大量收集图籍的同时，积极开展图书整理工作，精加校雠，还书旧观，既为后世留下了大量善本图书，又撰著许多学术专著，因去古未远，编刻精善，明清以后藏书家重视典藏宋代版本成为藏书界时尚，此风至今不衰。

元代文化从各个方面继承宋代，藏书也不例外，"元代私家藏书的基础是宋代遗存的大批典籍，元的雕版印刷在宋刻的基础上又有所发展，所以元代藏书家仍有条件在战乱之后，一方面保存旧籍，一方面不断丰富自己的收藏"④。元初藏书家以南宋入元者为主，中后期则有新藏书家兴起。但是，受蒙古入主中原等因素影响，相较宋代，元代私家藏书规模显然逊色较多，不过，元代新兴藏书家中出现多位蒙古族人，这与他们处于统治地位有关，亦是文化进一步融合的表现。

---

① （宋）欧阳修、宋祁：《新唐书》卷八十一，中华书局1975年版，第3601页。
② （宋）欧阳修、宋祁：《新唐书》卷一百二十一，中华书局1975年版，第4329页。
③ （宋）欧阳修、宋祁：《新唐书》卷一百三十二，中华书局1975年版，第4530页
④ 周少川：《元代的私家藏书》，《中国典籍与文化》1996年第2期。

有明一代，经济发达，文化繁荣，刻书事业得到空前发展，各地书坊林立，藏书更为方便，达到前所未有的兴盛局面。叶昌炽《藏书纪事诗》记载明代藏书家427人（尚不包括各地藩王藏书家），而范凤书先生更是统计出高达897人之多[①]。有别于前代私家藏书，明代私人藏书出现两个显著特色：一是藏书家注重藏书楼构建。明代私家藏书楼在古代藏书楼建设上占据重要地位，这是因为这一时期藏书楼众多，如宋濂青萝山房、叶盛菉竹堂、王世贞小酉馆、项元汴天籁阁、赵琦美脉望馆、祁承㸁澹生堂、钱谦益绛云楼……无不在古代私家藏书楼上名垂青史。此外，范钦天一阁在建筑构造和管理制度上，成为古代私家藏书楼的经典范例，影响深远。二是藏书家们根据长期藏书实践，提出或总结出较为系统的藏书经验，进一步丰富了古代藏书理论内涵，主要有丘浚《论图籍之储》和《访求遗书疏》、高濂《遵生八戋·论藏书》、祁承㸁《澹生堂藏书约训》、胡应麟《少室山房笔丛·经籍会典》、沈国元《征书法》、张萱《西园闻见录·藏书》等。

清代承续明代余脉，私家藏书事业继续隆盛。藏书品质上，藏书家们重宋元旧刻、明刻精印及精校精抄本，到了中晚期，藏书家亦将清刻本、清稿本和清抄本作为收藏对象，说明私家藏书品质随着时代潮流不断变化。藏书家队伍构成上，传统商人经营之余转而从事典藏事业，藏书家群体构成发生重要改变。早期商人藏书家从业身份比较单一，主要为盐商，如"扬州二马"、汪启淑等，间有其他行业者，如经营冶业的鲍廷博，他们均以经商致富转而致力于藏书。后期商人从业身份较多样，如以经营布业发家的汪士钟，以鸦片贸易兴起的伍崇曜，以行盐致富的潘仕成和孔继勋等，都藏量可观，称雄一时。在藏书理念上，清代藏书家较前代更为进步，大多数藏书家能够做到互相交流，公诸学林，晚清时期则通过各种途径将私藏变为公藏，成为现代公共图书馆的基本馆藏。在藏书利用上，清代藏书家做了各种开拓，他们利用藏书努力整理各种古代典籍，在目录、校勘、辑佚等诸方面取得了骄人成就。

---

① 范凤书：《中国私家藏书史》，大象出版社2001年版，第166页。

二　晚近以来藏书风气之变迁

道光二十年（1840）爆发的中英鸦片战争，开启了中国晚近时代，中华民族根深蒂固的文化传统遭受巨大冲击，更基于西方先进印刷术传入中国之深远影响，晚近时期私家藏书事业发生了不同于前代的几个明显变化。

一是私家藏书楼渐次衰落。鸦片战争之后，中国境内紧接着发生了一系列战争，私家藏书，尤其是地处江南一带的藏书楼遭受严重破坏，楼毁书散现象十分严重。战争之外，旧式生产关系解体，资本主义生产关系出现，导致传统藏书家失去经济支柱，购书支出、书楼维护、藏书保护等措施全面受阻，在生活无以为继的情况下，藏书家后人往往变卖藏书，亦是晚近私家藏书楼衰落因由之一。

二是新兴藏书家不断涌现，藏书家队伍构成呈现迥然不同于以往的格局。在欧风东渐时代大背景下，随着现代教育体制确立，晚近藏书家队伍中除承继前代的藏书家外，大学及学术研究机构的学者纷纷加入，他们藏书以精要实用为特色，逐渐构成为新兴藏书家主流。学者型藏书家能够做到藏用结合，更大限度地发挥藏书作用，如况周颐广收词人著述，刻有《四印斋诸家词》《众香词》等；吴昌绶、徐乃昌、叶恭绰等人都有词书专藏，分别刻有《双照楼词》《词集丛书》《全清词钞》等。王体仁、张国淦、任凤苞等则专收地方志，其中王体仁收藏二千八百余种方志，张国淦著有《中国方志考》，任凤苞著有《天春园方志目》。有专收戏曲典籍的藏书家，如宋春舫褐木庐藏戏剧资料中外齐备，被称为世界三大戏剧文献收藏家；齐如山收藏戏剧资料数百箱，编有《戏剧丛刊》；周明泰编有《几礼居戏曲文献录存书目》，等等。

晚近藏书事业中，书商扮演着重要角色，起到了极大的推动作用，他们奔走于新旧藏书楼之间，搜求、贩运、补订、鉴别，编目……做了诸多实际性工作。此外，新兴实业家和银行家也纷纷加入藏书家队伍，他们手握雄厚财产，短时间内就可以拥书百城，插架森森。实业家和银行家藏书虽大多不是为了学术利用，要么出于附庸风雅，要么是把藏书视如文玩，与学者藏书家不可同日而语，但是凭借厚实财力，一定程度上抬高了藏书价格，持续至今，形成历久不衰的典藏热。

三是藏书内容呈现多样化趋势。与前代私家藏书以经史为主不同，晚近时期藏书家既重视收藏传统经史系列，也重视收藏经史之外各种典籍，丰富藏书内容。有重视收藏通俗小说的，如姚燮大梅山馆里收藏多为当时人轻视的小说杂剧，《大梅山馆藏书目》除四部之外，单列小说和古今杂剧，总数在3000种以上。有重视地方文献收集者，如石荣暲、刘文嘉广收湖北文献，筹资建立楚学精庐，编辑《湖北文徵》，有功于桑梓文化建设；有重视一朝藏书者，如朱希祖、柳亚子酷爱收集南明文献；有重视收藏某种版本者，如陶湘爱收闵版套印书；有重视收藏报刊者，如冯恩绶专藏报刊，成立中华图书馆；有重视历代名人年谱者，如秦翰才所收年谱多达2200多种；有重视收集书信者，如彭谷声藏尺牍逾十万通……藏书多元化情况举不胜举，特色纷呈。

四是藏书思想更为开放。古人藏书甚为靳密，有订立严格家规概不外借者，有痛斥子孙卖书为不孝者，对于个中原因，程千帆、徐有富两位先生总结说："在古代，一个人的知识与其藏书密切相关，知识分子通常拥有一定数量的藏书。他们在相互竞争时，如果把书借给对方，就等于向对方提供战胜自己的武器。在这种情况下，各自的藏书往往是难以互借的。"① 这种秘不示人的藏书风习在唐宋时期尤甚，再往后，此风渐松。明代藏书家喜欢结社，互借互抄，清人明确提出儒藏说，少数藏书家将藏书公之于众，做出类似于公共图书馆性质的开放尝试。

晚近以来，学西学，图变法，沉酣于儒学传统的士大夫逐渐认识到图书乃天下公器，是开启民智，转变思想不可或缺之工具，藏书理念由保守转向开放，私家藏书逐渐流进公共图书馆。其途有二。一是私家藏书楼直接将藏书出售、捐献或寄存给公共图书馆，如杨守敬就将私藏图书以七万余金售给政府，梁启超藏书永久寄存在北平图书馆。二是以私家藏书为基础，建设具有公共图书馆性质的私家图书馆，如张謇创立南通图书馆，无锡胡一修、胡雨人兄弟建村前图书馆，荣宗铨建大公图书馆，慈溪范柳堂建柳堂图书馆，卢靖建木斋图书馆，赵诒琛建赵氏图书馆，秦祖泽建抹云图书馆，李详建审言图书馆，胡思敬建退庐图书馆，蔡敬襄建蔚廷图书馆，郑建侯建益众图书

---

① 程千帆、徐有富：《校雠广义》（典藏编），齐鲁书社1998年版，第450页。

馆，康爵建涵江图书馆，孙文青建雨湘图书馆，以及叶景葵、张元济等人建合众图书馆，等等。

五是藏书的中外交流现象越发频繁。藏书中外交流具有悠久历史，早在东汉明帝时期，佛教传入中国，西域各国文字翻译后的佛经开始流入中土。到了唐代，玄奘前往印度取经，日本遣唐使多次将汉籍带往扶桑……图书中外交流十分密切。晚近以来，在中外交流频繁的大背景下，私家藏书对外交流一般有两种情况：一方面，藏书家求书海外。此时海通较为便利，走出国门的商人、使节、留学生等逐渐增多，拓展了私家藏书搜求范围。如杨守敬在赴日任公使随员期间，手持书目，徜徉书肆，按图索骥，将大量精善旧本船载以归；康有为、孙楷第、王重民等亦在海外收获颇丰。另一方面，晚近以来国势衰微，殃及私藏，列强伺机大量收购甚至掠夺中国藏书，致使大批古代典籍流往海外。最为典型的是陆心源15万卷遗书被子孙售给日本财阀岩琦氏之静嘉堂，一度引起国人震惊与无奈。古代典籍流往海外的国家，数量最多的是日本，其次美国，再次西欧。面对这一形势，一些爱国文化人士和藏书家忧心忡忡，他们联名上书请求政府设法抢救，如抗战期间，时任中央图书馆馆长蒋复聪先生组织成立了"文献保存同志会"，成员有叶恭绰、张元济、张寿镛、郑振铎、何炳松、徐鸿宝等，他们利用返还的中英庚子赔款，在已经沦陷的上海和香港两地展开抢救活动，两年共抢救收购国宝级精品82种、善本古籍4864种48000多册、普通线装书11000多部，主要是刘氏嘉业堂、张氏适园、刘氏玉海堂、莫氏五十五万卷楼、邓氏群碧楼、沈氏海日楼等家藏书精品。此外，叶景葵、张元济、陈陶遗、顾廷龙等在抗战期间创建的上海合众图书馆，也具有抢救和保护文献典籍的性质，他们团结一群上海本地藏书家，争取到大量捐赠，为避免古籍散失和外流做出重大贡献。

三 为藏书家作传之传统

私家藏书楼作为古代文化事业重要组成部分之一，长期以来担负着公共图书馆的部分功能，而晚近代来，又与各类图书馆相辅相成，共同推动中国文化学术向前发展。私人藏书家为此做出诸多成就，要而言之，体现在以下几方面。

第一，搜求之苦。正是由于藏书家百般访求，古代典籍才得以保存与流传，他们节衣缩食，忍受暑寒，冒着危险，费尽心思，精心整理与保管，上演了许多可歌可泣的故事。如北魏李谧常年"杜门却扫，弃产营书，手自删削，卷无重复者四千有余矣。犹括次专家，搜比谠议，隆冬达曙，盛暑通宵"[1]；南朝梁任昉终生不营产业，身无华服，食仅粗麦，薪俸所得几乎全部用于购书，终至"坟籍无所不见，家虽贫，聚书至万余卷，率多异本"[2]。

第二，抄写之勤。印刷术广泛使用之前，图书的流传主要靠手抄，而即使是印刷术流行后，一些孤本秘籍、未刊稿本仍要靠抄录流传，因此，古代藏书家们不仅要购书、抄书，还要亲自校订刊刻。如陆龟蒙"得书熟诵乃录，雠比勤勤，朱黄不去手，所藏虽少，其精皆可传。借人书，篇秩坏舛，必为辑褫刊正"[3]，受经济条件制约，陆龟蒙无力购买图籍，所藏书多辗转相借，辛勤抄写后，再精心雠订，不致误书流传。

第三，校订之力。古书在流传过程中，因为经过多人抄写或多次刻印，往往会出现诸多错讹，藏书家们凭借多年积学之力，往往为之校雠订正，辑佚汇编。还有的藏书家为求藏书尽还旧观，不惜花费巨资，延聘专门之士从事校勘工作。如清代阳湖人李兆洛一生广聚典籍，博览诸学，收藏各种典籍五万余卷，每书皆手加丹铅，校正谬误。

第四，撰写之思。藏书家在收集、整理与保存古书时，还根据书籍形成及流传情况，撰写序跋，交代原委，提要钩玄，方便后人阅读和利用，久之，这一做法成为古籍收藏过程中的优良传统。如清人钱大昕精通经史百家，是著名学术大师，他"所见古本书籍、金石文字，皆随手记录。穷源究委，反复考证。于行款格式，纤悉备载"[4]。

第五，管理之善。私人藏书家经过长期藏书实践，在收藏、分类、编目、保管、利用等方面积累了大量图书管理经验，这些经验对中国图书馆学最终

---

[1] （北齐）魏收：《魏书》卷九十，中华书局1974年版，第1938页。
[2] （唐）姚思廉：《梁书》卷十四，中华书局1974年版，第172页。
[3] （宋）欧阳修、宋祁：《新唐书》卷一百九十六，中华书局1975年版，第5613页。
[4] 这段话出自何元锡跋《竹汀先生日记抄》，见钱大昕《竹汀先生日记抄》卷尾，与《潜研堂序跋》《十驾斋养新录摘抄》合刊本，上海古籍出版社2010年版，第264页。

形成和发展起到了重要的促进作用。如唐代华原柳氏（柳公绰及其子柳仲郢，以及仲郢子柳玭）祖孙三代都是闻名天下的藏书家，图书管理水平非常高，史载柳公绰"家藏书万卷，经史子集皆有三本。色彩尤华丽者镇库；又一本次者，长行批览；又一本又次者后生子弟为业。皆有厨格部分，不相参错"[①]。

  第六，奉献之功。历史上，政权交替，战乱不断，各时代宫廷及官府藏书无不遭受严重摧残，而新政权建立后，又无一不是从私人藏书家手中征集典籍而充实宫廷及官府藏书。古代绝大多数私家所藏之书，最终结局是流归公共图书馆，成为现代图书馆镇馆之藏。如历经一百五十余年而书不散亡的常熟铁琴铜剑楼，第四代传人瞿济苍、瞿旭初、瞿凤起遵照父亲瞿启甲"书勿散，不能守则归之公"遗言，把藏书全部奉献给公共图书馆，其中拿出八十余种善本作为底本支持张元济编纂《四部丛刊》，另将宋元善本七十余种捐给了国家图书馆。

  古代私人藏书家对古代文化的贡献绝不仅仅在于上述几方面，他们的事迹非常有必要进行总结和弘扬。中国历来有为学者作传的传统，主要存在于正史中的儒林传和文苑传、方志中的人物传、学案类著述等。研究考述一地人物之传记及学术思想之著作，由来已久，如三国吴谢承《会稽先贤传》、晋张方《楚国先贤传》、宋袁韶《钱塘先贤传赞》、明黄佐《广东人物传》等，皆考述一地人物之著述。至于考述一地之文献者，如清吴庆焘《襄阳艺文略》、清孙诒让《温州经籍志》、近人胡宗懋《金华经籍志》、项元勋《台州经籍志》等并是。随着私家藏书的出现和发展，文献中关于藏书家故实的记载渐渐呈现，宋人多部笔记于此记述较详，如司马光《涑水纪闻》、邵博《邵氏闻见录》及《邵氏闻见后录》、黄伯思《东观余论》、叶梦得《石林燕语》、晁公武《郡斋读书志》、陈振孙《直斋书录解题》等书中皆有之，后世笔记、史志中也颇多记载。但是一直以来，鲜少传记将私人藏书家作为独立传主，这一情况直到明清方始改观。

  明清以来，江南学者的一个学术心愿是为历代藏书家立传。祁承㸁《澹生堂藏书约》已开始专门汇集古人藏书事迹，总结藏书经验。大学者钱谦益

---

① （宋）钱易：《南部新书》卷四，《景印文渊阁四库全书》第1036册，第200页。

有感于钱叔宝抄书数百卷,以备吴中故实,因此发愿为吴中"读书好古"之士网罗遗逸事迹,他在《钱叔宝手书〈续吴都文粹〉》中说:"余欲取吴士读书好古,自俞石硐以后,网罗遗逸,都为一编。老生腐儒,笘经蠹书者,悉附著焉。庶功甫辈流,不泯泯于没世,且使后学尚知有先辈师承在也。"① 其《初学集》《有学集》及其他文集对于藏书好学之士记载颇多,但遗憾的是钱氏至老也没有一部专门的藏书家研究著述问世。

入清,学者们更加认识到为藏书家作传之必要。如顾广圻曾决心"举藏弆源流,汇所见闻,述为一编,稍传文献之信"②,而清道光间浙江海盐藏书家、汉晋斋藏书主人马玉堂曾致力于《历代编年藏书纪要》编撰,但未见传本,不过,之后出现的两部研究地方藏书的专著值得一提。

一是郑元庆的《吴兴藏书录》。郑元庆曾撰有《湖录》120卷,载自宋迄明藏书者一二十家,嘉庆初,乌程人范锴从《湖录》中辑出,并附缀各家传略,汇抄成1卷。范锴说:"昔我吴兴士大夫,多好学而嗜蓄书,流风遗韵,由来旧矣。历年既久,或逢兵革,或以裔孙零替,向有著录者,已佚其书目,而失传无著录者且罔识姓氏,余尝深慨之。曩过友人杨拙园明经凤好斋,获见郑芷畦先生手订《湖录》残本,亟假归读之,中载自有代以迄明季藏书者一二十家,并采收藏事实,以附其后。余读而惊喜,复为缀辑各家传略,汇抄一卷,题曰《吴兴藏书录》。"③ 该书分为两部分:第一部分收录吴兴一地私家藏书目录14种,府学藏书目录1种,并附录收藏事实于其后;第二部分为补辑各家传略(有4家无传),实际收录藏书家17人。《吴兴藏书录》是古代第一部私家藏书史地方专著,已经具备藏书家传记雏形,但是收录人数不多,遗漏较多,尚显简略。

二是光绪二十六年(1900)丁申的《武林藏书录》。关于该书创作缘起,丁申云:"武林为浙中首郡,天水行都,声名文物,甲于寰宇。士多好学,家尚蓄书,流风遗韵,扇逸留芬,历岁既深,或遭兵火,或替云礽,既毁缥缃,

---

① (明)钱谦益:《绛云楼题跋》,潘景郑辑,中华书局1958年版,第184页。
② 《藏书纪事诗》卷首目录后叶昌炽语,第30页。
③ (清)范锴:《吴兴藏书录序》,郑元庆《吴兴藏书录》(与《皕宋楼藏书源流考》合刊本)卷首,古典文学出版社1957年版,第5页。

并亡簿录，无缘覆瓿，遑论借瓻乎！申幼耽竹素，长阅桑沧，既抱文澜之残帙，更补书库之阙编，遗馥则卷守八千，末学则略窥万一，采公私目录，备古今掌故。"① 该书分上、中、下、末4卷，其中上卷述文澜阁、尊经阁、南宋秘书省、太学、杭州州学、府学、杭州各书院、杭州诸公署、灵隐书藏等处藏书、藏版及刻书情况；卷中及卷下叙录起自六朝范平、褚陶至清末吴煦、朱学勤等共67位藏书家；卷末叙录外地居杭藏书家6人及上乘院、灵隐经藏、火德庙道藏存佚情况。后世评价甚高，范凤书称此书"是中国早期地方性文献藏书资料汇编之一，亦较为详尽，很有参考价值"②。

第二节 藏书纪事诗创作分期与类型

"藏书家，被认为是百家之外特殊的一家，其藏书活动，包含了许多相关学科的理论与方法。藏书史的发展，与我国古代的政治、经济、文化有着密切的联系和相互的影响，因此研究古代的藏书发展，是一项既有历史意义又富有现实意义的工作。"③ 明清学者在为藏书家作传方面做出多方面的探索，但是囿于地域观念或者体例限制，难以反映史上众多藏书史实，晚清学者叶昌炽"叹自来藏书家节衣缩食，鸠集善本，曾不再传，遗书星散，有名姓翳如之感。因网罗前闻，捃摭逸事，竭八九年之力，由宋、元迄今，得诗二百余首"④，终成《藏书纪事诗》，并引发诸多后续之作，形成藏书家与藏书史研究上独特的"藏书纪事诗现象"。

一 藏书纪事诗创作分期

古代诗歌创作有着三千多年辉煌历史，但是藏书纪事诗创作却始于19世纪末，迄今约有130年的时间跨度。如果将130多年来藏书纪事诗创作进行

---

① （清）丁申：《武林藏书录·序》，《澹生堂藏书约》（外八种），上海古籍出版社2005年版，第1页。
② 范凤书：《〈武林藏书录〉提要》，《私家藏书风景》，河北教育出版社2007年版，第7页。
③ 俞黎华：《评藏书研究的拓荒之作——〈藏书纪事诗〉》，《山东图书馆季刊》2004年第2期。
④ 《藏书纪事诗》卷首王颂蔚《序》，第4页。

分期，约分为四个阶段。①

（一）奠基期——开创纪事诗藏书家传体例

此期始于光绪十年（1884）叶昌炽始撰《藏书纪事诗》，止于1917年叶氏去世。在读书治学过程中，叶昌炽"欲为藏书家人立一传，既读厉太鸿《南宋杂事诗》，仿其体为之"②，于是开始《藏书纪事诗》创作，历经6年，初稿于光绪十六年（1890）完成，叶氏置之箧中，一个偶然机会被恩师潘祖荫看到，潘读后极为欣赏，本拟为之付梓，但不久潘氏离世，此事遂作罢。光绪二十三年（1897），叶氏将初稿交给学生江标，江氏带到湖南刻印，刊入《灵鹣阁丛书》中，是为6卷的"灵鹣阁本"。该版本流传后，一时观者如云，但叶氏很不满意，认为"引书緐芿，举例踳驳"③，当然，这既有刻者求速，校勘不精的原因，也有著者类分不明，搜辑遗漏之过失。宣统二年（1910），经过认真校订，叶昌炽增补不少内容，另行编排次序，将《藏书纪事诗》重新上版，此为7卷的"家刻本"，亦为定本。

《藏书纪事诗》奠基之功表现有三：

一是专门为藏书家立传。"使他们的藏书活动和藏书功绩能昭然于天下，其意义不仅在当时，在今天，甚至在今后，也都是重大而深远的"④。

二是制定诗注结合体例。古代传记体例不一，有诗传，有文传，而诗文结合体例为叶昌炽首创，诗纪藏书史实，注则多方引证资料，以为诗之补充，诗注结合，藏书家之生平、成就遂多方呈现出来。

三是引领私家藏书研究热潮。《藏书纪事诗》为后人研究中国古代藏书家及藏书史提供翔实资料和清晰线索，"仅此一部体裁内容都是空前的巨著，叶昌炽足以立言不朽"⑤。更为重要的是，伦明等人紧承其后，藏书纪事诗创作

---

① 笔者所论藏书纪事诗创作四段说，借鉴翟朋《藏书纪事诗研究》（硕士学位论文，南开大学，2010年）的说法，在此表示感谢。
② （清）叶昌炽：《奇觚庼诗集》卷中《再题简末二十七叠前韵》诗后注，《续修四库全书》第1575册，第208页。
③ 《藏书纪事诗》卷首目录后叶昌炽语，第29页。
④ 金振华：《叶昌炽研究》，吉林人民出版社2005年版，第153页。
⑤ 王锷：《〈藏书纪事诗〉跋》，《图书与情报》1999年第3期。

绵延不绝，使这一史学、诗学和典藏学等多学科交叉的文体得以大放光彩。

（二）发展期——反映近代藏书新趋向

此期始于1935年，迄于新中国成立。民国六年（1917），叶昌炽因病去世，留下了备受好评的《藏书纪事诗》。时值民国，为社会巨变之期，藏书史上出现了诸多新现象，各地建设公共图书馆，严重冲击了秘不示人的私家藏书传统，而那些拥有雄厚资财的银行家逐渐成为藏书主体，"近来银行家，多喜藏书，武进陶兰泉、庐江刘晦之，其最著者也。闻杭州叶揆初者，亦浙江兴业银行董事，收藏稿本、钞校本甚夥"①。这些变化给藏书史研究提出了新课题，学者们在叶昌炽开拓的基础上，将藏书纪事诗创作发展下去，出现了几部新作品，此为发展期。

伦明有感于史上私人藏书家众，而名为通代之作的叶昌炽《藏书纪事诗》遗漏甚多，称："因其书自四卷以下皆清人。七卷附录中，有清人十一，都三百二十九人，余读而少之，为益数十人。"② 因而有《补藏书纪事诗》之作，但未见刊行。

莫伯骥为近代广东大藏书家，其"五十万卷楼"藏书之富、版本之精，为当时羊城诸书楼之冠。莫氏读叶昌炽《藏书纪事诗》后，深感有补遗之必要，遂有《叶氏藏书纪事诗补续》③之作，惜文稿未及刊行，于抗战中遗佚，因而无缘考其详。

1936年，刘声木曾于其《直介堂丛刻目》中公布拟撰印《续藏书纪事诗》之计划，但迄今未见流传。

王献唐曾任职于山东省立图书馆和省文物管理委员会，对齐鲁藏书事业

---

① 伦明：《辛亥以来藏书纪事诗》，雷梦水校补，上海古籍出版社1990年版，第109页。（以下引用该版本书只注书名和页码）
② 伦明：《辛亥以来藏书纪事诗》卷首《自序》，第1页。
③ 吴则虞称"伯骥有《藏书纪事诗补正》，未撰成而目瞽，亦复可哀"，见《续藏书纪事诗》卷十一《莫伯骥天一》之"则虞案"。

贡献卓著，尝仿叶书而著《齐鲁藏书纪事诗》。① 今人辑王氏相关撰著，仅有《藏书十咏》，分为《访书》《购书》《载书》《装书》《勘书》《曝书》《跋书》《抄书》《借书》《读书》十首，主咏藏书之事，而不及藏书家，非藏书纪事诗之体。其所作《齐鲁藏书纪事诗》亦未见流传，今人有为之辑注者。②

除上述四种书不见流传外，发展期代表作存世者有伦明《辛亥以来藏书纪事诗》和徐信符《广东藏书纪事诗》。关于《辛亥以来藏书纪事诗》，翟朋说："倘以叶昌炽《藏书纪事诗》为书林《史记》，伦明《辛亥以来藏书纪事诗》则为书林之《汉书》。叶著为书林通史，而伦著则为断代之史。"③ 从这个角度来说，伦明《辛亥以来藏书纪事诗》实为对叶书的继承与发展。而徐信符撰写《广东藏书纪事诗》一书，完全出于对广东文献热爱之情。徐氏去世后手稿曾经叶恭绰先生校阅，刊于民国三十八年（1949）之《广大学报》"建校二十周年纪念特刊"，题曰"广东藏书纪事诗稿"，编者称该书"收广东自明代以迄民国藏书家数十人，详述广东典籍聚散之源流，阐扬藏书家之潜德，洵为不朽之作"④，可以说，《广东藏书纪事诗稿》从地域藏书家角度，对藏书纪事诗这一题材作了进一步拓展。

发展期的著述承前启后，一方面继承叶昌炽开创的藏书纪事诗创作体例，续补叶书未及收录之藏书家；另一方面则开拓藏书纪事诗体例，为近代私人藏书家，尤其是广东一带藏书家作传，开启断代和地方藏书纪事诗撰写先河。

---

① 徐雁、谭华军说："闻山东藏书家王献唐（1897—1960）亦有《齐鲁藏书纪事诗》之作。江西藏书家刘声木拟撰《续藏书纪事诗》一种，曾与其《直介堂丛刻目》中公布此项计划，但在1936年尚未见付梓。至今未见刻本流传，竟不知其成稿与否及稿藏情况。此外尚有广东藏书家莫伯骥（1878—1958）撰有《藏书纪事诗补续》手稿一种，据说已毁于抗日战争期间的兵火中。而冯雄（翰飞）亦有《续藏书纪事诗》的构想，曾写成若干首，亦未知成集否。"[见徐雁、谭华军《书城掌故 藏家史 别有续篇在人间——〈续补藏书纪事诗四种〉整理记》，《武汉大学学报》（社会科学版）1986年第5期] 笔者与杜泽逊先生电话联系得知，王献唐《齐鲁藏书纪事诗》已佚，撰写规划附载其《山东藏书家史略》。

② 张荣刚、王爱平：《王献唐先生藏书纪事诗辑注》，《济南职业技术学院学报》2006年第1期。所谓"今人为之辑注"指的是王国华辑注《藏书十咏》，刊于《文献》1980年第3辑。

③ 翟朋：《藏书纪事诗研究》，硕士学位论文，南开大学，2010年，第27页。

④ 《广大学部》编辑部：《〈广东藏书纪事诗〉前言》，徐信符《广东藏书纪事诗稿》，《广大学报》中华民国三十八年（1949）第1期，第69页。以下引用该刊只注页码。

（三）变革期——彰显藏书为用特色，有裨学术新风

此期始于新中国成立，止于"文化大革命"开始。新中国成立后，政治上的变革亦体现在学术研究上，藏书纪事诗创作也一样，逐渐走出旧有视域，开启崭新创作局面，代表作有王謇《续补藏书纪事诗》及吴则虞《续藏书纪事诗》。

《续补藏书纪事诗》为王謇晚年所作，此书乃"藉补缘裻先生所未及，且有裨藏书家之故实焉"①，收录晚清民国以来诸位藏书家史料，增益许多藏书故实，其鲜明特色体现在：重在彰显学者藏书，体现了聚书为藏朝向藏书为用的转变；重视交代藏书流向，记述诸多藏书逸事；所记藏书家事迹多为亲眼所见，刻画藏书家形象较为生动；考辨精审，有裨学术研究等。②

吴则虞长于训诂，四部皆长，"尝步武清叶昌炽先生作《续藏书纪事诗》"③，在后续诸作中，《续藏书纪事诗》最类叶书，诗后之注取自各类文献，并附有藏书室、藏书印。

（四）余响期——搜扬潜逸，考槃乡曲

吴则虞之后，藏书纪事诗创作沉寂了十多年，但是，这种流行了近一个世纪的诗体不会成为绝唱，20世纪90年代以来，先后有周退密和宋路霞《上海近代藏书纪事诗》及蔡贵华《扬州近代藏书纪事诗》等续作。

作为对上海这个近代最大出版中心、古籍集散中心的私家藏书活动最详细、最系统的调查总结，《上海近代藏书纪事诗》先是在上海书店出版的《古旧书讯》上陆续发表，1993年结集后交由华东师范大学出版社出版。全书为诗60首，纪事60家，远自丁日昌、近至丁景唐，跨时一个世纪，基本囊括近代一百年来出生或者客居上海的主要藏书家。尤为可贵者，"藏书纪事诗往

---

① 潘景郑：《续补藏书纪事诗后记》，王謇《续补藏书纪事诗》，书目文献出版社1987年版，第69页。
② 参见周生杰《扶轮风雅见襟期——苏州近代学者王謇学术志业述略》，《中国矿业大学学报》（社会科学版）2015第5期。
③ 吴受琚：《悼念我的父亲——吴则虞教授》，《四川图书馆学报》1979年第4期，第47页。

例，皆出一人之手，今乃合力为之，亦属创格"①。而蔡贵华所撰写《扬州近代藏书纪事诗》亦不见公开出版，朱江教授告知笔者，蔡曾油印一版，分赠生前友好，后发表在一内部刊物上。2012 年 4 月，笔者前往南京、扬州寻访，终于觅得，全文仅有 15 篇，所述以近代扬州藏书世家为主，史料甚为珍贵。

此外，徐雁、谭华军二先生撰《续补藏书纪事诗传》，汇集伦明《辛亥以来藏书纪事诗》、徐绍棨《广东藏书纪事诗》、王謇《续补藏书纪事诗》、吴则虞《续藏书纪事诗》等，皆晚清叶昌炽《藏书纪事诗》续补之作，重新编排史料，总计叙藏书家 312 人。编者除点注外，还增入 10 篇藏书纪事诗，并利用现代文献研究成果补充不少传主生平资料和藏书故实，统一编排，按传主姓氏笔画为序，极便检索，为中国藏书史研究提供系统可靠的文献资料。但是，从体例上来说，本书以汇集诸家为主，补充资料为辅，虽经重新编排，终究难脱前人窠臼。

"《藏书纪事诗》的续补者同叶昌炽一样，对民族文化遗产均持有一种正确的民族立场。"② 各续补之作前后历时上百年，涉及藏书家近千人，总体规模远超叶书，不断续写藏书纪事诗体传奇。

二 藏书纪事诗类型

自清末叶昌炽《藏书纪事诗》起，至 20 世纪 90 年代周退密、宋路霞《上海近代以来藏书纪事诗》出版，藏书纪事诗创作历时一个世纪，百余年来各类作品大致可以分为通史、断代史和地方史三种类型。

(一) 通史

通史类藏书纪事诗有叶昌炽《藏书纪事诗》、王謇《续补藏书纪事诗》及吴则虞《续藏书纪事诗》。

叶昌炽《藏书纪事诗》所记藏书家起于五代，迄于清末，而不是追溯至

---

① 郑逸梅：《上海近代藏书纪事诗序》，周退密、宋路霞《上海近代藏书纪事诗》卷首，华东师范大学出版社 1993 年版，第 2 页。以下引用该书只注页码。

② 傅璇琮、谢灼华：《中国藏书通史》，宁波出版社 2005 年版，第 1364 页。

春秋时期的私人藏书家，为此，学术界多有异议。五代以来，尤其是宋代文化发达，大力兴建各种书院，教育事业得到了前所未有的发展，图书编纂事业极为繁荣……所有这一切，对私家藏书无论质还是量都是前所未有的促进。有宋三百年中，有明确文献记载的藏书家达七百人之多，是春秋至唐五代千年左右藏书家总和的近三倍，因此，"从某种意义上说，中国私家藏书发展的大起步，实从宋代起，自宋而后，万卷书楼，蜂拥南北，是中国私家藏书进入兴盛发展阶段，从而与宫廷官府、书院寺观的藏书鼎足而三，构筑成中国藏书文化活动的新局面"[①]。同时，我们也看到，从五代始，雕本印刷得到广泛使用，宋代印本书籍更为普及，给私人藏书以极大便利，藏书事业不断向前发展。《藏书纪事诗》所记藏书家起于五代和宋，正是基于这种考虑。

叶书所收藏书家，囿于资料，遗漏很多，因而为之续补者众。所知者有刘声木《清藏书纪事诗补遗》17卷，但是此书只有史料，没有诗歌，因此不能算真正的藏书纪事诗体。

同为苏州人的王謇，受前辈叶昌炽《藏书纪事诗》影响很深，其《续补藏书纪事诗》，所记以晚清民国时期藏书家为主。该书记录每位藏书家的收藏特点、藏书数量、藏书情况，甚至后期流传、刻抄和散佚等，从所载藏书家收藏之书以及藏书流传情况，读者可以了解和掌握大量史实，从而认识近代藏书发展趋势，即藏书由私人占有变为公共享用，私家藏书楼衰落和公共图书馆兴起。

吴则虞《续藏书纪事诗》成书后，曾油印多部，分赠好友，吴氏去世后，其女儿吴受琚先生仅将关于四川藏书家部分发表在《四川图书馆学报》1979年第4期，余不见公开，直到2016年，吴受琚、俞震及曾敏等根据油印本进行整理，交给国家图书馆出版社，经过三代人努力，终于公开出版，学界得窥全貌。

（二）断代史

伦明《辛亥以来藏书纪事诗》属于典型的断代史藏书纪事诗，共有诗作

[①] 范凤书：《中国私家藏书史》，大象出版社2001年版，第60页。

155 篇，收藏书家 149 人，附录 28 人，其中为丁日昌、张之洞、李盛铎、傅增湘、张伯桢 5 人各作两首诗，清代及以前有 22 人，余皆为辛亥以后人。较之叶著，伦书辑录藏书家及藏书史料有了新的挖掘，如列出一些藏书家所藏珍善本目录以及著述稿本书目，同时标出入藏处所，"凡此种种，都很有价值"①。

（三）地方史

地方史藏书纪事诗有徐信符《广东藏书纪事诗》、周退密和宋路霞合著《上海近代藏书纪事诗》以及蔡贵华《扬州近代藏书纪事诗》等。

《广东藏书纪事诗》"收广东自明代以迄民国藏书家数十人，详述广东典籍聚散之源流，阐扬藏书家之潜德，洵为不朽之作"②，全书有诗 61 首，纪事 54 家，是研究广东藏书家的重要资料。书后附录《广东藏书家生卒年表》，将藏书家之姓名、字号、籍贯、生年（朝代、年号、甲子）、卒年（公元年代）等一一表列，明白可见。

《上海近代藏书纪事诗》是对近代上海私家藏书活动最详细最系统的调查总结。全书为诗 60 首，纪事 60 家，远自丁日昌、近至丁景唐，跨时一个世纪，基本囊括近代一百年来出生或者客居上海主要藏书家，对每一位藏书家的家世生平、学术事业，特别是对他们的藏书故实等作扼要叙述。

《扬州近代藏书纪事诗》于 20 世纪 80 年代成书后，油印一册分赠好友，后刊载于扬州市内部刊物《扬州史志》1989 年第 2 期，未曾公开发表。

三　藏书纪事诗大事年表

道光二十九年（1849）

九月十五日，叶昌炽生于江苏长洲县（今苏州市）葛百户巷的一户普通人家。

---

① 谢灼华：《续补藏书纪事诗传·序》，徐雁、谭华平《续补藏书纪事诗传》卷首，书目文献出版社 1987 年版，第 96 页。
② 《广东藏书纪事诗稿》卷首语，《广大学报》复刊第一卷第一期，第 69 页。

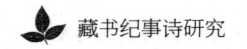

光绪元年（1875）

伦明出生在东莞望牛墩。

光绪二年（1876）

叶昌炽乡试中举。

光绪四年（1878）

刘声木（字十枝）出生于安徽庐江。

光绪五年（1879）

徐信符生于广东英德。

光绪十年（1884）

叶昌炽开始《藏书纪事诗》创作。

光绪十三年（1887）

叶昌炽继续从事《藏书纪事诗》编撰工作，共阅文集、笔记及金石书近四十种。

光绪十四年（1888）

王謇出生。

光绪十六年（1890）

《藏书纪事诗》成。叶昌炽将书稿呈给座师潘祖荫，潘对《藏书纪事诗》大加赞赏的同时，亦指出该书存在的问题及改进措施：应分类别，以示条目清晰；注释略繁，宜加删节。治学谨严的叶昌炽亦认为该书存在诸多不足，潘师要其付梓行世，他没有同意。

光绪十七年（1891）

黄再同抄录《藏书纪事诗》。

光绪十八年（1892）

吴郁生携去叶氏《藏书纪事诗》六册，下落不见记载。

叶昌炽门生江标（建霞）在京师，奉归抄录《藏书纪事诗》一副册，作为后来刊刻灵鹣阁本之底本。

光绪二十年（1894）

江标奉使湘中，写信乞叶昌炽以稿本《藏书纪事诗》自定之。

光绪二十一年（1895）

叶氏将《藏书纪事诗》交由王颂蔚审定，后又求正于缪荃孙。

光绪二十二年（1896）

王献唐出生。

岁末，叶氏校补《藏书纪事诗》。

光绪二十三年（1897）

叶氏于是年校订《藏书纪事诗》，并为《藏书纪事诗》编目。

江标在长沙将《藏书纪事诗》付梓，为六卷本。

十月，刘肇隅作《藏书纪事诗跋》，附在六卷本《藏书纪事诗》后。刘肇隅为江标弟子，故跋中称叶昌炽为"太老师"。

光绪二十四年（1898）

闰三月十九日，江标将刻成之《藏书纪事诗》呈送叶氏，叶氏日记云："尚精好。"

光绪二十五年（1899）

江标刻六卷本《藏书纪事诗》后，得到当时学界普遍认可，印量很大。叶氏于是年四月十三日日记中云："午后甫驾车，天油然作云……到寓甫下车，即开霁。得建霞书，已为鄙人印得《藏书纪事诗》五千部矣。"

宣统元年（1909）

四月初二日起，叶昌炽开始重新校订《藏书纪事诗》。他写道："拙稿《藏书纪事诗》编辑待订，本非定稿。建霞携至湘中，迪以上木，其中引书脱落，前后颠倒，不但亥豕之谜目也。自《语石》付刊，即欲改正，以次命梓人重刻，苦无暇日，前数日始力疾从事，至今日第一卷毕。"

从本年四月十八日、四月廿八日日记所记，可知叶氏增补调整藏书诗范例，删去或补入某条，则其余条目就确定下来了。

宣统二年（1910）

本年叶氏继续补撰、修订《藏书纪事诗》，并重编《藏书纪事诗》第七卷，新补9首，附录22首，共31首。

宣统三年（1911）

四月二十二日，潘祖年（仲午）托人捎来二百金，助叶昌炽刻自著诗文集，叶氏以"拙稿丛残无次，编定未知何日"为由推辞，复书命不作文集刻资，而作为印刷《藏书纪事诗》之纸墨费，七卷本《藏书纪事诗》始付梓。

1913 年

吴则虞出生于安徽宣州（今宣城）。

1914 年

周退密（原名昌枢）生于浙江宁波。

1917 年

九月二十二日，叶昌炽与世长辞，享年 69 岁。从子葬其于天柱山峨公岭下，长伴吴中山水。吴郁生、曹元弼、王季烈等分别为叶氏撰写墓志铭，曹元弼同时还撰写《祭叶鞠常（裳）前辈文》。

1919 年

伦明通学斋书肆于北京琉璃厂开业，旧址在北京南新华街东七十四号。

1925 年

王国维手批灵鹣阁本《藏书纪事诗》，今藏国家图书馆。批语中有"辛酉春"云云，大致可以推测批注时间约在是年。

1928 年

徐信符在广州小北路建藏书之所，名曰"南州书楼"。

1929 年

九月，伦明撰写《续书楼藏书记》。

十二月十一日，王献唐先生题姚鹏图手录清孙岳颁等撰《佩文斋书画谱》。

1935 年

伦明撰写《辛亥以来藏书纪事诗》，刊登在吴贯因主编的天津《正风》半月刊本年第 20—24 期。

冼玉清教授亲访徐信符南州书楼，编纂《南州书楼所藏广东书目》一文，载广州大学《图书馆季刊》本年第二卷第一期，共列出书目 488 种，著者 344 人，但未及南州书楼之全貌。

1936 年

天津《正风》半月刊本年第 1—3、5 期继续刊载《辛亥以来藏书纪事诗》。

刘声木于此年计划拟撰写《续藏书纪事诗》一种,后不知所终。

1937 年

蔡金重编《藏书纪事诗引得》,燕京大学引得编纂处印行。

1944 年

十月,伦明于广州去世。

1948 年

徐信符病逝。

九月二十一日,钱大成撰《记叶鞠裳》,载《申报》。

1949 年

《广大学报》复刊第一卷第一号刊登徐信符《广东藏书纪事诗》,题为《广东藏书纪事诗稿》。卷首编者按云:"此诗稿乃本校已故目录学教授徐信符先生遗著,曾经叶恭绰先生校阅。收广东自明代以迄民国藏书家数十人,详述广东典籍聚散之源流,阐扬藏书家之潜德,洵为不朽之作。且其中所述广雅书局十峰轩,广雅书院冠冕楼,菊坡精舍书藏,徽州丰湖书藏之史实,均为广东文化教育重要史料,尤足珍贵。惟首页所咏明代藏书家,有诗而无小传,盖未完成之稿也。"

1952 年

宋路霞出生于山东济南。

1956 年

冬至。刘承幹面晤来寓所访问的吴则虞,为其尚在创作阶段的《续藏书纪事诗》题签,并作序。

1958 年

上海古典文学出版社据宣统七卷本重新排印出版《藏书纪事诗》。卷首有《出版说明》,卷末有《藏书纪事诗叙录》,收谭卓垣《清代图书馆发展史》(译文)评价《藏书纪事诗》一节文字,以及蔡金重《藏书纪事诗引得序》,另有人名索引。

高拜石撰写《校订专门家———〈缘督庐日记〉作者叶昌炽》,载《新生报》副刊。

1959 年

刘声木去世。

1960 年

王献唐去世。

1963 年

徐信符子承瑛（汤殷）补辑《广东藏书纪事诗稿》，题为《广东藏书纪事诗》，香港商务印书馆影印出版。

1969 年

王謇在上海去世。

1970 年

王謇友人醵资刻印《续补藏书纪事诗》若干册。按，李希泌《续补藏书纪事诗·前言》云："佩诤先生的这部著作，在他去世后，七十年代初，曾由他的友人醵资刻印若干册。"姑置此年。

1975 年

台北文海出版社《近代中国史料丛刊续编》收录《广东藏书纪事诗》。

1977 年

吴则虞去世。

1979 年

吴受琚撰写《悼念我的父亲——吴则虞教授》，刊登于《四川图书馆学报》本年第 4 期。

1980 年

台北世界书局印行合刊本《藏书纪事诗》等五种图书。

1986 年

十二月十四日，雷梦水在一封信中云："刘声木《续藏书纪事诗》有目而未见其书，一般公私藏书目录亦未载入，疑未刊行。"

势白撰《叶昌炽鬻碑帖始末》，收录其《艺林丛录》第八编，台北谷风出版社本年出版。

1987 年

书目文献出版社出版王謇《续补藏书纪事诗》（李希泌点注），底本为王謇友人洪驾时等刻写的油印本。

1989 年

上海古籍出版社出版王欣夫（大隆）补正、徐鹏辑《藏书纪事诗》全一册精装本。

书目文献出版社出版马同俨校注本《藏书纪事诗》。

蔡贵华先生以"茨艾"为名，将《扬州近代藏书纪事诗》刊发在《扬州史志》（内部发行）本年第 4 期。

1990 年

扬州广陵古籍刻印社影印出版七卷本《藏书纪事诗》。

1992 年

宋远笺注《辛亥以来藏书纪事诗未刊稿笺注》，载《中华文史论丛》第 49 辑。2012 年广东人民出版社出版《伦明全集》收录此文，改题曰《辛亥以来藏书纪事诗草稿》。

1993 年

四月，周退密、宋路霞合作撰写《上海近代藏书纪事诗》在华东师范大学出版社出版。

郑伟章编《叶菊裳先生年谱》，发表于《津图学刊》1993 年第 3、4 期与 1994 年第 1 期。

八月，叶昌炽《缘督庐日记》由中华书局出版，该书起自同治九年闰十月，迄于民国六年九月十五日，记述 48 年中之史事，偶因忙碌而中辍，亦必撮记而补述之。先生交游，多通国闻人，歇历中外，又学问渊博，笃好目录金石之学，故《日记》学术价值极高，与李慈铭《越缦堂日记》、王闿运《湘绮楼日记》、翁同龢《翁同龢日记》合称为"晚清四大日记"。

1999 年

上海古籍出版社将叶昌炽《藏书纪事诗》与伦明《辛亥以来藏书纪事诗》合刊出版，书前有《重版说明》。

北京燕山出版社《书目书话丛书》出版《藏书纪事诗》单行本，以七卷

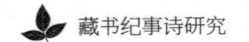

本为底本。

2001 年

远方出版社出版《藏书纪事诗新注》，以安新华、白华为总校注，以六卷本为底本。

2003 年

李国庆撰写《续补〈藏书纪事诗〉——记〈清藏书纪事诗补遗〉稿本》一文，刊登于《藏书家》第8辑。

2004 年

三月，广东炎黄文化研究会与番禺炎黄文化研究会合编的《岭峤春秋——徐信符研究文献集》由广州人民出版社出版。

六月，山东大学孙荣耒硕士学位论文《叶昌炽和〈藏书纪事诗〉研究》通过答辩；武汉大学胡一女硕士学位论文《叶昌炽与〈藏书纪事诗〉》通过答辩。

2005 年

金振华《叶昌炽研究》由吉林人民出版社出版，这是作者在博士学位论文基础上修改而成的。

2006 年

6月，复旦大学王立民博士学位论文《叶昌炽〈缘督庐日记〉研究》通过答辩。

2008 年

郑伟章《书林丛考》（增补本）由岳麓书社出版，其中收有《叶菊（鞠）裳先生年谱》。

2012 年

十月，广东东莞图书馆编《伦明全集（一）》，广东人民出版社出版。

十二月，苏晓君先生撰写的《黄国瑾补辑本〈藏书纪事诗〉》在《中国典籍与文化论丛》第十四辑上刊发。

2013 年

六月，周生杰经过近半年查找，终于在扬州学者朱江和罗加岭帮助下，找到蔡贵华先生的《近代扬州藏书纪事诗》非正式出版本。

2016 年

八月，吴则虞《续藏书纪事诗》在中华书局出版，该书由吴受琚、俞震和曾敏整理。

第三节　藏书纪事诗研究综述

学术界对于藏书纪事诗的研究分为两个阶段。第一阶段，1978 年以前。此期研究遵循旧学路数，主要有王国维手批六卷本《藏书纪事诗》（今藏国家图书馆）；张思鉴《藏书纪事诗之版本及其索引》；蔡金重为《藏书纪事诗》和《辛亥以来藏书纪事诗》合编引得等。第二阶段，新时期以来。研究形式呈多样化趋势。（一）论文。如胡道静《谈〈藏书纪事诗〉体》、王兴堂《〈藏书纪事诗〉新论》等；（二）专著。如傅璇琮和谢灼华主编的《中国藏书通史》（2001）第七章第三节以及金振华的《叶昌炽研究》（2005）第四章都是专论《藏书纪事诗》的。（三）学位论文。如山东大学孙荣耒《叶昌炽和〈藏书纪事诗〉研究》（2004）、武汉大学胡一女《叶昌炽与〈藏书纪事诗〉》（2004）、南开大学翟朋《藏书纪事诗研究》（2010）等硕士学位论文，复旦大学王立民博士学位论文《叶昌炽〈缘督庐日记〉研究》（2006）第四章第二节论及叶氏及《藏书纪事诗》等。今从创作者研究和著述研究两方面作一简述。

一　作者研究

（一）叶昌炽研究

晚近以来，学术名家辈出，众多明星中，叶昌炽算不上十分耀眼的一颗，但是自《藏书纪事诗》问世，学界对其关注有加，近百年来，相关研究不断出现。

民国六年（1917），叶昌炽与世长辞，生前友好分别为之撰写铭文，主要有：吴郁生撰《皇清诰授通议大夫翰林院侍讲叶公墓志铭》[①]、门生曹元弼撰《皇清诰授通议大夫翰林院侍讲甘肃学政叶公墓志铭》[②]、与叶昌炽同年进士王季烈撰《祭诰授通议大夫翰林院侍讲叶公鞠裳文》[③]。各家对于叶氏给予很高评价，称其"并轨亭林，方之汉儒"[④]。另外，曹元弼还撰写《祭叶鞠常（裳）前辈文》[⑤]，以示对恩师悼念之情。

30年后，钱大成撰《记叶鞠裳》[⑥]一文，重在介绍其生平及著述。此后一段时间，大陆学术转入沉寂，叶昌炽研究相应陷入低谷，而台湾学术界却续承这一研究传统。1958—1969年，台湾《新生报》副刊连载高拜石撰写的《校订专门家——〈缘督庐日记〉作者叶昌炽》[⑦]，文章回溯叶昌炽一生，可视为叶氏年表。1986年，势白撰写《叶昌炽鬻碑帖始末》[⑧]，依据叶氏日记，记录叶氏将全部碑版出售的过程。

大陆学者从事叶昌炽研究首推郑伟章先生，他搜辑各类资料，编著《叶菊（鞠）裳先生年谱》[⑨]，郑《谱》发表后一直受到学界广泛重视，可谓嘉惠学林一大功德，这是迄今为止国内公开发表的第一种叶氏年谱，主要依据《缘督庐日记》对叶氏生平进行梳理，内容细致到月日，为后来研究者提供了诸多方便。该谱编纂细致严谨，资料性很强，然受篇幅所限，也存在不足：一、篇幅较短，对事件介绍不够详尽；二、主要依据谱主本人著述，很少利用同时期其他文献史料；三、对于与谱主有交往的人物，只选取少数几人进行介绍，更多人物事迹、交往情况则未加说明；四、全谱只作陈述，缺少相

[①] 北京图书馆编：《北京图书馆藏中国历代石刻拓本汇编》第92册，中州古籍出版社1998年版，第82页。
[②] （清）曹元弼：《复礼堂文集》卷十，宣统丁巳年（1917）刻本。
[③] 沈云龙主编：《近代中国史料丛刊》第一辑，台北文海出版社1966年版。
[④] （清）曹元弼：《复礼堂文集》卷十《皇清诰授通议大夫翰林院侍讲甘肃学政叶公墓志铭》，宣统丁巳（1917年）刻本。
[⑤] （清）曹元弼：《复礼堂文集》卷十《祭叶鞠常（裳）前辈文》，宣统丁巳年（1917）刻本。
[⑥] 钱大成：《记叶鞠裳》，《申报》1948年9月21日。
[⑦] 高拜石：《校订专门家——〈缘督庐日记〉作者叶昌炽》，高拜石：《古春风楼琐记》，台湾新生报社1979年版。
[⑧] 势白：《艺林丛录》第八编《叶昌炽鬻碑帖始末》，台北谷风出版社1986年版。
[⑨] 郑伟章：《叶菊（鞠）裳先生年谱》，《津图学刊》1993年第3、4期和1994年第1期。后增补，收入《书林丛考》（增补本），岳麓书社2008年版。

关考证文字；五、缺乏对人物活动背景的交代；六、在时间和事件记述上还存在一些错误和疏漏。

郑《谱》之后，给叶昌炽编年谱的工作持续进行。2012 年，河北大学尹洁提交名为《叶昌炽年谱》的硕士学位论文，本谱主要依据叶昌炽《缘督庐日记》《奇觚庼诗集》《奇觚庼文集》《藏书纪事诗》《语石》等有关记载，并在此基础上参考相关资料，以期在前人研究成果基础上，为叶昌炽编纂一部更加系统完整的年谱。本谱主要创新点在于：一、力求广泛收集材料，更加完整、全面地呈现谱主一生；二、通过稽考文献，对谱主活动背景、相关事件、交往人物情况予以证实，求得其与谱主行事、思想、作品之间关联性；三、搜集并补入郑《谱》发表后新发现材料。同时，在编纂年谱过程中，也改正了郑《谱》的讹误之处。

2005 年，金振华《叶昌炽研究》在吉林人民出版社出版，该书是作者在博士学位论文基础上修改而成的。作者谈创作思路时说："先从总体上勾勒叶昌炽曲折而富有悲剧色彩的人生经历，再分章点击叶氏几个主要的生活阶段及其主要的著述情况，最后对他的政治立场、政治观点，特别是他的思想脉络进行梳理，不平均使用力量，不面面俱到，而是突出他有思想、有特色，能真正反映他'这一个'的精神面貌、内心世界和学术生涯。"[①] 全书分为七章：第一章"坎坷的经历　多难的人生"，第二章"厚重扎实的治学旅程"，第三章"叶昌炽与〈苏州府志〉"，第四章"关于〈藏书纪事诗〉"，第五章"叶昌炽与敦煌失宝及其它"，第六章"关于〈缘督庐日记〉"，第七章"跳跃奔涌的思想脉搏"。这是目前所见关于叶昌炽生平与学术研究较为全面的专著，所用资料翔实，语言流畅，兼顾学术性与通俗性。

研究叶昌炽的单篇学术论文较多，主要集中在以下几方面：一是叶昌炽生平及交游研究。有王立民《叶昌炽生卒年辨证》[②]、包云志《刘埠、周永

[①] 金振华：《叶昌炽研究》，吉林人民出版社 2005 年版，第 2 页。
[②] 王立民：《叶昌炽生卒年辨证》，《古籍整理研究学刊》2005 年第 5 期。

年、吴大澂、叶昌炽未刊信札四通考释》[1]、王立民《叶昌炽字号及藏书印》[2]、马洪菊《叶昌炽与顾燮光交游考——兼论叶昌炽晚年的政治立场》[3]、马洪菊《叶昌炽籍贯考释》[4]等；二是叶昌炽金石学研究，有吴琦幸《叶昌炽与好太王碑研究》[5]、满江红与李永《叶昌炽金石交游与金石学成就》[6]、李永《叶昌炽金石学交游小考》[7]、李永《叶昌炽书法品评的碑学立场》[8]、马洪菊《叶昌炽与甘肃金石学研究》[9]、马洪菊《叶昌炽早期金石学成就与潘祖荫的影响》[10]、王华《叶昌炽的书法及其金石研究》[11]等；三是叶昌炽敦煌学研究，有吴琦幸《叶昌炽与敦煌研究》[12]、李剑虹《论敦煌失宝及叶昌炽〈缘督庐日记钞〉》[13]、蔡副全《叶昌炽与敦煌文物补说》[14]；四是叶昌炽学术成就综合研究，有孙荣耒《如何评价叶昌炽在近代文化学术上的贡献》[15]、周生杰《孟晋超群：叶昌炽藏书研究成就与影响》[16]；五是叶昌炽其他学术研究，有陈少川《叶昌炽及其目录学成就》[17]、包云志《叶昌炽未刊信札一通考》[18]、马洪菊《叶昌炽与铁琴铜剑楼》[19]、潘佳《上图藏叶昌炽修改稿本〈滂熹斋藏书

---

[1] 包云志：《刘埔、周永年、吴大澂、叶昌炽未刊信札四通考释》，《古籍整理研究学刊》2006年第3期。
[2] 王立民：《叶昌炽字号及藏书印》，《古籍整理研究学刊》2008年第4期。
[3] 马洪菊：《叶昌炽与顾燮光交游考——兼论叶昌炽晚年的政治立场》，《北方民族大学学报》（社会科学版）2010年第6期。
[4] 马洪菊：《叶昌炽籍贯考释》，《剑南文学》2012年第9期。
[5] 吴琦幸：《叶昌炽与好太王碑研究》，《社会科学战线》1985年第4期。
[6] 满江红、李永：《叶昌炽金石交游与金石学成就》，《文山师范高等专科学校学报》2008年第3期。
[7] 李永：《叶昌炽金石学交游小考》，《书法赏评》2009年第4期。
[8] 李永：《叶昌炽书法品评的碑学立场》，《南京艺术学院学报》2009年第3期。
[9] 马洪菊：《叶昌炽与甘肃金石学研究》，《甘肃社会科学》2010年第2期。
[10] 马洪菊：《叶昌炽早期金石学成就与潘祖荫的影响》，《敦煌学辑刊》2013年第2期。
[11] 王华：《叶昌炽的书法及其金石研究》，《收藏》2013年第7期。
[12] 吴琦幸：《叶昌炽与敦煌研究》，《兰州学刊》1985年第2期。
[13] 李剑虹：《论敦煌失宝及叶昌炽〈缘督庐日记钞〉》，《敦煌研究》2000年第2期。
[14] 蔡副全：《叶昌炽与敦煌文物补说》，《敦煌研究》2011年第2期。
[15] 孙荣耒：《如何评价叶昌炽在近代文化学术上的贡献》，《山东图书馆季刊》2005年第4期。
[16] 周生杰：《孟晋超群：叶昌炽藏书研究成就与影响》，《中国矿业大学学报》（社会科学版）2014年第4期。
[17] 陈少川：《叶昌炽及其目录学成就》，《河北图苑》1994年第1期。
[18] 包云志：《叶昌炽未刊信札一通考》，《文献》2004年第4期。
[19] 马洪菊：《叶昌炽与铁琴铜剑楼》，《兰州大学学报》（社会科学版）2009年第2期。

记〉考略》①、杨德志《叶昌炽〈缘督庐日记〉的文献学价值》②、江莺华《叶昌炽与〈寒山寺志〉》③ 等。研究较为全面，且随着新材料的发现，叶昌炽生平及学术志业还会成为学术界关注的热点。

（二）伦明研究

伦明是 1944 年去世的，时值战乱，学界对之研究尚未开展。新中国成立后，各项事业百废待兴，对藏书事业的研究渐入正轨，藏书家研究也逐步开展。1956 年，与伦明共事多年，对其藏书事业十分了解的孙耀卿撰写《藏书家伦哲如》④ 一文，开始伦明研究的第一步。其时孙耀卿亦多病缠身，文章是由雷梦水最后完成的，雷梦水回忆说："1956 年，舅父孙殿起（按即《贩书偶记》作者）以多病亡身，命我代表录他与藏书家伦哲如先生的交往。今整理成文发表。"⑤ 孙耀卿即孙殿起，和伦明共同在琉璃厂开办通学斋，二人为莫逆之交，故了解最深。该文主要从藏书家的角度，记述伦明爱书、购书、读书、抄书、补书、售书、著书等活动，文字虽短，但提供了诸多有价值的史料。

紧随其后研究伦明的有冼玉清和张次溪。冼玉清撰有《记大藏书家伦哲如》⑥，张次溪撰写《伦哲如先生传》⑦。冼玉清为伦明好友，张次溪为伦明同乡挚友张伯桢之子，伦明北京居所与张伯桢、张次溪父子居所仅隔一墙，伦明视次溪犹如子，故张次溪对伦明所知较多。两篇回忆文章成为研究伦明生平和藏书经历的重要史料。

苏精撰《近代藏书三十家》，1979 年开始在《传记文学》连载，1983 年

---

① 潘佳：《上图藏叶昌炽修改稿本〈滂熹斋藏书记〉考略》，《中国典籍与文化》2010 年第 1 期。
② 杨德志：《叶昌炽〈缘督庐日记〉的文献学价值》，《图书馆理论与实践》2013 年第 7 期。
③ 江莺华：《叶昌炽与〈寒山寺志〉》，《江苏地方志》2014 年第 3 期。
④ 孙耀卿：《藏书家伦哲如》，《文史资料选编》第 12 辑，北京出版社 1982 年版。又载秋禾、少莉《旧时书坊》，生活·读书·新知三联书店 2005 年版。
⑤ 雷梦水的话在孙耀卿《藏书家伦哲如》篇首附记。
⑥ 冼玉清：《记大藏书家伦哲如》，《艺林丛录》第五编，商务印书馆香港分馆 1964 年版。
⑦ 张次溪：《伦哲如先生传》刊载何处，待考。转引自杨宝霖《藏书家伦哲如》，东莞市政府文史资料研究委员会编《东莞文史资料选辑》（内部刊物）第 14 期，1989 年印本，第 47 页。

结集出版，其中有《伦明续书楼》一文。文章从"家世生平""续书楼藏书""续修四库全书"等三个方面述评伦氏与书打交道的一生，持论较为中肯，为后人了解伦明提供了很大帮助。但是，该文对伦明研究仅停留在介绍的层面，并且重复内容较多，研究有待深入。

傅振伦《记目录学家伦明先生二三事》[1]、黄正雨《伦明与〈辛亥以来藏书纪事诗〉》[2]、陈思《学者型藏书家——伦明》[3]、杨宝霖《伦明》[4]、伦志清《藏书家伦明与史学家陈垣的书缘》[5] 等文章，对伦明生平、交游、学术等多有研究，但新见不多。

伦明毕生致力于续修《四库全书》，收书、藏书和校书活动也都围绕这一目标进行，并撰写了续修《四库全书》各部提要，因此，研究伦明绕不开其续修《四库全书》这一重要学术活动。熊静《伦明与〈续修四库全书总目提要〉》[6] 一文，探讨伦明所做出的各种努力，读者借此可以了解伦明在续修《四库全书》这个漫长的过程中做出的努力及发挥的巨大作用。此外，王亮博士学位论文《续修四库全书总目提要研究》，认为"伦明是议续修四库用力最多，擘画最密者"[7]，特论公允。

近来，还有学者将伦明诗歌艺术作为研究对象，张纹华《〈伦哲如诗稿〉探析》[8] 一文详细分析了《伦哲如诗稿》的特色，即叙写藏书生涯和与各类人士唱和交游，同时也指出其在诗题与用韵方面之不足。

当下研究伦明的学者，以伦氏后人及东莞人为多。伦明姬妾9人，子女11人，子女中多能为文。长孙伦志清现为北京东莞建设研究会副秘书长，幼年亲聆祖父教诲，与祖父好友往来较多，熟知祖父交游和藏书掌故，他一方面自己回忆撰写了多篇纪念祖父的文章，另一方面则积极为研究者提供资料，

---

[1] 傅振伦：《记目录学家伦明先生二三事》，《文献》1987 年第 2 期。
[2] 黄正雨：《伦明与〈辛亥以来藏书纪事诗〉》，《图书馆论坛》1995 年第 5 期。
[3] 陈思：《学者型藏书家——伦明》，《广东史志》1995 年第 1 期。
[4] 杨宝霖：《伦明》，《东莞现代人物》，广东教育出版社 2008 年版。
[5] 伦志清：《藏书家伦明与史学家陈垣的书缘》，《莞水情》2011 年第 9 期。
[6] 熊静：《伦明与〈续修四库全书总目提要〉》，《山东图书馆学刊》2013 年第 3 期。
[7] 王亮：《续修四库全书总目提要研究》，博士学位论文，复旦大学，2004 年，第 13 页。
[8] 张纹华：《〈伦哲如诗稿〉探析》，《顺德职业技术学院学报》2014 年第 1 期。

对伦明研究起到莫大的促进作用。2012 年,伦志清与国内许多学者共同发起编纂《伦明全集(一)》在广东人民出版社出版,该集分为诗、文二编,收录伦明从未付梓的稿本多种,给学界进一步研究伦明提供了大量的资料。但是,由于伦明很多作品是未刊手稿本,所以读者访求十分不易,为此,熊静撰写《伦明先生文献学著述考》[①] 一文,对伦明著作做一梳理,作为对《伦明全集》的补充,亦有很高的参考价值。

(三) 王謇研究

一生从事教育事业的王謇,生前主要活动在苏、沪两地,他淡泊明志,生前无闻,死后寂寞,1968 年去世后并未立即引起学界关注。今所知最早对王謇生平作全面研究者为甘兰经先生,其《王佩诤先生事略》[②] 对王謇一生介绍较为全面,更由于作者与王謇熟知,记载王謇诸多生活经历,后来研究王謇之文显受此文影响。1982 年,甘兰经又撰《记王佩诤先生二三事》[③] 一文,补充记述王謇藏书生活中的几个不为人知的细节。甘兰经之后,研究王謇生平的文章不时出现,有王謇后人王学雷《松风何寂寥——王佩诤事略》[④]、何大明《前辈风范——记学者王佩诤》[⑤]、何大明《王謇:吴中掌故"第一人"》[⑥]、周生杰《扶轮风雅见襟期——苏州近代学者王謇学术志业述略》[⑦] 等。相较于叶昌炽和伦明,王謇研究还处于起步阶段,诸多问题需要进一步探讨。

(四) 徐信符研究

徐信符一生主要活动在广东、香港等岭南地区,教书、藏书、著书之余,

---

① 熊静:《伦明先生文献学著述考》,《大学图书馆学报》2014 年第 1 期。
② 甘兰经:《王佩诤先生事略》,《苏州市文史资料选辑》第九辑,1981 年版。后附于王謇《续补藏书纪事诗》后。
③ 甘兰经:《记王佩诤先生二三事》,《江苏图书馆工作》1982 年第 4 期。
④ 王学雷:《松风何寂寥——王佩诤事略》,《档案与建设》2001 年第 9 期。
⑤ 何大明:《前辈风范——记学者王佩诤》,《苏州杂志》2006 年第 2 期。
⑥ 何大明:《王謇:吴中掌故"第一人"》,《姑苏晚报》2010 年 8 月 15 日。
⑦ 周生杰:《扶轮风雅见襟期——苏州近代学者王謇学术志业述略》,《中国矿业大学学报》(社会科学版)2015 第 5 期。

广结同心之人，因而其人其事广受学界关注。1934 年，番禺何多源撰写《广东藏书家考（二）·徐信符》[1] 一文，首次披露徐信符的藏书事业。何多源曾任岭南大学图书馆中文部主任、代理馆长，又任广州大学副教授、图书馆主任，和徐信符志趣相投，文章对徐信符藏书事业介绍较为全面。

1947 年，徐信符去世后，郑师许撰写《悼念广东藏书家徐信符先生》[2] 一文，对徐信符任职广雅书局期间，致力于印行各种典籍之举给予高度评价。1975 年台北文海出版社出版《近代中国史料丛刊续编》，收录徐信符《广东藏书纪事诗》，该书附有徐汤殷撰写的《徐绍棨叙传》，是较为全面介绍徐信符生平及学术成就的文章。作者为徐信符之子，因而文章史料可信，语言饱含深情，是学界了解徐信符生平志业的主要文献来源之一。此后，研究徐信符的文章接续不断，主要有：于今《记徐信符先生》[3]、杨炯旋《广东藏书家小记（六）·徐信符》[4]、高炳礼《徐信符与南州书楼》[5]、徐家凤《徐信符和南州书楼概述》[6] 等，上述文章主要追记徐信符的生平及藏书活动，所用史料尚无新发现者。不过，周生杰从徐信符诗歌创作角度，撰写《徐信符：首位用诗歌揭露日军慰安妇制度罪恶的诗人》[7]，给予其诗歌创作成就以高度评价。

1998 年 9 月，广东炎黄文化研究会与番禺炎黄文化研究会联合在广东番禺举办了"徐信符先生学术研讨会"，后将讨论会征集的论文结集为《岭峤春秋——徐信符研究文献集》，广东人民出版社 2004 年出版。该书收录论文 31 篇，徐信符遗文 5 篇，另有附件 4 篇，这次研讨会及论文集出版，对徐信符做了一次较为全面彻底的研究。最有价值的是徐信符孙女徐家凤撰写的《信符公简谱》和王洁玉整理的徐信符藏书目 4 种，为进一步研究徐信符提供了

---

[1] 何多源：《广东藏书家考（二）·徐信符》，《广州大学图书馆季刊》1934 年第 1 卷第 3 期。
[2] 郑师许：《悼念广东藏书家徐信符先生》（稿本，1948 年 8 月 28 日撰）。转引自倪俊明《徐信符与广东地方文献的搜集和整理》，《岭南文史》2002 年第 2 期。
[3] 于今：《记徐信符先生》，《艺林丛录》第三编，商务印书馆香港分馆 1975 年版。
[4] 杨炯旋：《广东藏书家小记（六）·徐信符》，《广东图书馆学刊》1982 年第 3 期。
[5] 高炳礼：《徐信符与南州书楼》，《广东图书馆学刊》1986 年第 3 期。
[6] 徐家凤：《徐信符和南州书楼概述》，《广东文史资料》第 66 辑，广东人民出版社 2011 年版。
[7] 周生杰：《徐信符：首位用诗歌揭露日军慰安妇制度罪恶的诗人》，《石家庄学院学报》（哲学社会科学版）2016 年第 5 期。

宝贵资料。

（五）其他著者研究

上述四家而外，从事藏书纪事诗撰著的学者还有莫伯骥、吴则虞、周退密、宋路霞、王献唐、蔡贵华等。

关于莫伯骥，有两篇研究论文值得关注。一是宁文《我国近代著名藏书家莫伯骥及其著作》[①]，该文介绍莫氏生平、搜书、藏书经过、"五十万卷楼"所藏珍善本图书概况及其五十余种著述等。二是罗焕好《我国近代著名藏书家莫伯骥及其五十万卷楼藏书》[②]，文章简要分析莫氏藏书经过，对其藏书散佚情况作了初步考察。

学术界对于吴则虞研究尚未全面开展，仅有吴受琚写过两篇论文：一为《悼念我的父亲——吴则虞教授》[③]，二为《怀念我的父亲——吴则虞》[④]，两文简要介绍吴则虞生平和学术成就。吴受琚为吴则虞之女，因而文章读来感情真挚，但是内容太少，对吴则虞学术方法、成就等尚未触及。

王献唐为近代著名文献学家、图书馆学家，学术界对其研究开展早，研究深入且全面。早期研究文章主要有：屈万里《王献唐先生事略》[⑤]、王仲裕《宗弟献唐事略》[⑥]、夏鼐《王献唐传略》[⑦]、王国华《王献唐生平事略》[⑧]、王国华《王献唐传略》[⑨]等。屈万里、王仲裕、夏鼐为王氏生前好友，而王国华为王献唐之子，故上述诸文史料可信。20世纪八九十年代有关王献唐的研究文章大都集中发表在青岛大学主办的《东方论坛》和山东省图书馆主办的《山东图书馆季刊》上。代表论文有王绍曾《日照王献唐先生事略》[⑩]、李勇

---

① 宁文：《我国近代著名藏书家莫伯骥及其著作》，《贵图学刊》1994年第3期。
② 罗焕好：《我国近代著名藏书家莫伯骥及其五十万卷楼藏书》，《图书馆论坛》2006年第3期。
③ 吴受琚：《悼念我的父亲——吴则虞教授》，《四川图书馆学报》1979年第4期。
④ 吴受琚：《怀念我的父亲——吴则虞》，《中国社会科学报》2013年5月13日。
⑤ 屈万里：《王献唐先生事略》，（台）《大陆杂志》第29卷第8期（1966年）。
⑥ 王仲裕：《宗弟献唐事略》，（台）《山东文献》第2卷第3期（1976年）。
⑦ 夏鼐：《王献唐传略》，《考古》1960年第10期。
⑧ 王国华：《王献唐生平事略》，《中国当代社会科学家》（第三辑），1983年。
⑨ 王国华：《王献唐传略》，《文教资料简报》1983年第1期。
⑩ 王绍曾：《日照王献唐先生事略》，《山东图书馆季刊》1994年第1期。

慧《王献唐先生年谱》①、骆伟《王献唐先生学术思想初探》②、张书学《王献唐与吕振羽的学术交往及其在现代史学上的意义》③ 等。

进入 21 世纪以来，学界对王献唐的研究不断向纵深拓展，出现了三篇重量级的学术论文。一为丁原基《王献唐先生之生平及其学术研究》④，全文分七章，从生平、著述、目录版本学、校雠学、金石学、维护地方文献等方面展开研究，并附有《王献唐先生简谱》《王献唐先生著作年表》《王献唐先生室名别号汇录》等。二为蔡炜《王献唐研究》⑤，论文依据王献唐著述，查阅大量地方文献资料并参考前人研究成果，客观再现王献唐学术研究和创作活动，从思想、著述、贡献等角度对其多方面学术成就和贡献进行较为全面、深入的探究。三为李勇慧《王献唐研究》⑥，该文在广泛搜集整理其学术遗著及日记、手札、档案等第一手资料基础上，吸收以往研究成果，对王献唐生平学行、事功学问进行较为全面、客观、准确的考察，力图澄清诸多学术疑案与学术盲点，填补相关研究空白，展示其事功与学术双峰并峙之全貌。论文通过答辩后，交由山东教育出版社 2012 年出版，改题曰《一代传人王献唐》。

撰写《上海近代藏书纪事诗》的周退密和宋路霞二位先生都健在，而撰写《扬州近代藏书纪事诗》的蔡贵华却于 2009 年离世，学术界对他们的生平与著述研究尚未展开。

二 著述研究

与著者研究一样，学界对于各种藏书纪事诗著述研究亦呈现不均衡状态，已有的论文主要集中在对叶昌炽《藏书纪事诗》研究上，对其余著述研究很不足。

---

① 李勇慧：《王献唐先生年谱》，《山东图书馆季刊》1994 年第 2 期。
② 骆伟：《王献唐先生学术思想初探》，《东方论坛》1996 年第 3 期。
③ 张书学：《王献唐与吕振羽的学术交往及其在现代史学上的意义》，《东方论坛》1996 年第 3 期。
④ 丁原基：《王献唐先生之生平及其学术研究》，博士学位论文，台湾东吴大学，2005 年。
⑤ 蔡炜：《王献唐研究》，硕士学位论文，山东大学，2008 年。
⑥ 李勇慧：《王献唐研究》，博士学位论文，山东大学，2012 年。

叶昌炽《藏书纪事诗》成书距今已经一个世纪多了，学界对其研究方式主要有批校、编制索引和引得、总体研究上。一般来说，旧式研究思路集中在前两方面，如王国维、陈垣等为之批校，张思崟编制了索引，蔡金重编制了引得。而总体研究方式有两种。

（一）论著

研究藏书纪事诗的论著主要集中在叶昌炽《藏书纪事诗》上。21世纪以来，四篇专题学位论文值得注意。

胡一女《叶昌炽与〈藏书纪事诗〉》[①] 在综合前人研究的基础上，对《藏书纪事诗》成书过程、体例特点、影响等作较全面梳理。全文共分四大部分：第一部分介绍叶昌炽生平，从生平经历分析其文献学思想形成与成熟契机，并对其总体著述情况作简单介绍和评价。第二部分考证《藏书纪事诗》编撰缘起、编撰经过、版本流传情况，重点阐释体例编排、内容特点，并简要分析不足之处。第三部分介绍《藏书纪事诗》深远影响，并从叶昌炽藏书情况、交友情形、苏州文化环境等方面探讨著作形成原因。第四部分为叶昌炽年谱简编。

孙荣耒《叶昌炽和〈藏书纪事诗〉研究》[②] 分为两部分：第一部分叶昌炽研究，主要对叶昌炽家世、科举考试、仕宦经历、一生行踪、主要著述、校编著作、藏书成就及思想情怀等作考证梳理。第二部分《藏书纪事诗》研究，主要讨论叶昌炽撰写《藏书纪事诗》过程、内容和评价，并附录几则对《藏书纪事诗》的订正。

王立民《叶昌炽〈缘督庐日记〉研究》[③] 利用苏州图书馆藏叶氏日记稿本，由文本研究入手，多有新见。其中第四章《〈缘督庐日记〉中所见叶氏著述资料》，对日记中叶氏撰写、修改和刊刻《藏书纪事诗》资料作钩稽，可以考见《藏书纪事诗》成书背景。

---

① 胡一女：《叶昌炽与〈藏书纪事诗〉》，硕士学位论文，武汉大学，2004年。
② 孙荣耒：《叶昌炽和〈藏书纪事诗〉研究》，硕士学位论文，山东大学，2004年。
③ 王立民：《叶昌炽〈缘督庐日记〉研究》，东北师范大学出版社2009年版。

值得注意的是，翟朋的学位论文《藏书纪事诗研究》[①] 分为三部分：第一部分总体介绍藏书纪事诗的含义和文体演变；第二部分分四个时期论述藏书纪事诗从初创到终结的历史过程，此为主体部分；第三部分概括藏书纪事诗的学术价值。该文系首次将叶、伦、王、徐、吴、周和宋等著述进行整体研究和总结，启发学界认识藏书纪事诗创作是一脉相承的。但全文八万字左右，对每个问题皆泛泛论及，不能做到深入分析与总结，且囿于资料，将藏书纪事诗创作终结者归为周退密、宋路霞所著《上海近代藏书纪事诗》，有悖实际，事实上，蔡贵华先生所著《近代扬州藏书纪事诗》才是最晚之作。

（二）论文

在叶昌炽《藏书纪事诗》研究上，徐雁于此努力较多，先后撰写了 4 篇文章介绍和评价《藏书纪事诗》：《〈藏书纪事诗〉收录藏书家不足千人》[②]、《叶昌炽的〈藏书纪事诗〉》[③]、《书城掌故藏家史别有续编在人间——〈续补藏书纪事诗四种〉整理记》[④] 和《芸香浓处多吾辈——〈藏书纪事诗〉行世百年祭》[⑤] 等。徐雁在论文中积极向学界介绍叶氏《藏书纪事诗》，尤其是考证《藏书纪事诗》收录藏书家人数具体到 739 人，为进一步深入研究打下基础。相关研究文章还有：吴琦幸《北图所藏〈藏书纪事诗〉和〈语石〉的批注本》[⑥]、胡道静《谈〈藏书纪事诗〉体》[⑦]、魏文峰《北图所藏〈藏书纪事诗〉王国维批语辑录》[⑧]、蔡贵华《〈藏书纪事诗〉引文得失》[⑨] 和《〈藏书纪事诗〉文献征误一则》[⑩]、陈其弟《〈藏书纪事诗〉辨误两则》[⑪]、王锷《〈藏

[①] 翟朋：《藏书纪事诗研究》，硕士学位论文，南开大学，2010 年。
[②] 徐雁：《〈藏书纪事诗〉收录藏书家不足千人》，《图书馆论坛》1986 年第 2 期。
[③] 徐雁：《叶昌炽的〈藏书纪事诗〉》，《史学史研究》1986 年第 4 期。
[④] 徐雁：《书城掌故藏家史别有续编在人间——〈续补藏书纪事诗四种〉整理记》，《武汉大学学报》1986 年第 5 期。
[⑤] 徐雁：《芸香浓处多吾辈——〈藏书纪事诗〉行世百年祭》，《图书馆》1998 年第 5 期。
[⑥] 吴琦幸：《北图所藏〈藏书纪事诗〉和〈语石〉的批注本》，《文献》1987 年第 1 期。
[⑦] 胡道静：《谈"〈藏书纪事诗体〉"》，《读书》1988 年第 1 期。
[⑧] 魏文峰：《北图所藏〈藏书纪事诗〉王国维批语辑录》，《文献》1988 年第 3 期。
[⑨] 蔡贵华：《〈藏书纪事诗〉引文得失》，《图书情报论坛》1995 年第 1 期。
[⑩] 蔡贵华：《〈藏书纪事诗〉文献征误一则》，《贵图学刊》1995 年第 3 期。
[⑪] 陈其弟：《〈藏书纪事诗〉辨误两则》，《文教资料》1997 年第 4 期。

书纪事诗〉跋》[1]、王兴堂《〈藏书纪事诗〉新论》[2]、茹兴华《〈藏书纪事诗〉的特点及成就》[3]、俞黎华《评藏书研究的拓荒之作———〈藏书纪事诗〉》[4]等,上述文章从各种角度展开对《藏书纪事诗》进行研究,多有创获。

受《藏书纪事诗》研究之影响,学界对于其他著述的研究渐次开始。1937年蔡金重编《藏书纪事诗引得》,收录伦明《辛亥以来藏书纪事诗》,第一次将伦著与叶著比肩。苏精《伦明续书楼》[5]一文论及《辛亥以来藏书纪事诗》比较客观,肯定论著"与众不同,为人所乐看",亦指出"体例上不如叶氏的严谨"、"精悍有余,完整不足"的缺陷。周生杰《〈辛亥以来藏书纪事诗〉新论》[6]论述该书在学术价值上,重在记载藏书的聚散离合及重要典籍的存毁流传;诗作风格上体现出典重质实,涵纳藏书家个人遭际和世事纷纭之变的特色。此外,江庆柏《王謇〈续补藏书纪事诗〉考说》[7]以及杨旭辉《王謇〈续补藏书纪事诗〉清稿本叙录》[8]等,对王著特色、价值和版本等问题分别进行探讨。黄增章《〈广东藏书纪事诗〉的地位与特色》[9]一文是迄今为止唯一一篇以《广东藏书纪事诗》为研究论题的学术论文,文章高度称赞徐著是"第一种地方性的藏书纪事诗,也是广东藏书史的权威之作",有一定道理的。

---

[1] 王锷:《〈藏书纪事诗〉跋》,《图书与情报》1999年第3期。
[2] 王兴堂:《〈藏书纪事诗体〉新论》,《文史杂志》2008年第2期。
[3] 茹兴华:《〈藏书纪事诗体〉的特点及成就》,《商业文化》(学术版)2008年第12期。
[4] 俞黎华:《评藏书研究的拓荒之作——〈藏书纪事诗〉》,《山东图书馆季刊》2004年2期。
[5] 苏精:《伦明续书楼》,《近代藏书家三十家》,中华书局2009年版。
[6] 周生杰:《〈辛亥以来藏书纪事诗〉新论》,《社会科学战线》2012年第9期。
[7] 江庆柏:《王謇〈续补藏书纪事诗〉考说》,《古籍研究》2002年第1期。
[8] 杨旭辉:《王謇〈续补藏书纪事诗〉清稿本叙录》,《语文知识》2009年第4期。
[9] 黄增章:《〈广东藏书纪事诗〉的地位与特色》,《岭峤春秋——徐信符研究文献集》,广东人民出版社2004年版。

第二章　叶昌炽与《藏书纪事诗》

"买书难遇盲书贾，管教仍然老教官。芸香浓处多吾辈，广觅同心叙古观。"这是伦明赞美叶昌炽的一首诗，短短四句话，概括出叶氏辛勤忙碌与书打交道的一生。叶氏为晚清近代颇有影响的政客、史官，更是著名学者，在藏书学、方志学、金石学、目录学、敦煌学和编辑出版学等领域，都取得了不俗成就，在繁忙而紧张的一生中，撰著大量学术文集，在多个学科研究中开创出新天地。

第一节　叶昌炽生平

叶昌炽（1849—1917），字鞠裳，号颂鲁，又号缘督，自题寂鉴遗民、缘庐主人等①，长洲县（今江苏苏州）人。叶氏先祖本浙江绍兴人，高祖时迁苏州。关于迁居之事，叶昌炽记述说："闻诸先大夫曰：'尔高祖南发公昆弟三人：一讳南兴，一讳南表，其伯仲不可得详也。世居浙之绍兴府，亦不详其何邑也。南发公自越迁吴，遂占籍长洲县，同产两支相传，一留越，一侨蜀，亦不知其本末。'"② 祖父叶秀荃因父亲生意失败而辍读，靠经营布庄发

---

① 叶氏的字、号很多，据金振华考证，字还有菊裳、兰裳、鞠常、芳掞等，号还有缘裻、荥居士、歇后翁、缘督庐主人、烂柯叟、荥独居士、寂鏥遗民、蘧大夫、幡瓠叟、己希野叟、惇史等。见金振华《叶昌炽研究》，吉林人民出版社 2005 年版，第 9 页。叶氏最长用的字为缘督（裻），来自《庄子·养生主》："为善无近名，为恶无近刑，缘督以为经。可以保身，可以全经，可以养生，可以尽年。"

② （清）叶昌炽：《奇觚庼文集》卷下《先祖竹斋公事略》，《续修四库全书》第 1575 册，第 326 页。

家,且为人乐善好施,在乡里留下很好的口碑。父亲叶震荣继承父业,亦商贾一生,但他却试图让子弟摆脱低下的商人身份,于是刻意培养长子叶昌炽读书,走学而优则仕的传统士子晋升之路,让次子叶昌言继续经营布庄,传承家业。

一 少读乡里

叶昌炽青少年时代是在乡里度过的,时间从道光二十九年(1849)至同治十三年(1874),即从出生到26岁。

据叶氏本人记载,13岁时拜苏州名士刘永诗为师①,由于天资聪慧,及早展露才名,"未及弱冠即纳交于儒林老宿潘钟瑞、朱怡云、熊纯叔等先生"②。与诸地方名士交结,对叶昌炽日后读书治学影响深远,他说:"从诸老先生之后,导我先路。诗古文词则柳大令质卿,经术则潘明经邕侯,皆事之在师友之间。"③ 这期间,叶昌炽还先后结交苏州儒林老宿潘钟瑞、朱怡云、熊纯叔等,众先生均爱叶昌炽天资聪颖,提携较多。

如果说跟随刘永诗等人学习,叶昌炽在学业和文采方面大有长进的话,那么奠定其一生学术和思想志趣的则在正式入塾之后。同治四年(1865),叶昌炽就读于苏州正谊书院。正谊书院发轫于清嘉庆十年(1805),在当地很有名气,与紫阳书院比肩。"紫阳书院由俞樾主讲,正谊书院则由冯桂芬主讲,培养出一大批在后代有影响力的学者,例如吴大澂、陆润庠、潘祖荫、缪荃孙等人。在这两个书院中已经开始纠正了江藩所说的重经轻史的风气,在版本校雠方面犹见长。并且将版本目录之学提升到小学基本知识的高度。"④ 主讲冯桂芬(1809—1874),字林一,号景亭,吴县(今江苏苏州)人。晚清思想家、散文家,曾师从林则徐。道光二十年(1840)进士,授编修,咸丰初在原籍办团练,同治初,入李鸿章幕府。少工骈文,中年后肆力古文,尤重

---

① (清)叶昌炽:《奇觚庼文集》卷下《刘师母韩恭人家传》,《续修四库全书》第1575册,第322—323页。
② 郑伟章、李万健:《中国著名藏书家传略》,书目文献出版社1986年版。
③ (清)叶昌炽:《奇觚庼文集》卷上《〈共赏集〉序》,《续修四库全书》第1575册,第268页。
④ 吴琦幸:《缘督庐日记钞》卷首《前言》,北京图书馆出版社2007年版。

经世致用之学。在上海设广方言馆，培养西学人才。先后主讲金陵、上海、苏州诸书院。冯桂芬为改良主义先驱人物，最早表达出洋务运动"中体西用"的指导思想。在正谊书院，叶昌炽用心苦读，深得冯桂芬器重，他"殚心古籍，不为俗学"[1]，尤好阅读汉魏古文，诸篇习作古味十足，渐显风骨，年纪轻轻便显现出为文天赋，与王颂蔚、袁宝璜合称"苏州三才子"。

同治九年（1870），22 岁的叶昌炽应冯桂芬之聘，参与《苏州府志》编纂工作，冯桂芬任总纂官，而叶昌炽则先后承担《公署》《学校》《坛庙》《寺观》《释道》等门编撰任务。《同治苏州府志》在历代苏州府志中体现出鲜明特色，倾注总纂官冯桂芬"以中国之伦常名教为原本，辅以诸国富强之术"[2]的变革思想。叶昌炽耳濡目染，前后七年起居于志局中，尽心尽力做好编纂工作，为搜集史料，经常踏勘各处村野山寺，借此阅读大量碑志，并购汉碑数种，主要有《孔庙铭》《孔君墓碣》《礼器碑》《孔彪碑》《孔褒碑》《百石卒史碑》《熹平残碑》等。

修志期间，叶氏丝毫没有放松读书，他给自己制定了严格的读书计划，平日读书规定课例为"单日理经史百家，双日攻帖括，晨临篆楷，夜作抄胥，逢十作时文，逢五作散文"[3]。几年来所读古书计有《诗经》《续后汉书》《商子》《文子》《洪稚存集》《吴越备史》《尚书大传》《吴越春秋》及两汉刘向、扬雄、董仲舒、班固等人文集等，广泛涉猎典籍，叶氏学问大长。这次修志经历，磨砺其坚韧品质，为其日后从事金石学研究打下基础，尤为可贵的是修志过程中贯彻冯桂芬变革思想，这为叶氏后来目睹甲午战败、庚子之乱时不断总结失败原因，积极探寻国家富强之路打下思想和学术铺垫。

二 辗转应试

叶家经营有方，但身为商贾，缺少士人名分，叶昌炽多年来读书治学，

---

[1] 郑伟章、李万健：《中国著名藏书家传略》，书目文献出版社 1986 年版。
[2] （清）冯桂芬：《校邠庐抗议·采西学议》，上海书店出版社 2002 年版，第 57 页。
[3] （清）叶昌炽：《缘督庐日记钞》（第一册）卷一"同治九年十一月二十二日"，国家图书馆出版社 2007 年版，第 12 页。以下引用该书只列书名、卷次、日期与页码。

承载着家族极大厚望，其最终目的是要走科举仕途。从光绪元年（1875）①至光绪十五年（1889），他先后辗转多地，参加乡试与会试，并最终成就功名。

光绪元年（1875）七月初十日，叶氏从苏州启程前往金陵参加乡试，同船者五人：渭渔、苇卿、杨洽林希春、吴稚梅立昉、寿铭。叶氏初战告捷，取得举人头衔。返回途中，他兴致很高，与友人先后游览金山寺、鸡鸣山、昭忠祠、莫愁湖、甘露寺、焦山、惠山等胜景，每到一处，叶氏主要精力不是放在浏览光景之上，而是访碑购帖，收集文献。中举之后两年间，叶昌炽继续从事府志撰写工作，终于在光绪二年（1876）完成所负责的《公署》《学校》《坛庙》《寺观》《释道》五门，全部书稿共 12 册。其间，叶昌炽还两次前往常熟铁琴铜剑楼访书。在常熟，他应瞿敬之、瞿清之兄弟之约，欣然应允校订补辑《铁琴铜剑楼书目》史、子两部分。

光绪三年（1877）春，叶昌炽首次赴京会试，与王颂蔚等四人同行。复试时叶昌炽本排在一等十一名，但因为被侍郎钱宝廉所弃，最终落第。回乡后，见物价飞涨，生活困难，他远走湖北，结识诸多新友，过了一段饮酒赋诗的休闲时光。在武昌，叶氏创作多首诗歌，其中《九日武昌和石君即次其韵》云："才罢燕游作楚游，登高怅触不胜愁。萧骚脱叶亭皋下，惆怅飘蓬水国秋。作客郗生还入幕，感时王粲独登楼。江山满目归何处？且把茱萸插满头。"②表面悠闲，实则满腹惆怅，面对艰难的科举之路百忧顿生。

光绪六年（1880），叶昌炽第二次赴京参加会试，同行者有刘骥云、王颂蔚、蒋康甫、陈菊坪。但天不酬勤，叶昌炽再次落榜，同行者惟王颂蔚得中。孤苦忧愤中，叶氏写下了"覂驾之马见屏孙阳，惟有扪心自咎而已"③之语，表达郁愤之情，并以之自责自励。

按照三年一考惯例，光绪九年（1883）又是会试之年，但是两年前叶父去世，叶昌炽必须为之守孝三年，这样，本次会试叶氏便无缘参加了。光绪

---

① 金振华以为叶昌炽于光绪二年（1876）参加乡试中举，误，见其《叶昌炽研究》，第 23 页。《缘督庐日记钞》卷一"乙亥七月初十日"记载前往金陵应举明白无误。
② （清）叶昌炽：《奇觚庼诗集》前集，《续修四库全书》第 1575 册，第 237 页。
③ 《缘督庐日记钞》（第一册）卷一"庚辰四月十二日"，第 231 页。

十一年（1885），为迎接下一年会试，叶昌炽只身早早来京城做准备，但是接下来叶家发生了一连串的变故：一是次子恭谋夭折，二是弟弟昌言去世，三是母亲犯病。噩耗接踵而至，叶昌炽不得已放弃来年会试的打算，匆匆赶回家中，尽心服侍老母。然好景不长，母病日久难以治愈，很快与世长辞。迭遭变故的叶昌炽此时家中已是"债台高筑，势难谋食"①，他不愿意坐吃山空，于是通过王颂蔚介绍，远赴广州，成为广东学政汪鸣銮幕僚。在广州，叶昌炽多次前往方功惠碧琳琅馆访书。方氏碧琳琅馆为光绪间广州城内著名私家藏书楼，藏书之富与同城孔广陶三十三万卷书堂并称，亦可与同期杭州丁丙八千卷楼和常熟陆心源铁琴铜剑楼相媲美。叶昌炽在此观书，犹如探宝者走进储满金银的洞穴，收获极大。然好景不长，光绪十四年（1888），同来好友管礼耕病重，叶氏不得不护送其归乡疗养。叶氏回到苏州老家半年之久，正为前途忧虑之时，友人黄再同邀其同赴北京，到京后即馆于黄家。黄父黄彭年为叶氏座师，且黄再同十分欣赏叶昌炽学识渊博，故待之至厚，经常出示家藏珍本供叶氏阅读。

光绪十五年（1889），叶昌炽第四次参加会试，功夫不负苦心人，终于高中，列第十二名进士，复试为一等第四名，殿试列二甲第二十名，与学生江标同年得中，江标列二甲第十三名。面对迟来的荣耀，叶昌炽十分淡然，日记说："但如仆者，精力销亡，已成弩末，且痛我二亲之不及见也。自幸之余，益动终天之恨。"②偌大年纪才完成科举心愿，喜悦被疲惫冲淡，而双亲不及分享这一佳讯，内心之痛，情何以堪。

三　各地为官

叶昌炽于光绪十五年（1889）四月中进士，五月，他参加选拔考试，奉旨改为庶吉士，先在翰林院内学习，之后可以在京为官。面对光明前途，叶昌炽一扫之前的阴郁，颇为自得，日记说："余自榜发后，朝贵之门从不敢轻

---

①　《缘督庐日记钞》（第一册）卷一"丙戌六月二十六日"，第455页。
②　《缘督庐日记钞》（第二册）卷五"己丑四月初九日"，第114页。

投一刺。在当轴过采虚声则有之，在余则问心无愧也。"① 自感做官"问心无愧"的叶昌炽，为官之时正值清末，内忧外患给了他一次次无奈和失望。

翰林院散馆后，叶昌炽授史馆编修，依次补为国史馆协修、纂修、总纂等官，参与《清史》儒林、文苑两稿编撰工作。光绪二十一年（1895），入会典馆，修《武备图说》，第二年补会典馆纂修，迁国子监司业，赏戴花翎，加三品衔，光绪二十四（1898）年复加侍讲衔。

在史馆做事，纯属冷官，但叶昌炽并无寂寞之感，公务之余，大部分时间用于购书鬻碑，琉璃厂的鉴清阁、集古堂是他常去的书坊，其嗜书之深、购书之广、鉴书之精在业界传为美谈，源于此，很多书估常常会挟书来叶府兜售。

叶昌炽的京官生涯结束于光绪二十八年（1902）正月二十八日，清帝一纸谕旨将其派往甘肃任学政。初闻此事，叶昌炽"且惭且惧"，感慨自己"浮湛十载，二毛斑矣。迢迢五千里，山岭险阻，甘省边陲僻远，风气未开，惟恐陨越"②。事实上，叶昌炽的担忧不无根据，那一年他已是54岁的老人了，身体孱弱多病，更加惨痛的是几年来三个儿子先后去世，精神受到严重打击。尤其是长子恭彝的离世，让他万念俱灰，"冢嗣倾亡，椸书无付，先大父一脉从此竟绝。如不佞者，上无以对先人，下无以对逝者，中无以见亡弟。不祥之身，块然待尽，即谓同绝命于此时可也"③。但是，君命难违，叶昌炽经过长时间的跋涉，最终还是履职西北边陲。在甘肃任职四年，他足迹遍及甘省各地，尽心尽责，考核生员，选优拔萃，为当地培育大批有用之才。

政务之余，叶昌炽在甘省最大的收获是饱览和收购大量碑帖，为其后来撰写《语石》补充足够的资料。魏晋以来，文化中心逐渐南移，受地域因素等影响，到了明清时代，甘肃一带文化逐渐落后，但古迹鲜少受破坏。叶昌炽各处搜寻、摹拓，收获甚丰，乐此不疲，自称"度陇以来墨林第一快事"④。为观摩珍稀碑刻，叶氏常常冒着各种危险前往，如在渭源，知悉署门

---

① 《缘督庐日记钞》（第二册）卷五"己丑五月初十日"，第120页。
② 《缘督庐日记钞》（第三册）卷十"壬寅正月廿八日"，第74页。
③ 《缘督庐日记钞》（第二册）卷七"丙申九月廿九日"，第347页。
④ 《缘督庐日记钞》（第三册）卷十一"光绪二十九年正月廿九日"，第242页。

外有康熙十一年（1672）《招地垦荒碑》，虽不为古碣，但石质坚硬，莹白如玉，于是"夜与介侯秉烛往摩挲之"①。甘省为官几年，叶昌炽所获碑版年代久远，自魏晋以迄宋、元、辽、金，各代均有，而最可宝者为从袁伯谦处得见赵子固《落水兰亭》真本。王羲之《兰亭序》有多种拓本或摹本，自来深受书家喜爱。其中，宋人赵孟坚（字子固）手持《兰亭序》一拓本乘船，船覆之时，他手持拓本安然无恙，不介意行李没水，事后题八字于卷首"性命可轻，至宝是保"，因有《落水兰亭》之谓。叶氏得观，"端居谢客，出《落水（兰亭）》真本禊帖，摩挲终日，不自量蚍蜉撼树，对临一本，并录宋元以来诸家题识于后"②。

叶氏甘省任职结束于光绪三十二年（1906），是年四月，清廷裁撤各省学政，命他们回京供职，叶昌炽此时又经历女儿去世的打击，身边再无子嗣，万念俱灰，遂称病退归故里，回到了阔别已久的苏州。致仕后，叶昌炽一心致力于整理藏书、碑版及自己著述，还曾在存古学堂主讲史学，辛亥后，叶昌炽婉拒江苏省立图书馆馆长、《清史稿》名誉总纂、《苏州县志》修撰等职，或许其内心深处对前清有一种感恩之情，以不仕新朝而守忠吧。

民国六年（1917）六月，叶昌炽患上脾胃之疾，三个月后，终于不治，于九月二十二日弃世长辞，享年69岁。《清史稿》卷四百八十六《文苑传三》有传。

四 学术成就

综观叶昌炽一生，为官各地之外，最可称道者还是其卓著的学术成就，他"治学无书不读，尤好碑版目录之学，兼通小学，善做词章。而数次为当地乡梓编撰方志，又广搜桑梓文献、历朝典故，学问为之大开"③。叶昌炽在近代文化学术上的贡献，除藏书史、石刻学、敦煌学之外，在古籍刊刻、书目编纂、方志纂修等方面也做出了出色成绩，今从藏书、

---

① 《缘督庐日记钞》（第三册）卷十一"光绪二十九年三月十一日"，第257页。
② 《缘督庐日记钞》（第三册）卷十二"光绪三十一年十二月初三日"，第465页。
③ 吴琦幸：《前言》，《缘督庐日记钞》卷首，第3—4页。

金石学和敦煌学等三方面略作述论。

（一）藏书学

叶昌炽凭借其经典之作《藏书纪事诗》而广为学界认知，奠定其藏书学史上的地位，这一成就获得与其一生广泛阅读、求购、典藏和整理图籍分不开。

叶氏读书范围极广，出于科举需要，青少年时代的日课是经书和史书，中年以后则逐渐转向子部和集部。《缘督庐日记》详细记载读书情况，其读书之广之精且勤，常人难以企及，后人给以"读书特别讲究几种同名不同版本的图书对读，善于发现某部书的长处和不足，在本本之间进行优劣比较。这种不迷信于一部书甚至不尽信于权威书的读书风格，在今天看来，也都是弥足珍贵和值得提倡、发扬的"① 之论，倒也确切。

读书与访书是孪生姐妹，善读者必善访。叶昌炽一生勤于政事，精于访书，最爱去之私家藏书楼有常熟瞿氏铁琴铜剑楼、虞山赵宗建旧山楼、方功惠碧琳琅馆等。因为多次前往铁琴铜剑楼之故，楼主瞿敬之、瞿清之兄弟给予热情接待，每次都出示多种藏书珍品。叶氏还将目光投向海外，闻言杨守敬从日本携归不少宋元古本，即从其访购数种，充实私藏。为官京城期间，叶氏购书最多，薪俸所入大多交给各家书店，他利用京城购书之便，专意搜罗吴地文献，形成自己的藏书特色。叶氏藏书数量未见具体统计数字，但宣统二年（1910）九月间，叶昌炽整理藏书说："位置箱架，整理签题，新旧都三十三箱。湖海投赠、坊肆雕造并丛残不全之本，另置三架；又卧室精本一架，与旧拓装册本，分上下而居之；拓片九箱。二十年塾师，二十年宦游，十束之脡，五斗之俸，尽于此矣。"②

多年读书和藏书经历，造就了叶昌炽渊博的古籍知识，为此他把更多精力用在了图书校勘上。30岁生日时，叶氏有诗言："不觉流光逝，萧疏鬓欲

---

① 金振华：《叶昌炽研究》，吉林人民出版社2005年版，第66页。
② 《缘督庐日记钞》（第四册）卷十四"庚戌九月重阳日"，第169页

苍。江湖游食倦，岁月校书忙。"①《缘督庐日记》中随处可见叶氏校书记载，如光绪十年（1884），叶昌炽应潘祖荫之邀馆于其家，为其校刻《功顺堂丛书》，共4函24册，校古籍凡80种；民国三年（1914），为缪荃孙校核《江苏金石目》等。好友曹元弼对于叶氏校书成就多有赞誉，称："公校勘学冠当代，初与管明经同鉴定瞿氏《铁琴铜剑楼宋元本书目》，嗣为蒋芗荪太守校《铁华馆丛书》，精塙洞虇。为潘文勤校《功顺堂丛书》，传习艺苑。"②

（二）石刻学

传统上，石刻研究一直是金石学的一个组成部分，"直到叶昌炽才在理论上把它从金石学中划分出来，成为一门独立的学科"③。叶氏自幼痴迷碑版之学，"山岩屋壁，断楮残拓，珍如性命"④。同治十三年（1874），叶昌炽开始金石拓片收藏工作，此次所购汉碑数种，有《孔庙铭》《孔君墓碣》《礼器碑》《孔彪碑》《孔褒碑》《百石卒史碑》《熹平残碑》等。不久又购入秦川尚天《释天》手稿一卷、校《商子》、影钞《太元经》《说文解字》《崇政桥工记》等。此后多年，叶昌炽长期与王颂蔚、管礼耕、缪荃孙、吴大澂、陆蔚廷、沈增植、潘祖荫、王懿荣等研求碑版，互通有无，二十余年的多方购求，得藏碑八千余通庋于"五百经幢馆"，规模仅次于缪荃孙"云自在龛"。任甘肃学政期间，叶昌炽还为邠州大佛寺唐、宋、金、元碑百余通撰写题跋，详加考证，著成《邠州石室录》3卷，"书中原刻文字皆先生手摹，其精卓不可及"⑤。光绪二十二、二十三年（1896、1897），叶氏做汪鸣銮幕僚期间，还曾为汪编《关中金石记》《闽中金石记》等金石学著述。

叶氏石刻学研究最可称道者为光绪二十六年三月至第二年（1900—1901）

---

① （清）叶昌炽：《奇觚廎诗集·前集》，《续修四库全书》第1575册，第238页。
② （清）曹元弼：《复礼堂文集》卷十《皇清诰授通议大夫翰林院侍讲甘肃学政叶公墓志铭》，民国六年（1917）刊本。
③ 孙荣耒：《如何评价叶昌炽在近代文化学术上的贡献》，《山东图书馆季刊》2005年第4期。
④ （清）吴郁生：《缘督庐日记钞序》，《缘督庐日记钞》卷首，第2页。
⑤ 陆翔云语。陆1945年购《邠州石室录》民国四年（1915）刊本上下两册，于上册封面题购书缘由，下册封面题评语。

十一月撰成《语石》初稿。宣统元年（1909），在学生潘祖年帮助下，叶昌炽将初稿稍事增减，重新厘为10卷，刊刻印行。全书共分274条目，485则。叶昌炽对于《语石》一书较为自负，云："余自去年三月发愤作《语石》一书，论碑版之学，专开门径，及访求、收藏、鉴别之事，既非欧、赵之目，亦非潘、王之例，非叙跋，非考释，似于金石门中别开生面。"① 书中对于几乎所有带契刻文字的石制品都有涉及，"首次全面、系统地阐述了碑刻的发展、分类、内涵及研究对象，从而奠定了碑刻学的础石，成为中国碑刻学的一部开山之作"②，开启近现代石刻科学研究先声。《语石》一书与《藏书记事诗》同为叶昌炽得意之作，时人称此二书为"二百数十年间无人荟萃之创作。文字一日不灭，此书必永存天壤"③，绝非虚誉。

（三）敦煌学

因源于光绪二十八年（1902）任甘肃学政一职，叶昌炽成为晚近以来最早接触敦煌文献的清廷官员之一，也是最早研究敦煌学的学者之一。叶昌炽第一次接触敦煌资料是在光绪三十年（1904），他视学来到敦煌县，县令汪宗瀚赠书画多种，中有"宋画绢本《水月观音像》，下有《绘观音菩萨功德记》……其帧仅以薄纸拓，而千余年不坏，谓非佛力所护持耶！又写经三十一叶，密行小字，每半叶八行，行三十三至三十五字不等。旁有紫色笔，如斜风细雨，字小于蝇，皆梵文。以上经像，栗庵（汪宗瀚字）皆得自千佛洞者也"④。汪宗瀚而外，向叶昌炽赠送莫高窟藏品的还有敦煌本地学子王宗海，光绪三十年（1904）九月间，王两次赠送经卷及画卷，写经为《大般若经》第一百卷和《开益经》残帙，画像一帧，为唐时物。藏品中有敦煌文物，叶昌炽随即展开学术研究，他"从文字的脱衍、书写格式及碑文断代等方面进行了考订研究，并初步推断这些碑文拓片对莫高窟历史研究和敦煌文物研究

---

① 《缘督庐日记钞》（第三册）"辛丑十一月初五日"，第57页。
② 张晓旭：《苏州碑刻纵览》，《东南文化》1999年第3期。
③ （清）吴郁生：《缘督庐日记钞序》，《缘督庐日记钞》卷首。
④ 《缘督庐日记钞》（第三册）"甲辰八月二十日"，第378页。

的重要价值"①。但是，我们也看到，由于各种原因，尤其是叶氏居官甘陇，四处视学，遗憾的是从未前往莫高窟实地考察，因而对于敦煌文献价值的认识还是存在很大局限性的。

离开甘省后，叶昌炽继续与当地学者保持联系，并与有关人士建立敦煌学研究通信，定期交换学术信息，时刻关注敦煌文物流向及研究进展。然而，令人扼腕长叹的是，随后不久，以斯坦因、伯希和等为首的外国文化入侵者将侵略魔爪伸向莫高窟，敦煌文物大量流出国门。叶昌炽痛恨外国人劫掠中华文化之恶行，亦不满清朝官吏对传统文化的漠然无视，日记中说："张阆如来，言敦煌又新开一石室，唐宋写经画象（像）甚多，为一法人以二百元捆载去，可惜也。俗吏边氓安知爱古？"② 他更痛惜自己做甘肃学政时未尽职责："鄙人行部至酒泉，虽未出嘉峪关，相距不过千里，已闻石室发见事，亦得画象（像）两轴，写经五卷，而竟不能罄其宝藏，轺轩奉使之为何？愧疚不暇，而敢责人哉！"③ 已到衰颓之年的叶昌炽全无年轻时的热情，他对敦煌文物的最后研究是为私藏编目，而后一同卖给藏家刘世珩，也算是物得其主吧。

叶昌炽曾用"二十年塾师，二十年宦游，十束之脡，五斗之俸"④ 来概括自己的一生，而从学术成就来说，其一生"治汉儒经说，旁及金石目录考订之学，孟晋超群，其愿弥宏……不通声气，不骛时名，闭户著书，无异寒素"⑤，当然，叶氏学术成就最宏最深之作当属《藏书纪事诗》。

第二节 《藏书纪事诗》创作

潘景郑先生说："纪事有诗，壹皆掇拾历史、地理、风土、人物，广搜博采，以补传记之不及，可备后人之参稽，征文考献，有足称者。例如清沈嘉

---

① 金振华：《叶昌炽研究》，吉林人民出版社2005年版，第182页。
② 《缘督庐日记钞》（第四册）"宣统己酉十月十六"，第143页。
③ 《缘督庐日记钞》（第四册）"宣统己酉年十二月十三"，第145页。
④ 《缘督庐日记钞》（第四册）"宣统二年九月九日"，第169页。
⑤ （清）吴郁生：《缘督庐日记钞序》，《缘督庐日记钞》卷首，第1—2页。

辙之《南宋杂事诗》、汤运泰之《金源纪事诗》，开其先河。后有述者，未能出其藩篱。乃匠心别裁，得以上下千年汇藏书家于一编者，则唯乡先辈叶鞠裳先生昌炽之《藏书纪事诗》为创举焉。"① 叶昌炽创作《藏书纪事诗》，通过征引大量文献，较为全面地勾勒出每位藏书家生平、藏书特点、书斋名、藏书印、藏书目录及代表作，几乎相当于一部藏书家传记辞典，也是我国第一部比较集中记录藏书家书斋名、藏书印的工具书。

一　编撰缘起

叶昌炽在七卷本《藏书纪事诗》付梓时，撰写自序说："昌炽弱冠即喜为流略之学，顾家贫不能得宋元椠，视藏家书目，辄有望洋之叹。因念古人爱书如命，山泽之癯，槁项黄馘。吾吴如孙道明、朱叔英、吴方山、沈与文皆名不挂于通人之口，缥缃既散，蒿莱寂然，可为陨涕。"② 具体来说，他编撰《藏书纪事诗》大概有以下几方面因素。

第一，叶昌炽是一位藏书丰富且很有特色的藏书家，又是兼通四部、著述等身的学者，长期求书、观书、著书，受古代藏书家影响至深，与同时代各类藏书家接触很多。每读一书，必记录该书内容以及读书心得，可知其无书不读，而尤好碑版目录之学，兼通小学，善为词章。他曾数次编纂地方志，广搜桑梓文献、历朝典故。日记开篇记载读书之事云："十三日，补写玉溪生诗两页。读《石志》一卷，为改正舛误两条。""十四日，补写李集一页，毕读《石志》半卷，为改正舛误两条。""十六日，读《郡志》一卷有奇。"③ 每日读何书，读多少，尽载其中。

长期阅读过程中，叶氏非常留意辑录藏书故实，他"阅《明诗综》毕，搜得藏书故实颇多"④，曾"致寄云书，属从居停陈氏借得《有学集》一部，阙五册。其文取精用宏，洵一代钜手。谢全山从此出而诋牧翁不忠不孝，逢蒙之杀羿也。录出《述古堂记》《千顷堂记》《西爽轩记》《陆勅先诗序》

---

① 潘景郑：《上海近代藏书纪事诗序》，《上海近代藏书纪事诗》卷首，第5页。
② 《藏书纪事诗序》目录后叶昌炽语，第30页。
③ 《缘督庐日记钞》（第一册）卷一"庚午孟冬闰月"，第1页。
④ 《缘督庐日记钞》（第一册）卷四"丙戌二月十六日"，第431页。

《李贯之传》，可备藏书故实者甚多"①，还"从谭估处携归《少室山房笔丛》一本，索价甚昂。内《经史会通》一种，有藏书故实，前此所未见也"②……叶昌炽对目录学情有独钟，日记中记载多种目录之书，并亲自编撰目录学著述。如光绪十年（1884），潘祖荫延聘叶昌炽为其在苏州寓所藏书珍本编写目录，叶昌炽认真其事，编成《滂熹斋藏书记》，叶氏对于每种书都撰写解题，详记行款、印记、卷数和册数，并记载藏书家掌故，体例近乎藏书志，便于考订古书版本源流。

爱书至深的叶氏曾作一首《藏书偈》："无水火兵灾，无蟬蚁鼠劫；永离一切苦，如我佛所说。"③ 他是在祈盼古今一切典籍永保平安，永为读书人所用，用心良苦！

第二，因为热爱藏书，进而关注藏书家。叶昌炽对历代藏书家生前之勤勉，死后之寂寂无闻深为感慨。关于这一点，来新夏先生也说："中国之藏书事业原起于春秋战国之际，源远流长，为文化学术之传递立一保障，而官藏、私藏、公藏之完整体系，实非世界各国之所能企及。其间私家藏书，庋藏之富，发展之速，研究之精，与学术结合之密，尤非诸国所能一较短长者。"④藏书家们倾注终生精力，节衣缩食，朝夕访求，视典籍为生命，然而，他们的行为有时却受人嗤笑，遭人嘲讽，甚至被视为痴呆，但他们一如既往，苦心孤诣，惨淡经营，点勘不倦，为中华文化的传播做出了不可磨灭的贡献。文献记载古代私人藏书家有数千家之多，然竟无一家藏书能够永久传世，而更为痛心的是，不仅藏书频遭兵燹、水浸火焚、虫蠹鼠蚀、偷盗变卖等灾害，甚至藏书家之名姓湮没无闻，不传于史，《藏书纪事诗》所载之南都戚氏、九江陈氏、亳州祁氏、饶州吴氏、信阳王氏、遗经堂主人、东平朱氏、莆田李氏与刘氏、浦江郑氏、泰山赵氏、杭州张氏等，其姓名皆难以考证。叶昌炽对此十分感慨，故有为藏书家作传之念想。

第三，叶昌炽一生足迹遍布华夏，南到广东，北抵京城，西达甘陇，而

---

① 《缘督庐日记钞》（第一册）卷四"丙戌四月十五日"，第435页。
② 《缘督庐日记钞》（第二册）卷七"丁酉六月初四日"，第369页。
③ 《缘督庐日记钞》（第一册）卷四"丙戌正月初七日"，第420页。
④ 来新夏：《序言》，范凤书《私家藏书风景》卷首，河北教育出版社2007年版，第1页。

主要生活在苏州一带，每到一处，他访三老，搜文献。叶氏所访藏书楼较多，而以常熟铁琴铜剑楼最为代表。光绪元年（1875）至光绪二年（1876）间，叶昌炽先后三次前往常熟访问，并接受瞿氏委托，开始校补《铁琴铜剑楼书目》，因此对铁琴铜剑楼所藏之书无不寓目。光绪九年（1883）三月，叶昌炽第四次访书铁琴铜剑楼，"主人万分情重，即襆被上岸，畅谈至三鼓始睡"[①]。宣统元年（1909），满人端方依仗清廷要员权势，威逼利诱铁琴铜剑楼主人将藏书贱卖给官府，叶昌炽既有感于此前皕宋楼藏书售于日本人之痛心，又愤慨于官府征书之蛮横，多次隐忍强颜，从中斡旋，最后达成折中办法：铁琴铜剑楼主人瞿启甲抄录37种藏书精品，另加元明汲古阁刻本共计50种入呈京师图书馆。可见，叶昌炽正是有感于藏书家广搜博稽之艰难，于是发凡起例，撰《藏书纪事诗》，专为藏书家立传，使他们功绩昭然于天下。

最后，还要说的一点是，叶昌炽具备多年的修史经历，也为撰写《藏书纪事诗》做好了学术准备。在国史馆任职时，他恪守"良史"美德，坚持秉笔直书，绝不徇私情。如光绪二十三年（1897）四月十二日日记载："得西彝缄，请以蒿隐寄蛄附《儒林传》。此事自有公论，非朋友之私所能华衮也。蒿隐入《文苑》可无愧色。"[②]"蒿隐"即与叶氏情同手足的王颂蔚，写信人也是叶昌炽至交（"西彝"疑"昱彝"之讹，"昱彝"乃张韶生字，光绪六年榜进士，是年叶氏落榜），出于尊重历史的原则，叶氏最后没有将王颂蔚列入《儒林传》。认真撰史，不徇私情，叶昌炽遇到这类事情较多，又如同年六月十六日日记载："得正卿书，夏厚庵请改其父子松先生列传手迹二纸。笔则笔，削则削，约数十条，使名臣之后在朝者皆援此为例，则史馆为赘疣矣。不得不峻拒之。"[③] 多年修史经历，且为数人撰写墓志铭，叶昌炽积累了丰富的人物传记创作经验，因而可以说，他为古代藏书家作传做好了学术准备。

此外，我们还应该看到叶昌炽本人所具备的各种创作潜质，他学识渊博、严谨扎实，与朋友相互馈赠异本，赏奇析疑，由此看来，"厚实的文化功底和

---

① 《缘督庐日记钞》（第一册）卷三"癸未二月初六日"，第271页。
② 《缘督庐日记钞》（第二册）卷七"丁酉四月十二日"，第365页。
③ 《缘督庐日记钞》（第二册）卷七"丁酉六月十六日"，第370页。

勤勉的治学精神，也是叶昌炽成功地写作《藏书纪事诗》的重要原因之一"①。

二 编撰经过

《藏书纪事诗》编撰始于何时，日记没有记载，但是卷六《程世铨叔平张思孝白华》注文后有叶氏一段案语说：

> 此书自甲申属稿，迄今七载，粗可写定，犬马之齿，亦适四十有三。非敢窃附前贤，亦聊存文献于什一而已。时光绪庚寅，客都门记。②

"甲申"为光绪十年（1884），其时叶昌炽正应潘祖荫之邀馆于其家，为其校刻《功顺堂丛书》，后潘祖荫又尽出滂熹斋所藏宋元秘籍，嘱叶昌炽编撰书目。在繁忙的工作中，叶昌炽开始着手这项伟大的编撰事业。"庚寅"为光绪十六年（1890），叶昌炽正好43岁，所谓"迄今七载，粗可写定"，说明《藏书纪事诗》初稿写成，是年八月十七日，叶昌炽"以《藏书纪事诗》呈郑盦师，谓宜分类，以示区别，注繁宜删节。并欲付刻，则不敢承命矣"③，呈给座师，以征求意见，确乎说明书稿已经完成。

叶昌炽编撰《藏书纪事诗》约分为以下几个步骤。

（一）搜集资料

和编纂其他史书一样，为藏书家作传首先必须了解他们的生平行事和藏书故实。而为历代藏书家作传，则如同编纂一部通史，要在浩如烟海的古籍里一一钩稽各代藏书家史料，因此，博览群书，搜采逸闻故实，是编撰《藏书纪事诗》的第一步工作。叶昌炽自言："肄业所及，自正史以逮稗乘、方志、官私簿录、古今文集，见有藏家故实，即衷而录之。"④ 正是叙说自己搜集资料之功。

---

① 金振华：《叶昌炽研究》，吉林人民出版社2005年版，第122页。
② 《藏书纪事诗》卷六，第590页。
③ 《缘督庐日记钞》（第二册）卷六"庚寅八月十七日"，第175—176页。
④ 《藏书纪事诗》卷首目录后叶昌炽语，第30页。

叶氏搜集资料途径主要有三。

一是来自史志。叶氏于史书用心较专,《缘督庐日记》记载其阅读、校定史书事例较多,如同治十二年(1873)孟冬初一日至第二年正月廿八日,前后四个月几乎每日都有校读《史记》的记载。此外,叶氏早年参与府志编修,后在国史院任职,非常明了史书对于人物传记的重要性,《藏书纪事诗》中藏书家小传,首先采自史书,正史有传者列在首位,正史无传则选择方志、年谱、墓志铭等。书目是史书之一种,是获取资料最便捷的方式之一,叶昌炽对于各种书目可以说情有独钟,校读过的书目达上百种之多,其中以官藏书目为多,如丁亥(1887)九月初五日:"偶阅《天禄琳琅》,明刻《南唐书》有谭应徵公度藏印。按,钱东涧《真诰》跋云:'里中有二谭生:长应明,字公亮;次应徵,字公度。此本则公度所藏也。公度纨绔儿郎,尤为里中儿(所)贱简,不知其于汗简墨汁有少因缘。'云云。余于《藏书绝句》(注:即《藏书纪事诗》)亦列二谭一首,纨绔儿从此其传矣乎。"[①] 对于私家书目,叶昌炽一样加以重视,如反复阅读聊城海源阁杨氏《宋元本书目》。他还在日记中迻录多种私家书目,主要有翁方纲《覃谿碑目》《翁方纲家刻书目》、翁方纲碑目中《云南石刻目》《持静斋书目》中吴人著述、朱学勤《结一庐书目》《山左金石志未收新出汉魏六朝碑目》、张塘桥《蔡氏书目》《诸城金石志》中之《金目》和《石目》,等等。

二是来自文集。古人读书重经、史,这是科举及治学的有力武器,相对来说较为轻视文集。但是叶昌炽却对文集一样用力,广泛阅读,并征引其中资料,充实著述。光绪十四年(1888)十月十一日日记说:"再同从厂肆新得《刘子威文集》,吾吴人也。取而阅之,录《扉载阁记》一首,其藏书处也。"[②]《藏书纪事诗》卷三有《刘凤子威》,注文引用了《明诗综》刘凤小传、余寅《刘子威文集序》、子威《扉载阁记》和《玉剑尊闻》等四种文献,其中两种来自叶氏所读之《刘子威文集》。叶氏搜寻文集有独到眼光,尤潜心搜集那些罕见或遭到禁毁的文集。如明末清初钱谦益著有《初学集》和《有

---

① 《缘督庐日记钞》(第一册)卷四"丁亥九月初五日",第558—559页。
② 《缘督庐日记钞》(第二册)卷五"戊子十二月十一日",第83—84页。

学集》，两书所载易代之际人事颇多，是查找藏书故实的重要资料来源。但是，钱氏之书在清初即遭禁毁，世间罕见流传，叶氏为此多方寻找，光绪十一年（1885）九月廿一日日记中写道："阅《虞山小史》，当是《列朝诗集小传》，黠者录出以炫丽人耳。惜案头无《列朝集》，未能定谳也。徐兴公、钱叔宝、邢丽文等皆有传，有资于藏书故实颇多。"① 光绪十二年（1886）四月十五日又记：

  致寄云书，属从居停陈氏借得《有学集》一部，阙五册。其文取精用宏，洵一代钜手。谢山全从此出，而诋牧翁不忠不孝，逢蒙之杀羿也。录出《述古堂记》《千顷堂记》《西爽轩记》、陆勅先《诗序》《李贯之传》，可备藏书故实甚多。曩所见宋刻《新序》跋及《天禄琳琅》所载两《汉书》跋，皆在集中。②

  叶昌炽对于"可备藏书故实甚多"的《列朝诗传》十分重视，在撰写《藏书纪事诗》明代藏书家部分时多引用其中史料，其中虞堪、邢参、史鉴、朱存理、杨循吉、边贡、顾璘、都穆、黄省曾、阎起山、王宠、顾元庆、袁袠、丰坊、钱榖、何良俊、盛时泰、吴岫、张民表、陈第、陈继儒、徐𤊹、钱谦贞等人的诗注部分皆采自该书。

  三是杂取百家。叶氏治学无书不读，尤好碑版目录，更兼小学词章，广博的读书经历有助于搜辑资料，撰写《藏书纪事诗》所采资料除史志、文集外，更杂取百家。以古代笔记为例，叶氏平日读书十分留意，从中获取大量知识，日记中对于所读笔记记载较详。如光绪十一年（1885）六月十九日："晚至筱珊处，见旧钞本《麈史》《庶斋老学丛谈》，皆士礼旧物，有荛圃跋。《麈史》为瓜泾徐氏本，据跋荛圃又有钦仲阳本，钦、徐皆明时吾郡故家也。"③ 笔者统计，叶氏为宋代藏书家作传，注文资料取源之宋元明清笔记资料有：王明清《挥麈余话》《挥麈前录》《挥麈后录》《玉照新志》、司马光

---

① 《缘督庐日记钞》（第一册）卷三"乙酉九月廿一日"，第399页
② 《缘督庐日记钞》（第一册）卷四"丙戌四月十五日"，第435页
③ 《缘督庐日记钞》（第一册）卷三"乙酉六月十九日"，第390页

《涑水纪闻》、陈师道《后山谈丛》、赵令畤《侯鲭录》、徐度《却扫编》、文莹《湘山野录》、黄伯思《东观余论》、何薳《春渚纪闻》、王得臣《麈史》、叶梦得《避暑录话》、庞元英《文昌杂录》、范公偁《过庭录》、朱弁《曲洧旧闻》、沈括《梦溪笔谈》、孙升《孙公谈圃》、陆游《老学庵笔记》、黄休复《茅亭客话》、费衮《梁溪漫志》、尤玘《万柳溪边旧话》、邵博《邵氏闻见后录》、楼钥《攻媿集》、周煇《清波杂志》、岳珂《愧郯录》、周密《齐东野语》《武林旧事》、龚明之《中吴纪闻》、王应麟《困学纪闻》、李心传《建炎以来朝野杂记》、王楙《野客丛书》、孔齐《至正直记》、吾丘衍《闲居录》、张萱《疑耀》、胡应麟《少室山房笔丛》、姜楠《蓉塘诗话》、张丑《清河书画舫》、陈继儒《太平清话》、李日华《紫桃轩杂缀》、焦竑《焦氏笔乘》、胡承谱《无事为福斋随笔》、王士禛《居易录》、钱泰吉《曝书杂记》、梁玉绳《瞥记》、全祖望《湖语》、蒋光煦《东湖丛记》等。

叶昌炽用三年多时间搜集资料，足迹所涉有生活多年的故乡苏州、做幕府的广州和做官的北京、甘肃等地，"只有叶氏那样的经历，只有他那样的嗜书如命，不论走到哪里，都会四处逛厂阅肆，与众多书商打交道；也只有他那样的刻苦钻研，以一种认真真诚的态度对待自己的研究工作，才有数十年如一日，将这部书做细做好"[①]。

（二）用心编校

光绪十六年（1890），叶昌炽完成《藏书纪事诗》初稿，但距交给江标刊印的光绪二十三年（1897）还有近 7 年时间，这几年中，叶氏对初稿作了多方面修订校补工作。

一是编目录。光绪二十三年（1897）丁酉三月十八日，叶昌炽"编定藏书绝句目，卷一六十九首，宋，附见五十人；卷二七十五首，辽迄明，附见六十五人；卷三六十八首，明，附见四十五人；卷四六十五首，国朝，附见五十人；卷五五十九首，附见三十五人；卷六七十首，后附释道、赠书、换书、卖书、书估、装池、骨董，附见四十五人。共四百有四家，附见二百九

[①] 王立民：《叶昌炽〈缘督庐日记〉研究》，博士学位论文，复旦大学，2006 年，第 82 页。

十人"①，这是第一次对《藏书纪事诗》卷次、所载藏书家给以统计，随着不断补充，这个统计不是最终数字。

二是补藏书家。据《缘督庐日记》所载，几年间叶氏所补藏书家如下。

光绪十九年（1893）正月十六日："借徐兴公《笔精》四册，夜篝灯疾读论藏书数则，可补余诗注之阙，并可补《杨文贞》一首。"②

光绪二十二年（1896）十二月初九日："校《藏书纪事诗》，续成《杨文贞士奇》一首。"③ 十二月十二日："《纪事诗》中补《香生》一首。"④ 十二月十六日："补《陆刚父观察》藏书一绝，又校正《怡府》一则。"⑤

光绪二十三年（1897）正月十五日："校《藏书纪事诗》毕，颇有改定。又增宋《荣王宗（绰）》一首、《楼攻媿》一首、近《杨幼云》一首，附以崇语铃方伯。明《姚翔卿》下添附彦侍方伯、乔梓。"⑥ 六月初七日："补撰元《纽邻之孙》藏书诗一首，及录宋濮安懿王、明严分宜、胡元瑞、王弇州昆季、童子鸿诸人事迹。"⑦ 六月廿二日："《藏书绝句》（《藏书纪事诗》）中补《无为军道士》一家，附宋《陈景元》之下。"⑧

三是校补其他内容。如光绪二十三年（1897）六月廿五日："《杨幼云》藏书诗增入其侍姬'月嫣掌书印'。"⑨ 惜此印不载今本《藏书纪事诗》。有时校补样叶与重编部分书稿，如光绪二十三年（1897）八月廿九日："得仲午一函，校割补写样八叶（卷二第二十八号止）。又校重编原稿卷四五两册，卷四脱《张隽》一首，卷五脱《秦恩复》《张祥云》两首。又改《金鄂岩》一首。稿凡四易矣。"⑩

---

① 《缘督庐日记钞》（第二册）卷七"丁酉三月十八日"，第362页。
② 《缘督庐日记钞》（第二册）卷六"癸巳正月十六日"，第256页。
③ 《缘督庐日记钞》（第二册）卷七"丙申十二月初九"，第353页。
④ 《缘督庐日记钞》（第二册）卷七"丙申十二月十二日"，第354页。
⑤ 同上。
⑥ 《缘督庐日记钞》（第二册）卷七"丁酉正月十五"，第356页。
⑦ 《缘督庐日记钞》（第二册）卷七"丁酉六月初七日"，第370页。
⑧ 《缘督庐日记钞》（第二册）卷七"丁酉六月廿二日"，第371页。
⑨ 《缘督庐日记钞》（第二册）卷七"丁酉六月廿五日"，第372页。
⑩ 《缘督庐日记》卷七"丁酉八月廿九日"。按，《缘督庐日记钞》不载此则，转引自王立民《叶昌炽〈缘督庐日记〉研究》，博士学位论文，复旦大学，2006年，第85页。

（三）全面增补六卷本

《藏书纪事诗》第一个版本是叶昌炽学生江标带到湖南刻印的，而叶氏时在京城，两地相隔几千里，往来十分不便，叶氏多次通过书信询问刊刻情况。六卷本《藏书纪事诗》出版后，得到当时学界普遍认可，印量很大。不过，由于刻印时间仓促，且本来就有校勘不精问题，以及新发现很多藏书史料，所以叶氏对六卷本很不满意，他说：

> 拙稿《藏书纪事诗》编辑待订本，非定稿，蒙建霞携至湘中，遽以上木。其中引书踳驳，前后颠倒，不但亥豕之迷目也。自《语石》付刊，即欲改正以次，命梓人重刻，苦无暇日。前数日始力疾从事，至今日第一卷毕。如方渐为南渡前后人，郭延泽、杜鼎昇皆宋初人，而原刻次于天水之末，又误"延泽"为"延缉"。如此之类，未可枚举。又删去《罗绍威》一首，重改定《徐楚金》《朱遵度》《王乐道》三首。前后两本，后人必致聚讼，自此本出，建霞所刊一本可置覆瓿矣。①

光绪三十二年（1906），从甘肃学政任上回到故乡苏州，叶昌炽放弃赴京任翰林院侍讲的机会，又推卸江苏省立第二图书馆馆长聘任，全身心地投入对六卷本《藏书纪事诗》的修订中，并最终形成七卷本。其间所作工作可以通过日记考察如下。

一是重辑资料。《藏书纪事诗》所收藏书家从宋到清，年代跨度大，参考史料十分丰富，随着叶昌炽阅读典籍数不断增加，新辑资料亦越积越多，修订过程中有必要将新发现资料运用进来。如宣统元年（1909）六月初一日日记："昨重辑《藏书诗》（《藏书纪事诗》）后三卷，先后粗已厘定，惟张古余、王毅胜、张鞠园、陈兰邻不得其甲科年分。今日登后楼，从破簏中取国子监《进士题名碑》，按图索骥，遂无遗憾。开卷有益，岂可以点鬼簿而弁髦之。"② 北京孔庙院内《进士题名碑》共计198块，记载着51624名进士姓名、

---

① 《缘督庐日记钞》（第四册）卷十三"己酉四月初二日"，第129—130页。
② 《缘督庐日记钞》（第四册）卷十三"己酉六月初一日"，第134页。

籍贯及名次，始于元代皇庆二年（1313），至光绪三十年（1904）甲辰科。从头至尾阅读下来，工作量是很大的，但所载史料真实可靠，故叶氏将之拓印下来，便于阅读比对。

二是新增藏书家。六卷本《藏书纪事诗》遗漏藏书家不少，叶昌炽在修订过程中不断增加并为之撰写新诗。宣统元年（1909）四月初四日："《南都戚氏》一首下补附传一人（胡仲尧）、《荆南田氏》一首注补黄鲁直诗两首。"① 六月初五日："重撰《陈良卿》《陆元厚》一首，改《季沧苇》《张孟端》各一首。"② 六月十四日："重作《陈兰邻》《陈子准》《钱警石》诗三首，《黄琴六》一首改韵。"③ 六月廿一日："出《藏书纪事诗》，又润色之，重作《王越石》一首。"④ 十二月十九日："重纂《涉园》一首，以张鞠生函示之。"⑤ 宣统二年（1910）二月廿六日："补撰藏书诗二首，一李仲约前辈，一伯羲、廉生两前辈合传，取材于《滂喜》《灵鹣》两丛书，樊山方伯诗《续集》亦采及。"⑥ 二月廿七日："补撰藏书诗《江建霞太史》一首，李申兰、赵次侯二老合一首，道光中写官《许翰屏》一首。"⑦ 二月二十九日："补撰藏书诗《黎莼斋》《方柳桥》各一首。"⑧ 二月三十日："补撰藏书诗《丁松存》一首，新补并《沈翠岭》《许翰屏》数之，共得十一首，再添则蛇足矣。"⑨

三是重编卷次。将六卷本《藏书纪事诗》改为七卷本并不是增加藏书家数量，另立一卷这么简单，而是要做多方面的整合，全书各卷次都经过叶氏重新编排。有时几卷合在一起重编，如宣统元年（1909）五月廿九日："重编《藏书纪事诗》后三卷。"⑩ 有时仅重编一卷，如宣统二年（1910）三月二十

---

① 《缘督庐日记钞》（第四册）卷十三 "己酉四月初四日"，第130页。
② 《缘督庐日记钞》（第四册）卷十三 "己酉六月初五日"，第135页。
③ 《缘督庐日记钞》（第四册）卷十三 "己酉六月十四日"，第135页。
④ 《缘督庐日记钞》（第四册）卷十三 "己酉六月廿一日"，第136页。
⑤ 《缘督庐日记钞》（第四册）卷十三 "己酉十二月十九日"，第146页。
⑥ 《缘督庐日记钞》（第四册）卷十四 "庚戌二月廿六日"，第155页。
⑦ 《缘督庐日记钞》（第四册）卷十四 "庚戌二月廿七日"，第155页。
⑧ 《缘督庐日记钞》（第四册）卷十四 "庚戌二月廿九日"，第156页。
⑨ 《缘督庐日记钞》（第四册）卷十四 "庚戌二月三十日"，第156页。
⑩ 此则不载《缘督庐日记钞》，转引自王立民《叶昌炽〈缘督庐日记〉研究》，博士学位论文，复旦大学，2005年，第86页。

日:"重编《藏书(纪事诗)》第七卷,新补九首,附录廿二首,共三十一首,不为寂寞矣。"① 在重编卷次时,叶氏还重新考订藏书家年代,将年代无考者放在卷末,如宣统元年(1909)六月初四日:"重辑《藏书纪事诗》。写目录既毕,始知卷六之末《订书胡贸》一首,江刻有目而无诗。此本流传已久,《汪阆源》误次《杨至堂河帅》之前,后郋亭师能纠之。此脱一首,则未有发其覆者也。又以《江南王别驾》《涉园张氏》《杭州张氏》三首移附卷末无年代之列。"②

四是重撰诗歌。叶昌炽对于六卷本的诗歌感到不满意,修订时对其中多首诗歌重新撰写。如宣统元年(1909)六月十五日:"改定《塘栖劳氏》一首。"③ 第二天"重作《胡心耘》《董子鸣》诗二首,改定《道士陈景元》《尹家书籍铺》各一首"④。

五是增补诗注。《藏书纪事诗》诗后小注起到补充资料作用,与诗歌相辅相成。在修订过程中叶氏也对小注多方增补。如宣统二年(1910)二月廿七日:"以《前尘梦影录》补《孙渊如》《陆润之》《戴松门》《黄椒升》《沈十峰》五家诗注各一首。"⑤ 二月廿八日:"《藏书纪事诗》既改六卷为七卷,卷六之后作识语一则,卷七后两则皆于灯下脱稿。"⑥ 同年三月初一日:"阅亡友张退斋集,有菰里瞿氏《虹月归来图记》。适仲午寄卷六江刻原稿来,补诗注一则。"⑦

六是补写案语。案语是叶昌炽在小注中的自撰文字,有的补充资料,有的考证传主生平,还有的属于叶氏创作心得。在修订《藏书纪事诗》过程中叶氏一并补写案语,日记中多有记载,如宣统元年(1909)五月廿三日:"校《藏书(纪事诗)》写样。《朱遵度》一首原稿据《焦氏笔乘》,今无意中检《直斋书录

---

① 《缘督庐日记钞》(第四册)卷十四"庚戌三月二十日",第158页。
② 《缘督庐日记钞》(第四册)卷十三"己酉六月初四日",第135页。
③ 《缘督庐日记钞》(第四册)卷十三"己酉六月十五日",第135页。
④ 《缘督庐日记钞》(第四册)卷十三"己酉六月十六日",第135页。
⑤ 《缘督庐日记钞》(第四册)卷十四"庚戌二月廿七日",第155页。
⑥ 《缘督庐日记钞》(第四册)卷十四"庚戌二月廿八日",第156页。
⑦ 《缘督庐日记钞》(第四册)卷十四"庚戌三月初一日",第157页。

解题》，作'崔遵度'，未知弱侯何据。增案语二十二字。"① 宣统二年（1910）三月初三日"《王莲泾》一首改二句。今所居为潢川吴氏遂初园旧址，增诗注、案语一则"②。

七是撰写解题。这个"解题"类似于今日之新书介绍，是出版商或著者本人为新书所写的推荐提要，以期引起读者购买和阅读。叶氏撰写时间是宣统元年（1909）十一月十九日："灯下作《藏书纪事诗》解题一则，以为陈列之介绍。"③ 第二天又检查一遍。

（四）悉心刻印

鉴于江标刻六卷本由于时间仓促导致、写刻不精的问题，叶氏对于七卷本刻印工作倍加关注，能亲为者定亲为。

刻书第一步工作是找刻工，古代刻工多为专门性职业，但是刻书质量良莠不齐，为此叶昌炽决定亲自寻找。宣统二年庚戌（1910）正月初五日："仲午一岁铅椠之劳，以一函谢之。晚亦有函来，商整顿刻匠。"④ "仲午"为潘祖年字，是叶昌炽座师潘祖荫弟弟，叶昌炽去世前将《缘督庐日记》托付给潘祖年保存，可见二人关系之笃。

刻板前写样也是一件很重要的事情，有的是刻工所写，讲究一点的倩名家书写。七卷本《藏书纪事诗》是由刻工写样的，怕有讹误，叶氏亲自校样，日记关于此记载颇多：宣统二年（1910）庚戌三月初三日"校写样十开"⑤，三月十八日"适写样九开"，十二月初七日晚"灯下校写样六开"⑥ 等。

七卷本《藏书纪事诗》印刷行将完工时，叶昌炽约请好友吴郁生为新书题签。民国四年（1915）正月初九日："得蔚若书，商《藏书纪事诗》题检

---

① 《缘督庐日记钞》（第四册）卷十三"己酉五月三十日"，第134页。
② 《缘督庐日记钞》（第四册）卷十四"庚戌三月初三日"，第157页。
③ 《缘督庐日记钞》（第四册）卷十三"己酉十一月十九日"，第143页。
④ 此则不载《缘督庐日记钞》，转引自王立民《叶昌炽〈缘督庐日记〉研究》，博士学位论文，复旦大学，2005年，第86页。
⑤ 《缘督庐日记钞》（第四册）卷十四"庚戌三月初三日"，第157页。
⑥ 以上两则不载《缘督庐日记钞》，转引自王立民《叶昌炽〈缘督庐日记〉研究》，博士学位论文，复旦大学，2005年，第87页。

（签）格式，并举《语石》驳文一条，属剜板追改。非敢怙过，既无关宏旨，木已成舟待后人之纠正可矣。""蔚若"为叶氏好友吴郁生字，号钝斋，吴氏曾为《缘督庐日记钞》作序。正月十一日："本庄发续《藏书纪事诗》署检，钝斋属画纸为范。旧有笔船线版以度尺寸，今亡之矣。艸艸画两牋，一宣纸，一竹纸。"① 二月初七日："钝斋来，《藏书纪事诗》题检（签）共写二纸，遒隽如小唐碑，即受而藏之。"② 三月十四日："得仲午一函，《藏书纪事诗》钝斋题检（签）已刻成，寄至红样两纸。剜板追改，非敢怙过，既无关宏旨，木已成舟，待后人之纠正可矣。"③ 吴郁生为七卷本《藏书纪事诗》印刷做了很多工作，不但和叶氏商量题签一事，还帮助设计版面，做印刷范本等。

写样、选择刻板材质、拼版、安排嵌条、选择纸张、署签书名……对于七卷本《藏书纪事诗》雕版印刷工作，叶昌炽——把关，不放过每一个环节，见出其严肃认真态度，"叶氏非常重视书籍的装帧样式，但对于无伤大雅的地方，却宁可任其有小的瑕疵，也不愿意破坏版面的完整性。在当时的印刷条件下，不失为一种最佳选择"④。七卷本流行学界，完全取代了六卷本，至此《藏书纪事诗》编撰方始告终。

三 编撰特色

《藏书纪事诗》一出，立刻引起了学术界高度关注，好友吴郁生直言该书与叶氏另一种《语石》"乃二百数十年间无人荟萃之创作，文字一日不灭，此书必永存天壤"⑤。吴氏所谓此书"必永存天壤"之缘由，大概是基于该书首创为古代藏书家作传之例，但是更能够引起学术界关注的，还在于该书的编撰特色。

---

① 以上两则不载《缘督庐日记钞》，转引自王立民《叶昌炽〈缘督庐日记〉研究》，博士学位论文，复旦大学，2005年，第89页。
② 《缘督庐日记钞》（第四册）卷十五"乙卯二月初七日"，第414页。
③ 此则不载《缘督庐日记钞》，转引自王立民《叶昌炽〈缘督庐日记〉研究》，博士学位论文，复旦大学，2005年，第89页。
④ 王立民：《叶昌炽〈缘督庐日记〉研究》，博士学位论文，复旦大学，2005年，第89页。
⑤ （清）吴郁生《〈缘督庐日记钞〉序》，《缘督庐日记钞》卷首。

(一) 传主选择

《藏书纪事诗》属于人物传记类史书，而传主则为历代藏书家，这是叶氏开创的史传新题材。叶氏在传主选择、起讫时代、传主数目和类别上都有考量。

1. 起讫时代

中国古代私家藏书虽比公藏稍迟，但仍可追溯到春秋战国，其时民间已经出现了收藏兵家、法家著述的现象。随着时代发展，图书文献不断增多，私家藏书队伍不断壮大，历代史料对此多有记载。《藏书纪事诗》作为一部通史类人物传记，为藏书家作传理应从源头开始，但奇怪的是，书中不但摒弃了先秦两汉时期的藏书家，甚至魏晋隋唐时期藏书家也没有收录，传主起于五代，迄于清末。对于这一传主收录起讫情况，清人刘肇隅说："是书唐以前人概勿采取，以书有墨刻，创于唐末益州；摹刻《六经》，始于蒲津毋氏也。顾自长兴刻木以来，书出日富，书误日滋，宋、元、明迄国朝，诸储藏家于是喜言校勘，并考辨目录、板本。其学至精博者，至黄俣宋、顾思适二家为最。大率终身寝馈书窟，没后散佚，仅传书目，或并无书目，仅一二遗闻及叙跋、印记见引于各书，不为类纂，惧伤泯沫。"①

味刘肇隅之言，叶氏选择传主始于五代，其因有二：一是基于五代印刷术开始盛行，印本书大量流通，为藏书带来便捷，私人藏书家数量较前代开始大增。二是印本书籍在宋代广为流通后，由于辗转刻印之故，出现多种错讹，而历代私人藏书家在收储图籍的同时，还承担着校勘、辑佚等各种与藏书相关的工作，为之立传，意在发幽阐隐。

刘肇隅可谓深知叶氏者，事实上，在确定传主起始年代时，叶氏还听从缪荃孙的建议。叶氏曾致信缪荃孙说："拙稿本欲求大雅是正，顷在蒿隐（王颂蔚）处，尚有百余首未缮清，稿属渠代付写官，日内容即函询，如已写讫，当送阅也。"是后将《藏书纪事诗》初稿本7包388页，未曾抄清者121页，

---

① （清）刘肇隅：《藏书纪事诗跋》，《藏书纪事诗》灵鹣阁本卷尾。

送达缪荃孙处"敬求大雅是正"。缪氏校阅并提出意见后,叶氏在答谢函中表示:"拙稿并承校正,费神深感。承示以宋为始,而冠以蜀毋氏,极是极是。"①

但是,一直以来,学术界对于《藏书纪事诗》收录传主始于五代的做法多有非议,陈登原说:"叶昌炽著《藏书纪事诗》,起自宋代(案,应是五代),犹非穷本探原之笃论欤。"②傅璇琮、谢灼华亦以为"始自毋昭裔,而未能全溯中国私家藏书的历史"③。

平心而论,作为第一部通史类藏书纪事诗,叶著收录藏书家起于五代,理由并不充分,印刷术的通行固然在图书史上意义重大,但抄本时代的典籍更为文化传承做出了巨大贡献。五代以前中国私家藏书已然蔚为大观,藏书家对于典籍的整理、编目、校勘等,做出积极的探索并取得丰硕成就,理应与五代以后的藏书家一并入传,可惜至今无人为之增补。

2. 传主数目

《藏书纪事诗》每首诗并不主记一位藏书家,多有附录,且有六卷本和七卷本之别,因而所记传主数目历来有不同说法,学术界对于《藏书纪事诗》所载藏书家具体人数曾有过争论,主要有711人说、700人说、1175人说、739人说和737人说等。

主711人说者为叶昌炽本人。叶氏自言:"余搜葺藏书人姓名约三百人,自谓发隐阐幽,足为羽陵宛委之功臣也。"④叶氏说此话时为光绪十三年(1887),其时《藏书纪事诗》初稿尚未完成,显然,"约三百人"与书成后实际藏书家数目相差悬殊。光绪十九年(1893)三月十八日叶氏再次统计初稿收录的藏书家:"卷一,六十九首,宋,附见五十人;卷二,七十五首,辽与明,附见六十五人;卷三,六十八首,明,附见四十五人;卷四,六十五首,国朝,附见五十人;卷五,五十九首,附见三十五人;卷六,七十首,

---

① 以上两段文字出自叶昌炽致缪荃孙信第十七、十九通,载顾廷龙校阅《艺风堂友朋书札》,上海古籍出版社1980年版,第403页。
② 陈登原:《古今典籍聚散考》,华东师范大学出版社2010年版,第231页。
③ 傅璇琮、谢灼华:《中国藏书通史》,宁波出版社2005年版,第1021页。
④ 《缘督庐日记钞》(第一册)卷四"丁亥九月初五日",第559页。

后附释、道、赠书、换书、卖书、书佐、装池、骨董，附见四十五人。共四百有四家，附见二百九十人。"① 总计694人。七卷本中又增加藏书诗13首，删去原有的二首，并附见6人，意味着增加17位藏书家传记，因此，七卷本应有藏书家711人。

主700人说者为清人刘肇隅。光绪二十三年（1897）十月，刘肇隅《藏书纪事诗跋》云："凡列载四百有五人，附见二百九十五人。"② 按照此说，全书记载藏书家正好700人。刘氏是针对六卷本而言的，叶昌炽在七卷本中所增补的藏书家自然不在统计之列。刘氏之说显然不确。

主1175人说者为民国时期蔡金重。1937年，蔡金重先生编撰《藏书纪事诗引得》，蔡先生序说："是书集藏书家，计五代十五人、宋百八十四人、辽一人、金四人、元三十五人、明四百二十七人、清四百九十七人，朝代不明者十二人，都千一百七十五人。"③ 此说影响较大，古典文学出版社1958年重印本《藏书纪事诗》卷首《出版说明》说："书中所记载的，大都是我国藏书家的故事。时代起于北宋迄于清末，共一千一百余人。"数字虽不具体，但显受蔡氏影响。1989年上海古籍出版社出版王欣夫补正本《藏书纪事诗》，前言亦承袭蔡说："书中所记载的，大都是我国藏书家的故事，起于五代，讫于清末，共一千一百余人。"傅璇琮和谢灼华《中国藏书通史》称《藏书纪事诗》"集中展示了我国自印刷术普及应用以来直至清末的藏书家、书贾、印刷工匠以及有关刻、校、抄、读书人士一千一百多人的事迹及其对文化学术所作出的具体贡献"④，2010年，胡一女的硕士论文亦沿蔡说："《藏书纪事诗》共辑录了历代藏书家一千一百七十五人，其中五代十国十五人，宋辽金一百八十九人，元代三十五人，明代四百二十七人，清代四百九十七人，朝代不明者十二人。"⑤

主739人说者为今人徐雁。徐雁先生曾撰写《藏书纪事诗收录藏书家不

---

① 《缘督庐日记钞》（第二册）卷四"丁酉三月十八日"，第362页。
② （清）刘肇隅：《藏书纪事诗跋》，灵鹣阁《藏书纪事诗》卷尾。
③ 蔡金重：《藏书纪事诗引得》卷首《序》，哈佛燕京学社1937年版。
④ 傅璇琮、谢灼华：《中国藏书通史》，宁波出版社2005年版，第1018—1019页。
⑤ 胡一女：《叶昌炽与〈藏书纪事诗〉》，硕士学位论文，武汉大学，2010年，第18页。

足千人》①一文，指出蔡金重先生 1175 人说之误："蔡氏在统计中，误把同一藏书家的姓名和表字（有时是室名、别号）分计作两人。如李清照号易安居士，清初藏书家钱谦益字受之，在蔡氏的《藏书纪事诗引得》中分别以两款入索，而在断代统计中，他因一时疏忽而将'李清照'、'李易安'分为两人计入北宋藏书家数，'钱谦益'、'钱受之'也以两人计入清代藏书之列了。诸如此类，才造成现在的讹误。"然后，徐雁先生根据自己反复统计和考证，提出"叶昌炽在《藏书纪事诗》里收录了五代末以来藏书家七百三十九人"结论。其统计各卷藏书家分布如下表。

卷次	一	二	三	四	五	六	七	合计
传主数量（人）	120	125	135	118	104	87	12+38	739

主 737 人说者为今人金振华。他是在徐雁 739 人说的基础上进一步核检、分析之后得出这一数据的，说：

> 六卷本七言绝句和传主数目的统计应该没有多大问题，如前所说，所列藏书家为 406 人，附见藏书家为 290 人，另有一些释道、书贾、刻工之属。而七卷本的数字，笔者认为，叶昌炽所作七言绝句为 416 首；每首七言绝句下所列藏书家有多有少，少则一位，多至八九人。如果将每首七言绝句下面所列第一人为正传主，第二人起为附见之副传主（姑且用这一提法），那么，有 416 首七言绝句，就是有 416 位正传主，而附见之副传主，按叶昌炽目录所示，则应是 325 人，两者相加，总共收录各类藏书有关的正副传主为 741 人。

> 然而，这种统计方法和统计角度并不完全正确，因为叶昌炽对少数传主的基本情况搞错了。这一点，王欣夫已作了详细考证并在补正中作了说明，徐鹏在《藏书纪事诗补正序》中列举了因将传主的基本情况搞错致使传主人数与事实不符的例子：毋昭裔、毋守素为父子二人，

---

① 徐雁：《藏书纪事诗收录藏书家不足千人》，《广东图书馆学刊》1986 年第 2 期。

叶昌炽误作一人，"遂至开卷第一人、引书第一条便成大误"；文震孟原本叫文从鼎，秦四麟就是秦景阳，石林为蒋之翘之号，绚臣系蒋玢之字，而叶昌炽均将他们误作两人。这样一加一减，《藏书纪事诗》所列传主便是 738 人。

然而，就在这按图索骥式地检索并经考证后的 738 个传主中，卷四"纳兰性德容若、揆叙恺功、穴研斋"条目中貌似三人传主，实际上应是二人，穴研斋乃斋名，并非人名。笔者以为，叶昌炽将穴研斋列于传主中，显然是个大错。关于这一点，王欣夫在补正中作了说明，他认为穴研斋为明代无锡人秦柱的斋名，并在卷三"秦汴思守、子柄汝操、柱汝之"条中也作了辨误，但他并没有同时指出叶氏误将斋名当人名而作为传主来传写的错讹。因此，我们确定《藏书纪事诗》的实际传主数目为 737 人。①

后出转精，金振华先生的统计分析有理有据，尤其是将《藏书纪事诗》所载藏书家分为正、副两类传主，实为新见。

3. 传主类别

叶氏在传主类分上别有深意，在他眼中只要藏书，不分贵贱，故上自贵胄，下至平民，皆可入传。今述特殊几类。

帝王宗室藏书家。宋宗室 4 人：赵宗晟、赵宗绰、赵令畤、赵孟頫；辽宗室 1 人：耶律倍；明宗室 15 人：朱㭎、朱睦㮮、朱权、朱谋㙔、朱钟铉、朱奇源、朱知烊、朱新㙔、朱诚泳、朱惟焯、朱宠瀼、朱祐樘、朱厚熜、朱见淯、朱载堉；清宗室 4 人：爱新觉罗·弘晓、爱新觉罗·弘瞻、爱新觉罗·永瑆、盛昱。

方外藏书家。全书所载 3 人，其中释家 1 人：宋代释文莹；道士 2 人：宋陈景元及宋代无为道人。

书估。全书所载 13 人，其中宋代书估 4 人：建安余氏、陈起、陈思、尹家书籍铺；元代书估 1 人：陈世隆；金代书估 1 人：王文郁；明代书估 1 人：

---

① 金振华：《叶昌炽研究》，吉林人民出版社 2005 年版，第 127—128 页。

童珮；清代书估6人：老韦、陶正祥、陶珠琳、钱听默、侯念椿、陈驼子。

从事活字版印刷者。叶氏记载这类传主有活字版印刷术发明者4人，其中，宋代人1人：毕昇；明代活字版印刷实践者3人：无锡华燧、华珵、华坚。

域外藏书家。全书所载1人：安岐。安岐（1683—？），字仪周，原为朝鲜人，后入旗籍，其父安图为康熙朝大学士明珠家仆。关于安岐之国籍问题，叶氏曾做过专门之考察："初九日，夜赴茂如招，出示方环山《松阴待客图》，有胡天游、陈玉几、金寿门诸公题词。又文五峰《秋林晴霭卷》安仪周旧藏，有'朝鲜人'一印，余作《藏书纪事诗》欲定仪周为朝鲜人，而无可考，得此可为确证。"①

不仅将私人藏书家作为唯一传主，而且把与藏书有关的人士也一并入传，《藏书纪事诗》这一传主入选原则，开启私家藏书研究新思路。关于这一点，清人叶德辉赞赏有加："往者宗人鞠裳编修昌炽，撰《藏书纪事诗》七卷，于古今藏书家，上至天潢，下至方外、坊估、淮妓，搜其遗闻佚事，详注诗中。发潜德之幽光，为先贤所未有。即使诸藏书家目录有时散佚，而姓名不至灭如，甚盛德事也。"②

4. 关于合传

《藏书纪事诗》传主有很多是合传，关于数人合传之标准叶氏并没有交代，不过通观全书可以总结如下。

第一，藏书风尚相似。如卷一《徐锴楚金　王锴鳣祥》引陆游《南唐书》说："既久处集贤，朱黄不去手，少精小学，故所雠书尤审。江南藏书之盛，锴力居多。"又引《焦氏笔乘》云："蜀相王锴，名同楚金，字鳣祥。藏书数千卷，一一皆亲札，并写藏经。每趋朝，于白藤担子内写书，书法精谨。二人风尚相似如此。"③又如北宋信阳王氏曾藏宋本《新序》，上有司马光藏书训，而《东湖丛记》载北宋遗经堂主人亦有相同藏书印，故叶昌炽将三人

---

① 《缘督庐日记钞》（第二册）"光绪壬辰八月初九日"，第241页。
② 叶德辉：《书林清话》卷首《序》，广陵书社2007年版，第1页。
③ 《藏书纪事诗》卷一《徐锴楚金　王锴鳣祥》，第3页。

合传。

第二，使用同一名号。如阮元《扬州文楼巷墨庄考》云："（刘式）妻陈夫人，既寡，以遗书教诸子，曰：'先大夫秉行清洁，有书数千卷以遗后，是墨庄也。安事陇亩，诸子怠于学者，则为之不食。'由是诸子皆以学为郎官。孙廿五人。世称墨庄夫人。此宋初墨庄之在江西者也。"宋张邦基《墨庄漫录序》称："仆性喜藏书，随所寓榜曰'墨庄'。"《元史》称申屠致远"聚书万卷，名曰'墨庄'"，李果《墨庄记》称清人朱继晫"博雅好古，居郡城之南，新治小轩于其堂之后。藏书颇多，遂取宋人刘式事，以'墨庄'名之"①。又如宋人朱遵度藏书万卷，有"朱万卷"之称，而朱昂亦好藏书，时人有"小万卷"之称，故叶昌炽将二人合为一传。

第三，同为宗室。如宋宗室赵宗晟藏书数万卷，而赵宗绰与赵宗晟同为濮安懿王之子，藏书多达七万卷，所以叶昌炽将二人合为一传。明宗室亦如此。

第四，同在一处隐居。如宋代郭延泽，彭城（今江苏徐州）人，致仕，居濠州卒。而元代藏书家，和尚之子千奴，于历山下筑宣圣祠堂，聚书万卷。濠州为凤阳旧称，历山为凤阳中部山脉老离山之旧称，因此之故，叶昌炽将二人合为一传。

第五，同一家族。有祖孙，如宋人毕士安与毕良史为祖孙关系。有父子，如宋绶与宋敏求为父子，王洙与王钦臣亦为父子。有舅甥，如宋人吕大防是张玠的舅舅。有兄弟，如钱勰与弟龢。有夫妻，如宋代赵明诚和李清照，明代归有光及妻王氏。有三代人，如宋人王莘乐道、子铚性之、孙廉清仲信和明清仲言祖孙三代合传。还有祖孙七代合传，如明人叶盛与玄孙恭焕伯寅、七世孙国华白泉合传。

第六，志趣相同者。有同爱抄书者，如宋人周启明"藏书数千卷，多手自传写，而能口诵之"，而高颐亦"力学强记，手写书千余卷"。②又如宋人

---

① 《藏书纪事诗》卷一《刘式叔度　张邦基子贤　元申屠致远大用　国朝朱继晫》引，第6—8页。
② 《藏书纪事诗》卷一《周启明昭回　高颐子奇》引《宋史》之《隐逸传》和《文苑传》，第19页。

杜鼎"每写文字，无点窜之误，至卒方始阁（搁）笔"，而程贲"虽年齿已暮，而志好益坚，日游简编，未少暂息。每谓所知曰：'余五十年简册铅椠，未尝离手。'"① 故合为一传。有同嗜异书者，如明人陈良卿"性嗜异书。年逾立，即释儒服谢学使者，隐沙水竹榭之间，与吟翁野衲相往还。遇有奇书隐牒，不惜破产购之。江南故家遗帙，搜抉殆遍"，而陆元厚"家贫……喜蓄异书，学奉（俸）多为书尽"②，故叶氏将二人合传。

第七，同为一地收藏家。如明代徐霖、黄琳、罗凤、谢少南为明代金陵收藏家，故叶氏将前三人合传。

第八，与同一人有交情。如卷一所载犍为王氏和胡定之，二人皆与苏轼有交情。

第九，同一地人。如郑樵与林霆同为南宋莆田（今福建莆田）人，且二人为金石交，故合为一传。

第十，藏书数目相同者。宋人张祐藏书万卷，建有万卷堂；张用道亦藏书万卷，建万卷楼，叶昌炽为二人合传。

第十一，同为奸臣。如将宋贾似道、廖莹中以及明严嵩三人合传。

第十二，藏书楼名相同者。如清代孙宗濂和蒋升瀛皆有"寿松堂"，叶氏将二人合传。

（二）诗注结合

古代史书编撰繁荣，人物传记尤可称道，种类有传、表、铭、录、簿、赞、谱、牒、记等等，形式上有文、诗、表、图诸种。叶昌炽深谙诸种人物传记撰写之道，《奇觚庼文集》卷下收录32篇传记，体裁有铭、略、传、诔等；外集收录11篇寿序。在创作《藏书纪事诗》这部大型人物传记时，叶昌炽别出心裁，一改传统传记体书写模式，采用诗注结合方式，全书7卷416篇，每篇由七言绝句一首、系名、注文三部分构成。

---

① 《藏书纪事诗》卷一《杜鼎昇大峰　程贲季长》引《茅亭客话》，第20页。
② 《藏书纪事诗》卷三《陈良卿　陆元厚》引《紫桃轩杂缀》，第292页。

1. 绝句

《藏书纪事诗》中的 416 首诗歌，全部是整齐划一的七言绝句，咏歌一位或几位藏书家事迹，内容一般是撮录他们最具特征的藏书楼号、藏品、藏书事迹、著作、学术观点等。如第一首《毋昭裔守素》云：

>　　蜀本九经最先出，后来孳乳到长兴。蒲津毋氏家钱造，海内通行价倍增。①

首句说的是蜀本《九经》乃毋昭裔奏请蜀主所刻；次句言后唐明宗长兴年间（930—933），国子监负责雕版印书之事，所刻《五经》乃仿后蜀而来；三、四句叙述毋氏不但倡议后蜀官刻儒家经典，而且自家曾出资大量印制图籍通行天下，泽惠后人。

诗作不全是客观叙写，时有对传主学术素养和治学成就等方面的述评。如卷六《陆心源刚父》说："蓬莱道山皆荒渺，芳荃疏雨亦寥寥。守先高阁苕溪畔，纨缦卿云覆绛霄。"②叶氏经过一番认真斟酌后，才给这首诗定稿，光绪二十二年（1896）十二月的一则日记写道：

>　　补陆刚父观察藏书一绝。又校正怡府一则。存斋斥明人书帕本之谬，又诋各家刊本，动云不如不刻，而其所刻书亥豕纵横，触目皆是，本拟赠以二句云："一语请君还入瓮，刻书容易校书难。"既思反唇相讥，非所以待逝者，特刊去之。③

此则日记表明叶氏对于绝句不断进行加工，既要反映传主的藏书特色及学术成就，又不违背史实，体现出严谨的学术风格，今人王立民说："叶氏在陆心源的评价上是颇费过一番心思的。既指出了这位学术前辈校勘工作的失误，又不因此菲薄前人，从而显示出良好的学术道德。"④事实上，《藏书纪

---

① 《藏书纪事诗》卷一《毋昭裔守素》，第 1 页。
② 《藏书纪事诗》卷六《陆心源刚父》，第 693 页。
③ 《缘督庐日记钞》（第二册）"丙申十二月十六日"，第 354 页。
④ 王立民：《叶昌炽〈缘督庐日记〉研究》，博士学位论文，复旦大学，2006 年，第 87 页。

事诗》中的每首诗作都是精心结撰的，都具有这种品质。

2. 系名

系名就是在绝句下附上传主——藏书家的姓名，有的是一位，有的是几位，视情况而定。全书系名原则如下。

第一，最常见的是姓、名、字连录。如卷一"周密公谨""公谨"为其字，号泗水潜夫。卷五"顾士荣文宁"，顾士荣，生卒年不详，字"文宁"，号甘樵，清代江苏常熟人。为了配合系名的准确性，叶昌炽常在注文中引用相关文献佐证之，如卷三《刘凤子威》注文第一则便引用《明诗综·小传》："刘凤字子威，长洲人。嘉靖甲辰（1544）进士，官至河南按察佥事。有《澹思》《太霞》二集。"①

第二，有封号的传主则封号在前，只取名，不系字。如卷二所录元代东丹王倍，明朝诸王周定王橚、宁献王权、靖王奇源、端王知烊、简王新㙉、秦简王诚泳、定王惟焯、光泽王宠瀼、衡恭王祐楎、高唐王厚煐、庐江王见湳，而卷四所录清代诸王，系名时则只有封号，如怡贤亲王、国恭亲王、成亲王等，不系名因叶昌炽为清臣，称封号不称名，有为尊者讳之意。

第三，有谥号的传主则姓、谥、名连称。如宋人赵安仁（958—1018），字乐道，北宋河南道（今河南洛阳）人。雍熙二年（985）进士，官至御史中丞，卒谥"文定"。叶昌炽在卷一中对其系名曰"赵文定安仁"。又如明代藏书家叶盛（1420—1474），字与中，江苏昆山人。明正统十三年（1448）进士，官至吏部左侍郎，卒谥"文庄"。所以叶昌炽在卷二为之系名曰"叶文庄盛"。

第四，同一家族传主在同一首诗后的系名，正传主和副传主之间是兄弟关系，则副传主不列姓氏，只系名和字。如卷三《顾从礼汝由　从德汝修　从义汝何》，其中正传主为"顾从礼""顾从德"和"顾从义"都是顾从礼之弟。正传主和副传主之间是父子或祖孙关系，则副传主前要标明其与正传主之间的关系。如卷一《王莘乐道　子铚性之　孙廉清仲信　明清仲言》，"王

---

① 《藏书纪事诗》卷三《刘凤子威》，第210页。

铨"为正传主"王莘"的儿子,"王廉清"和"王明清"是正传主"王莘"的孙子;又如卷三《钱榖叔宝　子允治功甫》,"钱榖"为正传主,"钱允治"则为副传主,是钱榖的儿子。而如果正传主和副传主之间是夫妻(妾)关系,妻(妾)有名有字,则与正传主一样系名和字,如卷一《赵明诚德父　李清照易安》、卷五《陆烜子章　沈彩虹屏》、卷五《张燮子和　孙蓉镜芙川　姚畹真》、卷六《严元照久能　张秋月香修》;妻(妾)如果没有名或字留下来,则只系姓氏,如卷三《归有光熙甫　妻王氏》。

第五,不同时代的传主在同一首诗题中,时代晚的则标明时代。如卷一《刘式叔度　张邦基子贤　元申屠致远大用　国朝朱继曅》,刘式和张邦基为宋代藏书家,因此,后两者系名前分别有"元"和"国朝"字样。

第六,传主为无名氏,系名以里第为主。如卷一收"南都戚氏""九江陈氏""亳州祁氏""饶州吴氏""信阳王氏",卷二收"吴郡陆君""浦江郑氏",卷七收"泰山赵氏""杭州张氏"等。

3. 注文

即从正史、方志、笔记、诗文集、墓碑、书目题跋、时贤言论、作者见闻等各种材料中辑录出藏书家事迹,或作为绝句注脚,或仅与本篇所叙藏书家有关。注文是《藏书纪事诗》的主体,辑录文献的内容包括藏书家姓名籍贯、生平行止、藏书事迹、学术成就乃至掌故逸闻等,从而提供了有关藏书家的基本史料和学术线索。如卷一《李庄简光》有注文3则:

《四库提要》:"《读易详说》十卷,宋李光撰,光字泰发,上虞人。崇宁五年(1106)进士。官至参知政事。谥庄简。光为刘安世门人,学有师法。绍兴庚申(1140),以论和议忤秦桧,谪岭南。自号读易老人,尝作《胡铨易解序》曰:'昔迁贬之士,率多怨怼感愤。邦衡流落瘴乡,而玩意三画,可谓困而不失其所亨,非闻道者能之乎?'虽为铨作,实则自明其著述之旨也。"

《挥麈录》:"叶少蕴书逾十万卷,丁卯年(1147),俱荡一燎。李泰发家旧有万余卷,亦以是岁火。岂厄会自有时邪?"

《至正直记》:"予至上虞,闻李庄简公光无书不读,蓄书数万卷。子孙不肖，且粗率鄙俗，不能保守，散于乡里之豪民家矣。读其家训，不觉为之痛心也。"①

第一则注文述李庄生平，包括字号、籍贯、及第、仕途、谥号、学缘关系、学术著作等，其一生基本情况都在其中。第二则述李庄藏书成就，藏量多达万卷，为藏书大家，惜于绍兴十七年丁卯（1147）遭遇火灾，大多焚毁。第三则述李庄读书广博，但教子不严，后人不守祖训，以至烬余之书散于乡里。三则注文文字简约，李庄一生主要活动经历，尤其是藏书事迹约略可悉。全书注文大多如此，与诗歌相辅相成，用史料说话，勾勒出传主勤于藏书、读书的一生。

古代藏书史料十分丰富，蕴藏于各种文献中，在选取史料时，叶昌炽十分注意史料录用排比问题，而不是一股脑儿胡堆乱砌，具体而言，他在史料排比时既注意到横向比较，又注意到纵向联系。

所谓横向比较，就是对于某一件事如果多种资料均有反映，叶氏则不厌其烦，逐一收录，读者通过比较，对于资料之真伪不辨自明。如卷四《钱谦益受之》，关于绛云楼发生火灾的具体时间，小注所引各条资料记载不一：

《天禄琳琅》："宋本《汉书》，钱谦益跋：'甲申（1644）之乱，古今书史图籍一大劫也；吾家庚寅（1650）之火，江左书史图籍一小劫也。'"

《人海记》："钱蒙叟撰《明史》二百五十卷，辛卯（1651）九月晦甫毕，越后日，绛云楼火作，见朱人无数，出入烟焰中，只字不存。"

牧斋《赖古堂文选序》："庚寅（1650）孟冬，不戒于火，为新官三日之哭，知天之下假我以斯文也。"②

叶氏所引《天禄琳琅（书目）》和《赖古堂文选序》中的文字，都是钱氏本人亲自记载的，两次所述绛云楼之火皆在庚寅之年（清顺治七年，

---

① 《藏书纪事诗》卷一《李庄简光》，第37页。
② 《藏书纪事诗》卷四，第336页。此处引文有删节。

1650），如此之事，刻骨铭心，当事人绝不会搞错。而反观《人海记》所载，虽然描述失火情景较详，但时间在辛卯（清顺治八年，1651），相差一年，两相比较，读者自然明白哪则史料可信。

所谓纵向联系，就是通过所引资料的逻辑关系，帮助读者了解事物发展过程。如卷二《宋文宪濂　曾鲁得之》中的一则注文：

《百宋一廛赋》："庐山《长庆》，见取六丁；金华太史，独著精灵。"注："《长庆集》，北宋时镂板，所谓'庐山本'者。庚寅一炬，种子断绝。唯此金华宋氏景濂所藏小宋版，图记宛然，古香可爱，推希世珍。"昌炽案：此书亦见《读书敏求记》，今藏潘文勤师滂喜斋。①

这里有必要先了解一下《白氏长庆集》编纂刊刻及流传情况。唐穆宗长庆二年（824），白居易任杭州刺史，次年，好友元稹任浙东观察使，两地相距不远，二人开始频繁唱和。长庆四年（826），白居易任满离杭之际，元稹索其全部作品编成50卷，题曰《白氏长庆集》。元稹之后，白居易又多次增订，陆续编成《后集》《续后集》，且多次缮写。唐会昌五年（845）白居易作《白氏集后记》云："白氏前著《长庆集》五十卷，元微之为序；后集二十卷，自为序；今又续后订五卷，自为记。前后七十五卷，诗笔大小凡三千八百四十首。集有五本：一本在庐山东林寺经藏院；一本在苏州禅林寺经藏内；一本在东都圣善寺钵塔院律库楼；一本付侄龟郎；一本付外孙谈阁童。各藏于家，传于后。其日本、新罗诸国及两京人家传写者，不在此记。"②

据顾广圻《百宋一廛赋》及黄丕烈注，北宋时曾以"庐山本"为底本镌刻《白氏长庆集》，宋濂藏书中就有一部，后归黄丕烈所有。嘉庆二十三年庚

---

① 《藏书纪事诗》卷二，第105页。
② 此处《白氏集后记》转引自韦力《黄永年跋·嘉靖本〈白氏文集〉》，《光明日报》2012年4月5日12版。按，关于钱谦益收藏该书情况，韦力接着说："今传世最早刻本为南宋绍兴初年刻本《白氏文集七十一卷》。七十五卷本宋人未见著录，似仅存于传说。《述古堂书目》载有《白氏文集七十五卷》，然'庚寅一炬，种子断绝'，故钱谦益曾藏七十五卷本之《白氏文集》，则为传说中之传说。另钱曾《读书敏求记》中言曾于钱谦益处所见《白氏文集》为庐山本，然宋人宋敏求却言庐山本止七十卷，且无续后集，故钱谦益曾藏七十五卷本之说更见可疑。黄丕烈尝以白金二十两易得绛云楼烬余残本《白氏文集》十七卷，是书既有烧痕，亦有水渍，仅知其为宋本，确否七十五卷本之残卷则未知，《荛圃藏书题记》记此事甚详。"

· 78 ·

寅（1818），黄氏家中遭火，所幸此书完好。又据叶氏案语，知此书清初曾经钱谦益所藏，黄丕烈殁后，归潘祖荫所有。这样，通过《百宋一廛赋》记述、《读书敏求记》收录及潘氏入藏情况，就给读者勾画出《长庆集》流传的大致线索，从而使得本来单独的资料变得较为完整实用了。

叶氏在注文中征引广泛，并对文献资料进行分类排比，其中多有古代藏书制度、典籍聚散、版本流传、地方藏书兴衰等专题史料，因此后人称《藏书纪事诗》"甚至成为中国私家藏书事业的资料渊薮"[1]，所论有据。

（三）缀以案语

《藏书纪事诗》注文后，还有叶昌炽自撰的多则案语，案语前标"昌炽案"三字。一般而言，案语放在注文后面，也有穿插在注文中间的。叶氏对于撰写案语十分用心，有的内容引用典籍，而更多的内容则为亲见亲闻。如卷四《张惟赤》注文在引用《涉园修禊记》《皕宋楼藏书志》《两浙輶轩录》《楹书隅录》《铁琴铜剑楼书目》诸书后，案语曰：

> 旧在京师，顺德龙伯鸾凤镳以所藏吕无党手抄《后村集》见示，有"古盐张氏"及"宗橚咏川"诸朱记。皕宋藏书《陆宣公集》有"张载华""佩蒹"诸印。张氏藏印，诸家著录数见不鲜，顾其世系未能详也。宣统纪元之岁暮，重雕此集至第四卷。张鞠生农部元济自沪上寓书来，云螺浮给谏是其先德，以涉园世系见示。始知螺浮先生名惟赤，顺治乙未（1655）进士，刑科给事中。长子胎，号小白，别号皢亭，康熙壬子（1672）举人。有三子，长芳溶早逝，以弟子宗松为嗣。次芳湄号象贤，一字葭士。宗松即其次子，号青在，又号寒坪。著有《扪腹斋诗钞》，即农部之六世祖也。第五子曰宗柟，号吟庐，别号舍厂，著有《带经堂诗话》。第六子曰宗橚，号咏川，一号思岩。第八子曰载华，号佩蒹，一号芷斋。柯字晋樵，一字东谷，葭士弟芳潢之子也。鸥舫名鹤徵，佩葭之长子。以诸家书目藏印证之，世德清芬，若合符节。螺浮先生为王文简

---

[1] 傅璇琮、谢灼华：《中国藏书通史》，宁波出版社 2005 年版，第 1022 页。

同年进士，宜次其后。是卷缮刻至叶石君一首，而农部函适至，犹及改纂。不先不后，若有天幸，岂非先哲有灵，有以牖启之乎！附志于此，以箴前阙，亦农部君志也。岁在庚戌（1910）元日，缘督记。①

这段案语为叶氏阅吕无党手钞《后村集》，以及与张元济会面并阅张氏世系后综合而来，补充注文所引 5 种史料之不足，可以作信史看待。再如卷四《席鉴玉照》注文后叶氏案语云："玉照藏书极富，所刻古今书籍，板心均有'扫叶山房'字。余曾见所藏《宝晋山林集》，有'荚山珍本'印。"② 板心字样和藏书印，皆叶氏亲见，这样的案语史料价值之高自不待言。一般来说，《藏书纪事诗》案语作用主要表现在以下六方面。

1. 补充资料

《藏书纪事诗》注文涵盖传主生平、藏书成就、藏书室及藏书印等方面资料，而如果所引注文不全时，叶氏就加案语，进行补充。如卷二《唐寅子畏》注文中，叶氏引用《三辰通载》和《天禄琳琅》中提到唐寅藏书印 4 方"南京解元唐寅""唐伯虎印""唐伯虎""唐居士印"，而事实上唐寅藏书印非止此数，叶氏案语云：

> 余在滂喜斋见宋刻袁枢《通鉴纪事本末》，唐子畏藏书。有"南京解元"印。每卷后皆有子畏题字，一云"苏台唐寅子畏甫学圃堂珍藏书籍"，一云"晋昌唐寅醉中读"，一云"唐子畏梦墨亭藏书"，一云"吴郡唐寅桃花庵中梦墨亭书"，其余大致略同。"梦墨亭"者，子畏乞梦仙游九鲤神，梦惠之墨一担，因而作亭。祝京兆有记。《涌幢小品》载其事。又按：《式古堂书画考》："唐伯虎《金昌暮烟图》有'吴趋'圆印。"又《青山读书图》有"梦墨亭""六如居士"印。③

经过一番考证，新见唐寅之印 4 方，前后共计 8 方。补充传主藏书印是

---

① 《藏书纪事诗》卷四，第 385 页。
② 同上书，第 436 页。
③ 《藏书纪事诗》卷二，第 143—144 页。

全书案语的主要内容之一,再如卷二《范钦尧卿 从子范大澈子宣》的注文引用资料9种,然均未提及范氏藏书印,叶书于是在案语中,通过《天一阁书目》和《天禄琳琅(书目)》等资料记载,钩稽出范钦藏书印8方,范大冲(字子受,又字少明)藏书印7方,范大澈(字子宣,又字子静)藏书印18方。

案语用来解释注文中出现的名词。如卷四《钱谦贞履之 子孙保求赤 孙艾颐仲 族孙兴祖孝修》注文引用《爱日精庐藏书志》一段话:"李群玉《唐风集》,皆有钱履之读书记。板心有'竹深堂'三字。"对于"竹深堂"三字来历,案语曰:

  竹深,谦贞七世祖洪自号也。钱陆灿《常熟县志》:"洪字理平,与兄宽字理容世家吴浦。能诗好客,洪爱种竹,堂曰'竹深处'。"①

案语用来补充介绍传主生平事迹。如卷四《胡介祉循斋》注文所引《铁琴铜剑楼书目》《楹书隅录》《经籍访古志》皆无胡介祉生平,案语曰:

  茨村名介祉,字循斋,山阴人,宛平籍,少保兆龙子。由荫生历官河南按察使。著《随园诗集》,详见《两浙辀轩录》。《毛西河诗话》载其《趵突泉》诗一首,称其诗盛为当时所推。竹垞尝属其刻宋本《十家宫词》,有序,见集中。其藏书印冠以"燕越"二字者,以南人隶北籍故耳。菀翁皆未能知也。②

案语用来补充介绍藏书下落。如卷七《丁丙嘉鱼》,对于丁丙藏书下落,案语曰:

  归安陆氏皕宋楼精本与守先阁所藏明以后刻本,日本以六万金并金石拓本捆载而去。是时匋斋制府督两江,闻丁氏书亦将散,惧其为平原之续,亟属缪筱珊前辈至武林访之,尽辇之白下,开图书馆以惠学者。

---

① 《藏书纪事诗》卷四,第341—342页。
② 同上书,第412—413页。

两家之书，同一不能守，而松存身后，不至流入海舶，视存斋为幸矣，亦匋公之力也。①

"匋斋"是两江总督端方的号，正是在他的主导下，丁丙八千卷楼藏书才不致流出国门。通过案语，注文中不能得见之史料得以补充，对于理解传主生平和藏书活动等帮助甚大。

2. 匡正资料

《藏书纪事诗》注文所引资料在给出藏书家生平事迹方面，有时存在与史实不符的情况，这就需要叶昌炽在案语中给予匡正。

文献记载传主藏书流传有误，案语及时匡正。如卷一《吕正愍大防　张玠》注文引《邵氏闻见后录》一则资料云："神宗欲更修《后汉书》，求《东观汉纪》，久之不得。后高丽以其本付医官某来上，神宗已厌代矣。元祐中，高丽使人言状，访医已死，于其家得之，藏于中秘。予尝写本于吕汲公家，亦弃之兵火中矣。"这则史料记载《东观汉纪》一书毁于宋金战火，而叶氏案语则说：

> 今《四库》本二十四卷，辑自《永乐大典》。然则其书明初尚存，不亡于南渡也。②

文献有记载人名讹误者，案语一并改之。如卷二《光泽荣端王宠瀁》注文引《天禄琳琅（书目）》一则记载："《史记》，明兴宗第四子衡王允烃藏本，有'衡王图书'印。"叶氏案语称：

> 兴宗子封衡王者，名允爁，非允烃。允爁，靖难时改封怀恩王。此衡王为宪宗第七子衡恭王祐楎。③

注文所引资料有不加考证者，叶氏案语则给以匡正。如卷四《钱裔肃嗣

---

① 《藏书纪事诗》卷七，第706页。
② 《藏书纪事诗》卷一，第27页。
③ 《藏书纪事诗》卷二，第102页。

美　子曾遵王　孙沅楚殷》，叶氏案语考证"述古"一词来历说：

> 遵王藏书处曰"也是园"，曰"述古堂"。考陈继儒《妮古录》："缪贞得宋绍兴丁巳（1137）邵谔所进述古图研，因以'述古'名堂，黄晋卿为记。是'述古'之名，不始于遵王也。"①

此外，案语中还有匡正地名、书名等误者，此不一一列出。

3. 存疑待考

《藏书纪事诗》注文所引资料如有误，而叶氏难以根据资料给予改正，则提出疑问，留以待考，体现出严谨的治学精神。

不同文献对同一问题记载出现歧义时，叶氏在无确凿证据情况下，常标"未详"二字存疑。如卷一《朱遵度》，注文引用《直斋书录解题》记载五代人"崔遵度"曾编《群书丽藻》，而《焦氏笔乘》《金陵旧事》却记载为"朱遵度"，因无其他资料佐证，叶氏案语云："《焦氏（笔乘）》'崔'作'朱'，未详。"② 根据今人卢燕新考证可知，《群书丽藻》作者应为五代时人"朱遵度"，而非"崔遵度"，《直斋书录解题》记载有误。③ 至于朱遵度误为"崔遵度"之缘由与经过，杨锦先生经过一番认真考证后说：

> 崔遵度（954—1020），字坚白，本江陵人，后徙淄川。纯介好学，七岁受经于叔父崔宪。太平兴国八年举进士。端拱初擢著作佐郎。淳化中迁殿中丞。咸平中为太子中允。景德初改太常丞、直史馆。大中祥符初年进博士，为左司谏。九年为皇子寿春郡王友。后官至礼部郎中，判司农寺。天禧四年八月卒，年六十七。一生虽未践高官，但喜读《易》，善弹琴，岣岣大儒，赫赫有名。仁宗朝的杨安国，在经筵二十七年，行义淳质，仁宗即比之为先朝的崔遵度。这说明崔氏在当时堪称儒者的楷模。如此一个饱学杰特的人物，其知名度一定很高，何况与吕夷简同殿

---

① 《藏书纪事诗》卷四，第346页。
② 《藏书纪事诗》卷一，第9页。
③ 卢燕新：《〈群书丽藻〉考论》，《古籍整理研究学刊》2010年第01期。

为臣，死后仅仅十年，吕氏就把他当成了朱遵度，岂不是可笑至极，不可思议。崔氏是否做过南唐的司门郎，有国史斑斑可考，陈骙又何必妄下雌黄。陈振孙既不之信，质诸杂史，竟也未曾发现朱、崔之误。到底朱氏是如何误为崔氏的，实在难以琢磨，无法解释。这就不能不归咎于三家的粗心大意。①

杨先生的考证解决了叶昌炽著书时的一个疑问，叶氏地下有知，应当欣慰。

资料对于两代人关系记载不明者，叶氏亦存疑待考。如卷二《邢量用理 邢参丽文》注文引用《列朝诗传》谓邢量和邢参是祖孙关系，而《乾隆苏州府志》却称"丽文，量之族孙"，叶氏案语因此云："未知孰是？"②

资料对于传主名、字记载往往不一，叶氏一时难以确考，便存疑。如卷三《孙江岷自》注文引《读书敏求记》云："《唐僧宏（弘）秀集》十六卷，元人钞本。予获之于孙岷自。岷自购一古图记，刻镂'孙江'，字绝佳，苦爱之，即改名江，亦吾乡俊民也。"叶氏根据这段记载推断说：

> 据此，则"江"非原名也。《瞿氏书目》有《沈下贤集》，冯氏藏本，叶奕传录，孙明志再录之。又《古文苑》，有岷自跋云："赵凡夫藏宋刻。纸墨鲜明，字画端楷。灵均钩摹一本，友人叶林宗见而异之，亦录一册。辛巳夏，假归，分诸童子，三日夜抄毕。"江与林宗为友，《沈集》亦录自林宗。颇疑"明志"即其原名，但无可考耳。③

只是提出疑问，不轻易下断语，可见叶氏十分审慎。

4. 点评之语

叶氏在案语中对注文所引资料给以适当点评，可以从中了解作者对待问题的态度。这种点评之语多为对传主的溢美之词。如卷一《晁公武子止》引

---

① 杨锦先：《五代青州大藏书家朱遵度》，《山东图书馆季刊》1994 年第 3 期。
② 《藏书纪事诗》卷二，第 121 页。
③ 《藏书纪事诗》卷三，第 217—218 页。

《郡斋读书志·自序》记载井度贻书之事，尝自言"子孙稚弱，不自树立"，俟子孙长成，"其间有好学者，归焉"。公武遂取用井度藏书五十箧，加上自家所藏，撰写《郡斋读书志》。叶氏在案语中引用周紫芝《太仓秭米集·书谯郡先生文集后》云：此书得之井度之子晦之，晦之"手自校雠，为之是正，凡一千八百三首，历数年而后成"。叶氏案语中点评道："观此文，则井公有子，且能读父书矣！"①

叶氏点评之语多涉及藏书、刊书、护书之事，谆谆告诫世人，情感至深。如卷七《赵之谦益甫　孙古徐》注文引用《书岩剩稿跋》一则资料："魏醝尹锡曾尝言，为前人搜给残剩文字，比掩骼埋胔。余谓欲人弗见，令万马蹴平，世多有矣。异时当节缩衣食刊行，庶有封树置防护。"他在案语中说：

痛哉斯言！为书续命，先哲有灵，实共鉴之。最（撮）录于此，以告世之能爱惜古人者。②

叶氏点评之语，谆谆告诫后人当以爱书为上，引人深思。又如卷一《濡须秦氏》注文引《直斋书录解题》云："《秦氏书目》一卷，濡须秦氏。元祐二年（1087），有为金部员外郎者，闻于朝。请以宅舍及文籍，不许子孙分割。"叶氏对"不许子孙分割"的家训十分感喟，点评说：

今世风俗衰薄，祖父遗书，子孙攘夺，往往各私扃钥，不容互观。巨册不能分者，甚至各据其半，其后卒不能为延津之合，良可慨叹。秦氏此举，法良意美，实为藏书者百世之师。独惜其名字翳如，为可悼也。③

后世遗风不再，子孙多为私利计，不守先人藏书遗训，人亡书散，伤及典籍，叶氏抚古伤今，难免慨叹。

叶氏还在案语中对史上藏书公案作点评，表达一己观点。如卷五《汪启

---

① 《藏书纪事诗》卷一，第48—50页。
② 《藏书纪事诗》卷七，第702页。
③ 《藏书纪事诗》卷一，第30页。

淑秀峰》注文引用鲍廷博《庶斋老学丛谈跋》一段话："吾友郁君潜亭所贻也，间有误书。思之不适，闻某公有善本，欣然偕潜亭往借，秘不肯宣，是为乾隆甲午（1774）。迨嘉庆甲子（1804），始据钱功父本一扫乌焉之讹。往读某公所著《清暇录》，历数近来藏书家，而自述其储藏之富。曾几何时，已散为云烟矣。"叶氏案语说：

  《清暇录》当即讱庵所著《水曹清暇录》。讱庵敝帚自珍，诚为可鄙。然渌饮于身后作快心之论，亦非长者之言也。①

事情是这样的：鲍廷博刊刻《知不足斋丛书》时，所收多宋元善本、孤本，以便流传学界，服务学术。在校勘《庶斋老学丛谈》一书时，听说钱塘汪启淑有善本，于是前往一借，想不到吃了个闭门羹，汪氏秘而不宣，只把林佶两跋相授。这件事对鲍廷博刺激很大。嘉庆九年（1804），鲍廷博终于设法借来底本，将《庶斋老学丛谈》校勘一过，刻入丛书第二十三集，在撰写题跋时不点名讥讽汪启淑藏书秘不示人的做法，其时汪氏已经去世多年。因此之故，叶昌炽案语对于二人所作评点十分中肯，称汪氏行为"诚为可鄙"，而鲍氏之言"亦非长者之语"。②

5. 考辨之语

叶昌炽一生治学十分严谨，从点滴做起，"讲究厚积薄发"③，在撰写案语时，亦能够贯彻考证之学，时有新见。案语中的考辨之语主要在两方面。

一方面，考传主生平。有考辨传主生活时代的，如卷一《东平朱氏》所记传主为宋代著名藏书家，藏书多达万卷，但文献对于朱氏名字、时代等语焉不详。叶昌炽在案语中考辨：

  朱轩之祖，名字无考。据轩所述，在靖康兵火以前，故与方渐同次南渡之前，汴京之末。④

----

① 《藏书纪事诗》卷六，第522页。
② 参见付嘉豪：《平议鲍廷博与汪启淑的一桩借书公案》，《图书馆工作与研究》2012年第5期。
③ 金振华：《叶昌炽研究》，吉林人民出版社2005年版，第59页。
④ 《藏书纪事诗》卷一，第45页。

又如卷二《东丹王倍》所载东丹王耶律倍，时代应属五代，《藏书纪事诗》却将其归入辽，究其原因，叶氏案语说：

> 元耶律楚材，东丹王之八世孙，著《湛然居士集》。其子铸著《双谿醉隐集》。漠北世家，专精文学，鲜有能过之者，未始非医巫闾万卷之贻谋也。王为五季时人，但《辽史》有传，断代仍宜从辽，次于宋后。①

他是根据《辽史》记载而作此调整的，实有渊源。对于传主籍贯问题，也是案语要考辨的内容之一。如卷二《张雯子昭》注文引《杭州府志》云："雯南渡居钱塘，精律吕，每众坐，闻乐辄俯首嚬蹙，曰：'吾其不免乎？'子田，字耘己，亦工文词。田子肯，字继孟，一字寄梦，从宋濂学。"按照《杭州府志》的说法，张雯籍贯应为杭州，不过，叶氏考辨：

> 《苏州府志》雯亦有传，艺文类《书画记补遗》《继潜录》《墨记》皆雯撰。观郑元祐所撰志，雯实吴人，特尝寓于钱塘耳。②

张雯实为吴人，只是寓居杭州罢了。这则考辨还原了张雯籍贯问题，厘清了史实。

另一方面，考藏书史实。由于时代久远，文献记载不足，很多藏书故实难以厘清，叶氏则在案语中多方考辨，力求还以本来面目。如卷四《怡贤亲王　果恭亲王　成亲王》注文后案语云：

> 怡府藏书，始自怡贤亲王之子名弘晓，余闻之盛伯希祭酒云。存斋所言，考之未详。③

此为考怡府藏书之始，且是来自好友盛昱所言，理应不误。又如明末清初大学者钱谦益藏书楼有绛云楼、荣木楼、拂水山庄、红豆山庄、半野堂等多座，学界比较熟悉的是绛云楼，余则不详。叶氏案语通过资料比对，考证

---

① 《藏书纪事诗》卷二，第77页。
② 同上书，第82页。
③ 《藏书纪事诗》卷四，第333页。

出半野堂位置：

> 牧翁红豆山庄，在虞山之拂水岩。然考《有学集·题李长蘅画扇册后》，亦署"碧梧红豆村庄"。又有燕誉堂、云上轩、荣木楼，并见《读书敏求记·宋本汉书跋》。末云："癸未（1643）中秋，书于半野堂。"海虞瞿氏所藏《宋史》，有牧翁题字云："庚寅（1650）十二月初二夜，半野堂火，片刻灰烬。"据此则绛云楼下即半野堂所在矣。①

难能可贵的是，叶氏案语中还有对自己年轻时认识错误的改正之语，如卷三《秦汴思宋　子炳汝操　柱汝立》注文中引用《铁琴铜剑楼书目》资料，提到了秦炳"雁里草堂"藏书处，叶氏案语说：

> 《无锡县志》："秦柱字汝立，金之孙。工书，师欧阳率更，草学孙虔礼。以荐授中书舍人。"又《贡生表》：万历五年（1577）有秦柄，汝操当为柄字。余所见秦氏藏书，又有"雁里子柄"一印。以是知雁里草堂为秦氏藏书处也。犹忆修郡志时，同年徐君爱樨问余："雁里草堂谁之宅也？"童时不知阙疑，以沈与文告，徐君即据以纂入第宅园林类。而不知沈君藏书处名野竹家，雁里自在梁谿也。附志于此，以明余过，且冀后之踵修者为改正之。②

原来早在同治九年（1870），时年22岁的叶昌炽受老师冯桂芬邀请，参与《同治苏州府志》的修纂工作，工作中他随意回答同年徐爱樨关于雁里草堂的问题，以为是一处第宅，而今得知为秦炳藏书处，方知当初之误。"附志于此，以明余过"，体现了叶氏不虚美，不隐恶的治学品质。

6. 真情流露

叶氏一生正处晚清民初之乱局，外侮叠加，内乱不休，朝代更迭，亲友纷纷离世，老而孑然一身……种种磨难，造就了他坚韧不屈的性格，但在情

---

① 《藏书纪事诗》卷四《钱谦益受之》，第336—337页。
② 《藏书纪事诗》卷三，第193—194页。

感上,他所承受的打击实在太多,行诸诗文,多悲怆之词。这种情感宣泄,不经意间在案语中多次流露,形成古今学术案语中较为独特的风格。

案语中有对先师的怀念。如卷二《徐达左良夫》注文引用《式古堂书画考》一则资料云:"朱泽民《秀野轩图》,良夫题。有'松云生'、'耕渔轩'、'良辅'三印。"叶氏案语说:

> 耕渔轩在光福镇。同治中,先师冯景亭先生即旧址重建。其地直虎山桥,三面临水,湖光山色,皆在襟袖间。昌炽每登其堂,徘徊不忍去。①

"景亭"是叶昌炽座师冯桂芬的号,冯氏曾出资重建耕渔轩,故叶氏"每登其堂,徘徊不忍去",他是在睹物思人,缅怀先师的教诲之恩。

对于那些为国家、民族利益付出巨大牺牲的传主,叶氏情感更是情不自禁地流露于案语中。如卷七《宗室盛昱伯希 王文敏懿荣》,叶氏案语云:

> 文敏殉难时,满祭酒为文贞公熙元,字吉甫,余己丑(1889)同年也,又同出周郁斋先生房。联军入京,全家殉节,今国学有双忠祠,祀文贞、文敏两公。张文襄诗:"人纪未沦文未丧,巍然十鼓两司成。"儒林祭酒,与意园鼎足而三矣。犹忆京师陷之前三日,昌炽尚入直史馆,遇两公于东华门外,停车数言,人天遂隔,悲夫!②

1900年,八国联军入侵北京,王懿荣受命于危难之时,任京师团练大臣,负责保卫京城。侵略军攻入紫禁城时,一介书生王懿荣率团练奋勇抵抗,最终寡不敌众,但他不愿为亡国奴,偕家人从容投井殉国,后清廷谥号曰文敏。无独有偶,时任国子监祭酒的满洲人熙元,面对强敌入侵,偕嫂富察氏、妻费莫氏仰药以殉国,谥文贞。三年后,与殉国之王懿荣附祀监署韩愈祠,号称两祭酒。叶昌炽在为王懿荣作传时,写下了这则案语,表达了对两位殉国者的景仰和惋惜之情。

---

① 《藏书纪事诗》卷二,第107页。
② 《藏书纪事诗》卷七,第715页。

案语中最为感人，最动情之文，莫过于叶氏对于亡儿恭彝的思念，卷三《晁瑮君石　子东吴叔权》案语说：

> 亡儿恭彝，生于同治甲戌（1874）岁，体羸而嗜学。余每得古碑精椠，助余著录，喜形于色。尤留心乡邦文字，某人著某书，或存或佚，随问随答，了如指掌。盖其沉默强识，天性然也。去岁春，忽得气虚肿症，百治不瘳。至十月朔，竟不起，年适二十三岁。此章不幸，遂成诗谶。悠悠苍天，尚何言哉！亡儿在里，尝奉教于曹叔彦内翰。内翰常诏以辑高密诸经故训为《郑氏雅》，许群诸书涉礼学者为《许氏礼》，属稿粗具，未有定本。他日拟为理董，稍抒童乌之痛。奄兹暮景，精力几何，未知能偿此愿否耳。光绪丁酉（1897）上元日缘督记。①

叶氏给晁瑮父子的诗传中有"礼堂翻定童乌本，痛极优昙顷刻花"句，其中"童乌"是汉代扬雄的儿子，幼极聪慧，9岁时助父著《太玄》，惜早夭，后因以指早慧而夭折者。晁瑮的次子晁东吴亦弱冠及第，年23而亡，令人痛惜。叶氏所言"此章不幸，遂成诗谶"，极为沉痛，令人掩面。叶恭彝去世，对叶昌炽是严重打击，他不止一次在日记、诗文等中抒发伤心之痛。类似的案语还如卷二《文壁征明》：

> 文文肃墓在竺坞，石湖非其兆域也。昌炽自陇归，为亡儿恭彝卜新阡于天池之麓，其前即为竺坞。村人云：去一牛鸣地有古墓，不知几何年矣。即往视之，石阙尚斜立草田中，题"故大学士湘南文公之墓"。墓前一短碣，则题曰"明大学士父文肃公墓"。亡儿地下得侍先贤，悲痛之余，窃以私幸。②

此外，叶氏案语中还不时流露出其仁人之心，如卷三《吴岫方山　元伍德》注文后案语云：

---

① 《藏书纪事诗》卷三，第207页。
② 《藏书纪事诗》卷二，第154页。

明都少卿元敬、杨主事君谦皆住南濠，皆喜藏书。余尝欲于南濠建三贤祠，以奉方山及都、杨二公栗主。乡士大夫无可与言者，附其说于此，以俟后世之留心文献之君子。①

欲在南濠（今属苏州）建造三贤祠，以此表彰热爱文献的乡贤，叶昌炽真乃热爱桑梓，倾心文献者。

"领以绝句，缀以事迹，必要时殿以案语"②——这是叶昌炽处理所辑录资料的基本方式，也是《藏书纪事诗》编撰上的显著特色。作为一部宏大的古代私家藏书通史，《藏书纪事诗》在藏书史研究范围、方向、方法上具有导夫先路的重要意义，倡导中国私家藏书史研究之风，从此之后，藏书家研究成为中国文化研究的重要组成部分。

第三节 《藏书纪事诗》版本

《藏书纪事诗》成书后，很快引起学术界重视，早在晚清民国时期先后两次付梓，而后来又不断有重印再版之举，今略述主要版本。

一 灵鹣阁本

光绪十六年（1890），叶昌炽《藏书纪事诗》初稿编撰完成，是年八月十七日，他"以《藏书纪事诗》呈郑盦师，谓宜分类以示区别，注繁宜删节，并欲付刻，则不敢承命矣"③。潘祖荫在对《藏书纪事诗》大加赞赏的同时，亦指出该书存在的问题及修改意见，即应分类别，以示条目清晰；注释略繁，宜加删节。一向治学谨严的叶昌炽氏亦知该书存在诸多不足，因此，潘祖荫师"欲付刻"，叶昌炽"不敢承命"，而是不断地修改补充书稿，以求完善。

---

① 《藏书纪事诗》卷三，第244页。
② 徐雁、谭华军：《续补藏书纪事诗传·附录》，《清代藏书楼发展史·续补藏书纪事诗传》合刊本，辽宁人民出版社1988年版，第448页。
③ 《缘督庐日记钞》（第二册）卷六"庚寅八月十七日"，第175—176页。

修改过程中或增加传主,如"校《藏书纪事诗》毕,颇有改定。又增宋《荣王宗绰》一首、《楼攻媿》一首、近《杨幼云》一首,附以崇语铃方伯。明《姚翔卿》下添附彦侍方伯、乔梓"①;或补撰传主事迹,如"补撰元纽邻之孙藏书诗一首,及录宋濮安懿王、明严分宜、胡元瑞、王弇州昆季、童子鸿诸人事迹"②。

一切准备就绪,只待付梓,承办这一工作的人是江标。

江标(1860—1899),原名善寰,字建霞,一字建椴,号师郘,又号萱圃、灵鹣阁主、后昭明阁内史,自署笘诧,斋名师郘室,又有古金精舍、祖选堂、敝帚居、间诘宧、怀珠阁、步算廊、丛书寮、修书宧、来蝶仙堂、绿泉山馆等斋号。江苏元和(今苏州)人。江标与叶昌炽有师生之谊,光绪八年(1882),由汪鸣銮推荐,从学叶昌炽,叶氏对其赞赏有加,云:"此子天分绝人,余所见蒯礼卿外,殆无其匹。今更能潜心朴学,真不可量矣。"③ 光绪十五年(1889),江标与业师叶昌炽成为同榜进士,寻改庶吉士。光绪二十年(1894)八月,江标被清廷任命为湖南学政,十月抵达湖南。在湖南,江标积极参与维新变法运动,变法失败后被革职,永不叙用。光绪二十五年(1899)去世,年仅40岁。叶氏闻知江标去世后,十分伤痛,日记载:

> 昨闻建霞噩耗,惊怛不寐,晨起即以一函询蔚若。……呜呼,建霞竟死矣!天生美才不善用之,摧残沮抑,至于不永其年,良可痛惜。余所著《藏书纪事诗》以此得罪枢要,十年沈顿,悔读《南华秋水篇》矣。潘文勤师欲付梓,甫发德音,骑箕遽去。今建霞刻成而逝,岂真为不详之物邪?以一联挽之云:"《藏书纪事》幸附丛编,荡节言旋,张范盛名撄党禁;士礼征文遂成绝笔,菟裘未筑,应刘忧愤损天年。"④

在学政任上,江标闲暇时间致力于刻书工作,光绪二十一年(1895)正月刻成《洨民遗文》,为《灵鹣阁丛书》刊刻之始。该丛书总体特色是"多

---

① 《缘督庐日记钞》(第二册)卷七"丁酉正月十五日",第356页。
② 《缘督庐日记钞》(第二册)卷七"丁酉六月初七日",第370页。
③ 《缘督庐日记钞》(第一册)卷三"甲申九月三十日",第356页。
④ 《缘督庐日记钞》(第二册)卷八"光绪己亥十月廿九日",第468页。

师友著作，多金石目录"①。

叶昌炽得知爱徒在湖南有《灵鹣阁丛书》刊刻之举，于是萌发将《藏书纪事诗》刻入丛书的念头，"子嘉来告，有折弁还湘，即作一缄寄建霞，并附去《藏书纪事诗》三册请其付梓"②。一个月后，叶氏再次致函江标，告知"《藏书纪事诗》三册常州庄秉衡司马带鄂转寄湘中"③。

书稿送给江标刊刻之后，叶氏依然不断润色，从《缘督庐日记》中可知，在此后的半年中，叶氏陆续做了以下增补工作。

一是编定目录。光绪二十三年（1897）三月，叶氏"编定藏书绝句目：卷一六十九首，宋，附见五十人；卷二七十五首，辽迄明，附见六十五人；卷三六十八首，明，附见四十五人；卷四六十五首，国朝，附见五十人；卷五五十九首，附见三十五人；卷六七十首，后附释道、赠书、换书、卖书、书估、装池、骨董，附见四十五人。共四百有四家，附见二百九十人"④。

二是补充诗作。是年六月廿二日，"《藏书绝句》（即《藏书纪事诗》）中补无为军道士一家，附宋陈景元之下"⑤，廿六日，"杨幼云藏书诗增入其侍姬月嫣掌书印"⑥。

三是补写样和重编部分卷次。是年八月廿九日，"得仲午一函，校割补写样八叶（卷二第二十八号止）。又校重编原稿卷四五两册，卷四脱《张隽》一首，卷五脱《秦恩复》《张祥云》两首。又改《金鹗岩》一首。稿凡四易矣"⑦。

叶氏所做的这一切，都是基于精益求精的出版目的，但是，让他想不到的是江标刻书工作效率极高。同年七月十七日，叶昌炽"得子嘉柬、建霞一函、《湘学报》十一册，知拙稿前三卷已付刊矣"⑧，又，江标序称"十月写

---

① 黄政：《江标生平与著述刻书考》，硕士学位论文，北京大学，2011年，第71页。
② 《缘督庐日记》"光绪丁酉二月廿一日"。按，此则不载《缘督庐日记钞》，转引自王立民《叶昌炽〈缘督庐日记〉研究》，博士学位论文，复旦大学，2006年，第81页。
③ 同上。
④ 《缘督庐日记钞》（第二册）卷七"光绪丁酉三月十八日"，第362页。
⑤ 《缘督庐日记钞》（第二册）卷七"光绪丁酉六月廿二日"，第371页。
⑥ 《缘督庐日记钞》（第二册）卷七"光绪丁酉六月廿五日"，第372页。
⑦ 《缘督庐日记》"光绪丁酉八月十九日"。按，此则不载《缘督庐日记钞》，转引自王立民《叶昌炽〈缘督庐日记〉研究》，博士学位论文，复旦大学，2006年，第85页。
⑧ 《缘督庐日记》"光绪丁酉七月十七日"。按，此则不载《缘督庐日记钞》，转引自同上书，第81页。

刻毕",可知全书刻印始于三月,迄于十月,前后仅用七个月时间。光绪二十四年(1898)闰三月十九日,叶氏收到了散发着墨香的《藏书纪事诗》,日记说:"建霞来,并呈所刻拙著《藏书纪事诗》,尚精好。渠作一序,其门人湘潭刘茂才肇隅任校勘,附一跋于后。"① 叶昌炽还记载这次印刷数目说:"得建霞书,已为鄙人印得《藏书纪事诗》五千部矣。"② 作为学生,江标这样做一方面是出于对老师的尊敬,另一方面则是出于对《藏书纪事诗》的喜爱,今人王立民说:"不能不说江标的工作效率是极高的。而刷印数量之巨,亦可见出此书之受欢迎的程度。"③

《藏书纪事诗》被收录在《灵鹣阁丛书》第五集,书名页题"元和江氏灵鹣阁丛书",11行23字,小字双行,黑口,左右双边,单鱼尾,牌记题"校刻于湖南使院"。由于该版《藏书纪事诗》共6卷,故后世亦称"六卷本《藏书纪事诗》"。

卷首江标序曰:

《藏书纪事诗》六卷,长洲叶鞠裳师撰,为藏书家掌故。标于壬辰(1892)在京师奉归,录一副册欲付一大手民而未能;甲午(1894)奉使湘中,亟以写册乞师自定之。日月易迁,又越两纪,至今年春始以稿本寄湘。即付锲者,十月写刻毕。湘潭门人刘茂才肇隅始终任校勘之役。书中多误,例因上板时,原稿割裂,颠倒错乱,写手又不工,致刻成始知,已无及矣。昔潘文勤师刻《滂喜斋丛书》速成而多误字,或有笑之。师曰:"吾不过以刻代抄耳!"标更自解之曰:"能读此书者,即能自校者也,则又何贵乎一膎一步之不失哉!"

光绪二十三年(1897)十月,受业江标谨记于长沙使院之萱圃。

此序记载几方面信息:一是刻书的起止时间,始于光绪二十三年(1897)春,迄于是年十月;二是交代了校勘者为刘肇隅;三是实事求是承认刊刻存

---

① 《缘督庐日记钞》(第二册)卷七"光绪戊戌闰三月十九日",第399页。
② 《缘督庐日记》"光绪己亥四月十三日"。按,此则不载《缘督庐日记钞》,转引自王立民《叶昌炽〈缘督庐日记〉研究》,博士学位论文,复旦大学,2006年,第81页。
③ 王立民:《叶昌炽〈缘督庐日记〉研究》,博士学位论文,复旦大学,2006年,第81页。

在"颠倒错乱,写手又不工"之不足。

卷尾刘肇隅跋曰:

> 右《藏书纪事诗》六卷,太夫子叶缘督先生撰。全书上自五代下至近今,旁逮释道,微及坊估,凡列载四百有五人,附见二百九十五人,得诗四百有五首。惟生存人不录焉。太夫子遍览吴中故家之书,又侍从京华,博搜载籍,积年既久,故其书至博且精,盖为藏书家一大掌故矣!夫自汉廷开藏书之府、置写书之官,厥后耽古积书者代不乏人。中郎万卷、林宗五千,其事迹载在史册。任昉家贫而聚书万卷,率多异本,以及晋张华载书三十乘,唐邺侯插架三万轴,是皆不可没者。是书唐以前人概勿采取,以书有墨刻,刱于唐末益州;摹刻《六经》,始于蒲津毋氏也。
>
> 顾自长兴刻木以来,书出日富,书误日滋,宋、元、明迄国朝,诸储藏家于是喜言校勘,并考辨目录、板本。其学至精博者,至黄俟宋、顾思适二家为最。大率终身寝馈书窟,没后散佚,仅传书目,或并无书目,仅一二遗闻及叙跋、印记见引于各书,不为类纂,惧伤泯沫。肇隅犗涉部录之学,尝恨古今藏书之人以毕生精力笃守典坟而生无赫赫之名,殁有无涯之戚,转不如收藏书画、字帖者,尚有题跋之作流传后世,为骨董家所珍秘。今读是书,乃知人人意中欲为之事,不啻为古人拾骸骨、禁樵采矣。其功岂惄小也哉!
>
> 原稿自都门寄湘,元龢师刻之。书首总目系后编定,与书中前后不同,江师属肇隅为之雠正,详示手民。肇隅勉从斯役,凡四阅月,几尘风叶,仍不能免。刻成,太夫子又邮寄二函,补改多处。其荣王宗绰数条,谨酌补入注;蜀帅纽邠诗并注一条,补附六卷之末。惟《少室山房笔丛》引郑渔仲曰《古文尚书音》,唐、宋并无,今出漳州吴氏;陆机《正训》,隋、唐二志无,今出荆州田氏。又《漳州吴氏书目》算术一家有古书,皆四库三馆所无;又《师春》二卷、《甘氏星经》二卷、《汉官典仪》十卷、《京房易钞》一卷,今世所传皆出吴氏云云,当补注卷一《吴与可权》条。又《笔丛》云:"龙邱童子鸣家藏书二万五千卷,余尝得其目,颇多秘帙。"当补卷六《童珮子鸣》条。因原注皆无删并,不能

推改，姑书于此，以志太夫子成书矜慎之意云尔。

丁酉（1897）十月湘潭刘肇隅谨识于学院广学海堂。

按，刘肇隅（1875—1938），又名萃隅，字廉生，号晓初，一号淡园居士，湖南湘潭人。先后师从江标、叶德辉等名家，故称叶昌炽"太夫子"。曾任岳州府巴陵县学教谕。宣统三年（1911）赴日留学。回国后，先后任教于湖南第一师范、上海光华大学、正风文学院和群治大学等。

刘跋对于认识《藏书纪事诗》创作和付梓情况大有帮助：第一，统计全书的传主人数（700人）和诗作篇数（405首）；第二，分析全书收录藏书家始于五代的缘由——"书有墨刻，创于唐末益州；摹刻《六经》，始于蒲津毋氏"；第三，论《藏书纪事诗》历史价值——"为古人拾骸骨、禁樵采"；第四，交代自己担任校雠工作时所作所为，并解释缘由。

由于叶昌炽不断增补，且江标当时忙于办《湘学报》，刊刻时间短促而紧张，因此，该版本存在问题极其明显，叶氏自认"拙稿《藏书纪事诗》编辑待订本，非定稿，蒙建霞携至湘中，遽以上木，其中引书踳驳，前后颠倒，不但亥豕之迷目也"①。于是才有了后出转精的家刻本。

二 家刻本

前面已经说过，尽管江标刊刻灵鹣阁本《藏书纪事诗》依据的是叶氏亲自编订的稿本，但由于多种原因，讹误颇多，招来诸多批评。为此，从光绪三十二年（1906）起，叶昌炽息政归隐，专心修订，扩编为7卷。关于两本之间的区别，叶氏云：

右原稿六卷，终于蒋香生太守。旧附录佚名四家，释道两家，自《换书士人》以下，鬻贩、投赠、镌刻、装订，皆牵连而及者也。今重刻，仍断自香生为止，而以新补九首、又增入之写官两首，共十一首辍此卷。附录诸诗，合编为一卷，次第七。原稿删《闻书台》一首，增

---

① 《缘督庐日记钞》（第四册）卷十三"光绪己酉四月初二日"，第129—130页。

《沈翠岭》一首，又删《罗绍威》一首，而以附见之《王思范》别录于《朱遵度》下附传。《南都戚氏》下增胡仲尧，《郑夹漈》下增林时隐，《苏伯修》下增张贞毅，《宋景濂》下增曾得之，《吴方山》下增伍老人。又《涉园张氏》一首，本以无考别列附录四家中，今知为康熙间张给谏螺浮，移次《王文简》之后。《蜀帅纽邍之孙》一首，江刻以寄稿在后，附刊简末，今亦以时为次，列元代。①

据此可知两本区别在于：一是六卷本的附录部分放在了家刻本的最后一卷；二是调整六卷本中时代有误、附传不明者诗作多首；三是在原有传主下又新增附传多人。此文落款日期为宣统二年，可知当在1910年已经完稿。

此外，叶氏晚年致力于家刻本刊刻，除了六卷本讹误太多，亟须修订等原因外，还有以下两方面因素。

一方面，诸位藏书家好友相继去世，事迹可以入传。关于此，叶氏云：

> 此稿例不录生存。初脱稿时，赵㧑叔、周季贶两公已先后捐馆，而昌炽未之知也。岁月如驰，又逾十载，海内旧雨，号为精鉴别、富收藏者，观乎九京，墓草皆宿。此书藉建霞之力付刊，而建霞亦作古人矣。听山阳之笛韵，盡焉有怀；访羽陵之遗文，存者无几。怆然命简，共得九首。诸家文章气节，各自可传，诗之有无，何足轻重。但数藏家故实，未可阙如，且以抒怀旧之蓄念云尔。②

赵㧑叔（1829—1884），原名之谦，初字益甫，号冷君；后改字㧑叔，号悲庵、梅庵、无闷等。浙江绍兴人。赵氏家有藏书楼"二金蝶堂""仰视千七百二十九鹤斋"，藏书印有"赵之谦""㧑叔手校""二金蝶堂藏书""为五斗米折腰""鹤庐""二金蝶堂双钩两汉刻石之记"等，所藏秘册甚多。周季贶（1833—1904），原名星诒，祥符籍（今河南开封）绍兴人。官至福建建宁府知府。其兄星誉官至广东盐运使，星诒借其兄之资财，喜收藏金石书画秘籍，

---

① 《藏书纪事诗》卷六末，第697—698页。
② 《藏书纪事诗》卷七之首，第699页。

藏书甚富。藏书处曰"瑞瓜堂",藏书印有"癸巳人""周星诒印""星诒""祥符周氏瑞瓜堂图书""逸庄"等。六卷本创作时,赵、周二人刚刚去世,而叶氏不知,故没有入传,修订七卷本时,自然要收录进来。另外,江标其时也已去世,亦应入传。家刻本卷七新增藏书家,除上述3人外,尚有李申兰、赵次侯、孙古徐、丁丙、李文田、黎庶昌、方功惠、盛昱、王懿荣,共计12人。家刻本增补传主,体现了叶氏跟紧时代变化,及时反映私家藏书状况的学术意识,十分可贵。

另一方面,募集刻版资金。叶氏为官各地,却清贫一生,薪俸所得,多购典籍,虽然撰写著述多部,但因资金问题,不敢言刻。就在叶氏为版刻费用犯愁之际,不可思议地发生了天上掉馅饼的事。叶氏记载事情经过说:

> (宣统三年,1911)四月二十日,芸巢在乡,亦如鄙人深居简出。十六日来畅谈,今日饭后阍者忽告其步行至此,知必有事,亟出见之,则袖中出二百金一券,言仲午助刻鄙人诗文集,蓄念已久,屡欲面致,皆为余先发所阻,再拜稽首而托之。闻言大诧,在仲午笃于师门,竭诚尽敬,可箴浇薄之俗,鄙人何德以堪此?即告以拙稿丛残无次,编定未知何日,此时实未敢遽领。则又致仲午命,不作刻资,即为此次《藏书纪事诗》刷印纸墨之费,委之而后去。①

"仲午"即潘祖年(1870—1925),叶昌炽座师潘祖荫之弟,曾问学叶昌炽。潘祖年托"芸巢"(叶昌炽好友邹福保的号)捎来200金,意在资助其刊刻诗文集,但是这笔数目可观的意外之财被叶氏"挪用"来作为雕印《藏书纪事诗》的纸墨费了。资金问题解决了,付梓工作自然就顺利地开展起来了。

《藏书纪事诗》家刻本半页11行,行23字,左右双边,因为全书有7卷,故亦称七卷本。卷首有好友王颂蔚所作序:

> 光绪初元,余与管子操觚、叶子缘督为瞿氏编校书录,铁琴铜剑楼之藏,无不寓目。既而叶子馆潘氏滂喜斋,凡文勤公所藏,又遍窥之。

---

① 《缘督庐日记钞》(第四册)"宣统辛亥四月二十日",第190—191页。

叶子自恨家贫力薄，不能多得异书；又叹自来藏书家节衣缩食，鸠集善本，曾不再传，遗书星散，有名姓翳如之感。因网络前闻，捃撦逸事，竭八九年之力，由宋迄今，得诗二百余首。贵如明代衡、徽诸藩，微如安麓村暨钱听默之属，无不备载，采集可谓富矣！莬翁所见古书录，今既无传；涧翁拟撷藏书家精华，汇著一录，亦未克就。乃君书竟及身写定，夫非艺林绝业乎？世有竹垞其人，必当为珍裘之赚矣。君著书宗旨，意在搜扬潜逸，故于考槃幽懿，乡曲遗闻，纂述尤具。吾吴先哲如柳安愚、吴方山、陆听云、王莲泾之属，皆生不越湮巷，名不絓通人。君一一考其生平，采摭甚备。又如纠雁里草堂之误，补潢川吴氏之世系，订坠搜残，裨益志乘非细。昔顾侠君选元诗，梦古衣冠人来拜。君阐章之功，什百秀野，其亦有冥通之异夫？①

序作于光绪辛卯（1891），《缘督庐日记钞》记载是年正月初九日叶氏收到王颂蔚信，即此序，当时江标还没有刊刻《灵鹣阁丛书》，几年后六卷本《藏书纪事诗》付梓时为什么没有将此序一并刻入？缘由不可得知。原序约二千言，全面叙述《藏书纪事诗》创作背景、创作缘起、创作特色和文史价值等，是研究《藏书纪事诗》非常重要的一篇文献。

目录后有叶氏自序：

> 右《藏书纪事诗》七卷。原稿六卷，尚为未定之本，及门江建霞太史校士湘中，录副出都，遽锓诸木，今《灵鹣阁丛书》本是也。其间引书鉏鋙，举例踳驳。如郭延泽、杜大峰、程季长皆生汴京盛时，不应附两宋之末。徐良夫、虞胜伯皆尝仕明，不应入元末。归熙甫与沈以安同年，曹彬侯为席玉照之客，叙次先后，不应辽绝。写生逸录，玄豕之讹亦多沿而未削。客春刊《语石》既毕，遂取旧稿，手自厘订。旧例不录生存，断自蒋香生太守为止，今以续得九首，移原稿附录诸诗别编为一卷，都七卷。正史有传者，据史为次；有科目者，以释褐先后为次；无

---

① 《藏书纪事诗》卷首王颂蔚《序》，第4页。

者，以其同时人序、跋、赠答参稽而互订之。诗注亦小有增损，虽几尘风叶，未敢遂谓定本，粗可杀青。……①

自序对于六卷本有一个客观的评价——"引书緐荮，举例踳驳""写生迻录，亥豕之讹亦多沿而未削"；又言修改之经过——增删诗传、补加诗注、酌增案语，改写绝句和调整次序。凡此种种，对读者了解七卷本的最终定稿有很大帮助。后出转精，家刻本一出，遂流行开来，诚如叶氏自云："前后两本，后人必致聚讼。自此本出，建霞所刊一本，可置覆瓿矣。"② 后世各种重排本以及诸家研究者，皆以此本为底本，今天谈及《藏书纪事诗》，所指亦就家刻本而言。

三 各种翻印、重排本

（一）苏州文学山房翻印本

光绪二十五年（1899），江杏溪创设文学山房，设于苏州城内护龙街（今人民路）嘉余坊口，1931 年新店面落成，店址在嘉余坊斜对面的大井巷北首。文学山房以经营古旧书业为主，名闻东南。经营旧书之外，文学山房还通过借版、买版等方式刷印书籍，所印书籍与原刻基本一致。这其中，因为叶昌炽治廧室藏书楼在西花桥巷，两者相距不远，所以文学山房购买了《藏书纪事诗》7 卷、《语石》10 卷、《寒山寺志》3 卷、《辛臼簃诗谵》3 卷、《奇觚顾文集》3 卷《外集》1 卷、《邠州石室录》3 卷等板片，汇编刷印，合称《缘督庐遗书》。

文学山房翻印本《藏书纪事诗》共 6 册，封面"藏书纪事诗"题名下签"辛未二月霜厓补书"。"霜厓"为近代词学大师吴梅的号，"辛未"为民国二十年（1931），可知文学山房翻印此书应在 1931 年之前。

（二）上海古典文学出版社重排本

1958 年，上海古典文学出版社据叶昌炽家刻本重排印行《藏书纪事诗》，

---

① 《藏书纪事诗》卷首目录后，第 29—30 页。
② 《缘督庐日记钞》（第四册）卷十三"光绪己酉四月初二日"，第 130 页。

书前有《出版说明》，书尾附录谭贞垣《清代图书馆发展史》中评价《藏书纪事诗》一段文字、蔡金重《藏书纪事诗引得序》，编者依据书中藏书家名称和别号为条目，综合编制《人名索引》。《出版说明》如下：

> 《藏书纪事诗》共七卷，长洲（今吴县）叶昌炽（1847—1917）编著。书中所记载的，大都是我国藏书家的故事，时代起于北宋迄于清末，共一千一百余人。资料的来源，据叶氏在前言中所说，"自正史以逮稗乘方志，官私簿录，古今文集"，无不广事采录，中间也有加上叶氏自己的考订的。每段故事中的人物，有占一人的，有占数人的，而各冠以叶氏自作的七绝一首。题材方面，除藏书部分外，还包括刻书、校书、收书、抄书、读书等，其中有一部分更是我国版本、目录、校勘、印刷方面的史料，所以这部书不仅可视为藏家之"诗史"，也可以说是书林之掌故，同时也可看到我国文化传统之深远……由于叶氏此书中触及的范围之广、征引的材料之多，自然也不免有些错误和遗漏之处（遗漏者如三吴藏书家中的王惕夫、石同福、毛叔美、潘桐西，广东的屈大均四百三十二峰草堂藏书等），因此我们又附刊了两篇文字。文中肯定了叶氏此书的史料上的价值，也具体地指出了此书的舛误失实之处，可以当作正误之用。

（三）台北世界书局合刊本

1965年，台北世界书局出版合刊本《藏书纪事诗》等五种图书。该书为杨家骆主编，题称"中国学术名著第二辑""中国目录学第一集"。书前有出版说明："本局辑印中国目录学名著，第一集中原列《书林清话》一册，兹以《书林清话》校补整理未毕，因以第二集中之《百宋一廛赋注》《武林藏书录》《吴兴藏书录》《皕宋楼藏书源流考》《藏书纪事诗》移列于第一集，而以《书林清话》改列于第二集。叶德辉《书林清话》原为补充叶昌炽《藏书纪事诗》而作（见《书林清话·自叙》），故在先后次第上，亦应先印《藏书纪事诗》也。"以此可知出版缘由，而称《藏书纪事诗》为目录学书，值得商榷。

（四）王欣夫补正本

1989年上海古籍出版社出版王欣夫先生补正、徐鹏先生辑《藏书纪事诗附补正》本,《出版说明》称"这部书不仅可视为藏家之'诗史',书林之掌故,也是一部很有用的工具书",评价十分中肯。书前有徐鹏《藏书纪事诗补正序》,对王欣夫补正经过交代说:"此《补正》稿原系先生生前于宣统二年(1910)刊本《藏书纪事诗》书眉上之批语,前后用语稍有不同,大致其早年所加案语均标'隆案',晚年则改用'欣夫案',亦有迻引材料而未加'案'字者。间有标'苍虬案'、'殷泉案'者,则为先生之兄王荫嘉所加。又其节引诸书材料,有加'略'字者,有未加'略'字者。"十分有助于读者阅读补正部分。书后有《藏书纪事诗附补正索引》,以叶氏原书中藏书家名为主条目,其字号别称、藏书处、藏印、藏书目依次列于下,甚便检索。王欣夫先生精研版本目录之学,他针对叶氏原书的一些讹误、遗漏,经过数十年的积累,引用地方志、书目题跋、诗文集及笔记等,做了大量纠谬补缺工作,提供了不少新材料。

(五) 其他版本

随着学界研究的不断深入,《藏书纪事诗》出现的版本越来越多,主要有:书目文献出版社1989年出版马同俨校注本,江苏广陵古籍刻印社1990年刊行七卷家刻本的影印本,上海古籍出版社1999年刊行《藏书纪事诗》(附补正)和《辛亥以来藏书纪事诗》(附校补)合刊集,北京燕山出版社1999年出版王锷和付亚鹏点校的单行本。不过,平心而论,王欣夫先生补正本最便读者使用。

第四节 近代学者对《藏书纪事诗》的整理与研究

《藏书纪事诗》问世后,引发近代以来藏书家研究不断掀起热潮,同时,学术界对《藏书纪事诗》本身亦抱有浓厚兴趣,为之补遗、批注及做引得等。今择要略述如下。

一　黄国瑾补辑

黄国瑾（1849—1891），字再同。湖南醴陵人，迁居贵州贵筑。系名宦黄辅辰之孙，湖北布政使黄彭年之子。他"至性过人，十四岁丧母，哀毁骨立，得鼻衄疾，终身不差；十八岁随父彭年侍其祖疾，衣不解带"[1]。光绪二年（1876）进士，选翰林院庶吉士，散馆授编修，充本衙门撰文、国史馆纂修、会典馆总纂、兼充绘图总纂官。后主讲天津问津学院，造就不少人才。他还是孝子，父亲黄彭年在江苏布政使任上猝病中风，他仓皇驰赴，在途旬余，心急内燥，牙齿脱落5颗。光绪十六年（1890），父亲在湖北布政使任上病逝，黄国瑾悲痛呕血，几乎气绝，奔丧至湖北，伏棺恸哭，不久身亡。经李鸿章、张之洞、谭继洵等疏请，史馆将其编入国史《孝友传》。黄国瑾善诗文，博览群籍，著《夏小正集解》1卷、《段氏说文假借释例》2卷、《离骚草木疏纂》1卷、《训真书屋集》8卷等。黄国瑾主讲天津问津书院时，继承父亲黄彭年在莲池书院以古学课诸生的教学方法，并创办北海学堂，手定章程，以研经考古之法授人。《清史稿》给以"嗜学能文，甚有时誉"[2]的称赏。

黄国瑾与叶昌炽的交往，见载于《藏书纪事诗》卷六《座主潘文勤公讳祖荫　黄子寿师讳彭年　子再同编修国瑾》，诗后有叶氏小注云：

> 客冬十月，遽构龙蛇之厄，越月而又闻贵筑黄子寿师殁于鄂渚。师开藩吾吴，奖掖寒畯，惟恐不及，昌炽受知最深。戊子（1888）之冬，公子再同编修相约至京，馆于其邸，得尽见所藏书。再同孤介违俗，顾独与余有水乳之契。病肺误服温剂，致失音，骤罹大故，一恸几绝。正月南旋，朋辈往送别，皆忧其不起，乃未几而讣至矣。余此稿再同曾录副，而文勤师欲为付梓，不意数月之间，师友沦丧，泚笔赋此，不胜梁木之感云。
>
> 辛卯（1891）二月晦日[3]

---

[1]　许先德、龙尚学主编：《贵阳人物》，贵州教育出版社1995年版，第234页。
[2]　《清史稿》卷四百三十四，中华书局1977年版，第12355页。
[3]　《藏书纪事诗》卷六，第690页。

文字虽短，但是透露出较为丰富的信息。第一，叶昌炽与黄彭年、黄国瑾父子有着深厚的交谊。黄彭年世传家学，代有藏书，且以精品图书知名，如宋本《施注苏诗》等。光绪十四年（1888），黄彭年在江苏苏州沧浪亭可园，建学古堂，有书楼五楹，名"博约堂"，储藏四部书8万卷以上。叶昌炽转益多师，先后就学于冯桂芬、潘祖荫、吴大澂等知名学者，亦曾拜黄彭年为师，从这个关系来说，他和黄国瑾属于师兄弟关系。黄国瑾性格"孤介违俗"，却独与叶氏有"水乳之契"，可见二人交往至密。第二，可考知黄国瑾去世之因。黄国瑾一向体格孱弱，患有肺病，却"误服温剂"，以致"失音"，就在此时，父亲黄彭年在湖北任上去世，他远程赶来，"一恸几绝"。第三，黄国瑾曾经"录副"叶昌炽《藏书纪事诗》，可知其对《藏书纪事诗》十分重视。

　　此外，《缘督庐日记》中也有很多关于叶昌炽与黄国瑾交往的记载。光绪十四年（1888）九月廿七日，"黄再同编修自都门至苏省亲，来访，未晤"①，此后二人同行入京，经上海，水路到达天津，再由陆路抵京，一路上交谈甚欢，每至一处则逛书肆，购典籍。在京城的一段时间，二人几乎无日不见，访书、购书、燕谈……直到光绪十五年（1889）七月廿五日，叶昌炽回苏，"辰刻别再同"②。

　　黄国瑾补辑《藏书纪事诗》具体时间不详。国家图书馆普通古籍馆所藏黄国瑾补辑本，著作人题曰"叶昌炽原本，黄国瑾补辑"，目录第一页有"长乐郑振铎西谛藏书"印，可知原为郑振铎所藏，且《西谛书目》中确有此书之记载。又有"卢子枢"印③，苏晓君先生云"此印应钤于西谛收藏之前"④，不知何据。

---

①《缘督庐日记钞》（第二册）卷五"光绪戊子九月廿七日"，第53页。
②《缘督庐日记钞》（第二册）卷五"光绪己丑七月廿五日"，第126页。
③ 卢子枢（1900—1978），原名沛森，又名沛霖，以字行，号顾楼、别号一顾楼、九石山房、不蠹斋。广东省东莞人。1922年与国画界同人于广州组织癸亥合作画社及国画研究会，精研国画，尤工山水，善鉴赏兼长书法。先后担任广东省女子师范学校图画教员、广州市美术学校国画系教授、广东省文史研究馆馆员、广州市文物局文物鉴定委员等职。
④ 苏晓君：《黄国瑾补辑本〈藏书纪事诗〉》，《中国典籍与文化论丛》第十四辑，凤凰出版社2012年版。

黄国瑾补辑本底本为江标灵鹣阁本，全部11卷，卷末1卷，共12册，约抄于民国间，非一人笔迹，应为多人抄写而成。2013年1月，笔者前往国图，调阅该书，将相关情况抄录下来，而不久前出版的《中国典籍与文化论丛》第十四辑上刊发了苏晓君先生撰写的《黄国瑾补辑本〈藏书纪事诗〉》，今结合该文论述之。

黄国瑾在叶氏原书基础上，从卷目拆分、藏书家增补、绝句修改等方面多方补辑。

（一）拆分卷目

《藏书纪事诗》成书后，在晚清先后出现两个版本：6卷《灵鹣阁丛书》本和7卷家刻本。而黄国瑾补辑本却在六卷本的基础上拆分为12卷，今将其补辑各卷所录藏书家情况列表如下：

黄国瑾补辑本之卷目折分汇总

册数	卷数	朝代	起始藏书家	终止藏书家
第一册	卷一上	五代、宋	毋昭裔守素	沈立
第一册	卷一下	宋	贺铸方回	郭延绪、千奴、蜀帅
第二册	卷二	金、元、明	东丹王倍	邢量用理、邢参丽文
第三册	卷三	明	王文恪鏊	顾德育克承
第四册	卷四	明	范钦	祝以豳耳刘
第五册	卷五	明	焦文宪竑	谢兆申耳伯
第六册	卷六	清	怡亲王	杭州张氏

续　表

册数	卷数	朝代	起始藏书家	终止藏书家
第七册	卷七	清	陈昂书厓	丁敬敬身
第八册	卷八	清	杭世骏大宗	姚瑚古香、姚虎臣
第九册	卷九	清	郁礼佩先	顾广圻涧蘋
第十册	卷十	清	许宗彦周生	陆筠瓠、章金益斋
第十一册	卷十一	清	曹言纯种水、管庭芬芷湘、潘蔼仁、陈欣时	泰山赵氏、宛陵太守、沈帅祖
第十二册	卷末	宋至清	释文莹、道温	王廷琯越石、黄正宾、黄石

（二）增补藏书家

黄国瑾补辑本增补藏书家8人。

1. 五代人罗绍威

黄国瑾将其与宋代王师范合传，叶昌炽原本将王师范与朱遵度、朱昂合为一首。黄国瑾为二人所作诗曰："短衣长剑曼胡缨，帐外材官号捉生。羡杀青州杨从事，但司藏室不论兵。"注云："《五代史》：罗绍威好学工书，颇知属文。聚书万卷，筑馆以延四方之士。"按，罗绍威（910—942），字端己，魏州贵乡（今河北大名）人。祖籍长沙。罗弘信子。弘信卒，继官位留后，封邺王。工书法，通音律，崇尚儒术，明吏理。招延文人学士，每歌酒罢宴，与宾客赋诗。时江东罗隐有诗名，他慕名遣使持厚礼结拜，罗隐乃聚所作诗文投寄，遂酷嗜其作。家藏图书至万卷。又置藏书楼、开学馆，以延四方学者。官拜太师、兼中书令。卒谥贞庄，卒年33岁。因慕罗隐诗名，遂将其诗集名为《偷江东集》。①

2. 宋人钱著名

在宋代周启明昭回、高顿子奇之后，黄国瑾增添"钱著名"一人，注云："又，钱著名，好学喜聚书，书多亲写。"按，钱著名即钱镠重孙钱昭序，"著名"为其字。生平见《宋史》卷二百八十七。

3. 清人瞿元锡

诗云：空自遗书写易林，南天何处有斟寻。覆巢完卵虽非易，何补孤臣泣血心。

注云：《海虞诗苑》："瞿嵩锡，字伯申，号曇谷，稼轩先生长子也。中崇祯壬午（1642）科乡试，入本朝谒选溧阳教谕，假归，以老寿终。"昌炽案：《苏州府志·选举类》作瞿元锡伯声，当是国变后改名。《爱日精庐藏书志》《（焦氏）易林》陆勅先跋曰："从兄茝臣，向假得瞿曇谷校宋本。宋本出牧翁家，绛云楼一炬，种子幸留人间。据曇谷云，宋本有全注，未几举录，失之一时，夺之千载，能无奇书不传之慨。"《铁琴铜剑楼书目》："易林家曇谷校，曇谷名元锡，忠宣长子也。"卷首有"临桂世伯瞿元锡曇谷""瞿昌文印""寿明"诸朱记。《常熟县志》：瞿昌文，字寿明，式耜孙。瞿师周《挽家曇谷诗》："破朝完卵原非易，牖户绸缪二十年。"

按，瞿元锡（1610—?），原名嵩锡，字伯升，一字伯申，江苏常熟人，瞿式耜长子。

4. 清人张潜

诗云：邺下史官张上若，北方学者未之先。玉堂旧侣休相问，置驿传书作杜笺。

注云：《畿辅诗传》："张潜，字上若，磁州人，顺治九年（1652）进士，官翰林院庶吉士。又张榕端，字子大，号朴园，又号兰樵，潜子，康熙十五年（1676）进士，官内阁学士，有《宝啬堂诗》四卷、《兰樵河上草》二卷。"《畿辅通志》："《读书堂集》一卷、《杜诗详解》二十卷，张潜撰。"宋

---

① 资料源于李玉安、陈传艺《中国藏书家辞典》，河北教育出版社1989年版，第50页。

荤《杜诗注解》序:"淦阳张太史上若先生,壮岁成进士,读书中秘,淡于仕宦。林居二十余年,以著述自娱,尤嗜杜诗。是书阅二十四寒暑,五易稿而后成,盖用心之勤若此。征刻《唐宋秘本书目例》《泰兴季沧苇侍御选宋椠之精华》,邺都张上若太史,置写书之邮递。"

按,张溍(1621—1678),字上若,明末清初磁州(今河北省磁县)人。明朝兵部尚书张镜心之子。清顺治六年(1649)进士,顺治九年(1652)改庶吉士。先是以母病归养,继而连丁内外艰,服除赴补,又逢词林外转之命,加之淡于仕宦,故虽为官,然居林下为多。著有《澹宁集》《读书堂杜工部诗集注解》等书。

5. 清人张远

诗云:绿榕树底紫蕉衫,曾向天南挂片帆。钱氏比邻何赘婿,鼋羹尝鼎不禁馋。

注云:《苏州府志·流寓传》:"张远,字超然,侯官人,避耿精忠乱,来游常熟,为何氏赘婿,遂家焉。诗文匠心独运,人亦颓然天放。康熙己卯举福建乡试第一,授云南禄丰知县,卒于官。"《海虞诗苑》:"远二十年余来吾邑,知禄丰县,年已七十矣。著有《无闷堂集》。《次韵酬钱湘灵诗》'邻依王翰三千里'自注:'余侨居虞山,与钱比邻。'"《榕城诗话》:"远游京师,与竹垞、初白诸人唱和甚富,尝登滕王阁题诗。以达官嗟赏,为之延誉,诗名遂振。"朱彝尊《送张远之桂林》其二云:"星邮南指伏波岩,路转衡山九面帆。吟到相思江更好,绿榕树底紫蕉衫。"《铁琴铜剑楼书目》:"《草莽私乘》有'张远之印'、'超然'二朱记。又《东观余论》旧藏张超然家。"

按,张远(1648—1723),字超然,号无闷道人,侯官(今福建福州)人。幼孤苦力学,避耿逆乱,游常熟为何氏赘婿,遂家焉。诗文书翰,匠心独运,自有遥情逸气。为人亦潇洒旷达,游四方,所交皆当世名人高士。康熙己卯(1709)举乡试第一,授云南禄丰知县,卒于官。所著有《无闷堂集》40卷。①

---

① 资料源于徐景熹修,鲁曾煜、施廷枢等《乾隆福州府志》卷六十《人物十二·文苑》,《中国地方志集成·福建府县志辑》,上海书店出版社2000年版。

6. 清人闻斑

诗云：老作儒官肯折腰，瓣香敬为剑南烧。书台岂供朱楾改，一字乌焉订月霄。

注云：叶裕仁《闻氏两广文先生合传》："闻书岩先生，讳朱楾，改斑，字种怀，'书岩'其号也。乾隆壬申（1752）科登乡荐，以大挑选江宁教谕。平生无他嗜好，惟读书不少辍。手抄书盈箧，得善本，校雠点勘，丹黄满纸，所蓄金石文字几千种。尝得王损仲《宋史记》旧稿，为海内稀有之书，谋镌板，不果，尝以为憾。钱宫詹主讲娄东书院，书放翁'远闻佳士辍心许，老见异书眼犹明'句以赠，盖纪实也。"《爱日精庐藏书志》："《景定建康志》十五卷，黄氏跋曰：'嘉庆丙辰（1796），从书肆得景宋钞残本九册有半。盖浙省书摊，以此为模褙书籍之废纸，彼以素纸易之故奇零如是，予因假抱冲本抄补。抱冲本，为镇洋闻公名斑字书台之所藏，与钱少詹友善。'"

按，闻斑，生卒年不详，《清稗类钞·鉴赏类》"闻书岩手钞书盈箧"所载与此内容略同。

7. 清人葛继常和潘梧君

诗云：图经手写郭溪南，与管潘陈鼎足三。何以烟波鱼计长，二分水竹一茆庵。

注云：《曝书杂记》："……近时海昌喜抄旧籍，而端楷不苟者，莫若郭溪葛滓南继常。余尝从管芷湘庭芬处，见其手写谈孺木《海昌外志》、周松霭《海昌胜览》，因至郭溪访之，相与订交。滓南淳笃君子也。芷湘与潘梧君蔼人，皆喜抄书。梧君专录名人文集，寒暑不倦。芷湘留心海昌掌故，与滓南同。"

按，黄国瑾将此二人与曹言纯、管庭芬合传。葛继常，生卒年不详，字弈祺，号滓南。清海宁（今浙江海宁）人，世居郭溪。早补诸生，有声庠序。好聚书，尤留心乡邦文献，遇前贤著述未曾刊印者，必手自钞录，几近百册。复详加考订，以跋其后。又篆刻，善山水，嗜金石，见必手拓，尤精堪舆之术。

室名石菖山房。① 潘梧君，生卒年不详，字蒻人，清海宁（今浙江省）人。喜抄书，专录名人文集。②

（三）修改绝句

黄国瑾补辑的重要工作是对叶氏原诗加以修改，所修改绝句计：卷一 15 首、卷二 11 首、卷三 16 首、卷四 23 首、卷五 20 首、卷六 10 首、附录 1 首，总计 96 首。

黄国瑾修改绝句方式如下：

1. 全面修改。如卷一《丁顗　孙文懿抃》，叶氏原诗：

突兀书楼世姓孙，悍然竟夺谢公墩。
纳楹谁共陵川富，大室居然驸马门。

黄国瑾改为：

峨嵋山下逢人说，突兀书楼尚姓孙。
若非观文八千卷，安能争得谢公墩？

2. 修改部分诗句。如卷一《徐锴楚金、王锴鳣祥》，叶氏原诗：

江东臣锴擅清才，遂使文房建业开。
何似锦城朝罢日，白藤檐子相公来。

黄国瑾主要修改前两句：

澄心书目昇元帖，江左文房建业开。
何似锦城朝罢日，白藤檐子相公来。

3. 保留原来部分诗句，但次序有调整。如卷一《贺铸　方回》，叶氏

---

① 资料来源梁战、郭群一：《历代藏书家辞典》，陕西人民出版社 1991 年版，第 420 页。
② 资料来源同上书，第 449 页。

原诗：

> 鉴湖不住住横塘，梅子江南总断肠。
> 一自渡江归秘府，小朝兼取蔡元长。

黄国瑾修改后为：

> 马尾新雒一字忙，鉴湖不住住横塘。
> 鬼头解作新词句，梅子江南总断肠。

4. 依据原诗意而修改部分诗句。如卷三《周良金》，叶氏原诗：

> 七十老生周九松，真书上重篆下重。
> 炳蚀余明还矍铄，不教倒用等司农。

黄国瑾修改为：

> 七十三老生之记，真书上重篆下重。
> 炳蚀余明还矍铄，不教倒用等司农。

仅仅是修改首句中个别字词。

二 刘声木补遗

刘声木（1878—1959），原名体信，字十枝，一字述之，安徽庐江人。为清四川总督刘秉璋第三子。光绪末分省补用知府，历官山东、湖南学务。民国后居上海，谢绝宾客，一意著述。新中国成立后任上海市文史馆馆员，直至病逝。刘氏好读书，尤好藏书，曾云："予之聚书出于天性，虽遇荒摊冷市，亦必驻足访问，数十年不倦，每年续有所得。家本贫贱，谋食四方，常典衣缩食为之网罗。……偶见一书名即求之，或辗转求之，又或数年数十年后始遇之。"①

刘声木早年有志于文献、史志之学，精于鉴赏古籍，喜好收藏，藏书处名"直介堂""苌楚斋""宝鉴楼""真山堂"等。20岁前后多收明以前书，之后则专意收罗清人撰述，所得以各省志书及清人文集、书目、笔记、诗词话居多，总计7690种103520卷。老则生活窘迫，常常售书易米。晚年将藏书编入《直介堂书目》和《苌楚斋书目》。著有《桐城文学渊源考》13卷、《桐城文学撰述考》4卷、《续补汇刻书目》30卷《再续补》16卷《三续补》15卷、《续补寰宇访碑录》25卷、《苌楚斋随笔》等，又将《寰宇访碑录》《补录》《再续录》三书汇为一辑，名《直介堂丛刻》行世。其大部分手稿今藏天津图书馆，包括《清藏书纪事诗补遗》。

此书只有史料，没有诗歌，因此就体例来说不能算是藏书纪事诗体例。

《清藏书纪事诗补遗》凡17卷，14册，半叶8行，行25字，稿纸缮录，印有"十友轩所著书"字样。是书将藏书家列为条目，一人一条，全书共计1423条，其中有同一藏书家前后重复出现的情况，去其重者，实际收录1150余人。著录内容包括姓名、字号、籍贯、科第、官职、藏书和所采资料出处。

刘声木最初是在为编《续补碑传集》搜集资料时，附带将所载有关藏书资料也一并录出，拟待资料初具规模后，编写一部有关藏书家的书。后来见到叶昌炽《藏书纪事诗》，才考虑编写这样一部书。从卷端题名来看，本书前后更名三次：最初抄录时先题"藏书纪事诗拾遗"。不久，刘氏可能觉得所录资料多是依据清人诗文别集，所录藏书家多是清人，所以又用墨笔划掉了这个书名，复在该书名右边，小字改题为"国朝藏书纪事诗补遗"。第三次大概时已进入民国，刘氏用墨笔划掉了"国朝"两字，定名为"清藏书纪事诗补遗"。

《清藏书纪事诗补遗》是第一部续补叶昌炽《藏书纪事诗》之作，成书时间早于伦明《辛亥以来藏书纪事诗》、徐信符《广东藏书纪事诗》和王謇

---

① 语见《上海近代藏书纪事诗》，第33页。

《续补藏书纪事诗》，与叶书几乎同时着手编写，均在清末，只是叶书创例付梓在前，刘书续编未刊在后。叶昌炽《藏书纪事诗》先录一首七言诗，次据史籍及笔记详录有关藏书家资料。刘声木则只摘录有关藏书家的几项资料，当刘声木后来见到叶昌炽书时，觉得自己作诗缺少资料，对照两书内容和体例，颇感己不如人，遂不再撰写诗歌。①

三　王国维批注

国家图书馆藏有王国维据灵鹣阁本《藏书纪事诗》所作的手批本，批语密行小字，书于板框眉端，墨字写成，散见各页。批语中有"辛酉春"之语，大致可以推测批注时间约在1925年。王国维批注《藏书纪事诗》一直以来引起学界关注，《文献》曾在20世纪80年代连续发表两篇相关论文②。现将王氏眉批辑录于下：

卷一　《毋昭裔守素》，王国维批曰：

> 毋守素乃昭裔之子，此以为一人，误甚。刻《文选》者昭裔，非守素也。昭裔为蜀相，在广政中，其所刻止《文选》。刊九经之说，宋孔平仲虽言之，即有此刻亦当在长兴之后，叶诗误甚。又案，《通鉴》系昭裔刻九经事于周广顺三年（953）。

此批注指出叶氏将"毋昭裔"和"毋守素"父子二人误为一人，连用两"误甚"，说明此误实在荒谬。

卷二　《丁日昌禹生》，王国维批曰：

> 《仪礼》郑注，辛酉（1921）春中丞后人携去上海，乃以明徐刻本伪为者。

---

① 参阅李国庆《续补〈藏书纪事诗〉——记〈清藏书纪事诗补遗〉稿本》，《藏书家》（第8辑），齐鲁书社2003年版。
② 吴琦幸：《北图所藏藏书纪事诗和语石的批注本》，《文献》1987年第1期；魏文峰：《北图所藏〈藏书纪事诗〉王国维批语辑录》，《文献》1988年第3期。

此批注是针对叶氏注文中"《仪礼》郑注宋淳熙本,同治甲子(1864)署苏松太道,丁禹生获之上海肆中,审定为实事求是斋经籍之冠"一句而来的,王国维以其渊博的版本学知识,指出所谓"经籍之冠"实为"以明徐刻本伪为者"。

《叶文庄盛　玄孙恭焕伯寅　七世孙国华白泉》,王国维批曰:

> 叶伯寅(公焕)刻《清异录》《云仙散录》,二书皆精。《箓竹堂书目》乃后人以《文渊阁书目》伪造者。又:余见文庄所藏宋刊《仪礼图》有"叶盛""与中""箓竹堂""宋刊奇书"四印。

此批注是针对叶氏注文中一段话"《静志居诗话》,文庄储蓄之目为卷止二万余,然奇密者多亚于册府,二百年子姓蕃衍,瓜分豆剖,难以复原。今披《箓竹堂书目》,高盘泗鼎要非近代物,惜不可得而睹矣"指出《箓竹堂书目》乃后人根据《文渊阁书目》而伪造之事实。

《丰坊存礼》,王国维批曰:

> 南禺《鲁诗世学》稿本三十六卷,在天一阁,近归乌程蒋氏。

此批注补充交代丰坊著述《鲁诗世学》的流传下落。按,今人王学泰考辨后指出,《鲁诗世学》也是丰坊所作的一部伪书。[①]

卷三　《安国民泰》,王国维批曰:

> 案,九洲书屋本乃翻安本,非安翻九洲本也。

此批语针对叶氏注文引用《天禄琳琅(书目)》一段话"《初学记》,板心上标'安桂坡刊'。每卷标题之下,又称'锡山安国校刊'。安国所刊书甚夥,此书取九洲书屋本翻刻"而发。王氏批注厘清这样一个史实:是九洲书屋本翻刻了安国刊本,而非安国翻刻九洲书屋本。

《赵宧光凡夫子均灵均》,王国维批曰:

---

① 王学泰:《明代诗学伪作与〈鲁诗世学〉》,《文学遗产》1999年第4期。

· 114 ·

凡夫藏书四部各用一印，曰"吴郡赵宦光家史志""吴郡赵宦光家诸子""吴郡赵宦光家艺文"等等。

此则批注增补了3枚赵凡夫藏书印。

《金俊明孝章　子侃亦陶》，王国维批曰：

孝章藏《汪水云诗》首有识语云："壬寅（1662）端阳前三日乐饥翁携赠，下有钣章'微管之年'、'不寐道人收藏'二印，又有'俊明之印'、'耿庵'二印。"

此批注增补金俊明4枚藏书印。

卷四　《吕留良庄生子葆中无党》，王国维批曰：

南林蒋氏藏钞本王逢《梧溪集》七卷，卷有"东莱吕氏明农草堂藏书印""只拙斋藏书"二印。又藏钞本虞堪《鼓枻稿》六卷，"留"字缺末笔，亦吕无党手抄。有"南阳讲习堂""慈云""如意""瑞轩""竹居"五印，皆吕氏藏印也。

此批注增补吕留良7枚藏书印。

《张拱端孟恭》，王国维批曰：

上虞罗氏藏孟公所校《世说新语》，卷中藏印甚多，曰"原名拱端字孟公"、曰"兴机"、曰"逸民佚"、曰"震岩老人"、曰"天累之后"、曰"汉留侯裔"、曰"闲居庵"、曰"烟霞洞天章"。

此批注增补张拱端8枚藏书印。

《孙潜敔园》，王国维批曰：

傅沅叔藏潜夫校《水经注》残本，有"孙潜之印""潜夫千墨弇藏"诸印。有跋，自署"蔚庵"。

此批注增补孙潜 2 枚藏书印。

卷五 《黄丕烈绍甫》，王国维批曰：

> 余见复翁有印曰"复旃"。

此批注增补黄丕烈 1 枚藏书印。

《袁廷梼又恺　贝墉简香》，王批曰：

> 余见简香所藏孙潜夫校《水经注》，有"贝枚"一印。又《徐文公集》有"贝枚""平江贝大"二印，是简香一名"枚"也。

此批注增补贝墉 3 枚藏书印，并据以考证贝墉一名"枚"。

《张燮子和子蓉镜芙川　姚畹真》，王国维批曰：

> 案，芙川，实子和之孙。此云子，非也。芙川有印曰"侬小荷花三日生"。又，方畹芳女士有一印，曰"侬长荷花三日生"，二印并在一册中。芙川藏宋刊《仪礼图》后，有"虞山张蓉镜鉴定刻善本""虞山张蓉镜芙川印信""张伯元别字芙川""蓉镜私印""蓉镜""芙川""琴川张氏小琅嬛福地藏书"诸印。

此批注厘清了张燮与张蓉镜为祖孙关系，而非叶氏所称之父子关系，并增补张蓉镜藏书印 8 枚。

《何元锡敬祉》，王国维批曰：

> 梦华、涧蘋，借以贩书为生。盖自何小山以后，风气如此。

此批注补充交代何元锡和顾广圻（涧蘋）以贩书为生的身世。

《顾广圻涧蘋》，王批曰：

> 涧蘋无学识而善骂人，不如荛翁之坦率也。

此批注比较顾广圻与黄丕烈二人之气量。

卷六《童珮子鸣》，王国维批：

> 余旧藏嘉靖本《草堂诗余》，有"三衢童子山刊行"图记。子山，殆即子鸣之兄珊之字欤！

此批注以自己所藏书为例，提出一个疑问。

根据上述资料可以推测，王国维的批注乃其阅读《藏书纪事诗》时随手而为，如果是有意为之，则所作批注会更多。且其批注多是凭借自己广博阅读，对《藏书纪事诗》在传主关系、书籍版本、藏书印等方面的不足给以指正，利于后人利用和研究《藏书纪事诗》一书，受到学界关注也在情理之中。"由于著述者与批注者都是名重一时的学者，对于版本金石都有相同的嗜好，因此，批注本就提供了大量的新的材料，以广叶氏原书之未闻。"①

按，吴则虞先生在《续藏书纪事诗》卷七《叶昌炽鞠裳》注文中加案语说，批注《藏书纪事诗》者，除王国维外，另有吴昌绶和章钰，今不见二老批注之本，待考。

四 蔡金重引得

哈佛燕京学社是由美国霍尔基金会提供资助，哈佛大学与燕京大学合作成立的中国文化研究机构，1931年，洪业先生主持成立哈佛燕京学社引得编纂处，编纂处出版42种引得，将民国时期的索引编纂工作推向极盛。这其中，1937年蔡金重编纂的《藏书纪事诗引得》，是检索叶昌炽《藏书纪事诗》和伦明《辛亥以来藏书纪事诗》的工具书。

《藏书纪事诗引得》将叶昌炽《藏书纪事诗》和伦明《辛亥以来藏书纪事诗》二书中的有关条目按中国字庋撷法混合编排，以人名等为主目，下注朝代、字号、籍贯、室名、印鉴及著述选辑校刻诸书名，再注出处；以字号、室名等为见目，只注其所属的主目，不注出处。不会查中国字庋撷法者，另有笔画索引可查。蔡金重云："洪煨莲先生因《藏书纪事诗》多

---

① 吴琦幸：《北图所藏藏书纪事诗和语石的批注本》，《文献》1987年第1期。

收藏书家之基本史料，乃命重作为引得，以便读者。更将东莞伦哲如（明）之《辛亥以来藏书纪事诗》收入，因其续叶氏之作也。……近人张思骞（鉴）作《藏书纪事诗之版本及其索引》，载于《浙江图书馆馆刊》，只作人名索引，未列入其字号著述校刻，此与本引得不同者。重学识浅鄙，又以仓促成编，讹误颇恐难免。海内外博雅君子，辱而教之，则幸甚矣。"①交代引得编纂源于洪煨莲提议。洪煨莲即洪业（1893—1980），字鹿岑，煨莲其号。福建侯官（今福建闽侯）人。在他主持下，哈佛燕京学社引得编纂处编纂经、史、子、集引得64种，为学术界提供了很大便利。

五　王欣夫补注

王欣夫（1901—1966），原名王大隆，字欣夫，以字行，号补安，室名学礼斋、抱蜀庐、蛾术轩等。江苏吴县（今苏州）人。早年受业于吴江金松岑，后转从吴县曹元弼习经学。先后任圣约翰大学、复旦大学教授。喜藏书及刻书。因家学渊源，储名家钞本、校本达千余种，藏书中名人稿本、钞本、批校本居多，后择其精华编成《蛾术轩箧存善本书录》。另有著作《元史校释》等。

《藏书纪事诗补正》为王欣夫先生读书札记，始于何时，不详，结束时间各家均无记载，其卷四《安岐仪周》补正曰：

  姚氏《墨缘汇观撰人考》对麓村家世渊源考据翔实，一扫前人之误传。其书只有一九一九年排印单行本，寥寥数叶，顷已不可得见。一九六〇年十月，承叶退庵自北京寄阅，亟摘录于此以备考。②

又，卷六《陆筠瓠尊　章金益斋》，王欣夫补正签署日期为"一九五九年三月三十日"③，据此大概可知补正的结束时间。关于补正形式，徐鹏先生说：

  《补正》稿原系先生生前于宣统二年（1910）刊本《藏书纪事诗》

---

① 蔡金重：《藏书纪事诗引得》卷首《序》，1937年哈佛燕京学社印本。
② 《藏书纪事诗》卷四《安岐仪周》，第401页。
③ 《藏书纪事诗》卷六《陆筠瓠尊　章金益斋》，第656页。

书眉上之批语，前后用语稍有不同，大致其早年所加案语均标"隆案"，晚年则改用"欣夫案"，亦有迳引有关材料而未加"案"字者。间有标"苍虬案""殷泉案"者，则为先生之兄王荫嘉所加。又其节引诸书材料，有加"略"字者，亦有未加"略"字者。①

王欣夫"就叶书存在的某些问题，引用地方志、藏书志、文集、笔记中的有关材料，经过数十年的积累，做了大量纠谬补阙的工作"②，补正对象往往为针对叶书某一问题而发。经过笔者认真统计，补正分布各卷情况如下：卷一26则、卷二49则、卷三64则、卷四55则、卷五57则、卷六48则、卷七23则，总计322则。七卷本《藏书纪事诗》共有416首绝句，可知王欣夫对约占77%的条目进行了补正。③

王欣夫补正资料来源除了"引用地方志、藏书志、文集、笔记中的有关材料"之外，还有自己的见闻和理解，补正内容长者超越叶昌炽注文，短者仅有一句话。补正对象有注文，有叶氏案语，还有传主题名。补正中的"补"，主要搜集叶注没有利用的资料；补正中的"正"，主要订正叶昌炽注文和案语之误。具体来看，补正内容约有以下数种。

第一，补正传主生平。叶注有将传主生活年代弄错的，王欣夫通过文献考证加以更正。如卷二《庄肃恭叔》，王欣夫补正引用《同治上海县志》说：

> 案庄肃前志列元，据本传，肃仕宋，并未仕元，故移置于此。……叶先生亦依据旧志列元，据此当移入宋。④

叶注有误指传主籍贯者，王欣夫给以辨明。如卷二《徐霖子仁》，叶注引用《开有益斋读书志》云徐霖为金陵人，补正说：

> 徐霖本姑苏人，徙金陵，能书善画，其事迹载《名山藏》《艺苑卮

---

① 《藏书纪事诗》卷首徐鹏《藏书纪事诗补正序》，第6页。
② 《藏书纪事诗》卷首《出版说明》，第3页。
③ 说明：王欣夫的补正是针对叶昌炽注文中某一问题而发的，笔者是将每首诗后的所有补正算一则来统计的。
④ 《藏书纪事诗》卷二《庄肃恭叔》，第82页。

言》《金陵琐事》《松江志·寓贤传》。①

叶注有对于传主生年考证不确的，王欣夫通过文献给以厘清。如卷五《周锡瓒仲涟　子谢宣》，叶注引用《士礼居藏书题跋记》资料后案语云"香严之卒，当逾八十"。王欣夫补正说：

> 以段玉裁《周漪塘七十寿序》，嘉庆十六年（1811）二月廿一日为其诞辰推之，则生于乾隆七年壬戌（1742）。壬申为嘉庆十七年（1812），时漪塘年七十一，故荛圃谓今年已七十外也。卒于廿四年己卯（1819），实年七十八岁，此云当逾八十，误。②

有时叶注对于传主时代根本未涉及，王欣夫根据资料考证予以添补。如卷三《吴岫方山　元伍德》，叶注引用几种资料，仅提及吴岫为"苏人"，余不详。王欣夫根据《文禄堂访书记》一则记载补正说：

> 《文禄堂访书记》："明钞《玉壶清话》吴岫跋云：'传海内止五卷，岫访于松江士人家，得十卷。此五卷得于苏之书侩家，为妄人删节，中有涂抹，乃令书吏录之，遂为此帙。盖嘉靖二十六年（1547）秋中。东明山人识。'"此吴为嘉靖时人之证。别字东明山人，则叶氏所未及也。③

不但考证了吴岫生活时代，还考出其别字。

叶注有遗漏传主生平资料的情况，王欣夫补正时会加以引用。如卷五《袁廷梼又恺　贝墉简香》，关于副传主贝墉生平，叶昌炽引用的是《红惠山房吟稿》和《同治苏州府志》中的两则资料，很简略。王欣夫补正说：

> 欣夫曾见钞本《贝氏家谱》，有简香传，摘录于下："先生姓贝氏，讳墉，字既勤，号简香，又号定甫，苏之吴县人。乾隆四十五年（1780）七月十九日生。官太学生候选布政司经历。工行楷，兼善篆隶。多聚古

---

① 《藏书纪事诗》卷二《徐霖子仁》，第159页。
② 《藏书纪事诗》卷五《周锡瓒仲涟　子谢宣》，第513页。
③ 《藏书纪事诗》卷三《吴岫方山　元伍德》，第245页。

人名墨，详判真赝，泐诸石，曰《宝严集帖》，曰《千秋盦帖》。嘉庆甲戌（1814）刻于五经笥堂。序知不足斋《履斋示儿编》。梁山舟赠联云：'万卷百城多善本，一盦千墨是精摹。'道光廿六年（1846）二月初二日卒，年六十七。没后千墨藏书胥付兵燹，并刻石化为灰烬。"①

《藏书纪事诗》合传现象很多，少则两人，多则七八人，多位传主排列顺序大致按照年代先后、辈分长幼、师徒关系等，其中有叶氏考证不确者，王欣夫为之补正。如卷三《陈第季立　高儒》，王欣夫补正说：

高儒嘉靖时人，陈第万历时人，高先于陈，二名应易次。②

又如卷六《程世铨叔平　张思孝白华》，王欣夫补正说：

叔平系白华弟子，二名应互易。③

叶氏还有对传主分辨不清的情况。如卷六《王雨楼》，叶氏注文引用张文虎《怀人诗·王生世彦雨楼》后案语云：

雨楼广文，道光间人，其年不在啸山先生下，何以北面称弟子？或名世彦者别一雨楼乎？

王欣夫对这则案语补正说：

苏州、湖州各有一王雨楼，同时而同好藏书。至名世彦者，为又一王雨楼，时辈均后，啸山不言其好书，似可从删。蔡云辑《蔡氏月令》，道光甲申（1824）王氏校刊，江源序云："君既卒，高足王君雨楼，程君赓堂奉遗言以属源。"……妙道人为吴志忠别字，雨楼为其表兄，则为吴人无疑。蔡云辑《蔡氏月令》为王雨楼所刻，此必黄丕烈、吴志忠所称

---

① 《藏书纪事诗》卷五《袁廷梼又恺　贝墉简香》，第570—571页。
② 《藏书纪事诗》卷三《陈第季立　高儒》，第281页。
③ 《藏书纪事诗》《程世铨叔平　张思孝白华》，第590页。

之王雨楼。①

通过王欣夫补正，叶氏的疑问解决了：清代藏书家中不是有两个"王雨楼"，而是三个，叶氏所云之"王雨楼"者，苏州人，曾刻蔡云辑《蔡氏月令》，为黄丕烈、吴志忠所称道。

第二，补正传主藏书事迹。有补传主藏书方法的。如卷五《汪宪千陂》，王欣夫补正说：

> 汪氏有楷书木本记云："聚书藏书，良匪易事，善观书者，澄神端虑，净几焚香。勿卷脑，勿折角，勿以爪侵字，勿以唾揭幅，勿把秽手，勿展食案，勿以作枕，勿以夹刺。随损随修，随开随掩。后有得吾书者，并奉赠此法。"见莫伯骥《五十万卷楼群书跋文》写本《棠阴比事》跋。②

有补正藏书特色的。如卷五《金檀星轺 孙可垛心山》，王欣夫补正说：

> 星轺侄元功，名弘勋，亦好藏书。传世古籍，往往有金元功藏书印者必佳。星轺于康熙己亥（1719）刻《巽隐程先生全集》，首题"后学金檀星轺编辑，侄弘勋元功校"，书口有"燕翼堂"三字。鞠裳先生未考得，误附列陆时化后，当更正移此。③

有补正传主藏书流传的。如卷五《卢文弨绍弓 卢青厓》，王欣夫补正说：

> 陈泰祺《郎潜纪闻三笔》卷一："卢抱经先生性嗜古籍，食俸修脯，悉以购书，雠校刊行，不假人助。先生没，勿以为家。其执友有为谋以抱经堂数万卷归有力，有力倾助其家，待先生子孙如约取归，如南阳井公与晁昭德故事。先生子庆钟、庆录曰：'是先人手泽存焉，虽贫，安忍

---

① 《藏书纪事诗》卷六《王雨楼》，第640—641页。
② 《藏书纪事诗》卷五《汪宪千陂》，第496页。
③ 《藏书纪事诗》卷五《金檀星轺 孙可垛心山》，第464页。

一日离也。'"①

王欣夫藏品中有《藏书纪事诗》所载传主藏书，在补正中他举以实例，所论更加可信。如卷五《汪中容甫　子喜荀孟慈》，叶昌炽案语云："孟慈先生后改喜荀，曾见陈硕父先生《朋旧尺牍》一册，中有先生书十余通。"王欣夫针对此补正说：

  孟慈致硕甫尺牍，旧藏江氏灵鹣阁，后为叶遐庵先生所得。昔年以余喜搜罗经师遗墨，即以撤赠，今犹珍储焉。②

王欣夫常在补正中注明自己收藏传主典籍的时间。如卷四《惠周惕元龙　子士奇仲孺　孙栋定宇》，叶昌炽注文中引用了包世臣《惠氏四世传经图跋》的资料，王欣夫补正说：

  是图一九五六年春无意中为余购得。③

难能可贵的是，王欣夫补正时还指明所藏传主典籍的特色。如卷四《张位良思　子德荣充之》，王欣夫补正说：

  欣夫藏充之手抄《龙筋凤髓判》，凡"位"字均缺半笔，避其家讳也。④

利用自己所藏来补正，给读者的感觉非常亲切真实，同时也说明作为藏书家的王欣夫从事补正这项工作再合适不过了。

第三，补传主藏书印。叶昌炽在《藏书纪事诗》注文部分不但引用大量文献，考证藏书家生平和藏书事迹，还多交代藏书家之藏书印，但是囿于文献之浩博，难于涵盖全部藏印，为此，王欣夫补正中多所涉及。如卷二《袁

---

① 《藏书纪事诗》卷五《卢文弨绍弓　卢青厓》，第501—502页。
② 《藏书纪事诗》卷五《汪中容甫　子喜荀孟慈》，第550页。
③ 《藏书纪事诗》卷四《惠周惕元龙　子士奇仲孺　孙栋定宇》，第420页。
④ 《藏书纪事诗》卷四《张位良思　子德荣充之》，第444页。

忠彻静思》，王欣夫补正说：

> 顾文彬《过云楼书画记·赵仲穆行书洛神赋册》有"袁氏珍玩子孙宝之"印。丁氏善本书室藏明正统覆宋淳化本《汉书》，有"尚宝司卿袁氏家藏"方印。①

王欣夫对所补充的传主藏书印还加以释读，十分可信。如卷七《宗室盛昱伯希　王文敏懿荣》，王欣夫补正说：

> 王懿荣有"廉生登来"四字章。《公羊·隐五年》传："登来之也。"何休解诂云："登读为得，得来者齐人语也。"王氏齐人，故作此印。②

补正中有大量文字是对藏书印的钩稽，此不多赘。

第四，补传主刻书事迹。藏书兼刻书是古代私家藏书文化特色之一，叶昌炽很注意搜集这类资料，但是由于史料繁富，遗漏在所难免，王欣夫为此补正较多。有交代最全刻本的，如卷二《袁翼飞卿》叶氏注文主要依据《姑苏名贤小纪》，王欣夫补正说：

> 郎瑛《七修类稿》："《武林旧事》十二卷，杭刻其六，全者在吴人袁飞卿家。"③

有辨证传主所刻丛书之名的。如卷二《顾仁效　顾元庆大有》，叶昌炽案语提到顾元庆所著之书悉数刊入《梓吴》，王欣夫补正说：

> 《梓吴》即《文房小说》之初名。④

有交代传主刻书背景的。如卷三《安国民泰》注文中，叶氏列举了多种安国所刊典籍，王欣夫引《无锡县志》资料补正说：

---

① 《藏书纪事诗》卷二《袁忠彻静思》，第115页。
② 《藏书纪事诗》卷七《宗室盛昱伯希　王文敏懿荣》，第716页。
③ 《藏书纪事诗》卷二《袁翼飞卿》，第162页。
④ 《藏书纪事诗》卷二《顾仁效　顾元庆大有》，第171页。

安氏活字本《鹤山先生大全集》嘉靖间邵宝序云:"《鹤山先生文靖魏公集》若干卷,故有刻本,自宋迄今,凡三百余年,废缺鲜传。今太子少保、工部尚书内江李公,以公蜀人,为乡邦先生,抚政之暇,访而得其什九。辄用校勘,命吾邑义士安国以便版从事。"①

还有交代刻书流传情况的。如卷三《沈与文辨之》,王欣夫补正说:

沈与文嘉靖时刻何景明《何氏集》二十六卷,上海文物保管会有之。②

上述四种仅及王欣夫补正内容一般情况,如究其详,实则涉及面很广。比较而言,近代学者对于《藏书记事诗》的整理与研究,当以王欣夫补正为最,这不仅在于补正纠正了叶书中诸多讹误,弥补了叶氏诸多遗漏,更在于王欣夫态度认真,做法严谨,他在卷一《毋昭裔守素》补正中说:

叶先生学问文章平生所服膺,此书为谈藏书掌故之渊海,尤爱披诵,因亟亟为之笺正,非敢揭发前贤之失以为己功也。③

这段话肯定了叶书之地位,表达出对叶氏景仰之情,交代了因喜爱《藏书纪事诗》而笺证之,从而使之更完善的补正缘由,十分谦逊。

---

① 《藏书纪事诗》卷三《安国民泰》,第196页。
② 《藏书纪事诗》卷三《沈与文辨之》,第243页。
③ 《藏书纪事诗》卷一《毋昭裔守素》,第2页。

第三章　伦明与《辛亥以来藏书纪事诗》

伦明，近代著名学者，集目录学家、藏书家、版本学家、诗人和大学教授于一身，在学术界享有盛名。而学术界对其学术志业津津乐道者还是其创作《辛亥以来藏书纪事诗》，发扬光大叶昌炽开创的藏书纪事诗体。

第一节　伦明生平

"藏书盈库兼仓富，续补可嗣四库书。安得群儒策群力，提要远追逊代初。"① 这是王謇《续补藏书纪事诗》给伦明撰写的一首绝句，诗作概括了伦明致力于藏书、续补《四库全书》和撰写《续修四库全书提要》等与书打交道的一生，十分经典。

一　求学与仕途

伦明（1878—1944），字哲如，亦作喆儒。出生于广东东莞望牛墩。② 据

---

①　《续补藏书纪事诗》，书目文献出版社1987年版，第39页。
②　按，关于伦明出生时间，冼玉清《记大藏书家伦哲如》谓伦明"生于光绪元年（1875）十一月"，张次溪《伦哲如先生传》同。徐汤殷《广东藏书家生卒年表》谓生于"同治十一年壬申（1872）"，不知何据。孙殿起口述，雷梦水整理的《伦哲如先生传》称："一九四四年春，先生哲嗣绳叔，润荣忽接噩耗，惊悉先生已于客岁十月某日疾终里第，享年七十一岁。"由此推断，则生在光绪九年癸未（1883）。而光绪二十九年（1903）《京师大学堂同学录》第27页记载，伦明时年26岁，可见生于光绪四年。另据伦明后人留存的伦明在京师大学堂毕业证上的记录显示，伦明于光绪三十三年二月毕业，时年29岁，据此推算伦明生于1878年。又据1917年刊印的《国立北京大学二十周年纪念册》资料显示，时年伦明39岁，亦可推算出生在光绪四年（1878）。

《东莞伦氏族谱》①记载，伦姓最早出现于中原，宋代战乱时不少人迁居岭南，世居东莞望牛墩的一枝代有文韬武略之人，颇有声望。

伦明祖父伦梦麟为东莞县武秀才，英年早逝。父亲伦常（1834—1889），字元第，号棣卿，咸丰十一年（1861）乡试举人，大挑陕西知县，后因寡母年老改任福建知县，光绪八年（1882）母亲去世后，改任江西崇仁知县。伦常精医药，喜蓄书，在任所增建毓秀书院，捐藏书于院中。伦常精通医术，曾与江西巡抚潘蔚在江西创办公立医院。同治十年（1871），伦常带头于故乡望牛墩圩镇望溪河上集资兴建"登瀛桥"。望牛墩镇的另一处古迹"文阁"，相传也为伦常所建，民间亦称"思伦阁"或"思伦塔"。

伦常育有四子：长子伦迈，字静如，宣统己酉（1909）最后一批优贡；伦明为次子；三子伦叙，字达如，光绪二十九年癸卯（1903）顺天举人；四子伦绰，字绰如，京师大学堂政科毕业。另外，伦常的侄子伦鉴，字淡如，获监生功名，毕业于京师大学堂农科，奖举人衔。伦氏一门五杰，在东莞曾有"望溪五鱼"（广东话"如"发音为"鱼"）的美谈。

伦明少丧母，父爱其慧，年时赏赐，倍于诸儿。幼年时期，伦明翻阅父亲藏书，得以博涉经史，父书不足，他便将所获赏赐尽数购书，凡有县差解饷至省，即托为代购书籍，伦明自己曾说一生聚书自此始。少年伦明聪慧异常，读书一目十行，其《续书楼藏书记》中有一段文字回忆塾学读书情形说：

> 忆少日，侍先君子宰江西之崇仁，先君子夙好书，所至以十数簏自随。在任所，又购得宜黄某氏书，藏益富。余时年十一二岁，略识文义，课暇，窃取浏览，因而博涉，渐感不足。闻塾师言，去此数百里是省会，书肆多，购无不具，心大动。县差有解饷至省会者，月一往，开书目若干种属焉。县差返，有得有不得，亦不审值之昂否也。先君子爱余慧，又怜其早失母也，年节赉赐，倍他兄弟。一日，召余兄弟至前，问所蓄，诸兄弟争献其所有以验，余独空如，急欲涕。先君子色变，固诘之，以购书对，不信，则出书验之，往来搬运，堆满几榻。先君子色渐霁，一

---

① 伦玉凡著，今藏广东省佛山市图书馆地方文献室。

一检翻，徐曰："孺子亦解此乎？善读之。"①

伦明 15 岁那年，父亲伦常去世，伦氏一家从江西迁回故乡，生活虽大不如从前，但伦明读书向学之心愈痴。随着年龄增长，伦明可以外出求学和交游了，他曾拜康有为为师，行弟子礼，在万木草堂弟子名录中排在第 24 位。②那时，康有为和梁启超常来广州讲学，伦明每次都不错过机会，因此其一生治学受二位先生影响颇深。此外，张之洞督粤时，曾创办广雅书院，伦明亦常去广雅书院读书，由此积累了广博的知识。

适值新旧社会交替之时，伦明既有机会参加旧式科举，又有机会进入新式学堂接受教育。

20 岁那年，伦明入县学，不久补廪生。光绪二十七年（1901）参加庚子辛丑并科乡试，以第九十名举于乡（省试入选）。次年，诏旨重开京师大学堂，伦明偕同三弟伦叙、四弟伦绰、堂弟伦鉴千里迢迢前来就读，伦明入速成科师范馆。两年后，升入大学堂新成立的优级师范科。6 年后，伦氏兄弟四人均以优异成绩从大学堂毕业，因为伦明原本即为举人身份，为此，同样是东莞籍的容庚评价伦明为"双举人"。

综观伦明的教育经历，可以看出，他一方面承继旧式教育，愿意走光宗耀祖的传统科举之路，另一方面又对新式教育满怀期待，并从中汲取营养，受益终生。这不是伦明自身矛盾性体现，而是适应时代潮流的要求，这种教育背景为其一生发展奠定了基础，为其知识结构做了合理调整。

伦明一生任职多地，分别从事教育、实业和文化等职，由于所从事职务变化较多且快，今以年表形式简述如下：

光绪三十三年（1907），京师大学堂毕业，伦明被授予举人衔，分发广西候补知县。

光绪三十四年（1908），伦明先后任广东模范高等小学校长和广西浔州中

---

① 伦明：《续书楼藏书记》，原载《辅仁学报》第一卷第二期（1929 年 9 月，第 61—65 页），此处转引自东莞图书馆编《伦明全集（一）》，广东人民出版社 2012 年版，第 238 页。以下引用该书只注页码。

② 蒋贵麟：《康南海先生弟子考略》，《蒋贵麟文存》，香港文化教育出版社有限公司 2001 年版，第 110—169 页。

学堂校长。

宣统二年（1910），伦明与张伯桢同主两广方言学堂讲席。9月，张鸣岐自广西巡抚升授两广总督，伦明受聘入幕，至翌年辛亥革命止。

民国六年（1917），伦明任北京大学文学系教授，兼任参议院吴景濂的秘书。10月，为故宫博物院管理委员会干事。11月，任北京大学法预科教授。

民国九年（1920），马寅初先生因到教部"索薪"被辞职，众同僚挽留，伦明亦积极与大家联名上书，伸张正义，但不久亦辞职，离开北大，专心修撰续修《四库全书》提要。

民国十三年（1924），伦明赴河南就任道清铁路秘书长。

民国十九年（1930），伦明赴东京鉴定日本斯文会所藏中国古籍。回国后至1937年，历任北京大学、北京师范大学、燕京大学、辅仁大学、民国学院等校文科教授。

民国二十年（1931），伦明任东方文化事业委员会研究员，并与徐森玉代东方文化事业委员会购买图书。

民国二十六年（1937），7月，伦明以扫墓南归，但因"七七事变"而不能北上，遂羁留广州，任广东省立图书馆副馆长兼岭南大学教授。不久，广州沦陷，岭南大学迁香港，伦明留居第六女家。

民国二十七年（1938），岭南大学迁往香港，伦明去信给好友冼玉清，代问可否谋得一教职，惜香港处于战乱时期，没有合适机会。此后一段时间伦明一直待在东莞望牛墩，不再出仕，直至去世。[①]

二 藏书续书楼

伦明一生从事多种职业，但其最为人熟知的还是藏书家的一面。早在童蒙时期，伦明就表现出对书籍超乎常人的喜爱，自言："髫岁与诸昆仲入塾攻读，日得茶点之资，尽作书费；偶一日，先君奉政公询及诸昆仲茶资之用途，

[①] 关于伦明去世之年，各家记载亦不一致。孙耀卿《藏书家伦哲如》记载说："1944年春，伦先生哲嗣绳叔润荣忽接噩耗，惊悉伦先生已于客岁10月某日疾终第里。"据此则为1943年去世。徐信符《广东藏书纪事诗·伦明续书楼》载伦明去世时间为"民国二十一年壬午"，据此则为1942年。王謇《续补藏书纪事诗·伦明哲如》则模棱两可，云去世时间为1944年或1942年。

余告以所得购书用去，奉政公欲取书一阅，当即将书尽数献出，奉政公始悉余嗜书，心喜而钟爱焉。"① 今略述其藏书成就。

(一) 求书

伦明无论求学还是任职，课余、工余时间大多用在了求书、购书、校书等藏书活动中。北京为明清旧都、文化中心，雕版印刷事业和藏书事业向来发达，为私家求书、购书的最佳选择地。光绪二十八年（1902）十一月，伦明入京师大学堂师范馆习英文，初到京师，正值庚子乱后，王府贵族之藏书纷纷散出，伦明便日日在海王村隆福寺间闲游，书肆中善本秘籍目不暇接，以至于每天傍晚都购得满满一车回家。

中国古代私家藏书历来发达，但是由于各种原因能够子孙保守者少，每当旧家藏书散出之际，也是新兴私家藏书兴起的好时机。光绪三十四年（1908），伦明从桂林归广东，值南海孔广陶三十三万卷楼藏书散出，伦明每月几次登楼寻书。② 就在同时，鹤山易氏学清目耕堂、番禺何氏、钱塘汪氏（官于粤）所藏亦散，伦明亦趁机择购较多。

在时局动乱之际，普通百姓往往以保护性命为第一要素，伦明却趁机低价收购图籍，充实藏书，实有远见之明，且自觉负起文化保护之责。宣统三年（1911）九月，辛亥革命消息传来，都人惊恐，仓皇出奔，书价大跌。其时伦明第二次入京，得为县令谒选留京的东莞人叶灿薇之助，买书四大簏，携之乘火车运抵广州，一并寄往南伦书院。

在地方任职时，伦明更以敏锐眼光搜集各地文献。民国十三年（1924），他赴河南就任道清铁路秘书长，在豫期间，将寓所题为"读书庐"，足迹遍布怀庆、卫辉、清化等地，四处搜罗罕见传本。伦明求书方式十分独特，他自述说：

> 余一婪人耳，譬入酒肉之林，丐得残杯冷炙，已觉逾分，遑敢思大

---

① 语见孙耀卿《记伦哲如先生》，北京市政协文史资料委员会选编《文苑掇英》，北京出版社2000年版，第32页。

② 伦明：《辛亥以来藏书纪事诗》，第8—9页。

嚼哉。顾余之求之也，有异乎人之求之者，京中旧习，士大夫深居简出，肆夥晨起，挟书候于门，所挟书率陈陈相因，余概却不见。闲游厂肆，见有散置外室，若不甚爱惜者，视之，多有佳本。及遍翻其架上下，尘灰寸积中，残册零帙，往往惊所未见。又过他街市，于冷摊上，时亦无意遇之。盖小贩中有打鼓者，收卖住户破旧器物书纸，转鬻于市摊，市摊得之贱也，亦贱售之。游人熙熙，稍纵即逝。久之，稍熟习，则留以相待者有之。又客之载书而返也，箧中琳琅，得之者在捷足，余先时而探其讯，则预伺焉。为他人所先，视斯籍跟踪而求，十不失一。①

今人苏精总结伦明购书说："伦明搜书的原则有三：以俭、以勤、以恒。其方式则绝不在家等候书贾登门求售，而是亲自前往书肆尘灰寸积之下，或在市摊百货旧书中寻觅，甚至在获知某家书肆派往各省搜购之人将于某日回京，即先期至肆坐候，以能先得为快。"② 确有道理。随着藏书知识越加丰厚，以及求书经验不断积累，伦明求书视野越来越开阔。民国十九年（1930），他受国民政府委任，赴东京鉴定日本斯文会所藏中国古籍，业余时间不是游览各地风光，而是逛各地书店。伦明之孙伦志清回忆乃祖在日期间求书活动说："他去日本鉴定古籍的时候，常常逛当地的旧书市场，曾花了五日圆给我父亲买回日本出版的中日油画集《南画集》，家里还有一本侧面烫金的《日本美术史》，日文的，纸张是杏黄的，用纯麻布包装的，这在当时看是印刷相当精美的；还有一本《孔庙摄影》，拍的都是日本的孔子像，那个时候日本人很尊孔，中国也有很多留学生在日本都信奉儒教。"③

当然，求书、购书之外，伦明还通过借抄方式来弥补购书之不足，他长期雇用三四名抄工，随时准备抄写。如民国二十七年（1938），伦明将北京藏书目录抄写一份，计十余册，每册 50 页，由眷属携归，后被友人借阅，遗失数册。他亦自己操刀，劬力抄书，孙耀卿说："有一年，天津书商以重值购入清朝翁方纲未刻稿数种，他赶赴天津，因书价奇贵而没有买到，他就用了三

---

① 伦明：《续书楼藏书记》，《伦明全集（一）》，第 241 页。
② 苏精：《伦明续书楼》，《近代藏书三十家》，中华书局 2009 年版，第 140 页。
③ 语见杨宝霖《伦明生平》，《伦明全集（一）》，第 8—9 页。

昼夜时间抄了这几种书稿的摘要。"①

由于长期购书，伦明生活变得十分拮据，但是求书痴心不改，孙耀卿说他"逢有欲得的书而款又拮据，他就把夫人的奁物变作购书之款，真所谓典衣销带所不顾者"②。伦明有一首《买书》诗描述这种生活说：

> 平生丝粟惜物力，独遇奇书不论钱。书坊质库两欢喜，只有妻孥饿可怜。③

更为叫绝的是，伦明痴心求书，不修边幅，孙耀卿回忆他任北京大学文学系教授时光景说："所获薪俸大多用于购书。工余必至书店搜罗。身着破大衣，破鞋袜，人们赠给他一个绰号：'破伦'。凡北京城中卖书的大小书铺约百数十家，不论书店伙计、只身卖书的书摊贩，没有一个不认识伦先生的。"④

（二）藏书

发轫于童蒙时用茶资购书，奠定于入京师大学堂时每天赴琉璃厂和隆福寺一带求书，经过前后约十年的搜求，伦明藏书已经初具规模，藏量可观。时人给以"五十年来，粤人蓄书最富而精通版本目录之学者，当推东莞伦哲如先生"⑤ 的评价。

1929年12月，伦明撰写《续书楼藏书记》一文，文中说："余居京师二十年，贫无一椽之栖，而好聚书，聚既多，室不足以容，则思构楼以贮之。……然而楼未成也。"⑥ 可知所谓"续书楼"有其名而无其实。伦明此举古已有之，今人周少川说："古代私人藏书楼为数众多，深入考察，其中却有'实构'与'虚拟'两种情况。所谓'虚拟'，即虽有藏书楼的专号，而实际上

---

① 孙耀卿：《藏书家伦哲如》，秋禾、少莉编《旧时书坊》，生活·读书·新知三联书店2005年版，第354页。
② 同上书，第355页。
③ 伦明：《伦哲如诗稿》卷二，《伦明全集（一）》，第12页。
④ 孙耀卿：《藏书家伦哲如》，秋禾、少莉编《旧时书坊》，生活·读书·新知三联书店2005年版，第354页。
⑤ 冼玉清：《记大藏书家伦哲如》，《艺林丛录》第五编，商务印书馆香港分馆1973年版。
⑥ 伦明：《续书楼藏书记》，《伦明全集（一）》，第238页。

并非真的专构楼堂以庋藏书籍。有的是在自己的居所辟一专室藏书，有的是将书籍藏于书主读书治学的书斋，有的甚至是随居室放置。"① 伦明就属于这种情况，他有心修建，但无力为之，名"续书楼"者，"自乾隆朝命儒臣纂四库书，撰提要，衷然大观矣，由今观之，皆糟粕耳。则思为书以续之，此续书楼所由名"②。此后学界称伦明藏书楼曰"续书楼"成为定例。

伦明的"续书楼"，在北京的则指烂漫胡同东莞会馆西面的四号院。民国四年（1915），他打算定居北京，于是从广东运了一批书到其所住的烂漫胡同40号东莞会馆，当时运载图书的马车队，竟然从火车站一直排到了会馆门口。后来伦明迁居上斜街东莞新馆，烂漫胡同东莞会馆西面的四号院一共8间房全部用来藏书，这便是伦明称作"续书楼"的地方。在续书楼里，为了存放更多书，屋里不设书架，藏书层层叠叠地从木地板一直堆放，高过于人。据孙耀卿先生回忆说："先生（伦明）拥书数百万卷，分贮箱厨凡四百数十只，书房非有十楹屋宇，不得排列。……其所储藏，杂取古人著书，《四库全书》中已见者什之二三，其未见者什之七八，多属初刻原本，大部丛书不收。"③

续书楼藏量客观，多达数百万卷，引学者们侧目。藏书家朱希祖曾在1929年专门参观伦氏藏书，感叹其所藏清代集部之富，"北平藏书家无出其右者"；顾颉刚在《邃雅斋丛书》题跋中说，抗日战争前他曾到东莞会馆参观伦氏藏书，"室中不设书架，惟铺木板于地，置书其上，高过于人，骈接十数间"④，由此可见续书楼藏书之富。

这里需要顺带说一下伦明与通学斋的问题。

续书楼而外，伦明藏书主要集中在通学斋，虽然这是民国时期北京一处很有名的古旧书坊，但是它部分承担了收藏伦明藏书的功能。

通学斋开设于1919年，店址在北京新华街东七十四号。关于通学斋开办经过，伦明《续书楼藏书记》说：

---

① 周少川：《藏书与文化》，北京师范大学出版社1999年版，第239页。
② 伦明：《续书楼藏书记》，《伦明全集（一）》，第238页。
③ 孙耀卿：《记伦哲如先生》，《文苑撷英》，北京出版社2000年版，第34页。
④ 以上两则史料来自张宪光《续书楼藏书有多少》，《上海书评》2013年4月7日。

余始至京，赁居莲花寺，以书之残破待装补者至夥，雇一书匠魏姓者，月资十五金，魏言余书待装补完，非二十年不为功，因言设书肆。有数利，装书便一也，求书易二也，购书廉三也，余思之，良是。经营甫就，魏适病，有孙耀卿者，佣于会文斋书店，其经理即叶焕彬《书林清话》中所称何厚甫其人也。余浼主肆务，孙勤于事，又极警……余每得一书，为言其佳处何在，略及清代学术、诗文派别，孙似领会，渐能推所未知，余比年储藏，大半出其手。①

伦明开办通学斋书店目的之一是搜集图书，这在学界早有共识，日本学者吉川幸次郎曾回忆说："（通学斋）资本拥有者是伦明教授，他是清朝文物的搜集家，为了便于自己的搜集活动，才让孙麻子（按，即孙耀卿）替他开店。"②

伦明开办通学斋对于古籍的收藏起到了极大作用，而今国家图书馆善本库中就有七八百种伦明通学斋藏书，关于这个问题，冀淑英先生说：

伦家的书绝大部分是清刻本或清代著述。我馆（按，指国家图书馆）建立乙库就是以清刻本和清人著述为主，建库时是从大书库挑出来的一批书和零买进来的一些为基础。伦家的书，是整批买进的。

……

这批伦家的书，实际就是通学斋书店的书，我们馆全部买下来了，资料相当丰富。这里面有清刻本，清朝人的著作，还有极少数的明人的著作，都和《贩书偶记》著录的一样。③

通学斋不仅藏书、收书、贩书，也刊印古籍，据孙耀卿记载所刊书籍共

---

① 伦明：《续书楼藏书记》，《伦明全集（一）》，第240页。
② ［日］吉川幸次郎：《琉璃厂后记》，秋禾、少莉编《旧时书坊》，生活·读书·新知三联书店2005年版，第29页。按，关于通学斋开办问题，各家说法不一，有持伦明开办说者，有持孙殿起开办说者，相较而言，吴晓明说较为符合史实："伦明是以书作股的，店由孙殿起独自经营。"见其《〈贩书偶记〉和孙殿起》，秋禾、少莉编《旧时书坊》，生活·读书·新知三联书店2005年版，第279页。
③ 冀淑英：《冀淑英古籍善本十五讲》，国家图书馆出版社2009年版，第67、82页。

30 种，上起南朝宋何承天《何承天纂要文征遗》，下迄孙殿起《贩书偶记》和《丛书目录拾遗》，其中以清人著述最多。① 伦明南归后，通学斋渐渐转到孙殿起名下，但伦明仍有股份。伦明去世后，通学斋一直维持经营到 1958 年公私合营后加入中国书店。伦明所创办通学斋在藏书和搜集文献方面独具一格，苦心孤诣，"对于国家图书馆馆藏建设发挥了重要的补充作用，对研究者从事清代文献研究提供了宝贵的原书资料"②，善莫大焉。

伦明十分爱惜自己的藏书，视之如同性命，他曾记述辛亥革命期间护书的一段感人经历：

> （辛亥）九月间，武昌事起，都人初惊变故，仓皇奔避，数月来议值未就之书，至是纷纷愿贬价售。同邑叶大令灿薇，以谒选留京，愿以余资假我，乃尽购之，载四大篦。时从弟鉴，十一弟叙，十四弟绰，同寓京，相约南还，运书篦至车站，则见人如蚁聚，行李阻塞，不得上，废然返，连往数日，皆如是。弟等自津催促，词至危迫，余复书曰："余誓与书同行。"后数日，去者渐尽，余乃从容挟书篦上车。③

国乱之际，普通百姓首先考虑身家性命的安全，而伦明却趁机低价收购往日不可得之书，并且坚持护送图籍南还，发出了"誓与书同行"的誓言，爱书之痴，令人动容。

伦明精通藏书史，尤其对于历代私家藏书的最终去向十分了解。藏书家们生前省吃俭用，辛苦一生积聚起来的藏书成果，往往在其死后不久即由于子孙不守，或由于兵燹、灾荒等因素，要么被贱卖散佚，要么惨遭毁坏。为此，伦明深为感慨：

> 夫物之有聚散，亦常也；自聚之而自散之，则偶也。……今之人朝聚而夕散者，何其多也；聚而无不散者，何其不期而合也。尤可异者：昔之聚散，如西家卖田，东家置产，不有所废，其何以兴？今也不然，

---

① 具体书目可参孙殿起《琉璃厂小志》，上海书店出版社 2010 年版，第 135—136 页。
② 杨宝霖：《伦明生平》，《伦明全集（一）》，第 24 页。
③ 伦明：《续书楼藏书记》，《伦明全集（一）》，第 239—240 页。

试历数二十年来，散者接踵不绝，聚者屈指几何？……书之聚散，公私无别，且今后藏书之事，将属于公而不属于私，今已萌兆之矣。①

基于这种开明的藏书观念，伦明对于自己收藏的上百万卷图书不矜为己有，其藏书上面绝少加盖私印就是一明证，因为他知道藏书最终还会接力流传下去的。

伦明藏书绝大部分最后流入国家藏书单位，流入形式多样。（一）国家购买。民国八年（1919），伦明曾在琉璃厂买到清末两江总督端方档案多册，其中大部分为电报档案，这些档案关乎清末历史，后来为陈垣所商洽，购入故宫，现成为第一历史档案馆珍贵史料之一种。再如20世纪60年代，国家图书馆、中国书店等单位从伦明后人手中零星购入部分伦明藏书。（二）直接捐献。1947年，伦明去世后，其藏书正式捐给国家，但不是全部。又如1947年，伦明之女伦慧珠将张荫麟（按，即伦明女婿，伦慧珠丈夫）遗留在东莞会馆的藏书捐给张曾任教的浙江大学，浙大当时专门在图书馆建了一个"东莞图书馆"，其中亦有伦明藏书。再如伦明生前曾将在广州的部分藏书转让给弟弟伦叙，以帮助伦叙从事教学，后来这部分藏书被伦叙女儿伦德仪在"土改"期间捐给了广州文化事业委员会。（三）被迫捐献。"文化大革命"期间，伦明散存在望牛墩的图书就是这种情况。（四）其他途径。如《伦哲如诗稿》6册，民国时期不知如何流入广州来熏阁，新中国成立后卖给了国家图书馆。应该说，伦明藏书最终流入了国家藏书单位，是找到了很好的归宿。

伦明藏书中最为让人痛惜的是被后人散卖。伦明姬妾9人，子女11人，在他去世后，后人生活拮据，且有不孝者吸食鸦片，不得已偷偷变卖藏书以供享乐。也有部分藏书因故遗失，非常遗憾。伦明晚年寓居广东时，欲编印《续岭南遗书》，他把岭南籍作家的著述收集起来，攒了一大批古书，但由于自己没有时间和精力，就让弟子李棪②负责此事。1936年伦明将该批古书托付给李棪，李后来辗转去香港，又远赴英国，多年无法联系，这部分藏书亦

---

① 伦明：《辛亥以来藏书纪事诗》卷首《自序》，第2—3页。
② 李棪，又名棪斋，字劲庵，广东顺德人。咸丰探花李文田孙，曾在英国大学任教十余年，回港后任香港中文大学教授兼中文系主任。卒于1996年。

下落不明。

（三）藏书特色

经过数十年不断访求，花尽全部积蓄购买，并不断劬力抄写，伦明藏书蜚声海内，由于伦明生前没有将全部藏书编制目录，因此不得而知藏书的具体数目。但是，综观伦明藏书，特色非常明显，主要表现在五个方面。

一是不加钤印。除了校对朱批和题跋，伦明很少在书上留下印记，这是因为他秉持开放的藏书观，不斤斤于一家之矜秘，并在其生前已开始向国家捐献藏书。另外，藏书不加钤印，也与伦明一向十分重视保存藏书有关，孙耀卿说："先生每得一书，如获至宝，遇有衬纸者必撤纸，不衬纸者必加装潢，换好书皮，做好布套，改订厚册，甚至有三四册作一册者。"① 伦明对于藏书的保护措施，十分专业和科学，利于古籍流传。

二是藏书以清人著作为多。伦明不厚古薄今，贵远贱近，他认为书至近代始可读，因此偏爱收藏清人著作。邓之诚先生说："东莞伦明以书为性命，专收清人集几备，尝见语所藏原刻顺康人集，凡十二木箱。"② 伦明所收清人著述以文集居多，徐信符记述说：

> 东莞伦哲如精目录学，居北平数十年，多获异书，尝欲续《四库全书目录》，因名所藏为续书楼。又续叶氏《藏书纪事诗》为《辛亥以来藏书纪事诗》，于南北藏书家收藏事迹极为明审，今日粤中明悉藏书掌故者，断推伦氏。《续书楼书目》，以集部最为丰富，其余各部悉备，秘本极多，此亦粤中所不可得也。③

因为爱收清人著述，伦明在和孙耀卿共同开办通学斋时，有意培养孙这方面的知识，伦明记载说：

---

① 孙耀卿：《记伦哲如先生》，北京市政协文史资料委员会编《文苑撷英》，北京出版社2000年版，第32—33页。
② 邓之诚：《清诗纪事初编》卷首《序》，上海古籍出版社2013年版，第3页。
③ 徐信符：《广东藏书记略》，《广东文物》（下册）卷九，香港中国文化协进会1941年出版，第857页。

孙初见余喜购近人书，颇讶之，余每得一书，为言其佳处何在，略及清代学术，诗文派别，孙似领会，渐能推所未知，余比年储藏，大半出其手。迩来风会一变，清儒撰著，价大贵，海内外指名以索，肆贾又移其视线于此。然披沙拣金，不知何者是金？因是孙反见忌于侪偶矣。①

　　长期与清人文集接触，孙耀卿渐成清代文集版本目录方面的专家，所著《贩书偶记》等书，成为研究清代文集的入门书，平心而论，伦明启发之功不可没。

　　三是精选版本。杨宝霖说伦明"初得一本以为佳，继得更佳者，遂将前本易去，更得更换，至今所有者，大抵皆原刻本、初刻本。新抄本亦择精纸命端楷写之"②，对于珍本和善本，则不妨多备一二。遇有精椠秘抄，常力促好事者影印刊布，以泽惠艺林。如明末番禺人赵焞夫曾绘有《肤公雅奏图》一幅，后流传至近人江翰手中，1921年江翰携至天津，罗振玉鉴定为真迹并作跋，伦明得悉后，无力购买，但于1935年与同乡容庚、张伯桢父子等共同出资，以《东莞袁崇焕督辽饯别图》为名，影印50本分送各大图书馆。

　　四是多收禁书。伦明藏书中的"禁书"包括乾隆时禁毁书和《四库全书》不收的书，这个藏书特点主要是为续补《四库全书》而准备的。今人冀淑英非常推崇伦明爱收禁书这一藏书特色，说：

　　　　伦家的书，禁书有很多比较希见的资料。有一部书叫《虬峰文集》，著者为李驎，兴化人；兴化李氏曾出了很多名人。故宫编了一部《清代文字狱档》，把清代雍正、乾隆以来大小的文字狱的资料，是什么缘故，涉及什么人都编入。李驎的这个《虬峰文集》就编入《清代文字狱档》，而且在当时是非常严重的。李驎对清朝无比仇恨，话很恶毒，所以查出后对他的处置非常严重，事情揭发出来的时候，李驎早已死了，虽然他没有儿女，不必牵累后人，还是被从坟里刨出来，扬骨灰。

---

① 伦明：《续书楼藏书记》，《伦明全集（一）》，第240页。
② 东莞市地方志编纂办公室编：《东观人物录》（内部刊物）第1辑，1988年印本，第82页。

第三章 伦明与《辛亥以来藏书纪事诗》

伦明跟孙耀卿（殿起）两位老先生开通学斋书店，得到很多特别的资料。比如有几种吕留良的书，以及很多别的禁书。还有当时所谓正面的东西，比如说纳兰性德的集子《通志堂集》，这个集子完整的当时也很少见，这个书非常漂亮。还有很多清代的文集，伦家书里都有，我们如果有机会把伦家的书看看，可以了解很多关于清代人的知识。①

伦明一生践行这一藏书特色，收录大量的所谓"禁书"，虽然在其生活的时代，没有能够做到完成续修《四库全书》工作，但其宏愿终在其去世半个世纪后得以实现。

五是首尾齐备。伦明一生辗转南北各地，每到一处都尽力购求藏书，所购之书最有名者为南海孔氏三十三万卷楼、鹤山易氏目耕堂、番禺何氏留耕堂、钱塘汪氏振绮堂等著名藏书楼藏书，因而藏书以完整齐备著称，叶恭绰称：

> 节予（按，伦明号，此号独见此文）好藏书，恒节衣缩食以求，以每一书之板本齐备为的，亦一特色，殁后其家不省，人市侩择优抽取，而弃其余，乃拉杂贱售之，不知其优点在各本齐备，一拆散即无价值也。②

对于残缺之书，伦明不惜一切代价修补，尽力使之齐备。孙耀卿记载说："历年为他抄书的有二三人，修补书的一人，抄后校对，昼夜不停。他每得一书，如获至宝，遇有衬纸的就要换过纸，不衬纸的也要加装潢，换好书皮，做好布套，改定厚册，甚至有三四册装作一册的。他修补书不用面粉，独用广东寄来的一种形似麒麟菜的干菜，以滚水浸烂补之，着潮也不生虫。"③

伦明藏书特色，充分体现其藏以致用的藏书观，而事实上，他利用藏书为续补《四库全书》提供文献来源，又规划以自己藏书为基础，编撰《续岭

---

① 冀淑英：《冀淑英古籍善本十五讲》，国家图书馆出版社2009年版，第83页。
② 叶恭绰：《辛亥以来藏书纪事诗序》，《矩园余墨》本，清刻本。
③ 孙耀卿：《藏书家伦哲如》，《旧时书坊》，生活·读书·新知三联书店2005年版，第353—354页。

南遗书》,都是这种观念的实践,虽然由于种种原因,其计划都落了空,但是后人从其身上汲取了太多的经验。

三 致力续四库

清乾隆间纂修《四库全书》,"集中国古来典籍之大成。论其完备,虽未尽包罗古今一切载籍,然当清代中叶,凡无背正学之典册,几全荟萃于斯"[①]。但是,由于编纂该书时受政治势力影响太多,以至于未能著录的书籍很多,且随着时间推移,新著之书日增月益,因此,《四库全书》甫一告蒇,续修之事即起。

发其端者,为时任浙江学政的大学者阮元,他组织一批东南学者,搜辑173种《四库全书》未收书,以《宛委别藏》名义刊行。其子阮福刻《四库未收书提要》5卷,题曰《揅经室外集》,刊入《文选楼全集》。阮氏父子之后,续其事者有光绪中叶王懿荣等人。光绪十五年(1889)六月,王懿荣上书清廷,恳请朝廷续修《四库全书》,清廷允诺《会典》纂辑之后着手此事。光绪二十五年(1899)《光绪会典》成,时值内外多变,王氏之议遂置不问。光绪三十四年(1908),翰林院检讨章梫以《拟请增辑四库全书折》上奏,清廷政务处虽有核议,但亦不了了之。民国十四年(1925),国会议员邵瑞彭发表《征求续编四库全书意见启》一文,以之呼应商务印书馆承印《四库全书》之约,一时应者如云,然北洋政府忙于战事,百般推诿,竟遭搁置。

民国期间,在续修《四库全书》方面用力最多者当数伦明,他在后半生积极奔走,多方借力,不断筹划此事。

早在民国六年(1917),伦明任故宫博物院管理委员会干事,已经开始从事续修《四库全书》的筹划工作。民国十年(1921),陈垣担任教育部次长,当时刚刚辞去北京大学教席的伦明致书陈垣,希望能够校雠《四库全书》,并续写《续收四库全书提要》,信中说:

(续收四库全书提要)此着为最要紧。乾隆修书之时多所忌讳,未著

[①] 郭伯恭:《四库全书纂修考》卷首《自序》,岳麓书社2010年版,第1页。

录并未存目者甚多,且晚出之书为当时所未见者亦多。若乾隆以后之著述,其未收更不待言矣。尝谓我国学术之发扬光大皆在乾隆以后,若此小半截不全,大是憾事。为时未久,各书搜求尚易,且宿学现存者亦尚有人,宜聘请通达者约十人之谱,每人薪修月约五六十元(另有课责之法,兼差者亦可,但须限若干日成一书)。月需经费约一千元左右,亦约一二年而功成。①

伦明与陈垣交往二十余年,二人既有同乡之谊,又是志同道合的好友。他们都是辛亥后移居北京的,曾同时在北大国学门任教,陈垣任辅仁大学校长时,还曾援引伦明任教辅仁大学国文系。陈垣一直将伦明视为学术上的诤友,一旦有新作,即寄给伦明求批评。对于伦明这一提议,作为教育部次长的陈垣大力支持,但民国十一年(1922)五月,陈垣却辞去教育部次长之职,提议成为泡影。

民国十六年(1927),因各国退还庚子赔款,限定用于文化事业,国民政府遂决定影印《四库全书》,同时议及续修提要之事,交给内务部和教育部合办。时任司法总长兼教育部署长的章士钊提议将文渊、文津之《四库全书》择一运到上海,交商务印书馆影印。伦明在河南闻知后,当即拟《续修四库全书刍议》一篇寄给报社,刊载于《国学月刊》第一卷第四期,称:

> 乃近阅报载,有阁议通过续修《四库全书》之事,盖各国退还庚款,以用于文化事业为限,因之联想及此,固国学之大举,亦意外之新闻也。……约而言之,大旨有三:一曰搜集,二曰审定,三曰纂修。……②

此文对于续修《四库全书》给出非常合理的建议,并详细提出了搜集、审定、纂修等方式方法,又建议乘修书之便,顺带完成《国史经籍志》和《清史》"儒林""文苑"两传。然而令人惋惜的是,不久,因章士钊辞职,影印《四库全书》一事遂化泡影,伦明建议续修之事更难以落实。

---

① 伦明:《与陈垣书》,李炳球编《东莞学人往来书信辑录》,《东莞文史》(内部刊物)第32期,2001年印本,第435页。
② 此处引自《伦明全集(一)》,第428页。

民国十七年（1928），杨宇霆电邀伦明赴沈阳任奉天通志馆协修，并协助筹印藏于文溯阁的《四库全书》。时奉天打算以地方政府之力承印文溯阁《四库全书》，由伦明起草电文，代表张学良、翟文选、杨宇霆通电全国，提出三点建议：一是影印，二是续修，三是校雠。沈阳通电发出后，遭到国民政府干涉，提出中央政府正在筹划此事，请沈阳方面不要再印。而沈阳方面不为所动，以筹备已妥为由，坚持印刷，并聘请伦明辑续修总目一万余种，杨宇霆、郑谦等人并前往伦明续书楼抄写书目送给张学良。

民国十八年（1929）夏，伦明来到南京，见到了国民政府方面提出筹议《四库全书》的负责人胡汉民，向他提出影印的想法，胡大为赞许，准备提交行政会议讨论此事，但需要沈阳方面让步。经再三交涉，沈阳方面态度依然坚决，号称志在必印，并答应印成后赠伦明一部。但不幸的是，不久沈阳方面负责此事的杨宇霆遭刺杀，影印之事也告流产。

民国二十年（1931），东方文化事业委员会积极开展续修《四库全书》提要工作，伦明被聘为该会研究员，在全部60类中，他参与撰著11类，负责整理主编经部之尚书类、史部之传记类、集部之广东部分等5类，并以续书楼之珍藏供会中之用。

民国二十二年（1933），南京中央图书馆选印文渊阁《四库全书》未刊珍本。九月，伦明撰《拟印四库全书之管见》发表在《国闻周报》第10卷第35期，就实际影印的价格、用纸、工费、装订、成本、售价、尺寸等加以详细探究。其后，由中央图书馆与商务印书馆合作，印行《四库全书未刊珍本初集》231种，共1960册。

随后十多年，伦明积极奔走，借力各方，希望尽快落实续修《四库全书》的工作，但是，直至1944年伦明在东莞故里逝世，这一宏愿仍未能实现。伦明为此十分苦恼，他曾有诗《余拟续修四库书提要从事三载成稿寥寥元日秉笔感而有作》曰：

  胜朝文治盛乾康，多见鸿儒厕鹭行。草茅秘籍呈大府，韦布新衔署玉堂。笑我无端思汗竹，生儿奚异自空桑。廿年赢得妻孥怨，辛苦储书典笥裳。①

有悲愤，更有无奈。今人杨宝霖说："从伦明藏书之楼的楼名，及所藏之书而观，伦明毕生求书的目的，是续修《四库全书》，在国困民贫的旧中国，是不可能实现的。一代学人赍志而殁，在意料之中。但是像伦明这样，为祖国为中华文化的繁荣，甘心含辛茹苦，节衣缩食，其品格，其精神，值得后世景仰。"② 徐信符也有诗赞伦明说：

四库重修愿莫申，续编提要又何人？奇赢忆中非无术，通学斋开足疗贫。③

主要痛惜其重修《四库全书》之愿未偿，续修《四库全书提要》之志不果。值得欣慰的是，由全国各地著名专家参与，经国家新闻出版署和国家古籍整理出版规划小组批准，《续修四库全书》工程从1994年启动，历时8年，到2002年四月完成全部1800册的编纂工作，2004年由上海古籍出版社出版问世，这一国家重点出版工程总共收书5213种，比《四库全书》增加51%，且全部采用最好的版本影印，保留了原书面貌，既为《四库全书》匡谬补缺，又继往开来，对清代乾嘉至辛亥革命以前的学术文化发展进行新的归纳总结。伦明泉下有知，足当欣慰。

第二节 《辛亥以来藏书纪事诗》创作

叶昌炽《藏书纪事诗》是研究中国藏书家及藏书史的开山之作，一时成为学者案头书。该书开启藏书历史文化研究进入专门化、系统化的时期。但我国幅员广袤，藏书历史源远流长，而叶著搜集资料毕竟有限，因而难以涵盖史上全部之藏书家，且叶氏乃苏州人，对江浙地区的历史和文化了解较深，

---

① 伦明：《伦哲如诗稿三》，《伦明全集（一）》，第19页。
② 杨宝霖：《伦明》，《东莞现代人物》，广东教育出版社2008年版，第236页。
③ 徐信符：《广东藏书纪事诗稿》，《广大学报》复刊第一卷第一期，第86页。

于其他地区则难有深入考察，故其著述遗漏尚多。再者，叶书所载藏书家以晚清为限，民国以来则付之阙如。但是，能够续补叶书者，须有广博知识，尤其对于目录学、版本学、典藏学等有相当造诣，方可从事之。叶氏殁后至今，步其后尘者多家，而以伦明《辛亥以来藏书纪事诗》为最早，且最受学术界推崇。

一 克绍叶著

关于《辛亥以来藏书纪事诗》创作缘起，伦明自序说：

> 长洲叶鞠裳提学《藏书纪事诗》六卷，元和江建霞刻于《灵鹣阁丛书》中。其后鞠裳自为改订并增一卷，自刻之。时宣统二年（1910）也。其书自四卷以下皆清人。七卷《附录》中有清人十一，都三百二十九人。余读而少之，为益数十人。辑录粗就，尚待润色，例依叶书，大抵据志乘说部别集信而有征者。若乃其事其人，耳目触接，远不一世，近在当前，不烦撷拾，涉想即至，及今不述，久且忘之。①

可知伦明先为叶书补益，辑录数十人，这个补益之作显然不是后来的《辛亥以来藏书纪事诗》，而其下落迄今不明。不过，这次补益为接下来创作《辛亥以来藏书纪事诗》做足了准备。该书创作起于何时，不见记载，完稿时间在民国二十四年（1935）。全书共 155 篇，收藏书家 149 人，附录 28 人，其中丁日昌、张之洞、李盛铎、傅增湘、张伯桢等 5 人各作诗 2 首，另记涵芬楼 1 篇。关于收录藏书家时代标准，伦明在自序中说：

> 是编定以辛亥后为限。然有其人在辛亥以前，而其事征于辛亥（1911）以后，如李仲约侍郎、方柳桥太守，已见叶书卷七。但余之得观侍郎书也，在己巳（1929）；余之得见李亦元题跋也，在癸酉（1933），则不得不复记于此矣。又如贺松坡家之世泽，远在百年，而能保守至今，

---

① 伦明：《辛亥以来藏书纪事诗》卷首《自序》，第 1 页。

守成之与创业,其有功于宗祐一也。①

"例依叶书"而略有创新,所选藏书家以辛亥后为限,延续叶昌炽《藏书纪事诗》传主选择时代,从某种意义上说也是对叶书之绍继。伦明克绍叶书还表现在全书第一位传主就是叶昌炽,纪事部分明确表达了克绍叶书之志:"余尝补君《纪事诗》数十人,今又拟《辛亥以来藏书纪事诗》若干人,识陋才拙,狗尾之续,惭恧而矣。"② 为此,今人翟朋认为伦明对于叶昌炽"有私淑之意"③,论之有理。

但是,我们也看到,叶昌炽虽然在民国生活过几年时间,但其思想深处还保留着浓厚的旧式官僚之风,面对改天换地的新时代,他选择隐退与回避。而伦明却不一样,能够积极应对世变,以自己一贯的不羁言行,乐与不同人物交往。反映在诗歌创作上,"渐趋于老辣浑厚"④。《辛亥以来藏书纪事诗》创作也一样,作品推陈出新,仿于叶书而不拘于叶书,多所发明。

一方面,开创断代藏书纪事诗体。

叶书属于通代藏书家诗传,所收藏书家上自五代毋昭裔,下至清末周星诒(1904 年去世),历时一千多年,集中展示了 739 位藏书家的藏书成就及其文化、学术贡献。但是,历史上私人藏书家众多,叶氏之书遗漏甚多,伦明拜读后深感不足,如明代范钦为天一阁创始人,藏书富甲江南,在古代私家藏书史上影响巨大,而叶书居然将其遗漏,实不应该。伦书收藏书家 149 人,附录 28 人,其中清代及以前 22 人,余皆为辛亥以后人。尤其开篇为叶昌炽诗传,其赓续叶书之意十分明显。因此,从所传人物来说,叶书为通代藏书家传,而伦书为断代藏书家传,如果把叶昌炽《藏书纪事诗》看作书林《史记》,那么伦明《辛亥以来藏书纪事诗》就是书林《汉书》。

《辛亥以来藏书纪事诗》虽为断代藏书纪事诗,但是与叶书不收遗民的做法不同,伦明对于那些人在辛亥以前而事征于辛亥以后者,亦一并收入,因

---

① 《辛亥以来藏书纪事诗》卷首《自序》,第 2 页。
② 《辛亥以来藏书纪事诗》,第 1 页。
③ 翟朋:《藏书纪事诗研究》,硕士学位论文,南开大学 2010 年,第 28 页。
④ 张宪光:《续书楼藏书有多少》,《东方早报》2013 年 4 月 7 日。

此《辛亥以来藏书纪事诗》所收藏书家与叶书有重复收录的情况，如纪昀、李文田、方功惠等，并见于两书。

另一方面，反映近代藏书新变。

近代以来，西学东渐，西方公共藏书制度逐渐传入中国，受到开明绅士追捧，渐渐地，从19世纪末开始，以公众阅览为核心的西方公共藏书制度及其以书育才的实际功用已经深入国人心中，藏书形势逐渐发生新的变化。关于这个问题，伦明在《辛亥以来藏书纪事诗》中是这样认识的：

> 且廿余年来为变甚剧。掠书之贾始河南北、山东西，渐推及苏、浙、皖、赣，又渐及川、陕、闽、粤，极于滇、桂，挨家而索，等于竭泽。百数十年之积蓄，尽于一旦；万数千里之输运，集于一隅。犹未已也：涵芬楼，靡于非意料之烈弹；海源阁，劫于无意识之狂匪。犹可委曰天灾、时势，无可如何。乃一家奴耳，能罄丁持静之全；一鼠窃耳，能分范天一之半。是则人谋之不臧矣！①

伦明提到的"掠书之贾"指的是近代以来以贩书为生的书商，他们学问不高，但在长期的经营中积累了丰富的版本鉴别经验，常常贱买贵卖，从中牟取暴利，有的还为求高价，将珍贵典籍卖往国外，造成中华典籍的大量流失。

与叶昌炽重在为藏家立传不同，《辛亥以来藏书纪事诗》"非亟亟于辑录史料，为藏家留影，而在默察时变、深究风习，既存学术故实，且忧世道人心。其意旨深沉，非限于藏书一事"②。

二 各类传主

叶昌炽《藏书纪事诗》在传主选择上秉持较为开放的原则，只要从事过藏书活动，不分贵贱，皆可入传，故上自贵胄，下至草民，甚而方外，都可以成为传主。而伦明则思想开明，"于南北藏书家收藏事迹极为明审，今日粤中明悉

---

① 《辛亥以来藏书纪事诗》卷首《自序》，第1页。
② 翟朋：《藏书纪事诗研究》，硕士学位论文，南开大学，2010年，第29页。

· 146 ·

藏书掌故者，断推伦氏"①，《辛亥以来藏书纪事诗》在传主选择上更向前一步，能够及时反映藏书家队伍构成的新因素，传主类别更多，容纳群体更广，举凡藏书世家、军阀、官员、商人、学者、银行家、实业家、书坊主等都成为其咏歌的对象。

（一）藏书世家

中国家学传统由来已久，世代相沿的学风凝聚家族的向心力，传承与积淀厚重的文化，促进各种学术事业不断繁荣发展。中国古代藏书事业的家学传统亦非常显著，历久不衰，出现了许多显赫的藏书世家，他们是"收藏图书富埒中秘，合家为业为宝，累世相聚相传的著名藏书氏族。这是文化事业中的富豪大族，这是真正的书香门第，他们对中国的文化学术发展有着特殊的贡献，在中国藏书史上占有重要的地位"②。历史上，藏书世家著名者如春秋鲁国孔氏、东晋钱塘范氏、唐代江夏李氏、眉山孙氏，宋代新喻刘氏、安阳韩氏、宋城王氏、巨野晁氏、筠州刘氏、会稽陆氏、汝阴王氏、临海陈氏、吴县叶氏等，明代昆山叶氏、长洲文氏、鄞县天一阁范氏、山阴澹生堂祁氏、长洲梅花墅许氏、常熟汲古阁毛氏等，至清则藏书世家更盛，各地皆有，不胜枚举。

叶昌炽《藏书纪事诗》对于宋代以来藏书世家已有涉及，但由于资料缺失，没有给以详细考证，如亳州祁氏、饶州吴氏等仅作为副传主，且最大的遗憾是居然没有收录宁波天一阁范氏、聊城海源阁杨氏等名满天下的藏书世家。

《辛亥以来藏书纪事诗》十分重视对晚清近代以来藏书世家藏书流变的追踪，展示出本身作为藏书家的伦明对于这类藏书历经几代而不守的痛惜之情。该书所载藏书世家主要有以下4家。

1. 宁波天一阁范氏

天一阁藏书楼约建于嘉靖四十年至四十五年（1561—1566）间，第一代

---

① 徐信符：《广东藏书记略》，广东文物展览会《广东文物》（下册）卷九，中国文化协进会1941年刊，第857页。
② 范凤书：《中国私家藏书史》，大象出版社2001年版，第629—630页。

主人为范钦。范氏后人恪守"代不分书"和"书不出阁"的家训,藏书保存甚为成功,阁中藏书在乾隆以前基本无大变故。但是,随着国运之颠蹶,第一次鸦片战争期间、太平天国运动之时以及民国初年,中外盗匪多次潜入阁内,图籍损失较大,加上零星散佚,到新中国成立时,原来的七万多卷藏书仅剩下13000卷。伦明在《鄞县范氏》传文中,重在对阁书流变的记载:

> 自黄梨洲抄成书目,阮文达序而刻之,凡书四千零九十四种。同治间薛叔耘重编书目,存二千零五十六种,全者止一千二百七十种。岁庚午(1930),乡人杨子毅长宁波市政,派员清理,并写定其目,凡书九百六十二种,比薛目止二分之一,全者止三百一十种。①

2. 聊城海源阁杨氏

海源阁是清代北方最大的私家藏书楼,杨氏则为清代北方最著名的藏书世家。海源阁创始人杨以增,辗转各地任职,每到一处即搜罗典籍。子杨绍和、孙杨保彝、曾孙杨敬夫能够世守祖训,代代相承。伦明对于杨氏藏书世家评价极高,诗曰:

> 累世搜储祖逮孙,海源恨不在桃源。杨江王目参差甚,兵火之余百一存。

与天一阁藏书多次遭遇偷盗不同,海源阁藏书遭遇最大的灾难是兵燹。"岁己巳(1929)战乱,匪于其家驻军,其家设司令部,至以阁中书炊火。后官兵又大肆劫掠,其书散见济南、保定各地。"② 兵匪破坏典籍的行为,让人难以置信,读者愤懑之情随着伦明的叙述而剧增。

3. 常熟瞿氏藏书世家

常熟历为人文胜地,私家藏书事业代代兴盛。瞿氏藏书世家开创人瞿绍基,志在收藏宋元善本。子瞿镛因获古铁琴与古铜剑各一,遂名藏书楼曰

---

① 《辛亥以来藏书纪事诗》,第1—2页。
② 《辛亥以来藏书纪事诗》,第5页。

"铁琴铜剑楼"。瞿氏第三代传人瞿秉渊、瞿秉清兄弟,均能克承家学,守护图籍,并延请著名学者为藏书编目。第四代传人瞿良士,承先人遗志,谨守勿替,仿杨守敬《留真谱》办法,编印《铁琴铜剑楼书影》,并编印《铁琴铜剑楼丛书》广为流传。瞿氏拥书之富,藏书之精,时无人能及。伦明对瞿氏一家将藏书免费供学人阅读之善举十分赞赏,他引用好友瞿冕垓的话说:

> 主人公其书以供众览,凡造楼者,并供其膳宿。已而书渐渐失,盖不肖者乘间窃去,典守者不自觉也,于是扃其楼钥,而览书者遂绝足矣。①

当然,伦明对于瞿氏藏书世家最为关切的还是藏书去向,为"不肖者"偷窃致使楼书丢失一事,深感痛惜。新中国成立后,瞿氏后人将所剩藏书一并捐给国家,其中宋元善本七十余种捐赠给国家图书馆,最后一代传人瞿凤起也随赠书到上海图书馆,主要从事版本目录工作,将藏书世家的优良传统带进了新式公共图书馆中。

4. 杭州丁氏藏书世家

丁氏因闻宋代先祖丁顗藏书八千卷,故名自家藏书楼曰"八千卷楼"。藏书楼始祖名丁国典,家境充裕,以藏书为乐,尤喜治诸子百家。二代传人丁英往来齐楚燕赵间,遇到秘籍一定设法购求,车载以归,八千卷楼藏书渐渐充盈。丁氏藏书世家鼎盛时期是在三代传人丁申和丁丙时代,兄弟二人大力经营,藏书蔚为大观,八千卷楼一举成为晚清"四大藏书楼"之一,雄踞浙东一带。到了第四代丁立中时候,为防止自家管理不善,且看到了公共图书馆建立的巨大优势,丁氏遂于宣统末,将典籍售给江南图书馆,成为今天南京图书馆建馆的基础。伦明诗赞丁氏藏书世家曰:

> 不别精粗共部居,卷盈卌万二分余。守先阁上尘封处,未免相形愧小巫。②

---

① 《辛亥以来藏书纪事诗》,第6页。
② 同上。

近代藏书世家，一方面秉承祖业，继续私家藏书楼管理经营事业，另一方面则适应时代发展，为公共图书馆的建设发展做出了贡献。

（二）军阀

藏书队伍构成在近代时期发生重大变化，最为明显的是各地军阀，他们在戎马之余垂青藏书事业，并凭借人力、财力以及权力方面的优势，聚拢大量的珍善之本，他们的目的不是读书治学，而是装点门面，附庸风雅。伦明清楚地认识到这一藏书形势新变，《辛亥以来藏书纪事诗》中记载军阀藏书家有张勋、刘镇华和韩国钧等。

作为近代史上的风云人物，以导演民国六年（1917）为期12天的"清帝复辟"闹剧而名扬天下的张勋，为博得文武兼备之美誉，热衷购求图籍。但与一般藏书家不同，张勋专门搜集装帧华美的图书，主要为了摆设和炫耀。伦明针对张勋这一藏书特点，论说道：

> 所收书以殿本为限，殿本书又及百册者为限。书坊觑其重值，就不及百册者，每页中垫以纸，一册可分装二三册，张亦不细审也，自是遂成风气。①

张勋藏书不辨优劣，唯看重图书外在形式，被书估蒙骗亦不知，实在愚蠢可笑。伦明认识到军阀藏书的恶劣影响，沉痛发出了"甚矣，坏习之易移人也"的感慨。刘镇华和韩国钧是作为副传主载入《辛亥以来藏书纪事诗》的，藏书事迹被伦明一带而过，未加细述。

（三）官员

中国传统形态的士大夫，大抵亦官亦学，风雅不坠。近代政局纷扰，权力更迭频繁，官员们纷纷你方唱罢我登场，为官者有前清遗老，更有民国新贵，而无论新旧官员，都在读书治学上下过功夫，故有功于藏书事业甚夥。

---

① 《辛亥以来藏书纪事诗》，第29页。

伦明在撰写《辛亥以来藏书纪事诗》时，对这类藏书家收录较多。

有位极总统的藏书家徐世昌。民国七年（1918），段祺瑞的安福系国会推举徐世昌为总统，自幼爱好诗文的徐氏自称"文治总统"。徐世昌翰林出身，喜欢舞文弄墨，官位又高，宦囊累累，聚书自然方便，藏书处曰书髓楼。有《书髓楼藏书目》8卷，著录经部400部、史部1000部、子部800部、集部5000部，数量颇可观，间有稿本、明刊本，而主要为清人诗文集，专录清人别集书约2700种。1922年后徐世昌退隐天津，自书"半日读书半日静坐之斋"匾额，召集一班文人开编书处，所据资料就是书髓楼藏书。伦明对其依据藏书而编刻丛书之举，颇多微词：

> 开晚晴簃选诗搜集部，佐之者嘉善曹理斋秉璋也。然全无别择，而应有者反多阙漏，今其书犹存理斋所，加以所选之人，不详考始末，生死不别，宜诗抄之不足观矣。甫出版，疵议纷起，乃停刊拟修改，至今未改定也。嗣又修《清儒学案》，更简陋绝不为之备书，仅以薄薪给纂员，任其详略，亦已仓卒告成。好名而又惜费，其成绩亦可睹矣。①

与徐世昌沽名钓誉式藏书不同，晚清民国时期也有很多励精图治的官员，对于藏书事业贡献尤多，丁日昌最有代表性。丁氏为晚清著名洋务派官员，官至江苏巡抚、福建巡抚等，仕宦之余广泛搜求典籍文献，数年之内藏书富甲一方，建藏书楼曰"持静斋"，聘著名学者莫友芝、江标等为之整理编目。然而，丁氏身后，藏书散佚极速，伦明记载说：

> 持静斋书之散出，世人多不知其故，亦不知其始于何时。以余所闻，揭阳城内有书店多家，专伺丁书。书之出也，悉由婢仆之手，多少精劣全缺不一。久之又久，而书已尽。广州有华英书局者，亦分支店于揭阳，有所得，随寄广州。②

---

① 《辛亥以来藏书纪事诗》，第49页。
② 同上书，第8页。

多家书店"专伺丁书",这是何等地让人无奈!书估们唯利是图,不惜一切代价,把图书交易当作牟取暴利的手段,不惜将一座传世藏书楼掏空,是为书林之一厄。

近代从事藏书的官员极众,藏书影响亦大。《辛亥以来藏书纪事诗》所记其他官员藏书家还有唐景崇、张之洞、李文田、柯逢时、陈宝琛、李盛铎、刘承幹、刘世珩、叶恭绰等,藏书皆有建树。

(四) 商人

商人从事藏书活动由来已久,吴晗谓明清时藏书之风逐渐"被及商贩,邗上豪门,广中洋贾,间亦挥霍多金,购藏典籍,开馆延宾,属以校刊。其用意虽为附庸风雅,自跻士林,然其保存传布之功,固不可没也"①。不可否认,确有部分商人藏书有附庸风雅之嫌,但大多数商人能够秉承"贾而好儒"的优良传统,力求通过藏书、刻书、著书等文化活动,改变他们一直以来居于"士、农、工、商"四民之末的处境。

伦明《辛亥以来藏书纪事诗》对商人群体藏书家关注较多,如记顺德大藏书家辛耀文云:

> 顺德辛孝廉仿苏,尝挟十数万金游京师,狎优结客,恣意挥霍,旁及字画古书。住大吉巷,余间过从,异书满屋。与会文斋主人何厚甫最洽。厚甫新得当湖刘铁云家书,其佳本多归之。旋返粤,又得香山何佩舫家书。粤中自孔丁二家衰替后,不得不推君矣。顾君嗜欲多,无暇读书,又秘籍不轻以借人,身殁未几,所藏皆就地散矣,其家得值无几也。②

辛耀文(1876—1928),字仿苏。其父以经营实业致富,仿苏得以继承遗产,用来从事收藏。但是,这位富裕的商贾后人却"书不借人不自读",落得个身后藏书散佚极速的结局。与辛耀文浪得浮名的藏书活动不同,其他商人

---

① 吴晗:《江苏藏书家史略·序言》,《江浙藏书家史略》,第117页。
② 《辛亥以来藏书纪事诗》,第94页。

出身的藏书家多由藏书而致知，成为近代著名学者。如安徽贵池人刘世珩，光绪二十年（1894）江南乡试举人，晚清时官至度支部左参议，辛亥后不再出仕。他"从事工商、金融实业，家素丰厚。但是他并不是那般只知挥霍金钱，花天酒地的花花公子。他学问深厚、博古通今，嗜书若性命，把自己的全部精力和财产都倾注在收藏、刊刻古籍和金石书画上"①，因得两部宋刊《玉海》，遂名藏书楼曰"玉海堂"，又利用藏书刊有《玉海堂景宋丛书》《聚学轩丛书》《贵池先哲遗书》《宜春堂景宋巾箱本丛书》等，为学术研究提供了丰硕的文献资源。伦明对其十分服膺，诗赞曰：

  贵池刻书爱仿宋，成就武昌陶子麟。本来未见中郎貌，究是中郎是虎贲。②

  在近代藏书史上，论著名的商人藏书家，当推安徽东至人周叔弢。周叔弢（1891—1984），原名暹，叔弢是其字，以字行。民国八年（1919）起，周叔弢随叔父周学熙（两任袁世凯政府财政总长）在青岛创办华新纱厂，任专务董事，后历任青岛、唐山、天津华新纱厂董事、经理，启新洋灰公司董事长，为中国北方民族工业代表人物。他辛苦经营，对抵制各国列强，尤其是日本帝国主义的经济侵略，建立和维护中国的民族独立作出突出贡献。作为藏书家，他自幼酷爱图书，16岁开始购求古籍，研究版本，曾多方努力，以高价买回流散国外的珍本，藏书多有善本。一生经营企业所得，大都用来购买文物图书，先后聚书达四万余册，所得宋元精品甚多，此外还有活字本、历代抄校本、批跋本多种。但是，坐拥书城的周叔弢却先后四次将几十年收藏的宋、元、明抄本和清代善本及其他中外珍贵图书计3.6万册和历史文物1200余件全部献给国家，做到了从实业家向文物古籍收藏家的成功转型，切实为保护民族文化做出巨大贡献。《辛亥以来藏书纪事诗》诗赞曰：

  宋刊宋校蒙庄注，萧选陶诗一样精。③

---

① 郑伟章：《书林丛考》，岳麓书社2008年版，第202页。
② 《辛亥以来藏书纪事诗》，第46页。
③ 同上书，第105页。

但是，由于伦明离世太早，对于周叔弢的藏书活动不能跟踪到底，故对其记载多有不足，传文竟称周氏所藏宋元本"皆不足数"，殊为愚见。

近代以来，商贾家世不仅影响到藏书活动，造就了诸藏书大家，而且在学术领域影响至远。如陈垣出身新会药材商，饶宗颐出身潮州巨贾，叶德辉出身长沙富商，胡适出身徽商，董作宾出身南阳小商人，等等，"可知由学而仕固然是中国古代社会的常态，由商而学亦吾土吾民的普遍风气也"①。此句话用在由商而藏的藏书家身上不亦可乎？

（五）学者

清代学者洪亮吉曾将古代藏书家分为考订家、校雠家、收藏家、赏鉴家和掠贩家等五类②，前四种与最后一种不同，可以称为学者型藏书家，他们不是把典籍当作可以带来利润的物品看待，而是当作传承古代文化的载体，看作人类文明的精华，为之补遗，为之校勘，为之传刻，使之流传……学者型藏书家是古代藏书群体中的主流，正是他们呕心沥血地购求、典藏和整理，古代典籍才得以代代相传。

伦明本人也是学者型藏书家，不但典藏丰富，而且精通版本目录之学，故对这类藏书家惺惺相惜。《辛亥以来藏书纪事诗》收录学者型藏书家主要有：陈澧、莫友芝、李慈铭、孙诒让、萧穆、谭献、平步青、梁鼎芬、汪兆镛、王仁俊、屠寄、缪荃孙、沈曾植、刘鹗、徐乃昌、傅增湘、卢靖、余嘉锡、朱师辙、康有为、梁启超、章炳麟、刘师培、杨守敬、王国维、赵万里、邓实、方尔谦、朱希祖、杨树达、陈垣、钱基博、章士钊、高步瀛、徐信符、马叙伦、叶德辉等，并对每位藏书家都给予热情的赞颂。如颂陈垣：

  唐官补出石柱字，元代招来西域人。俯首王钱到遗墨，但言校例已成陈。

---

① 胡文辉：《现代学术点将录》，广东人民出版社2010年版，第258—259页。
② （清）洪亮吉：《北江诗话》卷三，人民文学出版社1983年版，第46页。

并在小注中说明陈垣藏书的特点:"君(陈垣)藏书数万卷,非切用者不收。较谈版本目录者,又高一等矣。"①

(六)银行家

银行家是近代私人藏书家队伍中出现的一个新群体。从事藏书既要有钱,同时又要有闲,银行家恰恰具备这两个条件。上海、天津等近代新兴城市的银行比邻而望,银行家多如牛毛,因此也催生出藏书事业在这里的繁荣。一些银行家因为藏书声誉甚隆,乃至掩盖其金融领域的成就,《辛亥以来藏书纪事诗》对此多有反映,如《潘明训》一则云:

> 近来银行家,多喜藏书,武进陶兰泉、庐江刘晦之,其最著者也。闻杭州叶揆初者,亦浙江兴业银行董事,收藏稿本、钞校本甚夥。往日藏书之事,多属官僚,今则移之商家。官僚中虽不乏有力者,而忙于钻营片逐,无暇及此,亦可以觇风气之变迁也。②

"往日藏书之事,多属官僚,今则移之商家",伦明以其敏锐的目光,考察近代金融业发展对于藏书事业的影响。在《辛亥以来藏书纪事诗》中,有一首诗是吟咏喜好藏书的几任银行家(包括财长)的,诗曰:

> 王张潘李散如烟,官去无权保简编。何若四明投老客,秦灰鲁壁表先贤。③

诗中的"王"指的是王克敏(1873—1945),字叔鲁,原籍浙江杭县(今余杭),生于广东。辛亥后任中法实业银行总经理、财政部长、中国银行总裁等职。"张"指的是张弧(1875—1937),原名毓源,字岱杉,浙江萧山人。张寿镛(1876—1946),字伯颂,号泳霓,别号约园,浙江省鄞县(今宁波市鄞州区)人。前者于民国后任财政总长、币制局总裁等职,后者任北洋

---

① 《辛亥以来藏书纪事诗》,第81页。
② 同上书,第109页。
③ 同上书,第114页。

政府财政次长、总长等职。"潘"指的就是潘复（1870—1936），字馨航，山东济宁人。民国后任山东省实业司长、财政总长、国务总理兼交通总长等职。"李"指的是李思浩（1882—1968），字赞侯，浙江余姚人。民国后任财政部次长兼盐务署署长、中国银行总裁兼印制局总裁、财政总长兼盐务署督办等职。上述诸人皆官居高位，且皆曾任职银行（或财政部），并都喜好藏书，"古本精椠尤多"，他们藏书还有一个共同的结局，"罢官后，皆散佚"，故伦明将5人合为一传。

除上述诸人外，《辛亥以来藏书纪事诗》所记从事藏书活动的银行家还有陶湘和刘体智。

陶湘（1870—1939），字兰泉，江苏武进人。曾任上海三新纱厂总办、上海轮船招商局董事兼天津分局经理、天津中国银行经理、北京及上海交通银行经理等职。长期在实业界和金融界任职，陶湘有财力和余暇从事收藏而酷嗜藏书。与一般的银行家徒附庸风雅而藏书不同，陶湘十分专业精准，所藏明万历程君房刻本《程氏墨苑》8卷本（另有14卷本），系初次刷印，五色套版，精美绝伦。他还大量购求清武英殿刻本书，总量达500余种，超过内府所储同类书。陶湘对藏书爱护备至，稍有破损即觅良工修补，并亲自设计月牙式四合书套，选工极严，缝棱不苟，书林誉之为"陶氏书套"。他还与傅增湘、董康等人合资在北京开办书店，初设北海蟠青室，不久迁至琉璃厂。陶氏不但精于鉴藏，而且在刻书方面亦贡献甚巨，其所刻书有影刻咸淳本《左氏百川学海》、重刻宋本《儒学警悟》、辑刻《托跋廑丛刻》、影汲古阁写刻本《松陵集》、重刻元本《辍耕录》、校刻明抄本《顾氏草堂雅集》、辑刻《景汲古阁钞宋金词七种》等。

伦明对陶湘藏书推崇备至，称其"不重宋元本，所藏明闵氏套印本，汲古阁刻本，武英殿刻本，俱完全不缺。又搜明刻附图诸书，五色红格医书，《汇刻书目》所载大小丛书，各甚备，不问何类，凡开花纸所印，皆收之，一时有'陶开花'之称"[1]。

刘体智（1879—1963），字晦之，安徽庐江人。历任大洋银行安徽总办、

---

[1]《辛亥以来藏书纪事诗》，第43页。

中国实业银行总经理。刘家先世已有藏书，刘绍继家风，业务之余，雅好藏书，"好收四库书原本，为藏书家别开一格"①。随着购求藏书的逐渐增多，家传旧有藏书楼远碧楼容纳不下，刘体智便在上海专造一藏书楼，取名"小校经阁"。阁中藏书以明清精刻为主，亦不乏宋元古本。所编《远碧楼书目》32 卷，著录图书 2400 余部，内有宋本 9 种、方志 1000 余种、甲骨 28000 余片等。

（七）书坊主

"坊"是中国民间一个古老的概念，在《礼记》中是与"堂"并举的建筑物，到后来，约定俗成为都邑居处曰"坊"，田野居处曰"村"，都邑中的"坊"具商业性质。自雕版印刷流行之后，书籍亦作为商品在坊间流通，专门售卖处即是书坊。书坊在古代名称不同，五代称书肆、北宋称书林和书堂、南宋称书棚、明清称书铺等，书坊兼具刻印、收购、售卖等功能，在文献不足、传播不畅的古代社会，书坊是人们不可或缺的一个获取文化知识的重要处所。

伦明先生有过在北京琉璃厂开办书坊的经历，与许多书坊主关系熟络，对书坊和书坊主保存古代文化典籍，传播历史文明的贡献十分推崇，故在《辛亥以来藏书纪事诗》中收录了近代书坊主中的两位代表：孙耀卿和王晋卿。

孙耀卿（1894—1958），原名孙殿起，字耀卿，河北冀县人。曾与伦明在北京琉璃厂合开通学斋旧书店，于古书版本知之尤详，多年的古旧书从业经验，造就其专业的古籍版本和鉴别知识。伦明称："君博览而强记。其博览也，能详人所略，他人所究者，宋元明版耳。君于版本外，尤留意近代汉宋学之渊源，诗古文辞之流别，了晰于胸，随得一书，即能别其优劣。其强记也，姑举一事证之。君尝窥我架上书，凡某类缺某种，某种缺某卷，某卷缺

---

① 《辛亥以来藏书纪事诗》，第 44 页。

某页，默志之，久之又久，一一为余觅补，按之无爽。"① 孙耀卿汇辑资料极重考实，绝不滥造，为了编辑古书，他多次遍游大江南北，先后到过天津、济南、南京、镇江、扬州、上海、苏州、宁波、广州等地，访得古籍无数，多珍本、善本。从业几十年，坚持做札记，所记寓目之书录，积稿盈尺，后经整理编为《贩书偶记》，该书"对已见于四库全书总目及各家丛书中的书，不予收入，故各大图书馆均以《偶记》为采购书籍时的指南"②。

王晋卿（1894—1960），本名王文进，河北任丘人。光绪三十二年（1906）赴北京从事古书经营业，后创办文禄堂书店，在"贩书生涯中曾得宋本《南华真经》，极为珍爱，售出后思念不已，梦寐不忘，故自号'梦庄居士'"③。王晋卿先后和当时著名学者如周叔弢、秦更年、郑振铎、傅增湘、赵万里等往来频繁，眼界日开，学业大进，将平生过眼的善本，详记行格字数、授受源流等，编为《文禄堂访书记》，收录典籍750余种。另将宋元版残叶零篇影印为《文禄堂书影》。

孙耀卿和王晋卿同为书商界知名的版本目录学家，伦明与他俩交往很深，诗赞曰：

> 书目谁云出邵亭，书场老辈自编成。后来屈指胜蓝者，孙耀卿同王晋卿。④

"邵亭"是大藏书家莫友芝的字。莫友芝遍览各藏家藏书，博学多通，于版本、目录学有深研，编著有《邵亭知见传本书目》16卷、《宋元旧本经眼录》3卷附录2卷，《邵亭书画经眼录》，另有家藏书目《影山草堂书目》《邵亭行箧书目》等。其中《邵亭知见传本书目》可补邵懿辰《四库简明目录标注》之不足，文献价值极高。伦明把孙耀卿、王晋卿与莫友芝相较，是说编

---

① 伦明：《〈丛书目录拾遗〉序》，原载孙耀卿《丛书目录拾遗》卷首，民国二十三年（1934）印，录自《伦明全集（一）》，第452页。
② 石继昌：《琉璃厂畔话"三卿"》，原载其《春明旧事》，北京出版社1996年版，录自秋禾、少莉编《旧时书坊》，生活·读书·新知三联书店2005年版，第274页。
③ 同上书，第273页。
④ 《辛亥以来藏书纪事诗》，第111页。

撰书目者并非专门学者所为，没有任何学术根基的书坊主，经过多年的训练，一样可以成就学术大业。

（八）女性藏书家

漫长的古代社会，女性一直作为男性的附庸，仅有极少数人能够得到受教育的机会，而涉足藏书活动者更是凤毛麟角，少而又少。据文献可知，史上最早的女性藏书家为汉末女诗人蔡琰，其自述藏书来源曰："昔亡父赐书四千许卷，流离涂炭，罔有存者。今所诵忆，裁四百余篇耳。"① 可知其书得自父亲蔡邕。其后，历代女性藏书家可知者有宋代李清照、清代萧山王铽之妻汪孺人、金陵王贞仪、常熟季景和、常熟姚畹真、湖南湘乡曾国藩子曾纪鸿妻郭筠、浙江长兴温甸、宁波方矩等。上述女性作为藏书家有一个共同特点，那就是她们的藏书承自家族，或者来自父辈，或者与丈夫共同经营，算不上真正意义上独立的藏书家，但也值得为之作传，故叶昌炽《藏书纪事诗》中已有多位女性藏书家为传主。

而伦明更具只眼，《辛亥以来藏书纪事诗》为一位近代女性藏书家作传。这位女性完全称得上真正意义上的藏书家，她就是冼玉清。伦明诗赞之曰：

> 跋书何让沈虹屏，辨画真知管道升。好古好游兼两类，更看万里记孤征。②

冼玉清（1894—1965），号西山樵人，广东南海人，出生于澳门。父祖经商，家境殷实。曾任教岭南大学，参与纂修广东省通志和国史。能诗文，精鉴赏，考证乡邦掌故，特留心广东文献、妇女专集等。家有琅玕馆藏书。大学者冒鹤亭过访，谓如登大雅之堂，可知所藏图书文物之富赡。著有《理学笔记》《粤人著述过眼录》《广东女子艺文考》《闺秀艺文志》等。伦明把冼玉清比作史上究治版本的女性第一人沈虹屏，确有眼光。

---

① （南朝宋）范晔：《后汉书》卷八十四《董祀妻》，中华书局1965年版，第2801页。
② 《辛亥以来藏书纪事诗》，第108页。

（九）其他传主

在传主选择上，伦明还大胆创新，收录民国时期的涵芬楼，传曰：

> 上海涵芬楼，储书甚富，先是当事者防万一之险，屡以他本移贮安全地，而未能尽。余游沪，登阁阅览竟三日，所见名人稿本、抄校本尚多，方志尤备，略记要目而去。壬申（1932）上海一役，空中落一弹，书与楼同毁。①

涵芬楼原本是商务印书馆编译所一个图书室，创办者为张元济。1903年张元济担任编译所所长，"苦无书，求诸市中，多坊肆所刊，未敢信。乃思访求善本暨收藏有自者"②，于是开始图书收藏工作。此后不久，经蔡元培介绍，涵芬楼收购绍兴徐氏镕经铸史斋藏书50余厨，成为楼内首批藏书。涵芬楼从收集善本古籍开始，继而中外图书兼收，凡遇国内各家藏书散出者，皆全力搜罗；日本及欧美各国每年出版的新书，亦尽量购置。到1924年，涵芬楼藏书成为当时国内最大的藏书楼，张元济决定把它改组成公共图书馆，对普通民众开放。1926年建成新楼，名曰"东方图书馆"，在开启民智、传播文化方面发挥了重要作用。

1932年1月28日，日本战机轰炸上海，商务印书馆之总管理处、印刷厂、纸库、书库、尚公小学和东方图书馆等均中弹起火，2月1日，日本浪人闯入东方图书馆，将未焚之书付之一炬。伦明有感于涵芬楼遭焚毁一事，故专为之立传，痛惜之情溢于言表，这与他"今后藏书之事，将属于公而不属于私"③的观念是一致的。但是，令伦明感到欣慰的是，涵芬楼被毁后，商务印书馆努力恢复旧观，使之重新开放，而今，涵芬楼烬余藏书全部藏在国家图书馆。

《辛亥以来藏书纪事诗》把公共图书馆列为传主的做法，打破了叶昌炽

---

① 《辛亥以来藏书纪事诗》，第109页。
② 张元济：《涵芬楼烬余书录·序》，商务印书馆1951年版，第1页。
③ 《辛亥以来藏书纪事诗》卷首《自序》，第2页。

《藏书纪事诗》只为藏书家立传的体例,实为新创,颇有影响,后继者徐信符在创作《广东藏书纪事诗》时,受伦明启发,亦为广东近代著名藏书楼如广雅书院(冠冕楼)、广雅书局(十峰轩)、南州书楼等题诗作传,弘扬这一做法。

三 精构传文

叶昌炽《藏书纪事诗》为每位藏书家咏七言绝句一首,后录各条文献,作为诗注,实为藏书家之纪事及传记,必要时加以案(按)语。在绝句撰写上,伦明《辛亥以来藏书纪事诗》一如叶书,而传文则变化较多。

(一) 内容多亲见亲闻

由于是通史,叶昌炽对于历时久远的藏书家藏书事迹和成就只能通过文献考知,本着尊重历史、客观呈现的原则,叶昌炽仅是将相关史料罗列出来,必要时加以案语,给以说明。不过,在给比较熟悉的,或与自己有过交往的清末藏书家作传时,叶昌炽则根据见闻,撰写笔记式传文。伦明《辛亥以来藏书纪事诗》继承叶书后一种方式,采用笔记体,所记藏书家多为同时代人,大多数记载取材于作者见闻或与传主的实际接触,多为外人所不知,所以史料价值甚为珍贵。

有的资料来自传主自述。如《吴怀清》传文:

> 山阳吴莲溪给谏怀清,为余言庚子(1900)之乱,洋兵入城,有英兵入翰林院,大掠器物外,《永乐大典》若干册在焉。事为主将所闻,勒令送还,英兵索收据,而掌院已逃,守门役乃邀集诸翰林留京者商处置,既发遣英兵去,众议瓜分《大典》,人得若干册。事后未有究者,而《大典》亦无售处。嗣莲溪于同事家,又收得若干,共百余册。宣统间,值骤贵,莲溪因以致富,夏屋渠渠,而书亦垂尽矣。岁己巳(1929),余自沈阳归,有友托物色《大典》,余思及莲溪,往询之,则已殁,其家尚藏二册。一全,一不全。皆有精图,不欲卖。余强之,全者要值三千元,

不全者减三之二，未成交，不知终能保之否？①

此事不见资料记载，由此看来，《永乐大典》之被毁，责任不全在入侵者，国人对这件事应承担什么责任？值得深思。

有的资料来自当时报章。民国以来，报刊发行自由，及时刊载诸多资讯。伦明对于新闻媒体十分关注，经常通过报刊发表见解，因而在撰写《辛亥以来藏书纪事诗》传文时，亦取材报章，作为资料来源。如《李盛铎（二）》传文云：

> 八月八日报载，李木斋妾张淑贞，以木斋遗弃伤害诉于天津法院，索赔五万金。闻淑贞归木斋八年，今年二十三，木斋已七十六矣。犹记去岁南浔某公，亦为其妾挟讦，几破产，可谓无独有偶矣。②

在《李盛铎（一）》中，伦明偏重于李盛铎藏书记载，此篇则类似于遗闻逸事了。按，李盛铎生于1859年，去世于1934年，"木斋已七十六矣"，可知张淑贞上诉之时即李盛铎去世之年。

有的资料来自伦明与藏书家交往经历。伦明是近代著名藏书家，游历多地，接触各类人士，与各地藏书家多有交往，因而其所记载有"信史"成分。如《马叙伦》传文说：

> 仁和马夷初叙伦，三十年前，与余同居广州，游每同行。府学东街，广州卖旧书处也。数年前，君以所藏，全归辅仁大学，凡两万余册。近代人词集，多至数百册，君不善词，而好收词集。数年前谭篆青家设选会，多资之。③

再如民国时期北京旧书业十分繁荣，出现了多位博识的店主，以通学斋主人孙殿起、文禄堂主人王晋卿最为代表。伦明与二人交往很深，《辛亥以来

---

① 《辛亥以来藏书纪事诗》，第54页。
② 同上书，第41页。
③ 同上书，第101页。

藏书纪事诗》专为二人立诗传，传文曰：

> 故都书肆虽多，识版本者无几人，非博览强记，未足语此。余所识通学斋孙耀卿、文禄堂王晋卿二人，庶几近之。孙著有《贩书偶记》《丛书目录拾遗》，王著有《文禄堂访书记》，皆共具通人之识，又非谭笃生、何厚甫辈所能及矣。①

伦明把与藏书家亲历经过撰成传文，可以考见藏书家容貌情态。如《刘师培》传文云：

> 仪征刘申叔师培，记诵赅博，手所校注纂录至多。余于己未（1919）始得识面，身顽而瘦，沉默寡言笑，手不释书，汲汲恐不及。②

伦明眼中的刘师培"身顽而瘦，沉默寡言笑"，呈现给读者一个爱书至深、沉湎学术但已沉疴笃深的学者形象。

因为传文来自亲历亲闻，所以也是研究伦明本人生平的绝好史料。如《曾习经》传文云：

> 揭阳曾刚甫右丞习经，居丞相胡同潮州馆。余壬寅（1902）来京师，多从君借书读。君喜谈书本，暇则偕游琉璃厂，随所见谆谆指示，余之癖于此，由君引之也。③

来自亲身经历，交代自己藏书癖好之由来，由此看来，同乡曾习经当为伦明从事藏书事业的引路人。

（二）叙述与评论结合

叶昌炽《藏书纪事诗》传文来自前代文献，间杂作者案语，案语部分以考证为主，不作评述。而伦明《辛亥以来藏书纪事诗》传文则不同，由于作

---

① 《辛亥以来藏书纪事诗》，第111页。
② 同上书，第65页。
③ 同上书，第69页。

者与传主较为熟悉，内容来自所见所闻，因而传文把叙述与评论结合起来，可见伦明对于传主、藏书及其他方面的观点与态度。如《卢靖》传文先交代卢靖独立印行《湖北丛书》，捐资10万元设南开图书馆，又计划在故都旧刑部街设木斋图书馆等事，接着评述说：

> 余以为近十余年来，国中设图书馆不少，即如吾粤省立图书馆，窥其所有，仅如寒儒斗室，每月常费千数百元，不添置一册，徒耗于馆员薪金。近闻政府议以三十万金，改筑馆址，诚美观矣，如败絮其中何。现值道衰文敝之日，守缺搜残，实为要务。力大者，自古椠至精刻旧钞，宜尽量收之；力小者，则就经史子集中，择其一部，应有尽有，庶几挽回外输，保存国粹，徒斤斤于形式，何当耶！①

伦明这段话所论是近代公共图书馆建设中出现的"通病"：徒有其表，不重藏书。值得欣慰的是，伦明以其专业的图书典藏知识，在传文中给近代公共图书馆的开办开出诸多"良方"。终其一生，伦明对于图书馆事业用心较多，访问日本期间全部身心泡在了图书馆中，在给好友袁同礼做传时，重点对袁氏学习西方图书馆办馆经验作评述：

> 大兴袁守和同礼，始从欧洲传图书馆学归国，有最便者数事：（一）编目不以经史子集分，而以笔画多少分，诸要书各附索引，亦有合若干种书，共作一索引者，于检甚便。（二）记书目于散片上，可以随时更调增损。（三）书帙包上下四周，不似旧式之空其上下。书本大小长短不同，而帙则同，插架有整齐画一之观。此三事，藏书家皆当遵用者。②

1919年9月，经蔡元培校长介绍，袁同礼利用哥伦比亚大学奖学金，同时在清华大学和北京大学的共同资助下，赴哥伦比亚大学学习，先后在哥伦比亚大学和纽约州立图书馆专科学校获得历史学和图书馆学学士学位。毕业

---

① 《辛亥以来藏书纪事诗》，第50页。
② 同上书，第104页。

后曾在美国国立图书馆任职数月,又赴欧洲考察,参观各国图书馆及博物馆,因而积累了相当丰富的西方图书馆办馆知识。

(三) 文风轻俊

伦明是晚清举人,身上体现出旧式学者不拘小节的习气,台静农回忆伦明在辅仁大学任教旧事说:"他在教员休息室,常被外系同事注目,光头敝衣,极不修边幅。"① 冼玉清教授曾劝伦明洗脱旧文人放浪不羁之恶习,以笃实周慎为务,伦明作诗回答:"积过如山去日长,悚然一棒下当场。"② 同时,他又是新时代的教授,思维敏锐,豁达大度。两种气质交会于一身,表现在诗文创作上呈现出自然轻俊的风格。

伦明在《辛亥以来藏书纪事诗》传文写作上,信笔所至,不拘一格,体现出鲜明的个性特点,传文中多谐谑之词。如《王瑚》:

> 定州王铁珊瑚,好读《老子》,凡《老子》异本,收之殆备。丁巳(1917),游广州,于登云阁书店购得宋本《淮南子纂图互注》,即余故物也。盖余于五六年前,以书托此店装修,久不过问,店主人因生盗心,诡云被某人借失,卒以赔补了事。君适与余谈及,取视之,果不误。余戏曰:"真赃在此,我将兴讼。"相与一笑而罢。……③

谐谑是伦明诗文创作的一贯风格,想必读者读此会心一笑,利于加深对传主的印象。同时,传文以藏书史实为主,多涉及传主个人生活逸事,以见知人论世。如《屠寄》:

> 武进屠敬山师寄,中年后,屏绝他务,专撰《蒙兀儿史记》。性嗜酒,笔一枝,酒一壶,恒不离手。戊巳(按,应为丁巳,即1918年)间以国史馆事,重来京师,余在北京大学授课,往返经其庐,修谒较勤,

---

① 语见杨宝霖《伦明生平》,《伦明全集(一)》,第6页。
② 《伦明全集(一)》,第173页。原诗出自冼玉清《记大藏书家伦哲如》,《艺林丛录》第五编,香港商务印书馆1964年版。
③ 《辛亥以来藏书纪事诗》,第78页。

尝乘间请曰："书何时可成？"先生笑曰："余今年六十矣，再须六十年可成，然余固不期其成。家中雇一刻工，成一篇即刻一篇，死而后已。"①

屠寄对于著述精心结撰，而对于刻板问世则淡然处之，"成一篇即刻一篇，死而后已"，唯其如此，方能创作传世之作。

伦明传文资料来源多方，妇孺之言，俗俚之语，皆被采择。如《萧穆》：

> （熊）泽元语余，藩署旁有一书店，所售皆敬孚书也。其佳本多为沈得，泽元亦拾其余。书略尽矣，熊浼店中人介至敬孚家，有书一大簏，册皆厚寸许，一老妇指谓熊曰："此先夫一生精血所在，宁饿至死不卖。"②

老妇之语，突出萧穆后人对于藏书的爱护之情。视书籍如性命，在萧穆及家中老妇身上体现得淋漓尽致，正是许许多多藏书家舍生保护，我国传统典籍才得以绵延不绝。其实伦明自己也"沉湎典籍，甚于性命"③，唯其如此，他更理解藏书家对于典籍的挚爱之情。

伦明在传文中常用讽刺之语，对于传主面目刻画入骨。如《袁克文》：

> 袁寒云克文，于乙丙（1916—1917）间，大收宋椠，不论值，坊贾趋之，几于搜岩熏穴。所储又多内府物，不知如何得之也。项城败后，随即星散大半，为李赞侯、潘明训所有。诸书册首，皆钤"皇二子"印章。④

袁世凯当朝时，作为次子，袁克文断无光明之仕途，这位政界的"弃儿"转而醉心艺文，但很难说真懂典籍收藏，他凭借权势"搜岩熏穴"般罗致图籍，多半在于装点门面，假作斯文，尤其在藏书上钤"皇二子"之印，不伦

---

① 《辛亥以来藏书纪事诗》，第 30 页。
② 同上书，第 14 页。
③ 孙耀卿：《记伦哲如先生》，《文苑撷英》，北京出版社 2000 年版，第 34 页。
④ 《辛亥以来藏书纪事诗》，第 77 页。

不类，丑态毕现。此传文与诗作相映成趣，诗曰：

> 一时俊物走权家，容易归他又叛他。开卷赫然皇二子，世间何时不昙花。①

同样，伦明传文对于与袁克文有姻亲的方尔谦一样毫不留情，云：

> 扬州方地山尔谦性豪侈，工诗，与袁寒云以师生而姻娅。其弟尔威，辛亥后转运淮扬，故地山资甚雄，大购字画古书，蓄姬妾数辈。后移居津门，境渐窘，斥所有以济乏。……比闻书已尽出，日惟以借小债度活。今年七十余矣。②

与上述袁克文、方尔谦依靠权势搜刮典籍的做法不同，伦明一生孜孜矻矻求书、购书，秉承"以俭、以勤、以恒"③原则，因此，对于袁、方二人极尽讽刺也就可以理解了。

伦明对于传文用字十分讲究，借春秋笔法，往往一语中的，点出事实真相。如丁日昌传文说：

> 揭阳城内有书店多家，专伺丁书。书之出也，悉由婢仆之手，多少精劣全缺不一。④

民国以来各地书估不是出于爱书之心，而是把典籍看作商品趁机牟取暴利，传文一"伺"字揭示书估这种投机取巧之心，深寓伦明爱憎之情。又如为梁思孝传文说：

> 梁按察子思孝，性谨而痴。按察素主满汉通婚，取满官族女为子妇。妇与其母兄俱吸鸦片，母兄乏，则移家就女，倾产不足以供。按察有仆

---

① 《辛亥以来藏书纪事诗》，第77页。
② 同上书，第74页。
③ 苏精：《伦明续书楼》，《近代藏书三十家》，中华书局2009年版，第140页。
④ 《辛亥以来藏书纪事诗》，第8页。

史某,殁后,其妾倚用之。史乘间窃书出,久之,事破。其戚崔介其余书归余,佳本略尽矣。①

文中用一"痴"字,刻画梁思孝木讷于人情世故,在父亲安排下与满人通婚,却被岳母、妻舅所累而倾产荡产,又被仆人所欺,藏书中佳本多半被窃。

当然,《辛亥以来藏书纪事诗》传文风格亦存在很多不足,伦明自己曾说:"句仅同于击壤,重以下笔轻快,无暇检点,戏谑不善,时近于虐。读者勿据为汝南之评,但视作齐东之语可也。"② "下笔轻快,无暇检点,戏谑不善,时近于虐",对伦明而言,似乎是快意之语,然近人苏精却评说道:"伦明此作在体例上不如叶氏的严谨,往往涉想所至即笔而书之,精悍有余,完整不足,尤其各藏书家年里言行等基本资料几都无有,后人据以研究时非大费周章不可。"③ "精悍有余,完整不足",确乎切中《辛亥以来藏书纪事诗》传文风格上的缺陷。

第三节 《辛亥以来藏书纪事诗》版本

《辛亥以来藏书纪事诗》撰成距今八十多年时间,先后出现多个版本,兹述如下。

一 《正风》连载

《正风》杂志是 1935 年吴贯因于天津创办的学术半月刊。吴贯因(1879—1936),原名冠英,别号柳隅,广东澄海人。这位前清举人,曾留学日本,获早稻田大学政治学学士。回国后同梁启超在天津创办《庸言》月刊。其所创办的《正风》半月刊,发表史论专著多种,在史学和语言学方面饶有

---

① 《辛亥以来藏书纪事诗》,第 23 页。
② 《辛亥以来藏书纪事诗》卷首《自序》,第 2 页。
③ 苏精:《伦明续书楼》,《近代藏书三十家》,中华书局 2009 年版,第 145 页。

建树。伦明《辛亥以来藏书纪事诗》发表在该刊 1935 年第 1 卷第 20—24 期、1936 年第 2 卷第 1—3、5 期连载，共记藏书家（藏书楼）143 位。非常遗憾的是，随后《正风》杂志因抗战爆发而停刊，伦明尚有若干首没有刊发，幸好原稿尚未遗失，并有抄本流传。

二 《矩园余墨》本

1948 年，伦明同乡，近代著名收藏家叶恭绰刊印《矩园余墨》丛书，将伦明《辛亥以来藏书纪事诗》、徐绍棨（信符）《广东藏书纪事诗》《广东藏书家生卒年表》《广州版片记略》以及黄慈博《广东宋元明经籍椠木记略》等合刊一册。《矩园余墨·纪书画绝句》收录叶恭绰校刊《辛亥以来藏书纪事诗序》一篇，云：

> 伦节予为余少时旧识，此册为其一九三五年所作，于其殁后其家以示余者，因录其副，节予好藏书，恒节衣缩食以求，以每一书之板本齐备为的，亦一特色，殁后其家不省，入市侩择优抽取，而弃其余，乃拉杂贱售之，不知其优点在各本齐备，一拆散即无价值也。其藏书本拟以万金悉归余，余因乏力未果，此与不收曾刚甫遗书同一憾事，然余之藏书今亦已不能保，固不足悔矣，此册所纪不少遗闻轶事，然有传闻失实者，又时杂以恩怨，未尽足据，且思想亦颇陈腐，特乡邦文献得此著录，固亦佳事，因与徐信符所补《广东藏书纪事诗》并为印行，以念知好焉，玉甫叶恭绰识。[1]

据叶氏《序》可知，《矩园余墨》本《辛亥以来藏书纪事诗》所用底本为伦明去世后，叶恭绰自其家抄录的遗稿，然叶氏所录为残本，仅载藏书家 32 位。

---

[1] 转引自宋远《辛亥以来藏书纪事诗未刊稿笺注》，《中华文史论丛》第 49 辑，上海古籍出版社 1992 年版，第 98 页。

三 张次溪编校稿本

张次溪（1909—1968），名函锐，号江裁，别署肇演、燕归来主人、张大都、张四都，以字行。广东东莞人。近代著名藏书家、文史学家。伦明与张父伯桢为通家之好，又有同乡之谊，在北京更是比邻而居，故视次溪"如犹子"。伦明曾助张次溪校理《清代燕都梨园史料》，并题《张子次溪属序所编清代燕都梨园史料以诗代之感旧抒怀漫成十绝》代序。伦明故去后，张次溪亦为之作《伦哲如先生传》，以资纪念，可见二人关系之密切。

伦明逝世后，张次溪为之整理遗稿，2012 年广东人民出版社出版的《伦明全集（一）》正文前影印不少伦氏遗稿图片，其中《辛亥以来藏书纪事诗》手稿，以红色稿纸抄写，卷端前三行分别题"辛亥以来藏书纪事诗/东莞伦明著/门人张次溪编校"。其后数页记录的藏书家次序，一如雷梦水校本。据此可对《辛亥以来藏书纪事诗》收录次序改变的原因略加推测：《正风》连载本排序依据是藏书家籍贯，同邑则前后相继；而张次溪编定本则将之改为按照藏书家主要活动年代排列，更有利于体现全书的逻辑性。①

四 徐雁、谭华军整理本

1985 年，徐雁、谭华军将伦明《辛亥以来藏书纪事诗》、王謇《续补藏书纪事诗》、徐绍棨《广东藏书纪事诗》、吴则虞《续藏书纪事诗》四种汇为一编，统一按照作者姓氏笔画排列，收入北京大学学海社编印的《北京大学学海丛书》，是《辛亥以来藏书纪事诗》最早的今人整理本。此书后又与《清代藏书发展史》合刊，1988 年交由辽宁人民出版社出版。据编者介绍，《辛亥以来藏书纪事诗》整理所据底本为天津《正风》半月刊刊本，参校本为上海高燮闲闲山庄抄本。

五 雷梦水校补本

雷梦水（1921—1994），河北冀县（今冀州）人。出身贫寒，1936 年，

---

① 参见熊静《伦明先生文献学著述考》，《大学图书馆学报》2014 年第 1 期。

15岁的雷梦水来到琉璃厂通学斋书店帮工。在那个年代，众多大家与学者常出入于古旧书肆，雷梦水由此结识了郑振铎、朱自清、吴组缃、余冠英、冯友兰、潘光旦、吕叔湘等人，他们既是雷梦水的读者，也是他的启蒙老师。雷梦水凭借多年与古籍打交道的经验，逐渐成为版本目录学家，著有《琉璃厂书肆四记》和《书林琐记》等名作。

雷梦水与伦明相知多年，了解到《辛亥以来藏书纪事诗》尚无单行本后，便努力为之整理增补，1990年交由上海古籍出版社出版，此为该书的第一个单行本。全书共收藏书家155位，附录28人。卷首《出版说明》称："本书由雷梦水先生借江氏藏钞本对勘叶氏节本，过录标校，加按语缀补而成。原稿并经顾廷龙先生审阅。"正文后附有伦明《续书楼藏书记》《续修四库全书刍议》《拟印四库全书之管见》和孙耀卿撰《伦哲如先生传略》，并附四角号码人名索引，以便读者查检。

雷梦水校补本问世后，影响很大，20世纪90年代后出版的整理本，基本上都出自雷梦水校补本系统。1999年，上海古籍出版社又将此本与叶昌炽《藏书纪事诗》合订，出版合刊本。也在这一年，杨琥以雷梦水补校本为底本，参校《正风》半月刊连载本，重新点校，由燕山出版社刊出，2008年出版重印本。

第四节 《辛亥以来藏书纪事诗草稿》述略

伦明称："余读（叶昌炽《藏书纪事诗》）而少之，为益数十人。辑录粗就，尚待润色，例依叶书，大抵据志乘说部别集信而有征者。若乃其事其人，耳目触接，远不一世，近在目前，不烦摭拾，涉想即至，及今不述，久且忘之。"① 又在开篇《叶昌炽》的传文中言："余尝补君《纪事诗》数十人，今又拟《辛亥以来藏书纪事诗》若干人。"② 昧两段文字，可知在创作《辛亥以

---

① 《辛亥以来藏书纪事诗》卷首《自序》，第1页。
② 《辛亥以来藏书纪事诗》，第1页。

来藏书纪事诗》之前，伦明曾续补过叶昌炽《藏书纪事诗》，传主"数十人"。但是，一直以来该作不传，亦无人提及。直到1992年，宋远先生发表《辛亥以来藏书纪事诗未刊稿笺注》一文，这一疑惑渐始解开。宋远点校说明称：

> 作为记载藏书家事迹的珍贵文献，继叶昌炽《藏书纪事诗》之后，又有伦明《辛亥以来藏书纪事诗》，业由雷梦水校补整理，印行出版。但伦明尚有续作，手稿藏于北京图书馆，此次未能附入，不免犹有遗珠之憾。因自馆中假得，手录一过，并仿雷先生校补之例，略事笺注。又，叶恭绰校刊《辛亥以来藏书纪事诗》（附于《矩园余墨·纪书画绝句》之后），冠有叶氏序文一篇，今亦一并抄出，附录于后，以供参考。
>
> 稿本原题《辛亥以来藏书纪事诗草稿》，半叶九行，四周双边，版心印有"续四库全书总目"七字。全册十五叶，由稿纸裁切而成，故每叶行数多有出入。诗以大字书写，注则小字双行，诗下无注者，皆预留空白，以待补入。增删涂乙之处甚多，偶见笔误，盖属草未定之稿。[①]

2012年，广东人民出版社出版的《伦明全集（一）》亦收录此文，仍按照伦明原题曰《辛亥以来藏书纪事诗草稿》。原来，伦明藏书大多捐赠或者售卖给了国家图书馆，其中就包括这本《辛亥以来藏书纪事诗草稿》。但是，我们要明白的是，这部草稿诗传所咏之传主无一首与后出之《辛亥以来藏书纪事诗》有关联，故不可当作《辛亥以来藏书纪事诗》之草稿看，而实是续补叶昌炽《藏书纪事诗》之作，抑或当初续补亦以"辛亥"为断界？

该作共有诗44首，传文34篇，10首诗无传文。各诗传皆无题名，欲悉传主，要通过传文了解。笔者不揣谫陋，根据传文为各诗拟题如下（只录诗作，不录传文）：

---

① 宋远：《辛亥以来藏书纪事诗未刊稿笺注》，《中华文史论丛》第49辑，上海古籍出版社1992年版，第75页。

一、文廷式

　　非关贬谪到长沙，学士遗书散外家。
　　秘册短篇惊未见，翰林钞出墨横斜。

二、谭延闿

　　新国元勋旧翰林，彼时帝典未忘钦。
　　郑吾老去依袁绍，犹是平生金石心。

三、道州何氏

　　泽传五世斩何疑，蝘叟书题一望知。
　　最怕惑人张黑女，康成婢亦解言诗。

四、杜贵墀

　　湛深高密一家学，穷老巴陵八十翁。
　　屈指湖南经乱屡，莫将家稿委蒿蓬。

五、王鹏运　况周颐

　　五家文后二家词，四印遗珍昪古微。
　　秋冷众香吹散后，大声忽起鸟惊飞。

六、吴之骃　刘咸炘　张慎仪　吕调阳　廖平

　　吴刘张吕各詹詹，六译谈经海语兼。
　　锦水带围两书库，大关唐与渭南严。

七、袁嘉榖　李根源

　　末榜词科榜首人，投戈讲艺一将军。

> 雪庐略出群经说，珥海全收众族鳞。

八、陈慈首

> 词人南宋母西王，事事关心到鬓霜。
> 旧学商量如昨日，招魂不是旧辽阳。

九、罗振玉

> 异时史纪国师歆，难没当年抱缺心。
> 老去爱钱憎旧物，免教随尔落鸡林。

十、军机处

> 军需局设世宗初，二次编成天禄书。
> 半部西征身僇后，十年南内手撕余。

十一、方略馆　资政院

> 相公原自读书来，内阁恢恢纳众材。
> 方略馆连资政院，一时举目感兴衰。

十二、松坡图书馆

> 项城南面不成雄，输与宜都享素封。
> 何物屠门思大嚼，略分一半与旌忠。

十三、司法部图书馆　外交部图书馆

> 刑鼎新成小司寇，宝书旧掌大行人。
> 最多图籍关舆地，一统河山内外分。

十四、清国史馆

史馆时移有旧新，私家刻稿又横云。
是非易起南浔狱，存佚难寻东观文。

十五、学部图书馆

积水潭边广化寺，相公筚路此开山。
书移天水中兴旧，经贮敦煌石室残。

十六、北平图书馆

平津平地涌楼台，半是新材半旧材。
愁听风声迁赌去，惯看日景坐车来。

十七、江南图书馆

辟馆储书首树声，惩于陆氏受于丁。
遥遥南北双文库，气象开基与守成。

十八、中央图书馆

中央划界又中央，阁本刊传哄一场。
搜得太平新史料，短篇英桀署玕王。

十九、文津阁　文溯阁

四库移来自热河，累他文溯两奔波。
黄鹤已随白云去，木瓜其奈琼琚何？

二十、北大图书馆　燕京图书馆　清华图书馆

犹听胶庠弦诵声，两居郊外一居城。

不同历史同文物，割据居然鼎足成。

二十一、东方文化图书馆

事成樽俎折冲间，收拾群书待订删。
徒笑晓岩疏目录，只今采访事尤艰。

二十二、汉籍流往海外

惯见源源上海船，楚弓得失意徒编。
西云轻淡东风紧，各赴程途不拟旋。

二十三、海外汉籍回归

佚本唐抄又宋雕，新刊更见太平朝。
恰如海客离乡久，招得魂归岂惮遥。

二十四、缩印《四库全书》

运虚成实究成虚，妙想刊传至巨书。
万里江山收尺幅，一丘一壑太区区。

二十五、儒藏

广征异本溯隋朝，分道求书备郑樵。
我欲依之作儒藏，免教卷帙趁时凋。

二十六、旧书

丑女无媒空倚门，青云得路几飞翻。
眼中弃物淘淘是，愁见他时尔返魂。

二十七、去蠹

蚕食同于鱼烂亡，人家难保十年藏。
幺麽也畏洋人势，海外传来辟蠹方。

二十八、影印

难辨庐山真面目，不同内府聚珍书。
诸公雅意倡存古，翻与书丛益豕鱼。

二十九、读书

不薄今人爱古人，今书求备太纷纭。
好奇徒欲见未见，到老方知贫又贫。

三十、集部

文苑诸公有倖心，各因时运异升沉。
独伸我见删人见，论定千秋著作林。

三十一、无传文难拟题

廿余年事梦匆匆，断代为篇篇未终。
声应神交存没异，怀人夜雨一灯中。

三十二、扫叶山房

流传刻本异麻沙，艳说南巡驻翠华。
梨枣渐衰铅石继，细哉螳臂怎当车。

三十三、《雅言录》

家学传来振绮堂，晚年一出误瞿王。

雅言小录多奇秘，历数遗书某某藏。

三十四、吴淞

客来为说沁州吴，自辟精庐贮百厨。
裔出文端凡几叶，赐书今日尚存无？

三十五、无传文难拟题

粤士荒于吕拔湖，颓风欲挽石陈吴。
如何作官抛书去，垂老伤心说故居。

三十六、无传文难拟题

表成方镇补新唐，讫宋明清数典详。
为有腹中书柜在，不堪卑湿住南方。

三十七、无传文难拟题

新书堆里旧书多，一百年间价不磨。
稍有骆翁知鉴别，称雄百粤老夫佗。

三十八、无传文难拟题

半编明史得收场，瓜圃刊余又老档。
误袭官书疑俗目，几将首鼠拟忠良。

三十九、无传文难拟题

二酉三槐尚见之，眼中谁是百年基。
几回李缪谈书肆，南北而今迭盛衰。

四十、无传文难拟题

朱蔡谦谦未敢为，顿教古拙合时宜。
解颐学会无情搭，记得几时问塾师。

四十一、无传文难拟题

通俗原来白话宜，如何去韵也称诗。
中郎伯敬有倖进，白傅诚斋未受知。

四十二、赵元益　子学南

雷声震处失鸡窗，家住淞南近战场。
两世刊储归一炬，此番小劫属新阳。

四十三、无传文难拟题

骂名微觉掩文名，续札雕龙成未成。
秘籍漫矜肩鏪固，敏求记已泄风声。

四十四、无传文难拟题

长别重阳酒数杯，章门应见泣颜回。
平生孤立憎多口，今日同声惜此才。

关于此稿撰著时间，传文中给出很多明晰线索，如《谭延闿》传文中有"组庵殁，叔进亦病甚，不得归"语，按谭延闿出生于光绪六年（1880），字组庵，去世于1930年。又《陈思》传文中云："余戊、己间居沈阳，与君日夕相见，谈学最洽。君殁于东北事变后，余今岁四月游东京，道过沈阳，住车站一宿，忽触想君前日送行处，为怅惋不已。""戊、己"为1928和1929年，伦明赴东京为1930年，"东北事变"即"九一八事变"，在1931年。而草稿中时间最晚的记载则为《文廷式》，其传文中云："岁癸酉，游南京，遇徐行可,云得学士辑录稿五十余册,大抵皆取(自)《永乐大典》者,允以目见示。""癸酉"为1933年,伦明时在南京,撰《拟印四库全书之管见》发表在《国闻周报》第10卷第35期,大声疾呼影印《四库全书》事,并就实际影印的价格、用纸、工费、装订、成本、售价、尺寸等加以详细的探究。由此看来,本稿的撰写至迟应在1933年。而《辛亥以来藏书纪事诗》的撰写是在1935年,前后相差不多,正应伦明"廿余年来为变甚剧"① 之语。

该稿为叶昌炽《藏书纪事诗》续补之作,主要有以下几方面特色。

第一,时间上紧承叶书。叶书所收传主,起于五代毋昭裔(921—973),迄于清代蒋凤藻(1845？—1908),时间跨度约977年。而《辛亥以来藏书纪事诗草稿》起于文廷式(1856—1904),迄于20世纪30年代,时间点紧相接续。

第二,秉持"今后藏书之事,将属于公而不属于私"的观念。叶昌炽《藏书纪事诗》所收传主以历代私人藏书家为主,家刻本卷七补入换书士人、活字印刷术发明者和使用者、书估等若干与藏书有关的人物。而伦明所处的民国时代,已经意识到藏书形势发生了新变,一方面,藏书家队伍构成发生变化,不再以传统的学人兼藏书家为主体,而是商人、官员藏书家居多;另一方面,公共图书馆大量兴建,私家藏书楼渐次退出历史舞台。《辛亥以来藏书纪事诗草稿》对此也有记载:

岁乙卯(1915),袁慰亭以七万金购宜昌杨氏书,贮国务院,未及清理,而云南难作,遂无暇及此。民国六年(1917),范静生长教部,思得之,请于国务院。院秘书长张远伯,以书归教部太占便宜,因议由院自建图书馆,迁延数月,而远伯去位,时蔡松坡已卒。梁任公辈发起设松坡图书馆,以旌其功绩。政府重违其意,乃分杨氏书一部,全部别储一室。岁丁卯(1927),尽国务院所有书,归之故宫。②

---

① 《辛亥以来藏书纪事诗》卷首《自序》,第2页。
② 宋远:《辛亥以来藏书纪事诗未刊稿笺注》,《中华文史论丛》第49辑,上海古籍出版社1992年版,第83页。

所述之事，为典型的私家藏书流入公共图书馆之事。

第三，收录多家公共图书馆为传主。这些图书馆可分四类：（一）政府机关图书馆，有军机处图书馆、方略馆图书馆、资政院图书馆、松坡图书馆、司法部图书馆、外交部图书馆、清国史馆、学部图书馆等；（二）国家综合图书馆，有北平图书馆、江南图书馆、中央图书馆、文津阁、文溯阁；（三）大学图书馆，有北京大学图书馆、清华大学图书馆、燕京大学图书馆；（四）其他，有东方文化图书馆等。该书所收图书馆传主，反映了民国时期我国公共图书馆建设的总体成就，对于了解这一时期文化发展有重要的资料价值。

第四，扩大藏书纪事诗咏歌对象。伦明是勇于创新之人，《辛亥以来藏书纪事诗草稿》的传主除收录私人藏书家和公共图书馆外，还涉及典籍保存、典籍影印、典籍编纂、汉籍流出与流入等近代重大文献事件，并对这些新鲜事物作了较详细解读。如《去蠹》传文云：

> 吾国藏书，北方最宜。以天气多晴，地势高爽，蠹类不生也。浙闽则不然，大抵闽甚于浙，粤又甚于闽，盖地势卑湿，蠹类即用湿气而生，前人多用丹纸附于册之上下，意在辟蠹，此纸质杂硝磺，诚可辟蠹，但效止及相近一二页。页页衬一丹纸，势所不能，入民国来，已不造此纸，书坊不察，以为凡红色者即可辟蠹，以普通红纸代之，一遇湿气，全册染红色，而蠹生如故。别有白蚂蚁，亦产南方，其喙最利，能蚀金类成灰，往往书藏箧中，忽惊羽化无迹，则有甚于蠹矣。吾友莫天一，多储书，又识西药，据云自德国来之臭丸原料，可辟蠹，每书一箧，置三四块，年一换，效最著，余未曾试，不知然否。[①]

第五，史料丰富。《辛亥以来藏书纪事诗草稿》由伦明结合同行见解、书坊信息，再辅之以查检所得文献撰成，资料的可靠性和史料的深度和广度都有所发展。如《陈慈首》的传文：

[①] 宋远：《辛亥以来藏书纪事诗未刊稿笺注》，《中华文史论丛》第49辑，上海古籍出版社1992年版，第91页。

辽阳陈慈首思，最熟南宋事，尝撰《辛稼轩年谱》《姜白石年谱》《姜白石词笺》，辑白石遗文，数书皆考索数十年，俱脱稿。又撰《西王母考汇》，存江阴，余未之见也。君又熟地理，以为《穆天子传》《山海经》所言地理，按之古书，无不合，断非伪作。因撰《古地理表》，未成。余戊己（1928—1929）间居沈阳，与君日夕相见，谈学最洽。君殁于东北事变后，余今岁四月游东京，道过沈阳，住车站一宿，忽触想君前日送行处，为怅惋不已。①

陈慈首的事迹史载不详，全赖伦明草稿记录。又，《伦哲如诗稿五·陈慈首约灯节后来馆久盼不至》诗题下注云："君籍辽阳，为庚子并科乡试［按，应为"庚子辛丑（1900—1901）恩正并科乡试"］同年同拣，发广西知县，近又同修《奉天通志》。"② 两相对照，大致可了解陈氏此人生平。

伦明于北京求学、任教、开办书坊，前后几十年在此生活，对近代公共图书馆开办一事了若指掌，而草稿中的这部分传文全部为笔记体短文，是伦明所见所闻，史料价值十分难得，鲜见史志。其中重要记载如：

（军机处图书馆）德宗自戊戌（1898）初闻维新之说，痛恨旧书，居懋勤殿，日取旧书随手碎之，遍地破纸，久之，命内监扫除去。

（方略馆与资政院图书馆）民国初，馆与院废，其书移归国务院。

（松坡图书馆）梁任公辈发起设松坡图书馆，以旌其功绩。政府重违其意，乃分杨氏书之一部，全书别储一室。

（清国史馆）储书甚富，尤多未刊本，盖谕旨立传之人必将附带其生平著作，而馆中亦自有供参考者。……民国己巳（1929），有揭发《清史稿》违碍者，议禁毁，于是以馆所藏《清史稿》印本及馆藏一切史料，悉送南京。

---

① 宋远：《辛亥以来藏书纪事诗未刊稿笺注》，《中华文史论丛》第49辑，上海古籍出版社1992年版，第81页。
② 伦明：《伦哲如诗稿五·陈慈首约灯节后来馆久盼不至》，《伦明全集（一）》，第44页。

（学部图书馆）以敦煌石室唐人手写经卷附焉。此项经卷，由甘肃布政使何某，派员送京师，其子部郎某约友迎之廊坊，先擅取其佳者，余归学部，再归图书馆。

（江南图书馆）设江南图书馆于蟠龙里，系缪艺风主其事，时京师学部图书馆尚未拟及也。初名江南图书馆，旋改江南第一图书馆，又改中央大学国学图书馆，每月全馆经费仅五百元，视北平图书馆，规模悬绝矣。

（中央图书馆）南京新设中央图书馆，起因于《四库全书》南移。当事者与商务印书馆订约，以一部分孤本摄印，而馆收其利。主之者海宁蒋慰堂复聪也。馆中新印《太平天国丛书》若干种，皆抄自伦敦图书馆者。近闻新收得《英桀归真》一册，仅三十五页，刻者玕王，即洪仁玕也，为伦敦图书馆所未有云。①

---

① 宋远：《辛亥以来藏书纪事诗未刊稿笺注》，《中华文史论丛》第49辑，上海古籍出版社1992年版，第82、83、83、85、86、86、87页。

第四章　徐信符与《广东藏书纪事诗》

"城北徐公爱蓄书,商奇辨异每邀余。我惭佣笔顾千里,君欲争雄士礼居。"这是伦明赞美徐信符的一首诗,诗下注云:"徐信符秀才居北城状元桥。家本寒素,馆谷所入尽以购书,积十余年,插架数万卷,多佳椠。自南海孔氏、潮州丁氏所藏散出后,粤中藏书家当以君为巨擘矣。"① 由此可知近代时期,广州城内众多藏书家中徐信符最有名。作为近代史上著名学者,徐信符以藏书著称,搜集了大量的藏书和地方文献;他还是教育家,培养了大批英才;作为著述家,徐信符著作等身,涉猎广泛,最为学界乐道的还是《广东藏书纪事诗》。

第一节　徐信符生平

徐信符(1879—1948),名绍棨,字信符(也作舜符),以字行。广东番禺籍,出生于英德,定居于广州。徐氏先世为北方人,宋代时南渡至浙江,六世祖时泰公为明正统间(1436—1449)进士。入清,徐家世代为官,书香门第,晚清经学大师徐灏为徐信符伯父。堂兄徐绍桢云:"徐氏之以刑名佐时也,始于世瀛,为康熙初年,五传而及灏。灏之昆弟子侄若孙,盖数十人,皆世其学,其累世才俊,科举世宦,牧守监司以至开府,无一人不通刑名。"②

---

① 伦明:《伦哲如诗稿一·广州杂诗》,《伦明全集(一)》,第4页。
② 徐绍桢:《徐灏传略》,陈正卿、徐家阜《徐绍桢集》,四川师范大学出版社1991年版,第379页。

"昆弟子侄若孙，盖数十人"，当然也包括徐信符在内。

徐信符10岁时，父守初公弃世，"时家无一瓦之覆，一陇之殖"①，但他虽孤苦而好学，意志弥坚。光绪二十四年（1898），徐信符考录为博士弟子员，二十六年（1900）肄业学海堂，并参与吴道镕任总纂的《民国番禺县续志》编纂工作。三十年（1904），与汪精卫、胡汉民、古应芬、陈融、朱执信和史坚如等组织"群志社"，每月购置图书共同研究，相互切磋学问。"群志社"同人后来大多走上追随孙中山的道路，廖仲恺、朱执信、胡汉民等皆当要任，其中朱执信是徐信符的妻舅，族兄徐绍桢曾为南京卫戍司令，后任广东省长，他们敬重徐信符的学问品格，一再邀其出任要职，但徐信符淡于名利，不乐仕进，一生甘于贫寒，唯以教书、藏书为乐事，别无他务。

从光绪三十二年（1906）起，徐信符先后执教于广府中学、广雅书院、两广高等学堂、两广优级师范学堂等。民国元年（1912），胡汉民任广东都督，聘徐信符任职由广雅书局改办而成的图书馆，并任教广东公立法政学校。民国二年（1913），徐信符任《广东平报》总编，同时到各校兼职。民国十年（1921），汪精卫、杜定友组织成立广东图书博物筹委会，发动华侨捐款，徐信符积极参与筹委会工作，并任广东全省教育委员会委员。民国十五年（1926），徐信符于假期奔走于港穗两地，代香港冯平山图书馆及学海书楼、庆保图书馆等搜购各类图书，同时兼任中山大学教席。

1938年，广州沦陷，徐信符举家赴港，为了生计，不得不奔走港澳间，辗转任教香港培英中学、仿林中学、澳门教忠中学、执信中学等。同时，他把南州书楼数百箱藏书运至港澳两地存放，免遭日军轰炸与掠夺。也在此际，汪伪在广州建广东大学，罗致名流任教，徐信符虽生活困难，但高风亮节，拒受汉奸聘任，校长林汝珩多次来信相邀，徐信符坚辞不就，并撰《答客询问是否应聘广东大学》诗以明志曰：

---

① 徐汤殷：《南州书楼叙传》，徐信符《广东藏书纪事诗》卷后，《近代中国史料丛刊续编》第20辑，（台北）文海出版社有限公司1975年版，第262页。

枋得曾修却聘书,未能鸣鼓责吾徒。长松怪石安吾素,不向人间作大夫。依然穷措一书生,港澳周游作舌耕。不是长房工缩地,岂能幻化到羊城。

诗歌首联下自注云:"广东大学校长林汝珩,余前在岭南大学时学生,伊聘余任广东大学文学院教授,余以其为伪组织,惟以不便名言,致书婉词却之。"① 可见其民族大节。

1940年,旅居香港的中华文化协进会成员发起承办广东文物展览会,旨在"研究乡邦文化,发扬民族精神",展览会在香港大学冯平山图书馆召开,徐信符将南州书楼珍本送展,为本次展览会私家图书进呈最多之藏书家,其中不少为善本、孤本。1942年,香港沦陷,徐信符赶着把存在香港的典籍运往澳门,但途中不幸遭劫,部分图书被敌机炸沉,损失惨重,加以生活越来越艰辛,无奈靠售卖部分藏书以维持生计。1945年,抗战胜利后,徐信符举家迁回广州,不久担任新成立的广东文献馆理事,并任中山大学文学院教授、省立图书馆顾问等职。1948年,徐信符因突发心脏病去世,永远告别了一生挚爱的藏书和教育事业,年甫七十。而在不久前,徐信符曾撰写《七十初度述怀》一诗,中云:"天禄琳琅储十万,名门桃李越三千。百年耆旧多蒿里,文献维持忍息肩。"② 正是其收藏典籍和教书育人一生的自我写照。

一 藏书南州书楼

徐信符曾说:"表章文献,诚知所先务矣。顾沧桑多变,简断编残,一经兵燹,散佚无征,有志之士,深以为憾。故保存之责,在乎典藏,上而在国,

---

① 徐信符:《南州吟草》,《何氏至乐楼丛书》第三十三,1990年刊印,第7—8页。以下引用该书皆此版本,仅注页码。
② 《南州吟草》,第459页。按,徐信符卒于1948年是学界较为通行的说法,《中国近现代人物名号大辞典》及《广东近现代人物词典》等皆采此说。然徐汤殷为《广东藏书纪事诗》所写《叙传》称:"丙戌(1946)戢平,公复员返省,将劫余灰烬点存一过,次年,将寄存香港大学谭平山图书馆及在澳寓者先后运回,正拟整理、编目提要,惜天不假年,遽归道山。"据此徐氏去世为1947年。又,1948年,叶恭绰在《广东文征》中有跋语云:"余去秋归里……因商之同人,用机械誊印九份,分存各地,以防意外,其原稿(指《广东文征》)仍交存信符家。凡三阅月藏事,惜信符已不及见矣。"亦可证为1947年。录此待考。

· 186 ·

下而在民，苟不忍天丧斯文，即当有兴灭继绝之任。"① 徐氏此语推重表章文献的重要性，提出自上而下的全民藏书意识，认为文献兴灭继绝在于匹夫，在乎全民。而观其一生，徐信符以藏书为职志，展现出旧式学者爱书知书的典范。

（一）南州书楼建设

近代史上，广东省内藏书家众多，而以伍崇曜、孔广陶、潘仕成、莫伯骥等四家最为知名，然伍氏藏书不传四代，孔氏藏书于光绪中期渐逸，潘氏藏书于其人逝后即散，莫氏藏书毁于日寇战火。四家之后，广东私家藏书规模最大、影响最深者当属徐信符之南州书楼。

徐信符伯父徐灏曾为徐家通介堂楹联题曰："庭前隙地多种竹，家有余钱但买书。"② 这一家训深刻影响着徐信符，为其一生致力于藏书事业奠定思想基础。长女徐家凤记述父亲藏书之初感人情形说：

  科举时代，文人士子均以科举为捷径，考试侧重经史对策，故《十三经注疏》及《资治通鉴》均为必读之本。信符公家贫，无力购置此书。当时各大书院如学海堂、菊坡精舍、应元书院、越华书院等，每月均有专题课士，学生可选题作文投递，录取之文，分其等级，并颁膏火奖金，以奖励之。信符公常写文章至各书院投递，获奖尤多，积资年余，卒获此二书。因得书甚艰，此亦藏书之始也。③

辛亥革命以后，广东省内故旧之家纷纷中落，家藏典籍散出求售，在社会动荡之际，出售者多，求购者少，徐信符借此难得机遇，常常徘徊于书肆中，遇有所得，不惜倾囊而购，获取大量难得之珍本、善本。此外，徐信符"任教于广州各大学期间，每日课余必到文德路各古旧书店，看到适合自己所需的书籍，也及时购买。他购书的地方，除广州市外，还千方百计委托朋友

---

① 徐信符：《广东藏书记略》，《广东文物》卷九，中国文化协进会1941年刊行，第852页。
② 张荣芳：《论徐信符先生的学术渊源》，《岭峤春秋——徐信符研究文献集》，第292页。
③ 徐家凤：《徐信符和南州书楼》，《岭峤春秋——徐信符研究文献集》，第26页。

在北京、天津、苏州、杭州、上海、南京等地购买。为了扩大书源线索，他也喜欢以自己所得之书与北京、上海等地古旧书店进行交换"①。

徐信符原来的藏书室为"南州草堂"，随着典籍日渐增多，已经不能满足储藏的需要了，他开始寻思扩建藏书室。徐家住宅位于广州小北路，民国十七年（1928）小北开筑马路，徐氏将前座拆卸，新建书斋，名之曰"南州书楼"。书楼分为前后两座，各有二层，外为铁栅，楼下为客厅，左、右两室藏普通图书，楼上中室藏善本，左、右二室均藏广东地方文献。

（二）南州书楼藏量

徐信符深刻认识到典籍收藏之重大意义，为此，他穷搜博采，锐意求书，数十载节衣缩食，逐渐丰富南州书楼所藏。好友伦明记述徐信符购书情形说：

> 往昔余居粤时，与有同好。每一佳本出，辄为所夺。君未出广州一步，而自北平以至宁苏沪浙诸书店无不识君名，盖皆曾通函购书也者。②

多年的累积，南州书楼藏书数量惊人，但是，由于南州书楼一直没有一本完整全面的书目，因此关于藏书数量的记载比较混乱。徐汤殷《南州书楼·叙传》称藏书600万卷，祝秀侠《徐信符与南州书楼》③亦称藏书600余万册，黄荫普《忆江南馆回忆》④却称藏书达60万卷，谢祖贤《广东藏书纪事诗序》称"不下十余万卷"等。作为儿子，且在徐信符去世后整理过藏书，徐汤殷的说法应该比较接近事实。南州书楼藏书最多时藏书600余万卷确乎超出一般人想象，因为明代广东私人藏书多者仅万卷，如陈琏、张萱等；清嘉道间广东私人藏书多者达数万卷，如曾钊、吴兰修、黄培芳、吴荣光诸人；清同光时，广东私人藏书数量开始大增，从数万卷跃至数十万卷，如谭宗浚、丁日昌、孔广陶、方功惠等；而在民国时，广东私人藏书数量继续高涨，其中莫伯骥50万卷，伦明数百万卷，而最高者当为徐信符，雄踞近代广东私家藏书

---

① 高炳礼：《南州书楼聚散史述略》，《图书馆论坛》2003年第6期。
② 《辛亥以来藏书纪事诗》，第90页。
③ 载《粤海旧闻录》，台北圣文书局股份有限公司1987年版，第135页。
④ 香港广宇出版社1989年版。

之首，称其为"岭南藏书家之殿军"①，绝非虚誉。

南州书楼藏量巨大，而徐信符却没有编纂总书目，仅有以下几种零散目录流传下来。

一是 1935 年冼玉清教授所编《南州书楼所藏广东书目》，收录广东文献 488 种，著者 344 人。这是目前唯一一部比较系统反映南州书楼广东地方文献收藏情况的书目，但是由于该书目是冼玉清教授用月余时间仓促编就，因而遗漏较多。

二是编于 1949 年的《加拿大英属哥伦比亚大学收入南州书楼旧藏宋元明及旧钞善本书目录》，收录 156 种，其中宋刻 2 种、元刻 3 种、明刻 97 种、稿本 4 种、批校本 6 种、抄本 44 种。

三是倪俊明据《广东文物》卷一《广东文物展览会出品目录》、卷九陈德芸《广东未刻之书籍》、黄荫普编纂《广东文献书目知见录》（附补编）、徐信符《徐信符手稿》辑录成《〈南州书楼广东书目〉补遗》，共 94 种。

上述三种书目绝不能代表南州书楼的所有藏书，但是窥斑知豹，对于研究南州书楼的藏书特色有重要的史料价值。

（三）南州书楼藏书特色

徐信符注重典籍保管，"每日回家，必然亲到藏书室整理古籍或对古书进行点校，抄录直至深夜。遇罕见之本，必题其后，文简意赅"②。徐信符还雇专业书手修补装订重要图籍，所藏之书均加防虫之红丹纸予以保护。徐氏在藏书卷端钤"南州书楼"篆体方印，或"徐氏信符"藏章，还在很多书籍的扉页、天头、卷末等亲笔题识，记述版本源流、藏书典故、内容提要、作者介绍及考证校订等情况，从而可见徐信符对于典籍悉心爱惜之情。纵观整个书楼藏书，特色约在如下几端。

一是多珍善之本。南州书楼藏有多部宋元本，质量上乘。如藏书中有宋绍定间刻《黄山谷诗集》，蚕茧纸印刷，堪称稀世珍宝。另有董其昌藏宋本

---

① 文海出版社编辑室：《广东藏书纪事诗·出版提要》，台北文海出版社 1975 年版。
② 周连宽：《羊城访书记》，《广东图书馆学刊》1986 年第 2 期。

《储光羲诗集》，上有董氏亲笔题跋，异常珍贵。另据今人黄国声记载，南州书楼中迄今难得一见的珍品非常多，如宋黄善夫刻《史记》、宋刻朱子《诗经集注》、宋刻《黄山谷诗集》、元刻《文选》、明黄瑜撰《双槐岁钞》（明刻本）、郭棐撰《粤大记》（明刻孤本）和《岭海名胜记》（明刻本）、清屈大均撰《四书补注兼考》（孤本）、清梁善长辑《广东诗粹》、清王邦畿撰《耳鸣集》、清梁朝钟撰《喻园集》、清谢兰生撰《常惺惺斋文集》、清谭敬昭撰《听云楼诗钞》、清许玉彬撰《冬荣馆遗稿》、清李长荣撰《茅洲诗话》、清徐荣撰《怀古田舍诗钞》、清梁廷枏撰《越华纪略》、陈兰甫手稿《说文解字》（徐灏手批）、丁日昌《藩吴公牍》《巡沪政书》《淮鹾摘要》（稿本），等等。①

二是南州书楼所藏明刻本比较丰富，约有五百种。代表者有明洪武刻本《元史》《高季迪集》、永乐刻本《历代名臣奏议》《通鉴纲目集览》、天顺蜀刻本《潜溪集》、成化刻本《刘寅五经七书直解》、弘治刻本《南海杂咏》《桂轩集》、正德刻本《东莱先生史记详节》、嘉靖刻本《南轩文集节要》《明音类选》《中峰文选》《王氏存笥稿》、万历刻本《石墨镌华》《由拳集》《养正图解》、明末套印本《列子冲虚真经》、明代稿抄本《曹溪长老素林裕退院序》，等等。

三是多乡先贤著述。徐信符尝自云：

> 余素喜蓄书，自任大学暨高等专门学校教授，历三十余年，馆谷所入，多为插架所储，一介寒儒，不敢以佞宋秘元为职志。平居慕谭玉生、黄石溪两先生，保存乡邦文献，故南州书楼藏书，以粤东先哲所著述或评校，及关于粤东事实者为夥，粤省府州县地志，各省新旧通志，大致完备，次之则古今名人集部及丛书为多。书囊无底，慊然不能自足，及广州沦陷，事前虽将一部移置安全，然大部存亡莫卜，俟异日方能判决，天也，非人所能为也。②

---

① 黄国声：《藏书家徐信符及其〈广东藏书纪事诗〉》，《岭峤春秋——徐信符研究文献集》，第251—252页。
② 徐信符：《广东藏书记略》，《广东文物》卷九，中国文化协进会1941年刊行，第857页。

据今人倪俊明统计，"南州书楼收藏的广东地方文献至少有上千种"①。所藏地方文献中，佳本颇多，如广东地方志十分完备，各代各地皆有，其中尤以戴璟《广东通志初稿》最为珍贵。粤人著述更为精要，如黄佐《明音类选》《庸言》、张邦翼《岭南文献》、郭棐《岭海名胜记》《粤大记》、张萱《重订六书故》、梁朝钟《喻园集》、屈大均《屈沱五书》以及陈澧稿本与评校本、林国庚《北堂书钞》校评本、吴道镕《广东文征》手稿等，皆稀世之珍。

四是收藏大批府县地方志书和数套完整的报刊资料。南州书楼所收全国各省通志大致完备，其中广东本省县志收集十之六七。所藏报刊有自光绪戊戌（1898）至民国十年（1921）23年间上海《申报》和《时报》，"广东最有历史之《羊城报》《岭南报》亦藏有全份，历年无缺。……除藏书外，兼藏书版。现存版片有《史通通释》《东塾读书记》《林和靖集》《复古编》等"②。

二　倾心地方文献

广东这块热土，自古以来就是中华文化的重要组成部分，世世代代的岭南人在这里辛勤耕耘，努力建设，抵抗外侮，形成了一种"特立独行"之精神。今人吴铁城先生对广东（岭表）文化有一个总结：

> 从历史和地理给予我们的认识，中华民族的文化是导源西北而流布南方的，因此珠江流域的文化，较长江黄河两大流域为后起。惟是晋代的郭景纯先生说过："南海盛衣冠之气。"清初的顾亭林先生也说："吾观长江黄河王气已尽，岭南常见五色云气，不三百年，必有硕人魁士产于是间。"可见我们广东文化方兴未艾。近百年来，中国和世界交通的史迹，以及内政的改革，中如鸦片战役，太平军事，戊戌变政，辛亥革命，北伐誓师诸役，其中丰功伟烈的事迹，大都发源于粤东。这并不是偶然

---

① 倪俊明：《徐信符与广东地方文献的搜集和整理》，《岭南文史》2002年第2期。
② 何多源：《广东藏书家考（二）·徐信符》，《广州大学图书馆学刊》1934年第1卷第3期。

的,是我们广东先民读书立志的实际生活,给我们以很大影响的。①

但是,由于地域之独特,交通之阻隔,一直以来,相较于中原文化,岭表文化稍受冷落,近代以来,端赖本地有识之士起而拯之。徐信符就是这样一位践行者。他尝言:"书囊无底,一介寒士,不敢侫宋秘元,平居仰慕南海谭玉生(莹)、番禺黄石溪(子高),以保存乡邦文献为职志。"② 其撰写的《广东藏书记略》是一篇重要的研究广东藏书史料,概述和总结自明代以来广东藏书历史,认为"吾粤文化,莫盛于明代,藏书亦以明代为盛",但是"清初粤中藏书,远不及明代之盛",究其原因,徐信符亦给出解释:"盖由清以外族入主中土,文字狱屡起,于学术取抑制态度,对于地方书院,且禁止创设。"这一状况直至"嘉道以后,文网疏阔,而藏书者乃次第兴起"。③ 徐信符一生倾心地方文献收集、整理,取得了诸多成就,分述如下。

(一)搜罗逸散

徐信符精心构筑南州书楼之时,正处于世变剧烈之际,"时值民国初年,军阀盘踞广州,战乱频仍,庸夫俗子,每视古籍为土苴,故家遗书往往散落市上,量斤为值。"④ 徐信符则乘此时机,大量访购书籍,充实典藏。

南州书楼藏书多为著名藏书家散出之物,而尤以广东本地所藏为多,通过《广东藏书记略》和《广东藏书纪事诗》记载,南州书楼所购广东藏书家散出藏书情况列表如下:

---

① 吴铁城:《对于广东文物展览会的感想》,《广东文物》(上册)卷三,中国文化协进会1941年编印,第218页。
② 语见于今《记徐信符先生》,《艺林丛录》第三编,香港商务印书馆1975年版,第110页。
③ 徐信符:《广东藏书记略》,《广东文物》(下册)卷九,中国文化协进会1941年刊行,第852—853页。
④ 语见于今《记徐信符先生》,《艺林丛录》第三编,商务印书馆香港分馆1975年版,第109页。

序号	藏书家	藏书楼	收藏简况	文献来源
1	南海曾钊	面城楼	收购 300 多种，多属抄本、孤本，钤"面城楼印""勉士""曾钊印"等	《广东藏书纪事诗稿》
2	丰顺丁日昌	持静斋	收购丁氏所著《百兰山馆诗》《抚吴公牍》，家藏稿本《藩吴公牍》15 卷、《巡沪政书》7 卷、《淮鹾摘要》3 卷、《奏稿》6 卷。	《广东藏书纪事诗稿》
3	南海谭莹	乐志堂	收购《乐志堂藏书目》、谭莹校刊《金文最》、谭宗浚编《辽史纪事本末》（未刊）、刊本《辽史绪论》《评点元遗山集》等	《广东藏书纪事诗稿》
4	顺德龙山温汝适	漱绿楼	藏有筼坡先生批校原本《曲江集》，为历来刊《曲江集》者所未有	《广东丛书》第一辑《闻氏校本张曲江集序》
5	番禺崔弼		于员冈购得崔弼旧藏明梁朝钟《喻园集》，该书为清代禁书，藏家绝无著录	《广东丛书》第一辑《喻园集序》
6	鹤山易氏	目耕堂	易氏藏书虽无宋元精椠，但部类尚称丰富。其《有是楼书目》为新会阮宽然所编	《广东藏书纪事诗稿》
7	番禺张维屏	听松庐	藏有《唐宋诗醇》、冯注《苏东坡集》，皆张氏手校	《广东藏书纪事诗稿》

续　表

序号	藏书家	藏书楼	收藏简况	文献来源
8	番禺陈澧	东塾书楼	《东塾藏书目》无刊本，钞本尚有传，其遗书多已播散，南州书楼藏其稿本及评校本最多	《广东藏书纪事诗稿》
9	新会陈树镛		在陈树镛家搜求遗书，得东塾所著《老子注》及东塾残碎《文稿》，东塾手批《汉书》早入南州书楼	《广东藏书纪事诗稿》
10	顺德大良龙氏	六篆楼、知服斋、螺树山房	得孙退谷手稿《元明两朝典故编年考》，为世间未见本	《广东藏书记略》
11	番禺陶福祥	爱庐	得鲁氏刊本《陶诗》、毛扆刊本《苏书陶集》	《广东藏书纪事诗稿》
12	南海孔广陶	岳雪楼（三十三万卷楼）	有钞本《岳雪楼书目》、孙渊如及严铁桥等校本《北堂书钞》	《广东藏书纪事诗稿》
13	香山黄绍昌	秋琴馆	所收黄氏藏书甚多，其书所盖藏书印最夥，必署姓名，不书斋名	《广东藏书纪事诗稿》
14	香山刘燖芬	贻令堂	所藏刘氏藏书较多，刘有《贻令堂书目》	
15	顺德辛耀文	芋花庵	辛氏殁后，其书一部分流入莫氏五十万卷楼，一部分流入南州书楼，一部分为胡毅生所藏	《广东藏书记略》

续　表

序号	藏书家	藏书楼	收藏简况	文献来源
16	湖南巴陵方功惠	碧琳琅馆（设在广东）	有钞本《碧琳琅馆书目》四册、《碧琳琅馆藏书歌》等	《广东藏书纪事诗稿》
17	浙江慈溪冯祖宪	耕余楼	藏南海陈子壮《礼部存稿》八卷	《广东丛书》第一辑《礼部存稿序》

这些藏书中多为罕见珍本、秘本、孤本、稿本。如收购自南海孔氏岳雪楼刻《北堂书钞》，"盖少唐（按，孔广陶）借抄周季贶所藏孙、严诸家校本，原分五色笔以为标识，校勘精细，自经孔氏抄录，又由林敫伯，逐条细校，实胜祖本"①。

（二）购藏文献

南州书楼所藏经、史、子、集四部兼备，而最具特色、最有价值者当为广东文献，广东文献中又以广东史志和乡贤诗文集为最。据冼玉清教授《南州书楼所藏广东书目》可知，徐信符藏广东先贤文献以诗文集为主，其中明清著述最丰，往往对于一个人的著述收集相当齐备。如明顺德欧大任的著述17种，几乎囊括《欧虞部全集》全部子书。番禺屈大均的著述11种，包括《翁山易外》《翁山文外》（有初版20卷本、刻本、抄本等5种）《翁山诗外》以及《屈翁山诗集》8卷附词、《道援堂集》《明季南都殉难记》等。又有梁廷枏13种、张维屏10种、陈澧及谭莹父子各7种、彭泰来及黄培芳各5种等。

所藏广东地方志中，明清所修6部广东通志，徐氏珍藏4部，包括明嘉靖间戴璟所修《广东通志稿》，这是现存广东最早的省志。所藏清乾隆间任果等纂

---

① 徐信符：《广东藏书纪事诗稿》，《广大学报》复刊第一卷第1期，第81页。以下引用该书，如不作说明，则为此版本。

修《番禺县志》传世较少，徐氏之外惟国图有藏。明黄淳修《崖山志》，清吴骞编纂《惠阳山水纪胜》等均属稀见之本。

（三）抢救版片

民国六年（1917），徐信符主持广东省立图书馆事，他仿江苏省立图书馆设有江苏版片印行所之例，亦设立广雅版片印行所，附设于广东省图书馆内。第二年，徐信符择其版式一律者，增编重印为《广雅书局丛书》，凡153种，分经类、小学、杂著、史学、集部。诸史纪事本末及《读史方舆纪要》《天下郡国利病书》等，因卷帙浩繁，别为印行。民国十二年（1923），广雅版片印行所定名为"广雅印行所"，民国二十三年（1934）更名为"广东编印局"，徐信符再次组织人力对书局所藏公私书刻版片进行整理，并拟定整理计划："第一步：整理广雅版片，印行旧籍，以维国故。第二步：俟下年度预算开始，添置铅字机，再罗致专门人才，编译印行新籍，充分介绍近代学术。"① 明年，《广雅丛书》重新编印，并抽印经部38种、史部93种、子部15种、集部13种。

1935年，为有秩序地抢救版片，编印古籍，徐信符编纂《广东省立编印局书目》，称："本局庋藏广东广雅书局、学海堂、菊坡精舍及各家私刻版片凡三百八十六种，多属海内孤本、先哲名著，选择谨严，校勘精确，夙为士林所推许，兹为利便流通，发扬国学期间，特次第印行。"② 该目分为丛书及总集14种、经部51种、史部126种、学部15种、别集61种，并列出《广雅丛书》《岭南遗书》《海山仙馆丛书》《武英殿聚珍版丛书》《学海堂丛刻》《古经解汇函》《小学汇函》《通志堂经解》《皇清经解》等丛书的子目及卷数等。

1938年，日寇占领广州，广雅版片岌岌可危，在徐信符和廖景曾的筹划组织下，将广雅全部及学海堂部分版片先期移出，分散保存于番禺学宫和南

---

① 温仲良：《二十年来广东省立图书馆事业办理概况与计划》，《广州大学图书馆季刊》1934年第1卷第4期。

② 徐信符：《广东省立编印局书目》，《民国时期出版史料汇编》第10册，国家图书馆出版社2013年版，第119页。

海县良宝乡廖氏宗祠中,但还是遭到了敌机的轰炸,损失了部分版片。不过,倘若没有徐信符等人的先见之明,则全部被毁也不可知。

(四) 参修志乘

为本地编纂志书,需要熟悉本地情况且有较高造诣的硕儒承担。徐信符通文献,精版本,熟目录,尤其难能可贵的是长期研究乡邦文化,积累了丰富的地方文化知识,他参与多个方志的编纂也就在情理之中了。如1918年,《番禺县续志》开纂,主修者吴道镕曾任学海堂学长,徐信符以师称之,师生二人关系甚笃①。徐信符担任分纂工作,其中独自编纂或与他人合纂的有卷四《建置》(与汪兆镛合作)、卷五《建置》(与凌鹤书、汪兆镛合作)、卷七《经政》(与汪兆镛合作)、卷八《经政》和卷九《经政》(独立完成)、卷二十八《艺文志·经部》(与汪兆镛合作)、卷三十《艺文志·子部》(与汪兆镛、谢祖贤合作)、卷三十一和卷三十二《艺文志·集部》(与凌鹤书、汪兆镛合作)。凭借多年来自己对乡贤著述的挚爱,徐信符以南州书楼珍藏为资料依据,对番禺先贤名儒著述进行全面整理,并把研究心得以案(按)语形式编入志书。而更为引人瞩目的是,在徐信符的倡议下,该志编纂十分重视收集明末清初遗民生平事迹及著述,这是因为康熙至同治间三次修志,由于种种原因始终没有收录明遗民,徐信符参与编纂《番禺县续志》时,首次为屈大均立传,介绍屈氏著述情况。此外,该志《艺文志》部分,分经、史、子、集辑录番禺先贤著述,多载序跋,叙述各书版本源流,为后人研究广东地方文献及图书出版提供了丰富的史料。"这种严谨和详细编纂《艺文志》的方法为其他县志所少见,这也与有徐信符先生这样熟知广东文献和版本鉴定的专家参与负责编纂工作有关。"②

---

① 1936年,吴道镕去世,徐信符为之作《道镕夫子谢世谨成十绝句以志哀悼》,诗后自注详细讲述与吴师的交往。徐信符:《南州吟草》,第3页。
② 林子雄:《翰墨生涯作蠹鱼,且用琳琅万卷书——纪念近代广东著名藏书家徐信符先生》,《岭峤春秋——徐信符研究文献集》,第209页。

三　治学成就丰硕

"徐信符先生是一身具有新旧图书事业双重特征的一位典型代表和中心人物。"① 购书、藏书而外，长期任教的他还致力于读书治学，于文学研究、目录编撰和古籍校勘等方面建树颇多。

（一）文学研究

徐信符博览群书，精研文学，趋重于文学史及文学评论。在各校任教时，他常常自编讲义，先后编著《中国文学史》《中国文学史述略》《历代文体辨别》《古籍校读法》《文选研究》《文学说略》《书目学》等，尤其在两广高等学堂任教时所编《文学说略》，长达三百多页，弟子受益者众，当时就有弟子请求徐信符将讲义刊布流传，以利研究，但是，徐信符十分审慎，无意刊布，认为"瘁一生精力，以从事一艺，冀能可传"②。

民国十五年（1927），徐信符兼任中山大学教席，其间撰写《中国文学史》《中国文学史述略》二书，一生治文学史的方法汇聚于此二书。二书表述方式基本相同，内容大致包括：对某个文学史期的社会人文背景和某种文学体裁的起源、沿革、流派、风格的简要评述；评介其代表作者的作品；小节之后有结论。徐信符对于文学的定义、治文学史的目的和中国文学史的分期问题关注较多、较深，书中借用、比较了刘师培、章炳麟、罗家伦、胡适等人的研究成果，不故步自封，而是取长补短、不断改进，因此，二书问世近一个世纪而仍见光彩，吕永光论之说："晚清以来，文人治文学史者甚众，徐氏能广习众说，另铸新词，自辟一家之学，确实是难能可贵的。"③

（二）目录学研究

徐信符在整理古代典籍时，十分注重目录编纂和修订，以帮助读者阅读。

---

①　丁希凌：《徐信符先生学术研讨会闭幕词》，《岭峤春秋——徐信符研究文献集》，第14页。
②　徐家凤：《徐信符和南州书楼》，《岭峤春秋——徐信符研究文献集》，第30页。
③　吕永光：《徐信符先生〈中国文学史〉二种浅探》，《岭峤春秋——徐信符研究文献集》，第284页。

如辑录《广雅丛书》时，编刊丛书总目；在广东省立编印局编印古籍时，编写《广东省立编印局书目》；考订补充冼玉清《南州书楼广东书目》，并续补冼玉清《广东艺文志》，编有《广东艺文志补》；参加广东文物展览会，编《展览史乘书目》；任广东省立图书馆特藏部主任期间，领衔编写《广东省立图书馆藏本族谱目录稿》等。在大量的目录编写实践中，逐渐形成自己的目录学思想。

1928 年，一直在中山大学任教的徐信符承担目录学教学工作，其讲课所用的讲义为自编《中国书目学》。据陈耀盛先生记载，该书有两个版本：一为线装，无标点，52 页，版心注"中国书目学"，鱼尾上注"中山大学讲义"，鱼尾下注"惠爱中路观莲街新奇文印"，首页注"中国书目学　番禺徐绍棨"；二为铅印标点本，共 56 页，首页注"国立中山大学　中国书目学　番禺徐绍棨"。[①]

《中国书目学》共有 5 章，分别论述目录学的基本原理、目录学历史与方法等问题，提出很多真知灼见，如：

> 今日世界大通，外洋文化逐渐输入，学术分科益加细密。昔日四部，原不足以赅括今日科学，任举一科学名著，强入旧时类目，必见其牵强不安。于是主变革者欲废除四部之门类，而悉改以今名。[②]

指出图书分类应根据学术与书籍的发展变化而变化，不能一味泥古不化，拘于传统的四部分类法。这一观点对于今日之图书分类依然有很重要的指导价值。

（三）古籍整理

徐信符说："读书之道，宜求其实。"又云："书不校不能读，不读则不能

---

① 陈耀盛：《试论岭南近代文献学家、目录学家徐信符》，《岭峤春秋——徐信符研究文献集》，第 344 页。
② 原载徐信符《中国书目学》（稿本），广东省立中山图书馆藏。此处转载自陈耀盛《试论岭南近代文献学家、目录学家徐信符》，《岭峤春秋——徐信符研究文献集》，第 356 页。

解。"① 他不仅喜欢收集名家校注本,如翁方纲精批殿本《苏诗》、邵长蘅与崔干城等合批钱笺《杜诗》、桂未谷批汲古阁本《说文》、俞樾批《水经注》、孔广陶和林国庚手校诸家批注《北堂书钞》等,还亲自校注名家著述,如屈大均《崇祯宫词》、李烟客《啸楼集》、王邦畿《耳鸣集》、黎遂球《莲须阁文钞》、许慎《说文解字》、桂文灿《论语皇侃义疏考证》等。徐汤殷曾描述乃父校勘情形说:"躬自抄校,丹黄涂抹,剔抉爬罗,近引远征,条疏缕析,发潜德之幽光,正鱼鲁之舛误。"②

徐信符为前代学者文集撰写序跋很见学术功力,其中以为《广东丛书》中南州书楼旧藏所撰写的序跋最为代表。

1938 年广州沦陷,大批文化人前往香港避难,其中不乏鼓吹民族意识、号召民众抗日之辈,他们研究乡邦文化,发扬民族精神,遂有编印《广东丛书》之倡议。时任广东省府主席的李汉魂闻知后,从省财政中拨巨款予以支持,中国文化协进会主持其事,成立"广东丛书编印委员会",叶恭绰任主任委员,徐信符等人任委员。1940 年 3 月起开始印行第一集。《广东丛书》第一集共收书 7 种 28 册,其中 5 种为南州书楼所藏,分别是:张九龄《唐丞相曲江张文献公集》、明陈子壮《礼部存稿》、明黎遂球《莲须阁文钞》、明梁朝钟《喻园集》、明屈大均《翁山文钞》。徐信符为各书一一撰序,这些序具有较高的学术价值。如《曲江集》序论该书明清诸版本云:"由明成化以来,《曲江集》版刻可考约略有八。"而后对各版本评价十分精当,论光绪间韶州袖珍本"平凡无足称述",而明刻十二卷本"因版刻众多,故藏家著录,书肆贩鬻,无不有之,此其所以易得也"。最后,徐信符得出结论说:"《曲江集》易得,《曲江集》之善本不易得。"③

再如徐信符对陈子壮《礼部存稿》的考辨,更见研究之深入。序称:"《礼部存稿》八卷,此陈文忠公壮崇祯八年、九年(1635—1636)为礼部右侍郎时

---

① 徐信符话引自莫仲予《徐信符先生〈古籍校读法〉述略》,《岭南文史》1999 年第 1 期。
② 徐汤殷:《叙传》,《广东藏书纪事诗》卷后,沈云龙主编《近代中国史料丛刊续编》第 20 辑,台湾文海出版社 1975 年版,第 267 页。
③ 此处关于徐信符序《曲江集》内容转载自陈建森《〈曲江集〉版本源流考》,《中国诗学》第八辑,人民文学出版社 2003 年版,第 10 页。

之存稿。……自乾隆南海魏志称为《礼部堂稿》。原书'存稿'而非'堂稿'。'堂'字已误,道光县志沿之,《艺文》仅列其名而不言卷数。阮通志事事核实,故于《陈子壮传》仍列其书目。而《艺文》则并其名亦削而不录,盖此书之散逸久矣。"①

徐信符一生藏书、印书,整理古籍,与岭南文献结下不解之缘,他学术有根基,治学很执着,真正体现了近代学人对中华文化的守护精神。

第二节 《广东藏书纪事诗》创作

今天的广东,因缘于沿海之地理优势和率先改革开放的特质,无论经济还是文化,都可称为中华之翘楚。然而,历史上,广东由于"负山险,阻南海"②的地理环境因素,与中原相隔遥远,致使该地开发较晚,文化滞后。明清以来方始加快发展速度,文化事业亦紧追不舍,岭南文化实现了全面繁荣。作为广东第一部藏书史,《广东藏书纪事诗》不但研究了广东地区自明以来的藏书史,而且是广东地区的简明文化史。

一 创作经过

叶昌炽撰著《藏书纪事诗》出,一时引领藏书史研究风潮,后续之作频出,伦明《辛亥以来藏书纪事诗》是第一部步武之作,亦引起学界关注。徐信符与伦明同为广东人,且为藏书好友,相互拳拳服膺,交往多年。伦书之后有徐信符《广东藏书纪事诗》,可谓续作双璧,后先辉映。

（一）创作背景

徐信符创作《广东藏书纪事诗》,与其生活和工作环境、交往师友的影响等有着密切联系,而最主要的因素在于对乡梓怀有浓重的感情,对地方文化

---

① 文字转引自罗志欢《岭南历史文献》,广东人民出版社2006年版,第423页。
② 《史记》卷一百一十三《南越传》,中华书局1959年版,第2967页。

的深挚热爱。作为岭南重镇,徐信符家乡番禺历史悠久,人文郁盛,明清以降,更是名家辈出,如屈大均、陈澧、黄子高等人,既是知识渊博的学者,又是收藏丰富的藏书家,同时,他们学术成就骄人,关心地方文献,给徐信符学术成长以很大的影响。

屈大均"以海涵岳负之才,对于乡邦文献,搜罗宏富,则当时收藏可见一斑"①,这位明代著名的学者、文学家,对广东地方文献的收集、整理和研究,做出了卓著贡献。屈大均一生著述丰富,有关广东文献典故、山川地理、人情风物者,占据大部,著名者如《广东新语》《广东文选》和《广东文集》等。陈澧为清朝一代硕儒,掌学海堂数十年,老而为菊坡精舍山长,亦著述繁富,凡经史子集天文地理乐律算术,无不研究。其藏书处曰"东塾书楼",所藏书四部悉备,并且大都亲自批评校点。而黄子高更是以专门搜集、整理乡邦文献而著称,生平喜金石,工小篆,富藏书,笃于文史和词章,工于书法和山水画,两广总督阮元聘其任学海堂山长。黄氏长期留心于地方掌故和金石文献收藏,藏书多异本,并一一加以校勘,尤注重地方文献的搜罗,伍崇曜、谭莹辑刊《岭南遗书》《粤十三家集》时,多向其借抄藏书。黄子高还著有《知稼轩诗抄》《石溪文集》《粤诗搜逸》《续卅五举》等。

此外,徐信符师长陶福祥、伯父徐灏、族兄徐绍桢等,均为著述和藏书丰富之辈。乡梓人文的熏陶,对徐信符日后矢志广东地方文献的搜集和整理,创作第一部地域藏书纪事诗《广东藏书纪事诗》无疑产生了潜移默化的影响。

(二) 创作准备

《广东藏书纪事诗》创作既有叶昌炽和伦明著述的先导作用,也与徐氏长期积累,做足准备有关。1940年,叶恭绰与许地山、简又文等不愿当亡国奴而集结在香港的一批国内文化教育界名人,发起组织中华文化协进会,讨论教育、宪法、艺术等问题,他们组织最大的一次文化活动是广东文物展览。展览会宗旨是"'研究乡邦文化',盖欲由展览文物,而调查文物,而整理文

---

① 徐信符:《广东藏书记略》,《广东文物》(下册)卷九,中华文化协进会1941编印,第853页。

物，而研究文物，终期对于中国文化和学术有所贡献"①。徐信符对于这次展览会极力支持，主要做了三方面的工作：一是从南州书楼挑选珍本善本送展，他是这次展会送展作品最多的藏书家，代表展品有《白沙子全集》《明音类选》《礼部存稿》《峤雅》《喻园集》《岭海名胜记》《翁山文外》《北堂书钞》等；二是展览会后积极参与《广东丛书》编印工作，第一辑中就有南州书楼提供的6种典籍；三是热心为展览会撰写相关学术论文，主要有《广东藏书记略》《广东版片记略》两文。

《广东藏书记略》首先分析了广东独特地理位置造成的文化特征："民生其间者，亦恒有瑰伟雄奇之气。"接着追踪广东文献之源："昔王僧孺为广州太守，首表章董正、唐颂、罗威三孝子，以为粤献之宗。复表章陈钦之《春秋诂》、杨孚之《南裔异物志赞》、王范之《交广春秋》、黄恭之《十三州记》，以为粤文之祖。"而对于广东藏书事业，徐信符以为"吾粤文化，莫盛于明，藏书亦以明为盛"，②并对清初广东藏书事业衰微的原因从大文化背景进行分析：

> 清初粤中藏书，远不及明代之盛，盖由清以外族入主中土，文字狱屡起，于学术取抑制态度，对于地方书院，且禁止创设。如顺治九年（1652）上谕，敕各省提学督率教官，务令诸生将平日所习经书义理讲求，不必别创书院，群聚结党。及乾隆开四库馆，诏修《四库全书》，本为盛德之事，然一方面勒各省将藏书进呈，一方面颁布焚毁抽毁书目，缇骑侦察，雷厉风行，故藏书者有所怵惕，凡属禁书，多付全毁，其或私藏而不忍毁者，必于书中将其著作姓名挖去。而诗文总集有须抽毁者，则其卷数页数，缺而不全，此可知当时藏书之苦。故吾粤乾隆以前，鲜以私人藏书著名，嘉道以后，文网疏阔，而藏书者乃次第兴起。③

---

① 简又文：《广东文物》卷首《引言》，中国文化协进会1941年版，第7页。
② 以上三段引文见徐信符《广东藏书记略》，《广东文物》（下册）卷九，中华文化协进会1941编印，第852页。
③ 徐信符：《广东藏书记略》，《广东文物》（下册）卷九，中华文化协进会1941年编印，第853页。

文章列举明清广东著名藏书家有：明代丘浚、黄佐、梁郁洲、陈琴轩、张西园、梁朝钟、屈大均等，清代有梁鼎芬、张之洞、沈曾桐、吴荣光、曾钊、龙山温氏、温澍楳、吴兰修、丁日昌、叶云谷、伍崇曜、谭莹、潘仕成、鹤山易氏、梁春梅、冯龙官、梁廷枏、张维屏、陈澧、陶春海、林国赓、黄绍昌、孔广陶、方功惠、王秉恩、龙凤镳、黄浴光、邓实、石德芬、梁节庵、康有为、梁启超、黄遵宪、赖际熙、冯平山、潘明训、伦明等。

《广东藏书记略》多方面记载广东史上藏书家传记资料，阐扬他们保存中华民族文化遗产的潜德，叙述广东各书院兴盛，私家藏书发达的盛况，无论公藏私藏都是将编纂、刻印、收藏、利用结合在一起。书院既是学术阵地，又是文化传播中心，同样也是藏书、刻书基地。大多数藏书家购求、校勘、刻书、藏书兼而有之，促进图书编纂、印刷、收藏和利用密切结合在一起。可以说，《广东藏书记略》是一篇重要的广东藏书史料，填补了广东文化史上的一项空白。

《广东版片记略》是第一部广东简明印刷史，全文简要梳理明代以来广东印刷文化史。徐信符经过考证得知，粤刻最早者为明代崇正书院，刻书流传后世的有《汉书》和《宋史》，其后私刻与官刻并兴，而以阮元督粤创立学海堂最为广东刻书之翘楚，他说：

> 自道光朝，阮元总督两广，以朴学课士，经史子集，皆为研究实学所必需。学海堂创立，文澜阁启秀楼，为藏版校书之所，一时风化大开，上行下效，官刻私刻，风起水涌，其庞然巨帙，乃冠于各行省矣。[①]

对晚清广东刻书随着时局和世风变化而出现新变，徐信符亦有清醒认识，《广东版片记略》说："道咸以来，豪商大贾，轻财好义，往往附庸风雅，而于文化大有裨益，粤雅堂之伍，海山仙馆之潘，其最著也。……此皆豪富之家，有功文化，足以名留不朽者也。"[②]

[①] 徐信符：《广东版片记略》，《广东文物》（下册）卷九，中华文化协进会1941年编印，第858页。

[②] 同上书，第859页。

一直以来，藏书与刻书事业相互促进，互相繁荣。《广东藏书记略》和《广东版片记略》根据史实，把广东藏书和刻书事业发展进程分为四个时期：第一，明中期至明末，为广东私人藏书兴盛时期，藏书家多为士大夫、文人学士，他们为著书立说需要而大量储藏典籍；第二，清初顺治至乾隆时期，为广东私家藏书低潮期，乃清廷文化高压政策使然；第三，嘉道至道光早期，为广东藏书刻书事业鼎盛期，以阮元等督粤，兴办学海堂为标志；第四，光绪末至民国，为藏书和刻书衰落期，与西方列强入侵，经济凋敝等现实密切相关。可以说，《广东藏书记略》和《广东版片记略》两文是"对广东文化史上的藏书和刻书事业的历史总结，它们系统而翔实地论述了广东藏书和刻书事业发展的经过，为我们今天对广东文化史的研究提供了丰富的主要的史料"①。

此外，徐信符多年来致力于广东文献搜辑整理工作，积累了丰富的地方藏书家与藏书史资料。以其整理屈大均遗著为例，他说：

> 此《翁山佚文》，乃属旧钞本，由巴陵方氏碧琳琅馆珍藏。方氏群籍散后，流入北平，友人伦哲如为余搜得，储之南州书楼。前岁海盐朱遏先任中央大学史学教授，余与之共事，彼此均嗜蓄书，有同好，遏先亦搜集翁山佚文，余出所藏以相质证。朱所辑录，有十余篇为余钞本所无，因亦为采入。余所藏钞本，其中残阙疑误之字，得遏先代为雠校，諟正良多。迩时赏奇析疑，昕夕晤谈，诚为至乐。其后，余又搜得残本《翁山文外》，为最初印本，持以与原版通行之《翁山文外》相较，又得多篇，为通行本《文外》所无，然后知最初所雕之《文外》，其中亦有诋斥胡虏，触犯忌讳，其后乃弃而不录，故后刻者与初刻者校，亦有佚文。……余既辑其佚文，名为《翁山佚文辑》，于《广东丛书》第一辑。将付印矣，适友人黄君荫普在北平收得常熟薛熙所选《翁山文钞》，其中又有廿余篇为钞本所无，此书今罕见，诚为孤本，因即以《翁山文钞》

---

① 戚培根：《徐信符在广东近代文化事业上的贡献》，《岭峤春秋——徐信符研究文献集》，第225页。

付影印。而以余所辑佚文为《文钞》所无者附于后。①

徐信符历经多年，遍访友人，辑佚、校勘、付梓……琐碎工作的背后，是一种为藏书家留遗产，为地方保文化的心态，这种心态在《广东藏书纪事诗》创作中体现得更为充分。

（三）创作过程

关于徐信符创作《广东藏书纪事诗》的经过，研究徐信符的相关资料皆不云起始时间，笔者阅读该书《广雅书局·十峰轩》传文，其中说：

> 吴士鉴《题广雅书局图》云："风电驱掣成陶轮，海水群飞惊惨黩。亭榭秽塞人事非，委散云烟万千轴。二伍（元薇、崇曜）潘（仕诚）孔（广陶）更何人，廖（廷相）陶（福祥）林（国庚、国赞）江（逢辰）墓草宿。独从图画见衣冠，经师犹有秦时伏。"吴氏所言竟成诗谶。廖、陶、林、江均与广雅有渊源，昔日校勘名儒也。然昨岁香港开广东文物展览会，叶遐庵藏有廖、陶诸公画像展览，正可谓"独从图画见衣冠"乎？②

广东文物展览会是1940年在香港召开的，以此可知本书撰写至迟应始于1941年。而关于终止之年，其子徐汤殷《广东藏书纪事诗序》交代甚详：

> 先信符府君雅好藏书，节衣缩食，广求旁搜，公余课暇，日亲蠹蠹，手自丹铅，孜孜不息。分别部录，尤重乡邦；属意瓣香，弥恭桑梓。将明季以来粤中藏书家辑成《广东藏书纪事诗》二卷，发沈德之幽光，寓风于颂；叙典籍之聚散，因史成诗。书未杀青，遽捐馆舍。③

---

① 徐信符：《翁山佚文辑》卷首《翁山佚文辑序》，沈云龙编《明清史料汇编七集》（第10册），台北文海出版公司1971年版，第1—2页。
② 徐信符：《广东藏书纪事诗稿》，第79页。
③ 徐汤殷：《广东藏书纪事诗序》，《广东藏书纪事诗》卷首，沈云龙主编《近代中国史料丛刊续编》第20辑，台湾文海出版公司1975年版，第132页。

第四章　徐信符与《广东藏书纪事诗》

徐信符创作本书当在其生命中最后时期，徐信符去世于1948年，故此可知该书创作止于是年，而令人遗憾的是"书未杀青，遽捐馆舍"。但是，这部未杀青的书稿，很快引起了学界注意，第二年，也就是1949年3月，《广大学报》为庆祝广州大学建校20周年，特地出版纪念特刊，刊载6篇十分有分量的学术论文：黄文山《文化学方法论》、马小进《朝鲜党争考》、吴重翰《明代文学复古之论战》、马小进《汉代武梁祠象题字》、徐信符《广东藏书纪事诗稿》和何多源《国学书目举要》。在《广东藏书纪事诗稿》前，有《广大学报》编辑部撰写的一则卷首语：

> 此诗稿乃本校已故目录学教授徐信符先生遗著，曾经叶恭绰先生校阅。收广东自明代以迄民国藏书家数十人，详述广东典籍聚散之源流，阐扬藏书家之潜德，洵为不朽之作。且其中所述广雅书局十峰轩，广雅书院冠冕楼，菊坡精舍书藏，惠州丰湖书藏之史实，均为广东文化教育重要史料，尤足珍贵。惟首页所咏明代藏书家，有诗而无小传，盖未完成之稿也。①

1955年，徐汤殷有感于父亲"遗著未完，引为憾事"，于是"检索皮架遗墨残笺中，片纸只辞有涉及卷中传语者，勤加掇拾；其有诗无传者，缀而补之"。父子合作，终将这一著述璧全。1963年，商务印书馆出版《广东藏书纪事诗》，原稿诗作所缺之传文即为徐汤殷所补。台北文海出版公司1975再版《广东藏书纪事诗》，编入《中国近代史料丛刊续编》第199—200册，卷首出版简介说：

> 《广东藏书纪事诗》一卷，为七律五十一首，仿叶鞠裳《藏书纪事诗》体制，述自明历清邱文庄以下，凡广东藏书家五十一人，另附湘人侨寓于羊城者方柳一家。民国番禺徐绍棨信符（一八七九——一九四六②）所作，其传略未全者，其子承瑛所补辑。徐氏岭南藏书家之殿军，于所

---

① 广大学报编辑部：《广东藏书纪事诗稿·卷首语》，第69页。
② 徐信符的卒年应为1948年，此处误。

居构南州书楼庋藏达数十万卷。其人学行别无可考（粤中老辈，当有知者，俟容再访），只有于本书尾，其子承瑛所撰叙传中得其梗概。光绪庚子年，肄业学海堂，与叶誉虎、陈融等同笔砚。中年之后，历任广州、岭南、中山各大学讲习，所撰著本书外，另有《中国文学史》《中国诗学史》《文选研究》《唐诗研究》《古籍校读法》《书目学》等讲义十余种。

1999年，北京燕山出版社出版杨晓等点校《广东藏书纪事诗》，与伦明《辛亥以来藏书纪事诗》和王謇《续补藏书纪事诗》合刊。2004年，广东炎黄文化研究会和番禺炎黄文化研究会合编《岭峤春秋——徐信符研究文献集》一书，交由广东人民出版社出版，书中亦收录《广东藏书纪事诗》。

二 收录内容

至徐信符《广东藏书纪事诗》出，藏书纪事诗之作已经有三部问世了。叶书为通代之作，伦书为断代之作，而徐书则为地域之作，各有千秋。《广东藏书纪事诗》传文为笔记体，著述相对较为严谨和全面，记述每个藏书家的年里行状，藏书楼兴起背景，所藏重要典籍，藏书楼之间承传关系，藏书楼终结原因，图书散佚情况，及主要藏书楼功业以至藏书章等。

（一）广东藏书史实

叶昌炽《藏书纪事诗》收录五代至清季藏书家，但由于叶氏为江苏苏州人，对江浙地区历史文化了解较深，而于其他地区则未必知之甚详，如关于广东藏书家仅收曾钊、吴兰修、丁日昌、李文田及方功惠等5家。伦明为广东人，其《辛亥以来藏书纪事诗》侧重收录南来北往藏书家，传文以记述藏书家逸事为主，体例稍嫌不严谨，虽熟悉广东藏书，但收录广东藏书家仅三十余人。徐信符之前，对广东藏书家作专门研究的还有何多源，1933—1934年间，何氏发表于《广州大学图书馆季刊》上的《广东藏书家考》，所记广东藏书家有20余人。上述三家对于广东藏书家的记载皆有失偏颇，难以盖全。

《广东藏书纪事诗》记载的广东藏书家起自明代丘浚，终于近代伦明，凡

54 人，远远超过前人论述。徐信符"身居其地，又跻身其列，对情况比较了解和熟悉，再加上对藏书的挚爱，使他写起来得心应手，如数家珍"[①]。以一省地区为限，标举历代藏书家而咏之述之，《广东藏书纪事诗》为最早的一种，该书除撷拾故典、史乘外，特别着重于所见所闻，而无求乎资料之赅备。广东代表的岭南文化，基于独特的地理环境和历史条件，以农业文化和海洋文化为源头，在发展过程中不断吸取和融会中原文化和海外文化，逐渐形成自身独有的文化特征。以藏书文化而言，广东藏书传统源远流长，收藏世家辈出，更曾在清中叶之后成为中国主要的典籍收藏地之一。如以藏量著称的广东藏书家有：东莞莫伯骥藏书最多时达 50 多万卷，因此自称"五十万卷藏书楼主"；丁日昌藏书楼名"实事求是斋"，后改名为"百兰山馆"，又命名为"持静斋""读五千卷书室"，藏书共十余万卷，与其时江苏瞿氏"铁琴铜剑楼"、山东杨氏"海源阁"呈鼎足之势；伦明藏书于"续书楼"，钱财悉数用于购书而衣服破旧，因此被戏称为"破伦"。此外，叶恭绰的"宣室"、何荔甫的"田溪书屋"、梁启超的"饮冰室"，以及大学者梁鼎芬、汪兆镛、汪宗衍、冼玉清等人，均在藏书界如雷贯耳。

《广东藏书纪事诗》对各大藏书家介绍甚详，表列著名藏书家如下：

序号	藏书家	藏书楼	藏书量	藏书特色
1	屈大均	三同书院		"屈沱五书"，即《广东新语》《四朝成仁录》《翁山易外》《翁山文外》《翁山诗外》
2	曾钊	面城楼	数万卷	多孤本钞本、宋元旧椠、手校本，纸墨奇古
3	丁日昌	持静斋	10 余万卷	其中宋元善刻，及旧钞，大部、小编，单秘无行本者且居十之三四

---

① 谭赤子：《徐信符对中国典籍的情结和贡献》，《岭南文史》1998 年第 3 期。

续　表

序号	藏书家	藏书楼	藏书量	藏书特色
4	伍崇曜	粤雅堂	数万卷	以家藏典籍为底本校刻《粤雅堂丛书》等，凡2400卷
5	谭宗浚	希古堂	12万卷	虽无宋元佳本，然搜采略备
6	潘仕成	海山仙馆	数万卷	收藏书画古物甚富，刻有《海山仙馆丛书》56种、461卷
7	张维屏	听松庐	数万卷	最著名者为《包孝素墨迹长卷》，藏书以清代文集为多
8	陈澧	东塾书楼	10万册	所藏书，四部皆备，无不有批评点校
9	李文田	泰华楼		多为人间不经见之珍本，稍有宋元旧椠，而明代野史皆属钞本，多至百种以上。即名贤文集，亦皆秘本，多藏家书目所未载
10	梁鼎芬	葵霜阁	10万册	虽无宋元精椠而丛书特多，湖北省县志，大致俱备，近代诗人集亦丰富
11	孔广陶	岳雪楼	33万卷	宋元精椠，皆极充牣
12	梁启超	饮冰室		所藏但期于实用，不必求其精椠，上自典册高丈，下逮百家诸子，旁及东瀛海外之书，无不殚事收集
13	徐绍桢	学寿堂	20余万册	搜藏甚富，虽参戎幄，亦以书卷自随
14	莫天一	五十万卷楼	50万卷	搜采遍幽燕、江浙，凡珍、秘、抄、校本，锐意采入
15	方功惠	碧琳琅馆	10万卷	秘本、孤本为多

第四章　徐信符与《广东藏书纪事诗》

清代南方各地商业发达，由此对各种文化活动产生了很大冲击，就藏书而言，藏书家队伍构成发生了新的变化，新兴的工商资本家开始进入藏书家群体。清中期，商人藏书家以江苏、浙江和安徽等地为多，这类商人藏书家以经营传统的商业为主体，有盐业（如马曰琯、马曰璐兄弟）、冶业（如鲍廷博）、典当业（如汪宪）等。清末以来，海禁大开，中外商贸活动与文化交流渐繁，其中广东为著名的对外贸易商埠，国内的茶叶、丝绸、土布，国外的香料、毛织品等皆由此进出，因此出现了大批从事海外贸易的商人，他们事业成功后，将部分财产和精力转向文化生活，许多人在藏书活动中颇有建树。徐信符以敏锐的眼光，洞察商业活动带给广东藏书事业的变化。

《广东藏书纪事诗》所记商人藏书家，有经营传统商业者，如潘仕成和孔广陶以盐筴致富，莫伯骥以经营中药致富。但是更多的则为洋商，如伍崇曜、易氏家族和潘宗周等通过与海外贸易而致富，其中潘宗周还属于近代洋商中权势较大的一类——买办。

徐信符对商人从事藏书活动给予极高评价：一方面赞美他们可贵的品性，如论伍崇曜"轻财好客"[①]，不改传统知识分子本色。而对于易氏家族中的易容之，更是追述往事，不吝赞美：

> 丙辰（咸丰五年，1856）楚匪陷德安，适长子□□以府经分发广西省亲，在署城破，代父朝服升堂，骂贼遇害，贼知非本官，穷搜遇观察，巷战戮之。姬人携幼子杂乱军中逃出，行丐数月，遇乡人始经纪南归，事闻上，以其父子同时殉难，忠孝传家，予骑都尉世职。子袭云骑尉世职。[②]

这则记载赞扬了易容之父子在贼众来袭之际，大义凛然，不畏强暴，视死如归的可贵精神，一介藏书家在国难面前保持的传统气节，感召一代又一代人。另一方面记载了商人藏书家利用家藏，勤于刻书，传播文化的奉献精神。如伍崇曜聘请谭莹为其整理藏书，"凡粤人著述，代为搜罗，择其罕见者刻之。

[①]《广东藏书纪事诗稿》，第71页。
[②]同上书，第73页。

曰《岭南遗书》五十九种三百四十三卷；曰《粤十三家集》一百八十卷。其中或先代孤忠，或胜朝遗老，元精耿耿，赖以留存。选刻近人诗曰《楚庭耆旧遗诗》七十四卷，又博采海内书籍罕见者汇刻之，曰《粤雅堂丛书》一百八十种，共千余卷，殆广东古代乡贤遗书精华，尽为伍氏刊刻流布矣"[1]。再如孔广陶所刻书，"惟《北堂书钞》最有功艺林，盖少唐借钞周季贶所藏孙、严诸家校本，原分五色笔以为标识，校勘精细，自经孔氏钞录又由林敩伯逐条细校，实胜祖本"[2]。

（二）广东书院藏书

书院在我国有悠久的历史，源于唐，盛于宋，衰亡于清末，历经千载，是古代社会特有的一种教育组织。书院藏书是为了有效配合书院教学，为师生服务的，功能类似当今学校图书馆。藏书是书院的有机组成部分，它随着书院的发展而发展，随着书院的消亡而消亡。一般而言，古代书院藏书具有很大的共同性，内容上以经史等学术著作为主，版本上以通行本为主。

有别于叶书和伦书单纯收录私人藏书家不同，徐信符强烈地认识到书院藏书在我国图书馆史和文化史上的重要地位，因而《广东藏书纪事诗》独辟蹊径，部分条目以书院为传主，所述广东书院藏书主要有惠州丰湖书藏、广雅书院冠冕楼、广雅书局十峰轩、菊坡精舍书藏等4所书院藏书。

1. 交代书院藏书楼创办情形

徐信符出于尊重历史的考量，对各书院创办情形多有交代，给后世研究广东书院留下很有价值的史料。据《广东藏书纪事诗》可知，惠州丰湖书藏乃"梁公鼎芬掌教丰湖书院时所立，在丰湖书院侧"[3]；十峰轩为广雅书局校书六堂之外另设，"擅水木清华之胜，且"尤为幽雅"[4]；广雅书院冠冕楼是"光绪十五年（1889），南皮张文襄公（之洞）总督两广，于广州城西彩虹桥，创立广雅书院……无邪堂之外，正中特立书库，曰'冠冕楼'，额亦为张

---

[1] 《广东藏书纪事诗稿》，第71页。
[2] 同上书，第81页。
[3] 同上书，第78页。
[4] 同上书，第79页。

文襄所题，取唐诗'冠冕通南极'之义。复有吴大澂所书楹联，楼中规模宏壮，复分东、西两楹，藏庋图籍，其通行本必具两部，供东西两省士人借阅"①。戊戌变法后，广雅书院率先增设西学课程，冠冕楼也收藏西学图书。史载冠冕楼藏书最多时近3000部，五万余册，是当时广东藏书最多的图书馆。

在追述书院创办情形时，徐信符往往以饱含深情之笔，连带记述书院开办的相关事宜，如记菊坡精舍：

> 在粤秀山麓……同治六年（1867），广东巡抚蒋益澧，字香香（按，应为"芗泉"），与布政司方濬颐，字子箴，议改为书院，曰菊坡精舍。延聘陈澧为掌教，澧请如学海堂法，课以经史文笔，常集诸生讲读书之法，取顾亭林语，大书"行己有耻，博学于文"二语，揭于前轩，以为训条。②

短短几句，把菊坡精舍授课内容和培养生徒之宗旨披露出来。正是有了陈澧等人精心执教，菊坡精舍培养了大批可塑之才，在此求学士子有同样的师承关系，学术既高，影响既广，相互之间联系密切，久之形成了独树一帜的"东塾学派"。这个学派的形成，表明清代广东在学术上已经自成系统，独具特色，能与中原学派分庭抗礼，在全国学术界中占有重要的一席之地。

2. 叙述书院藏书特色

"书院所以教士者，而书籍为教士之具，使有书院而无书，则士欲读不能，是书院徒有教士之名，已失教士之实。故凡教士之所，皆有广搜典籍之必要，以供学者之博览，不独书院而已也。"③ 因此之故，书院成为中国古代四大藏书体系之一。古代书院藏书为士子读书科考之用，一般来说经、史、子、集俱全，尤以十三经及二十四史为通用之书。《广东藏书纪事诗》所述私家书院藏书也不例外，但是，通用藏书之外，各书院还能够极力体现藏书特

---

① 《广东藏书纪事诗稿》，第78页。
② 同上书，第80页。
③ 班子阁：《书院藏书考》，原载《国立北平图书馆馆刊》第五卷第三期，转引自李希泌、张淑华编《中国古代藏书与近代图书馆史料》（春秋至五四前后），中华书局1982年版，第465—466页。

色。如惠州丰湖书院：

> 《丰湖书藏书目》八卷，为梁公所编，其序卷目后云："书藏意在搜罗往籍，于国朝人文集，尤所加意。然如袁枚之素行无耻，得罪名教，淫书谰语，流毒海内，三五成群，成为盗贼，成为风气，不可救药；龚自珍心术至坏，生有逆子，败乱大事，文字虽佳，不与同中国。凡此二人著述，永远不得收藏，以示嫉恶屏邪之意，诸生其懔守之！如有违者，非吾徒也。"①

丰湖书院是光绪十一年（1885）梁鼎芬谪归广东后所创建，此前他到过镇江焦山，非常仰慕阮元在嘉庆年间创设的焦山书藏，并觉得自己与阮元"似有因缘"②，于是仿其规模在惠州建立类似的书藏，供学生阅览，以集部与方志两类为当时广东各书院收藏之冠。但是，徐信符所记与一般史料所载不同的是，梁鼎芬十分鄙薄袁枚和龚自珍之为人，认为袁"素行无耻"，龚"心术至坏"，因而将二人著述摒弃不收，可谓独特。当然，梁鼎芬之见未必为是，但却反映出丰湖书院教育士子时，把道德素养放在第一位考量。

3. 追踪书院及藏书去向

徐信符长期生活在广东，一生几乎没有离开过岭南，故对本地掌故十分熟稔，于书院历史了如指掌，《广东藏书纪事诗》对各书院及藏书去向十分关注。如丰湖书院"惜民国以来，惠州迭遭兵燹，丰湖书藏已遭炮毁，藏书亦多四散矣"③；广雅书院冠冕楼藏书"一厄于水患，再厄于盗窃。民国某年，莫荣新督粤，广西曾请求分书，于是以一部移西江图书馆，一部移广东图书馆。其后粤军西征，陈炯明又将移西江者送还广东高等师范学校。……广雅冠冕楼藏书书箱，留存者，分储于省立第一中学，及广东图书馆，仍作藏书之用，及戊寅（1938）广州失陷，乃无一留存"④；菊坡精舍"光绪末年，书

---

① 《广东藏书纪事诗稿》，第78页。
② 汪宗衍：《海西庵三忆诗并序》，梁鼎芬《节庵先生遗诗补辑》（汪宗衍辑），1934年铅印本，第23页。
③ 《广东藏书纪事诗稿》，第78页。
④ 同上书，第78页。

院停废，大吏将菊坡遗址并入应元书院，改为存古学堂，并于菊坡遗址，设陈东墅先生祠。民国后，存古学堂已停，民国十年（1922），于其地改立执信学校，追执信校迁东沙路，复于此建市立第一中学。至戊寅（1938）兵燹，此地夷为平地，菊坡遗址，荡然无存矣"①。

（三）广东刻书活动

藏书是一项综合性文化活动，包括求书、购书、刻书、抄书、借书、读书、编目、校雠、辑佚等多方面，明清以来，印刷技术日益发达，私家刻书普遍流行，因而私家刻书与藏书关系日益密切。《广东藏书纪事诗》在记载藏书家藏书活动时，于刻书活动记载较多。

刻书最多的私人藏书家为伍崇曜，共校刻 2400 余卷，这是伍氏聘请谭莹专职负责校勘之故。谭氏"熟于流略"②，先后撰写"跋尾二百余篇"③，不过全都署名"伍绍棠"。有藏家将家藏珍本拿出以供粤雅堂刻书作底本之用，如所刻《莲须阁集》"出于春堂所藏也"，"春堂"主人为梁梅，他"典衣损食，以蕲充牣，而史乘全策、名儒遗文，购求尤力"④。此外，梁廷枏藤花亭刻书亦较多，除将自撰多种剧曲刻板外，"尚有《诗集》四卷、《散体文》一卷、《骈体文》三卷、《书余》一卷、《书画跋》一卷、《东坡事类》二十二卷、《越华书院记略》《粤秀书院记》若干卷"⑤。

此外，潘仕成刻书不惜花费，十分讲究底本选择和纸张印墨，所刻"《海山仙馆丛书》五十六种，共四百六十一卷，皆当时所藏珍本也"⑥。清代著名私家刻书，如鲍廷博、黄丕烈等，皆以精选底本著称，他们所刻之书流传至今大多成为今人研究古籍的依赖版本。潘氏刻书也一样，所刻《海山仙馆丛书》，"必择前贤遗编，足资身心学问，而坊肆无传本者，方付枣梨；且务存

---

① 《广东藏书纪事诗稿》，第 80 页。
② 同上书，第 72 页。
③ 同上书，第 71 页。
④ 同上书，第 74 页。
⑤ 同上书，第 73 页。
⑥ 同上书，第 72 页。

原文，不加删节，即立说未尽曲当，悉仍其旧，未便参改"①，可见其选择底本之用心良苦，亦与鲍、黄诸家刻书相呼应，尽力服务清代朴学。

校勘精审的有两家：一为陶福祥，"其管理学海堂文澜阁，所印书，精选纸墨。发兑处名'镕经铸史斋'。又于藏书之精者，选择雕刻，如《蔡中郎集》《朱韦斋集》《陈后山集》、沈括《梦溪笔谈》、汪师韩《文选》《理学权舆》等，均精于雠校，而胡伯蓟手写苏书《陶集》，字大如钱，尤为精绝"②。二为孔广陶，"所刻书，惟《北堂书钞》最有功艺林，盖少唐借抄周季贶所藏孙、严诸家校本，原分五色笔以为标识，校勘精细，自经孔氏抄录又由林敹伯逐条细校，实胜祖本"③。

当然，《广东藏书纪事诗》记载刻书成就最大的当数广雅书局和菊坡精舍两大书院。菊坡精舍在盐运使钟谦钧主持时，"既刻殿板《十三经注疏》《通志堂经解》二书，又仿《江浙书藏条例》，贮书于菊坡精舍中"④，真是嘉惠士林如此，诚可幸也！而徐信符曾主持广雅书院刻书，皆亲力亲为，所记史料性强，其云：

> 余于民国六年（1917），始恢复广雅版片印行所，七年汇刻为《广雅丛书》，印行整理，历二十余年，及戊寅（1938）广州失陷，文化遭厄，幸广雅全部版片，及学海堂一部分版片，余与同事廖伯鲁筹画，已事先移出，分贮于乡中，其未及移者，尚有学海堂一部分，版则已作析薪，而广雅全部堂宇，则为市府暨各局办公之所矣。⑤

徐信符先后历时20多年，在广雅书院主持刻书，又在战乱期间转移版片，保存文化，贡献尤多。

---

① 《海山仙馆丛书》卷首《例言》，清道咸间番禺潘氏刊本。
② 《广东藏书纪事诗稿》，第80页。
③ 同上书，第81页。
④ 同上书，第80页。
⑤ 同上书，第79页。

三 学术价值

"广东在洋海岸边,港口又多,成为历代中国与外国交通之枢纽,因此便于沟通中外文化,吸收外国文化,复因此而文化之发展乃有几种特殊的色彩。"① 而正是由于偏处岭南,广东文化一直以来受学术界重视程度不够,很多"亮点"甚至不为人知。以藏书史研究为例,叶昌炽《藏书纪事诗》收录广东藏书家仅有吴兰修、曾钊、李文田、丁日昌及方功惠5人,伦明虽为广东人,但其《辛亥以来藏书纪事诗》仅收广东藏书家30人,王謇《续补藏书纪事诗》收广东藏书家6人。另外,汪閬《明清蟫林辑传》收广东藏书家5人,吴则虞《续藏书纪事诗》收广东藏书家1人,郑伟章和李万健《中国著名藏书家传略》收广东藏书家3人,何多源《广东藏书家考》② 记载20余人。事实上,广东藏书家众多,贡献突出,由于各书少录、漏载,广东藏书家事迹难以彰显,俟徐信符《广东藏书纪事诗》出,收录广东藏书家计61人,记事54家,其中伍崇曜与远爱楼、潘仕成与海山仙馆、张萱与西园以及吴荣光、屈大均、黄佐、黄遵宪、梁廷枏、张维屏等人,此前各书并未将其作为藏书家记载。可以说,徐信符《广东藏书纪事诗》对广东的私家藏书史做了全面性总结,具有存史实、资考证之功,为后人进一步研究广东藏书史提供了诸多线索。

(一) 丰富详尽的广东藏书家资料

叶昌炽《藏书纪事诗》为辑录体,其人未必对各地藏书史料皆熟悉,故所收广东古代藏书家资料欠缺很多。伦明是广东人,对广东文化比较熟悉,且又是藏书大家,开过书店,对于各种藏书掌故应该很了解,但其《辛亥以来藏书纪事诗》采用的是笔记体,所记述的大都是几十年来南北各地耳闻目睹的藏书逸闻。何多源《广东藏书家考》偏重于考证藏书家行状和著述,对于典籍收藏、流传以及各藏书楼之间传承关系等方面记载比较欠缺。徐信符

---

① 简又文:《广东文化之研究》,《广东文物》(下册)卷八,中华文化协进会1941年编印,第653页。
② 载《广州大学图书馆季刊》1933年第1期。

《广东藏书纪事诗》也是采用笔记体，但对于每个藏书家年里行状、藏书楼兴起、所藏重要典籍、藏书楼之间承传关系、藏书楼终结的原因、图书散佚情况、私家藏书楼的功业及藏书章等，记述十分详尽。如《辛亥以来藏书纪事诗》和《广东藏书纪事诗》都以广东藏书家丁日昌为传主，但详略不同。

伦书特意将丁日昌列为两则条目，两则传文云：

其一

丰顺丁雨生中丞日昌，抚吴有惠政，吴人至今思之。江南乱后，故家书尽出，中丞留意收拾，遂成巨观。相传有豪夺之事，盖陆存斋诬之。存斋欲据郁氏宜稼堂书，及自闽归，其精椠已为中丞所得，大嗛之，因造无稽之言。蒋香生、俞荫甫俱有辩，不赘述。中丞次子惠康，字叔雅，能文章，负志节，与妇不协，弃家出游。晚居京师，嗜青花磁及古琴，时亦购书。与余订南归观书之约，然叔雅实无归志，且不知持静斋之所有，已成漏卮也。光绪中叶，有四公子之称，谓谭复生嗣同、吴彦复保初、陈伯严三立及叔雅也。

其二

持静斋书之散出，世人多不知其故，亦不知其始于何时。以余所闻，揭阳城内有书店多家，专伺丁书。书之出也，悉由婢仆之手，多少精劣全缺不一。久之又久，而书已尽。广州有华英书局者，亦分支店于揭阳，有所得，随寄广州。余所见最精者，有《禹贡图》《毛诗要义》、文与可《画絮》等。盖始得时所欲甚奢，既不谐，则之上海，值亦因时与地而递减。惟所见有书目以为宋本而实明本者，如《唐文粹》之类，不能忆也。乙卯（1915）岁，华英挟《持静斋书目》版片归，遂不复去，书当尽于此时矣。后闻《禹贡图》归刘晦之，《毛诗要义》归李经迈，《画絮》未知流落何所。①

伦明坚持一贯的行文风格，即以搜辑遗闻逸事为主。第一则传文简要介

---

① 《辛亥以来藏书纪事诗》，第7—8页。

绍丁日昌聚书情形，提到了"豪夺"之传闻①，接着笔锋一转，钩稽丁日昌次子丁惠康"与妇不协，弃家出游"之轶闻。第二则更是伦氏耳闻之逸事，"书店多家，专伺丁书""书之出也，悉由婢仆之手"，其事则有，其实则有夸大之嫌，诚如苏精评说《辛亥以来藏书纪事诗》所云："往往涉想所至即笔而书之，精悍有余，完整不足，尤其是各藏书家年里言行等基本资料几都无有，后人据以研究时非大费周章不可。"②

再看徐信符《广东藏书纪事诗》关于丁日昌的传文：

> 丁日昌，字禹生，丰顺人，以牧令起家，历官苏松太道、两淮监运使、江苏布政使、江苏巡抚。日昌治吴，人民感戴，敷政余暇，性好收书，初名"实事求是斋"。邵亭《宋元本经眼录》云："《仪礼郑注》十七卷，宋淳熙本，同治甲子（1864）署'苏松太道丁禹生获之上海肆中'，客道署借读，审定为实事求是斋之冠。"及官两淮监运使，斋名有"百兰山馆"，其诗集亦以此命名。林达泉《文钞》有《百兰山馆藏书目录序》云："雨翁都转，博雅好古，藏书富甚，暇日尽出所藏，属某编为目录，因仿《四库全书》例，分为经、史、子、集四部。自兵燹以来，大江南北，两浙东西，所谓文宗、文汇、文澜三阁，庋置秘本，都已化为灰烬，无有存者，都转乃搜罗荟萃，收拾于委弃瓦砾之余，购集之多，几及三、四万卷，洵所谓壹其所好，好之而有力者也。都转从政之暇，日手一编，清俸所入，尽以购集图史，故得蔚为大观。某妾人也。屠门大嚼，亦且快意，编校之余，为志其缘起云。"今《百兰山馆藏书目》不见于世，《持静斋书目》则官江苏巡抚后，莫友芝为之编也。莫序云："同治丁卯（1867）秋，友芝浙游，还及吴门，禹生中丞命为检理持静斋

---

① 清同治年间，著名藏书家郁松年的宜稼堂藏书开始散出，引起各方的争购风潮，而其中争抢最烈的两方是时任苏松太道的丁日昌和当时丁忧在家的陆心源。丁日昌与陆心源为爱好古书的同道，经常就书事相互探讨，关系可以说是不错的，然而郁氏遗书一出，两人所好既同，就不免要有冲突了。先是丁日昌因居各方之利，购得部分精本，而陆心源对此颇为不满，就说丁如何如何的巧取豪夺；后陆购得的宜稼堂宋元古本也不在少数（皕宋楼宋元古本中曾经宜稼堂收藏的比曾经其他藏书楼收藏的为多），由此丁当然也不会高兴；此事后来还是经曾任翰林院编修的俞樾从中说和，方才告一段落。关于此事伦明和徐信符皆为丁氏辩诬，然流传已久，多因高阳所著《清末四公子》坚称"豪夺说"。

② 苏精：《近代藏书三十家》，中华书局2009年版，第145页。

藏书三百有若干匣，散记其撰述人时代、卷帙、刊钞。逾两月，粗一周，未及次序。明年春，还金陵，乃举官本《简明目录》，悉斋中所有，注当条下，库目未收，或成书在后者，约略时代，条记于上下端，用助朝夕检览。东南文籍，夙称美备，镇、扬、杭三阁，又得副天府储藏。军兴以来，散亡殆尽。中丞敷政余间，十年搜集，其中宋元善刻，及旧钞，大部小编，单秘无行本者且居十之三四。呜呼，富哉！"

　　按：郘亭所编书目四卷，续增一卷，凡五卷，即丁氏家刻之《持静斋书目》也。惟元和江标谓其所编颇觉杂糅，因为重编，分宋、元、抄、校四类，印记收藏间一附载。光绪甲午（1894）携稿至湘，写而刻之，名曰《持静斋藏书纪要》，凡二卷。其序云："丁禹生中丞，藏书半是吾郡旧家物，乃庚申（1860）兵火后为中丞所得。"代其搜访者，独山莫子偲先生也。末云："写而刻之，存吾郡藏书掌故，嗟嗟！武康何灵，长恩空祝，百年载橐，视此长编，因系以诗曰：'直教买椟竟还珠，缕晰条分亦太愚。印跋收藏分姓氏，宋元抄校别锱铢。云烟过眼情堪拟，天水冰山录岂殊。第一伤心惊浩劫，夜阑有梦到姑苏。'"注云："吾乡黄荛翁、汪阆源藏本，在此目者不少。"

　　江氏以《天水冰山录》相拟，言太忌刻，殆惑于陆存斋旧事，谓为报应宜然。其实当时谣诼，谓有豪夺之举，盖陆存斋诬之也。禹生官吴时，宜稼堂郁氏宋元旧本，都归插架。其尤精者，景祐本《汉书》、世彩堂《昌黎集》及宋刊《礼记要义》《礼记集说》《两汉会要》《东都事略》皆为至宝，陆存斋忌之，乃云禹生介绍应敏斋廉访至郁氏阅书，自取宋元刊本五十余种，令材官、骑士担负而趋，时郁泰丰已故，其诸孙尚幼，率其孀妇追及于门，禹生不能夺取，其卷帙少者，自置舆中，其卷帙多者，仅携首帙而去，后经应敏斋调停，以宋刊世彩堂《韩文》、程大昌《禹贡论》《九朝编年》《毛诗要义》《仪礼要义》，金刊《地理新书》十种为赠。惟蒋香生注郁氏书目则云："郁氏不欲零售，陆心源时在闽，迨归，《毛诗》等精椠，已为禹生所得，故大慊之。"俞荫甫说亦然，据蒋香生、俞荫甫之说，则豪夺之说所由来，已为辨明矣。

　　惟持静斋所藏，入民国后，悉已播散，揭阳城内，有书店多家，皆为北平、上海估客，专窥伺其书而设。其书之出，多由婢仆之手，宋元抄校，无所别择，俱以贱值辇载而去。《持静斋书目》版片，亦为广州华英书局挟以俱归。禹生所著《百兰山馆诗》《抚吴公牍》已有刊行；其政书为家藏稿本，有《藩吴公牍》十五卷、《巡沪政书》七卷、《淮鹾摘要》三卷、《奏稿》六卷，今皆藏余南州书楼中。①

这则传文的内容可分解为6个层次：第一，简要叙述丁日昌字号、籍贯及仕宦经历；第二，介绍丁日昌抚吴和官两淮盐运使时不同的书斋名；第三，介绍丁日昌两种藏书目录——失传的《百兰山馆藏书目》及莫友芝为之编纂的《持静斋书目》；第四，加一案语，述《持静斋书目》被江标改编为《持静斋藏书纪要》之经过；第五，为丁日昌辩诬，述丁日昌"豪夺"之真相；第六，述丁日昌身后，持静斋藏书流向。两者相较，徐信符传文比伦明传文更为详细、全面、客观、平实，以事实为依据，摒弃道听途说。

（二）广东藏书家学术活动

明清以来，私家藏书渐趋以藏为用之途，藏书家亦学者，他们充分利用藏书，在读书治学方面成就斐然。藏书纪事诗诸作者已经注意到这个趋势，叶、伦二人之书有所涉及，但是十分注意搜集这方面资料，并在多篇藏书家传文中阐述藏书家学术活动的还以徐信符《广东藏书纪事诗》为最可称道。今钩稽书中资料，列表如下：

序号	藏书家	藏书楼	学术活动或成就
1	黄文裕	宝书楼	其学以"博约"为宗，尝曰："词章之说胜，始有无用之文；虚寂之说行，始有无文之学。"故出其门者多以学行交修自饬，以梁有誉、黎民表、欧大任为最著

---

① 《广东藏书纪事诗稿》，第70—71页。

续 表

序号	藏书家	藏书楼	学术活动或成就
2	屈大均	三同书院	富有民族思想,所为词句慷慨激昂,致遭清廷之忌,以其著述悉入《全毁书目》中,片纸只字不得流传
3	吴兰修	守经堂	不愿做诗人,诗词虽有盛名,而其专长在于考订
4	梁廷枏	藤花亭	精研艺术,家中小史,曼曲长歌,常有丝竹管弦之盛,故著有《曲话》四卷,及《昙花梦杂剧》《断缘梦杂剧》《红梅梦杂剧》《圆香梦杂剧》《江南春词补传》,皆当年浅斟低唱之遗物,可知其研究剧曲,非徒属之空言矣
5	冯龙官	绿野草堂	于群书皆有考证,尤精史志金石
6	张维屏	听松庐	编有《国朝诗人征略正续集》,可以考见诗人史实
7	黄子高		留心掌故,考证金石,多藏书,一一手自校勘
8	陈澧	东塾书楼	中年以前治经,每有疑义,则解之考之。其后幡然而改,以为解之不可胜解,考之不可胜考,乃寻求微言大义,经学源流正变得失所在,而后解之、考之、论赞之
9	陈树镛		生平精"三礼"学
10	李文田	泰华楼	关于西北地理,考核特精。……于版本目录精审,故所藏书,每书衣均有题识,记其卷数、版刻,或并辨证书中得失

续　表

序号	藏书家	藏书楼	学术活动或成就
11	陶福祥	爱庐	精于校雠
12	林国庚	鞠录庵	精于史学
13	梁启超	饮冰室	专治国故……学益切实
14	叶恭绰		工倚声之学，以王中唐、朱疆村所刊者惟宋词，复有编辑清词之举，博搜沉佚，得数千家
15	伦明	续书楼	精目录、版本学

（三）考辨广东典籍形成与聚散

徐信符一生是与文献打交道的一生，1948年，他在《广东文献馆征求文献小启》一文中说：

> 岭海舆图，肇自秦汉，百州冠冕，夙著英声。历代以来，人文蒸蔚，海滨邹鲁，不下中州。然莫为之后，虽盛不传。杞宋无征，宣尼致叹。昔在明世，陕阳张邦翼尝有《岭南文献》之辑，继之晋江杨瞿（崃）有《岭南文献轨范补遗》，以笾仕者。景仰前贤，亦且努力搜集，锐意保存，矧维桑与梓，必恭敬止，忍令名山事业，埋没蓬蒿。顺德罗学鹏在咸同之世，有《广东文献》之刻，粤雅堂伍元微亦有《岭南遗书》之辑。缅怀先达，征文考献，颇具盛心。然鸡鸣风雨，继起何人？况抗战以来，斯文遭陨，《论语》当作吹薪，黉序鞠为茂草。英雄断路，孰为表彰？耆彦挺节，许多埋没。移怀岁寒之松柏，望恢复之河山，剑气珠光，神灵呵护……①

---

① 徐信符：《广东文献馆征求文献小启》，《广东文献通讯》1948年第1号，第32页。

徐信符对历史悠久的岭南文化十分自豪,对先辈致力于广东文献传播深为景仰,其一系列著述,如《广东版片记略》《广东藏书记略》《广东藏书纪事诗》等对于广东典籍聚散情况做多方追踪,给学术界进一步研究提供了丰富史料。《广东藏书纪事诗》在这方面最具特色,其具体做法有三。

一是探究文献形成的本来面目。如《岭南遗书》是晚清广东著名私刻丛书,始于道光十一年(1831),迄于同治二年(1863)伍崇曜逝世,前后持续三十余年。关于该书刊刻经过,徐信符的记载十分重要:

> 玉生博考粤中文献,凡粤人著述,代为搜罗,择其罕见者刻之,曰《岭南遗书》五十九种三百四十三卷;曰《粤十三家集》一百八十卷。其中或先代孤忠,或胜朝遗老,元精耿耿,赖以留存。选刻近人诗曰《楚庭耆旧遗诗》七十四卷,又博采海内书籍罕见者汇刻之,曰《粤雅堂丛书》一百八十种,共千余卷;续刻、三刻尚未计。凡伍氏校刻者二千四百余卷,跋尾二百余篇,则玉生所为,而署名"伍绍棠"也。①

徐信符在这里还原历史本来面目,指出伍崇曜和谭莹一人出钱,一人出智,相辅相成,完成这件岭南文化史上大工程的真实情况。徐信符能够透过文字的表面,深入地发掘事实真相,使广东学者的历史功绩不至湮没。

二是交代典籍流失之原因。如陈融(字颙园)曾编纂过《清诗纪事》一书,惜最终未成。徐信符记载说:

> 近廿年来,就性所好者,专搜罗清人集部。颙园藏书所蓄清代诗文集,在二千余种以上。其继续访购,犹未有艾。盖欲仿陈石遗《元诗纪事》、陈田《明诗纪事》,勒成《清诗纪事》也。其属草时,先为诗话,病自来总集操选政者,未见其人专集,辄从他处稗贩,则其人本末不得藉诗以传,致使读其诗者,不得尚论其人,致为憾事。《晚晴簃》一选,号称淹博而挂漏既多,舛误亦不少。思欲成一家言,积卷盈尺。如皋冒广生劝其刊布,曾将《颙园诗话》分日在香港《中兴报》发表,其原稿

---

① 《广东藏书纪事诗稿》,第71页。

体例，于姓氏爵里后，先列各家评语、诗话笔记，次列自作诗话，次列所选诸诗。其登于报章，则仅为自作诗话。所选诸诗，仍存其目于诗话后，盖既《清诗纪事》之长篇也。乃自广州失陷，颙园藏书，尽为强梁肱箧以去，《清诗纪事》，汗青无日矣。①

清人曾有编撰历代诗纪事的热潮，元诗与明诗皆已成书，陈融收藏清人诗集尤多，为清诗编纪事的主客观条件皆成熟，但孰料广州失陷，藏书被盗，此事遗憾作罢，时在1938年。半个世纪后，钱仲联先生主持编纂《清诗纪事》成，收录清代7000多位诗人的作品，各位诗人附有简历，正文之后汇集各家诗评，评论诗人独特成就，兼及诗作优劣得失等，体例上与陈融相似，陈融地下有知，理当欣慰。

三是追踪藏书去向。如黄节"曾收得许巺行《文选笔记》稿本，残破碎不可爬搔，晦闻（按，黄节字）乃亲为厘剔，重为抄录，今嘉乐园所藏其晦闻手写《文选笔记》，其遗物也"②。徐信符南州书楼收藏广东典籍更多，《广东藏书纪事诗》间有记载，如云："东塾遗书多已播散，其稿本及评校本，余南州书楼搜藏最多。"③ 南州书楼收藏多少陈澧藏书？囿于资料，已不可知，笔者检索《加拿大英属哥伦比亚大学收入南州书楼旧藏宋元明及旧钞善本书目录》《中山图书馆采集南州书楼旧藏之书目》④ 和《〈南州书楼广东书目〉（冼玉清编）补遗》⑤，获以下数种：

《穀梁大义述》，不分卷，清柳与恩撰。1册。道光壬寅年（1842）刻本，陈澧手批并题记，有"南州书楼"印。

《十经文字通正字》14卷，清钱塘撰。4本，清钞本，14行24字，有"陈兰甫""南州书楼"诸印。

《悔存诗钞》8卷，清黄景仁撰。清钞本，2册，9行20字。陈澧批校，有"兰圃""陈澧之印""南州书楼"诸印。

---

① 《广东藏书纪事诗稿》，第84—85页。
② 同上书，第84页。
③ 同上书，第76页。
④ 以上两种书目皆王洁玉编，载《岭峤春秋——徐信符研究文献集》，第104—144页。
⑤ 倪俊明编，载《岭峤春秋——徐信符研究文献集》，第145—150页。

《东塾未刊稿》之一《陈兰甫批菊坡课卷超等第一名》，稿本，1册。

《东塾未刊稿》之二《陈兰甫批菊坡课卷超等第二名》，稿本，1册。

《东塾未刊稿》之三《陈兰甫批菊坡课卷超等第十一名》，稿本，1册。

《东塾未刊稿》之四（陈兰甫先生履历及著述），陈澧撰，稿本，1册。

《东塾未刊稿》之五《东塾杂稿》，陈澧撰，稿本，1册。

《东塾未刊稿》之六《陈澧先生陶诗编年》，陈澧撰，稿本，1册。

《东塾未刊稿》之七《古文辞类纂序目》，陈澧撰，稿本，1册。

《东塾未刊稿》之八《家乘》，陈澧撰，稿本，1册。

《东塾未刊稿》之九《家乘》卷末，陈澧撰，稿本，1册。

《东塾未刊稿》之十《本朝通论》，陈澧撰，稿本，1册。

《东塾未刊稿》之十一《东塾杂俎》，陈澧撰，稿本，1册。

《东塾未刊稿》之十二《陈兰甫批菊坡课卷超等第三名》，稿本，1册。

《东塾读书稿》不分卷，陈澧撰，稿本，6册。

《陈澧算学书札》，陈澧撰，手稿本，1册。

《金刚经重订本》，陈澧订。

《博雅音》，陈澧撰。

《玉篇》，南朝顾野王撰，陈澧评点考校。

《广韵》5卷，陈澧评点。

《三统术衍》3卷，清成蓉镜撰，陈澧评点。

《十驾斋养新录》23卷，清钱大昕撰，陈澧评点。

《李义山诗集》3卷，唐李商隐撰，陈澧批评。

《后山集》24卷，宋陈师道撰，陈澧批评。

《李义山集》4卷，唐李商隐撰，陈澧批。

《王阳明集》16卷，明王守仁撰，陈澧批。

《通介堂经说》37卷，清徐灏撰，陈澧批。

《燕乐考原》6卷，清凌廷堪撰，陈澧评。

《扬子法言》10卷，汉扬雄撰，陈澧评点。

《老子注》，汉王弼注，陈澧藏。

《王阳明集钞》，陈澧藏。

《说文声表》，陈澧撰。

《象形文释》4卷，清徐灏稿，陈澧手批。

《广东藏书纪事诗》对每位藏书家生平简历、藏书处名称、典籍的源流聚散、藏书种类及特色、藏书家兴趣专长及主要著述等都作了详略不同的介绍。该书学术价值尤高，具有存史实、资考证之功，为后人进一步研究我国藏书史，尤其是广东藏书史提供了诸多史料和线索。徐信符本人则为明悉广东藏书掌故的专家，书中所收录又以近代藏书家为主，本地人记本地事，更何况事未久远，耳闻目见，文献足征，书中史料真实可靠。

但是，我们也看到，由于撰写时间仓促、南州书楼经历屡变以及战乱频仍等原因，《广东藏书纪事诗》也存在诸多不足，主要有：一是广东藏书历史源远流长，史上藏书家众多，而本书却以明代为始，难以概括全貌；二是诗与传没有做到全部对应，书中记载的明代及明末清初的广东藏书家仅有丘浚、张萱、黄佐、陈琏、梁储、梁朝钟、屈大均数人，且都是有诗无传，后由其子续补，才得以璧全；三是漏收藏书家较多，还有不少藏书家藏书楼见于徐氏其他文章或他人著述中，而本书未收，如温氏漱绿楼、叶云谷风满楼、龙裕光螺树山房等。但瑕不掩瑜，《广东藏书纪事诗》在藏书史和藏书纪事诗创作史上的重要地位不会受到影响。

第五章　王謇与《续补藏书纪事诗》

续补藏书纪事诗，扶轮风雅见襟期。虫沙猿鹤空前劫，一老胡天不愁遗。①

这是周退密和宋路霞为王謇创作的一首诗作，也是关于王謇学术志业的真实写照。诗作首论王謇撰写《续〈藏书纪事诗〉》之功；次句赞其为济济之士，文学成就尤著；三、四两句悯其含冤离世，令人唏嘘。

第一节　王謇生平

王謇（1888—1969）②，原名鼎，字培春，后改今名，字佩诤，号瓠庐，晚号瓠叟，另号谔公、士一、佩颀、老瓠等。③ 江苏吴县（今苏州）人。1915年毕业于东吴大学，长期从事文化教育事业。历任《民国吴县志》协纂、江苏省立苏州图书馆编目主任、苏州振华女中教务长及副校长、国学会副主任

---

① 《上海近代藏书纪事诗》，第48页。
② 关于王謇去世时间，学术界说法不一。2010年8月15日，《姑苏晚报》发表署名何大明的文章《吴中掌故第一人——王謇》，叙述王謇去世情形说："王謇的硬骨头脾气，自然招来厄运。1968年7月16日，王謇在上海含冤去世，享年80岁。"好友潘承弼在《续补藏书纪事诗·后记》中对王謇去世情形也有记载："君为上海图书馆群竖所困，日经鞭挞，备受荼毒，时年垂八十，体力不支，后被逐家居。不久，即悒郁离世。"惜没有指出具体时间。而甘兰经《王佩诤先生事略》说"1969年他在上海逝世。终年八十一岁"（载《苏州文史资料选辑》第九辑，后附在王謇《续补藏书纪事诗》）。由于甘氏文章发表较早，故笔者采其说。
③ 关于王謇原名，张维明先生在《宋平江城坊考·整理说明》中以为"鼎"，见王謇《宋平江城坊考》卷首，江苏古籍出版社1999年版。本文草成之时，得读王謇孙王学雷《王謇先生与海粟楼》一文，确证王謇原名，并知悉多个字号。

干事、章氏讲习会讲师等职。抗战爆发后，王謇移居上海，任多所大学教授。新中国成立后任华东师范大学教授、上海文物保管委员会编纂。他博学儒雅，善治周秦诸子，长于版本目录、金石之学，精熟吴中文献掌故，是我国近代著名版本目录家和专古学家，同时也是藏书家和书法家。"文化大革命"时期，王謇身受迫害，含冤离世。其一生主要活动与成就在教育、藏书、撰著和文物保护诸方面。

一　从教育桃李

清代苏州为朴学重镇，初有顾炎武开风气之先，继有惠氏四世传经，更有来吴寓居的俞樾、章太炎等硕儒殿后，这里一时成为四方仰望的学术殿堂。王謇生于斯，长于斯，浓厚的文化氛围为其日后读书治学提供了得天独厚的便利条件，而更为重要的是，青年时期的王謇非常幸运地遇到了多位耆硕，受各位前辈影响，王謇很早就开启了学术研究之路。

沈修是王謇的启蒙之师。沈修（1862—1921），字绥成、休穆，江苏吴县（今苏州）人。曾任苏州存古学堂教授。沈氏治《尔雅》，重《说文解字》，撰《说文订许》14卷。他教授学生以陈奂《诗毛氏传疏》为主，参以王念孙《广雅疏证》、郝懿行《尔雅义疏》、段玉裁《说文解字注》三书。沈修有口吃的毛病，双目近视，清朝灭亡后，不剪辫，盘屈头顶，被金松岑视为"苏州五奇人"之一。顾颉刚先生说："沈之所长，在骈文与诗，然既无功名，又不善应世，故遭际颇艰苦。"[①] 作为晚清苏州大才子，沈修一生喜好藏书，与叶昌炽、唐文治等相交尤密。王謇以沈氏为师，打下了扎实的国学功底，获益匪浅，他十分感激地说："不才束发受书，即粗识考据门经，实由先生启之。"[②]

金天翮给予王謇最大的教益是诗歌创作。金天翮（1874—1947），初名懋基，字松岑，号壮游。又名金一，改今名，号鹤望，笔名麒麟、爱自由者、

---

① 顾颉刚：《苏州史志笔记》，江苏古籍出版社1987年版，第180页。
② 王謇：《续补藏书纪事诗》，书目文献出版社1987年版，第1页。以下引用该书皆此版本，只注书名、页码。

天放楼主人等。苏州吴江人。金氏积极投身于各种政治改良和革命活动，1895年，中日甲午战争之后，他在苏州与陈去病一起组织"雪耻学会"，1903年加入蔡元培在上海主持的"爱国学社"，又加入孙中山的革命团体"兴中会"，不久返回苏州兴办名为"自治学社"的私立学校，次年斥资创办吴江境内第一所女校"明华女学堂"。金天翮的诗作饱含强烈的忧患意识，与感时伤事的民族主义话语合流，在这一点上，他紧跟梁启超步伐，大力倡导"诗界革命"，在创作新的意象、思想和语汇的同时，维持古典诗歌的基本形式。钱仲联先生为此指出，金天翮是"诗界革命在江苏的一面大纛"[1]。他用诗歌形式记录自己所见证的社会政治现实，猛烈抨击国人缺乏情感责任和社会意识。王謇深得金氏真传，以"经师人表，嘉惠后学，不遗余力"[2]等语，高度赞美恩师。

黄人是王謇随之从学时间最久的老师。黄人（1866—1913），原名振元，字摩西。苏州常熟人。23岁时被县衙聘为书吏，得以广涉社会，博览众书。除了熟读古典诗文外，黄人对天文、地理、老庄、佛典、医学等也无所不读。1900年，东吴大学建成，黄人被聘为国学总教习（首席教授兼教务主任）。黄人生活的时代是我国历史发生根本变革的时期，在大动荡的历史潮流中，他站在资产阶级民主派一边，与乡人庞树松、庞树柏兄弟组织成立"三千剑气文社"，以文会友，评说时事，并与黄谦斋、庞树松创办《独立报》，这是苏州历史上第一张白话报纸（日报）。1907年1月，黄人在上海创办《小说林》，任主编，该刊被誉为清末四大小说月刊之一。由于黄人平生足迹主要在苏州和上海，所以王謇有充分时间得聆教诲，王謇说："予小子侍师久，明遗民、清学者事迹最为耳熟能详。"[3]

吴梅（1884—1939），字瞿安，号霜厓，别署癯安，逋飞，厓叟等，江苏长洲（今苏州）人。近代戏曲理论家、教育家、诗词曲作家，历任北京大学、中山大学、中央大学、东吴大学教授。吴梅一生致力于戏曲及声律研究和教

---

[1] 范培松、金学智：《插图本苏州文学通史》，江苏教育出版社2004年版，第1341页。
[2] 《续补藏书纪事诗》，第4页。
[3] 同上书，第2页。

学，主要著作有《曲学通论》《顾曲麈谈》《中国戏曲概论》《南北词谱》《元剧研究》等，又有传奇、杂剧12种。培养了大批学有所成的戏曲研究家和教育家，弟子中名家辈出，若卢前、任讷、许之衡、俞平伯、蔡桢、唐圭璋、赵万里、蔡莹、王玉章、汪经昌、王起、钱南扬、常任侠等，或多或少承继吴梅衣钵，而王謇则因为侍奉吴梅身边久，得其真传多，故迳称吴氏为"本师"①。

章太炎是王謇亲承最多的学者。1932年，章太炎退出政坛，隐居苏州，有终老之志。他在锦帆路成立"章氏国学讲习会"，王謇在章氏国学会成立与运作中全程跟从，任副主任干事，出力甚多。王謇师从章太炎具体体现在：一是章太炎每次讲演，王謇与范烟桥、诸祖耿、王乘六等从旁绎记，汇集成章，按期分发讲义。二是协助出版《国学商兑》（后改为《国学论衡》）和《文艺捃华》。三是担任国学会讲师，讲授《荀子》。王謇在"跟班"章氏的日子里，耳闻目睹章太炎的治学与风范，所获良多，久之成为讲习会骨干。四是任教振华女中时，常邀请章太炎来校讲学，著名作家和翻译家杨绛先生中学时期就读于振华女中，她回忆当时听课情形说："大约是1926年，我上高中一二年级的暑假期间，我校教务长王佩诤先生办了一个'平旦学社'（我不清楚是否他主办），每星期邀请名人讲学。我参与了学社的活动，可是一点也记不起谁讲了什么学。惟有章太炎先生谈掌故一事，至今记忆犹新。王佩诤先生事先吩咐我说：'季康，你做记录啊。'我以为做记录就是做笔记。听大学者讲学，当然得做笔记，我一口答应。"②

上述诸师中，章太炎、金天翮名满天下，"当世学者遂视为国内学术两大重望，以来吴得见两大师为三生有幸"③，王謇从其学时最久、所获最多。王謇与诸师朝夕相处，耳濡目染，学业日进，这种转益多师的学习经历，为其日后从事地方文化研究做好了充分的学术铺垫。

---

① 《续补藏书纪事诗》，第5页。
② 杨绛：《记章太炎先生谈掌故》，《散文》（海外版）1998年第4期。
③ 《续补藏书纪事诗》，第4页。

二 藏书海粟楼

苏州藏书风气享誉海内外，历代兴盛不衰。据现有史料考知，苏州的最早藏书家当为南朝陆澄。宋元时期，苏州藏书之风渐成态势，有史可查的藏书家就有13人之多①，其中，朱长文藏书2万余卷，叶梦得藏书10万余卷。明清以来，苏州藏书家大放异彩，顾元庆之大石山房、毛晋之汲古阁、钱谦益之绛云楼、钱曾之述古堂、黄丕烈之士礼居、瞿绍基之铁琴铜剑楼等藏书在全国影响最大。近代以来，苏州藏书仍走在全国前列，著名藏书家有邓邦述、金天翮、潘景郑、胡玉缙、叶昌炽等。据范凤书《中国私家藏书史》统计，中国藏书最著名的10个县市中，苏州排在全国首位，藏书已成为苏州士人的一种风俗，"虽寒俭之家，亦往往有拾百册；至于富裕之家，更是连楝充栋，琳琅满目。故大江以南，藏书之富，首推苏州"②。

生活在这样的文化氛围中，王謇深受感染，其家产虽不能说十分丰厚，但只要遇到好书，他一定会设法购买，有时竟至变卖他物来换取，"曾因卖田市书，而遭家人责难"③。民国时期，苏州护龙街、景德路、观前街牛角浜一带有40余家书肆，王謇是店中常客，久之与各店主相熟，往往尽情翻阅店内图册。王謇还常常漫步街头书摊，觅取自己需要的旧书。王謇藏书中，《研溪先生诗集》和《金吟香先生诗文集》16册均系从书店中淘来，慢慢地，藏书日多。王謇一如前辈藏书家，在住宅开辟一室专作藏书之用，其藏书楼原名瀹粟楼，后改为海粟楼。今人何大明介绍王謇藏书楼旧址说：

> （海粟楼）在苏州颜家巷16号其故居内。故居原有东西二路五进，雕梁画栋，是一座典型乾嘉风格的清代建筑，至今已有260余年历史。在观前街二期改造工程中，部分故居得以保存，并移入部分潘宅，以潘宅之名列为市控制保护建筑，标牌为122号。巷口竖立"苏州古街巷文

---

① 数字源自陈建忠《苏州藏书家在中国藏书史上的影响和地位》，《大学图书馆学报》2005年第2期。
② 李嘉球：《苏州状元》，苏州大学出版社1999年版，第30页。
③ 《上海近代藏书纪事诗》，第49页。

化标志牌",对王謇事迹有简要介绍。故居现存第五进天井和楼厅。天井内砖雕门楼保存尚好,题额"光风霁月",为乾隆年间锡山名人嵇瑛所题。藏书楼原在西路第二进,题名"海粟楼",取"沧海一粟"之意。①

王謇对于自己藏书楼也有记载,其《宋平江城坊考》"颜家巷"条目中说:"寒家海粟楼,即海峰秋声馆旧址也。"② 海粟楼所藏之书,多为乡邦历史文献、清人词集、清人传记等,仅孤本或稀见方志就有如下数种。

一是《天平志》。为明初释宗邕编集,钞本。志前有两序,分别由徐珵作于明正统四年(1439),杨翥作于天顺元年(1457)。王謇收购到手后,甚为秘宝,不轻易示人,今藏苏州博物馆。徐序前有"王謇""佩诤""海粟楼鉴藏记"三方朱印,杨序前有"苏州市文物保管委员会珍藏"朱印一方,卷首有"王謇""邃雅""拜许室郑室"三枚白章。2007年,苏州市地方志编纂委员会将之编入《苏州史志资料选辑》总第32辑,以飨读者。

二是明正德《姑苏志》。明王鏊于正德元年(1506)撰成。《四库全书总目》称该志"繁简得中,考核精审"③,文笔流畅,载述有体。早在弘治年间,吴宽尝与张习都修《姑苏志》未成而卒。后林世远为苏州牧守,请王鏊继续修《姑苏志》。王鏊依据吴、张遗稿,芟繁订伪,经八个月修订成书。惜书成之后,世间流传渐少,《四库全书》所收为两江总督采进本。王謇所藏为明正德元年(1506)刊本,60卷,卷首有"王謇""佩诤""海粟楼鉴藏记"三方朱印。

三是明《寒山志》。明赵宧光所撰。赵宧光(1559—1625),字凡夫,号广平,又号寒山梁鸿等。南直隶太仓(今江苏太仓)人。赵氏一生不仕,只以高士名冠吴中,偕妻陆卿隐于寒山,读书稽古。所撰《寒山志》专记其经营寒山的初衷、过程、规模,寒山在他手中形成的胜迹、情趣、风光等,文字清淡直白,波澜不惊。乾隆十五年(1750),乾隆皇帝得此书,阅读一过,立刻着迷。王謇所藏是从叶昌炽处借抄得来的,去世之后由家人捐入公藏。

---

① 何大明:《吴中掌故第一人:王謇》,《姑苏晚报》2010年8月15日。
② 王謇:《宋平江城坊考》,江苏古籍出版社1999年版,第179页。
③ (清)永瑢等:《四库全书总目》卷六十八,中华书局1965年版,第602页。

近代以来，受西方公共图书馆藏书思想之影响，中国私人藏书家逐渐改变秘不示人的藏书风气，转向公开、交流、服务之风。王謇也一样，海粟楼所藏之书，并没有束之高阁，而是经常借给友人阅读，以促进学术研究。如版本目录学家潘利达因修《寒山志》和《支硎山志》，就曾经向海粟楼借阅多种书籍，王謇慷慨出借，还让友人长期居住其宅抄辑。又如叶恭绰准备将《五代文钞》扩充，王謇大力帮助，把搜集所得各地五代金石文献供叶氏参考。此外，章太炎、李根源、金松岑等名流亦常聚会海粟楼，王謇从不保留，而是津津乐道展示其所藏之书。

王謇对于自家藏书勤勉有加，对于公共图书馆藏书一样尽心尽力。1928年，他在省立苏州图书馆任职期间，热心为图书馆收购图籍画像、文史资料及有关考试试卷，有些珍稀本价格昂贵，买不起就抄。甘兰经先生对此有过详细的记载：

> 他勤求博访，通过各种途径，充实书库。那时苏州护龙街、景德路、牛角浜一带，有旧书店四十余家之多。百双楼等旧书店，是他傍晚常到之处，街角冷摊，也可见其踪迹。见了好书就收购。如《研溪先生诗集七卷》，系江阴缪荃孙藕香簃抄本，是得诸市肆，而《金吟香先生诗文集》手稿本十六册，是从金氏后人处收购来的。馆中经费有限，有的就通过友好借抄。如《横山志略》，系铁琴铜剑楼所藏传抄本，这有关地方文献，不可或缺，就向瞿氏抄得之。他自己藏有《灵岩纪略内篇》二卷传抄本，就让图书馆转抄。《镫味轩丛稿》十二册，仁和车伯雅撰，系写定稿本。他认为是难得的善本，但索价高，馆里无力购买，他就要馆里的职员择其要者抄写二册。他亲自抄写《汾祠记》一册。时值酷暑，他们挥汗如雨，振笔疾书。他认为能够使书库增辉，苦一点，劳累一点，也是值得的。有一天旧书店灵芬阁送来《见山楼诗草》稿本八册，系张翊儁撰。作者遭遇时变，值太平天国战争，故可歌可泣可慕可慨之事，发之于诗，且有关掌故考据，具有史料价值，他爱不释手。但馆中经费支绌，只好割爱。他通观全书，作题跋一则。这件事使他几天不乐，也

可见其对书感情之深了。①

王謇不遗余力通过各种途径访求图籍，既为私藏考虑，也为公藏出力，受到时人好评。然而，1938 年，日寇将战火烧到古城苏州，王謇为生活所迫移居上海，海粟楼藏书也随之迁移。"文化大革命"期间，海粟楼所藏书刊字画、金石拓本等 11 万件被查抄一空，其后续有所发还，仍存放于上海寓所。

三　赤诚保文物

王謇在任职苏州图书馆期间，对充实善本及地方文献花费心思较多。他认为"发扬文化，推进学术，首重保存文献，而保存文献，则自各地方文化机关群策群力保存乡邦文献始"②。乡邦文献除了图籍、画像、金石等外，还包括先烈遗像遗物、各种档案表簿、谱录表单，旁及有关书院考试制度的墨卷、课艺等，都在王謇收集保护之列。

早在振华女中任教时，王謇曾写信给当时的国民党省政府，要求借用织造署旧址创办学校，因为，此举一可以解决办学场所问题，二可以借机保护织造署旧址和著名的瑞云峰。王謇的建议得到了政府相关部门的积极响应，如今，保护完好的织造署旧址和瑞云峰已列入省级文物保护单位。

此外，但凡为人所知的苏州城内古迹王謇都尽其所能，给以保护。1922 年，美术教育家颜文樑于沧浪亭畔创办苏州美术学校，看到因年久失修而荒芜的沧浪亭，颜文樑等地方名士倡议抢修该园，为此，成立了由 14 人组成的校董事会，负责筹集钱款。作为董事的王謇，不但带头捐款，还四处奔波募捐，为修复一代名园出谋划策。王謇还在苏州文庙内发现了无人问津的石刻宋代《平江图》，非常惊喜。清理干净后，他终日蹲在地上对照图碑逐字逐句抄录，为写作《宋平江城坊考》积累资料。图碑因年代久远，字迹和图案均模糊不清。王謇就与学者叶德辉联系，叶德辉请来刻工，小心翼翼刻深划痕。精心保护《平江图》碑，并使之重见天日，王謇可谓劳苦功高。

---

① 甘兰经：《王佩诤先生事略》，附载《续补藏书纪事诗》，第 72 页。
② 王謇：《吴中文献展览会出品目录叙例》，《吴中文献展览会特刊》，1937 年苏州图书馆编印。

对于文献典籍的保护，王謇更加尽职。1936年11月，浙江文献展览会在浙江省图书馆成功举办，该展览会"萃数百藏家之精英，成两浙文物之大观"①，这种以展览地方文献为主的会展对于促进群众保护乡邦图书文物，进而激发爱乡爱国之情大有助益。消息传到素有人文荟萃之称的苏州，一大批学者深受鼓舞，他们决计效仿浙江，筹办本地文献展览会。时任江苏省立苏州图书馆馆长蒋吟秋先生积极筹办，供职苏州图书馆的王謇热情参与，"吴中文献展览会"于1937年2月顺利召开，这是继浙江文献展览会之后，近代公共图书馆第二次召开的以展示地方文献为主的展览会，影响极为深远。展览会分为图书、金石、书画、画像、史料等五个部分，内容丰富多彩。王謇在展览活动中，想方设法组织展品，将自家海粟楼的精品藏书送来参展，并主持典藏仪式。他还以"瓠庐"为署名，撰写《吴中文献展览会出品目录叙例》一文，刊登在《吴中文献展览会特刊》上。

吴中文献展览会后不久，日寇发动全面侵华战争，苏州城岌岌可危，苏州图书馆全体馆员在馆长蒋吟秋带领下，为防珍贵典籍落入敌手，他们从馆中精挑善本图书1500种，装满48箱，秘密运往太湖洞庭西山的包山寺，由住持闻达和尚藏于满月阁复壁内。王謇协助蒋吟秋，将善本书目录卡片精心整理后随箱装运。至今，这些珍贵的卡片仍保留于苏州图书馆。王謇用其赤诚之心，谱写了一曲"完书记"的爱国颂歌。但是，王謇为人十分低调，将此一重要历史功绩归功于蒋吟秋身上，《续补藏书纪事诗》为蒋镜寰作传称："东邻肆虐，得徐湛秋（治本）助，密藏善本于洞庭东西山中。胜利返诸管库之士，不爽毫发，其忠于职守如此。"②于己之功绝口不提。

四 著述堪等身

王謇是教育家、藏书家，但更是一位学者，一生勤于笔耕，广泛涉猎，著述等身。在教书和藏书之余，潜心苏州史志文献的考订研究，稽古钩沉，呕心沥血著书立说，在我国文献史和方志史上建树颇丰。

---

① 陈训慈：《浙江文献展览会之回顾》，《浙江图书馆志》，中华书局2005年版，第227—244页。
② 《续补藏书纪事诗》，第59页。

第五章 王謇与《续补藏书纪事诗》

王謇在地方史志工作中成就最大的当属参编《民国吴县志》。该志于1919年开始编纂，1933年告蒇。《民国吴县志》总纂之下设协纂，王謇任此职。他为修志局网罗放失旧闻，兼助纂金石、艺文、坊巷桥梁等门，任务繁重而艰巨。王謇利用自己藏书，成年累月搜集资料，如于金石一门，除参阅各家著录外，更是经常到实地调查，遍找实物。甘兰经描述其搜集史料情形时说：

> 他常常乘坐小船，随身携带了笔墨毡子，遍访城内外，徘徊于废桥荒寺之间。遇到新见的碑碣，就铺展毡子，解开衣衫，盘坐抄录。这引起群众的围观，觉得他的行动古怪可笑，也有叽叽喳喳地说他"痴"，可是他被历史的陈迹吸引住了，全神贯注地辨认抄录，对周围的议论全不介意。①

《民国吴县志》体例完备，内容分类精细，可谓巨细靡遗，学术界称之为内容最丰富的方志，是研究太湖流域不可或缺的宝贵的历史资料。当然，王謇之功不可没，他对于参编工作十分用心，在编纂过程中，还增补多项内容，几乎每一卷都或多或少地施以考补批札。卷十八《舆地考·城池》"南曰盘门、蛇门"一则，王謇补考说：

> 明方以智《通雅》引《吴地志》："梅福隐蛇门，或称夷门。"按，此说有旁证可知其碻，《史记·信陵君传赞》："太史公曰：'吾过大梁之墟，求问其所谓夷门。夷门者，城之东门也。'"蛇门在东，称为夷门，甚是。因知唯亭，《吴地志》亦作"夷亭"，亦是夷族在东。因之，凡在东者均以夷称之，不必吴王定有征夷事，亦不必夷昧所葬遂附会为夷陵，不过为东亭而已。②

地方志考订方面，王謇最有成就之书为1925年撰成的《宋平江城坊考》。

---

① 甘兰经：《王佩诤先生事略》，附载《续补藏书纪事诗》，第75页。
② 王謇的考补文字见其自藏初版《吴县志》，本部分内容转录自王学雷《民国〈吴县志〉与王謇的考补工作》，《东南文化》2000年增刊。

该书根据南宋绍定二年（1229）李寿明刻绘《平江图》进一步考证而撰成。《平江图》刻绘苏州城区平江府治所在地，标明苏州城垣、河道、官衙、寺观、桥梁、坊巷，而城外名胜则简略示意。通过此图可以看出宋代苏州城市建设基本规模，但是进一步了解宋代苏州城建则需要丰富详尽的考证，《宋平江城坊考》就解决了这一问题。王謇对这幅石刻上的地图和文字，一一详加考辨，最后撰成文字出版。《宋平江城坊考》有初刊本、原稿本、清稿本和残本共四种版本。1984年春，苏州地方志办公室张英霖至上海图书馆查询资料，在馆长顾廷龙及古籍部负责人的协助下，觅得王謇部分书刊和手稿。在征得王謇后人同意后，市地方志办公室以清稿本为底本，参校其他3本，在苏州建城2500周年的1986年，由江苏古籍出版社出版。该书是王謇的传世之作，"突出反映了他在研治《平江图》及苏州史志方面所取得的成就"①，全书分为卷首、正文以及附录多篇，对苏州古城内各条街巷、里坊、桥梁的称谓、方位、沿革及名胜古迹等，一一加以考订，对城外诸山、城门、寺观，对吴中氏族、风物和故市也详加考证，努力做到"务使语不离宗，证据确凿，无一语无来历，无一字之杜撰而后安"②。

王謇先生阅读广泛，留心古学，除地方志外，还对先秦两汉典籍多有研究，他立志撰写《先秦汉魏两晋南北朝群书校释》，惜工程浩大，一人实难完成，已成稿者有《山海经》《韩诗外传》《穆天子传》《说苑》《新序》《焦氏易林》《齐民要术》等20余种。顾颉刚先生闻知王謇这一著述计划，十分欣慰，称之为"大著作"③，其中《盐铁论札记》已刊印行世。

此外，王謇尚有《海粟楼书目》（稿本）、《新莽金石列目》（稿本）、《宣统〈吴县志〉补正》（手稿）等。假以时日，这些著述经过后人整理都会寿之梨枣，流传百世的。

---

① 张维明：《整理说明》，王謇《宋平江城坊考》卷首，江苏古籍出版社1999年版。
② 王謇语，见陈从周《宋平江城坊考序》，《宋平江城坊考》卷首，江苏古籍出版社1999年版，第1页。
③ 顾颉刚：《苏州史志笔记》，江苏古籍出版社1986年版，第183页。

第二节 《续补藏书纪事诗》创作

王謇著述等身,但是在藏书史研究方面影响较大的还是创作《续补藏书纪事诗》。与伦明《辛亥以来藏书纪事诗》和徐信符《广东藏书纪事诗》一样,王謇之书也是为续补叶昌炽《藏书纪事诗》而作的。

一 创作经过

王謇文集及现存资料中,难觅关于《续补藏书纪事诗》创作的相关资料,故关于创作经过只能从该书本身钩稽。

(一)创作缘由

终其一生,王謇主要与书打交道,访书、藏书、著书……所接触的友人以读书治学者为多,又兼曾任职图书馆,因而对于藏书、藏书家、藏书楼有着深厚情感。如归安(浙江湖州)藏书家沈锡胙去世后,藏书流散,王謇记载说:

>一九一六年归道山,所藏所校书数十箧,为其同乡某藏家亦寓我吴者所觊觎,诡称将迻录锓签以刊札记。由朱古微(祖谋)作介,仅费一千四百元,囊括而去,既而不见札记刊出。余一再为其家人请践宿诺,终不见报。后某藏家亦中落,书亦尽斥。余从书肆抄得校记二十五种,然不及百一。①

沈锡胙去世后,藏书被骗卖,但不见买家札记刊出,王謇出于义愤,"一再为其家人请践宿诺",仍不果。发生在藏书家之间的这种事,时间久则会泯灭不闻,由此,王謇深感有责任将身边那些不为人知的藏书家及藏书史实整

---

① 《续补藏书纪事诗》,第15页。

理出来。又如无锡藏书家余一鳌藏书之失，亦为书林一厄，王謇叙述说：

> 余心禅大令（一鳌），锡山人。藏其外家杨蓉裳（芳灿）一门风雅，稿本一箧，通行本数十箧。哲嗣小禅，官司法，殁于京邸。令媛琼斐女士扶榇南归，任我吴东吴大学助教，思欲斥书营葬。苏书贾江某欲以八百金尽吞其藏。女士以目录示余，余为之召滂熹斋后人辈保存。其中上驷若干种祖稿，声明自保。已得巨金，女士亦适可而止。翌年，于归杭郡笕桥机校医师某君。值抗战之变，嫁奁中物未能悉携，祖稿一箧，亦忽忘诸。略为承平，托杭友踪迹之。虽老于骨董太丘道广如石墨楼主人陈伯衡（锡钧）者，亦无法追其踪迹。盖笕桥左近均弹弹地也。惜哉！①

按，余一鳌（1838—?），字成之，号心禅居士。曾从水师戎幕，官候选通判。余氏一生体弱多病，淡于名利。自幼喜作词，主要有《楚楚词》《觉梦词》《惜春词》《感春词》《忆鹃词》《柳枝词》等，然因遭兵燹，书稿多遗逸，令人痛惜。

王謇有感于叶书对藏书家记载不是很全面，有些藏书家毕生竭心尽力于藏书，但在身后却往往遗书星散、名姓翳如，于是沿用"各为一诗，条举事实，详注其下"的纪事体例，编撰《续补藏书纪事诗》一书。

关于《续补藏书纪事诗》创作缘由，周退密、宋路霞二先生说："（王謇）读叶鞠裳（昌炽）《藏书纪事诗》而善之，依其体例作藏书纪事诗一百二十余首。"② 似乎是受叶昌炽《藏书纪事诗》启发之功，而在《续补藏书纪事诗》"伦明"条下，王謇传文云："（伦明）因见叶鞠裳（昌炽）《藏书纪事诗》尚有可续补者，乃作《辛亥以来藏书纪事诗》，载天津《正风杂志》。拙诗之作，盖由先生启之也。"③ 以此可知，王謇《续补藏书纪事诗》创作缘起当为阅读伦明著述《辛亥以来藏书纪事诗》而生感发。

---

① 《续补藏书纪事诗》，第16页。
② 《上海近代藏书纪事诗》，第49页。
③ 《续补藏书纪事诗》，第40页。

（二） 续补叶书

王书名为《续补藏书纪事诗》，所"续补"者何？笔者将王謇《续补藏书纪事诗》与伦明《辛亥以来藏书纪事诗》作一比较，发现两书所记藏书家相同者 15 人，分别是：盛昱、于省吾、方尔谦、叶恭绰、刘体智、沈增植、李慈铭、李盛铎、冼玉清、周暹、袁思亮、徐恕、张钰、章炳麟、瞿熙邦，显然，王謇《续补藏书纪事诗》非为续补伦明《辛亥以来藏书纪事诗》而作。

叶昌炽《藏书纪事诗》是藏书纪事诗体首创之作，其格式为领以七言绝句，缀以辑录文献，必要时殿以案语，其中绝句和案语是叶氏补充藏书见闻、发表学术见解及进行相关考证之词。《藏书纪事诗》辑录文献的内容，包括藏书家姓名籍贯、生平行止、藏书事迹、学问著述乃至掌故逸闻等，从而提供有关藏书家的基本史料和学术线索，"甚至成为中国私家藏书事业的资料渊薮"①。王謇和叶昌炽同为苏州人，此书乃"藉补缘督先生所未及，且有裨藏书家之故实焉"②，因此，其所"续补"者实为叶昌炽之《藏书纪事诗》。

作为叶书续补之作，王謇《续补藏书纪事诗》主要在以下两方面有所继承。

一方面，诗传结合的体例。《续补藏书纪事诗》为每位藏书家咏七言绝句一首，后缀小传。诗传结合的体例是叶昌炽创造的，王謇加以继承，但亦有变化。叶著"领以绝句，缀以事迹，必要时殿以案语"③，藏书家小传以辑录各类资料为主，必要时加上自己所作的案语，而王书的小传则纯为作者创作。这是因为，叶著所记藏书家上溯至五代，其所序列的藏书家本来就是钩稽各种文献而来，而王书所载藏书家皆活动于民国及以后，王謇与之过从较多，小传以自己叙写最为便捷，是其他文献没有的，因而具有十分珍贵的史料价值。

---

① 傅璇琮、谢灼华：《中国藏书史》，宁波出版社 2005 年版，第 1022 页。
② 《续补藏书纪事诗》附录潘景郑《后记》，第 69 页。
③ 徐雁、谭华军：《续补藏书纪事诗传·附录》，《清代藏书楼发展史·续补藏书纪事诗传》合刊本，辽宁人民出版社 1988 年版，第 448 页。

另一方面，所收藏书家成就各异。与叶著所录藏书家类别多样相似，王謇《续补藏书纪事诗》所记藏书家对藏书贡献巨大，如"椟书百余箧，多古本尊宿语录，多扶桑旧精本古医书，多清儒说经稿，多明季稗官野史"[①] 的章太炎，可得知其所收藏之书籍有学术古本、医学文献、清儒经稿、野史趣闻、海外传书等。又如王植善"佛学甚深邃，所藏语录甚多，凡大藏内外者悉有之。山经地志，则与南海叶氏埒，而可以相互裨补者甚多"[②]。此外，王书还为一些特殊行业的藏书家，如工商业者、医生、手工业者等立传，如"某工商家得宋椠《论衡》足本……其姓氏事迹行宜未详"[③]，所以称"逸名氏"；"杨易三（允吉），业医，勤于购藏，所储名人墨迹甚夥"[④]；姚方羊"少学丝织业，性好学，藏吴中人物志为多，均不经见之小方志"[⑤]，等等。

二 文献价值

叶氏著作概括自五代迄清代七百多位私人藏书家史实，王謇作品紧承叶书，收录晚清至近代诸位藏书家史实，增益许多藏书故实，文献价值十分明显。王书名为续补，但实际上却可以同叶书相媲美，其中有许多藏书家是叶氏所没有涉及的。

第一，重在彰显学者藏书，体现"聚书为藏"朝向"藏书为用"的转变。

《续补藏书纪事诗》一书不仅记载了晚清民国众多藏书家的生平事迹，交游爱好，而且其中最为难能可贵的是记录了每位藏书家的收藏特点、藏书数量、藏书情况，甚至后期流传、刻抄和散佚等。从这些藏书家收藏之书以及流传情况，我们可以了解和掌握大量史实，认识近代藏书的发展趋势之一——"聚书为藏"朝向"藏书为用"转变。

一方面，私家藏书逐渐流向公共图书馆，以供学者利用。如黄摩西有石

---

① 《续补藏书纪事诗》，第3页。
② 同上书，第31页。
③ 同上书，第68页。
④ 同上书，第67页。
⑤ 同上书，第61页。

匋梨烟室、吴瞿安有百嘉室、汪鸣銮有能自强斋、丁祖荫建湘素楼，这些在当时很有影响的私人藏书楼，发展到后来，其藏书大多存放在大学图书馆或者公共图书馆、博物馆中，变成了文物典藏，供人考证参阅。

另一方面，众多藏书家利用私藏在学术上多有创获。如王謇诗赞谢国桢说："无所不收见闻博，无所不赠亦达观。晚明史籍作专考，遗民著述集丛残。"传曰："（谢国桢）于书无所不收，尤致力于明清笔记之搜罗。著有《晚明史籍考》《清开国史料考》等。"① 同样的，关于卢前的小传是这样写的：

> 卢冀野（前）、任二北（讷）、唐圭璋（章），为瞿安师门下三杰。冀野征集散曲，刻《饮虹簃曲丛》，又深得刻书之法，作《书林别话》。圭璋辑诗话词话暨地志山经中宋词为《全宋词》，又辑诸家词说为《词话丛编》。二北亦征集散曲，兼集诗词曲话及笔记说部关于散曲故实撰为《曲论》，又择其突梯滑稽者编为《曲谐》，以其中之琐屑资材甄别集合之为《曲海披沙》，总名《散曲丛刊》及《新曲苑》。两家著述，皆以饮虹簃先刻为根柢，而扩充之以南北公私书库所藏，集词曲之大成矣。诸书成而三家所藏之抄校底本亦复沈沈夥颐，则又为别开生面之藏书家也。②

在近代词学史上，词学大师吴梅先后培养了三位知名弟子：卢冀野、任二北、唐圭璋。三高足皆通过收集藏书而治词学，并分别撰写了多部词学研究专著，充分体现了近代私家藏书从聚书为藏到藏书为用的转变。

第二，重视交代藏书流向，记述多件藏书逸事。

近代中国内忧外患，每一次民族灾难都给藏书事业带来毁灭性打击，在国无宁日之际，总有珍爱文化的藏书家挺身而出，不惜代价保护典籍、拯救图书。如时任江苏省立苏州图书馆馆长蒋吟秋先生，在日寇入侵的严酷环境下辗转保护馆藏，终使典籍没有落入侵略者的手中，在近代藏书史上留下了

---

① 《续补藏书纪事诗》，第57页。
② 同上书，第56页。

光彩的一页。王謇和蒋吟秋为同事，一同参与了这次典籍保护工作，对此事了解最为深刻，他记载说：

> 蒋吟秋（镜寰）主持吴中沧浪亭江苏省立图书馆。尝著《文选书录》《版本答问》，登之集刊，学者称善。东邻肆虐，得徐湛秋（治本）助，密藏善本于洞庭东西山中。胜利返诸管库之士，不爽毫发，其忠于职守如此。①

这次得到保护的典籍"计有1558种，19874册又47页。地方知名人士天放楼主人金松岑闻见图书完璧运回，欢欣鼓舞，特撰《完书记》，表彰其事"②。此外，王謇还记载多起书厄灾难，而尤为离奇的是，人祸大于天祸，致使书籍惨遭不测。如《陆鸣冈》小传载："寓邸曾遇祝融，楚人一炬，六丁悉数收去。人谓书神无灵，实则陋规积习，救火警士未遂所欲，则坐视不救。已允总犒五千金矣，而中夜无从支付现钞，遂使名家稿抄校本日记真迹火炎昆冈，玉石俱焚，可胜浩叹！"③

第三，所记藏书家事迹多为著者亲见亲闻，刻画藏书家形象生动感人。

如《陈乃乾》诗云："海昌今有两学者，南辕北辙去家园。恂恂儒雅陈仲子，虎虎生气赵王孙。"小传接着说：

> 陈乃乾、赵万里（斐云），均海宁人。乃乾主持南洋中学图书馆，精目录版本之学，更自设书肆以搜集之。先后景印《真子》《刘子》诸僻本，津逮学者不浅。其为人也和平中正，休休有容。万里佐理北京图书馆，宋椠元刻，如数家珍。二十余年前来苏，主瞿安师家。见其入门下马，行气如虹，头角崭然，睥睨一切。师设宴，命余陪座。余性迂琐，蜷倦座隅，竟席未敢通一语。后读万里所著《说苑斠补》，见其出入宋元

---

① 《续补藏书纪事诗》，第59页。
② 陈巍、叶瑞宝：《蒋吟秋与苏州图书馆》，江苏省政协文史资料委员会编《江苏文史资料集粹·教育卷》，1995年印本，第219页。
③ 《续补藏书纪事诗》，第33页。

精本，挥斥诸校勘家不遗余力，乃幡然曰："学问之道，其如是耶！"①

《续补藏书纪事诗》所载诸藏书家，面目最为亲切者当为王氏诸师。王謇一生转益多师，先后求学于沈修、黄人、章太炎、金天翮、吴梅等门下。沈修等人学问渊博，藏书丰富，王謇为他们人各一传，既表彰诸师藏书成就，更表达自己景仰之情。如《沈修》云："不才束发受书，即粗识考据门径，实由先生启之。"②《黄人》说："予小子侍师久，明遗民、清学者事迹最为耳熟能详。"③ 记载他们藏书成就的同时，亦赞美诸师风范，并铭记所领受之教诲。

在记述藏书家藏书事迹之时，王謇还穿插史料，赞美藏书家刚正不阿的气节。如《罗惇曧》云："罗掞东部郎（惇曧），与袁寒云（克文）为至友，而不以项城帝制为然，被命辄辞，贫病交迫。"④ 又如《钱崇固》云："强斋（按，钱崇固字强斋）尝久任律师，不受非法请托，不受脱辐反目劫杀凶手及一切显见理曲之事，世称之曰三不接。时军阀用事，君不亢不卑，不激不随，而又隐副之以不屈不挠。凡以政治获谴者为营救之，故志士家属感之入骨髓。"⑤ 上述两位藏书家不为强权所迫，不受世俗所困，他们身上集中体现了中国知识分子的传统美德。

第四，考证典籍著者，有裨学术研究。

近代藏书史上有一部题为《藏书绝句》的专著，该书大部分内容曾在1913年出刊的《文史杂志》上发表，作者署名"晦堂"和"王葆心"，但是，1927年蟫隐庐本《藏书绝句》却署名"杨守敬"，上海古典文学出版社1957年出版时仍署名"杨守敬"。一书二主，一时莫辨。对于这个问题，王謇《续补藏书纪事诗》有考证，《王葆心（季芗）》云：

> 王季芗教授（葆心），曾撰《藏书绝句》，辨别版刻源流，与我乡叶鞠裳（昌炽）《藏书纪事诗》之征溯藏弆源流者，可称两绝。文艺家有

---

① 《续补藏书纪事诗》，第56—57页。
② 《续补藏书纪事诗》，第1页。
③ 同上书，第2页。
④ 同上书，第25页。
⑤ 同上书，第30页。

论诗论词论曲诸绝句，美术家有论书论画论印论琴诸绝句，目录版本家不可无此两作也。上虞罗子经（振常）因此作于上海蟬隐庐书林，误作者为惺吾（守敬）。①

王謇为王葆心撰写的绝句是："《藏书绝句》征鸿博，李代桃僵作望堂。不有之江守藏史，朱张夷逸孰评量。"还是就《藏书绝句》作者问题发端，为王葆心之名被误传而鸣不平。20世纪60年代，刘铁铮先生依据王謇记载，对《藏书绝句》的作者问题进行了彻底考辨，基本厘清王葆心为原作者的问题。②

第五，记载各类相关人物，丰富藏书史内涵。

叶昌炽始创《藏书纪事诗》时，已经注意为与藏书有关的人物如刻工和书估等作传，以期表彰他们在镌刻书籍和文献流传方面的贡献。王謇弘扬这一纪事诗传传统，扩大了与藏书有关人员的范畴，在《续补藏书纪事诗》中记载许多名不见经传，却从事与藏书有关活动的各界人士。如藻玉堂主人王雨（即前文提到的王子霖），"辨别宋元本眼力为最高"③；杨允吉"业医，勤于购藏，所储名人墨迹甚夥，亦尝得《明登科录》与万历、天启历书，藏家别品也"④；巢章"喜为生存人刻集，至少则誊写油印焉。……又藏清人笔记及近代人诗词极富"⑤；园林建筑家朱犀园"有小万卷斋，以藏书著称。当时犀园复雅擅山水，且善园林建筑，一丘一壑，饶有意境"⑥，等等，所有这些珍贵的资料都为后人考察近代图书事业发展变迁，留下许多至今难以寻找的资料，具有极高的文献价值。

藏书家收集的典籍资料具有很高的文献价值，内容丰富多彩，涵盖经史子集四部，正是他们孜孜不倦的收集和整理，为后人研究和考证古籍提供了有力的资料来源和佐证。作为叶氏著作的续补之作，王謇《续补藏书纪事诗》

---

① 《续补藏书纪事诗》，第26页。
② 刘铁铮：《〈藏书绝句〉的著者是谁》，《江汉论坛》1962年第11期。
③ 《续补藏书纪事诗》，第68页。
④ 同上书，第67页。
⑤ 同上书，第65—66页。
⑥ 同上书，第62页。

对近代藏书家进行了较为详细的收录，丰富了叶书收录传主内涵，又继承和发扬了叶书的藏书纪事体例。此作一出，立即引起学术界的关注，可称为一部具有重要参考意义和实用价值的著作。

三　不足之处

《续补藏书记事诗》是近代藏书界的一部力作，给近现代时期藏书研究以很深影响，但任何作品都不可能是完美的，因为涉及资料收集、史实考证以及可考资源的确定等问题，所以《续补藏书记事诗》也难免会存在一些不足，有待改进，现就相关不足整理如下。

（一）地域局限

《续补藏书纪事诗》名为"续补"却只收录部分地区藏书家，这就无疑会遗漏其他地区藏书家。作品中所录藏书家共计132位，大部分属于苏沪浙皖地区，其他地区藏书家只有零星收录，这就在内容上出现了很大缺憾。当然，这一缺憾的产生与王謇一生活动主要集中在苏、沪二地有很大关系，设若王謇一如叶昌炽、伦明辗转各地为学做官，广泛接触各地文化，那么这部续补之作将会是另一番面貌。

（二）上下文不衔接

藏书纪事诗的传文是对诗作的解释和补充，诗传结合，才能尽显藏书家的藏书精神与藏书事迹，组成传文的资料应与传主事迹紧密结合，但是《续补藏书纪事诗》中有的传文掺进其他内容，如《袁思亮》传文说：

> 袁伯夔（思亮），长沙人。寓上海，筑雪松书屋，藏宋元本极多，若正德本、活字本《太平御览》等数种已不称上驷矣。其从子师南，于二十年前往香港，尽携雪松书屋书以行。叶定侯（启勋），长沙叶焕彬（德辉）从子，与弟启发（东明），皆幼承家学，好搜购古书。定侯撰有《拾经楼䌷书录》三卷，所收之富，自袁氏卧雪楼以后，实首屈一指。所藏宋椠，如北宋小字本《说文解字》、宋刻《宣和书谱》、宋衢州小字本

《古史》、宋乾道本《韵补》、宋扬州本《梦溪笔谈》，皆人间瑰宝。①

很明显，"叶定侯（启勋）"句以下内容与袁伯夔无关，上下文不衔接。味下文，或许为"叶定侯"传文，惜全书没有将叶定侯列为传主。

（三）资料脱漏

作为后人为前人作传，《续补藏书纪事诗》在资料收集和文献考证上都难免会出现一些脱漏，其中有部分藏书家的资料是不全的。例如沈维钧有目无文，只列举了沈维钧的名字，而并未对其本人及其藏书事迹作叙述和资料考证。又如将王大隆和王大森兄弟二人并作一传，而传文中主要叙述王大隆生平及藏书活动，对王大森一笔带过。再如，为杨允吉作传，但传文中缺乏传主生卒年、籍贯等基本资料。

（四）误载藏书去向

藏书去向是藏书纪事诗记载的一项内容，尤其是有关晚近以来藏书家的藏书去向，一般有资料依据，较为可信。王謇《续补藏书纪事诗》于此记载稍有不足，如《郑文焯》中云："身后遗稿，悉为康长素（有为）取去。长素谢世，长物飘零，大鹤著述亦随之而散矣。"② 此说误，康有为之藏书去向见徐信符《广东藏书纪事诗》："身没而后，遗书出售，归广西大学图书馆所藏，尚称得所焉。"③ 可知郑文焯藏书应归广西大学图书馆所有，而非"随之而散矣"。

四 版本述略

由于缺乏资料记载，《续补藏书纪事诗》始作于何时，止于何时皆不可考，成书后，一直没有印行，20世纪70年代初首先由友人洪驾时等刻写油印本发行。按，洪驾时（1906—1986），浙江慈溪人，生活于苏州，以富于藏书

---

① 《续补藏书纪事诗》，第43页。
② 同上书，第12页。
③ 《广东藏书纪事诗稿》，第82页。

而知名一时。曾任职于江苏省立国学图书馆。与王謇友善，故为之刻印《续补藏书纪事诗》。该油印本扉页上有《引言》云：

> 吴县王佩诤（謇），博学多才。家有瓻粟楼，藏书甚富。又好著述，尝辑《宋平江城防图考》传世。读叶鞠裳（昌炽）《藏书纪事诗》后，依其体续补一百二十余首，为其晚年未定稿。今集资付印，供研究藏书源流之参考云。

1985年，谢国桢先生赠送一册油印本给李希泌，李即据此本点校，潘承弼先生又将在上海寓所的藏书借给李希泌使用，点校完成后交由书目文献出版社正式出版。卷首有李希泌撰写的《前言》，记述点校出版经过。卷后有附录三：一是潘承弼先生《后记》，简述王謇生平及二人交往；二是甘兰经先生《王佩诤先生事略》，全面介绍王謇勤勉、辛苦与书打交道的一生，是迄今为止研究王謇生平最主要的文献史料；三是冯淑文编《藏书家姓名笔画索引》，十分便于读者研究和使用。该本出版后，一直作为通行本行销。

需要说明的是，王謇《续补藏书纪事诗》油印之前，尚有清稿本存世，一直不为人知，杨旭辉先生2009年于苏州望星桥琴川书店偶得之。清稿本系王謇请好友洪驾时以钢笔抄录，复由王謇审定，王氏并用朱笔更定多处。杨旭辉欣喜携归，与油印本校勘一过，撰写《王謇〈续补藏书纪事诗〉清稿本叙录》一文，发表在《语文知识》2009年第4期。今据该文，略述清稿本特色及与油印本之区别。

1. 通过清稿本中王謇笔札，可知王謇一直修改此书，札曰："拙著则并未刊行也，一候修正问世，当先以油印蜡刻试之。"（清稿本卷一28条"伦明"）

2. 清稿本有多处文字僻涩，油印本改为明白易懂文字。如卷二《胡石予》清稿本一段文字云：

> 拥皋比于草桥学舍数十年。丁丑（1937）之役，避寇铜陵，竟以此物故。先是，石予以课余来兼瑞云学舍教科……

油印本改为：

  任教于草桥第二中学数十年。抗战之役，避寇铜陵，竟以此物故。先是，石予以课余来兼振华女学教科……

"拥皋比"改为"任教"，"草桥学舍"改为"草桥第二中学"，"丁丑之役"改为"抗战之役"，"瑞云学舍"改为"振华女学"……两相比较，后者更为通俗，易于后人阅读理解。

3. 清稿本对于传文内容有出处者，往往标明文献来源，而油印本则将文献来源删除。如清稿本卷二《罗惇曧》条传文俱标明"见郑逸梅《近代野乘》"，油印本则无之。

4. 清稿本有多则藏书家条目不见载油印本，而这些条目诗和传亦十分传神，可以辑入《续补藏书纪事诗》，条目如下：

  简又文与罗尔纲，太平天国尽衷扬。
  鲁迅专修小说史，阿英亦善搜洪杨。

  简又文与罗尔纲专搜太平天国佚事，周君鲁迅藏小说史资料著于世，钱君阿英则于小说资料外，亦收太平天国遗书。伟哉，四君子也！

  名隐黄裳容鼎昌，范雄张禄孰评量。
  不妨奔月文身累，小跋居然题一方。

  黄裳又名容鼎昌，鲁人。服务沪《文汇报》。常好收书，惟亦时以转售所获古椠名钞。除捺有朱记累累外，又必于书之原有末页题跋数行，藉永留鸿爪云。

  累累古明器图录，巍巍楚大库孤堆。
  拙政园荒典藏史，回春岂独一枝梅。

第五章 王謇与《续补藏书纪事诗》

沈君勤庐，名维钧，浙吴兴之双林镇人，生长我吴，教学燕京大学研究所。历任中央古物保管委员会干事、国立社会教育学院图书博物馆学系教授。著有《中国明器》，印行于世。楚考烈王寿春大库所谓三孤堆者发掘后，迭出古物，君曾至皖北，购得楚铜器数件以捐献，闻者美之。革新后，吴中沧浪亭书库迁拙政园，君主典藏编目。苏州文管会成立，又聘君为专职委员，精鉴不磨，当局敬礼有加焉。（按：此条不见于李希泌先生整理本，油印本该条附录于勘误表前，此二页系在书成后添补散页。殆李本所据之底本此页已散失，故而遗之。以上所补文字，乃据清稿本录入，与油印本文字略有一二相异）

不贪夜识金银气，爱有朱君号仰周。
小说还偕戏曲本，鱼飡熊掌沟兼收。

朱君仰周，业五金商。所藏多小说戏曲珍本孤本，沈沈夥颐。革新癸巳（1953），余托书友出让二十年前张君惠衣见让之《凤求凰》曲，为阳羡陈玉蟾撰，海内外孤本，瞿安师题跋谓十九路军抗战前，师奢摩他室亦有之，东邻肆虐，弹弹海上涵芬楼，适是，书为假印曲丛之一，亦燔焉。郑西谛君振铎藏弹词、戏曲最精最多，目中即无之，真孤本矣。代余售书书友谓，有一朱姓者得去，给直现币百有六十。且云，彼亦知公故尊重是书如此。余闻之，感且愧，因此益知朱君之为人焉。

瑶光秘记采菲录，文情茂美遍地传。
风流罪过遭缧绁，有子干蛊书成烟。

姚君素，字灵犀，专收粉色小说，尝著《采菲录》及《瑶光秘记》，文情并美，流传人口。胜利后，坐是有伤风化，入狱，其书遂绝迹市间。所藏所蓄，复为其子付诸一炬，氏亦莫可如何也。（见《海天楼随笔》）

祖荣祖裕不可知，调禾鼎熏是其师。

· 251 ·

> 我有巢父语未详，夏五郭公姑记之。

赵元芳为清显贵，荣禄或裕禄孙。藏书甚富。我友巢君章甫语焉不详，属访其师沈君羹梅于海上，姑先记其名，以待周咨博访。——不数日，巢君又以书来告，谓碻知赵君系荣相国孙，乃复作诗曰："初讶王孙天水碧，后知贵胄瓜尔佳。为校杜集来香海，合以佞宋名其斋。"注云："赵君元芳，为长白瓜尔佳相国荣禄后人，且为沈羹梅编纂兆奎入室弟子，长于检勘之学。近闻以校宋本杜诗，耑来海上，亦可谓好学不倦者矣云云。"合附注于此。最后读余氏《四库提要辨证》，始知君为礼部尚书荣庆之孙。（最后一句为王謇后以朱笔补记者）

> 宋本楼钥攻媿集，嗟哉泥沙杂珠玑。
> 岂真卖菜求益也，一喜一悔是耶非！

吴颂平先生，其父为某商行之经理也，藏有宋本《攻媿集》，不知其可贵，杂他书中，将论斤估之，适为友人所见，介售书店，得金若干，大喜过望。旋闻书估数倍其利，则又悔之。（见《海天楼随笔》）

> 商报社长王镂冰，中文杂志巨室登。
> 东邻肆虐全失之，云烟过眼世事恒。

王镂冰先生，昔任商报社长，时辟一巨室，专收中文杂志，更设书摊于市场，亦为此也。所集至富。抗战起，王氏走后方，悉失之。（见《海天楼随笔》）

此外，清稿本尚有多则签条未补入油印本者，有多则传文比油印本更为详细者，此不一一列举。

第六章　吴则虞与《续藏书纪事诗》

2013年1月30日晚，笔者与吴受琚电话联系。吴先生告知吴则虞《续藏书纪事诗》创作是长期的，非一朝一夕所成。最后成书于"文化大革命"前，具体时间记不得了。"文化大革命"后期，吴则虞遭受迫害，家中遭到查抄，幸好此书没被抄走。"文化大革命"结束后，吴则虞不久去世，此书仍以稿本形式存世。20世纪80年代，曾有国内一家知名古籍出版社向吴受琚约稿，拟出版此书，吴受琚即将复印件寄出，而出版社与吴家一直没有签订出版合同，直至2016年，书稿转给国家图书馆出版社出版，学界才一睹该书全貌。

第一节　吴则虞生平

"卅载感深交，汉槎梁汾，岂徒风义托生死？三礼宏绝学，籀庼枚叔，剧怜薪火失裔传！"[1] 这是顾学颉为吴则虞所撰挽联，挽联对于吴则虞一生给以高度评价，"籀庼枚叔"一词表彰吴氏学术与文学创作皆精进，其中，"籀庼"即"籀庼学派"，是清人孙诒让所创立的，该派博治群经，多有述造，尤用心研治《周礼》。在学风上，籀庼学派治汉学，但于宋代诸儒又未尝轻诋，无尊汉卑宋之习。吴则虞作为最后传人，其人逝世也就意味着籀庼学派后继无人了。

---

[1] 随州市政协文史会：《坎斋诗词录》，湖北人民出版社1992年版，第74页。

关于吴则虞生平,《中国近现代高等教育人物辞典》[①]、《安徽省志·人物志》[②]、先生长女吴受琚教授《悼念我的父亲——吴则虞教授》[③] 等多有记载,今综合各家之说,略述如下。

吴则虞(1913—1977),字藕顾,安徽泾县人。4岁习字,6岁习诗。父母逝世后,寄养于叔父家,刻苦读书。早年就读于无锡国学专科学校,21岁师从陈石遗、杨秩夫学诗词。后经陈石遗介绍,去苏州谒见国学大师章太炎,因对答如流,被章太炎收为入室弟子,并加入章氏"国学讲习会",后又从章太炎攻文字、音韵等。不久就学于上海正风文学院中文系,毕业后任教于茂林养正小学、衡阳扶轮中学,后任广东中华文学院教授、蓝田师范学院讲师。抗战爆发后,任南岳师范学院、重庆国立女子师范学院教授。1949年任中国公学教授,1952年任西南师范学院副教授、西南师范学院中文系主任兼图书馆系教授。讲授中国古典文学史、文字学、音韵学、训诂学、目录版本学、戏曲史等课程。1957年调任中国科学院哲学研究所研究员,并兼任教北京大学、中国人民大学、中央党校,讲授中国哲学史、中国文学史、校勘学等课程。

吴则虞治学严谨,敏于接受新事物,对考据用力尤勤,认为是学术研究的基本功和必经之途。一生著述甚多,校勘整理达260余卷,收入《静斋丛稿》30余种200余卷,学术著述主要有《晋会要》《晏子春秋集释》《论衡集释》《墨子集释》《辛弃疾词选》《中国工具书》《版本校勘学通论》《唐宋元明清文学史》《词学易知》《中国戏曲史简编》《唐宋文学》《白虎通疏证》等。

吴则虞性恬淡,谦和洒脱,好藏书,致使家不容身,居室号为"曼榆馆",书斋名"慊静斋",以恬然与静心治学勉之。吴则虞嗜书情深,曾仿清人黄丕烈有祭书之举,吴受琚回忆说:

> 藏园祭书岁一行之,诗文略举如上,不及具也。受之影响,先父在

[①] 周川:《中国近现代高等教育人物辞典》,福建教育出版社2012年版,第261页。
[②] 安徽省地方志编纂委员会:《安徽省志·人物志》,安徽人民出版社1999年版,第923页。
[③] 吴受琚:《悼念我的父亲——吴则虞教授》,《四川图书馆学报》1979年第4期。

世时，吾家亦于岁末年二十三晚九时举行祭典，凡本年内购买入家的书籍、本年内撰写之文稿、诗词均列放于祭桌上，焚香祭礼。直至"文革"停止矣。①

前有黄丕烈，中有傅增湘，后有吴则虞，不是爱书如痴，怎能有如此之举？他们祭祀的是典籍，但膜拜的却是传统文化。在图书的簇拥下，吴则虞数十年如一日，伏案著述每至深夜，终致积劳成疾。1971年左躯偏废，仍坚持卧榻读书著稿，1977年病逝于北京。

第二节 《续藏书纪事诗》创作特色

《续藏书纪事诗》创作完成距今半个多世纪了，但是由于种种原因，正式出版很晚，又兼作者去世早，相关记载少，故学界对于该书创作情况知之甚少。笔者从事藏书纪事诗研究始于2012年，几年来多方查找，先是得见油印本，成果完成后，始见书稿公开出版。今对该书创作经过和特色略作分析。

一 创作经过

前述各家对于吴则虞生平介绍，皆未言及《续藏书纪事诗》创作起始时间，作为女儿的吴受琚也是泛泛说"尝步武清叶昌炽先生作《续藏书纪事诗》"②，至于创作过程，则毫无信息透露。③ 究其原因，在于该书一直没有出版，故关于创作经过很难了解其情。不过《续藏书纪事诗》后有吴则虞先生跋，交代创作经过说：

……私人藏书之事，今不必有，而续藏书诗之作，似不可无。书囊

---

① 吴受琚回忆之文见吴则虞《续藏书纪事诗》卷七《傅增湘》注文后"增补"，国家图书馆出版社2016年版，第291页。以下引用该书，皆此版本。
② 吴受琚：《悼念我的父亲——吴则虞教授》，《四川图书馆学报》1979年第4期。
③ 2012年11月间，笔者曾与吴受琚先生电话联系，先生亦未透露乃父创作《续藏书纪事诗》经过的任何信息。

无底，书种不绝。因备初稿，以俟订补焉。其阙失者，既文献难征，而去取间复依违莫决。踌躇四顾，故稿成十五载，终不敢以示人。薄海儒彦，傥以一文一目相贻，或以一人一事见贶，半札片言，莫非鸿宝。广珊瑚破网之收，补前人未竟之业，愿与同志共之。泾川吴则虞水西学人自记。一九六四年十月。①

跋语撰于 1964 年，而"稿成十五载"，故该书撰成当在 1949 年。又，《续藏书纪事诗》卷七《叶昌炽鞠裳》注文"则虞案"说："鞠裳为《藏书纪事诗》写订之年为四十三，余续诗脱稿适亦同岁。"②

"脱稿"之时吴氏 43 岁，则当为 1956 年，与前述 1949 年不符，为何？笔者以为可以这样理解："稿成"当指初稿之成，而"脱稿"则指作者润色之后成稿。不过，有研究者说："《赖素以庄》一条有'泣数行下，自是不复见，以丙午岁卒。'则其文当作于 1966 年后。"③ 这是没有看到《续藏书纪事诗》全文，故有是说，书中这则材料出现"丙午岁（1966）"，应为吴则虞再次修改时添入。

近代著名藏书家刘承幹曾为《续藏书纪事诗》题签，并在 1956 年冬撰写《续藏书纪事诗序》④ 一文：

> 曩延长洲叶缘督丈校刊四史，丈时甫厘正所著《藏书纪事诗》，承幹朝夕侍侧，辄承训迪，文曰："私人藏书，今甚于昔，第不知后之读余诗者为谁氏子？子方壮，其寓意焉。"荏苒四十年，藏者辈出，而为此诗者未之遇。
>
> 前闻南海莫伯骥天一为此诗续编，其目载《五十万卷楼书跋》中。潘明训谓余曰："徒有其目，实无一诗。"及见庐江刘声木《苌楚斋丛书》有此目，及见声老，延至其家，出示十余小册，仅杂钞国史杂书百余条，竟拟目亦无之也。至于伦哲如《辛亥以来藏书纪事诗》，只限一

---

① 吴则虞：《续藏书纪事诗跋》，《续藏书纪事诗》卷尾，第 555 页。
② 《续藏书纪事诗》，第 267 页。
③ 翟朋：《藏书纪事诗研究》，硕士学位论文，南开大学，2010 年，第 37 页。
④ 刘承幹：《续藏书纪事诗序》，吴则虞《续藏书纪事诗》卷首，第 1 页。

时；徐信符《广东藏书纪事诗》只限一地，皆失之偏。私心徘徊，以为不可见矣。

今逾八十，夏初，在来青阁坐茶，杨寿祺告曰："有泾川吴君为此诗。"且示以油印本第三卷，余大喜，因杨翁通书道意。今年秋杪，杨翁又告曰："吴先生至矣。"余曰："何时至？"杨曰："今日至。"余曰："同往迎如何？"杨曰："君老矣，天莫急雨，庭有潦污。"家人忽报曰："吴先生挈幼女求见。"余时病痁，急起延入。余曰："不意此生乃见君子。"询续叶诗，曰："已成。"曰："何在？"曰："此儿抱持者是也。愿乞序并题署。"余曰："明日设奠，昭告鞠丈之灵。"乃命庖人治具，君仅进茶果，盖茹素多年矣。留三日，行。以五千金助印书，君拒未内。曰："不宜印也。"

君清才博学，人极风趣蕴藉，一见即知为佳士也。女公子十岁，娟秀聪颖，虽孩提而面目殊有书卷气，此其异于常儿者。故家人目父女如双玉焉。惜乎明日行矣。计程中秋可抵三峡、瞿塘、滟滪之中，浊浪排空、皓月晶洁，喜玉人之远至也。

君之书，于鞠丈亦步亦趋，文字精工，考弋浩博，自不待言。诗尤凄切，转胜前人。洵为必传之作。所幸者正续之作，皆与余有文字之缘，因举鞠丈及吴先生平生离合之因。如是，微言寄慨，又尽在不言中矣。

该序透露三方面信息：一、"询续叶诗，曰：'已成。'"再次确认《续藏书纪事诗》脱稿于1956年。二、杨寿祺"示以油印本第三卷"，是说其时《续藏书纪事诗》以油印本形式在小范围里流传，传阅者少。三、刘承幹会晤吴则虞时，女儿吴受琚在侧，吴受琚仅10岁，尚小，不谙学术，所以日后各种文章从未提及吴则虞创作《续藏书纪事诗》之经过。

二 创作特色

对于著述等身的吴则虞来说，《续藏书纪事诗》也许不是最出色的一部，或许只是其学术研究中的闲情之作，但是，不经意间，他的著作成为众多续补作品中最接近叶昌炽《藏书纪事诗》之一部。

（一）最类叶书

叶昌炽之后，各类藏书纪事诗作品都可以看作续补之作，不过各部作品侧重点不同：伦明《辛亥以来藏书纪事诗》重在"续"，时间上承叶昌炽《藏书纪事诗》，徐信符《广东藏书纪事诗》重在"补"，补充《藏书纪事诗》对广东藏书家收录之不足，因此，刘承幹认为前者"只限一时"，后者"只限一地""皆失之偏"，意思是皆不类叶书，不是完整意义上的续补之作。王謇《续补藏书纪事诗》名为"续补"，但收录藏书家皆民国以后人，和伦书一样重在"续"，忽视"补"，且所收藏书家以苏浙沪皖四地为主；后文将要论述的《近代上海藏书纪事诗》和《扬州近代藏书纪事诗》同为典型的地方藏书纪事诗，亦是"只限一地"，谈不上对叶书的"续"或者"补"。

上述诸作无论是否续补叶书，都存在一个明显的不同，即传文来自作者的耳闻目睹，不似叶昌炽以搜集各类史料为主（《藏书纪事诗》卷七所收藏书家以晚清为主，多叶氏同时代人，叶氏传文多自撰），且忽视对藏书楼和藏书印的记载。

吴则虞《续藏书纪事诗》从体例上来看，最类叶书，表现如下。

一是传主分为主传和副传。如左岘、陆宝和朱鈗同为明代浙江鄞县著名藏书家，故吴则虞将三人合为一则；晚清广州藏书家徐灏与徐绍桢为父子关系，徐绍棨是徐灏族子，吴则虞亦将三人合传。

二是诗后注文取自各类文献。用史料作注文，是吴著继承叶著的第二个明显特征，如卷二《李调元龡堂》，诗后注文分别来自《清史稿·李调元传》、李调元《石亭府君行述》《万卷楼藏书目录序》《万卷楼藏书约》《赝书录序》《函海序》《函海·后序》《万卷楼联》、杨钟羲《雪桥诗话》、张维屏《听松庐文钞》、王培荀《听雨楼随笔》等，李调元的藏书家形象在众多资料铺陈下，逐渐丰满起来。

三是附有藏书室、藏书印信息。为藏书家作传，相关的资料不可或缺，藏书之外，诸如校书、刻书、编书、藏书楼和藏书印等理应完整，《续藏书纪事诗》搜集大量史料，对每位传主的藏书室、藏书印交代较详。如引用石韫玉自己的话述"独学楼"说：

余性淡漠无所好，惟好蓄书。自弱冠以来至今积至四万余卷。其间聚而散，散而复聚，匪朝夕之力。今年过耳顺，虑聚者之将复散也，谋所以保之者，乃于所居花间草堂之西涤山潭之上筑小楼三间，以为藏书之所。楼向东背西，取其朝暮有日色入楼中，无朽蠹之患。书凡分十类：曰经、曰史、曰子、曰专集、曰总集、曰丛书、曰类书、曰地志、曰词曲小说、曰释道二藏，贮为二十橱，排为六行，两两相对，标其类于橱之阑。索其书检之即是。而法书名画、金石文字亦附于其中。①

又辑其藏书印 10 枚："琢堂校藏"小印、"石韫玉印"白文方印、"翰林修撰"朱文方印、"独学老人"朱文方印、"平江石氏图书"朱文方印、"韫玉"白文方印、"执埶如"朱文方印、"琢堂"朱文印、"凌波阁藏书"朱文印、"吴中石氏凌波阁藏书"朱文印。

（二）藏书家数量

关于《续补藏书纪事诗》所收藏书家人数，徐雁先生说："安徽学者吴则虞也撰有一种，称《续藏书纪事诗》，分地域分别补续清及近代藏书家三百六十人、发为纪事诗二百七十首，于我们所知见的续著中卷帙最大。署为十二卷，稿本尚存。"② 不知这个数字从何而得，按理徐雁先生是没有机缘看到原著的。吴则虞先生自述为"四百零八人"③，应该不误，笔者将各卷藏书家数目列表如下。

---

① 《续藏书纪事诗》卷二《石韫玉》引石韫玉《独学庐四稿·凌波阁藏书目录序》，第 51 页。
② 徐雁：《书城掌故藏家史 别有续篇在人间——〈续补藏书纪事诗四种〉整理记》，《武汉大学学报》（社会科学版）1986 年第 5 期。
③ 吴则虞：《续藏书纪事诗跋》，《续藏书纪事诗》卷尾，第 555 页。

卷次	收录藏书家时代	收录藏书家人数	备注
第一卷	明代末至清康熙、雍正	37	
第二卷	乾隆	46	
第三卷	嘉庆	26	
第四卷	道光	43	
第五卷	咸丰、同治	30	
第六卷	光绪一	30	
第七卷	光绪二	27	
第八卷	光绪三	36	
第九卷	近代一	45	
第十卷	近代二	36	
第十一卷	近代三	29	
第十二卷	近代四	37	域外 5 人

总共有 423 位藏书家，这是怎么一回事？笔者以为，吴则虞撰跋于 1964 年，其后又多次增补，于是多出 15 人，也是说得通的。

423 位藏书家大致分布与叶书类似，以江浙一带为主，但是吴则虞又十分注意凸显特色。

一是弘扬川蜀私家藏书之举。吴则虞生前没有将全书出版，他去世后，女儿吴受琚为之整理，先行发表部分内容，题曰《续藏书纪事诗（关于四川藏书家部分）》，所收藏书家有李调元、李士棻、李鸿裔、王秉恩、李嘉绩、周永德、赖肃等 7 人。吴则虞说："藏书之事，川蜀不逮江浙，然私人藏书之事今不必有，而藏书诗记略似不可无。撷摄所闻所及，叙此七子，以观川中风貌耳。"① 为四川藏书家立传,目的在于观川中藏书文化风貌。

二是为域外汉学藏书家立传。这是吴则虞的新创。卷十二所列域外汉学藏书家有日本森立之、岛田翰、狩谷望之和冈本保孝,以及匈牙利籍法国人伯希和,共5人。此5人要么以藏汉籍闻名,要么以研究汉学闻世,皆有所长。

(三) 注文史料价值

《续藏书纪事诗》注文采自各类典籍,辑录多种史料,全方位展示传主藏书特色及成就。

第一,刻画一批嗜书如命的藏书家。如明代乌江(今属安徽马鞍山市)藏书家刘元亮,生卒年不详,字怀远。他自述编纂书目说:"余老也,因昼夜抄写,费尽心力。"② 刘怀远身为将军,曾南北征战,戎马之际,酷爱藏书,其中庋藏于德州永庆寺者多达1700余种,多半为时人所罕见未闻。刘怀远晚年,担忧藏书不存,不顾年老体衰,编纂《玉轩新纂古今书目》2卷以贻后人,终于在景泰三年(1452)编成。又如清初理学名臣熊赐履(1635—1709),字敬修,又字青岳,号素九,别号愚斋,湖广汉阳府孝感人。熊赐履勤于藏书,不问世事,尝言:"予生平无他好,惟独嗜书。尝盎中无担石储,见有异书必买,虽典衣称贷弗惜,务得之而后已。室人或诟之曰:'君尝累日不举火,亦惫甚矣,顾此架上物,能飡之而饱耶?脱不幸饥而死,谁为读此书者?'予亦莫之顾。"③

第二,补充诸多藏书家生平逸事。历史上,很多藏书家做出了突出的藏书成就,且学术成就骄人,但是,光鲜的表面下,却承受着不为人知的病痛折磨,如清代杰出思想家和史学家章学诚,"性孤高下急,会试出于文襄门。又居梁文定邸中最久,然笔墨謷诼多不肯屈从,为两相国所器重。少患鼻瘫,中年两耳复聩,老苦头风,右目偏盲,其没也以背疽。晚景贫病交加,极文

---

① 吴则虞:《续藏书纪事诗(关于四川藏书家部分)》,《四川图书馆学刊》1979年第4期,第46页。
② 《续藏书纪事诗》卷一《刘元亮》引《玉轩新纂古今书目序》,第3页。
③ 《续藏书纪事诗》卷一《熊赐履》引《下学堂书目题辞》,第10页。

人之不幸，卒年六十四"①，"极文人之不幸"，闻之令人鼻酸。受社会环境影响，还有的藏书家生前显赫，却逝后凄凉，如晚清翁同龢因戊戌变法失败而被贬，归乡后藏书治学，"每于日晡入城，向县衙应卯外，一切庆吊馈问，皆不预晋接。日惟以书画自遣而已"②，身在江湖，心向魏阙的翁同龢最终不复受到启用，"以甲辰（1904）五月廿二日殁于家，属纩之夕，实欿欿于国军而自引咎戾。闻其本无病，因张季直殿撰访过虞山，纵谈竟日，夜以达旦。张去而病，不半日殁已。其殁之先半月尚遍游吴越佳山水，有人见其题名，故知之。苏抚部恩寿以之上闻，奉旨'知道了'三字而已"③。这位为大清王朝奉献终生的僚佐，死后仅得到清廷"知道了"三字，令人心寒不已。

　　第三，重视搜集藏书家学术成就。藏书与学术相辅相成，大多数藏书家于两方面皆有所长，藏书促进学术开展，学术研究亦利于择选藏书。吴则虞深谙此道，故十分注意辑录有关传主学术方面成就的史料，凸显藏书与治学之互动关系，如王国维，"不徒精于礼制，凡声音训诂名物，莫不研几穷微。尤善论证金石文字，其所为文辞，从容朴雅，必有实义名论贯注乎中，诗尤芟浮藻而成隐秀，兼众体而为雅度"④。清代著名目录学家耿文光根据私藏编著《万卷精华楼藏书丛记》，为继《四库全书总目》之后第一部大型综合性提要式书目，耿氏治学严谨，如其论校勘说：

　　　　甲校与乙校不同，古本与今本大异，必先指明某刻，然后知所说者为何本，某刻本、某钞本、某藏本。向例旁注于书名之下。今以书成而后镂板，故次于编辑之后，专记刻书年月，并刻者姓名，某本出于某刻，某本为第几刻，古本每叶几行，每行几字，板口有何款识，书内有何印记，某本足据，某本不足据，悉为著明。刻者名氏有本书不载而见于他书者，亦为拈出。⑤

---

① 《续藏书纪事诗》卷二《章学诚》引沈元泰《章学诚传》，第56页。
② 《续藏书纪事诗》卷五《翁同龢》引《一澂研斋笔记》，第170页。
③ 《续藏书纪事诗》卷五《翁同龢》引郑文焯《半雨楼杂钞》，第170页。
④ 《续藏书纪事诗》卷十《王国维》引费行简《观堂先生别传》，第436页。
⑤ 《续藏书纪事诗》卷九《耿文光》引耿文光《目录学凡例》，第389页。

耿氏在目录学、版本学、典藏学等方面多有成就，其《目录学凡例》涉猎多方，迄今仍有较大的学术价值。

（四）"则虞案"文献价值

称《续藏书纪事诗》最类叶书，还表现在吴则虞于注文中多加案语，题曰"则虞案"。"则虞案"多为吴氏自撰，有助读者了解传主生平或藏书成就，文献价值十分可贵，表现在：

一是补充史志对藏书家生平和藏书事迹记载之不足。

古代尚无"藏书家"之说，他们的身份往往被官员、文人或学者等掩盖，又因史志编纂时多依据现有资料，难以详考人物生平，故而出现这样或那样的缺漏。如清代满族藏书家麟庆，因故罢官后雅嗜藏书，建成半亩园，构藏书楼曰"娜嬛妙境"，与旧日属僚校阅图书，鉴别旧藏字画，先后接受赠书、访求遗书有8万余卷，《清史稿·本传》称"麟庆字见亭，完颜氏，满洲镶黄旗人"[1]，对其字号记载有误，"则虞案"称："麟庆一作字伯余，号见亭。"[2]清代另一位著名的满族藏书家杨钟羲，藏书成就和诗学成就为人称道，伦明《辛亥以来藏书纪事诗》为之作传，但于其生平语焉不详，"则虞案"补充说："杨钟羲，汉军正黄旗人，本姓尼堪氏，原名钟广，后任外官时改姓杨，字子勤，号雪桥。光绪十五年（1889）进士。官至江宁知府。著有《论语正蒙》《骈体文略》《雪桥诗话》。与盛昱合辑《八旗文经》。"[3] 一个完整的杨钟羲生平呈现在读者面前。

吴则虞还在案语中摘录自己与藏书家间的往来信函，以此补充交代藏书家之藏书成就，如：

> 去岁，叔弢来书云："仆幼喜收书，十五六岁时，只收各省局刻，继之以丛书及私家刻本。中年以后，时游厂市，乃醉心于名贤抄校之本，上及宋、元，而于抄校有偏好。盖以名人手迹，偶一展阅，恍如晤对，

---

[1] 《清史稿》卷三百八十三《麟庆传》，中华书局1977年版，第38册，第11657页。
[2] 《续藏书纪事诗》卷三《麟庆》，第87页。
[3] 《续藏书纪事诗》卷六《杨钟羲》，第257页。

别饶风趣。此固不足为外人道也。财力所限，所收多短书小册，但选择务精，珍袭必谨。尝比拟人身，谬为五好之论：一版刻好，比之形体壮美，得天独厚；二纸墨好，比之后天得养，神采焕发；三为藏印好，比之美人薄施脂粉，更添韵秀；四为题跋好，比之学士才识具足，自尔不凡；五为装潢好，比之衣冠齐楚，神意潇然。皮相之言，或不为通人所取耳。仆每见书中恶印累累，辄为愤慨，故藏书只用'周暹'二字白文小印，不欲后人为我意恶也。另有'自庄严堪''孝经一卷人家''双南华馆''寒在堂''半雨楼''东稼草堂'诸印，乃因得北宋本《华严经》、元相台本《孝经》、宋本《庄子》两种、《寒山子诗》、北宋本《王摩诘集》、元本《苏东坡诗》《辛稼轩词》，偶然兴到，遂在图书中起造斋馆楼阁，聊以自怡，从未钤于善本书，亦爱护之至意，而未免近于迂乎！"①

这封信的史料价值十分珍贵，大藏书家周叔弢给自己多年的藏书经验做出五点总结，可见其独特的藏书理念，对其他藏书家不啻为有益的借鉴。

二是补充交代藏书在藏书家身后流向。

近代以来，中国处在"三千年未有之大变局"中，社会发生了巨大变革，藏书也一样，私藏转向公藏、新兴藏书家群体兴起、大量汉籍输出海外……藏书流向多方，流速加快，吴则虞以案语的形式及时记载这种变化。有的被后人出售，如王先谦去世后，其藏书流向史书记载不清，"则虞案"说："藏书早已散出，倭降后，其后嗣曾以遗书百余种求售。丙戌丁亥，余在长沙玉泉街旧书铺得其书约十余种，皆通常易见之本。"② 吴则虞用自己经历和见闻来叙述王先谦藏书去向，十分可信。记载藏书流向外，吴则虞还记载藏书家刻板去处，如广东藏书家潘仕成于其海山仙馆刊刻大量图籍，关于刻板下落，"则虞案"说："海山仙馆所刻书版，禁烟一役，外兵陷粤城，板片均为法人所获，与军用品物随船西运，陈于巴黎博物馆矣。相传每人出银三枚，满额

---

① 《续藏书纪事诗》卷十一《周暹》，第496页。
② 《续藏书纪事诗》卷五《王先谦》，第192页。

后即开彩，为香山一蒙师所得。恣意挥霍，全园不能即售，则零碎折售，未一二载，全园已犁为田，蒙师亦死矣。又潘刻之《佩文韵府》板，则抵与山西某票号云。"① 令人十分痛惜。吴则虞还在按语中述观藏书家流落之书情形，如叙李盛铎藏书说：

> 木斋撰有《大光明殿储存正统道藏版本目录》，梁涵曾见其稿本。大光明殿毁于庚子（1900）之役，版本万余殆尽。木斋有《经眼书目》二十二卷，附《历代藏书家印记》二卷，稿本未刊。《木犀轩收藏旧本书目》，北京图书馆有传抄本十二册，北京人文科学研究所打字本四册。木斋书今在北京大学图书馆，余十度登楼借校《淮南子》《论衡》及《安吴先生文稿》，空楼人鲜，至竟日不逢一人。其书有绝佳者，惜不能常在楼中从容雠理。②

所述藏书流向，多为吴则虞目睹亲见，历历在目，如在眼前，这是"则虞案"的艺术魅力所在，可为治藏书史者借鉴。

三是概述一地之藏书史。

《续藏书纪事诗》卷九为清代上海藏书家徐渭仁作传，"则虞案"由此追记上海藏书历史说：

> 上海藏书家首推李筠嘉、郁松年，前乎此者，在万历之际，收藏之富者有王洪州圻、施石屏大经、朱幼清懋澄、俞仲济汝楫为最，而幼清更多秘本及名人手钞本。石屏殁后，子沛然复购益之，其书目四册，高五寸许。石屏有收藏印章曰："施氏获阁藏书古人以借鬻为不孝，手泽犹存，其永宝之。"沛然置书亦以此印于卷。其次则有徐长谷、何柘湖、张王屋、朱邦宪、董紫冈继之。又与吴门文征仲、王履吉交，故皆能泛滥恣讨，而莫廷韩又游予四公间，复得其外祖常熟杨梦羽藏书。梦羽字五川，七桧山房主也。朱太史文石亦广蓄宋本，钞本亦多，是皆在李、郁

---

① 《续藏书纪事诗》卷五《潘仕成》，第214—215页。
② 《续藏书纪事诗》卷七《李盛铎》，第262页。

之先者。在李氏之后，则梅复斋与张金。张辑有《宝稽堂藏书记》，惜佚。①

此则按语可作上海简明地方藏书史看，40年后，周退密和宋路霞撰写《上海近代藏书纪事诗》，所记藏书家以近代为主，设若从古代写起，这则按语能够为之提供有意义的线索。

四是按语中寄托个人感慨。

为前代藏书家作传，不仅需要作传者具有深厚的史料搜辑之功，还需要作传者付出真挚情感，"则虞案"于此用心良多，兹举两例。

第一，吴则虞生平多坎坷，幼年失去双亲，中年不幸丧子。他在为叶昌炽作传时，联想到叶氏也有失子之痛，于是案语说：

鞠裳白头悼独，余中岁失儿，读薇孙诗不禁泫然泣下。长男报珩，早慧，二岁识匜名，四岁能作擘窠字，宛似经石峪，南岳佛刹多有其榜书。殁之前夕，索余所蓄古泉以弄，又叩洪昉思乐府事。年十一，以泗卒，正昉思堕水日也。鞠裳纪赵凡夫诗有"憔悴中郎曙后星"句，因假用之，既悲逝者复自念也。触物凄怀，感念亡儿，若在初殁。②

这种惺惺相惜的苦痛，唯有吴则虞感受最深。

第二，吴则虞还在按语中饱含深情地对藏书家抒发向慕之情，如《徐乃昌》注文中"则虞案"说：

积余家距寒舍百余里，幼年往来鸠兹，夜行船必经其地，灯火舻声，连江白苇，行旅之况，如在目前。回首已二十余年，积余梓木已拱，即曩日同舟诸子，亦凋落殆尽。余剑外飘零，亦垂垂老矣。故诗及之。③

徐乃昌（1869—1943），字积余，晚号随庵老人，出身望族，安徽南陵县

---

① 《续藏书纪事诗》卷九《徐渭仁》，第384页。
② 《续藏书纪事诗》卷七《叶昌炽》，第267页。
③ 《续藏书纪事诗》卷八《徐乃昌》，第340页。

人。徐氏曾多方觅求并博览古代典籍，收藏极丰，悉心校阅翻印大量图籍，为近代藏书史上著名藏书家、刻书家。而吴则虞家乡在安徽泾县，两地相距百余里，作为晚辈的吴氏，幼年经常路过徐氏故里，当时即生向慕之心，按语所述，情真意切。

第七章 周退密、宋路霞与《近代上海藏书纪事诗》

新中国成立前，上海曾是远东第一金融中心，股票、黄金、外汇等金融市场的规模雄踞亚洲之冠，这里云集了亚洲最大的交易所、中央金融监管部门、中央四大行的总部、国内排名前十位的银行总部及不计其数的保险、信托公司总部等。经济上繁荣的上海，也迎来了文化上的高度繁荣，"鸦片战争"后，西学输入中国，多半经由上海，反映在藏书事业上，出现了全新的变化，各种翻译机构、出版机构、藏书机构纷纷产生，传统意义上的私家藏书受到了很大影响，传统与现代之间有冲突，但更多的是接纳与融合。周退密、宋路霞的《近代上海藏书纪事诗》对此有较多记载。

第一节 周退密、宋路霞生平

"一室供坐卧，家具占其半。乱书叠如山，终究非美观。客来感跼躅，举步愧怠慢。壁上何所有，有画工与漫。"[1] 书与画占据居室半壁江山，虽不美观，但主人乐在其中……透过周退密先生这首描写自己书房情形的诗作，我们能够直观感受到这位世纪老人勤勉与书画打交道而怡然自乐的生活。

---

[1] 周退密：《自述一首次无咎居士〈新岁自赞〉二十四韵（1月8日）》，《退密诗历（2012年）》，资料来自周退密博客：http://blog.163.com/tmzhou1914@126/blog/#m=0。

一　周退密生平

百岁老人周退密"可谓是一位集书法、诗文、鉴赏、翻译于一身,学贯中西的多才多艺老人"①。周退密原名昌枢,号石窗,室名红豆宧、四明名宿,1914年9月2日出生于宁波城内月湖西畔故居。周家从明朝末年起即定居宁波,世世代代读书。周退密的高祖是很有名的中医,人称"周半仙",曾祖父也是中医,医术颇精,后来家道渐渐中落,子孙外出谋生。周退密的父亲曾前往汉口在一钱庄当学徒。

(一) 教育和工作经历

在富裕家境成长起来的周退密,与书结下不解之缘,他自述道:"我和书真可说是情有独钟了。记得童年时代放晚学回家,就向母亲要了书楼钥匙,独自一人上楼开启书橱,有时不是为了看书求知识而是想闻闻从古籍中间散发出来的一种缊缊香味,这可能就是人们常说的'书香'了。这时我会把书抽出来看看翻翻,又立即把它放回原处。有时只是打开橱门,立着看看书的标签,摸摸刻木的书根,也会感觉到一种说不出的快乐,真可谓之爱书爱到发痴的程度了。"② 先生自幼接受过私塾教育,他说:"当时我家聘请的西席叫章述洨,字许泉,是一位研究许慎《说文解字》的学者,他原是我父亲的老师,后来把他请来课读兄姐们。"③

周退密6岁开始读小学,其间遇到多位认真负责的老师。胡丕光老师所教古文,沿袭旧式塾学方法,为他"打下了古汉语的基础,为后来进入私塾'清芬馆'的学习收到事半功倍的效果"④。13岁时,周退密在浙江省第四中学附属小学毕业,毕业以后,国民党的北伐军队到了宁波,学校一时领不到经费没有开学,先生只好上私塾。私塾名"清芬馆",这里教学方向按照孔子

---

① 朱明尧:《艺坛耆宿周退密》,《文化交流》2008年第11期。
② 周退密:《我的书缘》,董宁文《我的书缘》,岳麓书社2006年版,第83页。
③ 周退密:《我的书斋》,引自网上资料:http://www.360doc.com/content/12/0703/12/8244512_221889731.shtml。
④ 周退密:《回忆母校四中附小》,资料来自周退密博客:http://blog.163.com/tmzhou1914@126/blog/static/12737191920110139535851/。

讲学的办法，分德行、言语、文学、政事四门，每一门课都有教材，德行教《四书》。周退密在这里念了两年多，打下了坚实的古文基础。1930年，周退密入读上海中医专门学校，未卒业即放弃中医学习，入读以法语作为教学语言的上海震旦大学法律课程，从此"多了一只眼睛求知识"。即使在抗战时期，他亦不惧危险，设法继续因战事中断一学期的大学法律专业。

1940年，周退密从震旦大学毕业，先后任上海法商学院和大同大学教授，在离开大同大学以后，一度在商业机构里工作。1956年他应聘到哈尔滨外国语学院教法语，1964年调到上海外国语学院。1968年到1979年，周退密被调去参加编写《法汉辞典》工作。

1981年，周退密从上海外国语学院退休，1988年起任上海市文史馆馆员、上海诗词学会理事。而今，在上海西区一幢古朴的西式楼房里，周退密正安度晚年，他每天安静地在家中读书写字。卧室兼作书房，对周退密来说，晚年生活的主要内容是诗词创作和书法锻炼。

(二) 藏书经历

周家自明代起即世居宁波，当地浓厚的藏书传统给了他们深刻影响。周退密回忆说："我父亲一生爱好读书，经常会手不释卷地看上一二个钟头而不倦息。他过去买过不少古籍，大部头的有《殿本二十四史》《古今图书集成》《四库全书总目提要》《知不足斋丛书》《说郛》《汉魏百三名家》《全唐诗》《全唐文》《渊鉴类函》《康熙字典》等以及不少明清刊本的四部典籍。"[1]

周退密父亲周絜非是位中医，字写得很好，藏书亦多，更为重要的是他对功名利禄和人生得失看得很淡。从而也深深影响了周退密，他不汲汲于富贵，不戚戚于贫贱，专务教书、藏书、写字与绘画，身上体现的新老兼备的文人气度，正是来自父亲的文化基因。父亲去世后，藏书全部归周退密保存，加上多年购求，逐渐形成自己的藏书特色——以故乡宁波为主的地方文献。周退密坦言，他对天一阁有着特殊感情，"我小时候就住在月湖西，经常跑去

---

[1] 周退密：《我的书斋》，引自网上资料：http://www.360doc.com/content/12/0703/12/8244512_221889731.shtml。

天一阁游玩，最喜欢看那里的《兰亭序》"①。

  周退密藏书中最有特色的部分是清朝浙江首位状元史大成、甬上先贤范光阳、天一阁后人范永祺等人的墨迹以及童华的日记等。

  史大成（1613—1676），字及超，一字立庵，清初鄞县人。顺治十二年（1655）进士第一，授翰林院修撰。康熙初起复，迁礼部左侍郎。史大成性敦厚笃谊，爱好诗文，著有《八行堂诗文集》。史大成书法精绝，受到帝廷推重。周退密藏有史大成的书法尺页，最见史氏书法功力。

  甬上先贤范光阳和范永祺跟天一阁颇有渊源。范光阳（1630—1705），字国雯，号北山。康熙二十七年（1688）进士，曾任福建延平府知府，擅长作诗，著有《双云堂文稿》6卷、《诗稿》6卷。范永祺（1727—1795），字凤颉，天一阁范钦裔孙，平生酷嗜藏书，书屋名为"瓮天居"。乾隆五十一年（1786）举人，工篆隶、刻印，富藏明人尺牍。周退密所藏二人墨迹较多，为其他公私所无。

  童华（1818—1889），字晋三，一字树眉，号萼君。浙江鄞县（今宁波）人。少即聪慧，道光十八年（1838）进士，殿试二甲，被选为翰林院庶吉士，朝廷中论科第先后者，无以与比。年少登第后，仕途坦荡，一直做到礼部侍郎，而且入值上书房26年之久，为光绪皇帝老师，故童家祖居银台第有"帝师故居"之称。童华一生撰述较多，有《童氏杂著》《竹石居文草》《竹石居诗草》等。周退密所藏童氏日记《先总宪公日记》3册，是一位朋友早年从拍卖行所得，而他又从朋友手中收购而来。日记内容以记载上书房值班之事为主，兼及童华幼年读书情形，对于研究童氏家族及清廷内部事务很有价值。

  时光荏苒，而今周退密年岁已高，为能在生前给自己的藏书有一个妥善的安置，嘱托家人将藏书中的精华部分全部无偿捐献给宁波天一阁，他说："现在把我手里的东西交给天一阁，就是这些物品最好的归宿，我多年的心愿也了了。"②

---

  ① 梅薇：《宁波籍文史专家周退密把这些宝贝都捐给了天一阁》，《宁波晚报》2012年6月7日报道。

  ② 俞益婷：《周退密书籍文物捐赠天一阁　古籍专家为市民做免费鉴定》，凤凰网2013年1月25日报道。

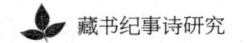

（三）丰富的著述

周退密童年接受的是传统教育，大学时学的是法律和法语，不平凡的教育背景给了他从事编撰典籍和文学创作很难得的知识背景。

"文化大革命"时期，国家相关部门提出英汉有辞典，而法汉却没有，应该把懂法语的人集中起来，编一本《法汉辞典》。此事说做就做，从1968年到1979年，有关部门在上海外国语学院成立《法汉词典》编辑室，先后参加编写工作的有来自上海市的大专院校、科研机构、工厂、出版社等单位的同志，周退密有幸参与其中。词典涉及很多法律词条，而周退密曾经专修法律，故编辑室领导要周退密审定这部分内容，并且，词典中的国际音标也都是他搞的。

这次参编词典的经历为周退密以后的文学创作打下了坚实的基础，接下来的几十年中，他尤致力于诗词创作，著作主要有《墨池新咏》《芳草集》《燃灯集》《秋草集》《画蛇集》《蛇足集》《秋蛇集七言绝句钞》《于喁小唱》《石窗词》《春酒词》《退密楼诗词》《安亭草阁词》等。刘梦芙在《五四以来词坛点将录》中列他为"地空星小霸王周通"，评曰：

> 石窗丈早年毕业于震旦大学，曾任教于上海外语学院。拨乱反正后，多与沪上诸老切磋词道。近年复与海内中青年词友酬唱，耆龄健笔，霁月光风。倚声以小令居多，清丽自然，不假雕琢，于北宋近大晏、欧阳。周词题材多写恬居之生活情趣，一花一鸟，信手拈来，寓冲淡之怀，有庄子濠上观鱼之乐。此为词中之另一境界，非多经忧患，勘破世相者，难以优游其中也。①

可谓深得周退密诗词创作之旨。工于辞藻，安于冲淡，正是饱经风霜，多年浸染翰苑者创作的一贯风格。

---

① 刘梦芙：《五四以来词坛点将录》，《中国诗学》第十辑，人民文学出版社2009年版，第166页。

二 宋路霞生平与创作经历

1952年出生的宋路霞是山东省济南市人,父母皆为国家干部,她少时随父母调动来到上海。中学毕业后入伍,在海军军区大院里当过电话接线生,退伍后考入华东师范大学中文系,毕业后留校工作,先后任职校图书馆和校刊编辑室,后辞去公职,专心撰述。

宋路霞因为在大学图书馆工作的经历,被郑逸梅先生称为"坐拥百城,见闻广博"[1],这种知识储备为其后来创作打下了坚实基础。早在大学毕业时,宋路霞就热衷于文史掌故和传记文学写作,她从接触民间收藏开始,集中撰写上海老洋房、老饭店的故事,又从拜访老洋房主人开始,撰写了一系列上海豪门故事。出于对上海近代历史和出现在这段历史中人物的尊重,宋路霞创作态度认真,为了采撷史料,她花大量的时间和精力,除了在图书馆寻找确切的史籍外,还走访许多古稀老人,和老人们对话,要非常有耐心,因为老人们常常会离题万里,有时两个小时谈下来,得到的有效数据并不多,但她不泄气,下一次又买了点心再上门。[2]

多年来,宋路霞著述丰富,主要有《细说李鸿章家族》《李鸿章家族》《盛宣怀家族》《张静江、张石铭家族》《上海望族》《上海的豪门旧梦》《上海的豪门望族》《百年儒商——南浔小莲庄刘家》《百年收藏——二十世纪中国民间收藏风云录》《回梦上海大饭店》《洋楼沧桑》《回梦上海老洋房》《浮世万象》(孙曜东口述、宋路霞整理)《钱币大师马定祥》《上海顶级老洋房》《上海滩名门闺秀》等。这些著作以独特的视角和笔触,为读者勾勒了一幅幅20世纪上海百年沧桑的历史画卷,她本人也从一个部队电话接线生蜕变为公认的近代上海豪门家族史研究专家。

2008年,宋路霞把多年收集的近现代上海著名家族史料捐赠给上海市档案馆永久珍藏,其中包括李鸿章、盛宣怀、聂缉椝、孙家鼐、周馥、刘秉璋、

---

[1] 郑逸梅:《上海近代藏书纪事诗序》,《上海近代藏书纪事诗》卷首,华东师范大学出版社1993年版,以下引用该书只注页码。

[2] 聂崇彬:《宋路霞和她的洋房豪门故事》,来自聂崇彬的新浪博客 http://blog.sina.com.cn/adelinenip。

周湘云、荣宗敬等8位近现代上海著名家族后人提供的文字材料、照片，以及采访过程中形成的口述史料、录音录像等210件。此次捐赠的史料还包括李鸿章后代收藏的部分财产档案和分家档案资料、李鸿章弟弟李瀚章及长子李经畲墨迹、淮军名将刘秉璋曾孙刘鏊龄先生收藏的4封李鸿章的书信、盛宣怀曾孙盛承洪收藏的日本天皇颁给盛宣怀的授勋证书、日本三井洋行宴请盛宣怀的邀请函、著名学者容庚和李济写给大收藏家刘晦之的信函、曾国藩之女曾纪芬的墨迹等，这批史料对研究近现代上海家族史具有较大的参考价值。[①]

第二节 《上海近代藏书纪事诗》创作及特色

藏书纪事诗中的地方史创作始于徐信符《广东藏书纪事诗》，与通史类藏书纪事诗不同，地方史更能全面、细致反映一地之藏书面貌与风尚，促进地方文化研究。作为第二部地方史藏书纪事诗，《上海近代藏书纪事诗》对上海近代藏书文化中的各方面都做了积极的探索与总结。

一 创作经过

《上海近代藏书纪事诗》的诗歌部分由周退密撰写，传文部分则由宋路霞执笔。

早在清芬馆时期，周退密即接受过严格训练，开始尝试古诗词创作，但多为游戏之作，作品没有流传。从上海外国语学院退休多年后，1988年，74岁的周退密先生受聘到上海市文史研究馆，他沉浸在书法与诗词的天地里，过着优游的晚年生活，常与二三好友共同创作，以为消遣之乐。随着时光流逝，这位世纪老人身边的友人逐渐作古，令他十分感慨。如谈起故交施蛰存，周退密说："每年正月我都要到他那儿去，因为我有亲戚住在那边。后来他病得很厉害的时候，我要去看他，他们叫我别去，说你去看了会伤心的。"谈起

---

① 曹玲娟：《宋路霞捐赠近现代上海著名家族史料》，人民网2008年11月27日报道。

郑逸梅，他则说："我认识他比较晚。我十二三岁的时候已经读到他的作品，后来碰到他，我跟他说：'读你的文章很早，相见很晚。'大家谈得很开心。他后来写《周退密谈上海第一号汽车》，这没道理，上海人就喜欢谈这些东西。"又叹息邓云乡太早去世："他很可惜，他约我跟他一起买字，后来不久就走了。"①

有了这些感触，周退密便思忖以什么方式为这些同道人作传记，不久便遇到了女史宋路霞。那时的宋路霞在华东师范大学图书馆担任党支部书记兼管古籍部，她发现华师大图书馆古籍版本书及碑帖不计其数，但都散落馆里，无人整理，价值也无人知晓。自幼喜好古典文化的她，自然非常珍视，视若"宝贝"般加以整理并不断收集。一日，与一位朋友聊诗词时，偶然得知当年上海滩人称"房地产大王"的周湘云侄子周退密先生，有一批抄家被发还的碑帖意欲捐献，宋路霞赶紧托人联系，洽谈收购事宜。之后，宋路霞因忙于其他事务竟将此事搁置脑后。不久，联系人告知她，老先生自从得知她要上门后，终日不敢出门，在家守候。听到此消息，宋路霞非常惊讶。刚刚经历十年动乱、信用丧失的时期，如何还有这么忠厚、守信之人？何况还是豪门后代。惭愧不已的宋路霞放下一切事务，直奔周家而去。②此后每个休息日都去听周退密讲家族故事，机缘际会，二人便有了合作撰写《上海近代藏书纪事诗》的打算。关于二人合作的具体情况，潘景郑先生说：

> 宋路霞同志谙习流略之学，现任事华东师范大学图书馆，以余力编成《上海近代藏书纪事诗》一书问世，其内容约取周退密先生所为诗，广搜逸闻，穷疏故实，得六十家汇为一卷。③

可知，周退密负责为传主创作诗作，而宋路霞则循此撰写传文，叙写传主生平和藏书事迹。

《上海近代藏书纪事诗》大约于 1987 年告成，作者选择部分内容刊发在

---

① 《周退密：多一只眼睛长知识少一点功利搞艺术》，《南方都市报》2007 年 3 月 28 日。
② 资料来源于杜伟伟《宋路霞：家族兴衰见证社会变迁》，网络地址：http://hbd.just.edu.cn/column/view10331。
③ 潘景郑：《上海近代藏书纪事诗序》，《上海近代藏书纪事诗》卷首。

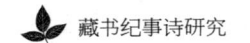

当年的《图书馆杂志》上,作者说:

> 自清末叶鞠裳(昌炽)《藏书纪事诗》问世以来,继之者有伦哲如(明)《辛亥以来藏书纪事诗》、徐信符(绍棨)《广东藏书纪事诗》、王謇(佩诤)《续补藏书纪事诗》与吴则虞《续藏书纪事诗》数种。淞沪之地,人文荟萃,自来不乏藏书大家,揆诸近代,尤指不胜屈。兹就所知得五、六十家,辄于暇日采其遗闻,发诸吟泳,遣诸笔墨,所冀人往风微,事迹略存;"扬己性之芳菲,扇后来之馨逸",并择取诸家纪事诗未著录者先行付梓。至于考文征献,容或有补。珠玉在前,声文不逮,狗尾续貂,弥滋愧赧已。①

所选藏书家有姚石子、胡朴安、胡怀琛、朱龙湛、倪春如、荣德生等6人,不能全文刊出,大概在于学术期刊版面所囿,而作者之意亦在宣扬此前藏书纪事诗所未及者,"先行付梓",以飨读者。而需要说明的是,《图书馆杂志》刊出文章题为《近代上海藏书纪事诗》,与后来全书出版时略有不同。

书成之后,又过6年,几经辗转,直到1993年才交由华东师范大学出版社出版,当时仅印2500册,如今已成罕见之本。

《上海近代藏书纪事诗》附录学术界对于上海近代藏书研究文章多篇,如周子美《近百年来江南藏书家概述》、顾廷龙《张元济与合众图书馆》、苏靖《潘承厚潘承弼宝山楼》《丁福保诂林精舍》、郑伟章《爱国主义藏书家郑振铎》、宋路霞《宝礼堂往事》《千明楼今昔》《玉海堂春秋》《墨海楼话旧》《书林之掌故 藏家之丰碑》等,这些附录文章与全书内容相辅相成。

此书由潘景郑先生题写书名,郑逸梅、胡道静、潘景郑三位先生分别撰序,略论"藏书纪事诗"写作风格缘起与承传,肯定前此叶鞠裳、王佩诤、伦哲如等人撰述此种文体的学术价值与意义,同时称赞《上海近代藏书纪事诗》在发扬藏书文化、保存史料传统方面起到的重要作用。

---

① 周退密、宋路霞:《近代上海藏书纪事诗》,《图书馆杂志》1987年第6期,第47页。

二 创作特色

《上海近代藏书纪事诗》收诗60首，纪事60家，共收录上海近代藏书家60人，按年代为序，始于丁日昌，止于丁景唐，跨时一个世纪，基本囊括了近代一百年来出生或者客居上海的大部分藏书家。作者广泛吸收近年来学术界对私家藏书的研究成果，搜集丰富资料，经过精心排比，对每一位藏书家的家世生平、学术事业，特别对其藏书故实中的收藏经过、数量、特色、聚散、传递、编目、题跋等皆作扼要叙述。该书对上海这个近代最大出版中心、古籍集散中心的私家藏书活动作最详细最系统的调查总结，涉及上海私家藏书文化面广且深，文献价值极为重要，是研究和了解上海私家藏书文化之必备史料。

（一）藏书家种类

古代藏书家以官员和学者为多，但是到了近代，受各种因素影响，这一群体构成开始发生变化，而在富商巨贾云集的上海，变化更加显著。《上海近代藏书纪事诗》在藏书家选择上，紧跟时代步伐，主要突出以下几类。

一是晚清名臣。近代上海是投机家的乐园，没落官僚的隐身地，尤其那些曾经显赫一时的晚清官员，辛亥革命发生后纷纷跑到上海，过起了读书隐居的生活。如丁日昌，历任苏松太道、江苏巡抚、福建巡抚等，官至南洋会办海防兼理各国事务大臣。太平天国之役，江南故家簿籍多不能保，他却于苏抚任上趁机收购，"十年中藏书达三百余箱，除重复者外可十万卷，其中宋元精椠及旧钞名校、单秘无行本者凡十之三四"[1]。直隶总督兼北洋大臣李鸿章在上海有寓居曰丁香花园，藏书楼名望云草堂。晚清内阁中书舍人韩应陛生平收藏图籍及古器物甚富，"先后得宋元古本、旧钞本四百余部，计经部26种、史部80种、子部91种、集部206种，皆出自清代著名藏书家黄丕烈、顾广圻、王阆源诸家"[2]。曾任江南盐法道兼金陵关都督的徐乃昌，"所藏宋元刊

---

[1] 《上海近代藏书纪事诗》，第1页。
[2] 同上书，第3—4页。

本收入《随庵丛书》者凡 16 种 38 卷，另有宋《宝祐四年登科录》《绍兴十八年同年小录》、元《元统元年进士录》、宋刻《资治通鉴目录》、李杜集；稿本有《砚溪先生遗稿》《小谟觞馆诗集》等"①。

二是富商巨贾。藏书是有文化修养的体现，即使不能够深入了解，亦可以附庸风雅，且古代典籍制作成本高昂，有财力者往往才能够大量收藏。晚清近代以来，各地商人在赚足了财产后，大多涉足图籍典藏，诚如陈乃乾先生所言："近来书价骤贵，富商大贾，群起争购，视之若货物、若赀财。以此贸利者有之，以此为逭货者有之，以此为书斋陈设者亦有之。且富商大贾之财力，赢绌无定，故书之流传变动亦较速。而真能好书读书者，反而无购致矣。"②《上海近代藏书纪事诗》对这类藏书家十分留意，如红顶商人盛宣怀，1910 年"于上海寓所附近构一西式三层楼房，占地十余亩，曰愚斋图书馆（旧址在南京西路成都路），入藏经史子集各类凡十余万册，延请名士缪筱珊（荃孙）编印目录，目录达 18 卷 16 册之巨。所藏多由江南藏书故家散出，如苏州江氏灵鹣阁、巴陵方氏碧琳琅馆、杭州王氏退圃等等"③。

周退密和宋路霞十分注意介绍富商藏书家背景，帮助读者了解其人其事。如浙江杭州人王存善（1849—1916），字子展，早年随父至广东，光绪中署知南海，官虎门同知，并管理广州税局，与梁鼎芬、杨锐等人关系密切。"1900 年迁居上海，因擅长理财而获盛宣怀赏识，曾主持招商局并担任汉冶萍公司董事等职。"④ 类似人物还有：蔡鸿鉴"父荣禄为宁波富商"⑤；陶湘"清宣统元年（1909）后跻身上海实业界和金融界，先后担任上海三新、天津裕源、山东鲁丰等纱厂经理，又任职中国银行，为驻沪监理官及重庆、天津分行经理，交通银行北京分行经理等"⑥；张钧衡"世代经商，以丝绸及盐业致

---

① 《上海近代藏书纪事诗》，第 14 页。
② 陈乃乾：《上海书林梦忆录》，原载《古今》第 28 期，后收入秋禾、少莉《旧时书坊》，生活·读书·新知三联书店 2005 年版，第 84 页。
③ 《上海近代藏书纪事诗》，第 6 页。
④ 同上书，第 7 页。
⑤ 同上书，第 8 页。
⑥ 同上书，第 16 页。

富"①；王绶珊"以经营盐业起家，聚资百万"②；叶景葵"宣统三年（1911）出任大清银行正监督，民国后转入实业，先后担任汉冶萍公司经理、浙江商办铁路公司股款清算处主任、中兴煤矿公司董事长、海丰面粉公司董事长、商务印书馆董事、浙江兴业银行董事长等职，长浙江兴业银行四十余载"③，等等。这种背景资料，对于接下来介绍富商们的藏书特色做足了铺垫。

三是各类文化人。文化人历为藏书主体，他们多秉持藏书为用的理念，对弘扬和传播古代文化做出了突出贡献。近代上海由于特殊的地理位置，吸引各类文化界人士前来，他们在这里继续从事自己热爱的事业，而藏书是支撑其事业前进的有力保障。《上海近代藏书纪事诗》中的文化人传主有出版家，如张元济，其人主持商务印书馆时，"每削稿，辄思有所检阅，苦无书。求诸市中，多坊肆所刊，未敢信，乃思访求善本及收藏有自者"④，于是"不惜巨资购募善本，创涵芬楼与东方图书馆。先后购得江南著名藏书家旧藏，如浙江绍兴徐氏焙经铸史斋、长洲蒋氏秦汉十印斋、江苏太仓顾氏谀闻斋、浙江乌程蒋氏密韵楼，以及广东丰顺丁氏持静斋、清宗室盛氏意园、江苏江阴缪氏艺风堂、溧阳端氏宝华盦、巴陵方氏碧琳琅馆等散出珍本"⑤。有教育家，如蔡元培，他"藏书以实用为主，早年所藏多为线装古籍，抗战前寄存于浙江省图书馆，总额达百箱之巨，惜于战乱中不知所终。后期所藏，除大量古籍外，尚有英文、德文，以及五四以来之期刊，包括各大学之校刊、当时教育部及中央研究院之期刊等等"⑥。有文学家，如鲁迅，其人"一生积累了丰富的藏书，分储于北京、上海两地。北京约存一小部分，上海存其大部分"⑦。有记者，如黄裳，他"大批收书始于抗日战争胜利之后，初期收书较杂，稍后乃注重版本，凡清末民初以及'五四'以后新文学稀少版本，均在

---

① 《上海近代藏书纪事诗》，第17页。
② 同上书，第19页。
③ 同上书，第23—24页。
④ 张元济：《涵芬楼烬余书录序》，《涵芬楼烬余书录》卷首，1951年上海铅印本。
⑤ 《上海近代藏书纪事诗》，第9—10页。
⑥ 同上书，第15页。
⑦ 同上书，第39页。

罗致之列，尤重冷僻罕见、流传有绪之本"①。

上海为近代新兴工商业城市，藏书历史较短，难于形成几代传承的藏书世家，因而，《上海近代藏书纪事诗》不同于其他以藏书世家为传主的藏书纪事诗，但是，这种以寓居上海的藏书家为传主的笔法，正能够深刻反映出上海近代藏书的基本情况。

（二）藏书特色

"中国近代藏书文化与中国传统藏书文化相较已发生了很大变化，导致这一变化的原因多种多样，但终究不能脱离中国近代社会发展与时事变迁等的影响。"② 上海以其独特的区位优势，浓缩了近代中国各种文化变化特征，这一变化在藏书上亦得以淋漓展示。《上海近代藏书纪事诗》十分重视传主藏书特色，并能够把藏书特色与传主生平背景及学术研究结合起来。

第一，注重宋元版本。

一直以来，藏书家喜爱宋元版本，这不单是宋元版本距离古钞本较近的原因，更在于历时久远，具备不菲的文物价值。上海近代藏书家多财力雄厚之辈，购求宋元版古籍往往挥金如土，在所不惜，如陈清华和潘宗周都有佞宋癖，而潘宗周更是"遇善本重值不吝，非宋刊则不屑一顾"③。潘氏年少时曾任职洋行，来上海后充租界工部局总办，多年的积累，家产赢富，其苛求宋元版典籍有雄厚的资金支持。赵诒琛亦好宋元版，他独具只眼，"以黄氏'士礼居'、汪氏'艺芸精舍'旧藏宋元刊本为镇库"④。张钧衡所藏宋刊本书最有特色，如《北山小集》和《李贺歌诗编》，"均印于宋代废旧公文纸背面，其中不少关防朱印、官衔、人名、账簿册等，历历可辨"⑤。而蒋汝藻对于宋元刊本购求最为有力，"得善本2667部，其中宋刊88部，宋刊宋印者达70部之多，元本105部"⑥。

---

① 《上海近代藏书纪事诗》，第71页。
② 李雪梅：《中国近代藏书文化》，现代出版社1999年版，第5页。
③ 《上海近代藏书纪事诗》，第11页。
④ 《上海近代以来藏书纪事诗》，第5页。
⑤ 《上海近代藏书纪事诗》，第18页。
⑥ 同上书，第35页。

第二，秉持实用主义。

受西方文化观念浸染，近代中国出现了新学与旧学之争，新学特点是讲求务实，放眼世界，从林则徐、魏源、王韬、郑观应，到康有为、梁启超、严复等，新学逐渐由小到大，由弱到强，"新学的兴起使中国近代出版业繁荣一时，并带动了大量西学新书的出版，使近代读书、藏书的内容、形式及范围扩大"①。近代上海藏书家在藏书选择上，能够紧跟时代步伐，体现出实用主义特色来。

李鸿章在上海寓所藏书，多"政书、兵书、地方志、科技图书和名人年谱，惟于文艺类书一无所有"②，这与其多年来从事洋务、外交等活动有很大关系。民国大教育家蔡元培藏书亦以实用为主，"早年所藏多为线装古籍，抗战前寄存于浙江省图书馆，总额达百箱之巨，惜于战乱中不知所终。后期所藏，除大量古籍外，尚有英文、德文，以及五四以来之期刊，包括各大学之校刊、当时教育部及中央研究院之期刊等等。……数百箱图书寄存于上海科学社，内容涉及社会、政治、教育、哲学、心理学、美术及自然科学诸类"③，很显然，蔡氏藏书之目的，在于普及教育以及嘉惠士林。

第三，藏书助益学术。

古代藏书不仅为人才培养提供给养，更是绵长悠久的古典学术温床。通过对古代文献典籍的购求、保存、校勘，藏书家为中国学术文化繁衍作出了巨大贡献。古代藏书与学术发展互为因果，这种关系在晚清近代表现得尤为明显，学者们在学术领域取得的成就越大，就越需要大量图书资料。《上海近代藏书纪事诗》对于助益学术的藏书活动尤加关注，反映了近代学术发展的一个侧影。如胡怀琛曾应王云五之邀，受聘为商务印书馆编辑，参与革新初等、中等学校教科书编选工作，其间编选了多部新式教材。他还是《小说世界》编辑，参加《万有文库》古籍部分编辑工作，先后在各大院校担任教授，在任教与编辑的余暇又勤于选编、撰著，涉及学科极广，其藏书有两大特色：

---

① 李雪梅：《中国近代藏书文化》，现代出版社1999年版，第7页。
② 《上海近代藏书纪事诗》，第3页。
③ 同上书，第15页。

其一为旧时民间蒙学课本，如三字经、百家姓、千字文、千家诗等，刘鹗在《老残游记》中称为"三百千千"者是也。此类书于旧时私塾中曾普遍使用，然一经用过，便弃如草芥，遑论收藏。先生视之为中国古文化之一叶，广征博搜，精淘细漉，数十年间竟收得历代刻本、钞本、油印本、翻译本数百种，并逐一比较研究，编制书目，并著《蒙书考》以论列之。其次为外籍和少数民族作者的汉文诗集，作者有日本、朝鲜、越南、俄罗斯等籍，又得蒙、满、回、维吾尔等族，自元至清末各种刻本、钞本千余种，尤为稀见难得之属。①

又如"对旧史学的破坏之功，并世无人可及"②的顾颉刚先生，一生为研究历史及民俗学收书不懈，其藏书"以史学类为大宗，达六百余部，多为日常治学常用之书，包括近代各种法规汇编、民国以来各种组织条例、会议文件、军务、河防、人口及商会的各种调查统计资料，以及人物年谱、传记等，均为今日所不易获见者，从中可见先生收罗范围之广，与其治学精神之严肃"③。

类似的情况还有：郑振铎研究兴趣在戏曲和俗文学，因此"所藏前后计数十万册，以元明清三代戏曲、小说、版画、诗词，以及弹词、宝卷、民歌等俗文学作品为特色"④；为近代词学研究做出卓著贡献的龙榆生，"收集有大量词学文献，包括已成凤毛麟角的明代琴谱和诗词集"⑤；赵景深从1939年始致力于古代戏曲及小说之研究，于是"竭力搜求古代戏曲、小说、民歌、鼓词及民间小曲等俗文学资料，有不少传世罕见之钞本及孤本"⑥；丁景唐"所藏以新文学版本及新文学期刊为主，其中又以鲁迅、瞿秋白及左联五烈士的著作及研究资料最为完整"⑦，等等。

---

① 《上海近代藏书纪事诗》，第46页。
② 胡文辉：《近代学林点将录》，广东人民出版社2010年版，第40页。
③ 《上海近代藏书纪事诗》，第52页。
④ 同上书，第55页。
⑤ 同上书，第62页。
⑥ 同上书，第63—64页。
⑦ 同上书，第73页。

第四，收藏地方文献。

"地方文献以其最朴实、最基本的素材，为社会组织和个人提供和精选有生命力的、有价值的基本资料，然后形成真实、鲜活、源于生活但又高于生活的精品之作。"① 周退密和宋路霞对于上海近代藏书家典藏地方文献之做法尤为赞赏，多所记载，如中国近代最大民族资本家之一的荣德生祖籍无锡，其藏书"以藏无锡乡贤遗书、清人文集、经学和风水地理类书为其主要特色"②；来自徽州的胡朴安藏书"尤为特色者，为泾县胡氏家族历代之著述159 种，其中稿本 21 种"③；苏州吴江藏书家、近代著名诗人柳亚子先生，"网罗吴江地方文献达千余种，辑《吴江县志》《分湖全志》《分湖诗文词征》行世"④。正是有满怀桑梓之情藏书家之辛勤搜求，这些地区的文献史料虽在动荡不安的近代亦得以保留下来，为后世留存了一份珍贵的文化遗产。

（三）藏书家逸事

前文说过，宋路霞是以撰写上海近代豪门著称的当代作家，在创作过程中，她"从最初的简单史料整理，到后来不但加入观点，不断补充资料，重新对历史事件划界、重新理解和表述"⑤，这种"重新理解和表述"的过程是对材料的"深加工"，融入了宋路霞自己的理解和情感因素。《上海近代藏书纪事诗》的创作也一样，作者力图在呈现史料的同时，不惜笔墨，挖掘藏书家逸事，让读者更为感性地理解藏书家在典藏图籍中的点滴往事。

第一，艰难购求典籍。

《上海近代藏书纪事诗》记载许多藏书家艰难购求典籍的逸事，多为他书所不载。如《续补藏书纪事诗》作者王謇，一生痴迷典籍，"曾因卖田市书，

---

① 卢宏、卢宁、杨凝希：《地方文献的功能：提升文化软实力的另一维度》，《图书馆论坛》2008 年第 5 期。
② 《上海近代藏书纪事诗》，第 29 页。
③ 同上书，第 36 页。
④ 同上书，第 47 页。
⑤ 资料来源于杜伟伟《宋路霞：家族兴衰见证社会变迁》，网络地址：http://hbd.just.edu.cn/column/view10331。

而遭家人责难"①;"八一三"战事初起,上海多有藏书之家以书易米,而周越然却"于街头巷尾遇有不可不保存者,辄毅然购下"②;更有丁福保"早年仰慕南菁书院藏书,曾手抄院中藏书目录一册,并私自发愿,它日倘能处境稍裕,必按此书目尽购之。后来所购图籍果远出书院之上"③。

第二,设法保护文献。

近代上海,政权频迭,图书保护受到了多方冲击,有的藏书家冒着生命危险设法保护典籍,《上海近代藏书纪事诗》于此多有记载。如蔡元培的藏书,"当年携往香港之常用书籍已于战乱中丧失殆尽,先生大量手稿,幸由周夫人冒险为之缝入被褥之中,方得免遭劫难"④;唐弢在国难时期,保护图籍方式不同寻常,"1942年日军侵占上海,日夜侦骑四出,逮捕进步人士,搜查进步书刊,一天数警,人人自危,毁书烧书一时成风,先生目睹此文化浩劫,为之心痛,便发愤买书,人卖彼买,经济拮据至以两只大饼充饥,并掘开地板,揭开屋瓦,甚至扒开煤球堆,以安置书籍及大批《新青年》《前锋》《小说月报》《文学》等全套新文学期刊和进步书籍"⑤;更为感人的是刘公鲁,他"终日埋头于金石书画之中,坚不割舍辫子。1937年日寇逼苏州,全家往无锡乡间避难,家人促其行。坚不为动,誓与藏书共存亡。旋寇入城大肆劫掠,藏书损失大半,公鲁惊愕成疾,不久去世"⑥,因为藏书损失大半而为之殒命,刘氏之去世令人扼腕,而其精神更令人感佩。

第三,多种生活逸事。

周退密和宋路霞二先生在为近代上海藏书家作传同时,不独凸显他们的藏书史实和成就,还把他们当作活生生的人看待,因而传文中还记载有藏书家多种生活逸事。如记载皇二子袁克文说:"寒云(袁克文字)生平嗜古,挥金如土,所得佳品至多,然常常兴尽后则视若浮云。或以之质钱,或以之易

---

① 《上海近代藏书纪事诗》,第49页。
② 同上书,第45页。
③ 同上书,第25页。
④ 同上书,第15页。
⑤ 同上书,第69页。
⑥ 同上书,第61页。

物，虽贬价受亏，亦所弗计"①；记载生性迂阔的王绶珊说："聚书之初，不问版本优劣，咸以一元一本得之，书估欺其迂阔，辄分一册为二册或三册，以求多获。后有杭州人抱经堂主人朱遂翔者助其购书，并为之装订修补旧书，不取报酬，于是所藏日精，抱经堂亦以王氏为最大之主顾，生意日隆。"② 勾画行为怪异的倪春如说："侨居上海虹口时，终日衣和服，履木屐，人望之若日人然，其性癖之奇特可以想见"③，等等，不一而足，从中可见藏书家勤于藏书但禀性各异的另一面。

（四）藏书家性情

《上海近代藏书纪事诗》十分注意用简短的语言，将藏书家的性情刻画出来，给读者了解藏书家提供了很好的参考，兹将部分藏书家性情列表如下：

序号	藏书家	性情表现
1	王克敏	不甘寂寞，热衷仕宦
2	蔡鸿鉴	轻财重义
3	封文权	不求闻达
4	蒋抑卮	克敦内行
5	张寿镛	服官干练
6	胡朴安	于人诚信，在官清正，不论为官为民均不忘书生本色
7	柳亚子	以感言称

---

① 《上海近代藏书纪事诗》，第50页。
② 同上书，第19页。
③ 同上书，第20页。

· 285 ·

续 表

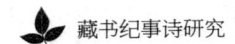

序号	藏书家	性情表现
8	王佩诤	嗜古成癖
9	袁克文	风流一生
10	顾颉刚	治学精神之严肃
11	郑振铎	一生自奉俭薄
12	沈知方	名流雅望
13	黄裳	富于文士雅趣

如表中张寿镛（1875—1945），字伯颂，号泳霓，别号约园，浙江鄞县人。光绪三年（1877）进士，历官各地，甲午战败之后，曾慷慨上书，参奏李鸿章。辛亥革命前夕，向残酷镇压苏浙农民起义发家的湖广总督瑞澂进言，劝其勿杀革命党人。民国时期在浙江省财政司长任上，把每年税收大幅提高，除上缴国税、收回军用票、清偿外债外，老百姓的负担反而减轻了。后看到官场黑暗，坚辞官职，来到上海专心创办光华大学，为再造山河创百年树人大业。① 作者用"服官干练"来概括其人性情，可谓得其神韵。

（五）藏书家道义

古往今来，藏书家们任劳任怨地对典籍进行购求、刊刻、编目、批注、校勘等，且大多数人能够不矜密，无私地借阅、献公，为文化传承做出巨大贡献。《上海近代藏书纪事诗》十分注意在传文中讴歌藏书家的这方面精神，体现近代变局中，上海藏书家坚守传统，传播文化的道义。

有淡泊自持的叶景葵先生，他于1939年辞谢一切官私职务，是年5月，

---

① 俞信芳：《张寿镛先生传》，北京图书馆出版社2003年版。

"邀张元济、陈陶遗创办合众图书馆于上海,并首出其所藏以为倡,捐地捐资,馆赖以建。馆落成后,先生傍馆而居,昕夕苾至,事隔十余年,挚友张元济乃为之叹道:'身履腴膏之境,而淡泊持己。当干戈扰攘之日,独负此为而不有宏业,不屈不挠为祖国保有此大宗文献,其毅力为何如耶!'"①

有将全部家产悉数捐献给国家的丁福保先生,他"以行医、藏书、纂述及刊刻书籍为职志……晚年将所有房屋、田地及藏品如数捐献给国家……先生亲自撰记,有云:'自今以往,不蓄财产,勿造新屋,勿置一切精好之物。须将书籍、碑帖、古泉等散去,空其所有,本无一物带来,亦将无一物带去也。'"②

有藏书之余,致力于文化教育事业的蒋抑卮先生,他"克敦内行,孜孜于文化教育事业至死不倦。于杭州蒋家坳独办一小学校,除预定基金外,又捐助该校基金5万元;又于杭州赏祊创办医院一处,凡此种种,均为难得之举"③。

还有不向权贵低头,不慕权势,保持高风亮节的王植善先生。王植善的妹夫为"五四"时外交总长曹汝霖,"先生深鄙其人,虽资金匮乏,从不向其求援。老友请其出任吴县县长,亦为学校计,终不为所动"④。

"上海为人文广集之地,资力雄厚者,于焉为盛。"⑤ 受时代制约,周、宋之书所选取藏书家仅为少数,且其中多为海上寓公,这从一个侧面反映出了近代上海独特的地位,她是文化人喜欢呆的地方,是典籍汇通之地。藏书之兴,于斯为盛,信哉!

---

① 《上海近代藏书纪事诗》,第24页。
② 同上书,第25—26页。
③ 同上书,第27—28页。
④ 同上书,第30页。
⑤ 潘景郑:《上海近代藏书纪事诗序》,《上海近代藏书纪事诗》卷首,第6页。

第八章　蔡贵华与《近代扬州藏书纪事诗》

扬州古称广陵、江都、维扬等，人文荟萃，向以交通枢纽、商贸重镇、文化名城的形象屹立于世，史上曾有"扬一益二"之说，"雄富冠天下"之誉，其文化建设对于整个华夏文明的形成做出了非常重要的贡献。

扬州藏书历史悠久。西汉董仲舒在江都相任上提出"正谊明道"之说，为此后千百年古代社会统治思想奠定了基调；隋唐间学者曹宪、李善专治《文选》，开中国文选学之先河；唐代杜佑于扬州编纂典章制度巨著《通典》；宋代欧阳修、苏轼先后任扬州知府，倡导文化、流风百代；明清两代扬州文士辈出，学术勃兴，等等，无不与扬州的人文环境和丰富藏书密切相关。

清代扬州"则为鹾贾所集，为乾隆之际东南经济中心"[①]，藏书风气空前浓厚，涌现出一大批藏书家、藏书楼，既有官府藏书楼如文汇阁，更拥有一批全国知名的私人藏书楼如马氏丛书楼、季氏静思堂、陈氏瓠室、阮氏文选楼、吴氏测海楼等。扬州与常熟、南京、苏州合称为江苏四大藏书"重心"，为全国重要的藏书基地之一。近代以来，扬州经济中心地位衰落，但是藏书世家能够承袭清代学风，继续光大藏书事业，努力维系扬州在国内藏书领域的重要地位，蔡贵华《近代扬州藏书纪事诗》反映的就是这一史实，为他书所不及。

[①] 吴晗：《江浙藏书家史略》，中华书局1981年版，第117页。

第一节　蔡贵华生平

蔡贵华（1939？—2009），早年就读于南开大学，毕业后任教扬州市高级中学、职业高中（前市七中），兼市教育局外语视导等，原先教俄语，后教英语。喜收藏，藏品颇富，占楼一层，多有珍本，书斋名"绍湘斋"。蔡氏长年笔耕不辍，著诗文于报刊，每有考据文字，难以胜数。擅诗词，刻印有《绍湘斋诗词》；因知文献检索艰辛，遂以毕生精力，撰编《中国文献学资料通检》。

蔡贵华先生倾心于扬州地方文献研究，源于编撰《中国文献学资料通检》时调查吴氏测海楼史料，进而激发了创作欲望。他说：

> 在这部书（《中国文献学资料通检》）中，我把扬州吴氏测海楼作为一个重要内容。然而，扬州本地人并不知道那座被用作扬州市人民医院职工宿舍的旧楼就是中国文化史上著名的藏书楼——吴氏测海楼；外地学者更不知它在何处，或误以为在扬州西部的仪征，因为文献学上的测海楼往往冠以"真州吴氏有福读书堂""真州吴氏测海楼"的字样（真州即仪征）。……（我）不辞辛劳地翻阅史料，一次又一次地实地调查、走访，终于找到中华文化史上的测海楼——就是这座被用作扬州市人民医院职工宿舍的旧楼，一座有着巨大火灾隐患的大楼！而且听说，医院方面为扩大地盘，正打算将这座楼及住宅拆去重建门诊大楼。
>
> ……我挥笔将我的研究成果写了一篇短文《吴氏兄弟与测海楼》给报社寄去。很快这篇短文在1991年8月24日《扬州日报》文化版上刊登。文章登出不久，我收到了扬州市文物管理委员会晏炳森主任亲笔书写的一封长信。信中他给我以热情的支持与鼓励，晏主任在信中这样写道："今读《扬州日报》，见到您所撰《吴氏兄弟与测海楼》一文。拜读之下，使我们对其藏书有了进一步了解，这得感谢您作了一番调查访问。尊稿虽篇幅不大，但起到了很好的宣传作用，将有利于'吴道台宅第'

的保护……应该感谢您所做的宣传工作。"

……在进一步对测海楼调查研究的基础上，我又撰写了一篇长文《吴道台鲜为人知·测海楼书去楼存——扬州吴氏测海楼记》发表在《扬州史志》1993年第三、四期合刊上。文末我这样写道："测海楼至于今又成为扬州市人民医院职工宿舍，楼前的金鱼池亦是破败景象。……使用情况是令人担忧的，特别是楼上下四壁均为木板结构，用作医院职工宿舍不安全的因素确实很大，稍有疏忽，则酿成无可补救的损失。如果我们在此开发一处人文景观，比如'扬州学派纪念馆'，这不仅很好地保存了这座古建筑群，而且又为扬州开发了一处旅游资源，那实为一举两得、事半而功倍。"后来此文又为《图书情报论坛》《广陵春秋》等期刊转载或摘要转载。①

近代扬州学者，延续明清以来藏书文化传统，涌现出众多像测海楼吴氏一样的藏书世家，为扬州文化发展做出重要贡献。蔡贵华先生在撰写《中国文献学资料通检》时，深感有必要将近代扬州藏书史整理出来，以利于地方文化传衍。

第二节 《近代扬州藏书纪事诗》

"天下有五大都会，为士大夫必游地：曰燕台，曰金陵，曰维扬，曰吴门，曰武林。"② 扬州与京师等地同为文人必游之地，因为这里经济发达，文化昌盛，读书之风盛行，藏书风气也空前浓厚。今人陈建勤认为："清代扬州藏书为扬州学派学人研习经史提供了充裕的图书资料。同时也为扬州成为清代重要刻书基地奠定了文献基础。"③ 近代扬州也一样，藏书风尚支持学风发

---

① 蔡贵华：《民进前辈赋予的精神力量》，《民主》2005年第1期。
② （清）孔尚任：《孔尚任诗文集》（汪蔚林编）卷六《郭匡山广陵赠言序》，中华书局1962年版，第459页。
③ 陈建勤：《清代扬州藏书述略》，《江苏图书馆学报》1998年第2期。

展。蔡贵华的《近代扬州藏书纪事诗》对于扬州藏书世家的藏书特点、藏书流向、藏书意义等都做了多方面探索。

一　创作经过

关于创作《近代扬州藏书纪事诗》的缘由及经过，作者序称：

> 早在中唐，扬州已出现雕版印刷事业。而典籍收藏则自宋至今可谓名家辈出。近代扬州藏书家在文化史上产生了极大的影响，对我国的文化事业作出了很大的贡献。近来，有些人用纪事诗来表彰各地藏书家，上海已开先例（事见《读书》1988年第1期）。兹将近代扬州藏书家中声望卓著者仿清人叶昌炽《藏书纪事诗》体作一概述，并以就教于诸位专家。

序中所云"上海已开先例（事见《读书》1988年第1期）"，指的是《读书》1988年第1期刊登的胡道静先生《谈"〈藏书纪事诗〉体"》一文，文章原是为《上海近代藏书纪事诗》所写的序，赞扬周退密、宋路霞为上海近代藏书家作传，是"推陈出新"的好事。显然，蔡贵华读过之后深受启发，故激发创作欲望。《近代扬州藏书纪事诗》收录传主15人，连同传文，全部篇幅不足5000字，因而称不上"书"，称其为"文"可矣。《近代扬州藏书纪事诗》创作完成后，蔡贵华先是油印分赠好友，后刊于扬州一内部刊物，故长时间不为学界所知。其体例一如叶昌炽等人著述，诗传结合，但传文不是采自各种史料，而是作者自撰。作者蔡贵华为扬州本地人，且对地方文献研究抱有浓厚兴趣，故对扬州藏书史了解甚详。

二　创作特色

《近代扬州藏书纪事诗》对近代扬州藏书世家、藏书变迁及藏书流传等都作了有益探索，是研究近代扬州藏书不可或缺的史料。今从两方面略述其价值。

一方面，传主以传承文化的藏书世家为主。

古代扬州素因藏书之富，造就了众多具有深远历史影响力的学者。如汉代董仲舒、唐代曹宪、李善、杜佑，以及宋初徐铉、徐锴兄弟，或于此著书立说，或于整理典籍，对古代扬州藏书文化做出了多方面的贡献。明清时期，扬州官藏、私藏皆富，终有"扬州学派"之诞生……而清及近代以来，扬州私家藏书尤以世家为主，形成鲜明的地方藏书特色。如商人马曰琯、马曰璐兄弟二人，嗜书如狂，其家"蓄书更富，凡唐宋时秘册遗文，多能裒辑存贮"[①]，在向四库馆献书时，其家所献超过700种，为献书数量最多之私人藏书家。

《近代扬州藏书纪事诗》敏感地认识到这一特色，因而15位传主中居然有9位为藏书世家，占全部传主60%之多。今将各藏书世家列表比较如下：

序号	藏书世家	主要人物	藏书特色及藏书去向
1	清溪书屋刘氏	刘文淇、刘毓崧、刘寿曾、刘师苍、刘师培	四世藏书，四世传经
2	壶园何氏	何栻、何彦升、何震彝	藏书四万余册，民国间悉售于上海商务印书馆，成为涵芬楼藏籍
3	测海楼吴氏	吴引孙、吴筠孙	藏书名冠一时，宣统二年（1910）吴引孙即自编书目十二卷并付梓刊行
4	棣华馆吴氏	吴锡龄、吴锡纯	棣华馆藏书一部分于日寇侵华时散失于扬州阴阳巷吴锡龄故居，另一部分在吴氏避难时毁于日寇侵占丁沟的兵燹之中，尚有少数现存县图书馆
5	汉学堂黄氏	黄奭、黄浚、黄澧	黄氏藏书之多且精。藏书为仪征王鉴（字翕廷）所得，后为扬州朱长圻所有

---

① 《（乾隆三十八年闰三月初三日）谕军机大臣著李质颖查访淮阳马姓等家藏书借抄呈进》，《纂修四库全书档案》，第72—73页。

续 表

序号	藏书世家	主要人物	藏书特色及藏书去向
6	城南草堂陈氏	陈章、陈思贤	藏书万卷，陈氏之后藏书亦散去
7	石研斋秦氏	秦簧、秦恩复、秦王笙、秦荣甲	乾隆年间所建，太平天国时期因战火而园毁，藏书至此尽散
8	瓠室陈氏	陈本礼、陈逢衡	别业意园在文选巷，收储宏富，达十万余卷，与小玲珑山馆马氏、石研斋秦氏相埒
9	榕园张氏	张安保、张丙炎	榕园之址今佚，疑在仪征。藏书万余卷，皆手自校勘，供学子阅读

另一方面，记载藏书家开明开放的藏书思想。

古代藏书家多将藏书秘不示人，但亦有开明的藏书家有着进步的藏书理念，明清学者如曹溶、曹学佺、周永年等人所提出的保存文献和传播文明之法，可看作近代公共图书馆之滥觞。近代扬州藏书家中多开明之士，他们藏书理念较为开放，为扬州文化发展做出了极大推动作用。蔡贵华先生意识到这一点，在《近代扬州藏书纪事诗》中刻意彰显诸位藏书家之美德。这一类藏书家主要有5位。

（一）方尔谦

方尔谦（1871—1936），字地山，又字无隅，别署大方。祖籍安徽，出生于扬州。同治年间举人。方氏不仅文史学养深厚，且工联语，长于诗词，通版本、金石鉴别，好藏书。《近代扬州藏书纪事诗》记载其藏书理念说：

尔谦藏书，不像旧时藏书家珍藏密锁，秘不示人，他在《有有诗》中这样写道："十年生聚五车书，有'有'须知必有'无'。鬻及借人真细事,存亡敢说与身俱!"对书籍的有无、存亡、售借的看法何等豁达。①

(二) 翁长森

翁长森(1857—1914),字铁梅。诸生。曾官安吉、云和知县、江浙盐运使等,酷嗜藏书,每至一处,即广为搜集。《近代扬州藏书纪事诗》记载其藏书事迹说:

> 少时即嗜学,储书极富,于云和县造寄津楼,藏书万卷,让人阅读。颇似今日的公共图书馆。在扬州人中他是最早作如此事业者。鉴于云和县土地贫瘠,长森遂购地作农事试验场,指导农民种棉;又建课农别墅,刊印《农业汇要》,为云和县做了不少好事。②

(三) 周叔弢

周叔弢原籍安徽建德,出生于扬州。近代知名实业家、收藏家。周叔弢一生创办实业,所获甚富,用于购求图书向不吝值。《扬州藏书纪事诗》记载,新中国成立后,"1952年,周叔弢将其藏书全部运往北京,捐入北京图书馆"③。

(四) 李详

李详(1859—1931),字审言,一字愧生,晚号辉叟,兴化人。李详一生著述宏富,校刊古籍方面亦贡献极大。民国初,李详对乡邦文化的发掘、整理作了很多贡献,如他非常佩服乡先辈明代文学家宗臣、清代学者任大椿等,遂潜心搜集任氏遗稿,倡议为二位先贤修墓。李详对于藏书更是秉持开放的理念,《近代扬州藏书纪事诗》记载说:

---

① 《近代扬州藏书纪事诗》,《扬州史志》(内部刊物)1989年第2期,第58页。以下出自该书引文,仅注页码。
② 《近代扬州藏书纪事诗》,第60页。
③ 同上书,第60页。

1929年他将其藏书陈列于兴华北大街东寺巷东侧,名为"审言图书馆",俗称"李家大书院",供人借阅。①

(五)刘梅先

刘梅先(1886—1967),本名堪,字梅先,后以字行。刘氏一生嗜书成癖,博览群书,熟谙目录版本之学,对扬州古籍文献很有研究。他在图书馆工作十多年,长期从事古籍整理、研究工作,所整理编纂的地方文献书目和善本书目,为读者提供了方便。尤其可贵的是,他将毕生购求得来的图籍,尽皆捐给扬州图书馆。《近代扬州藏书纪事诗》记载说:

> (刘梅先)解放后返回扬州,所藏古籍六千余册尽数捐赠扬州市图书馆,又先后多次向沪宁图书馆、扬州诸耆老征集典籍达六万余册,对扬州图书馆古籍部的建设作出极大贡献。②

附录一 《近代扬州藏书纪事诗》原文

清溪书屋刘氏

四世传经著述多,清溪书屋好摩挲。
家中插架虽充栋,犹记藏书总不讹。

清溪书屋在扬州东圈门,从清刘文淇、刘毓崧、刘寿曾至刘师苍、刘师培昆仲四世藏书,四世传经。刘文淇(1789—1854),字孟瞻,仪征人。嘉庆优贡生,学贯群经,尤致力于《左传》,遍收旧注而以己意疏通证明,作《春

---

① 《近代扬州藏书纪事诗》,第60页。
② 同上书,第60页。

秋左传疏证》一书，其子刘毓崧、孙刘寿曾相继编注，但仅至襄公五年，此书手稿直至新中国成立后方付梓刊行。师苍、师培昆仲先后在清溪书屋授徒，师苍廿八岁早殁，师培亦只享年三十八岁。刘氏藏书极富，至师培更是荦荦大端。师培字申叔，生于1884年，卒于1919年。师培记诵赅博，纂录至多，著述达七十余种，时称"国学大师"。其记忆力更为惊人，在北京大学任教时须参考家中典籍，则致书家中，说明在何厨何排何册，家人一索即得，从无讹误。

壶园何氏

湘乡幕下一蠹鱼，载得藏书邗上居。

自从家落需钱日，近售涵芬枉自吁。

壶园（亦作瓠园）在东圈门。园主何栻，字廉昉，为湘乡曾国藩门下，本江阴人。清同治间在扬州购旧园重建此园，中有精舍并藏书其间。何氏藏书从何栻起，中间经其子何彦升、孙何震彝递藏，至民国时期藏书四万余册，由于何氏家道中落，其书于民国间，悉售于上海商务印书馆，成为涵芬楼藏籍。

测海楼吴氏

二吴有福读书堂，测海楼中尽琳琅。

可叹长恩偏贾客，容他富晋饱私囊。

测海楼吴氏本仪征人，兄为吴引孙，弟名吴筠孙。引孙字福茨，筠孙字竹楼。吴氏先世本安徽歙人，自清高宗迁扬州，籍仪征而居扬州。吴氏昆仲均光绪间扬州闻人，吴氏测海楼藏书名冠一时，宣统二年（1910）吴引孙即自编书目十二卷并付梓刊行。吴氏藏书均钤有"真州吴氏有福读书堂"印记。早在光绪年间，吴氏还刊印《有福读书堂丛书》四种。吴氏昆仲殁后，于民国二十年（1931年），适逢大水，吴氏后人遂将其测海楼藏书以四万元售于富晋书社书贾王富晋。其书共计五百八十九箱，八千零二十余种。其中明弘治刊本《八闽通志》《延安府志》、明嘉靖刊《广西通志》均为人间孤本，书贾王富晋因吴氏藏书获利五万元，并延请著名目录学家陈乃乾编成《测海楼旧本书目》四卷，刊行于世。

方尔谦

> 十年聚得五本书，笑比莞翁名不虚。
>
> 鬻及借人诚豁达，绿杨城里有无隅。

方尔谦，字地山，号无隅，扬州人，生于1872年，卒于1936年，享年65岁。方氏故居在本市引市街，先后在安徽、北京教授文史，后移居天津。方氏一生喜书，曾得宋版书一部，因戏称"一宋一廛"，以与黄丕烈的"百宋一廛"相对。又曾收得王士禛手稿两种，殊为珍贵。曾作《有有诗》，在该诗的序言中自谓聚书百簏，转觉书多屋小，而扬州十间屋空锁，遂萌乡思。1925年，著名学者伦明曾造访其居，尔谦出示所藏，善本之多，目不暇接。尔谦藏书，不像旧时藏书家珍藏密锁，秘不示人，他在《有有诗》中这样写道："十年生聚五车书，有'有'须知必有'无'。鬻及借人真细事，存亡敢说与身俱！"对书籍的有无、存亡、售借的看法何等豁达。

棣华馆吴氏

> 棣华馆内弟兄亲，刘氏清溪得传薪。
>
> 书屋三间藏万卷，一朝兵燹化烟云。

吴锡龄、吴锡纯昆仲本仪征人，锡龄字遐伯，别号（名）远，生于1881年，卒于1941年。曾就学于清溪书屋刘师苍、刘师培，后主要从事教育工作，先后任淮扬合一中学、省八中、扬州中学教师。吴锡纯，字粹一，后单名纯。吴氏酷爱书籍，聚书至万卷，藏书屋三间，名棣华馆，其藏书有"仪征吴氏藏书"印记。棣华馆藏书一部分于日寇侵华时散失于扬州阴阳巷吴锡龄故居，另一部分在吴氏避难时毁于日寇侵占丁沟的兵燹之中，尚有少数现存县图书馆。

汉学堂黄氏

心萦汉学师郑玄，典籍穷搜更陶然。
最是废寝忘食处，茫茫书海辑遗篇。

堂址疑在马曰琯、马曰璐之小玲珑山馆旧址，即今尹家大院。堂主为清季黄奭及其子黄浚、黄澧。黄氏家世业鹾，藏书极富。室名除汉学堂外尚有清颂堂、知足斋。黄奭，字右原，幼年肄业安定书院。生平笃嗜汉学，对郑玄极为服膺。所辑《汉学堂丛书》计有亡佚之书二百余种，均为黄氏或从汉唐疏义及子史注文中采出，或从海内孤本、断简遗篇中觅得，从中亦可看出黄氏藏书之多且精。丛书辑成后，又开雕付梓，适逢洪杨战事书板有失。光绪十九年（1893），黄奭子黄澧延请仪征刘贵曾襄助，方成完帙。黄氏父子下世后，汉学堂遗书及《汉学堂丛书》书板为仪征王鉴（字龠廷）所得，于民国十四年（1925）印成《黄氏逸书考》。此后，该书书板又于三十年代为扬州朱长圻所有。

城南草堂陈氏

太平桥畔一草堂，白石移来伴芸窗。
堪叹梅坨归去日，书散堂空石亦亡！

城南草堂在今小东门（甘泉路）南首太平桥西，旧城东南隅，堂迹今已不存。此草堂初为陈章所建，专供陈章藏书之用。陈章字竹町，一字授衣，本浙江钱塘人。初客马曰琯小玲珑山馆，后居扬州南柳巷，室名孟晋斋，又别建城南草堂于太平桥畔，藏书万卷。陈章孙名陈思贤，字再可，号梅坨，晚得异石于太湖，因自号白石山人，置异石于城南草堂东南角。白石山人殁后，陈氏藏书亦散去。

石研斋秦氏

石研斋中有二秦，搜刊古本世皆珍。
藏书数万通二酉，书目一编启后人。

石研斋在旧城堂子巷，原"意园"内。园本系乾隆年间编修秦黉所建。秦黉（1722—？）字西岩，一字序堂，号石研斋主人。其子秦恩复是杰出藏书家。恩复字敦夫，一字近光、澹生。好读书，藏书数万卷，尤精勘校，曾延请著名学者顾广圻共相商榷，搜集古本刊行，时人誉为"秦版"。他编印的《石研斋书目》体例完美，为人赞赏，一致以为此目创为一格。石研藏书从秦黉、秦恩复父子起，传至恩复子秦王笙，时已至太平天国时期，因战火而园毁，至笙子秦荣甲，秦氏藏书至此尽散。

瓠室陈氏

二陈书垺小玲珑，数十万藏瓠室中。
更有穆堂精勘校，丹黄助友兴味浓。

　　陈本礼，清江都人，字嘉惠，号素村，幼好学诗文，家多藏书，有别业意园在文选巷。意园中有瓠室，收储宏富，与小玲珑山馆马氏、石研斋秦氏相垺。曾立诗社于城南甪里庄（即古通化里，唐清平坊，今汤汪镇附近）。陈本礼之子名逢衡，陈氏藏书志载陈逢衡达十万余卷。江浙书贾每获一秘籍，必先造访陈氏。逢衡不仅藏书多而且精于勘校，尝以五色笔于书眉端作批校。汉学堂黄奭曾延请逢衡校勘《高密遗书》。

榕园张氏

父鄙功名独嗜书，清晖堂里学蠹鱼。
子同父志多藏弆，书院之中广积储。

　　张氏榕园之址今佚，疑在仪征，园主张安保、张丙炎父子。张安保字怀之，号石樵，一号叔雅，晚号潜翁，仪征人。安保博学，无意功名，嗜金石，好书法，购书万余卷，皆手自校勘，其室名有味真阁、清晖堂，同治三年（1864）卒。安保之子张丙炎，字午桥，亦极嗜书。移知肇庄时购书千卷，藏于当地书院之中，供学子阅读。晚年刻《榕园丛书》计四部三十余种。

翁长森

汗牛典籍寄津楼，都为他人广搜求。

万卷藏书凭尔阅，农书功用胜《九丘》。

翁长森字铁梅，扬州人，其藏书活动在云和县，因翁氏于此任县官。长森生于清咸丰七年（1857），卒于民国三年（1914）。少时即嗜学，储书极富，于云和县造寄津楼，藏书万卷，让人阅读。颇似今日的公共图书馆。在扬州人中他是最早作如此事业者。鉴于云和县土地贫瘠，长森遂购地作农事试验场，指导农民种棉；又建课农别墅，刊印《农业汇要》，为云和县做了不少好事。

周叔弢

年少搜书在广陵，《寒山》拾得作斋名。

龄高九十成书目，书早捐公送北京。

周叔弢，本名暹，以字行，安徽建德人。十六岁居扬州，受其父影响即喜收书。最初按张之洞《书目答问》收购，后见版本目录学家莫友芝《郘亭知见传本书目》扩大眼界，始专收版本书。曾得宋版天禄琳琅旧藏《寒山子诗集》，因名其室为"拾寒堂"。此后收得珍本书籍极多。特别是海源阁藏书散出，叔弢收得甚多。叔弢藏书除大量善本古籍而外，亦收了不少外文书籍，其中莎士比亚戏剧及研究莎翁的专著亦联床盈架，蔚为大观。室名除"拾寒堂"外尚有双南华馆。1952年，周叔弢将其藏书全部运往北京，捐入北京图书馆，1981年，值九十寿辰时叔弢藏书目《自庄严堪善本书目》方编成，此距献书已三十年矣！又逾四年，此书目方付梓。

李盛铎

祝融收去木斋藏，江左缃缥叹三丧。

李氏藏书多卧雪，芳瑛书印伴芸香。

李盛铎，字嶬樵，一字椒微，号木斋，江西德化人，生于清咸丰九年（1859），卒于民国二十三年（1934）。家有木樨轩藏书。李盛铎五岁始读经作文，十二岁开始购书，第一部为明景泰刊《文山先生全集》。此后，他又购得卧雪庐袁芳瑛、海源阁杨以增等著名藏书家的大批旧藏。在任江南监御史时，李盛铎长期定居扬州。光绪十九年（1893），李盛铎的扬州寓所遇火，藏书二百余箧尽化如烟灰，其中多为名人集部世间不经见之孤本。损失之大，人称"江左文献之厄"。这次火灾连同扬州藏书史上的隋大业焚书三万卷、清咸丰文汇阁毁于战火为"古扬州典籍三厄"。木斋扬州藏书付祝融后，其所剩藏书不少是袁氏卧雪庐中物，上有"袁芳瑛印""古潭州袁卧雪庐收藏"等藏书印。

李详

审言本是著书才，早岁声名震两淮。
一世收藏作书院，乡人共阅笑颜开。

李详，字审言，一字愧生，晚号齻叟，兴化人。生于1859年，卒于1931年。早岁随清道台谢元福，任书记，得观其藏书四百箱，并为之编订书目，学问益进。李详一生著述宏富，校刊古籍方面亦贡献极大。经他校勘的《章氏遗书》《暖红室汇刻传奇》中的部分戏剧，学术界一致称善。他与其友秦更年、陈乃干等人搜集了汪中父子的全部著作，并编为《江都汪氏父子丛书》。他的藏书室名"二研堂"，1929年他将其藏书陈列于兴华北大街东寺巷东侧，名为"审言图书馆"，俗称"李家大书院"，供人借阅。

刘梅先

平生钟爱仅缥缃，两万诗书一夕光！
为得乡人同诵读，勤收细访献珍藏。

刘梅先，本名堪，字梅先，后以字行。生于1886年，卒于1967年，扬州人。一生嗜书成癖，悉心购求。抗日战争前夕，其沪上藏书已至二万余册，惜俱毁于丁丑年（1937）日寇兵火。抗战胜利后又奋力搜求。新中国成立后返回扬州，所藏古籍六千余册尽数捐赠扬州市图书馆，又先后多次向沪宁图书馆、扬州诸耆老征集典籍达六万余册，对扬州图书馆古籍部的建设作出极大贡献。

附录二 寻找《近代扬州藏书纪事诗》经过

2012年，笔者在搜集藏书纪事诗相关资料时，从网上一篇博文中知扬州蔡贵华著有《近代扬州藏书纪事诗》，20世纪80年代油印，分发诸好友同人传阅，向不为学界所知。大喜，得此书，则课题充实矣。再查博主，网名"jiangzhu"，阅遍其近百篇博文，方在一附图中得知博主真名"朱江"，就读北大考古学专业，扬大教授，苏北博物馆文物部主任等。笔者随即留言，但博主把留言设置为隐私状态。又去电扬州博物馆和扬州大学，皆云朱先生已经退休多年，缺少联系方式，倒是扬州大学方面给出建议，可以给朱老写信，寄给离退办，他们会转交。于是忙不迭写信、邮寄，静等消息。一周后，笔者收到朱老电邮：

11月26日信收到，非常高兴。所询已故扬州职高蔡贵华先生所著《扬州近代藏书纪事诗》稿事，简复如下：

一、据我所知这一诗稿，未见出版，而是作者自编油印本；

二、蔡先生在扬州市第二教工宿舍公寓楼有专门藏书室，除珍稀图书而外，还藏有不少刻印、打字、复印稿本：

三、以及他自己的文稿、书稿和手写稿本。除自己有存外，并曾刻印赠送亲友。

他在迁入新居之时，曾接我夫妇过去盘桓半日。因他居在五楼，我又年高，腰腿有疾，不良于行，以后再未去过。另，在他辞世前两三年，他因其子分配在南京牙科工作，又在南京另安新居，终因过度劳累成疾，夫妇二人先后作古。闻其所在学校和所属民进组织，曾派人去南京吊唁。传闻在他身后，由他儿子来扬州，将其所居清理一空，房屋转手，因是他的图书和稿本去留，只有他儿子最为清楚。

至于他那《扬州近代藏书纪事诗》稿刻印本，或许他生前所在组织市民进支部有存，或许与他大学同学、又在中学同事、扬州书法印章名家吴澍先生家里或许有收藏……以上粗略情况，不足为据，仅供参考。

根据朱老来信，笔者展开了艰难的资料寻找工作。

首先去电扬州民进，因为笔者也是民进会员，电话中对方非常客气，接电秘书告知，扬州民进确实没有收藏蔡先生书稿。蔡先生退休后，久不参加民进活动，去世后扬州民进市委确曾派人前往南京参加吊唁，但与其家人未有过多接触，没有留下联系方式。这一线索中断。但是秘书给了蔡先生好友吴澍先生的家庭电话（按，经笔者考知，实为吴树，朱老笔误）。

接着联系吴树先生。吴老为扬州一代书法、印章名家，惜年岁已高，杜门不出。几次电话之后，终于连通，吴老说印象中好像蔡先生有过这么一本书，但是时间太久，且兴趣不同，他家没有保存该书，非常遗憾。最后，吴老建议我与蔡先生生前工作单位联系。

一番寻找无果，再次电邮朱老。朱老知悉详情，十分同情，回复电邮说：

> 蔡贵华先生与我虽为挚交，但以专业而言，并不同道。他对文献学、诗词功底深厚，而我只对历史考古学涉猎较多，对古体诗词说到底还是个门外汉，因此，对蔡先生等友朋所赠诗词文集油印或打印及铅印本，粗读而后，大都被爱好者携去，所以未能妥为保存，引以为憾。

> 今尚有两位与蔡先生同道或同事，即江都一中英语高级教师刘宏文与扬州职高数学高级教师张鸿，两先生均已退休，此件抄送者，即两位邮址，其中张先生因与（蔡贵华）同事，或知其身后事。

> 至于蔡先生的儿子，已忘其名字，系南开大学医科口腔专业本科毕业，被聘在南京牙科医院当医生，素无来往，具体情况不得而知。

按照朱老给的线索，我分别给刘宏文和张鸿二先生去电邮，张鸿先生很快回复说：

> 我对蔡贵华虽敬仰但因是诗词之门外汉，这方面没有联系，对其存书更一无所知，也不知其公子情况。但他公子到其父生前原单位报销丧葬费时或留下联系办法。

现提供扬州旅游商贸学校校长童嘉华电话如下：……请与童校长等联系为妥。

童校长的电话无论如何打不通，于是网上查阅扬州旅游商贸职业技术学院办公电话，接电话的办公室人员一问三不知。是年四月，笔者向单位告假，专程前往南京寻找蔡先生之子。笔者所得信息：蔡子从医，牙科，南京工作，余则不详。先到鼓楼医院口腔科，遍问医生皆不知。又去同一条马路的口腔医院，问诊处曰有蔡医生，几番周折见到蔡医生，此蔡非彼蔡。正当笔者失望返回时，电梯口遇一大夫，热心告曰蔡子名开元，曾就职本医院，但是三四年后莫名离职而去。又急往人事科打听，科长提供不出任何线索，味其意，蔡子不喜与人交，独往独来。

第二天，笔者乘火车前往扬州，希冀有所得。四月扬州烟花盛开，草长莺飞。然笔者情有所寄，无意赏景。扬州图书馆古籍部馆员热情有加，尽出地方文献任笔者翻阅，但始终不见蔡先生著述。馆员见笔者落寞神色，遂热情捧来读者通讯录，估摸与蔡氏熟者，抄几则。是晚，笔者住进扬大宾馆，就通讯录所载，一一去电，有任职文联的，有负责史志者，但众人皆云识蔡氏，却不知其书。

扬州之行，一无所获，笔者郁闷至极，不知如何。几日后，心情平复，再与朱老电邮，告以寻书经过。朱老回复之文，激赏有加：

来信收到，敬悉一切，感佩无似，蔡先生有灵，定然感慨万端，不知所以。

我因近年患腰腿神经系统疾病，苦不堪言，精疲力竭，虽时也作文，不过是熬日子而已。加之近年居楼连年发生下水道堵塞，居室地漏冒水，几成泽国，无人过问，因而两迁其居，图书文籍，随之散失，即便还在，因杂乱无章，茫无头绪。加之年老体衰，兴致索然，虽有翻检之心，因无可望，也就懒得动了……而今我既无助手，又乏儿孙之力，一切全靠自己斗天斗地，看来前景不容乐观，垂暮之人，说走也就走了！留下这斩不断，理还乱的烂尾楼，害人不及己，说来惭愧！

待身体少痛，精力稍好，将身边的乱纸包，检查一番，若有所获，再为函告。

得朱老复信，笔者重拾信心，于是发微博求信息，并计划再次扬州之行。然而，让笔者更为感动的是，朱老随又撰博文《做学问如淮北师大文学院周生杰教授者》，称：

淮北师范大学文学院周生杰教授，因专研中国《近代藏书纪事诗》（按，应为藏书纪事诗），而获国家社科研立项。并发现退翁（按，朱老笔名）网帖有蔡贵华先生著《扬州近代藏书纪事诗》打字油印本传世，因扬州明清以来，多有藏书名家，如清代马曰琯、马曰璐兄弟街南书屋，名动朝廷。即便清末民初，阮氏、卞氏、刘氏藏书尤多善本。时至当代，文革前汉画轩李氏藏书，及书贾陈氏藏书之夥，藏书之善，藏书之珍，亦世之稀。即便如今吴氏瓢庐（按，即吴树）所藏，满屋三间，几无人知。蔡贵华先生所著《扬州近代藏书纪事诗》，只是涉漏天光，遂被周生杰教授所识，刻意追寻，费时两年，行程千里，尚未有获，而气不馁，申言"我会坚持寻找下去的"。退翁慨然而曰：近年做学问做到如淮北师大文学院周生杰教授者，稀之矣！

寻书不果，获此谬奖，笔者且慰且愧，但亦坚定了继续寻书的决心。六月下旬某日，笔者打开电邮，收信一封，主题为"我可以帮助您"。信曰：

我叫罗加岭，一位扬州文化的热爱者。我从朱江的博客中知道您做学问的执着。一篇文章费时两年，行程千里。朱、蔡两老都是我景仰并熟悉的老者。蔡的《扬州近代藏书纪事诗》如您尚未找到，我可以提供给您。请联系我！

读罢来信，笔者激动万分，当即去电。罗氏任教扬州实验中学，阅读广泛，时常撰文，尤钟情本土文化，与朱老、蔡氏为文友。是晚，罗将蔡文拍照发来，薄薄几页，厚重无限。笔者狂喜，亟阅读，似获人间不遇瑰宝。

下 编

第九章 藏书纪事诗诗歌艺术

徐雁和谭华军论《藏书纪事诗》说:"领以绝句,缀以事迹,必要时殿以案语,这是叶昌炽在《藏书(纪事)诗》里处理所辑藏书家史料的基本方式。其中绝句和案语部分,是叶氏总结藏书家事迹,发抒评论意见和补充考证文字的所在,篇幅占全书的十分之一左右,地位显然不十分重要,但它们直接体现了叶昌炽的藏书思想和藏书学观点或者辩驳了史料的讹误,也是值得予以注意的部分。"① 此说仅就藏书纪事诗绝句的史学价值而言,事实上,以叶氏《藏书纪事诗》为代表的诸种藏书纪事诗之作,不但可以作为史书看,亦可作文学作品读。鲁迅先生论《史记》为"史家之绝唱,无韵之离骚",我们也完全有理由把藏书纪事诗作为史学和文学结合的典范,其中所包含的文学价值理当受到重视。

第一节 藏书纪事诗诗体形成

刘勰云:"故论说辞序,则《易》统其首;诏策章奏,则《书》发其源;赋颂歌赞,则《诗》立其本;铭诔箴祝,则《礼》总其端;纪传铭檄,则《春秋》为根。"② 这段话在古代文论中影响很大,学术界依据此说,在提及古代各种文体源头时,一般都会追溯至五经。当然,刘勰此语之本意,后人

---

① 徐雁、谭华军:《续补藏书纪事诗传·附录》,《清代藏书楼发展史·续补藏书纪事诗传》合刊本,辽宁人民出版社1988年版,第448页。
② (南朝梁)刘勰:《增订文心雕龙校注》,黄叔琳注,李详补注,杨明照校注拾遗,中华书局2012年版,第27页。

理解亦不一,大致说来,可以作两种之理解:"一种理解是这些体裁在五经中已有其早期的形态,如《易》之有辞,《诗》之有颂,《礼》之有铭、诔、祝,《春秋左氏传》之有盟。另一种理解是有的五经中并无其文体,刘勰所指,是有关文体的生成,其体制实源于五经之影响。"① 而无论如何,将文体源头归于五经应该说是一种传统的说法,且这种说法影响至远。

一 从纪事诗到"纪事诗体藏书家传"

"诗者,众妙之华实,六经之精英。"② 面对这一饱含各种"华实"和"精英"的艺术创造,自来论诗者,莫不从抒情性、形象性、音乐美、语言美、朦胧美等诸多方面探求之,但是,作为多种艺术的组合,即便论家各方用力,亦不能完全解析诗歌艺术内涵,这是因为诗歌艺术还涉及诗人创作因素和读者审美需求之间的差距问题。藏书纪事诗也一样,其艺术特质和一般的抒情诗、叙事诗不一样,需要多方解读。

自叶昌炽《藏书纪事诗》问世后,学术界对这一诗传结合的新文体十分感兴趣,论述者极多。金振华说:"叶昌炽广搜博辑,发凡起例,撰成《藏书纪事诗》一书,专门为藏书家立传。"③ "发凡起例"指该书体裁而言,在此之前,诗传结合为藏书家立传的书体尚未出现,因此,王锷说:"仅此一部体裁内容都是空前的巨著,叶昌炽足以立言不朽。"④ 体裁的独特性,正是该书受到学术界持续关注的原因之一。

---

① 罗宗强:《我国古代文体定名的若干问题》,吴承学、何诗海《中国文体学与文体史研究》,凤凰出版社2011年版,第1页。
② (唐)释皎然:《诗式》,张伯伟《全唐五代诗歌汇考》,江苏古籍出版社2002年版,第222页。
③ 金振华:《叶昌炽研究》,吉林人民出版社2005年版,第153页。
④ 王锷:《〈藏书纪事诗〉跋》,《图书与情报》1999年第3期。

但是，藏书纪事诗这一文体①到底属于哪一类？该如何为之命名？

笔者检阅材料得知，直到20世纪90年代，王余光、徐雁始有论述："该书以七言绝句，概括五代末以迄清季739位私人藏书家的藏书史实，开创了纪事诗体藏书家传。"② 第一次明确以"纪事诗体藏书家传"名之。又过十余年，傅璇琮、谢灼华二先生进一步较为详细地阐释说：

> 叶氏从历代正史、方志、笔记、文集、书目和藏书志中，辑录出大量历史上藏书家活动的资料，集中展示了我国自印刷术普及应用以来直至清末的藏书家、书贾、印刷工匠以及有关刻、校、抄、读书人士一千一百多人的事迹及其对文化学术所作出的具体贡献，从而使得对历代藏书家的研究，成为中国文化史的重要组成部分。该书所开创的"纪事诗体藏书家传"的体式，素有"书林之掌故，藏家之诗史"之誉。③

傅、谢二先生对于叶昌炽《藏书纪事诗》所开创的"纪事诗体藏书家传"评价很高，至此，可以说，藏书纪事诗的诗传结合体式终于有了较为固定的文体名称，赵国璋、潘树广合编《文献学大辞典》在收录"藏书纪事诗"词条时给出二义：一指叶氏所著《藏书纪事诗》，一则指文体：

> 纪事诗体藏书家传名。清叶昌炽首创。以私家藏书史实为题材，多作七言绝句形式并领有藏书传记一篇。其典范格式应为"领以绝句，缀

---

① 关于文体类分，罗宗强先生说："将文体划分为不同层级，不失为一种处理的办法。但是此一种之处理办法，会有一些文体无法归类，作为一级文体不够格，作为二级文体又找不到它的上一层文体可归属。随之而来的第二个问题，就是我们要不要提出一种大致的规范，将一些随意性很大的文体称名除掉，不承认它们是文体之一种，如鸟体、兽体、字解、字说、名说、名序、题名、记事之类，此一类'体'，明清之后举不胜举。"（《我国古代文体定名的若干问题》，吴承学、何诗海编《中国文体学与文体史研究》，凤凰出版社2011年版，第6页）。虽然"记事"（包括藏书纪事诗体）在罗先生的除名之列，但是，笔者以为此一文体在文学史上影响颇大，实有专门研究之必要，不可一概除名。又，孙荣末《叶昌炽和〈藏书纪事诗〉研究》认为《藏书纪事诗》的诗歌形式为竹枝词，并说："叶昌炽撰写《藏书纪事诗》所参考的《南宋杂事诗》也是这种形式的绝句。"（硕士学位论文，山东大学，2004年，第31页）竹枝词主要用来纪风土人情，其特点是语言流畅，通俗易懂，反映大众生活，长于叙事，格律较宽，即易唱、易写、易流传，中晚清时期，这种诗体十分流行。论藏书纪事诗属于竹枝词，可备一说。

② 王余光、徐雁：《中国读书大辞典》，南京大学出版社1993年版，第391页。

③ 傅璇琮、谢灼华：《中国藏书通史》，宁波出版社2005年版，第1018—1019页。

以事迹，必要时殿以案语"。①

纪事诗体藏书家传之所以能够成为中国文化史的重要组成部分，是因为这一文体所咏歌对象的独特性——藏书家，形式上的新颖性——绝句、诗注和传文的结合。每一种文体的出现都不是偶然的，许多文体都萌生于古代礼仪制度，以其独特的潜质发挥着解释礼义、装饰礼仪等特殊功能，在构建群体文化方面起着重要作用，同时，文体自身也有特殊的发展轨迹。"纪事诗体藏书家传"也一样，其历史来源、发展过程、本身特征，与其他相关文体的联系等，都需要为之厘清。

从诗歌形式来说，"纪事诗藏书家传"这一文体属于纪事诗之一种。所谓纪事诗，迄今学术界并没有专门的定义，论者多从其功用出发，如潘景郑云：

> 纪事有诗，壹皆掇拾历史、地理、风土、人物，广搜博采，以补传记之不及，可备后人之参稽，征考文献，有足称者。②

潘氏此语有两点值得注意：第一，纪事诗是广搜博采自各种史料而成的；第二，其作用在于补人物传记之不足。清人姚华《论文后编·目录中》论纪事诗文体归属云："别体曰纪事，诗常标题，亦入杂著。"③ 入在"杂著"，似为子部，与诗歌文体不合，纪事诗是诗歌之一种，当入集部为是，《四库全书》即把纪事诗体《南宋杂事诗》收在集部。

诗以纪事由来已久，形式不拘一格，或系之以时，或系之以事，或系之以场景，源头可以追溯到《诗经》。《诗经》中有多篇纪事之作。如《豳风·七月》为关于农事之纪事，所述之事与《汉书·地理志》所载"昔后稷封斄，公刘处豳，大王徙郊，文王作酆，武王治镐，其民有先王遗风，好稼穑，务本业，故《豳诗》言农桑衣食之本甚备"④ 相合；《豳风·东山》为关于战

---

① 赵国璋、潘树广：《文献学大辞典》，广陵书社2005年版，第1099页。
② 潘景郑：《上海近代藏书纪事诗序》，周退密、宋路霞《上海近代藏书纪事诗》卷首。
③ （清）姚华：《弗堂类稿》卷一《论文后编·目录中》，沈云龙《近代中国史料丛刊续辑》第20册，台北文海出版社1974年版，第55页。
④ （汉）班固：《汉书》卷二十八下《地理志》，中华书局1962年版，第1642页。

第九章 藏书纪事诗诗歌艺术

争之纪事,为"周公东征,三年而归,劳归士,大夫美之"① 所作;《小雅·十月之交》为关于日食之纪事,后人根据《十月之交》,考证出这次日食发生在周幽王六年,即公元前776年9月6日。②

汉魏时期,诗歌纪事之作继续发展。其中,曹操在这方面成就突出,其代表作《薤露行》与《蒿里行》就显得尤为突出。《薤露行》叙写汉末董卓之乱前因后果,读来如浏览一幅汉末历史画卷;而《蒿里行》是借旧题写时事,记述汉末军阀混战现实。两首诗歌描写真实,格调沉痛,故后人给以"汉末实录,真史诗也"③ 之称。

唐为诗歌盛世,诸多诗人由于善用诗歌纪事而留名诗坛,杜甫《三吏》《三别》记载那段惊心动魄的历史,"诗史"之称绝不是偶然的。

但是以"纪事"为题的诗歌出现却很晚。晚唐陆龟蒙有诗,题曰《记事》,所述为其晚年生活情况,诗末反映酒由官府独酿到允许私人酿造的转变,为古代酿酒史不可多得之史料。古人"记""纪"常混用,此诗可称诗题为"纪事诗"者之先声。

国家图书馆藏有一碑拓,题曰《和吕至山纪事诗》,宋王允中、于巽撰,吕至山记并书,北宋崇宁四年(1105)。原碑在陕西周至县老县城村,宋代所立,石碑59厘米见方,厚18厘米,石灰岩质。并有文林郎知淳化县事吕至山题记。从碑文内容可知,此碑为崇宁四年(1105)十月十七日,文林郎知淳化县事吕至山谨记,将仕郎县尉主簿事白圃立石。碑文录《知府郎中王公诗》和《通判朝散于公诗》两首:

其一《知府郎中王公诗,允中依韵奉和怀古纪事之作》

高榭层台迹欲平,年年芳草逐春生。
更无仙掌擎新露,只有龙泉涨旧泓。按,《祀典》:"淳化县东三十里有湫潭,曰白龙泉。"
堪叹英雄随逝水,空余鸦鹊噪荒城。甘泉县旧城仅有存者。何人好古收

---

① 《毛诗正义》卷八,《十三经注疏》整理本,北京大学出版社1999年版,第518页。
② 参见李小成《〈诗经〉中的天文星象》,《唐都学刊》2010年第2期,第44—45页。
③ (明)钟惺、谭元春:《古诗归》卷七,明万历四十五年丁巳(1617)刻本,第45页眉批。

· 313 ·

残瓦，刮去苔痕篆空开。故宫篆瓦有"长生""未央"字。

其二《通判朝散于公诗和淳化知县纪事之作巽上》

> 乐府当年盛得名，梨花无复此时生。
> 士传篆瓦民传曲。淳化之民至今多知音律者。宫废仙台水废泓。解见首唱。
> 烟草萋萋空有处，云山寂寂更无城。
> 我来感古多兴替，唯对关河眼暂明。

需要说明的是，碑刻原文诗题并非"纪事诗"，而是"纪事"，与陆龟蒙《记事》所不同的是，诗句后面有注，对于诗句所述之事作补充说明。而更需注意的是，诗作下面有一段文字，曰：

> 甲申（崇宁三年，1104）冬，至山尝赋纪事，拙诗不意误经采目，继奉琼瑶之报，实增糠秕之愧。恭维二公，德学深醇，并推当世，文章高妙，乃其余事。至山何人，猥辱宠贶，不特使山谷遗迹发扬不泯，而区区孤陋亦有与荣之幸焉。辄敢刻之，坚珉传示永久。
>
> 崇宁四年（1105）十月十七日，文林郎知淳化县事吕至山谨记，将仕郎县尉兼主簿事白𪲔立石。

文字解释两首诗的创作背景，交代镌刻碑文缘由，有助于后人理解诗歌。这段文字可以看作诗歌后面的传文，与"纪事诗体藏书家传"何其相似！

明清时期，诗歌创作体式更全。以清为例，"二百七十年间的诗歌，以其绚烂丰硕的盛貌，焕发着作为中国古代诗史集大成的总结时期所特有的风采"[1]。纪事诗创作也一样，清代出现数量众多迳题"纪事诗"的作品，异彩纷呈，蔚为大观。略分述其要者如下。

乾隆四十三年（1778），湖州菱湖人孙宗承"以遗书散佚谢之，所闻所见，深恐久而失传，遂作《菱湖纪事诗》，计二百首，分注于下"[2]。作者于

---

[1] 严迪昌：《清诗史》，人民文学出版社2011年版，第1页。
[2] （清）孙宗承：《菱湖纪事诗》卷首《序》，乾隆三十四年（1778）刻本，国家图书馆藏。

第九章　藏书纪事诗诗歌艺术

卷首《凡例》云：

> 绝句有二律：论古事，如咏史之类，《南宋杂事诗》仿之；纪风土，如竹枝之类，《鸳湖棹歌》似之。是编两者兼具，以备修志者采择。①

明确说明该诗创作兼采咏史和纪风土两类诗歌之长，先诗后注，注采各典籍，尤以各种地方志为主，并采若干未成之书。

嘉庆十八年（1813），施国祁（字北研）著《金源纪事诗》刊版面世，该书"凡八卷二百二十七首，皆仿西涯《新乐府》，每首以三字为题。其子显业等为之注，所采取不出宋金辽史、《大金国志》《续通鉴》、南宋书。诗亦仅规抚尤西堂"②。

云南建水人杨楷，曾历任山东文登、利津等县知县，广东佛山、肇庆等府知府，在外为官三十载，73岁才得以告老还乡。留有纪事诗96首，其裔孙编为《杨桂林太守历官纪事诗》一册。诗作从少年时写起，叙一生事迹，类同于年谱，诗注结合。如《当堂成亲》一首云：

> 我署文登正富强，案无留宿效人忙。一经审断悔婚事，即日成亲在大堂。

注曰："齐备，至堂，余即谕令礼房摆设香案，吹手炮手，教伊二人先拜天地，后拜堂神将。余所坐大轿与借学官之轿给与坐乘。鼓乐吹打，放炮出衙，鸣锣开道，送至寓处，再拜花烛。是日，文登城内，老少男女，踊跃观看，较胜迎春赛会，以为罕有之事。"③

咸丰十年（1860），太平军二破江南大营，邻近各县皆被太平军占领，而金坛孤城坚守达三个半月之久，城破后，太平军大规模屠城，比它处尤为残酷，当日血流满城河，城民死者十八九。晚清学者于桓《金坛围城纪事诗》记载了这次围城事件，以诗歌记载历史，诗下有注，有助后人了解那段痛史。

---

① （清）孙宗承：《菱湖纪事诗》卷首《凡例》，乾隆三十四年（1778）刻本，国家图书馆藏。
② 李慈铭：《越缦堂读书记》，由云龙辑，上海书店出版社2000年版，第1157页。
③ （清）杨楷：《杨桂林太守历官纪事诗》，民国十七年（1928）刊本，国家图书馆藏。

咸丰十一年辛酉（1861），太平军攻克杭州，天堂之城惨遭荼毒，钱塘人张荫桀（号东郭子）与吴淦（号蒿目生）目睹其惨烈，同治元年（1862），二人"间关险阻，流寓申江，爰以所见闻，作《杭城纪事诗》百首，直言无隐……是诗也，哀拟之雅歌，传信等于信史"①，为后人了解那一段历史提供了更加直观形象的材料。

同治十三年（1874），冀县李氏印行长汀江瀚（字叔海）撰、冀县李濂镗（字杏南）点注《南行纪事诗》3卷，计七言绝句50首，注24条。袁同礼先生跋曰：

> 叔海先生文苑宗匠，偶为纪事诗，精约典雅，渊懿朴茂，可以厚人伦，美教化。杏南沈潜嗜学，所注清刚爽朗，不似续貂。作者怀抱旷而且真，注者论事指而可想。两美合，二难并，轮扁之运斤也，伯牙之鼓琴也，非艺圃盛事耶？《易》曰："唯君子为能通天下之志。"此诗与注，其通天下之志者乎？②

评价不可谓不高。光绪十年（1884），嘉兴许朱赟出使法德，弟子钱塘人王以宣随行，并于光绪十二年（1886）成行。王以宣在"句稽之余，间涉游览，见见闻闻，觉与吾华风尚相反，亦有相同，随笔录记，久而成帙，因略加衷辑，仿《滦京杂赋（咏）》体，系以截句百首"③。《法京纪事诗》讴歌对象有拿破仑、制度、巴黎、议院、宗教、官职、兵役，等等，举凡在巴黎所见所闻，一一成诗，诗下有注，详述诗作中的具体物象，诗人抱着好奇的心态，叙述并赞赏开明、开放的法国社会。

1900年，八国联军入侵北京，发生了震惊中外的庚子事变，给国人留下耻辱难忘的一页。蒙古诗人延清创作《庚子都门纪事诗》，涉及义和团进京、

---

① （清）黄鹤楼主人：《杭城纪事诗跋》，东郭子、蒿目生《杭城纪事诗》卷尾，清同治六年（1867）抄本，国家图书馆藏。
② 袁同礼：《南行纪事诗跋》，江瀚《南行纪事诗》卷尾，同治十三年（1874）冀县李氏印行，国家图书馆藏。
③ （清）王以宣：《法京纪事诗》卷尾《跋》，《湘渌馆丛书》本，清光绪二十一年（1895）刻，国家图书馆藏。

八国联军在北京烧杀抢掠、战后议和等各个方面,从亲历者和见证者的角度,予以全面真实记录,中有许多史书未载史料,可补正史之不足。论者以为该诗"不仅记录了清朝末年社会的状况,而且以诗歌来反映历史,做到了以诗写史,以诗存史,充分体现了其'诗史'特征"[1]。

需要说明的是,有的诗歌虽不以"纪事诗"为名,但其体例亦如纪事诗一样,诗下有注,诗注结合。清雍乾年间,诗坛上出现了两部形式新颖的咏史诗:一为沈嘉辙、吴焯等七人创作的《南宋杂事诗》,一为严遂成创作的《明史杂咏》。二书皆以"杂"名集,其中《南宋杂事诗》"杂"在对稗官野史、方志别集无所不取,所咏史料不主故常,而《明史杂咏》"杂"在体裁古近体相间。二书于诗歌之后详列史料来源,这种手法"出于创作群体'补史'的动机,除了补阙前史有资考证外,还力图在稗官野史的民间表达中建立自己的史识态度,着力补前朝遗逸节士和乡邦风物之史,含蓄地表达故国之思等心曲"[2]。

同样的著作还有《咄咄吟》,为诗人贝乔青所作。鸦片战争爆发后,贝乔青随同扬威将军奕经赴浙江抗英,道光二十三年(1843),他把两年来所见所闻之种种咄咄怪事,"暇辄纪以诗,积久得若干首,加以小注,略述原委"[3],撰成大型纪事组诗120首,名曰《咄咄吟》。严迪昌先生称"浙东前线生涯造就了他一百二十首绝句组成的《咄咄诗》,诗各有注,以明本事,是一组战事记事诗"[4]。每诗之后附录一短文,简述所咏之事,可谓以文证诗,以诗证史。王韬在《瀛壖杂志》中称该组诗曰:

  跌宕有奇气,忠义激发,溢于言表,盖瓣香老杜者。……具载当时军中利病,识者以为不愧少陵诗史。[5]

---

[1] 李晓涛:《清代蒙古诗人延清及其〈庚子都门纪事诗〉》,硕士学位论文,内蒙古师范大学,2006年,第21页。
[2] 邱睿:《别裁诗史补心史——论清代雍乾咏史诗集〈南宋杂事诗〉、〈明史杂咏〉》,《浙江学刊》2009年第4期,第110页。
[3] (清)贝乔青:《咄咄吟》卷首《序》,民国三年(1904)《嘉业堂丛书》本。
[4] 严迪昌:《清诗史》下册,人民文学出版社2011年版,第940页。
[5] 王韬:《瀛壖杂志》,上海古籍出版社1989年版,第83页。

以上所述为古代纪事诗发展的一般历程，在这个历程中，真正将纪事诗推向文体高度，在诗歌史上占据一席之地的，当属叶昌炽《藏书纪事诗》及以后的各种继作。

二 藏书纪事诗与诗纪事

藏书纪事诗的基本格式是七言绝句为主，辅以小注和传文，间有作者案语。这种形式与诗歌史上的诗纪事有相似之处，亦有区别。

诗纪事是中国古代诗论中的一种特殊体裁，这种书体融诗歌作品、诗人小传、诗歌本事、创作背景、诸家评论、考证辑佚等于一体，对于诗歌的保存流传、辨别真伪、背景史料等有功甚夥，受到历代诗歌研究者青睐。

诗纪事是与古诗创作相伴而生的，关于诗歌本事的记载，最早可追溯至《尚书》。如关于《五子之歌》创作来源，《尚书》云："太康失邦，昆弟五人须于洛汭，作《五子之歌》。"① 可知《五子之歌》的写作缘由，即太康居君位不理国事，因贪图安逸享乐而丧失君主德行，五个兄弟都怨恨太康的所作所为，所以便遵循大禹的训诫作了这首歌。又如《金縢》篇叙述周公作《诗经·鸱鸮》起因曰："武王既丧，管叔及其群弟乃流言于国，曰：'公将不利于孺子。'周公乃告二公曰：'我之弗辟，我无以告我先王。'周公居东二年，则罪人斯得。于后，公乃为诗以贻王，名之曰《鸱鸮》。王亦未敢诮公。"②

《左传》中也有很多涉及《诗经》创作本事的记载。如隐公三年载："卫庄公娶于齐东宫得臣之妹，曰庄姜，美而无子，卫人所为赋《硕人》也。"③又如文公六年叙述《诗经·黄鸟》篇本事："秦伯任好卒，以子车氏之三子奄息、仲行、鍼虎为殉，皆秦之良也。国人哀之，为之赋《黄鸟》。"④ 诸如此类，所载诗歌创作背景，可为后人解读《诗经》提供有益借鉴。

后世典籍如《吕氏春秋》《穆天子传》《诗》序、《史记》《韩诗外传》

---

① 《尚书正义》卷七《五子之歌》，《十三经注疏》整理本，北京大学出版社1999年版，第175页。
② 《尚书正义》卷十三《金縢》，《十三经注疏》整理本，北京大学出版社1999年版，第337页。
③ 《春秋左传正义》卷三，《十三经注疏》整理本，北京大学出版社1999年版，第79页。
④ 《春秋左传正义》卷十九，《十三经注疏》整理本，北京大学出版社1999年版，第511页。

《淮南子》《世说新语》，等等，皆收录关于诗歌纪事的内容。如《史记》载《甘棠》一诗的创作本事云："召公之治西方，甚得兆民和。召公巡行乡邑，有棠树，决狱政事其下，自侯伯至庶人各得其所，无失职者。召公卒，而民人思召公之政，怀棠树不敢伐，哥（歌）咏之，作《甘棠》之诗。"① 当然，最为人耳熟能详的是《世说新语》一则记载："文帝尝令东阿王七步中作诗，不成者行大法。应声便为诗曰：'煮豆持作羹，漉菽以为汁。萁在釜下燃，豆在釜中泣；本是同根生，相煎何太急！'帝深有惭色。"② 详细交代曹植《七步诗》的创作背景。

迨至唐人孟棨，编撰《本事诗》，其书以诗系事，为一种创体。作者说："其间触事兴咏，尤所钟情，不有发挥，孰明厥义？因采为《本事诗》。"③ 说明撰书本旨是提供有关诗歌作品的写作背景，以便了解作品含义。此书虽不是真正意义上的诗纪事之作，但实启发后世诗纪事类书籍编撰。

历史上，第一部以"诗纪事"为名的著作当为南宋计有功《唐诗纪事》81 卷，该书以一代为限，采择名篇，兼著本事，详作者生平，就文献价值而言，许多唐代重要资料赖是以存，保存了相当多的诗歌和传记资料，因其辑录大量的诗话资料，又具有文学史价值，遂为中国文献创制了一种重要的体制。清人于此体创作较多，厉鹗撰《宋诗纪事》，陆心源为《宋诗纪事》作《补遗》《小传补正》；陈衍撰《辽金元诗纪事》等，皆属此例。计、厉等人诗纪事中所谓的"事"主要指诗歌背景、创作故事，兼及少量作家作品评论，还停留在前代诗话、笔记小说等逸闻轶事范畴，一般不涉及社会生活和重大政治事件。将叙事诗之"事"括入书中，始自陈田《明诗纪事》，后有钱仲联《清诗纪事》为之张目。这类著作所纪之事包括朝政时事，文坛流变，以及作者世系爵里、出处梗概、人品风格等，著者都作出扼要综述或罗列原始材料，给古代文学史研究提供一份既集中又丰富的资料。

诗纪事之所谓"纪事"，大都以人（主要是诗人）为纲，将同一时代作

---

① （汉）司马迁：《史记》卷三十四《燕召公世家》，中华书局 1959 年版，第 1550 页。
② （南朝宋）刘义庆：《世说新语校笺》卷上《文学第四》，徐震堮校笺，中华书局 1984 年版，第 134 页。
③ （唐）孟棨：《本事诗》卷首《自序》，古典文学出版社 1957 年版，第 3 页。

者的生平故实,尤其是关于具体文学创作的本事、逸闻轶事、文学作品的品评等资料,汇辑起来,以人系诗,以诗系事。历来目录著作大都将此类著述归入"诗文评"类,但细究其理,它们又与同属"诗文评"类的著述如《文心雕龙》等有着明显的区别,从而构成了古典文学文献中别致的一支。

本事的辑录为诗纪事最核心之要素,无本事便不成其为诗纪事体,编纂者主要从相关诗话、词话、曲话、笔记小说、史传、方志、文集等各种典籍中将散落的文学作品或与之相关的本事、品评等辑录出来。这种做法是对文学资料的再整理,并不具备很强的理论色彩,侧重在文学汇编工作,主要在于集中、系统地采掇、存录丰富的各代文学史料。

通过以上所述可知,诗纪事与纪事诗[①](包括藏书纪事诗)存在以下之不同。

第一,诗纪事之功用在于补史,而纪事诗则是编史。如王禧论《唐诗纪事》云:"君子欲观唐三百年文章、人物、风俗之污隆邪正,则是书不为无助。"[②] 这是因为《唐诗纪事》对于唐诗的选录是按照唐代历史发展顺序进行的,"史"的线索十分明显。郑振铎先生亦评《唐诗纪事》道:"因诗存人,因人存诗,甚有功于'诗'与'史'。论述唐代之诗史者,自当以此书为不祧之祖。"[③] 再如邓之诚编撰《清诗纪事初编》,从"证史"出发来选诗,所选2000多首诗皆属于有"事"之篇什。著者云:

> 此八十年间,南明弘光、隆武、永历相继擎柱者十八年,台湾郑氏至康熙二十二年(1683)始绝,其间若李赤心,若交山,若其他连仆继起者,更仆难数。康熙中叶以后,复用兵西北,盖兵革之事,未尝一日或息。党争则满汉有争,南北有争,废太子之争几亘三十年。当玄黄未

---

① 关于"纪事诗",学术界尚无为之定义者,严昌洪先生说:"纪事诗按今天文学分类来说,就是叙事诗,它是时人用诗歌语言这种特殊的形式记录的历史,反映当时的政治、经济、社会等情状,当属于第一手资料,应该予以足够重视。"(严昌洪:《中国近代史料学》,北京大学出版社2011年版,第264页)

② (宋)王禧:《唐诗纪事序》,《唐诗纪事》卷首,《影印文渊阁四库全书》第1479册,第274页。

③ 郑振铎:《西谛书话》,生活·读书·新知三联书店2005年版,第288页。

判之际,为商遗殷顽者,不能无恢复之望,因以事以文字获罪死徙者多矣。兵饷不继,胥吏苛求;更若水旱地震之灾,奢侈贪黩之习,商贾之操纵盈绌,巨室之为患乡里。是时兵、刑、河、漕,号为大政,而不能无得失利病。又值海通,梯航远至,西学西器,渐入中土。①

藏书纪事诗则不同,传主一般以历代藏书家为主,间有与藏书相关之事物,如藏书楼、刻工、印书馆、贩书等。这些传主事迹或在各类史书中有记载,但其藏书事迹却一直以来并未专门整理,藏书纪事诗的出现弥补了这一欠缺,并创设一部中国藏书史。

第二,诗纪事重在收录诗歌,纪事诗(包括藏书纪事诗)则为创作诗歌。如《唐诗纪事》卷一《高宗》载:

> 帝谓侍臣曰:"今天下无事,朝野多欢,与卿等词人时赋诗宴乐,可识朕意,不须惜醉。"大学士李峤、宗楚客等跪奏曰:"臣等多幸,同遇昌期,谬以不才,策名文馆,思励驽朽,庶禆河岳。既陪天欢,不敢不醉。"此后,每游别殿,幸离宫驻跸芳苑,鸣笳仙乐,或戚里宸筵,王门卺席,无不毕从。②

所辑高宗诗歌多为君臣唱和之作,注文主要围绕诗歌创作背景而言。又如陈田《明诗纪事》自问世以来,一般均倾向于将其视为明诗总集,全书共分10签,207卷,收明诗人4000家。收诗之外,《明诗纪事》还搜罗诗人生活故实以及相关有代表性的诗论,附在有关各家简历之后,作为概论或综述,这就为后人研究明诗提供了比较系统的参考资料,如该书评吴宽诗作说:"匏翁诗体擅台阁之华,气含川泽之秀。"③ 从这方面来说又类似于诗话。

而纪事诗之诗全为作者所创作,是一种文学创作活动,注文多从史料中钩稽传主生平与藏书事迹,如叶昌炽《藏书纪事诗》卷一《富文忠弼》注文有两则:一则引用《宋史·富弼传》云:

---

① 邓之诚:《清诗纪事初编》卷首《自序》,上海古籍出版社1965年版。
② (宋)计有功:《唐诗纪事》卷一《高宗》,《影印文渊阁四库全书》第1479册,第281页。
③ (清)陈田:《明诗纪事》"丙签",上海古籍出版社1993年版,第962页。

弼字彦国，河南人。范仲淹见而奇之，曰："王佐才也。"以其文示晏殊，殊妻以女。仁宗复制科，举茂才异等。元丰六年（1083）薨。

另一则引用《东观余论》曰：

《元和姓纂》，富郑公家书。甲子岁（1084），洛阳大水。公第书无虑千卷，率漂没放失，市人得而鬻之，"镇海节度"印章犹存。是书尚轶数卷，以郑公物藏之。

又云：

卷首有"镇海军节度使印"，富韩公家旧本也。①

很显然，第一则注文为富弼生平介绍，第二则为富弼藏书情况介绍，两相结合，富弼及其藏书事迹完整了。再如伦明为唐景崇藏书事创作诗歌曰：

尚书晚岁注新唐，律历天文志最详。兰台难得班昭续，竹简休同孔鲋藏。②

此诗是有来历的，原来唐氏晚年注《新唐书》未成而逝，其中对于《天文》《律历》两志注之甚详。诗作为伦明综合唐氏一生学术和藏书事业而成。

第三，两者传文史料来源大致相同，但是纪事诗（包括藏书纪事诗）中传文多有诗人自己撰写的，成为人物小传之一种。其中，叶昌炽《藏书纪事诗》卷七中传主，多为叶氏生平师友，叶氏则不需钩稽史料作传文，把自己的见闻写出来便成传文，史料价值很高。伦明、徐信符、王謇等人藏书纪事诗之作，所刻画传主亦多为自己同时代之人，以自己见闻为传文，更为真实可信，读来亲切。如王謇为沈修作传云：

---

① 《藏书纪事诗》卷一《富文忠弼》，第 22 页。
② 《辛亥以来藏书纪事诗》，第 16 页。

沈绥郑本师（修），承陈硕甫（奂）南园扫叶山庄之绪，教授门弟子必以硕甫先生《诗毛氏传疏》为主，而参以王石臞《广雅疏证》、郝兰皋《尔雅义疏》、段茂堂《说文解字注》三书。不才束发受书，即粗识考据门径，实由先生启之。①

为沈修作传，亦叙写自己受业情形，感恩之情溢于言表。

第四，两者传文中对于材料处理次序不同。一般而言，诗纪事于各诗人名下除录有诗歌外，辑录情况颇不相同，或本事、诗歌品评、逸闻轶事、小传全附，或取其一二择录，诗人小传的附录较多，各条目的辑录次序比较混乱，没有一定的规律可循。而藏书纪事诗传文对于材料的处理十分讲究，先传主生平，后传主藏书，藏书事迹间及著述、出版等与书相关史料。

第二节　藏书纪事诗诗歌艺术

"夫《诗》者，论功颂德之歌，止僻防邪之训，虽无为而自发，乃有益于生灵。六情静于中，百物荡于外，情缘物动，物感情迁。若政遇醇和，则欢娱被于朝野，时当惨黩，亦怨刺形于咏歌。"② 中国古典诗歌创作丰富，题材多样，异彩纷呈，有山水诗、田园诗、边塞诗、爱情诗、怀人诗、怀古诗、咏物诗、咏史诗、抒情诗、唱和诗、论诗诗，等等。古典诗歌的基本艺术特质是抒情，不但用抒情的方式反映生活、表达作者的思想感情，而且通过抒情的方式来打动读者、教育读者。

藏书纪事诗也一样，其艺术特点与其他诗歌种类具有同样的渊源，而其外在表现却有着独特的一面。

---

① 《续补藏书纪事诗》，第1页。
② 《毛诗正义》卷首《毛诗正义序》，《十三经注疏》整理本，北京大学出版社1999年版，第3页。

一　诗文结合

上文说过,"纪事诗体藏书家传"的来源与纪事诗、诗纪事及藏书诗关系极为密切,纪事诗诗注结合的叙事结构给了藏书纪事诗以诗体形式上的启发,诗纪事广搜资料的做法,为藏书纪事诗撰写诗歌、小注和传文提供了范式。但是,论及"纪事诗体藏书家传"诗体之最终形成,还要追溯至叶昌炽创作《藏书纪事诗》的背景。

叶氏创作之初,深感史料众多,不易整理,难以安排体例,"初欲人为一传,自维才识谫陋,丝麻营蕝,始终理之不易,乃援厉樊榭《南宋杂事诗》、施北研《金源纪事诗》之例,各为一诗,条举事实,详注其下"①,明言仿照《南宋杂事诗》和《金源纪事诗》之体例。

《南宋杂事诗》是一部咏史专集,作者为清沈嘉辙、吴焯、陈芝光、符曾、赵昱、厉鹗、赵信7人,创作目的是补明田汝耕《西湖游览志》《西湖游览志余》。沈嘉辙等每人作七言绝句100首,其中符曾作101首,共计701首,全面展示南宋百余年间杭州风貌,取材十分广泛,征引书籍近千种,每首诗后缀以小注,补充大量史料。关于诗、注取材,清人查慎行云:

> 大而朝庙官壶,细及闾阎风俗,或取诸志乘,或取诸稗史,或取诸名家诗文集,一篇之中或专举一事,或连缀数事,网罗散逸,巨细不捐。②

这样的取材方式,能够将不为人经见的资料汇聚一起,对于理解诗意具有很大辅助作用。该书《凡例》中云:

> 诗以纪事,事即注于下,往往合数事以成一诗,鳞次分注,详载书名,并列总目于首,登纪作者姓氏。③

---

① 《藏书纪事诗》卷首目录后《自序》,第30页。
② (清)查慎行:《南宋杂事诗序》,《南宋杂事诗》卷首,道光九年(1829)扶荔山房刊本。
③ (清)查慎行:《南宋杂事诗》卷首《凡例》,道光九年(1829)扶荔山房刊本。

对于体例交代得非常明确,"合数事以成一诗"一语,提出了纪事诗创作规范,十分可取。

《金源纪事诗》也一样,该书以诗史结合方式艺术再现金国的历史与文化。关于史料取材,《凡例》称:

> 是集主纪金事正史外,如宇文懋昭《大金国志》、洪皓《松漠纪闻》、徐梦莘《三朝北盟会编》、元好问《中州集》《续夷坚志》等十余种,其事关军国者并皆入咏。①

叶昌炽以敏锐眼光,模拟二书体例,采纳诗注结合的方式为历代藏书家作传。七言绝句下列藏书家,少则一人,多则八、九人。诗后之注,文字多寡不一,少则数百字,多可千余字,采集史料来源广泛,有正史、方志、笔记、诗文集、墓志铭、书目题跋等。注文全面勾勒藏书家生平、藏书特点、书斋名、藏书印、藏书目录及代表作,几为藏书家传记辞典。叶氏案语或补充史料不足,或考辨史事真伪,或讨论藏书方法,或发表见解,对于材料不详者,或阙疑,或待考,较为严谨。后续诸作以叶书为楷范,在诗歌创作上力求做到概括和精炼,再现史上众多藏书家精神风貌。

从诗歌纪事内容看,藏书纪事诗体属于人物传记。古代传记体十分发达,一是起源早,二是体裁多样。归纳起来,古代人物传记基本可以分为纪传、文传(即传记文学)、史传、志传(指方志中的传说)等四种。先秦时期的《左传》《国语》和《战国策》等历史著作中都出现了相当生动的人物形象,可以看作人物传记的滥觞。司马迁创作《史记》首创纪传体,标志着古代传记走上了成熟阶段,且达到高峰。魏晋以后,文史开始分流,文学和史学各自按照自己的需要和特点向前发展,刘勰《文心雕龙·史传》说:"史之为任,乃弥纶一代,负海内之责,而赢是非之尤,秉笔荷担,莫此之劳。"②

"言""笔"一直成为传记创作的主要形式,而藏书纪事诗的出现,打破

---

① (清)施北研:《金源纪事诗》卷首《凡例》,清嘉庆十八年(1813)刊本。
② (南朝梁)刘勰:《增订文心雕龙校注》,黄叔琳注、李详补注、杨明照校注拾遗,中华书局2012年版,第207页。

了这一传统。不过，需要说明的是，藏书纪事诗要在短短28个字之内表达丰富内容，加上传文已经把藏书家的生平资料和藏书成就交代出来，因而是否还有必要再提炼成诗歌？有学者对此提出异议，如陈垣先生直言"这么多材料，却用诗表示出来，未免减低了价值"[①]。陈垣先生为史学大家，其囿于史学立场来评价诗歌创作，自然很不看好。也有的学者疑问说："为什么有了比较详细的纪事注文，却还要写诗？从功能的、功用的角度来说，纪事注文已经可以满足传承藏书事迹的目的了，从此来看，诗体反而是多余的，但为什么还需要诗来点缀呢？"[②] 这个问题需要从藏书纪事诗本身来看。

南朝钟嵘称："气之动物，物之感人，故摇荡性情，形诸舞咏。照烛三才，晖丽万有，灵祇待之以致飨，幽微藉之以昭告。动天地、感鬼神，莫近于诗。"[③] 在诸体文学中，诗最能感发人心，洞烛幽隐。藏书纪事诗诸作中的诗歌，不但不多余，而且是必不可少的，它与注文结合，相得益彰，从叙事和抒情两方面加深对传主的刻画。

第一，诗文结合是古代叙事文学常见方式。

如果说《周易》《尚书》《左传》等先秦典籍中出现的诗歌还称不上诗文结合的话，那么唐代变文、唐传奇、宋话本中的诗文杂糅、章回体小说的开篇诗等，确乎可以说是完整的古代叙事文体常见的方式了。叙事文学中的诗（包括词）最早可以追溯至敦煌说唱文学中的变文。变文最大特点是散文讲述，韵文歌唱，说说唱唱，交织反复，演述故事。但是，唐代变文中的韵文唱词，还不能算作完整意义上的诗歌，真正的诗文结合出现在唐宋传奇中，由文人创作的唐传奇，充分吸收了变文散韵结合的特点，文人化特点分外明显。

宋元艺人在"瓦肆"中说书时，为了等待观众，往往在开场时念上几首诗，而中途为了娱乐听众，不使听者坐久厌烦，又往往会在间歇或结束时吟

---

① 原载牟润孙《励耘书屋问学回忆——陈援庵先生诞生百年纪念感言》，《励耘书屋问学记：史学家陈垣的治学》，转引自胡文辉《现代学林点将录》，广东人民出版社2010年版，第146页。
② 2013年7月30日，笔者与业师马亚中先生电邮讨论藏书纪事诗创作意义一事，先生在回复中提出这一疑问。
③ （南朝梁）钟嵘：《诗品》卷首《序》，（清）何文焕辑《历代诗话》，中华书局1981年版，第2页。

诵几首诗，以作消遣休息之用，不经意间创造了诗文结合的话本体。明清之后，文人逐渐开始介入小说创作，小说中出现的诗歌更加丰富，形式也更加多样，小说中穿插诗歌，雅与俗的结合达到了完美的统一，并成为一种固定模式。

诗文结合形式的文体中，诗歌是为叙事内容服务的，但是，由于中国古典诗歌具有很强的概括性和艺术性，作者常选取一首或一组诗来点明小说主旨，这样既言简意赅又具有文学价值。诗歌意境与小说内容紧密结合在一起，成为小说中不可分割的有机组成部分。

第二，从"纪"到"歌"发展的需要。

《诗大序》云："情动于中而行于言，言之不足，故嗟叹之，嗟叹之不足，故永歌之。"① 如果说"嗟叹"还可以用"文"来表达的话，那么"永歌"最好用诗歌的形式了。在这里，"永歌"升华了"嗟叹"，表达了"嗟叹"所难以表达的情感。"饥者歌其食，劳者歌其事"②，生活中事无巨细，皆可以用"歌"的形式来表达，从"纪"到"歌"，这是事件、诗歌发展的需要。纪事诗的出现，其表达形式和记载历史的史书不一样，它从诗人的角度反映历史。这是因为，诗歌艺术特性的一个重要方面就是反映历史，诗歌史上的"诗史"说的一个基本观点就是通过诗歌记录历史上的重要事件来昭示时代盛衰、国家兴亡，使人读其诗而能见其事，了解历史发展的基本脉络，诚如黄宗羲所谓"诗之与史相为表里""以史为纲，以诗为目"③，亦如钱谦益所谓"诗之义不能不本于史"④。

第三，诗歌叙事功能的彰显。

---

① 《毛诗正义》卷一，《十三经注疏》整理本，北京大学出版社1999年版，第6页。
② 《春秋公羊传注疏》卷十六引东汉何休《解诂》，《十三经注疏》整理本，北京大学出版社1999年版，第361页。
③ （清）黄宗羲：《黄宗羲全集》第10册《南雷文案·姚江逸诗序》，浙江古籍出版社2012年版，第10页。
④ （清）钱谦益：《牧斋有学集》卷十八《胡致果诗序》，上海古籍出版社1996年版，第800页。

关于诗歌功能问题，古人多以"诗言志"①解之，而实际上，志与事两者本来就是一个不可分割的整体。《诗经》三种基本的表现手法"赋、比、兴"中，赋是最基本的、最常用的一种表现手法，特点是敷陈、直言，即直接叙述事物，铺陈情节，抒发感情。《生民》《公刘》《绵》《皇矣》《大明》等以周朝先祖为对象的作品，与其说这些诗"言志"，莫如说它们就是"咏事"，或者通过"咏事"而"言志"。《诗经》之后，楚辞、汉乐府等，诗歌言志与叙事功能并行不悖，且吸收了小说（传奇）、戏剧、散文等文学形式的积极影响，"文章合为时而著，歌诗合为事而作"的叙事理论蔚成新风，唐宋元明清各代，诗人、流派众多，虽然诗歌创作呈现出不同特征，但诗歌叙事功能不断得以彰显。藏书纪事诗体的出现，进一步推进了诗歌叙事功能，使之在单纯叙事的基础上能够为人物作传，这既是诗歌叙事功能的增强，更为传记文学增添了一种创作手法。

二 发隐阐幽

萧子显在《文学传论》中云："习玩为理，事久则渎，在乎文章，弥患凡旧，若无新变，不能代雄。"② 可以说，"新变"是文学创作不断赋予新生命力的源泉。古代诗歌创作在形式上一直追求变化，音乐上有风、有雅、有颂；诗句上始四言，而五言，而七言，间有杂言；格律上有古体，有近体；题材上有田园，有山水，有边塞，有战争，有怀人，有亲情，有励志；风格上有豪放，有婉约……藏书纪事诗将绝句和传文有机结合，形成了"领以绝句，缀以事迹，必要时殿以案语"③的格式。诗句虽短，但蕴含着丰富内容，与传文相映成趣，起到画龙点睛、提纲挈领的作用，藏书家事迹和精神在短短28字中情态毕现，大致来说，绝句内容主要有以下七方面。

---

① "诗以言志"最早源自公元前春秋时期《左传·襄公二十七年》记赵文子对叔向所说的话。《尚书·尧典》中记舜的话说："诗言志，歌永言，声依永，律和声。"《诗经·关雎》"毛诗序"中说"诗者，志之所之也，在心为志，发言为诗，情动于中而形于言。"《庄子·天下篇》说："诗以道志。"《荀子·儒效》篇云："《诗》言是其志也。"之后"诗言志"说便渐而普遍。

② （南朝梁）萧子显：《南齐书》卷五十二，中华书局1972年版，第908页。

③ 徐雁、谭华军：《续补藏书纪事诗传·附录》，《清代藏书楼发展史·续补藏书纪事诗传》合刊本，辽宁人民出版社1988年版，第448页。

（一）歌颂藏书家保护图籍的献身精神

古代多数藏书家能够倾注终生精力，节衣缩食，朝夕访求，视书籍为生命，他们苦心孤诣，惨淡经营，灾难面前首先想到的是保护典籍，为古代文化的存传做出了不可磨灭的贡献。明代苏州藏书家阎起山，以教书为生，喜聚书，见之必购，以至于无力糊口，乃变卖衣服买米，从不舍得抛弃藏书，最终冻馁而卒。叶昌炽知其事，为其爱书、护书之痴情而感动，有诗赞曰：

　　　家本灵威古洞天，积书连屋突无烟。
　　　彭殇虽亦关时命，苦恨应刘未永年。①

还有的藏书家在国难当头之际，首先考虑的是古代典籍的存亡问题，不顾自身安危而设法保护之。1937 年，江苏省立苏州图书馆馆长蒋镜寰先生在日寇来袭之际，冒着生命危险将馆藏善本藏在洞庭东西山上，终使这批珍贵典籍流传下来。王謇诗赞之曰：

　　　文选书录盈一卷，版本答问近百条。
　　　急公好义如已事，寇来携箧藏山椒。②

同样的事情也发生在近代藏书家刘公鲁身上。抗战期间，面对外敌入侵，全家往无锡避难，家人促其行，他却决不为动，誓与藏书共存亡，周退密和宋路霞以诗赞道：

　　　过眼云烟古已然，刘家遗少辫垂肩。
　　　可怜寇逼巢倾际，手抱楹书不上船。③

（二）介绍藏书家藏书特色

由于图书出版时代差异，且藏书家个人爱好不同而致收藏目的不同等因

---

① 《藏书纪事诗》卷二《阎起山秀卿》，第 167 页。
② 《续补藏书纪事诗》，第 59 页。
③ 《上海近代藏书纪事诗》，第 61 页。

素，古代藏书家呈现出各具特色的藏书特征。有的以经史为主，有的以文集为主；有的专嗜宋元版刻，有的酷爱名家钞本。藏书纪事诗诸作于此多有展现，诗歌创作重在凸显他们的藏书特色。

明代藏书家钮石溪广购穷搜，积书数百函，近万卷，最爱小说，仅小说家目录即有数百种。叶昌炽为之诗，重在突出其藏书中珍藏小说这一特点：

虞初九百有新说，更演酉阳支诺皋。
家近太仓尝一粟，侏儒饱死笑商高。①

清代乾嘉时海宁藏书家陈鳣，生平专心训诂之学，性好藏书，所购宋雕元椠及罕见之本甚富，多至十万余卷。他每得善本，即手自校勘，数十年如一日。叶昌炽有感陈氏所藏宋元书之精及求书之辛苦，诗赞曰：

新坡坝上各收藏，辛苦求书鬓已霜。
吴越浮家津逮舫，宋元插架士乡堂。②

晚清杭州藏书家孙凤钧秉承家传，酷嗜收藏典籍，善本极多，所藏单行本《魏志》、宋抚州本《公羊传》等，皆孤本，一时无比，人称"宋版孙"。叶昌炽将之与清杭州藏书家朱澄合传，诗曰：

听鼓秋风卧白门，旧游无复海王邨。
同时一个君先弱，珍重钱塘宋版孙。③

钱穀和钱允治为明代苏州一对父子藏书家，父子二人藏书几于充栋，闻有世间罕见之本，则百计购之，不惜花费。钱允治曾藏有《李师师外传》一书，矜为秘宝，钱氏去世后，该书不知所终。叶昌炽针对钱氏父子爱藏罕见之本的特点，诗云：

---

① 《藏书纪事诗》卷三《钮石溪》，第 290 页。
② 《藏书纪事诗》卷六《陈鳣仲鱼》，第 587 页。
③ 《藏书纪事诗》卷六《朱澄子清　孙凤钧铨伯》，第 691 页。

微行门巷有倡条，《遗事》宣和谱玉箫。
此即人间希有本，虞山不赠待青瑶。①

（三）赞扬藏书家爱书如痴的动人事迹

历代藏书家视书如珍宝，远胜田产、房屋及金银等，有的还把图籍看作有灵性的神物，对之顶礼膜拜。如清代著名藏书家黄丕烈，常常在其读未见书斋举办仪式，祭祀所得之新书，痴绝之态，几与唐代祭诗之贾岛相埒，叶昌炽诗赞曰：

得书图共祭书诗，但见咸宜绝妙词。
翁不死时书不死，似魔似佞又如痴。②

沈士元《祭书图说》云："黄君绍甫家多藏书，自嘉庆辛酉（1801）至辛未年（1811），岁尝祭书于读未见书斋，后颇止。丙子（1816）除夕又祭书于士礼居，前后皆为之图。夫祭之为典，钜且博矣。世传唐贾岛于岁终举一年所得诗祭之，未闻有祭书者，祭之自绍甫始。"③

无独有偶，近代藏书家傅增湘亦有此举。辛酉年（1921）小除夕，傅增湘为祭书之会，与会者有董绥金、王叔鲁、徐星署、朱翼庵、沈元梦、张孟嘉、彦明允、张冷僧、邵幼石等，会后多人作诗吟诵这一雅事，吴则虞为之诗赞曰：

藏园园好复能藏，腊祭酹书劝举觞。
不必岁夸六百卷，一楼先已压同光。④

荣德生先生为近代著名实业家，一生热心社会福利事业，曾创办无锡私立大公图书馆，图书馆藏书讲究实用，向社会开放。先生私家藏书则偏爱乡

---

① 《藏书纪事诗》卷三《钱穀叔宝　子允治功甫》，第199页。
② 《藏书纪事诗》卷五《黄丕烈绍甫》，第573页。
③ （清）江标：《黄丕烈年谱》，冯惠民校引，中华书局1988年版，第167页。
④ 《续藏书纪事诗》卷七《傅增湘》，第288页。

贤遗书、清人文集、经学和风水地理类。周退密、宋路霞二先生诗赞之曰：

> 货殖兴家积万缗，偏能风雅迈群伦。
> 广罗文献同山海，为富何尝是不仁。①

为富不仁是古代商人的共性，而荣氏身上却没有这一加在传统商人身上的标识，其所作所为体现一位现代商人的开放姿态和福心善举，"为富何尝是不仁"一句，是对其最恰当的概括。

当代四川学者赖素酷爱明清集部，70岁那年大病一场，几乎夺命，第二年入京，拟将藏书鬻于孝贤阁，进店之后却又从店中搜寻明清集部百十种，急急付款捆载归家，其女谏阻，他说："此我平生所未见者，姑买之。"客人说："君老病且贫，以巨金易此何为？"赖素笑曰："吾敬惜字纸耳。"吴则虞为之诗云"人生靰鞡本堪伤，悴叶轻凋十月霜"。②

（四）评述藏书家的学术方法与成就

古代藏书家大多是学者，他们通过藏书助益学术，又因学术而精通藏书，藏书纪事诗诸作在为藏书家作传之时，发扬史书"史臣曰"传统，多评述藏书家学术成就。如清代广东学者陈澧，于经史子集、天文地理、乐律算术无不研究，其所藏书，四部悉备，无不有批评点校，何日起何日讫，所书评语，或朱或墨，庄重不苟。徐信符曾阅其所著《东塾读书记》，极为赞赏："观此书，可以知东塾读书之宗旨矣。东塾于经史子集，天文地理乐律算术无不研究。其所藏书，四部悉备，无不有批评点校，何日起何日讫，所书评语，或朱或墨悉庄重不苟……观其手稿，又可知其治学方法，凡阅一书，取其精要语，命门人写于别纸。通行之书，则直剪出之，始分某书继分某章某句，某字连缀为一，然后下以己见，评其得失，如司法官搜集证据，然后据以定案。"③并为之诗曰：

---

① 《上海近代藏书纪事诗》，第29页。
② 《续藏书纪事诗》卷八《赖肃》，第460页。
③ 《广东藏书纪事诗稿》，第76页。

> 传鉴堂前东塾楼，穷经正变熟源流。
> 读书最要识家法，好向微言大义求。①

叶昌炽曾为清代大学者纪昀作传，诗云：

> 韩非口吃著《说林》，校雠《七略》似刘歆。
> 山河泡影谈何易，一见《公羊》涕不禁。②

纪昀口吃，但善著书，与战国韩非相类。其在翰林院时，任《四库全书》总纂官，旁通百家，于六经传注得失及汉宋儒学之是非、史书记载之异同真伪、诸子之学说、诗文之流派，无不提纲挈领，撮其大概，撰成《四库全书总目》。纪氏喜藏书，不惜花费千金购韦氏鉴古堂书，曾见一老妪持四页北宋版《公羊传》求售，为之恻然。叶昌炽诗作从著述、藏书、汉学成就等多方面历数纪昀之学术成就，堪称的评。

顺德人李文田为晚清探花，富收藏，多人所不经见之本。李氏于西北地理考核特精，曾刊《元秘史注》《和林金石录》《双溪醉隐集笺》《塞北路程考》等，另有数十种关于西北地理著述未刊。徐信符在为李氏作传时，尤为赞颂其学术成就，诗云：

> 地穷北徼史南疆，蒙鞑源流考核详。
> 明代遗民元代语，两朝秘史广储藏。③

晚近藏书家胡玉缙，曾任礼学馆通礼纂修、北京大学经学教授。胡氏为学精深，践履笃实，长于"三礼"。王謇为之作传，诗作重在总结胡氏学术，云：

---

① 《广东藏书纪事诗稿》，第75页。
② 《藏书纪事诗》卷五《纪文达昀》，第507页。
③ 《广东藏书纪事诗稿》，第77页。

> 校书雪衣传图卷，独断疏笺更释名。
> 金石补编经籍跋，《论衡》《序》《苑》注常行。①

诗中的"《序》"指刘向《新序》，"《苑》"指刘向《说苑》。胡氏一生考订子史，先后为包括上述二书在内的14种古籍作注。又如藏书家王季烈，著有《明史考证捃逸补遗》《元明孤本杂剧提要》等，于戏剧研究尤深。王氏还善昆曲，发音高亢，时人给以"遏云绕梁"美称。王謇诗赞之云：

> 明史考证捃逸补，孤本杂剧提要工。
> 遏云古调兰陵王，铜琶铁板大江东。②

（五）揭示藏书家奇闻逸事

藏书纪事诗诸作者善于在简练的诗句中"发潜德之幽光"③，揭示藏书家们不为人知的奇闻逸事，为书林增佳话。如明代太仓人王世贞酷嗜孤本，藏书三万余卷，曾以一座山庄换取宋刻两《汉书》，书林传为奇事，叶昌炽诗赞云：

> 得一奇书失一庄，团焦犹恋旧青箱。
> 眼前束笋呼奴子，身后骈枝问货郎。④

与王世贞一样，清浙江海宁藏书家马思赞得悉龙山查氏藏有宋椠《陆状元通鉴》一书，百计求购不得，后查氏谋葬其亲，马思赞遂将自家十亩良田换查氏藏书。当交易成功之时，马思赞抱书急归，唯恐查氏反悔。叶昌炽诗赞之曰：

---

① 《续补藏书纪事诗》，第13页。
② 《续补藏书纪事诗》，第25页。
③ 叶德辉：《书林清话》卷首《序》，广陵书社2007年版。
④ 《藏书纪事诗》卷三《王世贞元美》，第219页。

> 一见奇书喜欲颠,祊田不惜笯牛眠。
> 渐鸿姓字无人识,但见南楼草接天。①

伦明凭借自己多年在琉璃厂开旧书店的经历,熟知许多藏书家秘闻,如正文斋书店主人谭笃生精熟版本,光宣间执书业牛耳,惟好以赝本欺人,又内监时盗内府书出售于谭,因以起家,伦明因此讥之曰:

> 五载春明熟老谭,偶谈录略亦能谙。
> 颇传照乘多鱼目,黄袱宸章出内监。②

宋藏书家赵元考,字彦若,博闻强记,被世人誉为"著脚书楼"。哲宗元祐中为《神宗实录》编修官。富藏书,有《澄心堂书目》及《建业文房书目》。他非常重视藏书中的防蠹问题,他曾以腊月雪水和寒食面以为糨糊,用之粘接书页,防蠹效果尤佳。叶昌炽为之诗赞曰:

> 肤如卵膜白如肪,潢纸先求辟蠹方。
> 腊雪更调寒食麪,不须黄檗煮成浆。③

晚清民国时期藏书家、武进人屠寄,中年以后专务撰述《蒙兀儿史记》,对于友人问及著述何日可成问题,他答曰:"余今年六十矣,再须六十年可成,然余固不期其成。家中雇一刻工,成一篇即刻一篇,死而后已。"伦明闻知十分感动,有诗曰:

> 日日先生住醉乡,生平不逐著书长。
> 并时瑜亮难优劣,但见三都贵洛阳。④

---

① 《藏书纪事诗》卷四《马思赞仲安》,第406页。
② 《辛亥以来藏书纪事诗》,第110页。
③ 《藏书纪事诗》卷一《赵元考彦若》,第11页。
④ 《辛亥以来藏书纪事诗》,第30页。

（六）介绍藏书家对我国古代文化事业的贡献

藏书家往往是具有多方面成就的文化人，他们在藏书活动中，将藏书与撰述、叙录、刻书、校勘、辑佚、培养人才等结合在一起，多方面服务文化事业。藏书纪事诗于此多有赞颂。

晚清苏州藏书家曹元忠，家传医学，精版本，藏书以宋辽金元医书为主，为古代医书传播做出重要贡献。王謇有诗赞之：

> 班氏艺文志经史，学林余事及儒医。
> 辽金古本传方术，文苑儒林两传遗。①

近代藏书家刘世珩，为清廷要员，武昌起义后购地数亩，筑室称"楚园"，收藏金石书画，校刊古籍，编著立说。汇校元杂剧《西厢记》、明传奇《玉茗堂四梦》和徐渭、李开先、洪升、孔尚任等所著杂剧传奇，合刊为《暖红室汇刻传奇》，并附《曲谱》《曲品》等戏剧论著；将有关《大忽雷》《小忽雷》二剧史料纂辑成《双忽雷本事》；搜辑贵池先人遗著自唐迄清共31种（附待访书目273种），请马煦、陈淡然、马其昶、周馥、胡凌汉、章学文、姚景崇等作序，刻成《贵池先哲遗书》。居忧时已纂刻《聚学轩丛书》3集，后又续至5集。另有《玉海堂景刊宋元椠本丛书》22种，《宜春堂景宋元巾箱本》8种，《金石著录》5种。又校译《朝鲜近世史》2卷，搜罗贵池人南宗华岳、明末吴应箕两忠臣著述约20万字，刻成《秋浦双忠录》40卷等等。周退密、宋路霞二人诗赞其刊书成就说：

> 籍甚声名玉海堂，宋元双璧一时藏。
> 刊书突过前人业，影印能为续命汤。②

明代苏州藏书家顾德育，性好读书，得异本必手抄，多至数十百册，所

---

① 《续补藏书纪事诗》，第17页。
② 《上海近代藏书纪事诗》，第28页。

抄《石刻铺叙》《吴中旧事》等为钞本中之佳品。叶昌炽有诗咏之：

> 廉吏还山剩寝邱，买书有俸未为忧。
> 三间老屋亲传写，惟有东吴顾可求。①

此外，叶氏《藏书纪事诗》和伦明《辛亥以来藏书纪事诗》还辟出专篇，为多位书贾立传。如民国时京城古旧书店知名版本学家孙殿起，由贩书而成为著名的版本目录学家，尤精通清代禁书，所著《贩书偶记》一版再版，常为藏家所谈论。和孙殿起一样，以书商而有著作闻名者尚有王晋卿，他对裱书和识别版本极有研究，著有《文禄堂访书记》。伦明诗赞两位书贾曰：

> 书目谁云出邨亭，书坊老辈自编成。
> 后来屈指胜蓝者，孙耀卿同王晋卿。②

（七）感叹藏书所遭厄运

藏书之厄，自古多途，有独夫之专断（禁毁）、人事之不臧（水火）、兵匪之扰攘（战乱）、藏弆者之鲜克有终（子孙不肖），等等，藏书纪事诗在为藏书家作传，讴歌他们藏书成就之时，亦在诗中多方论及藏书家及其藏书之厄，引人深思。

南宋著名诗人、藏书家尤袤，一生酷好收集、珍藏书籍，曾担任过国史馆编修、侍读等公职，有机会借阅朝廷三馆秘阁典藏，能够更多地抄录到那些一般人所难以见到的图籍，因此之故，藏书十分丰富，多善本、珍本。尤袤曾把家藏书籍"汇而目之"，编成《遂初堂书目》一书，为中国最早的版本目录书，对研究古代典籍具有相当高的参考价值。但令人遗憾的是，尤袤藏书不幸毁于火灾。陈振孙记载说："锡山尤氏尚书袤延之，淳熙名臣，藏书至多，法书尤富。尝烬于火，今其存亡几矣。"③ 叶昌炽在为尤氏作传时，亦

---

① 《藏书纪事诗》卷三《顾德育克承》，第202页。
② 《辛亥以来藏书纪事诗》，第111页。
③ （宋）陈振孙：《直斋书录解题》卷八，上海古籍出版社1987年版，第236页。

着重提到其藏书之不幸，诗曰：

> 饥当肉兮寒当裘，足消孤寂遣幽忧。
> 此尤无恙公书烬，万柳溪边怅旧游。①

晚近藏书家姚文栋，曾出使日本和英国等，所到之处，尽皆搜寻汉籍。1937 年，日军侵华，姚氏藏书毁于战火，所余仅有三种：稿本《经籍访古志》、唐写本《周易单疏》、皇侃《论语义疏》古抄本，令人十分痛惜。王謇为之作传，诗曰：

> 扶桑访古搜经籍，劫火犹存秘笈三。
> 《周易》疏单《论语》义，魏何遗稿莫能探。②

山东临清藏书家徐梧生，聚书万卷之多，但遭庚子之乱散佚过多，又兼其子求官于某大人物，尽捡剩余书之精美者作为见面礼。伦明论及此事，深为痛惜，诗曰：

> 手定规模建石渠，好书留与后人畬。
> 如何轻舍传家宝，来换应官一纸符。③

藏书纪事诗诸作为史上众多藏书家作传，诗歌内容涵盖极广，可做藏书家史传看。此外，诗歌还涉及图书的编纂、印刷、典藏、校勘、贩卖等问题，后文有述。

三　铸新格局

诗文创作时如果一味模拟，没有创新，就永远不能成为一代之雄。藏书纪事诗将绝句和传文有机结合，诗句虽短，但蕴含丰富的内容，与传文相映成趣，起到画龙点睛、提纲挈领的作用。同时，叶昌炽、伦明等人倾注个人

---

① 《藏书纪事诗》卷一《尤文简袤》，第 54 页。
② 《续补藏书纪事诗》，第 11 页。
③ 《辛亥以来藏书纪事诗》，第 21 页。

感悟，创造了以纪事、唯实、唯真为特点的诗学思维或诗学模式，诗歌艺术表现十分突出。

（一）"别开生面"的藏书家史诗

胡道静先生曾称赞藏书纪事诗体说：

> 把古今藏书家的珍闻逸事搜集在一起，对每人或每几个有关系的人合在一块，分别叙事，并各系以绝句一首，写得那么清新、亲切，这个创造，前无古人。无论在内容上或体裁上，都铸出了一种新的格局。①

这种新格局的铸造，与叶昌炽等人刻意追求密不可分。叶氏曾谈及自己编撰《治廧室集帖》说："取箧中松雪书三种，附以明人精刻各种、国朝杨大瓢书一通，合装上下二册，题曰《治廧室集帖》，此为第一集，以后随时裒辑，以较诸家法帖转展稗贩者为别开生面。"②"别开生面"是叶昌炽编撰文集的一贯追求，《藏书纪事诗》最为代表（叶昌炽另一学术名作《语石》也属于"别开生面"的代表作）。

与叶昌炽一样，伦明对于诗歌创作亦情有独钟，苦心经营。他曾先后在北京大学、辅仁大学教授诗词，在辅仁开设过"历代诗代表作品"和"诗专家研究"两门课程，后者专门讲授杜诗。伦明生平酷爱诗歌创作，除《辛亥以来藏书纪事诗》外，首次出版的《伦明全集》收录《伦哲如诗稿》及补遗，共收录诗词58题280余首（去掉重复），数量不多，质量却比不少所谓的诗人要好得多。他的诗，虽不乏酬唱之作，却非学人之诗，而是诗人之诗。早年他曾署名"东莞生"寄赠梁任公《无题八首》，被收入《饮冰室诗话》，任公评曰："哀艳直追玉溪，而言外之美人芳草，字字皆湘累血泪也。"③辛亥（1911）三月所作《浣溪沙春恨》10首，亦旖旎婉转，义兼比兴，有晚唐、北宋风调。"中晚年南北飘零，诗中不乏嗟老叹贫之语，诗风渐趋于老辣

---

① 胡道静：《谈"藏书纪事诗体"》，《读书》1988年第1期，第24页。
② 叶昌炽：《缘督庐日记钞》（第二册）卷七"光绪二十三年五月三十日"，北京图书馆出版社2007年版，第369页。
③ 梁启超：《饮冰室诗话》，人民文学出版社1959年版，第79页。

浑厚，有东野、杜陵气象。"① 此外，伦明身上还有旧式文人放浪不羁的一面，好友冼玉清教授曾劝其洗脱这一旧习，以笃实周慎为务，而伦明却作诗回答说："积过如山去日长，悚然一棒下当场。"② 诗歌中有一种洒脱，为其追求诗风多变之表现。

徐信符一生藏书、教书之余，亦致力诗歌创作，除《广东藏书纪事诗》外，徐氏还创作大量诗歌，由于其无意存稿，加以战乱频仍，散佚过多。1989年，孙女徐家凤为之搜辑编集，成《南州吟草》，存诗131首，"其为诗，多率其自然之天性，以求实、求真为主，情事迫切，音节谐婉，有如行云流水，率以剑南为近"③。在广州、香港相继沦陷之际，徐氏诗作于此反映最为及时，记录百姓的无奈、敌军之残暴，可视之为诗史。而诗作中交游、唱和之作，明快流畅，吐属清雅，注重音节和谐，深见功力。

藏书纪事诗其余诸作者，亦于诗歌创作有专究，重在不拘一格，多所创造。如周退密诗词冲淡真挚，文坛有"南有周退密，北有王世襄"之说，一生勤于创作，诗歌传诵于世。可以说，正是叶、伦等人在诗歌创作上的积极开创意识，藏书纪事诗才能开出诗歌创作之新格局。

一方面，"诗"与"史"的有机结合。如果把藏书纪事诗当作纯粹藏书家史看待，那么搜集大量资料而成的传文和注文足以说明问题了，但是，叶昌炽等人并不愿仅仅局限于客观反映史实，停留在撰写藏家传记这一层面上，他们要在"史"的基础上继续升华，与"诗"的创作技巧有机结合起来，用文学手法彰显藏书家精神。这是因为，诗歌是所有文学体裁中最有意境，最能抒情的，它对于语言的淬炼、运用，思想感情的表达，往往能够融入国民血液中，成为一种精神传统。藏书纪事诗这一做法，与古典小说、戏曲等开场诗或结尾诗一样，有凝练，有总结，还有引人深思的意味，在诗句中品味传文，在传文中寻找诗意。其不独是古代文人独有的兴味体现，也是

---

① 张宪光：《续书楼藏书有多少》，《东方早报》周日文化副刊"上海书评"（2013年4月7日）。

② 伦明：《赠冼玉清（三首）》其三，选自《艺林丛录》第五编冼玉清《记大藏书家伦哲如》，商务印书馆香港分馆1964年版。

③ 莫尚德：《南州吟草序》，《岭峤春秋——徐信符研究文献集》，第434页。

读者审美感受的需求，具有深远的文化意义。

"诗以纪事，事即注于下，往往合数事以成一诗，鳞次分注，详载书名，并列总目于首，登纪作者姓氏。"① 沈嘉辙等人给纪事诗拟定的基本体例，为叶昌炽创作《藏书纪事诗》提供范例，这种文体创作的着力点在于精心结撰诗歌和广泛搜集史料，诗主吟咏，史重质实，诗史互证。尤其是纪事之"纪"兼有"记""系"之意，人物和史实相系联，如网缀珠，大量运用了正史、方志、家谱、笔记等诸多史料，深见史料蒐辑之功。但是这一资料安排格局并不是一成不变的，伦明等人后续之作，仍然将诗歌创作作为着力点，传文则多有变化，多亲见亲闻，由短文构成，单列开来，这些短文就是一篇篇短小精悍的人物传记，也是脍炙人口的学术小品。

另一方面，别出心裁的传主选择。古诗中的人物多种多样，而以帝王、祖先、英雄、志士、征夫、离妇、游子等为主，藏书纪事诗却能够超越传统，以史上藏书家为咏歌对象，凸显他们藏书、爱书、著书、刻书等的奉献精神。叶昌炽大致将藏书家以时代归类，"正史有传者，据史为次；有科目者，以释褐先后为次；无者，以同时人序、跋、赠答参稽而互订之"②，全书条目排列有序、类例分明。伦明《辛亥以来藏书纪事诗》虽明言"例依叶书"，但略有变化，"大抵据志乘说部别集信而有征者。若乃其事其人，耳目触接，远不一世。近在当前，不烦摭拾，涉想即至，及今不述，久且忘之"③。此外，叶书收录人物始于五代毋昭裔，止于清末蒋凤藻，存者不录，而后续之书却大量著录在世之藏书家，这些藏书家多与著者过往甚密，如伦明所记"识之厂肆"④的沈应奎、张允亮等人，王謇所记沈修、黄人、章太炎、金天翮、吴梅诸师等。

宋代以后，受理学影响，妇女在社会中地位极为低下，男尊女卑观念根深蒂固，至于参与男子一样的社会活动更是不敢想象。但是叶昌炽、伦明等人藏书纪事诗创作不受传统观念束缚，不仅为女性藏书家立传，而且表扬了

---

① （清）沈嘉辙等：《南宋杂事诗》卷首《凡例》，清康熙间武林芹香斋刊本。
② 《藏书纪事诗》卷首《自序》，清光绪文学山房刻本。
③ 《辛亥以来藏书纪事诗》卷首《自序》，第1页。
④ 《辛亥以来藏书纪事诗》，第76页。

一批书估、写工、刻工、印刷工及装订工等，这些名不见经传之人尽自己所能，同样为古代典籍的流传做出了贡献，理应值得讴歌。

正是因为追求"别开生面"创作原则，藏书纪事诗成为史林新秀，诗坛奇葩。

（二）"节短韵长"的诗法风尚

《南宋杂事诗》"意主纪事，不在修词"①，重视资料搜集，而忽视诗歌艺术提炼。藏书纪事诗则不然，诗句虽短却蕴含丰富的内容，与传文相映成趣，起到画龙点睛、提纲挈领的作用，尽可能全面反映传主生平、藏书特色及学术成就，郑逸梅因此给以"丝丝入扣，节短韵长，耐人寻味"②的高度评价。

藏书纪事诗所用诗体为七言绝句，不过也略有变化，徐信符《广东藏书纪事诗》中就出现了少量律诗和组诗。藏书纪事诗诸作注重文采之外，更重概述藏书家之精神。

刘勰《文心雕龙·物色》中指出《诗经》中的许多诗"以少总多，情貌无遗矣"③，从这个角度来看，藏书纪事诗的艺术成就还是很明显的。诗作紧扣传主的生活经历和藏书活动，从而揭示藏书特色、藏书渊源、藏书聚散和为藏书所付出的艰辛，具有高度的浓缩与概括水平。如叶昌炽咏刘仪凤道：

巷泥尺深云如磐，写书不畏言官弹。
两舟已达普慈岸，一舟不渡秭归滩。④

按，宋代藏书家刘仪凤在朝十余年，每归家则闭户读书，以薪俸所入半数用于购书，收藏图书达数万卷。他不乐家事，终日校雠，以至杜门与外人绝交。同朝张之纲参本奏他有传录秘阁图书以进私室之嫌，遂被以旷废公职而罢官。刘仪凤归蜀时以三船载书，一船在秭归搁浅，另有二船归乡。这是

---

① （清）永瑢等：《四库全书总目》卷一百九十，中华书局1965年版，第1733页。
② 郑逸梅：《上海近代藏书纪事诗序》，《上海近代藏书纪事诗》卷首，第2页。
③ （南朝梁）刘勰：《增订文心雕龙校注》卷十，黄叔琳注，李详补注，杨明照校注拾遗，中华书局2000年版，第563页。
④ 《藏书纪事诗》卷一《刘仪凤韶美》，第51页。

第九章 藏书纪事诗诗歌艺术

一段复杂曲折的故事,而叶昌炽则浓缩在一首七言绝句中,可见诗作的概括能力与水平。又如《全祖望绍衣》一首,叶昌炽在传文中引用李富孙辑《鹤征后录》、严可均《全绍衣传》、全祖望《鲒埼亭集·双韭山房藏书记》、史梦蛟《谢山年谱》(原名《全谢山先生祖望年谱》)等史料,对于全氏作多方面介绍,这也是一段复杂曲折的故事,而叶氏能够在一首七言绝句给以凝练浓缩,可见诗作概括能力与水平之高。诗云:

敝裘典尽典遗书,且访监仓策蹇驴。
如此长安居不易,犹分清俸苦钞胥。①

藏书纪事诗巧用所引资料中的语言敷衍而成,而又能够突出传主主要行止和藏书风格。叶昌炽对这一诗歌创作手法运用纯熟,如宋人黄伯思嗜书成痴,李纲《左朝奉郎行秘书省秘书郎赠左朝请郎黄公墓志铭》中有"所至虽假室暂寓,必求明窗净几",楼钥《跋〈东观余论〉》有"尽观太清楼所藏异书",张萱《疑耀》有"得鸡林小纸一卷,书章草《急就》,余尝疑之,幸获校秘阁书籍。每见宋板书多以官府文牒翻其背以印行"等文,叶氏敷衍上述几处文字成诗:

净几明窗善校雠,古书曾见太清楼。
赫蹄留得鸡林纸,两面文从牒背求。②

"片言可以明百意,坐驰可以役万景,工于诗者能之;风雅体变而兴同,古今调殊而理一,达于诗者能之。工生于才,达生于明,二者还相为用,而后诗道备矣。"③"诗"与"文"的最大区别在于,"文"的表现力是平面的、单一的,而诗的表现力是立体的、多方位的,同时还留给人充分的感受和联想的空间。藏书纪事诗诸作者在创作时十分注意整合材料,提炼诗意。如伦

---

① 《藏书纪事诗》卷五《全祖望绍衣》,第 484 页。
② 《藏书纪事诗》卷一《黄伯思长睿》,第 41 页。
③ (唐)刘禹锡:《刘禹锡集》卷十九《董氏武陵集纪》,卞孝萱校订,中华书局 1990 年版,第 237 页。

明为《邓邦述》作传云:"君自序称:'昔借债以买书,今鬻书以偿债。'嗜书者有同慨焉。君于近代本,殊多茫昧,如沈果堂《释骨》一篇,有单行写刻本,果堂集中亦有此篇。乃收一传抄本,且疑未曾付刻,如此之类,难免舁陋之讥矣。"据此,诗曰:

> 半生仕宦为书穷,可奈书随债俱空。
> 群碧徒知尊古本,一篇《释骨》语憒憒。①

诗与传相得益彰,对照阅读引人遐思,许多感喟都在诗中。藏书纪事之诗虽不追求韵味和韵律,但非率尔为之,草草拼凑,相反,很多诗歌语言活泼俏皮。如嘉应吴兰修虽有多篇诗作传世,其人长于考证,不愿称诗人,故徐信符诗曰:

> 呼作诗人难瞑目,每从考订见心灵。
> 桐花词馆饶清韵,家法依然独守经。②

广东东莞藏书家陈伯陶常与人辩董小宛事,伦明为之诗云:

> 酥醪观里一黄冠,共古遗民守岁寒。
> 间为梅村笺本事,董姬原未入侯门。③

以诗歌著称的叶昌炽更能够打破常规,所作诗不完全死抠平仄和韵脚,如:

> 这个几时近饭吃,那个几时近饭吃?
> 磊磊落落囊中物,不觉绝倒座上客。④

明人许学夷云:"古人为诗,有语语琢磨者,有一气浑成者。语语琢磨者

---

① 《辛亥以来藏书纪事诗》,第 29 页。
② 《广东藏书纪事诗稿》,第 70 页。
③ 《辛亥以来藏书纪事诗》,第 20 页。
④ 《藏书纪事诗》卷七《换书士人》,第 721 页。

称工，一气浑成者为圣。"① 观藏书纪事诗，可知叶昌炽等人不重字句之精雕，而在诗意之浑成。还有的绝句不受律诗拘束，如《陆贻典敕先》：

> 新城令君之才子，汲古季子之妇翁，
> 东涧老人之高足，其友则大冯小冯。②

该诗不刻意追求诗歌的韵味和韵律，率尔为之，但非草草拼凑，却有些俏皮意味，非诗坛高手，岂敢如此？再看周退密《上海近代藏书纪事诗》咏周越然：

> 藏书曾记言言斋，厄运来时战火埋。
> 文字飘零谁为拾，一编聊以见庄谐。③

诗中"文字飘零谁为拾"之句，为周越然数十年艰辛收藏历劫幸存之书下一绝妙注脚。周越然，字之彦，浙江吴兴人。曾加入南社。他以自学而精通英文，曾得到辜鸿铭赏识。周越然任职商务印书馆英文科科长，所编《英语模范读本》，销行逾百万册，版税可观，以至有丰厚的财力奔走于书肆冷摊，遂以藏书丰富见称于时。

周越然藏书室名"言言斋"，早期藏书太半毁于"一二八"战火，被焚古书近两百箱，西书十几大橱。事变后，周氏复起收书之念，旋又坐拥书城。他嗜书如命，于故纸堆中浸淫日久，毕生与书结下不解之缘。他锐意穷搜珍本秘辛，凭借深厚的国学根基，专心致志于版本、藏印及题识等研究，卓有成效。周越然藏书不乏宋刊元椠，更以词曲小说等明清精刻精印本、手稿钞本为特色。多年访书经历，历练其不凡识见，收集大量罕见西文书，在我国藏书史上，重视中西并蓄，可谓得风气之先。此外，他尤其关注中外香艳之书，单是《金瓶梅》中外版本就有十多种。他还喜收性学方面的藏书，多是人弃我取的孤本珍品，是研究古代相关历史的珍贵史料。

---

① （明）许学夷：《诗源辨体》卷十六，人民文学出版社1987年版，第165页。
② 《藏书纪事诗》卷三《陆贻典敕先》，第329页。
③ 《上海近代藏书纪事诗》，第45页。

(三) 情辞谨严的性情文学

《文心雕龙·物色篇》云:"诗人感物,联类不穷。流连万象之际,沈吟视听之区;写气图貌,既随物以宛转;属采附声,亦与心而徘徊。"① "随物宛转"和"与心徘徊",说的就是创作主体与客体之间相通互融。藏书纪事诗诸作者倾注个人感悟,以纪事、唯真的诗学思维,构成了情辞谨严的艺术特色。

诗中有个人遭际之叹。如叶昌炽在日记中说:"余《藏书纪事诗》有'礼堂翻定童乌本,痛极优昙顷刻花',咏晁东吴也,遂为亡儿诗谶。"② "童乌"是汉扬雄的儿子,慧而幼夭,后指早慧而夭折的儿子为童乌。全诗曰:

> 昭德先生书满家,自言梨味不知楂。
> 礼堂翻定童乌本,痛极优昙顷刻花。

该诗后叶昌炽自注云:"亡儿恭彝,生于同治甲戌(1874)岁,体羸而嗜学。余每得古碑精椠,助余著录,喜形于色。尤留心乡邦文字,某人著某书,或存或佚,随问随答,了如指掌。盖其沈默强识,天性然也。去岁春,忽得气虚肿症,百治不瘳。至十月朔,竟不起,年适二十三岁。此章不幸,遂成诗谶。悠悠苍天,尚何言哉!"③ 读来令人欷歔。

诗作容纳藏书家个人遭际和世事纷纭之变。如伦明咏袁克文道:

> 一时俊物走权家,容易归他又叛他。
> 开卷赫然皇二子,世间何时不昙花。④

袁世凯当国之时,袁克文凭"皇二子"身份四处搜罗珍本古籍,以满足自己典藏癖好,可以说只要他相中的典籍,没有得不到的。但是,乃父帝王

---

① (南朝梁)刘勰:《增订文心雕龙校注》卷十,黄叔琳注,李详补注,杨明照校注拾遗,中华书局2000年版,第563页。
② 叶昌炽:《缘督庐日记钞》(第二册)卷八"光绪二十六年二月十二日",北京图书馆出版社2007年版,第482页。
③ 《藏书纪事诗》卷三《晁瑮君石 子东吴叔权》,第206—207页。
④ 《辛亥以来藏书纪事诗》,第77页。

梦碎后，袁克文苦心经营的善本古籍很快散出府邸，易手他人，此诗言藏书细事，而极世情变幻，读来给人无限遐想。吴则虞也有咏袁克文诗道：

> 石墨金文识小观，棚书精选重临安。
> 风流如此佳公子，枉把聪明斗五官。①

两首诗异曲同工，旨在点名风流如袁克文者，藏书徒饰风雅，无助于典籍保护、流传和利用。

诗作穿插史料，赞美藏书家之超拔气节。徐信符记载广东顺德藏书家梁梅"有《春堂藏书图》，盖子春尝刲股疗母，家藏古籍甚多，皆母典钗珥所购。母卒后，因绘此图，以纪母恩"，诗云：

> 芝草琅玕爱日徐，晨昏定省乐何如。
> 门前债客多于鲫，犹典衣裘购异书。②

王謇记载钱强斋说："久任律师，不受非法请托，不受脱辐反目劫杀血手及一切显见理曲之事，世称之曰三不接。时军阀用事，君不亢不卑，不激不随，而又隐副之以不屈不挠。凡以政治获谴者为营救之，故志士家属感之入骨髓。""不亢不卑""不激不随""不屈不挠"……在钱氏身上体现的正是典型的中国知识分子孤傲的人格，这种人格足以睥睨一切，让人感佩，故王謇为之诗曰：

> 不乐竟夭崔亭伯，当歌封酒亦藏书。
> 百城烟水补吴乘，文献乡邦斗室储。③

《上海近代藏书纪事诗》记载王植善创办私立南洋中学说："其妹夫为'五四'时期的外交总长曹汝霖，先生深鄙其人，虽资金匮乏，从不向其求援。老友请其出任吴县县长，亦为学校计，终不为所动。先生一生自奉俭约，于书则不吝重值。"诗曰：

---

① 《续藏书纪事诗》卷十《袁克文抱存》，第431页。
② 《广东藏书纪事诗稿》，第73页。
③ 《续补藏书纪事诗》，第30页。

· 347 ·

> 南洋中学沐朝暾,绛帐春风道益尊。
> 不佞宋元求日用,缥缃万帙细分门。①

上述藏书家事迹,通过藏书纪事诗而传播开来,中国知识分子至孝至亲、不畏强权等传统美德得以彰显。

诗作对于藏书中的不良风气,亦语含批评,或极尽讥讽。如叶氏对于黄丕烈嗜好宋元本,秘之为书林之害的做法,十分不满,诗云:

> 得书图共祭书诗,但见咸宜绝妙词。
> 翁不死时书不死,似魔似佞又如痴。②

又如近代广东顺德藏书家辛仿苏,曾经挟带十数万银两远游京师,在京城狎优结客,恣意挥霍,搜集古书不辨真伪。回到家乡后,又设法得到香山何佩舫藏书,一时藏书量巨大。但是,辛仿苏虽然坐拥百城之书,却因嗜欲过多,无暇读书,又秘藏不轻以借人,身殁不久,所藏典籍皆就地散佚。伦明与辛氏曾有交往,一向看不起辛氏对待古书的做法,于是作诗讥之曰:

> 高歌山木越人思,余事财多总致之。
> 书不借人不自读,何如开阁放杨枝。③

徐雁、谭华军论藏书纪事诗说:"尽管它们普遍都缺乏形象思维和文学神采,但在纪事写实方面却不乏可观者在,一些诗句中常因其切中了藏书家的心事、道出了其藏书的甘苦而为学者所乐于征引。"④ 诚然,藏书纪事诗的写实性是由于为藏书家作传需要,而在叶昌炽、伦明等人精心结撰下,诗学艺术也应受到学界关注。

---

① 《上海近代藏书纪事诗》,第 30 页。
② 《藏书纪事诗》卷五《黄丕烈绍甫》,第 573 页。
③ 《辛亥以来藏书纪事诗》,第 94 页。
④ 徐雁、谭华军:《书城掌故藏家史 别有续篇在人间——〈续补藏书纪事诗四种〉整理记》,《武汉大学学报》(社会科学版)1986 年第 5 期。

第十章　藏书纪事诗与藏书家

《文心雕龙·史传》云："观夫左氏缀事，附经间出，于文为约，而氏族难明。及史迁各传，人始区详而易览，述者宗焉。"① 先秦史籍中出现了一些性格化的人物形象，但是都不是作为独立完整的人物来叙写的，因此还算不上是完整意义上的人物传记，直到司马迁《史记》出，"本纪""世家""列传"等以人物为中心的传记体才宣告诞生。

《史记》之后，藏书纪事诗再次开创人物传记新体例，这一体例之"新"表现有二：一方面，形式上，诗注结合。诗主吟咏，史重质实，诗史互证，人物和史实相系联，如网缀珠，大量运用正史、方志、家谱、笔记等诸多史料，深见史料搜集之功。另一方面，在传主选择上，历来传记多以帝王将相、墨客豪侠等为传主，藏书纪事诗却把向不为史家所重视的私人藏书家作为传主，将他们藏书事业弘扬光大，立于史传之林。我国古代藏书历史悠久而发达，但一直以来，有关藏书家的记载大量散见于各种著述中，不便查检，藏书纪事诗集中相关史料，专为这一类人作传，文化意义十分明显。

第一节　藏书家类别

何谓藏书家？《文献学大辞典》是这样解释的："指私家藏书的主人或于

---

① （南朝梁）刘勰：《增订文心雕龙校注》卷四，黄叔琳注，李详补注，杨明照校注拾遗，中华书局2000年版，第205页。

藏书事业作出重要贡献的人。"① 这个解释重在强调私人对于图书的所有权，而所谓"于藏书事业作出重要贡献"，则很不明确。清乾隆三十九年（1774）七月二十五日一则上谕说："其一人而收藏百种以上者，可称为藏书之家。"② 这个说法是从藏书量来说的，有一定道理，但于藏书质量、藏书家本人没有涉及。今人范凤书给藏书家界定了三个必备的基本条件：第一，必须是"多书"，即有相当数量的超过一般人的收藏。范先生进一步解释说，随着时代的发展，典籍不断积累增多，依据厚古薄今原则，可有不同要求。比如，汉代以前只要收藏数百卷图书即可成为藏书家；而魏至唐代，应达千卷以上；宋至清代，应达数千卷，甚至万卷以上；近现代则应有数千册，甚至万册以上始可视为藏书家。第二，其所收藏图书，必具相当质量。就"藏书家"内涵说，数量是前提，而质量是实质，没有足够高质量有价值的图书文献，就不能有效地从事学术研究。有数量而缺乏高质量的图书，说明收藏人眼光不到家，何能称"家"？所谓高质量，即所收图书应有相当比例属于中国或世界的优秀的基本文化典籍和工具书，或某一方面系统收藏。第三，藏书家本人应进行一定的整理和利用。图书是记录和传播知识的载体和工具，藏书目的在于学习、掌握和运用，藏而不用，等于没藏，何谈得上藏书家？对图书的整理主要指装订修补、分类编目、著录题跋、曝晒保藏等。③ 虽然范凤书先生最终没有给藏书家一个确切的定义，但是其所提出的几项标准，对于界定古今藏书家却十分可取。

"藏书家不是社会上赖以生存的一种职业，又不属社会意识形态派别的划分。它是社会人群中基于知识修养、性情嗜好、专业需求、收藏动机、财产收入、所处境域等多种因素综合而成的一类特殊群体。"④ 藏书纪事诗就是以这类人为传主，重在弘扬他们为文化事业所做的贡献。各书所收藏书家大致有如下几类。

---

① 赵国璋、潘树广：《文献学大辞典》，广陵书社2005年版，第1100页。
② 《谕内阁著四库全书处总裁等将藏书人姓名附载于各书提要末并另编〈简明总目〉》，《纂修四库全书档案》，上海古籍出版社1965年版，第228页。
③ 范凤书：《中国私家藏书史》，大象出版社2001年版，第8页。
④ 范凤书：《关于"藏书家"漫思》，原载《藏书家》第十辑，后收入作者《私家藏书风景》，河北教育出版社2007年版，第156页。

一 皇族宗室

作为皇族宗室，在古代中国享有特殊的权势，他们中绝大多数人都受过良好的文化教育，因浓郁文化氛围的熏陶而成为学者、艺术家。在文化垄断时代，他们有条件接触大量典籍，并进而成为藏书数量和质量都称上乘的藏书家。藏书纪事诗诸作者十分敏感地捕捉到这一藏书家群体信息，为他们树碑立传。

古代宗室起源很早，但是，由于藏书纪事诗所载藏书家始于五代，因而五代以前宗室藏书家不在藏书纪事诗记载之列。各种藏书纪事诗所载宗室藏书家情况如下。

1. 宋宗室 3 人：昌王宗晟、荣王宗绰和赵令畤。昌王宗晟及荣王宗绰同为濮安懿王之子，皆好学，爱藏书，故叶昌炽将二人合传，诗云："岂知潜邸龙飞后，好学依然数懿亲。"① 赵令畤为太祖子燕懿王德昭之五世孙，与苏轼同官颍川，所交游皆一时名士，藏书数万卷，蓄名画数十函，十分珍贵，惜靖康之变，藏书悉数落入金人之手。

2. 辽宗室 1 人：东丹王耶律倍。作为辽太祖耶律阿保机长子，耶律倍自幼聪颖好学，年长后封为东丹国王，辽太宗耶律德光继位见疑，遂携美人、图籍浮海而去。叶昌炽为之诗赞曰："海上小山压大山，大山力比小山孱。穹庐未可藏书卷，望海堂中誓不还。"②

3. 明宗室 15 人：周定王橚、朱睦㮮、宁献王权、朱谋㙔郁仪、晋庄王钟铉、靖王奇原、端王知烊、简王埱、秦简王诚泳、定王惟焯、光泽荣端王宠瀼、衡恭王祐楎、高唐王厚㴋、庐江王见溯、徽王等。各宗室藏书来源于受赏、购买和自刻等途径，明初，中央政府大量赏赐各藩图籍，有"亲王之国，必以词曲七千七百本赐之"③ 之说，各宗室皆建宽敞藏书楼，藏书各具特色，而以周定王朱橚、六世孙朱睦㮮最为代表。朱橚为太祖第五子，好学，善诗

---

① 《藏书纪事诗》卷一《昌王宗晟　荣王宗绰》，第 9 页。
② 《藏书纪事诗》卷二《东丹王倍》，第 77 页。
③ （明）李开先：《闲居集》卷六《张小山小令后序》，《续修四库全书》第 1341 本，第 52 页。

· 351 ·

词，在其主持下，周府曾依据自家藏书，校刻《新刊袖珍方大全》《西湖百咏》等。而朱睦㮮收藏图籍最富，为诸藩藏书之首，惜全部毁于明末李自成围困开封，放水淹城之时。

4. 清宗室 5 人：怡贤亲王爱弘晓、果恭亲王弘瞻、成亲王永瑆、盛昱、宝廷等。其中，盛昱为晚清宗室名士，官至国子祭酒，深居简出，崇尚风雅，喜藏图书鼎彝，精于鉴赏，所藏善本著名者有宋本《礼记》《寒食帖》等。鉴于盛昱藏书之多且精，叶昌炽和伦明皆为之作传，叶诗云：

> 文采红兰与紫幢，意园签架竹间窗。
> 寒烟师友真诗戢，不仅儒林祭酒双。①

叶氏是将盛昱与王懿荣合传的，二人皆为清国子监祭酒，故诗末句云"儒林祭酒双"。诗后，叶氏案语云："儒林祭酒，与意园鼎足而三矣。犹忆京师陷之前三日，昌炽尚入直史馆，遇两公于东华门外，停车数言，人天遂隔，悲夫！"② 伦明诗云：

> 书衣认得伯羲签，小市摊边问价廉。
> 不见观文庄子注，分明影事记梁髯。

传云："髯宗室伯羲祭酒盛昱，殁于庚子（1900）乱前。所藏书分次散出，至癸丑（1913）而尽。佳本多为景朴孙所得。己庚（1919—1920）之间余游宣武门内小市，有醉香阁者，不知从何处拾其残余。皆小册单种，亦有佳本，书面题字，一望而知为祭酒笔也。祭酒藏有宋本吕惠卿《庄子注》。梁节庵尝借观累日，见节庵所著《梁祠图书条例》。余遍询傅沅叔诸公俱云未见，亦不闻他收藏家得之，岂已不在天壤间耶？数年前，俄京图书馆影印者，乃残本耳。"③ 想见其书，缅怀其人。

5. 民国宗室 1 人：袁克文。在袁世凯众多子嗣中，袁克文最称多才多艺，

---

① 《藏书纪事诗》卷七《宗室盛昱　王文敏懿荣》，第 713 页。
② 同上书，第 715 页。
③ 《辛亥以来藏书纪事诗》，第 20 页。

不仅工诗文，精金石，且能书善画，富于收藏。其收藏也是多方面的，包括古书、金石、书画、钱币、邮票等。在图书收藏方面，袁克文不以多为能，而以精制胜。收藏时间虽不长，然论藏书之精，近百年藏书史上，大概无人能与之比，如其收藏有宋巾箱本《周易》《尚书》《毛诗》《礼记》《周礼》《孝经》《论语》《孟子》等 8 部经书，书中字画细如发丝，精丽无比。最为藏书界所熟知的是其收录的宋刻本《鱼玄机集》，本是黄丕烈旧藏，跋识累累，传承有序，极为难得。袁世凯亡后，袁克文藏书亦随之散去。

二 政府官员

漫长的古代社会，学在王官，统治阶层垄断文化，只有少数人才有机会阅读、使用及编撰文籍，普通人无权、无力也无条件制作和收藏典籍。随着时间推移，知识普及程度渐高，出现"天子失官，学在四夷"[①] 的局面，统治阶层垄断文化的现象被打破，但囿于社会生产力发展的限制，一般人家获取知识的机会还是微乎其微的，藏书群体仍以官员和学者为主。相传老子为周朝守藏室之史，即管理图书的史官。战国时期"士"阶层兴起，诸子百家各自著书立说，出现大量藏书之家，不过，诸子百家多出自王官，其人多在官府任职，也属于官员藏书家。

藏书纪事诗诸作所载藏书家以官员为最多，以叶昌炽《藏书纪事诗》卷一为例，据笔者统计，该卷收藏书家 120 人，其中根据史料记载有官职者 80 人，占全部藏书家的三分之二。无官职者 40 人中，多为生平不详者，另有女性 1 人，即李清照。

相比较而言，官员从事藏书事业有如下三方面之便利。

第一，多有举业，广泛涉猎。隋唐推行科举制度后，打破古代官员贵族世袭现象，有力促进社会结构、政治制度、文化教育、人文思想等方面的变革，这些变革同时为藏书活动带来巨大影响：一方面藏书家队伍不断扩大，另一方面则是藏书内涵不断丰富。观藏书纪事诗诸作可知，官员藏书家有科举名者比比皆是。如南宋福建莆田藏书家方渐，进士出身，史载：

---

① 《春秋左传正义》卷四十八，《十三经注疏》整理本，北京大学出版社 1999 年版，第 1366 页。

渐,政和八年(1118)进士,绍兴中通判韶州,知梅、潮、南恩三州,积官至朝散郎,平生清白,无十金之产,所至以书自随,积至数千卷,皆手自审定,就寝不解衣。林光朝质之,答曰:"解衣拥衾,会有所检讨,则怀安就寝矣。"增四壁为小阁三间以藏其书,榜曰"富文",郑樵尝就读其书以美之。①

购书、读书,直至衣不解衾,如果除掉方渐身上的知州光环,则全然一个痴迷的古代藏书家形象。藏书纪事诗诸作所载有科名之藏书家时代最晚者为柳亚子,清末举于秀才,著名诗人和社会活动家。柳氏藏书甚丰,《上海近代藏书纪事诗》记述其藏书活动称:"网罗吴江地方文献达千余种,辑《吴江县志》《分湖全志》《分湖诗文词征》行世。又潜心研究南明史,搜集南明史料数百种……藏书中又以磨剑室革命文库著名,藏辛亥革命以来之书刊、大小报纸甚全。"②

第二,辗转多地,易于获书。

古代官制代有不同,但是基本上要求官员不能在原籍做官,而清代的任官回避制度更为严格,明确规定不能在原籍周围五百里内为官。辗转各地为官虽带来诸多生活不便,却利于藏书,易于获取各地典籍。如明人叶盛平生酷嗜读书、藏书,"服官数十年,未尝一日辍书,虽持节边徼,必携抄胥自随。每抄一书成,辄用官印识于卷端"③。天一阁主人范钦之侄范大澈,"从仲父兵部右侍郎钦游京师,官鸿胪寺序班。使琉球、辽东、朝鲜等处,玺书七下,进秩二品。月俸所入,辄以聚书。闻人有钞本,多方借之。长安旅中,尝雇善书者誊写,多至二三十人"④。

而最为典型的当属晚清四大藏书楼之一——聊城海源阁主杨以增。杨以增(1787—1855),字益之,号至堂,别号东樵。嘉庆二十四年(1819)举

---

① (明)周瑛:《重刊兴化府志》卷四十七《列传十四·补遗》,清同治十年(1871)刊本。按,叶昌炽《藏书纪事诗》卷一《方渐》通过祁承爜《澹生堂藏书约》引用此则,文字多有歧义。
② 《上海近代藏书纪事诗》,第47页。
③ 《藏书纪事诗》卷二《叶文庄盛》引钱大昕《江雨轩集跋》,第116页。
④ 《藏书纪事诗》卷二《范钦尧卿 从子大澈子宣》引郑梁《讷庵范公传》,第187页。

人，道光二年（1822）进士，后赴贵州先后任荔波、贵筑知县，兴义、贵阳知府，再任广西左江、湖北安襄荆郧道员。后官于河南开归陈许道。在河南时，每逢黄河汛期，便率众督促加固堤坝，视察汛情，使当地百姓免受水患。后升任两淮盐运使、甘肃按察使、陕西布政使。在陕西时，与陕西巡抚林则徐友谊甚笃。道光二十九年（1848）升为江南河道总督兼漕运总督。咸丰五年（1855）卒于江苏清江浦（今江苏淮安）任所。杨氏一生，为官几半中国，所到之处，广交文士，接触和收集许多珍本古籍，杨氏后人杨敬夫先生根据杨以增各地任官收书情况，将其购书分为三期，并撰《藏书三期》一文说：

> 端勤公（杨以增）任湖北安襄郧荆道员时开始正式收集书籍，以普通及精刻本为主，可谓初期；任陕西总督时以精刻本、善本为主，兼收并蓄，对我家藏书之总卷来说，以此时所购为最多，宜为中期，亦称全盛期；任河督时，不仅以珍本为主并见精刻本付之，善本以此时所得最多，可谓末期。①

丁延峰先生对于杨氏购书之途有过专门研究，他总结说："纵观杨以增收书，其藏书自官贵州始，而收藏善本则始于任河南道员时，至署河督时达到高峰，大量收购则是在督河最初的四五年里，其四经四史以及子集之精善之本大都在此时获得，所得以江南著名藏书家收藏以及友朋寄赠为主。"② 伦明《辛亥以来藏书纪事诗》为杨以增作传，诗句中有"累世搜储祖逮孙"③，颂杨氏一门几代守藏，终至留存至今。

第三，饶有薪俸，以之购书。

宋周煇说："唐杜暹家书，末自题云：'清俸买来手自校，子孙读之知圣道。鬻及借人为不孝。'"④ 杜暹为唐玄宗时宰相，以廉洁著称，为获取典籍

---

① 转引自刘文生《海源阁藏书概述》，《聊城文史资料选辑》第一辑，聊城县政协文史组 1982 年编印。
② 丁延峰：《海源阁藏书研究》，博士学位论文，南京大学，2007 年，第 48 页。
③ 《辛亥以来藏书纪事诗》，第 5 页。
④ （宋）周煇：《清波杂志校注》卷四，刘永翔校注，中华书局 1997 年版，第 134 页。

而不惜用"清俸"购买,因而极为珍惜,不愿示人。但这首诗从侧面说明了一个问题,古代官员藏书家饶有薪俸,即用之购书,充实典藏。

有藏书家把全部薪俸用于购书。如宋人赵安仁(958—1018),字乐道,河南洛阳人。他"嗜读书,所得禄赐多以购书"①,不仅是薪俸,连同所获赏赐,皆用在购书上。长期的购书、阅读,赵安仁学博贯通,"虽至显宠,简俭若平素。时阅典籍,手自雠校。三馆旧阙虞世南《北堂书钞》,惟安仁家有本,真宗命内侍取之,嘉其好古,手诏褒美。尤知典故,凡近世典章人物之盛,悉能记之"②,终成一代大家。赵明诚也一样,身为宰辅之子,娶李清照为妻,夫妇二人乐在诗书间,常常"竭其俸入以事铅椠"③。

有的是把部分薪俸用在购书上。如宋人朱昂"所得俸赐,以三之一购奇书,以讽诵为乐"④,而宋人吕大防"既相,常分其俸之半以录书,故所藏甚富"⑤。

当薪俸不足以购书时,有的藏书家就预支月俸。如明人王世贞《二酉山房记》载胡应麟:"余友人胡元瑞,性嗜古书籍。少从其父宪使君京师。君故宦薄,而元瑞以嗜书故,有所购访,时时乞月俸。"⑥

三 文人学者

明代学者胡应麟曾将藏书家分为好事家、赏鉴家两类,称:"列架连窗,牙标锦轴,务为观美,触手如新,好事家类也。枕席经史,沉湎青缃,却扫闭关,虫鱼岁月,鉴赏家类也。"⑦清初钱曾在《读书敏求记》中将藏书分为"藏书者之藏书也""读书者之藏书也""售书者之藏书也"三种类型,洪亮吉又进一步将藏书家细分为五等:

---

① 《藏书纪事诗》卷一《赵文定安仁》引《宋史·赵安仁传》,第10页。
② (元)脱脱等:《宋史》卷二百八十七《赵安仁传》,中华书局1977年版,第28册第9659页。
③ 《藏书纪事诗》卷一《赵明诚德父》引李清照《金石录后序》,第39页。
④ 《藏书纪事诗》卷一《朱遵度 朱昂举之 王师范》引《宋史·文苑传》,第9页。
⑤ 《藏书纪事诗》卷一《吕正愍大防 张玠》引《郡斋读书志》,第26—27页。
⑥ 《藏书纪事诗》卷三《胡应麟元瑞》引王世贞《二酉山房记》,第257页。
⑦ (明)胡应麟:《少室山房笔丛》卷四《经籍会通四》,中华书局1958年版,第62页。

藏书家有数等：得一书必推本求原，是正缺失，是谓考订家，如钱少詹大昕、戴吉士震诸人是也。次则辨其板片，注其错讹，是谓校雠家，如卢学士文弨、翁阁学方纲诸人是也。次则搜采异本，上则补石室金匮之遗亡，下可备通人博士之浏览，是谓收藏家，如鄞县范氏之天一阁、钱塘吴氏之瓶花斋、昆山徐氏之传是楼诸家是也。次则第求精本，独嗜宋刻，作者之旨意纵未尽窥，而刻书之年月日最所深悉，是谓赏鉴家，如吴门黄主事丕烈、邹镇鲍处士廷博诸人是也。又次则于旧家中落者，贱售其所藏，富室嗜书者，要求其善价，眼别真赝，心知古今，闽本蜀本，一不得欺，宋椠元椠，见而即识，是谓掠贩家，如吴门之钱景开、陶五柳，湖州之施汉英诸书估是也。[1]

胡、钱、洪所论，除掠贩家视同书贾外，其余如好事家、考订家、校雠家、收藏家、赏鉴家等，皆可称为学者型藏书家。学者型藏书家以藏书辅治学，以治学促藏书，相得益彰。正是他们参与藏书事业，藏书文化才得以丰富多彩。

早在叶昌炽创作《藏书纪事诗》之始，即有感于学者型藏书家在藏书和治学方面贡献之大，而向不为人知之事实，他说："吾吴如孙道明、朱叔英、吴方山、沈与文，皆名不挂于通人之口，缥缃既散，蒿莱寂然，可为陨涕。"[2] 所举四人皆为此类。其中，孙道明博学好古，筑草堂三间，偃休其中，不问世事，藏书万卷。遇秘本辄手自抄录，每日以抄书为乐，家藏钞本达数千卷，皆小楷齐截。因景仰前人囊萤映雪、苦志笃学精神而名书斋曰"映雪斋"。每延接四方名士，以校阅藏书为乐。此外，伦明等后继诸人，亦在各自的著述中为史上众多学者藏书家作传。相较而言，学者型藏书家在藏书方面更为专业，他们身上具备如下几方面特质。

第一，学者型藏书家普遍具有人文情怀。

古往今来，许多学者型藏书家立足传统，弘扬人文，他们不仅乐意将精

---

[1] （清）洪亮吉：《北江诗话》卷三，人民文学出版社1983年版，第46页。
[2] （清）叶昌炽：《藏书纪事诗》卷首《自序》，第30页。

心收藏的典籍借给他人阅读，而且出于更高的社会责任感，主动肩负起继承文化、传播文明的使命。在许多学者型藏书家心目中，刊刻古籍是流布藏书的最佳形式，也是服务社会、流芳百世的至高境界。清人张海鹏认为"藏书不如读书，读书不如刻书，读书只以为己，刻书可以泽人"①。晚清大儒张之洞撰《劝刻书说》，反映的也正是这种藏而刻书利他惠人的高尚境界。通过抄写、借阅、刻印、交流等，藏书文化价值得以增加，文化影响得以扩大，私家藏书的人文精神也得以淋漓尽致地体现出来。

学者型藏书家以藏书为乐，以藏书为人生至高境界，并对藏书事业能够从理论上给以总结，归纳其中的人文价值。清代江苏常熟藏书家孙从添性嗜典籍，家虽贫困，但藏书逾万卷，不肯典卖于人。自称"数年以来，或持稿以载所见，或携筐以志所闻"，自奉为"蠹鱼"。藏书楼名"上善堂"，并编撰有《上善堂书目》，著录较为完备。所藏书均印有名字朱记。别用一印为"得其实之"。孙从添对我国图书馆学多有研究，所著《藏书纪要》，是清代图书馆学重要著作之一，亦为我国全面论述藏书技术的第一本专著。他说："故书籍者，天下至宝也，人心之善恶，世道之得失，莫不辨于是焉。天下唯读书之人，而后能修身，而后能治国也。是书者，又人身中之至宝也。以天下之至宝而一旦得之，以人身之至宝而我独得之，又不至埋没于尘土之中，抛弃于庸夫之室，岂非人世间一大美事乎……至于罗列已多，收藏既富，牙签锦轴，鳞比星章，不待外求而珍宝悉备，以此为乐，胜于南面而百城多矣。"② 叶昌炽十分欣羡孙从添在藏书活动和藏书理论上的贡献，为之作诗云：

鸳鸯不惜度金针，字字书林座右箴。
三折肱为医国手，广长舌是佛家心。③

第二，学者型藏书家凭借专业知识，往往形成独到的藏书特色。

---

① （清）黄廷鉴：《第六弦溪文钞》卷四《朝议大夫张君行状》，《丛书集成初编》第2462册。叶昌炽《藏书纪事诗》卷六《张海鹏若云》引。
② 以上两则见孙庆增《藏书纪要》，《澹生堂藏书约》（外八种）合刊本，上海古籍出版社2005年版，第34页。
③ 《藏书纪事诗》卷五《孙从添庆增》，第489页。

学者型藏书家爱书如命，他们往往不惜花费广购图籍。如明代藏书家阎起山，因生于洞庭山中，遂名起山，其人"喜积书，见书必力购。家惟一童，日走从友人家借所未读书，手抄口吟，穷日夜不休。所获学俸，尽费为书资。家甚贫，或时不能炊，至质衣以食。而玩其书不忍弃，竟以积劳得羸疾"①，把微薄的学俸拿出来购书。清代藏书家翁广平记载同时代另一位藏书家彭桐桥"见善本书，必倾囊典衣购之，当幕游数千里外，必挟书以出，所得幕俸，必购书以归。于是陆则汗牛马，水则滞舟楫，行旅之费，倍于他人，比抵家而游囊无几矣"②，把做师爷得来的"幕俸"几乎全部用于购书。

因为典籍得之不易，所以学者型藏书家倍加珍惜，并在长期读书治学过程中形成典藏特色。如清代藏书家梁廷枏"好藏书，俱收并蓄，于金石最为所嗜"③。近代广东顺德人黄节，1904年与章炳麟、邓实等在上海创设国学保存会，倡议成立国学保存会藏书楼，主要收藏明末抗清及清代史料，其藏书特色为"凡见《毛诗》《楚辞》《文选》三类书，靡所不收"④。无锡近代藏书家钱基博"尤喜搜近代学人故事。搜讨旧献，旁罗新作"⑤。而章士钊"于唐宋诸家，独重柳宗元，因是凡诸家评点柳集，搜集独备，喜收清代名家手稿"⑥。更有的藏书世家，因为个人爱好和从事研究不同，形成了鲜明的藏书风格。如当代著名藏书家周叔弢一家皆为藏书家，但各具特色，他本人"收宋元本，为世所知"，从弟周明泰"专收有关戏剧文献"⑦，侄子周绍良却"专收小说珍本孤本为多"⑧。

学者型藏书家因为形成藏书特色，对文化保护和传播起到了重大作用。如任凤苞的天春园、王体仁的九峰旧庐各收藏有二千多种方志图书，分别归入天津图书馆和南京地理研究所图书馆。高燮闲闲山庄专藏《诗经》一千多

---

① 《藏书纪事诗》卷二《阎起山秀卿》引文征明《阎起山墓志铭》，第167页。
② 《藏书纪事诗》卷六《翁广平海琛　彭桐桥》引翁广平《听莺居文钞·此静坐斋书目序》，第611页。
③ 《广东藏书纪事诗稿》，第73页。
④ 《辛亥以来藏书纪事诗》，第70页。
⑤ 同上书，第83页。
⑥ 同上书，第83页。
⑦ 《续补藏书纪事诗》，第45页。
⑧ 同上。

种，后流入复旦大学图书馆。当代藏书家卢松安收藏有《易》类图书一千多种，后流入山东省图书馆。

第三，藏用结合，促进学术活动的开展。

学者型藏书家重在利用，史上众多藏书家以典藏文献为辅助，专心研治经史，多所创获，促进古代学术发展。以清代为例，有清一代私家藏书几为江南藏书家所独占，因而江南藏书家在中国私家藏书史上留下了最辉煌的一页。清代江南私家藏书之所以如此发达，原因是多方面的，而乾嘉时期学术发展对其影响是一个不容忽视的重要因素。清乾嘉时期系中国学术史上集大成时代，一大批学者在众多领域取得了璀璨成果，主要包括文字、音韵、训诂、目录、版本、校勘、辨伪、辑佚、编纂等，而这些也都是藏书文化所要研究的内容。在通常的学术史研究中，很少有人注意由私家藏书风气中所透露出来的学术信息，清代学术由于向经史考据方面发展，需要收集大量文献，因此，这一时期江南私家藏书快速地兴盛起来，而私家藏书的兴盛对考据学兴起发挥了重要作用。如顾广圻虽为补博士弟子员，却不事科举，专心学术，好藏书，有取于邢子才"日思误书，更是一适"之语，名其书斋曰"思适斋"。顾氏利用藏书，广览博阅，通经学、小学，涉猎诸史百家，尤以版本学、校勘学见长。叶昌炽为之诗曰：

> 不校校书比校勤，几尘风叶扫缤纷。
> 误书细勘原无误，安得陈编尽属君。[①]

这样的例子不胜枚举。学者藏书家为藏书纪事诗主体，占藏书家群之大部，他们藏书为治学，为自身修养，反过来，从事藏书又助益撰述、编纂、校勘、刻书等文化工作，藏用相得，书归其所。

四 行商巨贾

藏书纪事诗为各类藏书家作传，其中就包括商人藏书家。古代商人地位

[①] 《藏书纪事诗》卷六《顾广圻千里》，第591页。

并不高,他们一直处于"四民"之末,虽然生意场上取得了成功,但是难以融入士大夫阶层。直到明清时期,江南在城商经济蓬勃发展过程中,伴随而生的商品拜物教和拜金主义,始终处在尚文崇教基本价值观的有力抑制之下,没有泛滥成社会的主流价值观,士人受到普遍的尊崇。同时,儒道文化对于身心修养的强调,也有助于对物欲的克制,不仅士人得以超越物质和金钱的奴役,致力于文化和精神的创造,而且那些利往利来的商人也能够超越物质的功利主义,有更高的文化和精神追求。但是,由于科举名额所限,真正能够如愿以偿进入仕途的读书人毕竟是少数,大量年轻人还必须另谋生路。随着农业经济繁荣,商业经济也随之兴盛,大量读书人弃学从商,商人阶层得以不断壮大。由于财富的巨额积累,商人地位得到了显著提高,由此也吸引更多俊彦加入进来,商人开始成为当时文人士大夫争相交往的对象,而同时,拥有较高文化素养的商人,也把士人的雅好作为自己的"别业",成为明清文化队伍中的生力军。

这其中,很多商人把积累的财富用在了藏书上,并进而创造了藏书奇迹。如清代广东南海人伍崇曜,其祖父于乾隆间创设广州十三行之一的怡和行,传至伍崇曜之手,生意十分兴隆,但他"轻财好客,搜藏古籍"[1],藏书多且精,一时为广东之冠。与伍崇曜齐名的广东商人藏书家潘仕成,道光间盐筴致富,"在广州筑海山仙馆,有水木清华之胜……收藏书画古物甚富,刻有《海山仙馆丛书》五十六种共四百六十一卷,皆当时所藏珍本也。别有《海山仙馆藏真帖》,亦多宋、明旧拓"[2]。

商人藏书家的出现,有以下两方面的积极意义:

一方面,商业活动与藏书活动相结合,既繁荣了藏书事业,又提升了商人的社会地位。清代学者黄宗羲曾说:"藏书非好之与有力者不能。"[3] 从而可知,要想成为藏书家应具备两方面条件:一是须具有一定的文化素养,即"好之",有嗜书之心,求书之愿;二是须有相当的家产和经济收入,即有购

---

[1] 《广东藏书纪事诗稿》,第71页。
[2] 同上书,第72页。
[3] (清)黄宗羲:《天一阁藏书记》,李希泌、张椒华《中国古代藏书与近代图书馆史料(春秋至五四前后)》,中华书局1982年版,第36页。

书之财力，这是藏书的物质基础，二者缺一不可。而喜好文化的商人，恰好满足上述两方面条件。

当商人资本积累到一定程度时，他们便祈求文化，甚至是高层次的文化，完成由"商"而"仕"的转变。商人资助文化，文化滋养商人。在这种前提下，明清以来从事藏书的商人越来越多，商人的藏书量亦越来越大。商人积极从事文化活动，为保存文化典籍，普及文化事业，起到重要的促进作用。商人在藏书活动中比一般学者有着更大优势，他们往往凭借雄厚资金，不惜花费，四处购求珍本、善本，利于图籍保护和流传。

另一方面，商人藏书家往往利用自己的学识和财力，从事图书刊刻工作，把图书收藏引向图书出版。明清时期，一批具有相当经济实力的富商，从商之余从事藏书、刻书、印书、贩书等活动，他们刻印的图书数量庞大，种类繁多，且不惜工本，务求精良。如《广东藏书纪事诗》所载之伍崇曜"粤雅堂"、潘仕成"海山仙馆"、孔广陶"岳雪楼"等，皆曾刊刻和印刷大量精美图籍。

商人藏书家从事刻书最为典型者为清乾嘉时期徽商鲍廷博。鲍家世代经营冶业，父亲鲍思诩性耽文史，广收古籍，筑室收藏，取《大戴礼记》"学然后知不足"之义，名其书室为知不足斋。受父亲影响，鲍廷博绝意仕途，勤学好古，常购秘籍，藏书至万卷。好友朱文藻描述其孜孜购书情形说："三十年来，近自嘉禾、吴兴，远而大江南北，客有以异书来售武林者，必先过君之门，或远不可致，则邮书求之。浙东西藏书家若赵氏小山堂、卢氏抱经堂、汪氏振绮堂、吴兴瓶花斋、孙氏寿松堂、郁氏东啸轩、吴氏拜经楼、郑氏二老阁、金氏桐华馆，参合有无，互为借抄，至先哲后人家藏手泽亦多借录。一编在手，废寝忘食，丹铅无已时，一字之疑、一行之缺，必博征以证之，广询以求之，有得则狂喜如获珍贝。不得，虽积累月不休。"[①] 长期购书、藏书经历，造就了鲍廷博专业的古籍校勘知识和能力，其对古籍真伪、版本优劣及收藏抄刊之经历知之尤详。

---

① （清）朱文藻：《知不足斋丛书序》，《知不足斋丛书》第一集卷首，上海古书流通处民国十年（1921）影印清乾隆嘉庆间刻本。

乾隆三十八年（1773），清廷开四库全书馆，鲍廷博命儿子鲍士恭尽拣家藏善本700余种进呈，名列私家献书之首，清廷赏赐《古今图书集成》1部等。发还原书的时候，高宗御笔题诗于《唐阙史》《武经总要》2书上，以示宠耀。鲍廷博"以进书受知，名闻当世，谓诸生无可报称，乃多刻所藏古书善本，公诸海内"①，立志刊刻家藏孤本、善本，以便流传，方便世人阅读，终其一生，耗尽家财，在子孙的续刻下，终成《知不足斋丛书》30集，收书208种。鲍廷博刊刻《知不足斋丛书》态度严谨，每得一书，必广借善本，参互考订，不妄改一字，成为清代私刻丛书中的翘楚。叶昌炽对鲍廷博从事藏书和刻书事业十分感佩，为之诗曰：

羽陵姓字九重闻，阙史题诗帝右文。
正是夕阳无限好，白头携杖拜卿云。②

随着近代工商业的发展，商人藏书家队伍中出现了财政金融家和工商实业家群体，他们中从事藏书活动者人数虽不多，却是藏书大户。伦明、徐信符和王謇等人在著述中多有记载。如江苏宜兴人任凤苞，早年在北洋政府任职，是交通系重要人物。1928年迁居天津，投资于银行业，先后任金城银行董事、中南银行董事、盐业银行董事长、四行储蓄会与四行信托部执行委员等。任氏家学有自，少小粗解文字，即好聚书，他认为方志一门为国史初基，备载典章制度与风俗土宜，因此最终选择方志作为收藏重点。为搜求孤本秘籍，任氏常年奔波于京津古旧书肆。他曾以20两黄金代价，淘得明景泰刻本《寰宇通志》，传为书林佳话。他还出高价购得3部残本方志：原钞本《康熙大清一统志》、清殿版《方舆路程考略》和《皇舆全览》。

任凤苞积30年之功，搜集有一统志、省通志、府志、厅志、州志、县志、乡镇志、乡土志等，总量达2500多种，与当时的北平图书馆差足伯仲，成为私家典藏方志巨擘。任氏所收方志均贮于天春园。王謇《续补藏书纪事诗》咏任氏曰：

---

① （清）阮元：《揅经室集二集》卷五《知不足斋鲍君传》，中华书局1993年版，第495页。
② 《藏书纪事诗》卷五《鲍廷博以文》，第526页。

南北第一天香园，山经地志不胜繁。

贡诸中秘道山去，老仆有识冰玉魂。

在传文中，王謇说："（任氏）专收集方志，以数十年之精力，所积孤本甚多，为南北第一。有《天香园方志目》。去秋，以捐献天津市文化局，时任氏八十二矣。未几，即归道山。任氏有老仆，为司典籍，于方志版本颇能辨别，每至书肆，娓娓而谈，闻者多目为学者。"①

五　知识女性

漫长的古代中国是典型的男权社会，男性不但垄断了物质财富，亦占有文化财富，广大女性作为附庸，难以在文化上与之抗衡。但是，藏书史上，历代女性藏书家们积极争取，终在这块优秀文化园林中占一席之地，她们中的佼佼者博学多艺，在各自生长的社会环境里，潜心涉猎，多方著述，节衣缩食，惜书如命，督子成才，远怀卓识……推动家庭乃至社会藏书事业不断向前发展。

史载，古代最早的女性藏书家为东汉蔡琰，其人"博学有才辩，又妙于音律"，尝自述藏书来源说："昔亡父赐书四千许卷，流离涂炭，罔有存者。今所诵忆，裁四百余篇耳。"② 可知其藏书承自父亲蔡邕所赐，"四千许卷"在当时已经是十分可观的数目了。蔡琰自胡中被赎归后，应曹操之请，将能够背诵记忆的400余篇典籍抄录赠给曹操，以此可知蔡琰晚年还是继续抄录，多所收藏。但是，因为藏书纪事诗始于五代，故女性藏书家不录蔡氏。检藏书纪事诗诸作，所收女性藏书家有宋李清照、明归有光妻王氏、清陆烜妾沈采、张蓉镜妻姚畹真、严元照妻张秋月、民国冼玉清等。今分述如下。

（一）李清照

李清照（1084—1155），自号易安居士，济南章丘人。宋代婉约派代表词

---

① 《续补藏书纪事诗》，第43页。本文关于任凤苞藏书事迹，参考张绍祖《任凤苞"天春园"藏书轶事》一文，原载《今晚报》2010年6月17日。

② （南朝宋）范晔：《后汉书》卷八十四《列女传》，中华书局1965年版，第2801页。

人，后人辑其词作为《漱玉词》等。李清照擅长书画，兼通音律，其夫赵明诚为著名金石考据学家，藏书 2 万余卷、金石刻 2000 卷，并以所藏三代彝器及汉、唐以来石刻，仿欧阳修《集古录》体例，撰《金石录》30 卷。在赵明诚藏书活动中，李清照协助尤多，惜金兵入侵，二人流寓江南，所藏典籍、金石刻大都遗失。李氏《金石录后序》于夫妻二人收藏趣事多所记载，中云：

> 每获一书，即共同校勘，整集签题。得书画彝鼎，亦摩玩舒卷，指摘疵病，夜尽一烛为率。故能纸札精致，字画完整，冠诸收书家。余性偶强记，每饭罢，坐归来堂烹茶，指堆积书史，言某事在某书某卷第几页第几行，以中否角胜负，为饮茶先后。中即举杯大笑，至茶倾覆怀中，反不得饮而起，甘心老是乡矣。故虽处忧患困穷，而志不屈。①

叶昌炽有感于此，为之诗曰：

> 不成部帙但平平，漆室灯昏百感生。
> 安得归来堂上坐，放怀一笑茗瓯倾。②

（二）归有光妻王氏

王氏，不知名字与生卒年。归有光本人藏书量多，王氏多助其购藏。归有光云：

> 余妻之曾大父王翁致谦……成化初，筑室百楹于安亭江上，堂宇闳敞，极幽美之致。题其扁曰"世美"……
>
> 嘉靖中，曾孙某以逋官物鬻于人。余适读书堂中，吾妻曰："君在，不可使人顿有《黍离》之悲。"余闻之，固已恻然。然亦自爱其居闲靓，可以避俗嚣也，乃谋质金以偿粥（鬻）者；不足，则岁质贷。五六年，始尽售其值。安亭俗皆窳，而田恶。先是县人争以不利

---

① 《藏书纪事诗》卷一《赵明诚德父 李清照易安》引李清照《金石录后序》，第 39—40 页。
② 《藏书纪事诗》卷一《赵明诚德父 李清照易安》，第 39 页。

阻余。余称孙叔敖请寝之丘，韩献子迁新田之语以为言。众莫不笑之。余于家事，未尝訾省。吾妻终亦不以有无告，但督僮奴垦荒莱，岁苦旱而独收。每稻熟，先以为吾父母酒醴，乃敢尝酒。获二麦，以为舅姑羞酱，乃烹饪，祭祀宾客婚姻赠遗无所失。姊妹之无依者悉来归，四方学者馆饩莫不得所。有遘悯不自得者，终默默未尝有所言也。以余好书，故家有零落篇牍，辄令里媪访求，遂置书无虑数千卷。①

归有光满怀深情地赞美王氏妇道：一为辅助夫君读书明志；二为持家有礼，孝敬舅姑；三为礼待宾客，与人为善；四为助夫藏书，遍访篇籍。得此良妇，人生至美。

（三）沈采

沈采，生卒年不详，字虹屏，号扫花女史，自称"胥山蚕妾"。其夫陆烜（1761—?），字梅谷，浙江平湖人。陆氏为乾隆间颇有名气的藏书家、校勘家、书画家，纂著甚丰。隐居胥山不仕，工于诗画，藏书甚富。沈采13岁时嫁于陆烜，陆烜的原配玉嵌夫人授沈采以唐诗，以班昭《女诫》课之。经过多方训练后，沈采学识大长，浏览书册，能够过目不忘。后助丈夫藏书，精通校勘之学。撰有《春雨楼集》14卷。清人徐珂记载说："中统本《史记》后，尝有其跋，且有'掌书画史沈采虹屏'印记。"②《藏书纪事诗》专为二人作传，并引《东湖丛记》说：

梅谷刊《奇晋斋丛书》，收藏甚富。尝见书估携来中统本《史记》，后有梅谷跋，侍儿虹屏书，有"梅谷掌书画史沈采虹屏"印记。又晏公《类要》，后有虹屏跋云："晁氏《郡斋读书志》谓六十五卷，焦氏《经籍志》谓八十卷，而此仅三十七卷。然其中有公四世孙袠补阙，至《历

---

① （明）归有光：《震川先生集》卷十七《世美堂后记》，上海古籍出版社1984年版，第423—424页。按，《藏书纪事诗》卷三《归有光熙甫　妻王氏》引此文遗漏甚多。
② （清）徐珂：《清稗类钞》第9册《赏鉴类》，中华书局2010年版，第4238页。

代杂录》止，盖已为足本矣。《曾南丰集》有此书序，爱录冠首。时乾隆辛丑四月十二立夏日。是岁闰五月，春事未阑，海棠、绣球、木笔、紫荆、蔷薇花尚繁盛。新妆初毕，御砑绫夹衣，晏坐花南水北亭，啜镜溪新茗书。"真藏书家韵事也。①

"真藏书家韵事也"，道出了众多同道者心声。叶昌炽更是十分欣羡陆烜、沈采夫妻二人之琴瑟谐和、志同道合，诗曰：

> 晏坐花南水北亭，文园消渴为虹屏。
> 人参价贵逾珠玑，好为神农补本经。②

（四）张蓉镜妻姚畹真

张蓉镜（1803—?），字伯元，号芙川，清代常熟人。其妻姚畹真，生卒年不详，号芙初女史，精鉴别典籍。夫妻二人对于藏书有着共同的爱好，曾共用藏书处曰"镜清阁"，共治一藏书印曰"双芙阁"。姚畹真曾藏有宋大字本《史记集解》，甚为珍贵。叶昌炽咏二人诗有"与花同好月同明，修道双芙有几生"③句，极尽赞美。

（五）严元照姬张秋月

严元照（1773—1816），清代浙江湖州人。有姬名张秋月，生卒年不详，字香修，又字幼怜，亦喜藏书，藏书印有"张氏秋月字香修一字幼怜"。叶昌炽考证张氏生平说：

> 陈文述《碧城仙馆诗》有《香修词为严蕙榜作》："香修姓张氏，初名秋月，幼媵于无锡嵇相国家。蕙榜取于嵇，乃谋诸中闺而胖合焉，且援《十六观经》'戒香薰修'之语，字之曰香修。华司马秋槎、屠孝廉

---

① 《藏书纪事诗》卷五《陆烜子章　沈采虹屏》，第536—537页。
② 同上书，第536页。
③ 《藏书纪事诗》卷五《张燮子和　孙蓉镜芙川　姚畹真》，第579页。

琴坞，为写《秋江载月》团扇贻之，蕙榜因以画扇名斋。"诗凡八首，其第三首云："三五冰轮是小名，秋同消瘦月同明。一声水调歌桃叶，自向江头打桨迎。"第五首云："手写《华严》忏性灵，玉台香近画纱棂。连环小印绸缪字，红上《莲花白氎经》。"第八首云："百万工钱紫玉钗，定情诗卷续风怀。昨从碧浪湖边过，本事新添画扇斋。"①

关于张秋月，史料非常少，幸有叶氏之考证，方不至湮没无闻。

（六）冼玉清

关于冼玉清藏书事迹，本书第三章已有讨论，此处略加补充。冼玉清出身富家，但生活十分简朴，甚至吝啬，在去世前将父亲留给她的一笔巨款全部从香港调回国内，捐给了社会卫生事业。她终身未嫁，学生们都爱称其为"冼子""冼姑"。她也将这些学生视为自己的孩子，倾其所能，传道授业解惑。冼玉清爱书是出了名的，1953 年 8 月，她远赴北京，原本是想去看看首都新建设，但到了北京图书馆看见有许多好书，就日日前去抄录，早去暮归，3 个月后才南归。伦明为之诗曰：

跋书何让沈虹屏，辨画真知管道升。
好古好游兼两类，更看万里记孤征。②

《辛亥以来藏书纪事诗》记录女藏书家仅冼玉清 1 人，将之比作"沈虹屏"和"管道升"史上两大才女，确类其人。王謇在《续补藏书纪事诗》为之诗曰：

班昭续汉玄黄际，语业西樵一大家。
况有月蝉飞笔露，经师人表拜灵娲。

传文曰："冼玉清女士，南海人，家西樵山，多藏理学美艺书。尝副纂通

---

① 《藏书纪事诗》卷六《严元照修能　张秋月香修》，第 603—604 页。
② 《辛亥以来藏书纪事诗》，第 108 页。

志，与修国史。能诗文词，善鉴别书画，且雅能考证乡邦掌故。教授岭南大学，经师人表，兼而有之。"① 从藏书、撰述、教书等方面给以高度评价。女性藏书家而两入藏书纪事诗者仅冼玉清一人而已。

古代女性藏书家绝非上述 6 人，在男权处于绝对统治地位的时代，众多女性纵然为文化事业做出了太多的贡献，但是也往往不见载于史册，终至湮没。藏书纪事诗为女性藏书家作传已是难能可贵了。

六 方外僧道

官府藏书、私人藏书、寺观藏书和书院藏书是中国古代的藏书事业逐渐形成的四大体系，其中寺观藏书具有公有和集体藏书性质，但是，一些僧道长期在方外生活中亦能够一如民间私人藏书家，酷嗜典籍，久之形成自己的藏书特色。

宋代僧人文莹，俗姓不详，字道温，钱塘人。神宗熙宁中，居荆州之金銮寺。著有《湘山野录》3 卷《续录》1 卷、《玉壶清话》10 卷。在《玉壶清话》卷首《序》中，文莹自述道：

> 玉壶，隐居之潭也。文莹收古今文章著述最多，自国初至熙宁间，得文集二百余家，近数千卷。其间，神道碑、墓志、行状、实录及奏议、碑表、野编、小说之类，倾十纪之文字，聚众学之醇郁。君臣行事之迹，礼乐宪章之范，鸿勋盛美，列圣大业，关累世之隆替，截四海之见闻。②

文莹还搜集到花蕊夫人诗，他说："王平甫安国，奉诏定蜀民、楚民、秦民三家所献书可入三馆者，令令史李希颜料理之。其书多剥脱，而得一敝纸，所书花蕊夫人诗，乃花蕊手写，而其词甚奇，弃之可惜，遂令令史郭祥缮写入三馆。禹玉相公传其本，于是盛行于时。文莹亲于平甫处得副本，凡三十二章。"③ 甚为珍贵。叶昌炽有感于文莹勤于藏书之事迹，为之诗曰：

---

① 《续补藏书纪事诗》，第 41 页。
② （宋）文莹：《玉壶清话》卷首《序》，《知不足斋丛书》第六集，上海古书流通处民国十年（1921）影清刻本。
③ （宋）文莹：《续湘山野录》，中华书局 1984 年版，第 81—82 页。

>天策文章花蕊诗，一簦一笠镇相随。
>非无三乘旁行字，胡跪问师师不知。①

叶昌炽还为两道士藏书家作传：宋无为道士和清朱之赤。无为道士，不详其人，藏书事迹仅见郑樵《通志·校雠略》。朱之赤，字卧庵，别署烟云逸叟。祖籍安徽休宁，迁居江苏吴县。明亡后为南京朝天宫道士。学问渊雅，精于鉴赏，通天文术数。藏书中以历书和医书为多，珍贵者有明人钱允治手抄之《西昆酬唱集》，《楹书隅录》载："影宋精钞《西昆酬唱集》二卷，毛斧季跋云：'甲辰之月，同叶君林宗入郡访朱卧庵之赤，其榻上乱书一堆，大都废历及潦草医方。残帙中有缮整一册，抽视之，乃《西昆酬唱集》，为之一惊。'卷末行书一行云：'万历乙丑九月十七日书毕。'"②叶昌炽为之诗曰：

>潦草医方废历堆，不教空手宝山回。
>一尊敬为西昆寿，崩角完时倒旧醅。③

七 域外藏家

为域外藏书家立传，是吴则虞《续藏书纪事诗》新创。该书共收5位域外藏书家，这些藏书家有一个共同点即以收藏汉籍著称。

（一）日本森立之

森立之是第一位用清代朴学治学方法，对于中医药文献进行整理研究的日本医家，所著《经籍考古志》保存了许多希见的宋元古籍，是日本古代目录学的一个总结。另著有《左氏会笺》《古文旧书考》，其中，《古文旧书考》4卷是用汉文著成，对日本所藏中、日、韩古籍珍本52种，进行版本源流、

---

① 《藏书纪事诗》卷七《释文莹道温》，第720页。
② （清）杨绍和：《楹书隅录》卷五《西昆酬唱集》。按，《楹书隅录》此处记载有误，万历没有乙丑年。
③ 《藏书纪事诗》卷四《朱之赤卧庵》，第371页。

传布流播、校勘训诂等方面的考释，在考镜源流、点勘纠谬中，显示了作者于经史子集四部博览群书识见深广，学问奄博的学术功力。他还作中买入归安陆氏藏书并撰写《皕宋楼藏书源流考》。

（二）日本狩谷望之

其为江户后期的儒学者，在文字学、考证学上有深厚造诣，著作有《笺注倭名类聚钞》等，是日本考证学的代表人物。

（三）日本岛田翰

岛田翰，字彦桢。其父岛田重礼为日本幕末和明治时期著名的汉学家，他自小浸润于汉学氛围浓重的家庭环境中，万卷汉籍、众多善本触手可及，培养了他对于中国文献典籍天生的亲近感和研究兴趣。岛田翰与多位中国藏书家有交往，俞樾、叶昌炽、陈衍、叶德辉等人在著作中有专篇论及其人。

（四）日本冈本保孝

冈本保孝是日本江户后期著名学者，以藏汉籍知名一时，所藏汉籍中有《荀子考》《韩非子疏证》《战国策草次》《说苑考》《汉书地理志捷见》《续汉志考》《蒙求考》《谥法考》等。友人龟谷省轩六藏《新序考》《列女传考》《韩诗外传考异》《汉书考异》《三国志考异》等。

（五）伯希和

伯希和为匈牙利籍英国人，汉学研究精湛渊博，就学于巴黎大学，主修英语，后入法国汉学中心学习汉语，继入国立东方语言学校，专攻东方各国语文历史。曾从师法国汉学家 E.E 沙婉等人学习，致力于中国学研究，于我国目录版本、语言文字、考古艺术、宗教文化、东西交通，以及边疆史地等方面，都有论著。后期致力于蒙元历史研究。1908 年往敦煌石窟探险，购买大批敦煌文物，带回法国，今藏法国国家图书馆博物馆。伯希和是欧美公认的中国学领袖，其影响波及欧美、日本和中国。

八　各类杂役

藏书纪事诗诸作在藏书家选择上更为难得的是，作品能够超越"藏书家"这一名号之藩篱，大胆为与藏书活动有关的人物作传。

有书库管理员。《藏书纪事诗》说："王弇州书室中一老仆，能解公意，公欲取某书某卷某叶某字，一脱声即检出，若有夙因。"① 实为私家书库专职管理员。

有古旧书籍经营者。"考订校雠多绩学，收藏鉴赏各名家。典坟总汇供搜讨，吐纳流通亦可嘉。"② 这是称颂古代书肆的一首诗。过去经营古书业者为书估、书商或书贩，他们也是庞大藏书队伍中的一支不可忽视的力量。如近代著名书估孙殿起，初为琉璃厂宏文堂书店学徒，后与伦明一起开设通学斋书店，经营古籍业务数十年，于目录、版本有较高造诣，精于古书版本鉴别，并将几十年接触的古籍版本知识撰写成《贩书偶记》及《续编》。与孙殿起几乎同时的另一位古旧书籍经营者王晋卿，1925年自设文禄堂书肆，经营古旧书籍，并代学者刊印著作，为访书，足迹遍布大江南北，撰写平生经眼珍本为《文禄堂访书记》等。孙、王二人出身低下，但经过苦心学习，居然皆成为古旧书专家，因此之故，伦明为二人作传，并为之诗曰：

> 书目谁云出邱亭，书房老辈自编成。
> 后来屈指胜蓝者，孙耀卿与王晋卿。③

有从事活字印刷术研究者。宋代毕昇创造了世界上最早的活字印刷术，明代华燧用铜活字印书，而华珵制作的活字板更加精密，每得珍秘之书，不数日即印出，故叶昌炽称颂道：

---

① 《藏书纪事诗》卷三《王世贞元美　世懋敬美》引朱国祯《涌幢小品》，第220页。
② （清）器伯：《琉璃厂杂诗》，转引自屈万里《载书播迁记》，《屈万里先生文存》，台北联经出版事业公司1985年版，第1209页。
③ 《辛亥以来藏书纪事诗》，第111页。

· 372 ·

> 范铜制出胶泥上，屈铁萦丝字字分。
> 一日流传千百本，何人不颂会通君。①

有写工。宋代傅穉善欧书，曾为施宿写刻《施注苏诗》。明代周慈所写《论衡》《六家文选》等，一时称道。清代乾隆时写工许翰屏，以书法擅名一时，黄丕烈、孙星衍、汪士钟、张敦仁影刻的宋本书，皆为许氏所书。清代写工孙二亦以缮写书受人尊敬。

有装潢工。明代胡贸、清代钱端正以装潢典籍著名，黄丕烈藏书多为钱氏装潢。

上述这些人算不上真正的藏书家，但是，他们利用所掌握的技能，成为古代图书出版流通中的技术人才，对古代图书的保护和传播做出了重要贡献，叶昌炽等人为之作传，亦可称为卓然有识。

此外，藏书纪事诗诸作还能够大胆探索，采纳《史记》中"世家"体例，将几代从事藏书的世家作为传主，为之作传。这方面蔡贵华《近代扬州藏书纪事诗》最为典型，全文共有15篇，藏书世家有9篇，占全部传主的60%。到了近代，商业出版社兴起，各出版社自建藏书楼，藏书量大，社会作用突出，一定程度上起到了公共图书馆作用，藏书纪事诗诸作亦多加关注，为商业藏书楼作传。如1909年，在张元济主持下，依托商务印书馆创建涵芬楼，储古今图书，先后收购归安陆氏"皕宋楼"、盛氏"意园"、丁日昌"持静斋"、缪荃孙"艺风堂"等著名藏书家藏书，藏书多达十万多卷。伦明为之作传云：

> 上海涵芬楼，储书甚富，先是当事者防万一之险，屡以他本移贮安全第一，而未能尽。余游沪，登阁阅览竟三日，所见名人稿本、抄校本尚多，方志尤备，略记要目而去。壬申上海一役，空中落一弹，书与楼同毁。

"壬申上海一役"指的是1932年淞沪抗战，日军炮弹击中涵芬楼，大量

---

① 《藏书纪事诗》卷七《毕昇》，第730页。

典籍化为灰烬，此为商务印书馆之一劫，亦为中华文化之浩劫。故伦明诗中有云："几岁搜储一秒休，江陵道尽痛斯楼。"①

中国古代文化最为显著的特征是源远流长，而凝聚文化精华的典籍卷帙浩繁，数不胜数。藏书家们适时出现，他们收藏的是典籍，传承的却是文化，对古代文明的继承和弘扬起到了不可替代的作用，正是由于他们的不懈努力和孜孜追求，才使我国文化没有断层，传统文化发扬光大。藏书家们对藏书的贡献不可磨灭，藏书纪事诗专为他们作传，也是对传统文化的大力弘扬。

第二节 藏书家活动

明人归有光曾云："书之所聚，当有如金宝之气，如卿云轮囷，覆护其上，被其润者，不枯矣。"② 藏书纪事诗诸作大量采录藏书活动与藏书技术方面的史料，既有理论总结，也有实践概括。

一 访求图书

淘书、买书，被称为访书，曹正文说："访书，也就是把书作为生活中的一个朋友，访得一本好书，就仿佛结识了一位知己。"③ 古代私人藏书家，大都费尽心思，节衣缩食，百般访求典籍。但是，由于种种因素，书籍之访求并非易事，清人孙从添说：

> 购求书籍，是最难事，亦是最美事、最韵事、最乐事。知有是书而无力购求，一难也。力足以求之矣，而所好不在是，二难也。知好之而求之矣，而必欲较其值之多寡大小焉，遂致坐失于一时，不能复购于异日，三难也。不能搜之于书佣，不能求之于旧家，四难也。但知近求，不知远购，五难也。不知鉴识真伪，检点卷数，辩论字纸，贸贸购求，

---

① 《辛亥以来藏书纪事诗》，第109页。
② （明）归有光：《震川先生集》卷九《送童子鸣序》，上海古籍出版社1981年版，第209页。
③ 曹正文：《书香心怡》，上海古籍出版社1994年版，第1页。

每多缺轶，终无善本，六难也。①

"购求书籍，是最难事，亦是最美事、最韵事、最乐事"，诚哉斯言！藏书纪事诗对于藏书家访书之事记载颇多，如近代藏书家刘声木自述其访书情形云："予之聚书出于天性，虽遇荒摊冷市，亦必伫足访问，数十年不倦，每年续有所得。家本贫贱，谋食四方，常典衣缩食为之网罗……偶见一书名即求之，或辗转求之，又或数年数十年后始遇之。"② 可以说勤奋一生为访书。清代藏书家严可均叙述自己访书经历说：

余家贫，不能多聚书，顾自周秦汉以逮北宋，苟为撰述之所必需，亦略皆有之，南宋以下，寥寥焉。非不欲也，力不足也。四十年来，南游岭海，北出塞垣，遇希有之本，必倩精写，或肯售即典衣不吝。今插架仅二万卷，不全不备，以检近代诸家书目，如世善堂、天一阁、万卷楼、世学楼、传是楼、曝书亭，及同时同好如鲁孔氏、闽张氏、汉阳叶氏、阳湖孙氏、绩溪方氏，以至石刻之本、异国之本、道释之藏，彼有而余无者多矣，彼无而余有者亦不少也。黄氏丕烈聚书多宋本，余与久交，不敢效之。书非骨董，未得宋本，得校宋本足供撰述可耳。③

因为长时间从事访书，严可均学术成就骄人，一生著述等身，统编为《四录堂类稿》1200卷，而最著名者为遍阅群书所辑《全上古三代秦汉三国六朝文》746卷，收录多至3000余家，皆一人写定，不假众手，清代著述之富，盖无有过之者。

有的藏书家视访书为人生第一要务，因而轻视名利仕宦。近代藏书家、湖北武昌人徐恕，广交游，与章炳麟、黄侃、熊十力等为挚友，治学广博，遍览诸书，"暇则出游，志不在山水名胜，而在访书。闻某家有一未见书，必

---

① （清）孙从添：《藏书纪要》，与《藏书记》合刊本，广陵书社2010年版，第39页。
② 《上海近代藏书纪事诗》，第33页。
③ 《藏书纪事诗》卷六《严可均铁桥》引《铁桥漫稿·书葛香士林屋藏书图后》，第600—601页。

展转录得其副而后已。一切仕宦声利，悉谢不顾，日汲汲于故纸"①。

清人黄丕烈回忆与张燮一同在书肆访书情形说："余与子和（张燮字）相得，以彼此藏书故。犹忆癸丑（1793），同上春官，邸寓各近琉璃厂，每于暇日即遍游书肆，恣览古籍，一时有'两书淫'之目。"②两位藏书家访书成痴，乐此不疲，真书林佳话。

长期从事访书活动，藏书家们积累了丰富的经验，而专俟别家藏书散出而求，不失为绝佳之途。如清末四大藏书家之一陆心源，终其一生忙于访书，凡遇未见之书，必欲购而藏之，他在《带经堂陈氏书目后》中谈到这样一件事："闻陈氏藏书散出，多世间未有本，遂奉檄一行。及至闽，遍访陈氏后人，仅得张清子《周易纂注》、金仁山《尚书注》、杨仲良《长编记事本末》三书，余皆不可得。"③文中的"陈氏"为藏书家陈徵芝。陈为福建闽县人，生卒年不详，清嘉庆七年（1802）进士，道光十一年（1831）任浙江秀水知县，转任绍兴知县。陈徵芝薪俸不高，却性喜购书，几乎将所得官俸全部用来购书，至离任回家时，所藏已达 8 万余卷，于是将藏书楼命名为"带经堂"。其人殁后，带经堂藏书散出，陆心源趁机访求多种。又如清人黄廷鉴亦记载瞿绍基访书于散出之家云："时城中稽瑞、爱日两家，竞事储藏，先后废散。君复遴其宋元善本为世珍者，拔十之五，增置插架，由是恬裕（瞿绍基字）藏书，遂甲吴中。"④

而令人敬佩的是，有的藏书家专俟别人藏书楼散出而访书，并不是借机充实自家藏书楼，而是出于保护传统文化、维护公共图书馆之心。洪杨之乱时，文澜阁《四库全书》散出，杭州八千卷楼主人丁申、丁丙兄弟积极抢救，俞樾记载说：

  粤寇陷杭，君出城，至留下市中买物，以字纸包裹，取视，皆《四库》书，惊曰："文澜阁书得无零落在此乎！"君之搜辑文澜阁遗书，实

---

① 《辛亥以来藏书纪事诗》，第 115 页。
② 《藏书纪事诗》卷五《张燮子和　孙蓉镜芙川　姚畹真》引《士礼居藏书题跋记》，第 579—580 页。
③ 《藏书纪事诗》卷六《陈徵芝兰邻》引陆心源《带经堂陈氏书目后》，第 613 页。
④ 《藏书纪事诗》卷六《瞿绍基荫棠》引黄廷鉴《恬裕斋藏书记》，第 646 页。

始此矣。仓皇奔走，书籍束以巨缅，每束高二尺许，共得八百束。①

丁氏兄弟并未罢休，其中丁丙于同治元年（1862）"正月廿一日渡江至留下镇，与兄竹舟同收集四库书残本，暂妥乃父殡宫。三月由绍至甬，五月渡沪，七月往泰州省外舅疾，八月自如皋返沪编集书目。……同治二年（1863）正月移家沪上"②。

丁氏兄弟将访来的库书平安运抵上海后，对文澜阁其他散佚之书仍十分关心，他们通过各种手段不断搜寻，"自同治五年（1866）至十年（1871）间，丁申、丁丙兄弟于城乡继续搜集文澜阁本《四库全书》，先后搜到三百余册，其间丁丙又命兄子立诚赴四明（今宁波）访购遗书，得遗书数十册，又得震泽徐茂才（葵之）收集到的五百四十九册"③。虽然如此，由于散出之书太多，丁氏所访求阁本尚不及原库书四分之一，为恢复原貌，丁氏兄弟又花费数年之力，出资雇工补抄，该项工作起于光绪七年（1881），迄于光绪十四年（1888），前后历时7年之久，"除收藏原全书三百三十一种外，其残编恭配者八百九十一种，补抄者二千一百七十四种，合计三万四千七百六十九册，一律分别排比，制厨珍藏"④。对丁氏兄弟此举，学术界给予极高评价。陈训慈先生云："此其恢复吾浙之旧藏，实为保存文献之大业。"⑤ 信然。

与丁氏兄弟一样出于公心，搜访典籍者大有人在，犹在国难当口，访书极为困难，但是藏书家中的仁人志士往往能够舍小家顾大家，不计个人安危，通过访求文献而为民族保存希望的种子。如郑振铎自述收书经历云：

> 余聚书廿余载，所得近万种。搜访所至，近自沪滨，远逮巴黎、伦敦、爱丁堡。凡一书出，为余所欲得者，苟力所能及，无不竭力以赴之，

---

① 《藏书纪事诗》卷七《丁丙嘉鱼》引俞樾《丁君松生家传》，第705页。
② 慕骞：《丁松生大事年表》，《丁松生先生百年纪念集》，《浙江省立图书馆月刊》单行本（1932）。
③ 顾志兴：《文澜阁与四库全书》，杭州出版社2004年版，第118页。
④ 张宗祥：《补抄文澜阁〈四库全书〉史实》，《浙江图书馆志》，中华书局2000年版，第264页。
⑤ 陈训慈：《丁松生先生与浙江文献》，《陈训慈百年诞辰纪念文集》，北京图书馆出版社2006年版，第374页。

必得乃已。典衣节食不顾也。故常囊无一文，而积书盈室充栋。每思编目备检，牵于他故，屡作屡辍。然一书之得，其中甘苦，如鱼饮水，冷暖自知。辄识诸书衣，或录载薄册，其体例略类黄荛圃藏书题跋。大抵余之收书，不尚古本、善本，唯以应用与稀见为主。孤罕之本，虽零缣断简亦收之。通行刊本，反多不取。于诸藏家不甚经意之剧曲、小说，与夫宝卷、弹词，则余所得独多。诗词、版画之书，印度、波斯古典文学之译作，亦多入庋架。自审力薄，未敢旁骛。"一二八"淞沪之役，失书数十箱，皆近人著作。"八·一三"大战爆发，则储于东区之书，胥付一炬。所藏去其半。于时，日听隆隆炮声，地震山崩……书籍存亡，同于云烟聚散。唯祝其能楚弓楚得耳。战事西移，日月失光，公私藏本被劫者渐出于市。谢光甫氏搜求最力，所得独多。余迫处穷乡，栖身之地，日缩日小，置书之室，由四而三而二，梯旁榻前，皆积书堆。而检点残藏，亦有不翼而飞者，竟不知何时失去。然私念大劫之后，文献凌替，我辈苟不留意访求，将必有越俎代谋者。史在他邦，文归海外，奇耻大辱，百世莫涤。……兹所收者，乃着眼于民族文献。有见必收，收得必随作题记。至冬初，所得凡八九百种，而余金亦尽，不遑顾及今后之生计何若也。但恨金少，未能尽救诸沦落之图籍耳。每念此间非藏书福地，故前后所得，皆寄庋某地某君所。随得随寄，未知何日再得展读。因整理诸书题记，汇为数册，时一省览，姑慰相思。夫保存国家征献，民族文化，其苦辛固未足埒攻坚陷阵、舍生卫国之男儿，然以余之孤军与诸贾竞，得此千百种书，诚亦艰苦备尝矣。惟得之维艰，乃好之益切。虽所耗时力，不可以数字计，然实为民族效微劳，则亦无悔！[①]

还有的藏书家访书别具一格，自成特色。如胡怀琛终生与书籍打交道，先后在报社当过记者编辑，在出版社当过编辑，在高校做过教授，其访书别具只眼。周退密、宋路霞记载说：

[①] 郑振铎：《劫中得书记》卷首《序》，上海古籍出版社2006年版，第2—6页。

先生藏书有两大特色,其一为旧时民间蒙学课本,如三字经、百家姓、千字文、千家诗等,刘鹗在《老残游记》中称为"三百千千"者是也。此类书于旧时私塾中曾普遍使用,然一经用过,便弃如草芥,遑论收藏。先生则视之为中国古文化之一叶,广征博搜,精淘细漉,数十年间竟收得历代刻本、钞本、油印本、翻译本数百种,并逐一比较研究,编制书目,并著《蒙书考》以论列之。其次为外籍和少数民族作者的汉文诗集,作者有日本、朝鲜、越南、俄罗斯等籍,又得蒙、满、回、维吾尔等族,自元至清末各种刻本、钞本千余种,尤为稀见难得之属。①

其实,叶昌炽、伦明等人也是访书高手,在藏书纪事诗中时有记载。如叶昌炽在为方功惠作传时说:

光绪丙戌、丁亥(1886—1887)间,昌炽游幕至五羊,介程蒲生太史求一窥其(按,指方功惠)册府,未得请。越十余年,至庚子(1900)春,太守已捐馆,其家捆载遗书,至都门求售。过厂肆,见样本,一睹其装潢图记,即知为粤中装订,碧琳琅馆旧藏也。每册有东丹笺副叶,可以辟蠹,书根宋字,齐如刀切。顾绌于资,望洋兴叹,仅典衣购得吴中乡先哲书五六部,《皇甫司勋集》其一也。尚有钱叔宝《续吴都文粹》一百卷钞本,索高价,正往来商榷,而拳祸作,仓皇避地,遂不复可问津矣。②

虽然"绌于资",但还是访得珍本若干。观叶氏一生,始终勤于访书,重点在搜集苏州先哲遗书,治廥室大约1000部藏书中,苏州本地学者著述有350多部,"有一次他将韩桂舲一家三代的文集都搜全后,自己都不禁叹道用力之勤,远过韩氏孝子贤孙;又有几次他梦见和数百年前的古人藏书家函札往来,或是梦见有人持书求售,醒后连书中何人题跋都记得一清二楚,诸如此类,叶昌炽是可算书痴了"③。

---

① 《上海近代藏书纪事诗》,第46页。
② 《藏书纪事诗》卷七《方功惠柳桥》,第711—712页。
③ 苏精:《近代藏书三十家》,中华书局2009年版,第12页。

伦明也一样，其《买书》诗云："平生丝粟惜物力，独遇奇书不论钱。书坊质库两欢喜，只有妻孥饿可怜。"① 又述访书经历说：

> 余迹所至，上海、天津，为南北通衢，经过最频。次则开封，前后至者十余次。南京、武昌，至者二次。苏州、杭州，至各一次。居河南三岁，游怀庆、卫辉、清化，俱有所获，在清化所得，有极罕见者，毛尚书昶熙家物也。语云："伯乐一过而马群空。"余于书，有似之焉。②

《辛亥以来藏书纪事诗》中，时有伦明自己访书记载。如为陈庆龢作传时说："番禺陈公睦庆龢，及其弟公辅庆佑，东塾先生孙也。工词章，同官京师。公辅早殁，其孤不肖，以所遗书尽售于打鼓贩，得值极贱。书数百册，皆有东塾手迹，及东塾未刊文稿。余收得东塾手校《通典》四十册。"③ 伦明还出于公心，向近代公共图书馆提供访书方略：

> 余以为近十余年来，国中设图书馆不少，即如吾粤省立图书馆，窥其所有，仅如寒儒斗室，每月常费千数百元，不添置一册，徒耗于馆员薪金。近闻政府议以三十万金改筑馆址，诚美观矣，如败絮其中何。现值道衰文弊之日，守缺搜残，实为要务。力大者，自古椠至精刻旧钞，宜尽量收之；力小者，则就经史子集中，择其一部，应有尽有，庶几挽回外输，保存国粹。徒斤斤于形式，何当耶？④

伦明审时度势，提出在社会动荡时期公共图书馆当以收集图册为急务，而非斤斤于馆舍之宽敞宏大，实在是明智之见。

不同于上述藏书家访书为己，徐信符访书则出于公心，为广东图书馆访得大量珍贵典籍。1921 年，杜定友初任馆长，以保存广东文献为主要职责，"因而旁搜远绍，不遗余力。民（国）十二年（1923）因政治关系离粤赴沪，

---

① 伦明：《伦哲如诗稿》二《买书》，《伦明全集（一）》，第 12 页。
② 伦明：《续书楼藏书记》，《伦明全集（一）》，第 241 页。
③ 《辛亥以来藏书纪事诗》，第 23 页。
④ 《辛亥以来藏书纪事诗》，第 50 页。

功败垂成。其后经徐信符先生等续有添补,对于本省志乘、乡贤著述,庋藏渐丰"①。杜氏在此特别提及徐信符功绩,可谓实事求是,不掠人之美。

二 购买图书

购买是古代大多数藏书家聚书的重要途径之一,他们为此不惜花费重金,充实藏书。如唐代杜暹,身为宰相,家财不菲,所藏书大多是"清俸买来"②,俸禄主要用在了买书上。宋代湖州归安人沈思,家富藏书,有诗云:"西邻已富忧不足,东老虽贫乐有余。白酒酿成缘好客,黄金散尽为收书。"③为了购买典籍竟将家财散尽,可谓一典型书痴。徐信符先生"月中薪俸所入,除家人生活所需外,节衣缩食,悉以购书"④。藏书家们不惜重金购买典籍,个中喜悦与辛酸惟有本人体会最深。藏书纪事诗诸作对于古代藏书家购书一事记载颇多,足有引人深思者。

藏书家之购书首要目的显然是充实自家藏书楼。明代福建邵武人谢兆申为当时著名藏书家,他"尽罄家资而买坟籍。兀坐一室,四面皆书,仅容一身。……藏蓄几盈五六万卷,又多秘册,合八郡一州,未有能胜之者"⑤,其藏书之富,多靠购买而得。其同乡谢肇淛亦云:"今天下藏书之家,寥寥可数矣……士庶之家,无逾徐茂吴、胡元瑞及吾闽谢伯元者。"⑥ 有的藏书家为了充实藏书,想尽一切办法购买,如宋代藏书家沈立,"初在蜀,悉以公粟售书,积卷数万"⑦。按,"公粟"一词出现较早,《左传》载:襄公二十九年(前544),宋国发生饥荒,子罕请宋平公"出公粟以贷,使大夫皆贷"⑧,此处的"公粟",可以理解成公家的谷物。由此可知沈立所用款项实属盗用公

---

① 杜定友:《广东省立图书馆与广东文化》,《广东文征续编》(第四册)卷十三,转载自李绪柏《徐信符——广东著名私人藏书家与广东图书事业的元老》,《岭峤春秋》,第53页。
② 语见(宋)周煇《清波杂志校注》卷四,刘永翔校注,中华书局1997年版,第134页。
③ 语见(宋)叶梦得《避暑录话》卷下,《丛书集成初编》本第2787册,第90页。
④ 徐汤殷:《南州书楼叙传》,《广东藏书纪事诗卷尾》,沈云龙《近代中国史料丛刊》第20辑,台湾文海出版社1975年版,第264页。
⑤ 《藏书纪事诗》卷三《谢兆申耳伯》引祁承㸁《笔精》,第279页。
⑥ (明)谢肇淛:《五杂俎》卷十三,《明代笔记小说大观》第二册,上海古籍出版社2005年版,第1775页。
⑦ 《藏书纪事诗》卷一《沈立》引《宋史·沈立传》,第29页。
⑧ 《春秋左传注疏》卷三十九,《十三经注疏》整理本,北京大学出版社1998年版,第1092页。

帑，但因为购买的是图书，因而被载入史册，且并未受到史家批判。

有的藏书家以购珍本奇书为主，目的在于囤积居奇。如清代藏书家萧穆常常以贱值购奇书，伦明记之曰："（萧穆）为曾国藩所知，派充上海制造局文牍二十余年，月薪止二十余两。时值江皖洊乱，故家书玩散落，君以贱值得之。性极仆，节缩所余，尽以购书。故所蓄颇富，且多佳本。"[①]

有的藏书家通过购书而广交天下贤士。如清代著名徽商程晋芳，历官内阁中书、吏部主事、员外郎、翰林院编修等。巨富且尊的程晋芳尤喜结交文人名士，所购之书任由文人翻阅。他"招致方闻缀学之士，与共讨论。海内之略识字能握笔者，俱走下风，如龙鱼之趋大壑"[②]。程晋芳凭借自己的地位名气，所交之人多当代文坛巨星，"与袁大令枚、赵观察翼、蒋编修士铨，为诗歌，唱和无虚日。由此名日高，而家日替矣"[③]。

藏书家购书最崇高目的为文化之保护，让珍贵典籍永留海内。《上海近代藏书纪事诗》所载众多藏书家多有爱国之心，积极为保护祖国的文化遗产而奔走，其中，张元济在这方面出力最大，受人礼赞。周退密、宋路霞说：

> （张元济）主持商务印书馆……乃不惜巨资购募善本，创涵芬楼与东方图书馆。先后购得江南著名藏书家旧藏，如浙江绍兴徐氏焙经铸史斋、长洲蒋氏秦汉十印斋、江苏太仓顾氏谀闻斋、浙江乌程蒋氏密韵楼，以及广东丰顺丁氏持静斋、清宗室盛氏意园、江苏江阴缪氏艺风堂、溧阳端氏宝华庵、巴陵方氏碧琳琅馆等散出珍本。其著名者有宋刊本《六臣注文选》、同光年间从日本流放回故土的宋庆元黄善夫刊本《史记》、南北宋刊合配的《南华真经》、宋刊元修的《资治通鉴》、宋庆元刊《春秋左传正义》等等，尤为难得者为得之于蒋汝藻密韵楼的《永乐大典》十余册。至1931年"一二八"事变前，东方图书馆藏书已达46万3千册，涵芬楼善本达5万册，其中宋本129种、元本179种、稿本71种、钞本

---

① 《辛亥以来藏书纪事诗》，第14页。
② （清）袁枚：《小仓山房续文集》卷二十六《翰林院编修程君鱼门墓志铭》，《小仓山房诗文集》，上海古籍出版社1988年版，第1714页。《藏书纪事诗》卷五《程晋芳鱼门》引。
③ （清）江藩：《汉学师承记》卷七《程晋芳》，与《宋学渊源记》合订本，上海书店出版社1983年版，第111页。

460 种、名人批校本 288 种，藏地方志达 2600 余种，仅孤本就得 205 种之多，为海内第一。"一二八"战火后，先生将战前寄存于租界内金城银行之珍善 500 余种详为著录，撰《涵芬楼烬余书录》四卷，尚得宋本 93、元本 89、抄校本 192、稿本 17。解放后先生提请商务印书馆董事会通过，将此一大宗瑰宝全部让归中央文化部，现藏北京图书馆。①

同样的情况亦发生在唐弢先生身上。1942 年日军侵占上海，日夜侦骑四出，逮捕进步人士，搜查进步书刊，一天数警，人人自危，毁书烧书一时成风，而"先生目睹此文化浩劫，为之心痛，便发愤买书，人卖彼买，经济拮据至以二只大饼充饥，并掘开地板，揭开屋瓦，甚至扒开煤球堆，以安置书籍及大批《新青年》《前锋》《小说月报》《文学》等全套新文学期刊和进步书籍"②。"八一三"战事初起，上海多有藏书之家以书易米者，周越然"于街头巷尾遇有不可不保存者，辄毅然购下，如《清内府旧钞剧本六种》《鼎峙春秋》（内剧本多种，为世间孤本）、明刊《清明集》以及稿本小说、名手依丁氏八千卷楼藏本影写本等"③。

藏书纪事诗诸作对于藏书家购书途径多有记载。雕版印刷流行，古代图籍交流趋势更为便捷，大多数私人藏书家通过光顾书肆、悬购、邮购等方式，广开购书之途。

书肆就是书店，古代又称"书坊""书林""书堂""书铺""书棚""经籍铺"等，其前身包括街头闹市的书摊和沿街叫卖、持书以交换烟酒茶物的书贩。他们以图书作为商品进行交换，以刻书、卖书为谋生手段，具有面向民间、为市民服务、经营灵活等特点。古代藏书家将书肆作为重要购书途径由来已久，很多藏书家从中获取大量的珍品。早在宋代，杭州猫儿桥一带书肆林立，明清时期，书肆更盛，胡应麟描述明代杭州书肆盛况云："多在镇海楼之外，及涌金门之内，及弼教坊、及清河坊，皆四达衢也。省试则间徙于贡院前；花朝后数日，则徙于天竺，大士诞辰也；上巳后月余，则徙于岳坟，

---

① 《上海近代藏书纪事诗》，第 9—10 页。
② 同上书，第 69 页。
③ 同上书，第 45 页。

游人渐众也。梵书多鬻于昭庆寺，书贾皆僧也。自余委巷之中，奇书秘简，往往遇之，然不常有也。"① 入清，书肆以北京、南京、杭州、苏州等地为多，其中北京琉璃厂最负盛名，孙殿起云："清代藏书家，旅居北京，无不往游琉璃厂，盖搜集善本，罔不求之厂肆也。"② 清代满族藏书家法式善曾为琉璃厂常客，他说："十年前，余正月游厂，于庙市书摊买宋明《实录》一大捆，虽不全之书，究属秘本。未及检阅，为友人携去，至今悔之。又得宋元人各集，皆《永乐大典》中采入《四库》者，宋集三十二种，统计八百二十三卷。"③ 近代藏书家朱希祖居住京师时，"购书力最豪，遇当意者，不吝值。尝岁晚携巨金周历书店，左右采掇，悉付以现。又尝预以值付书店，俟取偿于书，故君所得多佳本。自大图书馆，以至私家，无能与君争者。君所得乙部居多，尤详于南明，兼及万历以后诸家奏议文集，遇古本及名人稿本亦未尝不收也"④。伦明每次居北京，余暇辄往游各种书肆，他说："闲游厂肆，见有散置外室，若不甚爱惜者，视之，多有佳本。及遍翻其架上下，尘灰寸积中，残册零帙，往往惊所未见。又过他街市，于冷摊上，时亦无意遇之。盖小贩中有打鼓者，收卖住户破旧器物书纸，转鬻于市摊以得之贱也，亦贱售之。游人熙熙，稍纵即逝。"⑤ 伦明游厂肆时，"衣履破旧不堪，向不措意也"⑥，时人戏谑，称之曰"破伦"，他却毫不在意。

悬购类同于今日之广告，令售书者知之，往往足不出户即可购得所需之典籍。元代有个叫沈景春的藏书家，"平生寡嗜欲，惟酷好收书。有别业在阊门西，去城仅数里，景春昔尝居之。人有挟书求售，至必劳来之，饮食之，酾之善价，于是奇书多归沈氏"⑦，他用"千金市骨"方法搜购自己想要的图书，终于如愿。无独有偶，明代常熟藏书家、汲古阁主人毛晋也利用悬购方

---

① （明）胡应麟：《经籍会通四》（外四种），北京燕山出版社1999年版，第49页。
② 孙殿起：《琉璃厂小志》，上海书店出版社2010年版，第10页。
③ 《藏书纪事诗》卷五《法式善开文》引《陶庐杂录》，第556—557页。
④ 《辛亥以来藏书纪事诗》，第75页。
⑤ 伦明：《续书楼藏书记》，《伦明全集（一）》，第241页。
⑥ 孙殿起：《琉璃厂小志》，上海书店出版社2010年版，第11页。
⑦ 原文载《啸堂集古录》干文传跋，见（清）陆心源《皕宋楼藏书志》卷五十三，《续修四库全书》第929册，第580页。

法，购书甚多，史料记载说："（毛晋）性嗜卷轴，榜于门曰：'有以宋椠本至者，门内主人计叶酬钱，每叶出二佰；有以旧钞本至者，每页出四十；有以时下善本至者，别家出一千，主人出一千二百。'于是湖州书舶云集于七星桥毛氏之门矣。邑中为之谚曰：'三百六十行生意，不如鬻书于毛氏。'前后积至八万四千册，构汲古阁、目耕楼以庋之。"[1]

清代江浙一带售书活动非常频繁，常有贩书者携书来藏书家之门，任凭挑选。徽商藏书家兼刻书家鲍廷博堪为代表。他勤学好古，常购秘籍，藏书至万卷。好友朱文藻描述他孜孜购书的情形说："三十年来，近自嘉禾、吴兴，远而大江南北，客有以异书来售武林者，必先过君之门，或远不可致，则邮书求之。浙东西藏书家若赵氏小山堂、卢氏抱经堂、汪氏振绮堂、吴兴瓶花斋、孙氏寿松堂、郁氏东啸轩、吴氏拜经楼、郑氏二老阁、金氏桐华馆，参合有无，互为借抄，至先哲后人家藏手译亦多借录。一编在手，废寝忘食，丹铅无已时，一字之疑、一行之缺，必博征以证之，广询以求之，有得则狂喜如获珍贝。不得，虽积累月不休。"[2]

多年的购书经历，使鲍廷博不再满足于国内寻求，他将目光转移到了受中华文化影响很深的日本，通过商人而邮购海外汉籍。鲍廷博这种求书之道，与当时海外贸易有很大关系。清朝初期，顺治帝开始调整对日政策，采取一种更加积极的姿态，力图将日本纳入其宗藩体系之内。在对日贸易方面，并未厉行海禁，而是允许拥有政府执照的商船前往日本及东南亚国家进行贸易，贩买铜斤或者一些政府急需物品。这一时期对日贸易政策具有重要意义，对清朝中后期海外贸易政策产生了深远影响。[3] 乾隆称帝后，采取闭关锁国政策，严禁国人与海外通商，但是，东南沿海一带商人素有出海习惯，他们仍旧偷偷地与海外各国联系，暗中有生意上的往来。

鲍廷博求书海外，依靠的就是这批商人的支持。今天，我们从《知不足

---

[1] 叶德辉：《书林清话》卷七引荣阳悔道人《汲古阁主人小传》，广陵书社2007年版，第137页。《藏书纪事诗》卷三《毛晋子晋》引《同治苏州府志》，文字稍异。

[2] （清）朱文藻：《知不足斋丛书序》，《知不足斋丛书》第一集卷首，上海古书流通处民国十年（1921）影印清乾隆嘉庆间刻本。

[3] 参见荆晓燕《清顺治十二年前的对日海外贸易政策》，《史学月刊》2007年第1期。

斋丛书》中可以看到许多来自日本的刊本,如第一集之《孝经》1卷,底本是日本享保十七年(1732)刊本;第七集之《论语集解义疏》10卷,底本也为日本刊本;第二十一集之《孝经郑注》1卷附《补证》1卷,为日本冈田挺之所辑录,底本同为日本刊本;第二十六集之《五行大义》5卷,也是采自日本佚存丛书本;还有第三十集之《全唐诗逸》3卷,为日本河世宁辑本。

前代藏书家购书之经历,十分感人,难以尽数,大多数藏书家视书如同性命,乐于购之而不疲,有因购书而致贫者,如明代藏书家杨循吉,"性最嗜书。家本素封,以购书故,晚岁赤贫。所藏书十余万卷"①;近代著名爱国民主人士、藏书家,河北定县人王瑚,"宦囊所得,尽付书肆,殁至无以为殓"②,因为购书花费太多,以至于死后无资下葬,令人动容。

三 借阅图书

古语云"借书一瓻,还书一瓻",后讹"瓻"为"痴"。古代私人藏书家视书籍为珍贵的私有财产,多不愿外借。宋周煇说:"唐杜暹家书,末自题云:'清俸买来手自校,子孙读之知圣道。鬻及借人为不孝。'"③明清不少著名藏书家也都对图书严格管理,不准外借,天一阁"代不分书,书不出阁"的牌禁很有代表性。绛云楼主人钱谦益"好自矜啬,傲他氏以所不及,片楮不肯借出,尽有单行之本,烬后不复见于人间"④。而聊城杨氏海源阁更甚,王献唐说:"杨氏藏书,于匪乱之后,曷以不加整理,而任其凌乱?据闻杨氏旧例,其家中仆役,向不准其登楼。每有服役数十年不得一瞻阁上书籍作如何形状者。现其家主杨敬夫,寓居津门,匪乱之后,从未旋里。海源阁长日封锁,家中仆役,仍沿向不登楼之例,不敢一除积尘也。"⑤

中国古代私家藏书的主要特征之一就是秘惜所藏的封闭性。私有制度下,

---

① 《藏书纪事诗》卷二《杨循吉君谦》引《澹生堂藏书训》,第135页。
② 《辛亥以来藏书纪事诗》,第78页。
③ (宋)周煇:《清波杂志校注》卷四,刘永翔校注,中华书局1997年版,第134页。
④ (明)曹溶:《绛云楼书目题辞》,载李希泌、张椒华《中国古代藏书与近代图书馆史料(春秋至五四前后)》,中华书局1982年版,第33页。
⑤ 王献唐:《聊城杨氏海源阁藏书之过去现在》,曹景英、马明琴主编《海源阁研究资料》,山东友谊书社1990年版,第47页。

个人对于知识载体具有垄断性，私家藏书乃个人及其家庭花费无数心血和钱财搜罗所致，故一般不愿意对公众开放，同时，"在古代，一个人的知识与其藏书密切相关，知识分子通常拥有一定数量的藏书。他们在相互竞争时，如果把书借给对方，就等于向对方提供战胜自己的武器。在这种情况下，各自的藏书往往是难以互借的"①。从这个角度说，古人这种秘不示人的藏书态度是可以理解的。

藏书纪事诗诸作对于秘不示人的藏书家多有记载，如明末清初江西新建藏书家陈宏绪记载说：

> 云间姜神超入都门，余往晤之，就神超索所抄《文渊阁书目》，神超许以见畀。未数日，而余已策蹇悬悬出春明矣，卒未见《文渊阁书目》为几卷几册也。居南畿最久。盟友王唯士，焦弱侯先生之婿也，属其假先生藏书数种。唯士曰："焦氏书誓不以假人，言之无益。"②

陈氏先后向姜氏、焦氏借书而不得，可见不外借藏书为大多数古代藏书家所恪守。又如明代昆山藏书家叶盛曾作《书橱铭》曰：

> 读必谨，锁必牢；收必审，阁必高。子孙子，惟学斅，借非其人亦不孝。③

精心收藏典籍，作藏书铭作为家训，其目的也是重在秘藏。但是，书籍是要流通的，借书有利于文化的传播交流，在印刷技术并不发达的古代，大量的典籍难以版刻流传，终究还需要通过借阅而传抄。且古代藏书家并非皆如上述诸人密不借人，事实上，很多藏书家持开放态度，乐于借出，相互传抄，藏书纪事诗诸作对此多有记载，所记藏书家间借书，主要目的有三。

第一，借书为读。"书非借不能读也"，即便藏书大家，亦不能尽藏天下书，而是要通过外借来满足阅读需要。明代藏书家阎起山"喜积书，见书必

---

① 程千帆、徐有富：《校雠广义·典藏编》，齐鲁书社1998年版，第450页。
② 《藏书纪事诗》卷四《陈宏绪士业》引陈宏绪《石庄集·续书目记》，第348—349页。
③ 《藏书纪事诗》卷二《叶文庄盛》引《东斋脞语》，第117页。

力购。家惟一童，日走从友人家借所未读书，手抄口吟，穷日夜不休。所获学俸，尽费为书资。家甚贫，或时不能炊，至质衣以食。而玩其书不忍弃，竟以积劳得羸疾"①，终阎氏一生，不以贫贱为羞，而以购书、借书、读书为乐。

有的藏书家借书而读，终老不倦，伦明记载近代藏书家夏孙桐说：

> 江阴夏闰枝师孙桐，余乡试座主也，为缪筱珊妻兄。亦谙目录之学，精于医。尝与修清史，成稿最多，又为徐菊人选清诗及修《清儒学案》，近又为东方文化会撰《续四库全书医类提要》。师居麻刀胡同，与余寓相近，第就余借书，健步豪谈，见者不知其为八十一翁也。②

民国时期，赵尔巽延聘前清遗老纂修《清史稿》，"夏孙桐为这一班底的重要成员之一，也是为《清史稿》出力最多之人"③，毫无疑问，这与夏氏长期坚持读书有重要的关系。

藏书纪事诗诸作者亦是借书为读之典范。伦明在北京期间，与天津藏书家张鸿来交往甚密，时张氏在北京师范大学附中任教，伦明记载说："校近琉璃厂，君课暇即访书，书肆人无不与君习，谓张先生廉而诚，有所欲，宁贬价与之。以故所积日富，自营精舍，芸帙盈数屋，雅静整洁，佳本不乏，余每从借读焉。"④ 又有广东揭阳藏书家曾习经，光绪十八年（1892）进士，官户部主事等。曾氏饶家财，喜藏书，爱提携后进，与伦明有乡梓之谊，为忘年交。伦明记述向曾氏借书情况说：

> 余壬寅来京师，多从君借书读。君喜谈书本，暇则偕游琉璃厂，随所见谆谆指示，余之癖于此，由君引之也。⑤

"壬寅"为光绪二十八年（1902），伦明时年28岁，入京师大学堂就读。

---

① 《藏书纪事诗》卷二《阎起山秀卿》引文徵明《阎起山墓志铭》，第167页。
② 《辛亥以来藏书纪事诗》，第40页。
③ 王昌宜：《夏孙桐在〈清史稿〉修撰中的贡献》，《合肥学院学报》2012年第2期。
④ 《辛亥以来藏书纪事诗》，第102页。
⑤ 同上书，第69页。

曾氏居丞相胡同潮州馆，藏书楼曰"湖楼"。曾氏嗜书，每次有客人来，他谈及藏书，神态飞动，朗声论议，一书未谈完，又谈一书，手舞足蹈，没一刻停歇。客人逐渐疲倦，他仍说个不停。久而久之，客人都很厌烦，不愿意与其谈书。但是伦明却以此为乐，每次造访，曾必留饭，请喝功夫茶，秉烛夜谈，至夜漏四下方才作别。伦明每次都向曾习经借数册书而归，或读，或抄，或校。闲暇时则常与曾氏偕游琉璃厂，在曾氏指导下，伦明版本目录学知识大有长进，对藏书兴趣更浓。

第二，借书为抄。古代图书传布，多靠手自抄录，即便雕版印刷流行之后，一些孤本秘籍还是难以版刻以行。藏书家之间为了多聚书，往往不惜花费精力，相互转借而抄，其间发生很多感人故事，如宋代藏书家刘恕，13岁时，欲参加制科，于是向人求借《汉书》《唐书》等，一月之后皆读遍归还，人以此乐于借书给他。入仕后，刘恕勤于读书、藏书，史载：

> 求书不远数百里，身就之读且抄，殆忘寝食。宋次道知亳州，家多书，枉道借览，次道日具馔为主人礼。恕曰："此非吾所为来也，殊废吾事，悉去之。"独闭阁，昼夜口诵手抄。留旬日，尽其书而去，目为之翳。①

刘氏勤于借书、读书、抄书，因重然诺，在规定期限内归还图书，遂"昼夜口诵手抄"，最终竟然"目为之翳"，令人唏嘘。清代江苏太仓藏书家宋定国，字宾王，号蔚如，他"起家市井，性嗜奇书。无力购弆，则百方丐抄，惟以搜罗遗佚，访求放失为事"②。但是，向人借书并不是容易之事，其间曲折唯有借书者知悉，宋定国叙述自己借书为难之事说：

> 《益公集》二百卷，宋椠既湮，世无嗣刻。近世之士，得其残编断简，皆奉若拱璧。吾娄顾子夏珍，手抄仅得七十二卷。谓余："此集向藏玉峰，近闻归郡人王声宏矣。若得从之补阙订讹，亦快事也。"言已

---

① 《藏书纪事诗》卷一《刘恕道原 子羲仲壮舆》引《宋史·文苑传》，第25页。
② 徐珂：《清稗类钞》第九册《鉴赏类》，中华书局2010年版，第4235页。

浩叹。康熙壬寅（1662），武陵暴卒。春仲，有书贾自郡来，言王声宏先生欲借校《吴郡文粹》，余遂欣然与偕，凡三及门。时值清和，晷长人困，逡巡郡邸，进退失据，乃就韦公祠卜筊，兆吉。复诣，得见，请观《益公全集》凡二十七种。时钱子方蔚馆于金阊，余即归携顾钞往请补于先生。①

为抄补前代残编，宋定国携带自己藏书与王氏交换，但即便如此，仍唯恐王氏不与，以至于在王府门前"逡巡郡邸，进退失据"，狼狈情形可以想见，后又"就韦公祠卜筊"，得一吉卦，此事方成，堪称书坛奇事。

有的藏书家之间相互借抄，得以充实各自藏书。如伦明和近代藏书家丁传靖之间经常互借、互抄，伦明叙述说：

> 丹徒丁闇公传靖，治乙部书，尤好宋明稗官野史，搜访甚备，多秘本。余每从借录，尝借得丰润张氏《明季清初二十八科进士履历》，又借余《崇祯十五年缙绅录》，皆手抄之。②

丁传靖于晚清曾任礼学馆纂修，民国后居天津，性喜藏书，常至京、津两地淘书，积至数万册，但仍不满足，日以借抄为乐。新中国成立后，全部藏书由其子丁瑗无偿捐献给国家。

第三，借书为刻。古代藏书活动中，刻书为文化传承付出最多，功效最巨，因此之故，许多有财力的藏书家亦从事刻书活动，而因为一家所藏有局限，为精选底本故，藏书家们不得不四处求借。

广东番禺近代大藏书家叶恭绰，早年毕业于京师大学堂，后留学日本。先后任职晚清、民国、北洋政府和中华人民共和国，在交通和财政等方面饶多建树。因家学渊深，叶恭绰在诗词创作、书法绘画、文物鉴赏等多方面卓有成就；又因藏书丰富，与李盛铎、傅增湘、罗振玉并称"民国四大家"，叶恭绰曾自称"文化事业中，余对国外文化宣传及图书馆、博物馆三者，致力

---

① 《藏书纪事诗》卷四《宋定国宾王　钱枚方蔚　顾夏珍》引宋定国《周益公集跋》，第445页。
② 《辛亥以来藏书纪事诗》，第72页。

较深"①，此言不虚。以刻书而论，他推动影印《四库全书》工作，出资影印欧游所获《永乐大典戏文三种》，编印《五代十国文》，资助金陵刻经处刻经，发起影印《宋迹沙版大藏经》《宋藏珍遗》《吴都法乘》，主持编印《广东丛书》第一、二、三集，录副《广东文征》，倡议编印苏、松、太丛书，将其祖叶衍兰编辑之《清代学者像传》付印，并经访征，续编为二集，等等。为编刻巨著《清词钞》，他"遍借海内外公私藏撷取"②，其中向顾建勋和王謇借书最多。

但是，有的藏书家因借书为刻，经历颇为曲折。如清代徽商藏书家鲍廷博，在编刻《庶斋老学丛谈》一书时，听说钱塘汪启淑家有善本，于是前往一借，想不到吃了闭门羹，汪氏秘不肯宣，只把林佶两跋相授。这件事对鲍廷博刺激很大，多年之后，亦不能忘怀，他在《庶斋老学丛谈跋》中说：

> 吾友郁君潜亭所贻也，间有误书。思之不适，闻某公有善本，欣然偕潜亭往借，秘不肯宣，是为乾隆甲午（1774）。迨嘉庆甲子（1804），始据钱功父本一扫乌焉之讹。往读某公所著《清暇录》，历数近来藏书家，而自述其储藏之富。曾几何时，已散为云烟矣。③

从乾隆甲午到嘉庆甲子，历经整整 30 年，鲍廷博始终牵挂《庶斋老学丛谈》一书的编刻，最终从钱功父那里借到完整底本，得以校勘刻印入丛书。

四 校勘图书

"一字辛勤辨鲁鱼，益书益己竟何如。千元百宋为吾有，眼倦灯昏搁笔初。"④ 这是伦明撰写的《校书》诗。校书是一件极费力事，但亦是极有成就之事。图书在流传过程中，或疏于记载之失实，或忽于抄写刊刻之遗误，或出现全书之亡佚，藏书家们多雠校而订正之，搜辑而补遗之。

---

① 叶恭绰：《遐庵汇稿》中编《四十年求知的经过》，《遐庵小品》，北京出版社 1998 年版，第 349—356 页。
② 《续补藏书纪事诗》，第 51 页。
③ 《藏书纪事诗》卷五《汪启淑秀峰》引鲍廷博《庶斋老学丛谈跋》，第 522 页。
④ 《伦哲如诗稿》二《校书》，《伦明全集（一）》，第 12 页。

古代藏书家从事校勘活动由来已久，他们广搜善本，埋首旧书堆，为古代典籍流传做出重要贡献。这其中，清代藏书家校勘成就最大，如卢文弨著《群书拾补》，陈鳣著《经籍跋文》，洪颐煊著《读书丛录》，孙诒让著《札迻》，孙星衍校《孙子》《吴子》，戴震、全祖望校《水经注》等等，都是名校善本。

藏书纪事诗诸作对于藏书家从事校勘活动多有记载。

有的藏书家几代人从事藏书、校书，家风流绪，先后相承。如宋代宋绶藏书近万卷，多经自己手校，"常谓校书如扫尘，一面扫，一面生，故有一书每三四校，犹脱缪"①。其子宋敏求能够承继家风，藏书过万卷，详细校勘，史载"宋次道藏书皆校三五遍，世之蓄书，以宋为善本。居春明坊时，士大夫喜读书者多居其侧，以便于借置故也"②。

有的藏书家凭借长期严谨读书治学之积累，所校之书十分精美。如清人鲍廷博"酷嗜书籍，每一过目，即能记其某卷某叶某讹字。有持书来问者，不待翻阅，见其板口，即曰此某氏板，某卷刊讹若干字，案之历历不爽"③。扬州近代藏书家秦恩复"好读书，藏书数万卷，尤精勘校，曾延请著名学者顾广圻共相商榷，搜集古本刊行，时人誉为'秦版'。他编印的《石研斋书目》体例完美，为人赞赏，一致以为此目创为一格"④。

有的藏书家校书数量惊人。如宋代藏书家张蒉"闭户读书四十年，手校数万卷，无一字舛"⑤。又如明代藏书家孙楼"性好书，杜门校雠，昼夜不辍。所藏逾万卷，略无脱误"⑥。再如傅增湘"每日校书，以三十页为度，平生所校，约八千卷，今后当日有所增也"⑦。

有的藏书家以校书为乐，生发诸多趣事。明代大画家、藏书家唐寅曾校勘杜佑《通典》，他"每夜尽一卷，用朱黄识其旁。卷尽，辄写山水人禽竹

---

① 《藏书纪事诗》卷一《宋宣献绶　子敏求次道》引《梦溪笔谈》，第17页。
② 《藏书纪事诗》卷一《宋宣献绶　子敏求次道》引《曲洧旧闻》，第17页。
③ 《藏书纪事诗》卷五《鲍廷博以文》引翁广平《鲍渌饮传》，第526页。
④ 《近代扬州藏书纪事诗》，《扬州史志》1989年第2期，第59页。
⑤ 《藏书纪事诗》卷一《张蒉子厚》引《宋史·隐逸传》，第31页。
⑥ 《藏书纪事诗》卷三《孙楼子虚》引《苏州府志·人物传》，第214页。
⑦ 《辛亥以来藏书纪事诗》，第42页。

木。其端或书小诗，或括前意为一二语，或纪日月，诚一时佳玩也"①。清代著名藏书家、校勘学家卢文弨"喜校书，自经传、子、史，下逮说部、诗文集，凡经披览，无不丹黄。即无别本可勘同异，必为之厘正字画然后快，嗜之至老愈笃，自笑如猩猩之见酒也"②。而清代藏书家顾广圻，更是终生勤于校书，后人为之铭曰："安得古籍，尽经君手，凡立言者，借以不朽，书有朽时，先生不朽。"③ 敬重如此。

有的藏书家校勘典籍不厌其烦，再三事之。如明代文学家、藏书家陈继儒自言："余得古书，校过付抄，抄后复校；校过付刻，刻后复校；校过即印，印后复校。"④ 明代藏书家赵琦美在跋《洛阳伽蓝记》中述校勘之勤云："吴琯刻龃龉不可句，因购得陈锡元、秦酉岩、顾宁宇、孙兰公四家钞本，改讹四百八十八字，增脱三百廿字。丙午（1606），又得旧刻本校于燕山龙骧邸中，复改正五十余字。凡历八载，始为完书。"⑤ 为校一本书前后历时八年之久，令人动容。近代大藏书家叶景葵于校书亦情有独钟，苏精记其校勘唐代诗人贾岛《长江集》说："民国十六年（1927）所得旧钞本《贾浪仙长江集》十卷，先借江苏国学图书馆藏本对校，次用《文苑英华》覆校，再用《全唐诗》三校，最后又借到录宋本做第四校，如此不惮其烦，真令人佩服他用功之深。"⑥ 故此，周退密、宋路霞为之诗中有云："不惜黄金市骏骨，甘埋白首作书蟫。"⑦

叶昌炽也是校书好手，"每一得一种藏书，叶昌炽都要校理一过。他每年校书都有几部、十几部之多，且往往以多本书对校。张元济、潘景郑都见到他所临各家校通志堂本《经典释文》。潘景郑在其题跋中说：'朱笔临荛圃、临惠松崖校本，又临藏在东校本，别注"藏校"二字于下，墨笔临顾涧薲校语；青笔别临常熟某家所藏臧、段、钮、顾四家校本，就其中有资考订者备

---

① 《藏书纪事诗》卷二《唐寅子畏》引《梅花草堂笔谈》，第 143 页。
② 《藏书纪事诗》卷五《卢文弨绍弓　卢青崖》引严元照《书卢抱经先生札记后》，第 500 页。
③ 《藏书纪事诗》卷六《顾广圻千里》引李兆洛《顾先生墓志铭》，第 591 页。
④ 《藏书纪事诗》卷三《陈继儒仲醇》引《太平清话》，第 293 页。
⑤ 《藏书纪事诗》卷三《赵文毅用贤　子琦美玄度》引《读书敏求记》，第 255 页。
⑥ 苏精：《近代藏书三十家》，中华书局 2010 年版，第 133 页。
⑦ 《上海近代藏书纪事诗》，第 23 页。

录之。'由此可见其校书之认真。"①

五 传抄图书

明杨循吉曾创作《抄书诗》曰:"沈疾已在躬,嗜书犹不废。每闻有奇籍,多方必罗致。手录兼贸人,恒辍衣食费。往来饶案行,点画劳指视。成编亦艰难,把玩自珍贵。家人怪我癖,既宦安用是。自知身有病,不作长久计。偏好固莫捐,聊以从我意。"②诗作刻画自己抄书之艰,虽病魔缠身,但痴心不改。

雕版印刷术产生之前,书籍一直是由人手工抄写并在社会流传的,随着文化教育事业在民间的发展,读书人不断增多,社会对文化典籍的需求不断增大,读书人抄书活动愈益普及。即便是印刷术普遍使用开来后,抄书活动依然历久不衰,是古代藏书家丰富典籍的重要手段之一。

藏书家所抄之书多以珍本为主,目的在于典籍的留存。如近代藏书家洪驾时以富于藏书而知名一时,任职于江苏省立国学图书馆仍抄书不辍,王謇记载说:"凡见有稿本或罕觏旧刻涉及此邦掌故者,辄假归录存,无间寒暑,习以为常。比来上海,见同邑叶氏五百经幢馆后人箧中有其先人所藏卢雍《石湖志》,竟全录之。遇友好思欲录副,亦乐于无偿代抄。如为余录《陆卿子诗集》、陈仲鱼(鱣)《恒言广证》、胡文英(绳崖)《吴下方言考》诸书,坚不受酬,使予耿耿于怀。"③

藏书家能够穷其一生之力从事抄书,精神十分可嘉。如明代藏书家朱存理"从杜琼先生游。有异书,手自缮录,既老不厌"④,惜年老藏书散佚,朱氏常常叹息不已。再如明人钱谷"少孤贫。游文待诏门下,日取架上书读之。以其余功点染水墨,得沈氏之法。晚葺故庐,读书其中。闻有异书,虽病必强起,匍匐请观。手自抄写,几于充栋,穷日夜校勘,至老不衰"⑤。而明代

---

① 金振华:《叶昌炽研究》,吉林人民出版社 2005 年版,第 64—65 页。
② (清)吴翌凤:《逊志堂杂钞·庚集》,与章学诚《乙卯札记》合刊本,中华书局 2007 年版,第 88 页。
③ 《续补藏书纪事诗》,第 67 页。
④ 《藏书纪事诗》卷二《朱存理性父 朱尧民凯》引《列朝诗传》,第 133 页。
⑤ 《藏书纪事诗》卷三《钱谷叔宝 子允治功甫》引《列朝诗传》,第 199 页。

福建长乐人谢肇淛，虽为官各地，家富资财，仍勤于抄书，他跋宋谢薖《竹友集》时，曾记载自己抄书情形云："时方沍寒，京师佣书甚贵。需铨京邸，资用不赡，乃手自抄写。每清霜呵冻，十指如槌，几二十日始竣。"① 冬日天寒，谢氏辛苦抄书，手指冷冻如槌，叶昌炽为之诗云："十指如椎冻不信，清霜初下写书频。"②

藏书家抄书多讲究方法。明代大藏书家毛晋，少为诸生，30 岁左右开始经营藏书刻书事业，先后建汲古阁、目耕楼以贮书，并以高价购求宋元版本，"藏宋本最多，其有世所罕见而藏诸他氏不能得者，则选善手以佳纸墨影抄之，与刊本无异，名曰'影宋钞'，一时好事家皆争仿效。而宋椠之无存者，赖以传之不朽"③，所抄录罕见秘籍，缮写精良，后人称为"毛钞"，极受珍视。

藏书家抄书贵在坚持，故往往藏量众多。如明代苏州藏书家张隽，"楼居积书甚富，手录者千余卷，拥列左右"④，所抄之书多达千余卷，可称浩繁。而近代上海藏书家赵诒琛"幼秉庭训，视书如命，每遇奇书，辄晨夕手抄，从不厌倦，积三十年之辛苦，遂成山海之巨"⑤，用 30 年的时间抄书，藏书堪称巨大。

勤于抄书也是藏书家治学的主要方法之一。梁启超记载清初大学者顾炎武抄书之勤说：

> 某人日记称，见顾氏《天下郡国利病书》原稿，写满了蝇头小楷，一年年添上去的，可见他抄书之勤。顾氏常说："善读书不如善抄书。"常常抄了，可以渐进于著作之林。抄书像顾亭林，可以说勤极了。⑥

有的学者家贫，无法购书以藏，但是通过长年累日抄纂，最后亦成为一

---

① 《藏书纪事诗》卷三《谢肇淛在杭》引王士禛《居易录》，第 269 页。
② 《藏书纪事诗》卷三《谢肇淛在杭》，第 269 页。
③ 《藏书纪事诗》卷三《毛晋子晋》引《天禄琳琅》，第 309 页。
④ 《藏书纪事诗》卷四《张隽文通》引陆心源《明钞春秋纂言跋》，第 374 页。
⑤ 《上海近代藏书纪事诗》，第 4—5 页
⑥ 梁启超：《中国历史研究法补编》，河北教育出版社 1998 年版，第 134 页。

代藏书名家。清人吴翌凤就是通过抄书而留名藏书史的，戴延年记载他"酷嗜异书，无力购致，往往从人借得，露抄雪纂，目为之眚"①。吴翌凤经常处于家无隔夜粮的窘境，但他又非常爱书，非常想拥有书，百般无奈之下，只有抄录。当时江浙一带文化发达，藏书风气甚盛，许多人家都或多或少有藏书。吴翌凤到处求借，由于其人品好，讲信用，借到不少好书，他一面抄一面读，不仅如愿拥书千卷，学问亦与日俱增，逐渐成为当地名士。这一来，吴翌凤借书就更方便了，一些有名望的藏书家也愿意与他互通有无，他得以借抄到更多的好书，甚至是稀见书。不过，借书是有时限的，吴翌凤必须全力以赴地抄写，才能保证按时归还。白天，他在家中抓紧时间抄书，连饭也顾不得吃；到了傍晚，为了节省灯油烛火，他尽可能在室外利用自然光线抄写；冬日，他的手冻得几乎握不住笔，还是呵一呵手坚持抄下去。每抄完一本书，他总要仔细校对几遍。他抄写的书，不但字迹工整秀逸，而且没有错别字，被藏书家们公认为善本。日积月累，40多岁时，吴翌凤拥书万卷，这其中除了少量节衣缩食买来的外，绝大部分都是一卷又一卷辛勤抄录而得的。吴翌凤抄书绝不是机械抄胥，而是多为之校勘。如乾隆四十一年（1776）夏，吴翌凤借江藩藏《玉壶清话》，此书讹脱严重，脱句误字十之五六，所有传本都如此，久无善本。乾隆四十四年（1779）春二月，吴翌凤又借抄朱奂藏本，凡用朱笔涂改校补1600余字，"虽未详尽，亦颇精允。若其底本，则与此无一不同也"②。吴翌凤闲暇时阅读钱曾《读书敏求记》，书中载有钱谦益荣木楼校本，凡行间脱字一一补缀完好，事后知道荣木楼本为朱奂藏本之祖本，甚为欣慰。

最为动人的是藏书家在极端困苦的环境下仍矢志抄书。如明末常熟藏书家冯舒，崇祯间家乡遭遇李自成起义之扰，为避难远走他乡，但仍抄录《汗简》7卷，他在该书的跋语中记载此事云：

    崇祯乙酉（1629），避兵莫城西之洋荡村，大海横流，人情鼎沸，此

---

① 《藏书纪事诗》卷五《吴翌凤伊仲》引戴延年《抟沙录》，第539—540页。
② （清）吴翌凤：《跋玉壶清话》，《知不足斋丛书》第六集《玉壶清话》卷尾，上海古书流通处民国十年（1921）影印清乾隆嘉庆间刻本。

乡犹幸无恙。屋小炎蒸，无书可读，架上偶携此本，发兴书之，二十日而毕。①

叶昌炽、伦明等人亦勤于抄书。叶昌炽"由于受经济条件所限，故养成了他买得起就买，买不起就抄的习惯，也因此而练就了他非常过硬的'抄功'。六十五岁那年，他以半年时间抄就成了四百多页的《洽园诗稿》三十卷，甚至在生命的最后一年，还奋笔抄录《中兴纲目》十卷"②。伦明曾创作《抄书》诗云："不爱临池懒读书，习劳聊破睡工夫。异时留得精钞本，算与前贤充小胥。"③ 自抄之外，伦明还更乐于与人互换而抄，曾说："长沙叶焕彬德辉，己亥（1899）春始于故都识面，约相互抄所有两家书，彼此有所欲得，抄就交换，以页数略相等为准。"④ 堪称书林雅事。

六　阅读图书

有人对藏书与读书关系做了这样一个比喻："读书与藏书的关系，尤如买到家中的蔬菜，长久不吃，蔬菜就会腐烂，如果把它放入保鲜箱，它会完好。书籍也一样，买到家中不读，长久下去，就失去了价值，如果经常读书，它的价值会越来越大。"⑤ 古代藏书家绝大多数通过藏书而读书，而治学，最终或走上仕途，或有功学林。他们对于读书十分看重，影响一代又一代人，传播知识，弘扬文化。

藏书家在藏书过程中注重读书，深刻了解读书的重要意义。明代藏书家陈继儒说："余颇藏异册，每欣然指谓子弟云：'吾读未见书如得良友，见已读书如逢故人。'"⑥ 把未见书比作良友，把已读书比作故人，书，真好友也！而明人徐𤊹则说："余尝谓人生之乐，莫过闭户读书。得一僻书，识一奇字，

---

① 《藏书纪事诗》卷三《冯舒己苍》引《爱日精庐藏书志》，第326页。
② 金振华：《叶昌炽研究》，吉林人民出版社2005年版，第67页。
③ 伦明：《伦哲如诗稿》二《抄书》，《伦明全集（一）》，第12页。
④ 《辛亥以来藏书纪事诗》，第117页。
⑤ 高立成：《读书与藏书》，《新华论坛·读书沙龙》2006年12月4日。
⑥ 《藏书纪事诗》卷三《陈继儒仲醇》引眉公《尚白斋读书十六砚》，第293页。

遇一异事，见一佳句，不觉踊跃。虽丝竹满前，绮罗盈目，不足喻其快也。"①把读书当作人生最有意义的事。宋代彭城（今江苏徐州）藏书家魏玿曾指藏书告诫其子魏衍说："读此不患贫矣。"②此语与宋真宗"书中自有黄金屋"同一义也，非常实用。而宋代著名藏书家尤袤对于读书的意义认识更为全面深刻，尝云"饥读之以当肉，寒读之以当裘，孤寂而读之以当友朋，幽忧而读之以当金石琴瑟也"③，千古传为名言。

藏书家很看重读书，往往传为家训。如宋代藏书家苏颂曾为子孙立下这样的家训："惟苏氏世，宦学以儒。何以遗后？其惟此书。非学何立？非书何习？终以不倦，圣贤可及。"④明确告诫后世子孙以读书为人生要务，并以家训形式流传下来。藏书家不但把读书当作家训传布，且十分注意读书时态度要端正，如《梁溪漫志》记载司马光读书说：

> 温公独乐园之读书堂，文史万余卷。而公晨夕所常阅者，虽累数十年，皆新若手未触者。尝谓其子公休曰："贾竖藏货贝，儒家惟此耳，然当知宝惜。吾每岁以上伏及重阳间，视天气晴明日，即设几案于当日所，侧群书其上，以暴其脑，所以年月虽深，终不损动。至于启卷，必先视几案洁净，藉以茵褥，然后端坐看之。或欲行看，即承以方版，未尝敢空手捧之。非惟手汗渍及，亦虑触动其脑。每至看竟一板，即侧右手大指，面衬其沿，而覆以次指，捻而挟过，故得不至揉熟其纸。每见汝辈多以指爪撮起，甚非吾意。今浮图、老氏尤知尊敬其书，岂以吾儒反不如乎？汝当志之。"⑤

这段话揭示出这样一个道理：与商人喜欢珍藏财富不一样，读书人看重的是书籍；藏书家要时刻爱护书籍，经常曝书；读书之时，要态度端正，动

---

① 《藏书纪事诗》卷三《徐𤊹惟起　子延寿存永》引《笔精》，第295页。
② 《藏书纪事诗》卷一《魏衍昌世》引陈师道《朝奉郎魏君墓志铭》，第38页。
③ 《藏书纪事诗》卷一《尤文简袤》引，第55页。
④ 《藏书纪事诗》卷一《苏魏公颂》引吕祖谦《入越记》记载苏颂手书《管子》后话，第26页。
⑤ 《藏书纪事诗》卷一《司马文正光》引《梁溪漫志》，第23—24页。

作要仔细，像对待婴儿一样小心。当然，读书重视态度端正的还有宋末元初赵孟頫，他在一份跋语中说：

> 聚书藏书，良非易事。善观书者，澄神端虑，净几焚香，勿卷脑，勿折角，勿以爪侵字，勿以唾揭幅，勿以做枕，勿以作夹刺，随捐随修，随开随掩。后之得吾书者，并奉赠此法。①

赵孟頫是著名画家、藏书家，收藏图书、法书、名画甚富，这则著名书跋反映出一个藏书家对书的珍爱之情，历来为人所称颂。

藏书纪事诗记载藏书家阅读典籍之艰辛情状，突出他们如饥似渴之阅读心理。如清代吴县（今江苏苏州）学者石韫玉回忆其年少"偷"阅图书说：

> 忆十四岁附学于中表黄氏之塾，主人有书二楹，先生方授科举之业。惟经义是训，他书禁勿观。余于常课既毕之后，每窃一灯，私取其书翻阅之。如是者四年，楹中书读之殆遍。既于甲午岁（1774）赴省试，在金陵市中购得《史记》一部，归而读之，大喜。每夕拥衾侧卧，燃一灯于几，丹黄在手，乐而忘疲，往往达旦。②

凭借年少几番"偷"读经历，石韫玉学问大长，为中举打下坚实基础。18岁补吴县举博士弟子员，乾隆五十五年（1790）中一甲一名进士，授翰林院修撰，后任福建乡试正考官，旋视学湖南，历官四川重庆府知府、山东按察使等。也是凭借"偷"学之功，石韫玉一生著述颇丰，流传至今者有《独学楼诗文集》《晚香楼集》《花间九奏乐府》《花韵庵诗余》《竹堂类稿》等，深受学界推重。

藏书家博览群书，往往读书成癖。如宋代藏书家蔡致君"隐居以求志，好古而博雅，闭门读书，不交当世公卿，类有道者也"③。王謇记载其师、藏书家黄人说：

---

① 《藏书纪事诗》卷二《赵文敏孟頫》引陈继儒《读书十六观》，第80页。
② 《续藏书纪事诗》卷二《石韫玉》引《独学庐四稿·凌波阁藏书目录序》，第51页。
③ 《藏书纪事诗》卷一《蔡致君》引苏过《夷门蔡氏藏书自序》，第38页。

幼读书即喜小说家言，于神奇光怪之书，致书尤挚。弱冠后，读书释老之官，取梵箧道书遍读之……金鹤望师《天放楼文言·五奇人传》之一所谓"观书如电扫，常昼夜不寐，数日不食，独游山中，夜趺坐岩树下，友朋促席剧谈，累宵昼，客倦卧，君滔滔忘时日者。"最能绘影绘声，白描我师状貌。①

黄人读书广博，更喜神奇乖离之书，且读书速度快，常常废寝忘食，真好学不倦之人。藏书家中，与黄人一样痴迷读书者大有人在，如明代广东博罗（今广东惠州）藏书家张萱，万历十年（1582）举于乡，官至平越府知府，"自平越守镌职，归处林下四十年。手不释卷，自天地阴阳以及兵农礼乐、元乘韬钤，无不探讨。尝谓'寒可无衣，饥可无食，病可无药，不可一日无书。'当时谓为'书淫'"②。

藏书纪事诗诸作者读书亦精且深，如金振华先生论叶昌炽读书情形说："一部书到了叶昌炽的手上，他并不泛泛浏览一下便完事了，而是认真思考，深入钻研。在吃透书本的前提下提出自己的观点。在叶昌炽的藏书上，有许多圈圈点点，也有许多兴之所至而生发的批语；更大量的，是他读完一部书籍后写的读书心得和读书体会。这些读书心得和读书体会，既有专门的著述，也有散见于日记的零星记载。可贵的是，叶昌炽读书特别讲究几种同名不同版本的图书对读，善于发现某部书的长处和不足，在本本之间进行优劣比较。"③

藏书家对于藏书和读书的关系多有清醒认识，清人何绍基诗云："藏书不解读，如儿嬉戏得珠玉；读书不能藏，如千里行无粮粮。"④ 清代藏书家张金吾尝言："人有愚智贤不肖之异者，无他，学不学之所致也。然欲致力于学

---

① 《续补藏书纪事诗》，第 2 页。
② 《广东藏书纪事诗》，沈云龙《近代中国史料丛刊》第 20 辑，台湾文海出版社 1975 年版，第 142 页。
③ 金振华：《叶昌炽研究》，吉林人民出版社 2005 年版，第 66 页。
④ 《藏书纪事诗》卷六《刘康春禧　袁芳瑛漱六》引何绍基《东洲草堂集·阅宁乡刘春禧康红豆山房藏书目喜而有赠》，第 684 页。

者，必先读书；欲读书者，必先藏书。藏书者，诵读之资而学问之本也。"①辩证地阐明了藏书和读书的关系，发人深思。

七 保护图书

《说文解字·丌部》："典，五帝之书也。从册，在丌上，尊阁之也。"从许慎的解释可知，古人将"典"尊崇为五帝之书。"丌"是专门用来尊放典籍的案几，"典籍"在古人眼中与神灵并列。自从图书出现，古人即生爱护之心，可以说爱护图书是古代藏书家美德之一，如北齐颜之推曾告诫儿孙说："借人典籍，皆须爱护，先有缺坏，就为补治。"②后之藏书家如明代邵宝、姚咨，清代汪宪、杨继振等均将《颜氏家训》或前文提到的赵孟頫诫语刻成印章钤于自家藏书上，表示心同前贤，珍惜典籍。还有藏书家以"性命轻至宝重""后人观之宜如珍护""愿流传勿污损""勿恣意涂窜""凡我子孙宜珍惜宝爱"等印文警示同人后世，务必宝惜典籍。更有甚者，明代藏书家毛晋祈祷"在在处处有神物护持"，而张蓉镜竟在宋版《击壤集》上用鲜血书"南无阿弥陀佛"6字，并在后面题识曰："乙巳（1845）十一月得之，爱不能释，以血书佛字于空叶，惟愿流传永久，无水火蠹食之灾。"③

后世藏书家在保护图书上做出诸多努力，藏书纪事诗于此记载较多，以彰显他们的功绩。

在藏书家心中，世间万物莫贵于书，清代藏书家吴允嘉曾有诗曰："几卷残书几亩田，祖宗相守已多年，后人穷死休相弃，免教而翁恨九泉。"④ "穷死休相弃"，言辞恳切，以之传世，可免遗恨。因为爱书，有的藏书家护书情深，不惧祸福诱胁。北宋汝阴（今安徽阜阳）藏书家王廉清守护先人藏书事迹感人，陆游记载说："王性之既卒，秦熺方恃其父，气焰熏灼。手书移郡，将欲取其所藏书，且许以官。其长子仲信名廉清，苦学有守，号泣拒之曰：

---

① （清）张金吾：《爱日精庐藏书志》卷首《张金吾新序》，柳向春整理，上海古籍出版社2014年版，第17页。
② （北齐）颜之推：《颜氏家训·治家》，《诸子集成》第8册，中华书局1954年版，第6页。
③ 《藏书纪事诗》卷五《张燮子和 孙蓉镜芙川 姚畹真》引《铁琴铜剑楼书目》，第580页。
④ 《藏书纪事诗》卷五《吴允嘉志上》引石仓《口占示儿辈》，第465页。

'愿守此书以死，不愿官也。'郡将以祸福诱胁，皆不听。熺亦不能夺而止。"① 在"做官"与"藏书"之间，王廉清选择后者，坚定保存祖上传留之书。

在长期的藏书实践中，藏书家们总结了大量图书保护措施和经验，为后世藏书保护提供了有益的借鉴。如宋代藏书家赵元考采用寒食面与腊月雪水调和粘书，此法可以使书不蠹；明代范氏天一阁及其他藏书楼一直采用芸草夹书以防虫；清人方功惠藏书必以东丹笺作副叶，因其可以避蠹；孙从添《藏书纪要》则详尽介绍皂角炒末可避鼠害，炭屑、石灰、锅锈铺地以驱白蚁等藏书保护方法；叶德辉用以避虫蚁的则是雄黄、石灰等物；陆修补古书别有心得，浆粘中掺入白芨，则岁久不脱；黄丕烈创造了"复背护持法"，他认为古书经如此处理可增强牢固度，不致因频繁取阅而损毁。②

藏书家奉图籍为圣物，超越凡俗，因而在收藏和阅读典籍时小心翼翼，生恐有半点亵渎。清代长洲（今江苏苏州）藏书家江标刻长恩像藏书印乞求神灵护佑，而孙从添则置春宫画于书柜内以驱蠹虫，这些做法在今天看来迷信愚昧，但也反映了藏书家们护书惜书如痴如狂的极致心态。相较而言，前文提到的北宋司马光对图书的保护手段十分可取和科学。

有的藏书家痴心护书，超越常人。如清代大藏书家黄丕烈每得奇书，就要绘画征诗，极风雅之盛。可以举证的有：为宋刻《孟浩然诗集》而作《襄阳月夜图》，为宋本《北山小集》而作《蜗庐松竹图》，为宋刻《三谢诗》而作《三径就荒图》，为宋刻《咸宜女郎诗》而作《玄机诗思图》，等等。更为叫绝的是，黄丕烈经常从事祭书活动，前文有论，此不赘述。

战火是图书遭受摧残的罪魁祸首之一，很多藏书家遇此灾难时，不顾生命之危难，以护书为第一要务。如太平天国之役，海内骚乱，江南故家藏书大多毁于兵火，而藏书家蒋光焴"独能敝屣万物，以藏书自随，由绍兴而宁波而上海，复由上海溯江西行，达汉口、武昌，家陷兵间10余万卷图籍安然无恙。曾涤生（国藩）曾赠以联云：'虹穿深宝藏书在，龙护孤舟渡海来。'"因为蒋家

---

① 《藏书纪事诗》卷一《王莘乐道》引陆游《老学庵笔记》，第35页。
② 参阅肖东发、袁逸《中国古代藏书家的历史贡献》，《图书馆理论与实践》1999年第1期。

有如此良好的护书传统，故藏书绵延不绝，至曾孙蒋鹏骞时，藏书积累至1605部24813册。更难能可贵的是，抗战期间，"蒋氏后人为避兵计，再次将先世遗书携至沪上，贮于某银行保险库中，历时八年，使数十万卷珍籍终于化险为夷，历劫无恙。解放后，鹏骞、鹭涛兄弟将全部藏书捐献与国家，分贮于北京、上海、浙江三大图书馆"①。1937年日寇逼苏州，藏书家刘公鲁全家往无锡乡间避难，"家人促其行。坚不为动，誓与藏书共存亡。旋寇入城大肆劫掠，藏书损失大半，公鲁惊愕成疾，不久去世"②。

更为感人的是，战争期间很多藏书家冒着生命危险，所护之书为公藏公有，非独私家所藏。1937年"七·七"事变爆发，时任江苏省立苏州图书馆馆长的蒋吟秋先生深感责任重大，他抱着绝不让倭寇觊觎中华珍贵典籍的心志，誓死保护苏州图书馆藏书。他与图书馆各部主任陈子彝、王佩诤、吴光汉、陈子清等带头行动，从特藏书库（专藏精椠古刻、秘籍旧钞，以及地方掌故珍本与先贤著述遗稿）中挑选了一批宋元明刻本、清代精刻本、旧钞本、原稿本精品，用柳条大箱分装8箱，计360种，雇船专程押运到太湖洞庭东山后山的鉴塘小学。不久，苏州沦陷，古城遭受日军飞机轰炸，蒋吟秋带领全体馆员冒着巨大危险把剩下的图书装箱，或密储地下安全库，或暂时转移。之后一段时间，他与馆员密切关注战局进展，为防不测，又将藏书库楼下图书集成40箱，大藏经4箱，计44箱，移储到城南南园圆通寺，妥善保管。抗日战争胜利后，经过蒋吟秋先生等人保护的典籍，安然无恙回到原馆，不能不说是吴中文物之幸，也是中华文化之大幸！30多年后，王謇创作《续补藏书纪事诗》专记蒋氏此壮举，为之诗云："文选书录盈一卷，版本答问近百条。急公好义如己事，寇来携箧藏山椒。"③

---

① 以上两则见《上海近代藏书纪事诗》，第57—58页。
② 《上海近代藏书纪事诗》，第61页。
③ 《续补藏书纪事诗》，第59页。

第三节　藏书家逸事

"旧时王谢堂前燕，飞入寻常百姓家"。先秦汉魏时期，图书依赖手抄流传，文化主要垄断在贵族手中，私家藏书难成气候。宋代雕版印刷普及，推动了私家藏书的兴盛，而近现代机械排版技术的运用使得私家藏书走向鼎盛并逐渐转型。千百年来，藏书家们在藏书活动中发生了种种逸闻趣事，这些逸事成为藏书纪事诗主要内容之一。叶昌炽、伦明等人善于在简练的诗句中"发潜德之幽光"[①]，揭示藏书家们不为人知的奇闻轶事，为书林增佳话。这些逸事中最主要的是与藏书有关，也有的与生活相关，既可以从中了解藏书家的藏书风格、藏书特色等，又可以了解藏书家本人的志趣、性情等。今从嗜书之情、仁人爱物、纯真本色、热爱学术等方面略述。

一　嗜书情深

在本章第二节"藏书活动"之"购买图书"中，我们已经论述了藏书家不惜重费而购置图书，甚或为之倾家荡产的事迹，此处所论藏书家之嗜书之情与之颇似，但偏重于逸闻趣事。

私人藏书家由爱书而藏书，多视书籍为性命之所在。藏书纪事诗为此记载了诸多被称为"书淫""书癖"的藏书家。今将这类藏书家列表如下：

序号	藏书家	称号	文献来源	备注
1	宋楼钥	书淫	《藏书纪事诗》卷一《楼宣献钥》叶昌炽诗句中语	
2	元倪瓒	书淫	《藏书纪事诗》卷二《倪瓒元镇》引马位《秋窗随笔》中语	

[①] 叶德辉：《书林清话》卷首《序》，广陵书社2007年版。

续　表

序号	藏书家	称号	文献来源	备注
3	明顾铁	书淫	《藏书纪事诗》卷二《陈察原习　张寰允清　顾琚孝柔》注文中叶昌炽引张溯伊莘庵《秋深过凤村有怀顾丈僧虔》诗句	顾铁为顾琚之子
4	明丰坊	书淫	《藏书纪事诗》卷二《丰坊存礼》叶昌炽诗句中语，注文黄宗羲《丰南禺别传》中语	
5	明孟守约	书淫	《藏书纪事诗》卷三《孟守约》注文引孙楼《百川集·守约孟君藏书于楼扁曰玉辉诗以赠之》中诗句	
6	明何大成	书淫	《藏书纪事诗》卷三《何大成君立》引慈公《同冯己苍昆季入寒山钞玉台新咏毕遂游天平》诗句	
7	清叶树廉	书淫	《藏书纪事诗》卷四《叶树廉石君》叶昌炽诗句	
8	清王文简	书淫、书癖	卷四《王文简士禛》引《居易录》中语	
9	清张燮	书淫	卷五《张燮子和　孙蓉镜芙川　姚畹真》引黄丕烈《士礼居藏书题跋记》中语	
10	清黄丕烈	书淫	卷五《张燮子和　孙蓉镜芙川　姚畹真》引黄丕烈《士礼居藏书题跋记》中语	黄丕烈称己与张燮"两书淫"

续　表

序号	藏书家	称号	文献来源	备注
11	陈清华	书淫	《上海近代藏书纪事诗·陈清华》周退密诗句	
12	宋刘凤仪	书癖	《藏书纪事诗》卷一《刘仪凤韶美》注文引沈钦韩注范成大《次韵刘韶美大风雨坏门屋》中语	
13	宋陆游	书癖	卷一《陆游务观　子子遹》引陆游《示儿诗》诗句	
14	元沈景春	书癖	《藏书纪事诗》卷二《景春沈君》叶昌炽诗句	
15	明陈第	书癖	《藏书纪事诗》卷三《高儒陈第季立》注文引《世善堂书目题词》中语	
16	清龚翔麟	书癖	《藏书纪事诗》卷四《龚翔麟天石》叶昌炽诗句	
17	清林佶	书癖	《藏书纪事诗》卷四《林佶吉人》引林佶《青儿得鳌峰徐兴公遗书五十余种，录其目录与跋，寄至京邸，喜而有作，并示岍儿》诗句	
18	清陆漻	书癖	《藏书纪事诗》卷四《陆漻其清》叶昌炽诗句	
19	清孙从添	书癖	《藏书纪事诗》卷五《孙从添庆增》引孙从添《藏书纪要自序》中语	

续　表

序号	藏书家	称号	文献来源	备注
20	清严元照	书癖	《藏书纪事诗》卷六《严元照久能　张秋月香修》注文引严元照《悔庵集·书手录仪礼要义宋本后》中语	
21	清李调元	书癖	《续藏书纪事诗》卷二《李调元》引《函海序》	
22	民国王绶珊	书癖	《辛亥以来藏书纪事诗·王绶珊》伦明诗句	
23	民国曾习经	书癖	《续藏书纪事诗》卷八《伦明》引伦明《续书楼藏书记》提到此事	

虽然藏书纪事诗诸作记载有"书淫""书癖"之称者仅上述23人，但绝大多数藏书家都可以配得上此种称号。

有的藏书家为购买珍善秘本，不惜付出巨大物质代价。如明代华亭（今上海）藏书家朱大韶性好藏书，尤爱宋版，他曾"访得吴门故家有宋椠袁宏《后汉纪》，系陆放翁、刘须溪、谢叠山三先生手评，饰以古锦玉签，遂以一美婢易之。盖非此不能得也。婢临行，题诗于壁，曰：'无端割爱出深闺，犹胜前人换马时。他日相逢莫惆怅，春风吹尽道旁枝。'"[①]朱氏以妾换书，足见其爱书之深，但美妾所题之诗，似乎唤醒了朱氏隐藏极深的情感，因此之故，他竟不久离世，情何以堪！

明代太仓人王世贞酷嗜孤本，他自述一逸事说："余平生所购《周易》《礼经》《毛诗》《左传》《史记》《三国志》《唐书》之类，过三千余卷，皆宋本精绝。最后班、范二《书》，尤为诸本之冠，前有赵吴兴像。余失一庄而

---

① 《藏书纪事诗》卷三《朱大韶象元》引《逊志堂杂钞》，第228页。

得之。"以一座山庄换取宋刻两《汉书》，书林传为奇事，故叶昌炽诗赞云："得一奇书失一庄，团焦犹恋旧青箱。"① 还有的藏书家为购书付出的虽然不是巨资，但亦为全部家当了。如明代藏书家杨士奇"少孤贫。十六岁出为村落童子师，欲买《史略》二册，百钱不能得。其母夫人畜一牝鸡数岁，命以易之。世有此母，安得不生此子"②。因为有母亲支持，杨士奇幼年虽极为贫寒，但仍坚持购书、读书，终官至礼部侍郎兼兵部尚书，历五朝，在内阁为辅臣四十余年，首辅21年，与杨荣、杨溥同辅政，并称"三杨"。

还有的藏书家因为热爱藏书而付出了巨大情感代价。明末清初藏书家丁雄飞（1605—1687），字菡生，号倦眉居士，江浦（今江苏南京）。丁氏自幼酷嗜典籍，"十九岁自温陵返，积有金数铤，一至虎林虎丘，见书肆栉比，典册山积，五内震动，大叫欲狂，尽倾所积以易之"③，见到奇书而"大叫欲狂"，丁氏于书可谓痴绝，通过不断努力，他的藏书多达2万余卷。明代湖北京山藏书家李维柱虽不曾为书发狂，但曾经说："若得赵文敏家《汉书》，每日焚香礼拜，死则当以殉葬。"④

有藏书家一心扑在典籍收藏上，于身外之物毫不介意。民国时期，武昌徐恕幼年时代从黄陂刘凤章先生学习时，就开始接近典籍。1907年，17岁的徐恕赴日留学，次年为胞弟奔丧回国，在南浔著名藏书家刘翰怡家客居两年，终于有机会披阅嘉业堂藏书。因为浸淫经史典籍日深，徐恕渐渐绝意于仕宦名利，专以访书、收书、藏书为乐，日积月累，收藏叠加，规模渐显。徐氏收藏尤以明清善本、钞本、校本、稿本为多，被赞为"一时独步"。伦明对于徐恕藏书用情太专十分赞赏，说："藏书武昌徐可行恕，所储皆士用书，大多稿本、精校本。尝舍南浔刘翰怡家，二岁尽读其所藏。南北诸书店，每得一善本，争告之。君暇则出游，志不在山水名胜，而在访书。闻某家有一未见书，必展转录得其副而后已。一切仕宦声利，悉谢不顾，日汲汲于故纸。版不问宋元，人不问古近，一扫向来藏书家痼习，与余所抱之旨，殆不谋而相

---

① 《藏书纪事诗》卷三《王世贞元美》引《天禄琳琅书目》王世贞跋《汉书》，第219页。
② 《藏书纪事诗》卷二《杨文贞士奇》引徐𤊹《笔精》，第110页。
③ 《续藏书纪事诗》卷一《丁雄飞》引《金陵通传·丁遂传》，第1页。
④ 《藏书纪事诗》卷二《赵文敏孟頫　李维柱本石》引《天禄琳琅》，第80页。

合也。"①

当然,也有藏书家倾尽财力购书,目的不在读书治学,而是附庸风雅,所费极为不值。民国时期袁世凯次子袁克文最为代表。袁克文为民国四公子之一,生活放浪不羁,熟读四书五经,精通书法绘画,喜好诗词歌赋。在图书收藏方面,袁克文不以多为能,而以精为胜。收藏时间虽不长,然论藏书之精,近百年藏书史上,大概无人能出袁克文之右。伦明载其藏书逸事云:"于乙、丙(1915—1916)间,大收宋椠,不论值,坊贾趋之,几于搜岩熏穴。所储又多内府物,不知如何得之也。项城败后,随即星散大半,为李赞侯、潘明训所有。诸书册首,皆钤'皇二子'印章。"②

藏书纪事诗还记载个别藏书家酷嗜典籍的不当做法。伦明凭借自己多年在琉璃厂开旧书店的经历,熟知许多藏书家秘闻,如正文斋书店主人谭笃生精熟版本,光宣间执书业牛耳,惟好以赝本欺人,又内监时盗内府书出售于谭,因以起家,伦明因此讥之曰:"五载春明熟老谭,偶谈录略亦能谙。颇传照乘多鱼目,黄袱宸章出内监。"③ 王謇记载湖南湘潭藏书家杨昭隽"收书重善本而不重珍本。每入书肆购一书,辄逐叶翻检而后论价,书贾厌之。书入其手,辄多批校"④,等等,不一而足。

二 仁人爱物

藏书家具有"仁人爱物"之情怀,这是著名学者来新夏先生概括的。⑤"仁人"出自《尚书·泰誓》:"虽有周亲,不如仁人。"⑥ 这里的"仁人"指有德行的人。来先生此语有力地概括出藏书家典藏图籍、传播文化的核心理念。古代私家藏书相当不容易,许多人几乎耗尽一生心血从事之,有的终老贫困至极,但仍以藏书为乐,矢志不渝。千百年来,藏书之薪火绵延不绝,非有超越常人之精神不能为之。

---

① 《辛亥以来藏书纪事诗》,第115页。
② 同上书,第77页。
③ 《辛亥以来藏书纪事诗·谭笃生》,第110页。
④ 《续补藏书纪事诗》,第65页。
⑤ 参见来新夏《中国的藏书文化与人文主义精神》,《图书馆》1997年第5期。
⑥ 《尚书正义》卷十一,《十三经注疏》整理本,北京大学出版社1999年版,第277页。

有德行的藏书家乐于将藏书与人共享，尤其向那些爱读书而无书的学者开放私藏，充分发挥图书的利用价值。如清代徽商藏书家鲍廷博，先后建有知不足斋和赐书堂以藏书，诚邀天下学者来楼中读书，清人徐珂感慨此事说："渌饮（按，鲍廷博字）性宽厚，笃于戚友，有贫乏者，必周恤之。稍有蓄积，为刊书所罄。或遇未见之书，必典衣购之。友朋之贫而好学者，每以全部丛书赠之。浙江书肆以丛书与各种秘书售人，约不时偿价，有负至数十金者，察其贫，不索也。"①

到了近代，受公共图书馆建立的影响，众多私人藏书家不但乐于借书与人，更重要的是能够率先垂范，嘉惠学林，让藏书发挥启迪民智的作用。如《上海近代藏书纪事诗》记载蔡元培捐书给国家：

> 当年携往香港之常用书籍已于战乱中丧失殆尽，先生大量手稿，幸由周夫人冒险为之缝入被褥之中，方得免遭劫难。今《蔡元培全集》乃赖以编定出版。现上海故居中尚有先生手书"孑民图书馆"木牌一方，由此得以窥见先生藏书之目的，在于普及教育以及嘉惠士林，其道德风范为百世矜式。②

近代藏书家中，和蔡元培一样秉承公心，仁爱大众者比比皆是，如丁福保在这方面做得很彻底，《上海近代藏书纪事诗》记载说：

> 先生晚年将所有房屋、田地及藏品如数捐给国家。1935年捐入上海市立图书馆一万五千册；1938年捐入震旦大学二万册，该校为之设"丁氏文库"以资纪念；解放后又将自周代迄清代的古泉三全套及甲骨等文物，捐入上海博物馆，图书捐入上海图书馆，将一千余册珍本捐入北京图书馆，其中包括购自常熟铁琴铜剑楼的宋元古本十余种。事毕倩同邑侯湘绘一捐书图卷，先生亲自撰记，有云："自今以往，不蓄财产，勿造新屋，勿置一切精好之物。须将书籍、碑帖、古泉等散去，空其所有，

---

① （清）徐珂：《清稗类钞》第九册《鉴赏类》，中华书局1984年版，第4263页。
② 《上海近代藏书纪事诗》，第15—16页。

本无一物带来，亦将无一物带去也。"①

"本无一物带来，亦将无一物带去"，信奉佛教的丁福保做到了，他把财产、图籍和爱全部留给了世人。

藏书家仁人爱物非限于公布或捐献藏书，有的还在生活上乐于助人，尤其是救助贫寒的文人，体现出传统文人不慕物质，崇尚文明的特征。如清代徽州人"扬州二马"兄弟，自祖父起迁寓扬州，以盐业起家，家资巨万，成为扬州著名盐商。二马兄弟儒雅好文，擅长诗词，广交文友，乐善好施，当时名流皆愿与二人交往。大学者惠栋、卢见曾为马家常客，《扬州画舫录》称："汪舟次方伯、马秋玉主政，两家多藏书，公（卢见曾）每借观，因题其所寓楼为借书楼。"② 马曰琯喜爱考校典籍，家中专设刻印坊，不惜资费刻印书籍，如刻朱彝尊《经义考》，就花去千金，当时称这一批书为"马版"。兄弟二人还建有小玲珑山馆，作为与官僚士大夫，尤其是各类文人宴饮赋诗的场所，来此聚会者多为当时名满天下的名士，袁枚记载说："马氏玲珑山馆，一时名士如厉太鸿、陈授衣、汪玉枢、闵莲峰诸人，争为诗会，分咏一题，哀然成集。"③ 其中，厉鹗是浙派词人中的干将，词作声韵铿锵而格调清远，著有《樊榭山房集》；陈授衣工诗古文，乾隆初荐举博学鸿词不遇，著有《孟晋斋集》。在小玲珑山馆，商人和文人怡然自得，赋诗饮酒，好不自在。袁枚《扬州偕马秋玉陆停川看梅平山归饮天宁寺分赋》，末句"重剪华堂烛，各各入醉乡"，可见宾主的游兴是夜以继日且一醉方休的。马曰琯去世后，袁枚以诗悼之，《扬州游马氏玲珑山馆感吊秋玉主人》④ 流露的情感是真实的，许多文人几乎在马家寄食了一生，诗句中有"供养文人过一生"一句，确为实话实说。

---

① 《上海近代藏书纪事诗》，第 26 页。
② （清）李斗：《扬州画舫录》卷十，广陵书社 1984 年版，第 221 页。
③ （清）袁枚：《随园诗话》卷三，人民文学出版社 1982 年版，第 92 页。
④ （清）袁枚：《小仓山房诗集》卷二十七，《小仓山房诗文集》，上海古籍出版社 1988 年版，第 687 页。

三　纯真本色

藏书家长期与书打交道，身上沾染着浓厚的书卷气，体现出本色性情。如钱曾自述其多年来孜孜于藏书情形说："余二十年食不重味，衣不完采，摒当家资，悉藏典籍中。如虫之负版，鼠之搬姜，甲乙部居，粗有条理。忆年驱雀时，从先生长者游，得闻其绪论。逮壮有志藏弆，始次第访求，问津知涂，幸免于冥行摘埴。"[1] 藏书纪事诗记载的相关逸事，不但让读者了解到藏书家的藏书活动，而且了解到他们的精神风貌与性情癖好。

传统文化在多数藏书家身上有更多呈现，他们极力维护发扬，保持古代文化核心内容历久不衰。如明末清初嘉兴藏书家沈嗣选侍母极孝，"乙酉（1645）奉母避兵葭川，群盗知为老孝子，戒勿犯"[2]。其至孝居然感动贼人，不可谓不奇也。再如《广东藏书纪事诗》记载广东顺德藏书家梁梅"有《春堂藏书图》，盖子春尝刲股疗母，家藏古籍甚多，皆母典钗珥所购。母卒后因绘此图，以纪母恩"[3]。割股疗亲古以为孝行，史上记载颇多，虽无济于事，但其孝感天地，读书至此，常为梁梅之至孝至亲而感动入髓。又如浙江湖州近代藏书家徐鸿宝，"夙精版本目录之学。数年以来，为北平东方各图书馆购书，凡耗数十万金，国内珍本，尽归公库。俗例，凡经手支出，必有回润，而君一毫不染，故书肆无不交口颂君云"[4]。

有的藏书家气节超拔，他们腹有诗书，一身浩然正气，不向恶势力低头。如徐信符记载广东明代藏书家梁朝钟说：

> 崇祯十五年壬午（1642）举于乡，明年中进士乙榜。甲申燕京陷，悲愤几绝。南都建，征之不出；闽中征之，又不出；绍武元年（1646）唐王聿𨬜称帝广州，授国子临祭酒。辞，改司业。十二月十五日广州城陷，聿𨬜死。十六日，整冠带北面成礼，复拜辞家庙，屏家人赴水，为

---

[1] 《藏书纪事诗》卷四《钱裔肃嗣美　子曾遵王》引钱曾《述古堂藏书自序》，第345页。
[2] 《藏书纪事诗》卷三《沈嗣选仁举》引钱泰吉《记沈氏嗣选南宋文鉴目》，第299页。
[3] 《广东藏书纪事诗稿》，第74页。
[4] 《辛亥以来藏书纪事诗》，第120页。

邻人所救，卒骂清兵而死。①

梁朝钟身上有着古代文人的铮铮铁骨，在清兵攻陷广州之时，不为淫威所胁，毅然赴死，令人景仰。又如清代江山（今浙江江山）藏书家刘履芬代理嘉定知县，因为民雪冤与两江总督沈葆桢不睦，含愤自杀，《藏书纪事诗》引高心夔《代理江苏嘉定知县刘君墓志铭》说：

> 君讳履芬，字彦清，生于云间，故号泖生。以同知直隶州充苏州书局提调。光绪五年（1879），江南乡试，嘉定知县程其珏调分校，君往代。受事之日，民先有逼嫁致死，督部檄一千下县决杀者，君已不怿。此干笑侮之，因迹求民间数事，密闻诸台，句捕尽得。君慈恕不忍文致，亲送囚行省，且陈其疑，此干请必尽杀乃止。君痛悔失图，茹懔危遽不自胜，反嘉定，疾作，满有日矣。或诈告杀人，需诣验，君神明已伤，仰天言："吾德薄，灾殃及民，不如死也！"其日不食，夜分不寝，迟明从者叩扃无声，翘而入，僵于地，喉骨断裂，血污被膺，右手短翦握固未脱，几烛将跋，《洗冤录》端展宛然。事上抚部，固始吴公重君所以死也，厚恤之。②

刘履芬义不受辱，自杀前仍展阅宋朝法官宋慈所著世界上第一部系统的法医学著作《洗冤录》，感人至深。而更为惋惜的是，刘氏藏书在其殁后不久多散佚。叶昌炽与刘履芬为忘年之交，他有感于刘氏洁行高义，专为之立传，并多方搜求刘履芬散佚之书。

有的藏书家在困苦关头能够保持独立人格，受人景仰。如上海近代藏书家王植善，早年就读于南洋公学，后留学日本，在日期间加入同盟会。归国后于上海创办私立南洋中学，自任校长并兼国文教员。民国十五年（1926）南洋中学图书馆正式建立，王植善将私人所藏全部图书捐给该馆，供公众阅览。而让人感喟的是，王植善向来秉承知识分子的独立人格，不向权贵低头，

---

① 《广东藏书纪事诗》，沈云龙《近代中国史料丛刊》第20辑，台湾文海出版社1975年版，第144页。
② 《藏书纪事诗》卷六《刘履芬彦清》，第685—686页。

"其妹夫为'五四'时期的外交总长曹汝霖，先生深鄙其人，虽资金匮乏，从不向其求援。老友请其出任吴县县长，亦为学校计，终不为所动。先生一生自奉俭约，于书则不吝重值"①。

　　有的藏书家脱尽尘俗，高标独立。如近代上海藏书家倪春如，"先世以货殖起家，春如席丰履厚，坐享其成，一生不理家业，唯书是嗜。侨居上海虹口时，终日衣和服，履木屐，人望之若日人然"②，其性癖之奇特可以想见。再如近代武昌藏书家徐恕，"所储皆士用书，大多稿本、精校本。尝舍南浔到翰怡家，二岁尽读其所藏。南北诸书店，每得一善本，争考之。君暇则出游，志不在山水名胜，而在访书。闻某家有一未见书，必展转录得其副而后已。一切仕宦声利，悉谢不顾，日汲汲于故纸。版不问宋元，人不问古近，一扫想来藏书家痼习"③，好一个"志不在山水名胜，而在访书"。近代浙江长兴藏书家王修，"嗜吉金乐石如生命，作字每倒书如古人钤印书倒好嬉者。然曾印金石书画摄片，曰鼎脔，曲高和寡，数十期后绝版矣。汇编三峡，世多有藏弄者。嗜酒，尤嗜特螯，一夕，蟹熟，家人忙于救火，则挟蟹赴酒家矣"④。诙怪如此，让人侧目。近代藏书家李宣龚，1913年供职上海商务印书馆，辅佐张元济经营印书馆业务达三十余年，历任经理、发行所所长、董事等职，为商务印书馆做出了巨大贡献。在上海，李宣龚广交文友，遍识贤良，诗名远播，人品极高，乐善好施，"主持海上坛坫四十年，爱惜朋友，奖掖后进，不树宗派，无择细流，故能成其大"⑤，时贤多愿与之结交。李宣龚晚年，至亲皆亡，他时常于家中置酒高会，宾朋满座，飞觞吟诗，作为晚年生活的慰藉。而最为人乐道者，李宣龚常在重九之日，召集海上好友来寓所高会，宾主唱和，极一时之乐。周退密、宋路霞称道说："先生一生不废吟咏，居观槿斋，中多隙地，卉木滋茂，浓荫匝地，先生吟啸其间，脱尽尘俗。"⑥ 其喜结文人雅士如此。

---

① 《上海近代藏书纪事诗》，第30页。
② 同上书，第20页。
③ 《辛亥以来藏书纪事诗》，第138—139页。
④ 《续补藏书纪事诗》，第35页。
⑤ 陈声聪：《兼于阁诗话》，上海古籍出版社1985年版，第49页。
⑥ 《上海近代藏书纪事诗》，第31—32页。

当然，藏书纪事诗也记载了一些藏书家颇有争议的逸事。如民国军阀张勋身边多文人墨客，他亦时常舞文弄墨，收藏典籍，以之装点门面，故弄风雅。伦明记其逸事说：

> 辛亥后，武人拥厚资，大治官室，以图书供点缀，惟张少轩将军勋，自有宗旨。所收书以殿本为限，殿本书又及百册者为限。书坊觊其重值，就不及百册者，每页中垫以纸，一册可分装二三册，张亦不细审也，自是遂成风气。其始犹用细洁之纸，渐且以粗劣者代之矣。其始但施于贵重之书，渐且普通之书亦为之矣。购者亦知其弊，吝不增价，而积习牢不可破，今沪浙尽效颦，甚矣，坏习之易移人也。①

这则逸事表面看是抨击书坊糊弄张勋的，但细细品味，则于张氏藏书徒爱其表、舍弃其实的做法语含讽刺。与张勋类似的军阀藏书家还有河南人张凤台，伦明记载其藏书逸事说："河南张凤台，家富而性吝，好聚书。余每于小市书摊遇之，好争论锱铢。"作为拥兵自重的一方诸侯，张凤台却在购书时与小贩斤斤计较，故伦明以诗讥之曰："落日书摊每逢君，与君同好不同群。"②

四 热爱学术

隋唐时期，私人藏书大多藏而为用，藏书家兼具学者身份，酷爱读书，如李袭誉"素好读书，手不释卷"③；蒋乂"好学不倦，老而弥笃，虽甚寒暑，手不释卷"④；苏弁"手自刊校"⑤，等等，大量藏书为私人藏书家治学提供了极大方便。除了自己利用之外，藏书家也非常重视利用藏书来教育子弟，促使他们参加科举或从事学术研究。藏书纪事诗在收录藏书家逸事时，聚集大量藏书家热爱学术的史料，是研究藏书家学术成就或方法的资料之一。徐

---

① 《辛亥以来藏书纪事诗》，第 29 页。
② 同上书，第 98 页。
③ （唐）刘肃：《大唐新语》卷三《清廉第六》，中华书局 1984 年版，第 48 页。
④ （五代）刘昫：《旧唐书》卷一百四十九，中华书局 1975 年版，第 4028 页。
⑤ （五代）刘昫：《旧唐书》卷一百八十九，中华书局 1975 年版，第 4977 页。

雁、谭华军说："由于近代的学界宗师、文坛巨子颇多兼为藏书大家者，因此《四种》（指《藏书纪事诗》《辛亥以来藏书纪事诗》《广东藏书纪事诗》和《续补藏书纪事诗》）在某种意义上可以视为近现代文化学术的稗史笔记观。因为如康有为、梁启超、章炳麟、王国维、罗振玉、黄遵宪、柳弃疾、马隅卿、刘师培、余嘉锡、陈垣、傅增湘、郑振铎、顾颉刚等人的生平行止、学历著述以及有关的掌故逸闻，《四种》颇为录载。"①

（一）学术方法

藏书纪事诗对于藏书家的学术方法略有记载，但多只言片语。如伦明记载晚清浙江绍兴藏书家、著名学者平步青说："其斠书也，不凭异本，但以书证书，识其缺误。"② 这种校书方法靠的是扎实的知识和长期的积累。民国时期著名政要、湖北黄冈人方觉慧，有志于史学，"拟改造《明史》，拟有例目一册。大旨诸帝本纪主简要，非重要列传，概改为表。志增于旧，重要之事，自为专篇，即《度支志》一门，已成数千巨册。所收明代史料，盈数屋，尚搜访未已，自云切要者有三百余种"③，方觉慧对于《明史》的改造极为大胆，但是所列例目很受学界质疑。

藏书纪事诗所载众多藏书家学术方法，以清代广东藏书家、著名学者陈澧最为详细。伦明《辛亥以来藏书纪事诗》说：

> 先生治学之法，凡阅一书，取其精要语，命抄胥写于别纸，通行之书，则直剪出之。始分某经，继分某章、某句、某字、连缀为一。然后别其得失，下以己见。如司法官之搜集证据，乃据以定案也。余因阅《学思录》与《读书记》，而悟其法如此。④

陈澧于道光十二年（1832）中举，任学海堂学长数十年，会通汉宋之学，

---

① 徐雁、谭华军：《书城掌故藏家史　别有续篇在人间——〈续补藏书纪事诗四种〉整理记》，《武汉大学学报》（社会科学版）1986年第5期。
② 《辛亥以来藏书纪事诗》，第15页。
③ 同上书，第115—116页。
④ 同上书，第10页。

凡天文、地理、乐律、算术、篆隶无不涉猎，于古声律音韵学多所发明。又善为诗文、词赋，著有《东塾丛书》《东塾集》《东塾读书记》《东塾遗集》等。陈澧平生参与大量的广东公私刻书活动，其中学海堂、菊坡精舍、广东书局所刻各书，多为其担任总校，因之所刻之书校勘精湛，版式古雅。伦明总结陈澧治学方法有二：一、读书取精要语；二、搜集证据，证明己见。当然，这是伦明读陈氏书悟出来的。而陈澧对于自己的读书治学方法曾总结说：

  中年以前治经，每有疑义，则解之考之，其后幡然而改，以为解之不可胜解，考之不可胜考，乃寻求微言大义，经学源流正变，得失所在，而后解之考之论赞之，著为《学思录》一书，今改名曰《东塾读书记》。①

  菊坡精舍讲学经历对陈澧本人学术影响很大，因为菊坡精舍是院长制，不同于学海堂的学长制，这样，菊坡精舍就成了陈澧一人的专门讲学之所。陈澧通过讲学，详细而系统地将自己的读书方法、治学途径、经验教训等传授给学生，对学生影响更深。所以陈澧与应课生徒的师生关系要比学海堂更为明晰密切，这些学生有同样的师承，学术既高，影响广泛，相互之间的联系尤为密切，久之形成独树一帜的"东塾学派"。这个学派的形成，自成系统，独具特色，在全国学术界中占有重要的一席之地。民国时期，梁启超《中国历史研究法补编》亦提及陈澧之学术方法云：

  我的乡先生陈兰甫先生作《东塾读书记》，即由抄录撰成。新近有人在香港买得陈氏手稿，都是一张张的小条，裱成册页。或一条仅写几个字，或一条写得满满的。我现在正以重价购求此稿，如能购得，一则可以整理陈氏著作，一则可以看出他读书的方法。②

  在梁启超看来，陈澧著述的主要方法在于抄录，此法虽古，但最为实用。

---

 ① 陈澧此语原载《东塾集》之《复刘叔俛书》，此处转引自徐信符《广东藏书纪事诗稿》，第76页。

 ② 梁启超：《中国历史研究法补编》，河北教育出版社1998年版，第134页。

（二）学术成就

藏书纪事诗于藏书家学术成就记载虽片言只语，不成体系，但从中可见他们的治学态度和精神，对后人饶有启迪。

有以治史名者。如浙江嘉兴近代藏书家沈曾植，"为学兼宗汉学，而尤深于史学掌故，后专事辽金元三史及西北舆地南洋贸易沿革"①。有的藏书家治史，能于学问中阐发己志。如广东东莞近代藏书家陈伯陶，"修《东莞县志》，于袁崇焕、张家玉、苏观生三传尤详核，皆所以托其志也"②。袁崇焕、张家玉和苏观生为明代著名抗清英雄，皆壮烈而死，后人仰止。陈伯陶为他们立传，若有深意存焉。近代藏书家中，苏州人顾颉刚史学成就最高，王謇说："顾颉刚以治古史著称，于《尚书》致力尤深，博稽群籍，证以地下实物，爬梳沟通，务求得当。历年既久，创获遂多。藏书甚富。比年应科学院约，特为专定车厢，载书俱行。"③

有以治古文名者。如乾隆十七年壬申（1752）榜进士中，浙江仁和人（今杭州，一说余姚人）卢文弨和江苏丹徒人蒋宗海以古文知名当世，翁方纲说：

> 绍弓（卢文弨字）之文，得力于校勘诸经，贯穿百家。每联几赋咏，绍弓起步庭中，以手自拭其面。同人笑曰："此君胸中剖别同异，省却颜面脂药钱耳！"而春农（蒋宗海号）每来座中，手箧楗快辨横飞。有与商古籍者，则屈指唐镌、宋椠，某书某板阙某处，某家鉴藏某帖，如贯珠，如数家珍。问者各得其意以去，而春农杂以谐谑，初若不经意也。④

二人学术根基深厚，其中，卢氏以校勘诸经称名一时，蒋氏则凭版本学为人服膺。

有以治目录名者。如清代益都（今山东青州）藏书家李文藻，"为学无所不赅，齐鲁间藏书家，自李少卿中麓、王司寇池北书库，皆罕传。君慨然以

---

① 《续补藏书纪事诗》，第 9 页。
② 《辛亥以来藏书纪事诗》，第 20—21 页。
③ 《续补藏书纪事诗》，第 51 页。
④ 《藏书纪事诗》卷五《蒋宗海春农》引翁方纲《蒋春农文集序》，第 506 页。

裒辑为己任,曰《所藏书目》,曰《所见书目》,曰《所闻书目》,皆详其序例卷次,志其刊抄岁月"①。李文藻治目录学有独到之法,所分三目极为详备,可为后世借鉴。

有以治训诂名者。清代训诂学的奠基者是顾炎武、阎若璩等人,他们以实事求是的态度和勤奋务实的钻研精神开创了一代训诂新风,在这种风气影响下,出现了像戴震、段玉裁、王念孙、钱大昕等一大批杰出的训诂学大师,他们学识博大精深,著述呕心沥血,为清代训诂学立下了不朽功勋。藏书纪事诗对各家训诂成就多有收录。如清代浙江海宁学者陈鳣,以藏书和校勘知名一时,好友管庭芬记载其训诂学成就云:

> 吾乡陈简庄征君,生平专心训诂之学。尝与钱竹汀宫詹、翁覃溪阁学、段懋堂大令,抽甲库之秘,质疑问难以为乐。晚客吴门,闻黄荛圃百宋一廛九经三传各藏异本,于是欣然定交。互携宋钞元刻,往复易校,疏其异同,精审确凿,其功与考定石经无以异。暮年归隐紫薇讲舍,手自抄撮成书,凡十有九篇,署曰《经籍跋文》。②

《经籍跋文》收所撰跋宋本 18 篇、元本 1 篇,凡 19 篇,最能反映陈氏在古书版本校勘方面的造诣,亦反映陈氏学术注重师承及优良的训诂学风。

有研治古诗名者。伦明《辛亥以来藏书纪事诗》对广东顺德近代藏书家黄节诗学成就所言甚详:

> (黄节)民国初年来京,在各大学校授诗,编笺曹子建、阮嗣宗、谢康乐、鲍明远诸家诗。晚岁治《毛诗》,撰《诗旨纂辞》,亦时采《韩》义。常谓余,曹子建赠白马王彪诗"何必同衾帱,然后展殷勤",盖用《韩诗》义,《文选集》引毛传,非也。君以说《诗》故,并治《楚辞》《文选》。凡见《毛诗》《楚辞》《文选》三类书,靡所不收。③

---

① 《藏书纪事诗》卷五《李文藻素伯》引翁方纲《李南涧墓表》,第 516 页。
② 《藏书纪事诗》卷六《陈鳣仲鱼》引管庭芬《经籍跋文书后》,第 587 页。
③ 《辛亥以来藏书纪事诗·黄节》,第 69—70 页。

黄节一生治学专注于古诗，对先秦、汉魏六朝诗文颇多精当见解，著有《诗旨纂辞》《变雅》《汉魏乐府风笺》《魏文帝魏武帝诗注》《曹子建诗注》《阮步兵诗注》《鲍参军诗注集说》《谢康乐诗注》《谢宣城诗注》《顾亭林诗说》等。其作品兼见唐诗文采风华与宋诗峭健骨格，人称"唐面宋骨"[1]。

还有以驳杂名者。如明代广东藏书家黄佐，"其学以'博约'为宗，尝曰：'词章之说胜，始有无用之文；虚寂之说行，始有无文之学。'故出其门者多以学行交修自饬，以梁有誉、黎民表、欧大任为最"[2]。黄佐生活于明正德间，学宗程颐、朱熹，曾与王守仁辩难知行合一之旨，其为学重博约，博通典、礼、乐、律、词、章。又如近代江苏苏州藏书家胡玉缙，"为学精深，践履笃实，长于三礼，得定海黄氏之传，于考订子史，辨章学术，旁及金石目录，有嘉定钱氏、青浦王氏之风，譬诸方寸瓴甓，皆从平地筑起，蔚为岑楼，诚不愧通儒之目。生平孜孜著述，积稿等身，耄而不倦"[3]。可谓经、史、子、集四部皆通。而近代民主革命家、徐信符族兄徐绍桢，"承其父仲远大令（灏）之学派，能通许学，布算亦能深入畴人堂奥。所著《学寿堂丛书》，可与戴、孔、段、王相出入，而复有梅定九（文鼎）以及徐林、李华诸家之长，近世军人中无第二人矣"[4]。上述诸人皆博通百家，因而学术成就十分骄人。

与正经正史较为刻板的叙述方式不一样，藏书纪事诗为藏书家作传庄谐并举，灵动多变，一方面叙述藏书家生平、藏书活动、藏书成就等，另一方面则穿插各种史料，补充藏书家逸闻趣事，增强可读性，丰富藏书家形象。谭卓垣曾论叶昌炽《藏书纪事诗》说："最具价值之处，是在于叶昌炽博征群书所得的引文……这部书事实上成了古代藏书家的传记辞典。"[5] 说的是叶书，但是其他各书亦配此论。

---

[1] 王飚：《中国文学通史》第7卷《近代文学》，江苏文艺出版社2013年版，第355页。
[2] 《广东藏书纪事诗》，沈云龙《近代中国史料丛刊》第20辑，台湾文海出版社1975年版，第138页。
[3] 《续补藏书纪事诗》，第13页。
[4] 同上书，第27页。
[5] 谭卓垣等：《清代藏书楼发展史·续补藏书纪事诗传》，辽宁人民出版社1998年版，第63—64页。

第十一章 藏书纪事诗与古代典籍史料

孙从添说:"夫天地之间有书籍也,犹人身之有性灵也。人身而无性灵,则与禽兽何异?天地无书籍,则与草昧何异?故书籍者,天下之至宝也。人心之善恶,世道之得失,莫不辨于是焉。"[①] 藏书纪事诗以藏书家传记为"经",历数五代以来私人藏书家的藏书活动、藏书特色与藏书成就,堪称一种特殊的人物传记。藏书纪事诗又以丛聚古代典籍史料为"纬",凡图书编纂、图书出版及图书流传皆有涉及,又可作为古代图籍之史。

第一节 图书编纂史料

图书编纂是中国古代文化的主要组成部分,积极从事图书编纂活动是中华民族的优秀传统之一。其中,因为长期与典籍打交道,古代藏书家更有从事图书编纂的便利条件,藏书和编纂形成良性互动。今从文集编纂、丛书编纂和书目编纂等三方面,略述藏书纪事诗论及古代藏书家编纂图书史料的价值。

一 文集编纂

张舜徽先生曾说:"盖著述之业,谈何容易,必须刊落声华,沉潜书卷,先之以十年廿载伏案之功,再益以旁推广揽披检之学,反诸己而有得,然后

[①] (清)孙从添:《藏书纪要·购求》,祁承㸁等《藏书记》,广陵书社2010年版,第39页。

敢着笔。艰难寂寞，非文士所能堪。"① 概述著述事业之艰辛，闻者深有慨焉。历代藏书家萃一生精力于典籍，广为收藏外，多方从事文集编纂。

(一) 编纂文集之态度

藏书家长期与图书打交道，历练了精心呵护，妥善保存的心态，对书籍有着天然的亲近感。他们利用藏书从事文集编纂，态度极为谨慎。清代藏书家何焯性颇颖异，读书数行并下，为学长于考订，论文与方苞异趣。藏书多蓄宋元旧椠，参稽互证，丹黄稠叠，评校之书名重一时。著有《义门读书记》《道古斋识小录》《道古录》等。这位著述颇丰的藏书家，对于编纂十分谨慎，轻易不肯下笔，门人陆锡畴曾说："吾师最谨慎，不肯轻著书。苟有所得，再三详定。以为可者，则约言以记之，积久遂成《道古录》如干卷。"②

古代许多文集为集体编纂，非出一人之手，如《吕氏春秋》《淮南子》等莫不如此，最后署名虽仅一人，但出于众手痕迹显然。而藏书家编纂文集则十分注意亲力亲为，不假手他人。如明代著名藩王藏书家、宁献王朱权之七世孙朱谋㙔，藏书宏富，与中州西亭朱睦㮮同为明宗室藏书之富者，他藏书之余，勤于撰写，先后"著书百有十二种，皆手自缮写，未尝假手小胥"③。

藏书家编纂文集往往亲自搜集资料，采摭逸闻，手自缮写，态度极为认真。如金元之际著名学者、藏书家元好问藏书之处名野史亭，编著有《中州集》《金源君臣言行录》等行世。元好问编著图籍，极为辛苦，"往来四方，采摭遗逸，有所得，辄以寸纸细字亲为纪录，至百余万言。捆束委积，塞屋数楹，名之曰'野史亭'"④。清代浙江钱塘（今杭州）人丁敬，少小家贫，靠父亲卖酒为生，没有机会多读书，但他并未自甘沉沦，年龄稍长即矢志向学，折节读书，他读书不为仕途，而是抱定涉猎群书、广采博览之心态，从

---

① 张舜徽：《清人文集别录》卷二十，中华书局1963年版，第549页。
② 陆锡畴之语见载于清全祖望《长洲何公墓志铭》，《藏书纪事诗》卷四《何焯屺瞻 弟煌心友》引，第429页。
③ 《藏书纪事诗》卷二《宁献王权 朱谋㙔郁仪》引《列朝诗集小传》，第98页。
④ 《藏书纪事诗》卷二《元好问裕之》引郝经《遗山先生墓铭》，第78页。

· 422 ·

事诗文艺术、金石考证,终成著名画家和金石学家,藏书亦丰。著《武林金石录》时,丁敬常常"穷岩绝壁,手自摹拓"①,多方搜集野外碑刻。清代常熟藏书家陈揆"购古籍手自校勘。凡邑人著述及他人文集之有关常邑者,自唐及今,搜罗殆遍,庋诸破山寺之救虎阁。辑《琴川志注》《续志》,世无传,别撰十卷。又辑《虞邑遗文录》十卷,补集五卷。尝以郦氏《水经注》详北略南,著《六朝水道疏》,钩稽精密"②。

藏书家从事文集编纂,多抱定持之以恒的态度。他们心中常存精品意识,不著则已,著则必传。如晚清常州武进藏书家屠寄,长于蒙古史研究,代表作《蒙兀儿史记》是当时改写《元史》风潮中一巨著。同时,他在文学、地理等方面亦有所长,皆有著作问世。伦明《辛亥以来藏书纪事诗》记载其撰写《蒙兀儿史记》情形云:

> (屠寄)中年后,屏绝他务,专撰《蒙兀儿史记》。性嗜酒,笔一枝,酒一壶,恒不离手。戊、己(1918—1919)间以国史馆事,重来京师,余在北京大学授课,往返经其庐,修谒较勤,尝乘间请曰:"书何时可成?"先生笑曰:"余今年六十矣,再须六十年可成,然余固不期其成。家中雇一刻工,成一篇即刻一篇,死而后已。"久之南归,而讣书至矣。③

屠寄所精心构撰的《蒙兀儿史记》,广泛利用中外史料和前人研究著述,增述大量旧史所缺内容,除对旧史纪传、表、志作很多补充外,还增立列传400余人及西域诸国传、蒙古色目氏族表。他对史料和前人著述进行了仔细考订,择善而从,订正了旧史及前人著作中的许多错误,对资料的取舍、考订说明根由,使读者得以审辨、复核,时至今日,仍为学术界研究蒙古史之重要参考文献之一。

---

① 《藏书纪事诗》卷五《丁敬敬身》引杭大宗《隐君丁敬传》,第462页。
② 《藏书纪事诗》卷六《陈揆子准》引孙源湘《天真阁集》,第624页。
③ 《辛亥以来藏书纪事诗》,第30页。

（二）文集编纂经过

"无望其速成，无诱于势利，养其根而竢其实，加其膏而希其光。"① 唐代大文学家韩愈对于作文者的谆谆告诫，一直为后人所尊崇。文集编纂也一样，无望其速成，无为势利所左右，须耐得住寂寞，尝得了甘苦。藏书纪事诗对于古代藏家从事文集编纂的诸种过程多有记述。

有藏书家处于艰险时期，仍不忘编纂文集。如明末清初浙江秀水（今嘉兴）学者、藏书家蒋之翘，甲申（1644）后隐于市，避兵乱而居于襄城。家虽贫而笃志于藏书及编纂，"避盗村居，收罗名人遗集数十种，选有《甲申前后集》。又尝重纂《晋书》，校注《昌黎》《河东集》"②。

有藏书家编纂文集善于模拟前人。如明末清初常熟藏书家孙江一生勤于藏书，精于撰述，"尝仿徐孝穆《玉台》例，录唐诗艳丽者为《缘情集》。所著有《牢山》《花源》《问庚》诸集"③。

但是，由于史料缺失，古代藏书家编纂文集的过程在藏书纪事诗中的记载还是较粗略，到了近代，藏书纪事诗的记述开始详细起来。如叶恭绰"1929年起为编辑《全清词钞》刻意收集清人词集，并邀请诗词同好，文坛名流朱彊村、夏剑丞、冒鹤亭、龙榆生等共同征集，先后得书五千余种，收入《全清词钞》者3196家，尚有千余家未能收入，间有罕见秘籍为海内所仅见者。太平洋战争爆发后，全部词集、文稿转移香港，1975年方得在香港付样出版，1983年北京中华书局再次出版。有关我国文物之图谱、照片，不幸在运粤途中毁于沙面之火"④。叶恭绰所纂《全清词钞》，为近代收录清词最多的选本，在"编辑过程中，努力实行其'搜罗宏富、审慎精严'的词学文献观"⑤。

而近代藏书家周铣诒编纂文集过程更为曲折，伦明记载说：

---

① （唐）韩愈：《韩昌黎集》卷十六《答李翊书》，商务印书馆1933年版，第58页。
② 《藏书纪事诗》卷三《蒋之翘楚穉》引《嘉兴府志》，第330页。
③ 《藏书纪事诗》卷三《孙江岷自》引《海虞诗苑》，第217页。
④ 《辛亥以来藏书纪事诗》，第82页。
⑤ 廖勇：《从〈全清词钞〉看叶恭绰的词学观》，《河池学院学报》2008年第3期。

永明周笠樵中书铣诒，辑《沅湘耆旧集续编》，始邓南村教谕显鹤，迄郭筠仙侍郎嵩焘，凡七百余家，合前编补、初集补，都百九十卷。先是侍郎费二十余年之力，搜集已刻未刻诗，凡千余册，拟续南村之书，未果。因以属之罗研生、吴南屏、张力臣，亦未就，再属笠樵为之。时光绪乙（己）丑（1889），侍郎主思贤讲习，笠樵为监学。至乙未（1895），书始成。自序称例依邓氏，意主摭佚，为易寅村所得。易寓上海，壬申（1932）之役，其后毁于火，未知殃及否。同时有吴称三德襄者，同时受侍郎之属，同时蔵事，但异其名曰《道咸同光四朝诗钞》，实一书也。稿为醴陵傅钝安所得，烬于丁巳（1917）七月长沙日报之火，侍郎所藏诸家底本，早散佚。①

周铣诒辛苦20多年编纂的《道咸同光四朝诗钞》，居然毁于战火，实在令人扼腕。好在今美国芝加哥大学东亚图书馆藏有一部《沅湘耆旧诗集续编》，分《续编》163卷、《前编补》3卷、《初集补》20卷，共186卷，正是周铣诒所辑。

（三）文集编纂旨趣

藏书纪事诗记载历代藏书家编纂文集者众多，其中多有以编纂文集而表明人生旨趣的。如明代归安（今浙江吴兴）著名藏书家茅坤，嘉靖十七年（1538）进士，官广西兵备佥事等，嘉靖三十四年（1555）落职还乡，于是"作《岛人传》《三益先生传》，以见志"②。尝自言："性固朴野澹荡，好慢易入，缙绅大夫非久与之处，览其情愫，往往疑而冤之。而其中故无他肠，与人无论亲疏所故，油油然，若平生交。亦未尝背指人过，间有闻，亦酸恻低徊，不欲竞闻之。故苟欲之久，又未尝不深交绵思也。以是友朋间往往呼为'婴儿茅子'。以是深有感于岛上人之事，颇与己同旨，愿弃去人间，从之游。"③ 可知其似有归隐之意。

---

① 《辛亥以来藏书纪事诗》，第116页。
② 《藏书纪事诗》卷三《茅坤顺甫　孙元仪止生》引《湖录》，第196页。
③ 徐建新：《茅坤传》，浙江人民出版社2006年版，第49页。

藏书家编纂文集的旨趣往往在文集命名上即可体察。如晚清广东东莞藏书家陈伯陶，曾于宣统元年（1909）充南书房行走，故对清廷满怀感激之心，辛亥革命后，仍眷怀前朝，著《宋东莞遗民录》《胜朝广东遗民录》等书，旨趣显然。他"修《东莞县志》，于袁崇焕、张家玉、苏观生三传尤详核，皆所以托其志也"，又撰《宋台秋唱》一书，伦明述其书名来历说："宋王台者，在九龙海滨，先生考为宋帝昺行宫故址，因招诸遗老相唱和，辑为是卷。"①

有藏书家编纂文集意在标榜前人，见贤思齐。如清代汉阳藏书家叶名澧，知识渊博，对古文字有很深的研究，著有《周易异文疏证》《礼记郑读疏证》《战国策地名考》《说易丛记》《西城杂记》《桥西杂记》等。关于《桥西杂记》之得名，潘祖荫云："桥西者，丈所居纪文达故宅，当京师虎坊桥之西也。"② 需要说明的是，叶名澧父叶志诜、兄叶名琛，可谓一门儒雅。叶名澧为道光十七年（1837）举人，历任内阁中书、同文馆、玉牒馆帮办，方略馆校对、文渊阁检阅、侍读等。任官京师时，所居即纪昀故宅，且所任之官多为纪昀经历，叶氏自认为传承纪氏，故名其斋曰"敦好宿斋"，文集名"桥西"即此来历。叶名澧此处居所，坐落于北京市西城区（原宣武区）虎坊桥西，始建于嘉庆十二年（1807），重修于道光十年（1830），数易其主，晚年将该住宅捐作湖广会馆。

有藏书家通过编纂文集来述说自身藏书经历及轶事者。周退密、宋路霞认为上海近代藏书家周越然著《书书书》即"自述藏书经历"③。《书书书》文字朴素，饶有趣味，1944年上海中华日报社出版，1966年香港汉学图书供应社翻印该书。周越然在前言中说：

> 余于最初购书之时，喜在冷摊前，荒铺中闲荡。炎天满头大汗，冬日四肢僵硬，东张西望，意在以廉价而获得奇书。其实，此乃无经验者之"独腹"（苏州土话），书呆子之"一厢情愿"也；费时费力，莫此为

---

① 《辛亥以来藏书纪事诗》，第 20—21 页。
② 《藏书纪事诗》卷六《叶名沣润臣》引潘祖荫《桥西杂记序》，第 664—665 页。
③ 《上海近代藏书纪事诗》，第 45 页。

甚。天下只有错买而无错卖，只有贵买而无贱卖之理。书贾虽有不知版本者，但终究做过学徒，终究有师传授，见得多，听得多，对于刷印纸张，对于市价升降，无不明明白白。站立于冷摊前，店堂中，而欲寻获佳本者，癞蛤蟆想吃天鹅肉也，其难等于升天。余曾为癞蛤蟆者年余，所得者不是丛书零种，必是翻版后印。在此学习期中，余所得者当然不是"古"本"孤"本，而为"苦"本"哭"本也。①

还有的藏书家通过编纂文集而体现乡梓之情。如近代藏书家姚石子"留心清人文集足本，收藏颇富，于金山乡邦文献多所留心，曾辑有《金山卫佚史》《金山诗征》《金山文征》《松江郡人遗诗》《云间两何集》等等，另有《金山艺文志》八卷。自著有《复庐文稿》《倚剑吹箫楼诗集》《浮梅草》《荒江樵唱》《西泠缟纻集》《自在室读书随笔》等"②。姚石子是南社首批社员，其时最为年轻，在此之前，他已经加入孙中山先生领导的中国革命同盟会。1918年，因各种原因，柳亚子先生辞去南社主任职务后，南社成员即推举姚石子先生为主任，他对南社的创建和发展自始至终给予有力支持。姚石子对于南社深爱如此，对于家乡金山，更满怀桑梓之情，所编诸种文集，目的在于为故里留存文化根基。

二　丛书编纂

唐韩愈《剥啄行》诗中云："门以两版，丛书于间。"③"丛""书"二字连用始见于此，但这并不是书名，而是说关上门，家中聚集着许多书可读，这是诗人为远馋避谤而闭门谢客的话。"丛书"第一次用作书名始于晚唐陆龟蒙的《笠泽丛书》，其序云："丛书者，丛脞之书也。丛脞，犹细碎也，细而不遗大，可知其所容也。"④《笠泽丛书》是陆氏的诗文杂著，而以其书丛脞、细碎，遂以名之。丛书起源问题，说法多种，言人人殊，清人李调元云："古

---

① 周越然：《言言斋》，谭华军编《言言斋书话》，陕西师范大学出版社1998年版，第15页。
② 《上海近代藏书纪事诗》，第51页。
③ （唐）韩愈：《韩昌黎诗系年集释》卷六，钱仲联集释，上海古籍出版社1984年版，第662页。
④ （唐）陆龟蒙：《笠泽丛书》卷首《丛书序》，清嘉庆二十四年（1819）海昌许楗刻本。

无以数人之书合为一编而别题一总名者。惟《隋志》载地理书一百四十九卷，注曰：'陆澄合《山海经》以来一百六十家以为此书。澄本之外，其旧书并多零失。见存别部自行者惟四十二家。'又载《地记》二百五十二卷，注曰：'梁任昉增陆澄之书以为此记。其所增旧书亦多零失。见存别部行者惟十二家。'是为丛书之祖。"① 李调元将《隋书·经籍志》所载的各种地理书、《地记》作为丛书之祖有一定道理，但亦有可商榷之处，笔者以为还是叶树声先生称二书"同属专科性丛书"② 的说法较好。

雕版印刷流行后，丛书编纂受到前所未有的重视，明清时期，大量丛书得到编纂印刷流传百代，众多学者为丛书编刻付出巨大的财力和精力。藏书家也一样，他们竭尽所能，不断编纂，为丛书的发展做出了重要贡献。

徽州歙县人张潮为清康熙年间著名文学家、小说家和刻书家，曾官至翰林院孔目，康熙十年（1671）侨寓扬州，在此与戏剧家孔尚任和文学家陈维崧交好。康熙二十六年（1687）被陷入狱，不久获释，遂淡泊名利，潜心著述，留给后世大量著述。其中，《昭代丛书》为其编纂多部丛书中最有价值的一部。然而，张潮仅编3集，后人代有续编，《藏书纪事诗》记载后世人续编此书说：

> 康熙间，张心斋止《甲》《乙》《丙》三集。乾隆中，震泽杨列欧又辑成五编，曰《新》、曰《续》、曰《广》、曰《禅》、曰《别》各五十种。至道光间，吴江沈翠岭先生又辑二编，曰《补》、曰《萃》，从张氏之例，命《新编》曰《丁集》，《续编》曰《戊集》，《广编》曰《己集》，《禅编》曰《庚集》，《别编》曰《辛集》，《补编》曰《壬集》，《萃编》曰《癸集》。又就原书汰其小品之无神掌故有乖大雅者凡六十种，别为一编，命曰《别集》，而补以有用之书，仍如其原数。③

文中提到的"沈翠岭"，原名沈楙德（1787—1853），字翠岭，先世出湖

---

① （清）李调元：《函海后序》，原载《函海》卷后，此处转引自常璩《华阳国志校补图注》，任乃强校补，上海古籍出版社2007年版，第747页。
② 叶树声：《论清儒编书》，《古籍研究》2000年第3期。
③ 《藏书纪事诗》卷六《沈楙德翠岭》引俞曲园先生《昭代丛书序》，第678页。

州竹墩，明季避兵迁居苏州吴江，为当地著名藏书家。为了续编《昭代丛书》，他召集学者，先后"慷慨捐数千金，以成此艺林盛事"①，时人道之。

前面提到的李调元，一生致力图书收集、抄录和编刻，所编《函海》有别于同时其他私家编刻丛书，他说：

> 余蜀人也，故各书中于锦里诸耆旧著作尤刻意搜罗，梓行者居其大半，而新都升庵之书，就所见已刻未刻者但睹足本，靡不收入。书成分为三十函，自第一至十，皆刻自晋而下以至唐、宋、元、明诸人未见书；自十一至十六，皆专刻明升庵未见书；自十七至三十，则附以拙刻，名曰《函海》。②

《函海》以收录巴蜀一带典籍为主，重在收录杨慎未见书，特色十分鲜明。

晚清藏书大家黎庶昌刊刻《古逸丛书》同样历尽曲折。光绪七年（1881），黎庶昌出任日本公使，在东瀛，他广交日本人士，增进中日两国文化交流。其间，得阅日人所著《经籍访古志》，从而知道中土经籍流入日本之大概，他与杨守敬一道决意不惜重金，费尽心力，多方搜访，最终辑录成规模较大的丛书——《古逸丛书》。叶昌炽记述黎氏编纂此书经过说：

> 光绪中，两充出使日本大臣……值明治改革之初，彼都士夫不甚留意于古学，观察遂于其时搜访坠典，中朝所已佚者，好写精雕。又得杨君助之，成《古佚丛书》如干种。影宋蜀大字本《尔雅》三卷、绍熙本《榖梁传》十二卷、覆正平本《论语集解》十卷、元至正本《易程传》六卷、《系辞精义》二卷、旧钞卷子本唐《开元御注孝经》一卷、集唐字《老子注》二卷、影宋台州本《荀子》二十卷、《庄子成玄英疏》十卷、覆元本《楚词集注》八卷、《辨证》二卷、《后语》六卷，影宋蜀大字本《尚书释音》一卷，影旧钞卷子残本《玉篇》三卷半，《广韵》覆

---

① 《藏书纪事诗》卷六《沈枡德翠岭》引《昭代丛书补编沈维鐈序》，第678页。
② 《续藏书纪事诗》卷二《李调元》引《函海序》，第49页。

宋本五卷、覆元泰定本五卷、覆旧钞卷子本《玉烛宝典》十一卷、《文馆词林》十三卷半、《雕玉集》二卷、影北宋本《姓解》三卷、覆永禄本《韵镜》一卷、旧钞卷子本《日本见在书目》一卷、影宋本《史略》六卷、影唐写本《汉书·食货志》一卷、仿唐写本《急就篇》一卷、覆麻沙本《草堂诗笺》四十卷附《外集》一卷、《补遗》十卷、《传序碑铭》一卷、《目录》《年谱》《诗话》各二卷、影旧钞卷子本《碣石调幽兰》一卷、《天台山记》一卷、影宋《太平寰宇记补阙》五卷半,哀然巨帙,摹勒精审,毫发不爽。初印皆用日本皮纸,洁白如玉,墨如点漆,醉心悦目。书成旋节至沪,即以其板付江苏官书局贮之。流通古籍,嘉惠后学,与敝帚自珍者异矣！潘文勤师时奉讳在里,闻之瞿然曰："莼老真豪杰之士哉！"昌炽识公于都门,公方赴川东道任,同人设祖帐饯之,闻公谈东游所见古籍,唐写、宋椠,如数家珍,惜未能请间详问而疏录之。①

　　黎庶昌所编刻之《古逸丛书》无论文献外观还是内容皆有可取之处。外观上,由于雕刻工艺精良,摹勒精审,力求还复古书面貌,而且装帧精美,纸张、用墨都很考究,超越前古,士林视若珍宝,赞叹不已。20 世纪 80 年代,国家重视文化建设,国务院成立专门的古籍整理研究机构,时任国务院古籍整理出版规划小组组长的李一氓先生在谈到孤本、善本的搜访整理时说："是否可以考虑在黎庶昌《古逸丛书》,商务《续古逸丛书》之后,选印《古逸丛书三编》。把不可多得的宋、元本古籍和明刊善本,都选编进去。"②《古逸丛书》的编纂,为我国古籍研究带来极大便利,有学者说：认真对其展开深入研究,"对我们今天整理古籍,影印孤本、善本,搜访校订古书,都仍有积极的借鉴作用"③。

　　民国时期,藏书家徐乃昌编刻丛书也一样感人。徐乃昌（1869—1943）,字积余,号遂庵。安徽南陵县人。曾任江苏淮安知府、江南盐运道等职。又从事教育事业数年,任江苏高等学堂总办、三江师范学堂监督。曾两次赴日

---

① 《藏书纪事诗》卷七《黎庶昌莼斋》,第 709—710 页。
② 李一氓：《论古籍和古籍整理》,《人民日报》1982 年 1 月 20 日。
③ 张新民：《黎庶昌及其〈古逸丛书〉考论》,《古籍整理研究学刊》2006 年第 4 期。

本考察学务。生平以藏书、著书、校书、刻书为志，每一书出，以善本称之。家有"积余斋"藏书楼，后改为"积学斋"。《上海近代藏书纪事诗》对于其编纂丛书一事赞誉颇高：

> 其他自刻之书，尚有《积学斋丛书》20 种（皆清人未刻之著作，附刊徐氏自编《南陵县建置沿革表》1 卷）、《小檀栾室汇刻闺秀百家词》10 集共百种、《鄦斋丛书》21 种、《怀豳杂俎》12 种、《随庵所著书》4 种、《宋元科举三录》《南陵先哲遗书》5 种等，总数近二百种，以一己之力刊刻图籍如此之多，实为近代书林所罕见。①

徐乃昌编刻《积学斋丛书》20 种被蔡元培征为北京大学图书馆第一批藏书，就是看中该丛书精雕精印，属于近代刻本上乘之作。终其一生，徐氏以一己之力，编纂古籍丛书 9 部 185 种，"为清末民初的安徽出版业增添了光彩，在中国近代出版史上留下了重要的一页"②。近代大学者缪荃孙对徐氏的编纂丛书之举尤加赞赏，称其编纂"丛书之善，至此极乎"③。

三 书目编纂

古代书目编纂历史悠久，早在西汉成帝时，刘向、刘歆父子领衔整理国家藏书，第一次开始了书目编制工作，其中，刘向的《别录》为第一部提要式目录，而刘歆的《七略》为第一部国家书目。此后，书目编纂与研究渐成显学，各种目录之作蔚然兴起，古代学术史也因而有了目录学这一学科。藏书家对于书目编纂十分重视，为之付出大量心血，深为后人景仰。如明代四川乌江藏书家刘元亮，生卒年不详，字玉轩，四川乌江人。刘氏戎马一生，但空闲时间热衷目录之学，曾编纂《玉轩新纂古今书目》，他自述编纂过程说：

---

① 《上海近代藏书纪事诗》，第 14 页。
② 张敏慧：《徐乃昌刻书文化研究》，安徽人民出版社 2006 年版，第 11 页。
③ 缪荃孙：《积学斋丛书序》，张延银、朱玉麒主编《缪荃孙全集·诗文》，凤凰出版社 2014 年版，第 156 页。

余老也，因昼夜抄写，费尽心力。今来两目昏花流泪之甚，既衰且疲惫，将无以用于世，惟□数年之间，幸德卫田户侯之来，酷有所好，又胜吾之雅意，兹因呵冻作此序，以奉广文高明之识也。

　　景泰三年（1452）十一月中浣乌江玉轩怀远将军刘元亮笔。①

有的聘请专业人士为之，如近代上海实业家、藏书家盛宣怀，在上海寓所修建愚斋图书馆，入藏经史子集各类凡10余万册，"延请名士缪筱珊（荃孙）编印目录，目录达18卷16册之巨"②。应该说，藏书家自编藏书目录，为中国私家藏书中极有意义的文化盛事。

藏书家编纂目录，能够真实体现自己的治学和藏书特色。清代藏书家周中孚（1768—1831），字信之，别字郑堂，乌程（今浙江湖州）人。郑堂一生勤于读书和藏书，所撰《郑堂读书记》101卷，是一部大型书目著述，体例模仿《四库全书总目》，因其晚出，所以收录了《四库全书总目》完工后乾嘉时期新刊的大量著述，而这一时期又正好是乾嘉学人创作最丰的黄金时代，故具有独特的史料价值。近代大学者莫友芝论该书说，"读一书必为解题一篇，条其得失，议论颇能持平，亦好学深思之士也"③，给予很高的评价。

清代山东章丘人马国翰撰有《玉函山房藏书簿录》25卷，卷首自序云：

　　余性嗜书，闻友人家有奇编秘籍，每以一瓶乞假，手自抄录。遇诸市肆，不惜重值购之。为诸生日，砚田所获，半供书价。或有时典质衣裘，室人以书痴谯余，弗顾也。比筮仕西秦，前后十四年，中间家居者五年，广搜博访，细大不捐，乃积书五万七千五百余卷。夫古人之著作不一其体，秉经立训者渊懿卓烁，悬日月以不刊，粹儒之言，布帛菽粟，淡而弥永。其他百家撰述，未能尽醇，而持之有故，言之成理，亦自独有千古。至于脞说小品，罗罗清疎，各饶风致。李邯郸谓书有三味，取喻良切矣。余每得一书，必深求一书之用意。暇日排比，依晁公武《郡

---

① 《续藏书纪事诗》卷一《刘元亮玉轩》引《玉轩新纂古今书目序》，第3页。
② 《上海近代藏书纪事诗》，第6页。
③ 《续藏书纪事诗》卷三《周中孚》引《宋元旧本书经眼录·郑堂读书记》，第106页。

斋读书志》、陈振孙《直斋书录解题》之式，分别部居，撮记要旨，为《藏书录》二十六卷，就架上现有编次，其有所遗漏及后更新得者，再为续编以补之焉。①

马国翰深情回忆自己的藏书和治学经历，读来令人动容，事实上，正是马氏这番用心于藏书和治学，才有其伟大的辑佚学成就。

书目体现藏书特色，最为典型者莫过于晚清四大私人藏书楼之一的海源阁主人杨绍和，他依据自家藏书而编撰《楹书隅录》，在为该目所撰跋中称：

先端勤公平生无他嗜，一专于书。所收数十万卷，庋海源阁藏之，属伯言梅先生为之记。别辟书室曰"宋存"，贮天水朝旧籍，而以元本、校本、钞本附焉。癸亥（1863）、甲子（1864）间，绍和里居，撰《海源阁书目》成，复取宋元各本，记其行式、印章、评跋，管窥所及，间附跋语。乙丑（1865）入翰林，簪笔鲜暇，此事遂辍。顷检旧稿之已成者，厘为五卷，命曰《楹书隅录》。

同治己巳（1869）仲夏，聊城杨绍和彦合甫识。②

《楹书隅录》初续编共9卷，为海源阁藏书楼中宋元秘本之提要式目录，共著录善本书籍268种。关于撰写过程，丁延峰考证说："绍和于同治三年（1864）开始正式撰写《初编》，至同治四年（1865）中辍，到同治八年（1869）才'写校既竣'。……《楹书隅录》的真正完成时间应为同治十一年（1872）。"③该书具有丰富的目录、校刊、版本、辑佚和辨伪等知识，是清代私家目录中较为卓著之一种，严佐之称赞说："首载前贤藏书题跋，洋洋大观，盖因海源阁'四经四史斋'藏本皆经名家收藏，流传有绪也。因此，《楹书隅录》是从海源阁善本的实际情况出发编定的，可视为特色。"④

近代安徽泾县藏书家胡怀琛为南社成员，著名学者、报人和诗人，一生

---

① 《续藏书纪事诗》卷四《马国翰》引，第114页。
② 《藏书纪事诗》卷六《杨端勤以增 子绍和彦合》引杨绍和《楹书隅录跋》，第628页。
③ 丁延峰：《清代聊城杨氏藏书世家研究》，中华书局2013年版，第191页。
④ 严佐之：《近三百年古籍目录举要》，华东师范大学出版社1994年版，第117页。

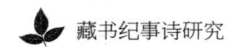

著述等身。周退密、宋路霞记载其藏书和编目情况说：

> 先生藏书有两大特色，其一为旧时民间蒙学课本，如三字经、百家姓、千字文、千家诗等，刘鹗在《老残游记》中称为"三百千千"者是也。此类书于旧时私塾中曾普遍使用，然一经用过，编弃如草芥，遑论收藏。先生则视为中国古文化之一叶，广征博搜，精淘细漉，数十年间竟收得历代刻本、钞本、油印本、翻译本数百种，并逐一比较研究，编制书目，并著《蒙书考》以论列之。①

藏书家编纂目录，能够运用独到的图书分类方法。古人对于典籍分类，始于刘向、刘歆父子，史上先后有六分法、七分法、十二分法和四分法等，唐以后，以经、史、子、集为主要分类标准的四分法成为官私藏书通用的分类法。但是，仍有藏书家根据自己藏书的具体情况，创造出新的分类方法。明代归安（今浙江吴兴）著名藏书家茅坤最为代表，其孙茅元仪曾为祖上藏书编纂书目——《九学十部目》，关于该目，叶昌炽《藏书纪事诗》引《吴兴藏书录》相关记载说：

> 鹿门茅先生，藏书甲海内。练市新构书楼凡数十间，至于充栋不能容。其孙大将军止生，编为《九学十部目》。自述云："九学者：一曰经学，二曰史学，三曰文学，四曰说学，五曰小学，六曰兵学，七曰类学，八曰数学，九曰外学。十部者，即九学之部而加以世学。世学不可以示来世，然时王之制，吾先人以兹名于世，吾敢忽诸？"其后携至白门，遭国变散去。②

与传统的四部分类法相比，《九学十部录》特色在于不设子部，多出说学、小学、兵学、类学、数学、外学等，十分新颖，虽然我们现在不可知"数学""外学"等类包含哪些图书，但至少能够反映出茅氏藏书特色。

---

① 《上海近代藏书纪事诗》，第46页。
② 原载茅坤《白华楼书目》下引《湖录》，《藏书纪事诗》卷三《茅坤顺甫 孙元仪止生》引自《吴兴藏书录》，第197页。

藏书家为编好书目，往往历时久远，颇费周折。如明末清初江西新建藏书家陈宏绪，工古文，与徐世溥齐名，所作《酉阳藏书记》及《钞本书记》为王士禛叹赏。他记述自己编撰藏书目录经过说：

> 余以壬戌（1622）作《酉阳山房藏书记》，今十五载矣。壬戌以前，舟楫舆马无虚岁，所至辄汲汲以访求典籍为首务。在长安四阅月，时阁部院寺暨诸司新志告成，余念《实录》之所未及、《会典》之所未详者，毕载此书，一代之制度条教备焉。属友人遍觅之，仅得《吏部》《太常》二志。其后四载，舍弟士言官太仆，乃得《太仆志》。又欧逻巴利玛窦、庞迪我辈行西洋历法于中土，徐玄扈相国参验而考定之，著《崇祯历书》，识者叹其奇博，余亦求之未得。云间姜神超入都门，余往晤之，就神超索所抄《文渊阁书目》，神超许以见畀。未数日，而余已策蹇匆匆出春明矣，卒未见《文渊阁书目》为几卷几册也。居南畿最久。盟友王唯士，焦弱侯先生之婿也，属其假先生藏书数种。唯士曰："焦氏书誓不以假人，言之无益。"忽一日，过廊下，见有宋江钿《文海》，计一百册，书法工好，装潢精洁。书贾索十金，倾囊仅得三金，客邸无可质贷，翻阅竟日，低徊不舍。已恐书贾见厌，坐所识他贾肆中，托其持至，更翻数过乃去。中间颇得唐宋集十数种，则皆（一）海阳、钱塘之所购也。数载以来，秘本日益以稀，因取壬戌以后所得，汇为《目录》二卷，以续《前目》四卷之后。庶几海宇安恬，烽火渐息，国无枹鼓之惊，身无病魔之苦，幅巾缊袍，消磨岁月于此中，则余生平志愿毕矣。①

前后历时 15 年，足迹走遍长安、云间（上海）、北京等地，终于完成续目，陈宏绪为藏书编目可以说是用心专一，费力良多。

还有的藏书家编纂目录时，能够吸收西方先进的目录分类方法，应用到编目实践中去。如国家图书馆百年发展史上卓有成就、贡献很大的馆长之一袁同礼，1916 年毕业于北京大学，同年加入清华园图书馆工作，1917 年任清

---

① 《藏书纪事诗》卷四《陈宏绪士业》引《石庄集·续书目记》，第 348—349 页。

华学校图书馆馆长，1918年当选为北京图书馆协会会长。从1920年起，先后赴美、法等国深造，专学图书馆学。回国后仍旧从事图书馆工作，任北京图书馆馆长期内，建立各种规章制度，树立中国现代图书馆之楷模。伦明记载其编目成就说：

> 大兴袁守和同礼，始从欧洲传图书馆学归国，有最便者数事：（一）编目不以经史子集分，而以笔画多少分，诸要书各附索引，亦有合若干种书，共作一索引者，于检甚便。（二）记书目于散片上，可以随时更调增损。（三）书帙包上下四周，不似旧式之空其上下。书本大小长短不同，而帙则同，插架有整齐画一之观。此三事，藏书家皆当遵用者。①

袁同礼编著书目十余种，包括《西文汉学书目》《俄文汉学书目》《新疆研究文献目录》《中国留美同学博士论文目录》《中国留英同学博士论文目录》《中国留欧大陆各国博士论文目录》等，具有较高文献价值，对于我国现代目录学的贡献是多方面的。

藏书家编纂书目，有功学林，藏书纪事诗于此不厌其烦记载，其中，伦明记载缪荃孙协助张之洞编《书目答问》一事，饶有趣味。他说：

> 江阴缪筱珊先生荃孙，为近代大目录学家。张之洞《书目答问》，乃先生代作，据年谱则作于二十四岁时也。颇疑先生早岁从宦川滇，地既偏僻，又乏师承，何能博识若此？陈慈首云："是书盖江阴一老贡生所作。先生得其稿，又与张之洞共参酌成者。"慈首尝令江阴，所言或有据。此书津逮艺林，至今治学者无以易之，功亦大矣，而先生一生以书为事业，实肇于此。②

吴则虞《续藏书纪事诗》也有相关记载，称："缪小山作《书目答问》，原稿别有名，便塾中师弟翻检。张文襄欲有此书，以为启发之资。缪乃献稿，

---

① 《辛亥以来藏书纪事诗》，第104页。
② 同上书，第32页。

重加删削，改为今名。"①《书目答问》的真正作者，是为中国学术史上的一大公案，素有张之洞依旧本改作、张氏亲自撰述、缪荃孙代张之洞撰作、缪氏依江阴贡生所撰旧本与张之洞共编四说，可谓众说纷纭，莫衷一是，从光绪二年（1876）《书目答问》刊行以来，一百多年来众多学者撰文考证，时下学界普遍认为著作权无疑应属张之洞，但也不能否认有缪荃孙、章寿康等参与编撰，王懿荣等参与校订，以及其他门人的誊录、校对之功。伦明之说，虽非的论，但为研究《书目答问》的真正撰者提供了一个很有价值的线索。

清人顾炎武曾说：著者与今人"相处之日短，与后世人相处之日长"，著者应该"立千载以上之人于前，而与之对谈；立千载以下之人于旁，而防其纠摘"②。观历代藏书家之著述，深可见他们对自己、对后人负责的精神，值得今人效法。

第二节　图书出版史料

徐信符曾说："文化事业，首在图书，图书流布，端赖印刷。"③ 对于图书与出版的关系阐述十分中肯。以印刷为主要出版方式的古代文明，不但推动了中国文化不断向前发展，同时对世界文化的发展亦产生了巨大作用和深远影响。藏书纪事诗以记载藏书家生平和图书形成、流传等为主，其中涉及大量的图书出版史料。

一　出版理念

古代图书出版向来有官刻、坊刻、家刻之别。其中，官刻为官府出资，雇用学者主持，以刊刻经史为主，为古代文化传播做出重要贡献。坊刻则是历代书肆以刻书为谋生手段，积极适应市场需求，极大推动刻书业发展，但

---

① 《续藏书纪事诗》卷六《缪荃孙》引《一澂研斋笔记》，第222页。
② （清）顾炎武：《菰中随笔》卷一，严文儒编校，《顾炎武全集》第20册，上海古籍出版社2011年版，第12页。
③ 徐信符：《广东版片记略》，《广东文物》卷九，中国文化协进会1941年版，第858页。

是，书坊主往往把盈利视为第一目标，因而不可避免会出现粗制滥造问题，不经意间会降低图书品质。家刻多为坐拥书城、饶有余财且热心文化事业的学者型藏书家，他们亲自挑选底本，认真校勘，而后付梓，主要目的在于传播典籍，弘扬文化。历代藏书家出版图书，秉承较为先进的出版理念，为古代典籍的保存和流传做出巨大贡献。

古人云："积金以遗子孙，子孙未必能尽守；积书以遗子孙，子孙未必能尽读。不如积阴德于冥冥之中，以为子孙无穷之计。"① 此处没有具体阐明所积"阴德"为何，但考诸史实，可知版刻图籍当为"阴德"中之最大者。

古代藏书家十分重视图书出版的意义，他们留下的箴言足以启迪后人。如清代常熟藏书家张海鹏自幼笃志于坟典，搜集金元两代遗集，较为全面，藏书楼称"借月山房"，刻书处为"传望楼"，先后刊刻有《学津讨源》《墨海金壶》《借月山房汇钞》，又辑《金㾗编》等。他以剞劂古书为己任，尝语人曰："藏书不如读书，读书不如刻书。读书只以为己，刻书可以泽人。上以寿作者之精神，下以惠后来之沾溉，其道不更广耶！"② 在张海鹏看来，刻书之用甚大，是存传人类精神遗产的最佳途径。

有的藏书家秉承光大国粹，激励民智之理念，积极从事出版工作。如近代广东顺德藏书家、社会活动家邓实，八国联军入侵中国后，痛感亡国无日，光绪二十一年（1905）在上海与黄节组织国学保存会，创办《国粹学报》，宣传国粹主义。徐信符记载其出版《国粹丛书》的经历及理念说：

> 光绪晚年，侨居沪上，正孙总理提倡革命民主主义磅礴泄发之时。秋枚与黄晦闻、章太炎辈，设立国学保全会，发行《国粹学报》，凡历六年，提倡汉族精神，鼓吹人民光复神州思想。于国学保存会附设藏书楼，所藏古籍至十五万余册，秋枚复编录藏书志，登载历期《国粹学报》中。所出版《国粹丛书》：一为明人墨迹尺牍；一为先儒手写遗书，及手抄校

---

① 叶德辉记载此语出自司马光之口，见叶德辉《书林清话》卷一，广陵书社 2007 年版，第 1 页。又元孔齐曾在《至正直记》卷二《别业蓄书》引用此语，未指出引自何人，见《宋元笔记小说大观》第六册，上海古籍出版社 2007 年版，第 6585 页。
② 《藏书纪事诗》卷六《张海鹏若云》引黄廷鉴《朝议大夫张君行状》，第 618 页。

之书；一为先儒著述；一为宋明遗民节士诗文集；一为明末遗民稗史杂记，凡分三集。复于书籍之外，设"神州国学社"，发行《神州国光集》，分金类、石类、泥类、书类、画类，用颜色玻璃版印刷。秋枚又于《国粹丛书》中，摘要编写《风雨楼丛书》。《诗》所谓："风雨如晦，鸡鸣不已。"有微意焉。当时国势危乱，钩党纷挐，而触破文网，令焚毁抽毁之禁书，次第展布，他日汉族重光，非无因也。①

邓实、黄节等人在上海成立国学保存会，以"研究国学，保存国粹"为宗旨，并正式发行机关刊物《国粹学报》。光绪二十一年至二十三年间（1905—1907），他们又陆续出版《国粹丛书》。邓实在《国粹保存会国粹丛书广告》中登载其宗旨说："近顷东文翻译之书盛行，短书小册，充塞于市。其书每多东涂西抹，至无可观。学者购一书，不能得一书之益。其一时风潮所煽，致使吾国古籍，虽极重要、极通行者，任购一种，反不可得。近日西方学者，方谓二十世纪之世，当以研求东洋二古学为急务（一中国学，一印度学），至设东方博学会，以搜求汉文典籍。本会有鉴于此，以研究国学保存国粹为宗旨，志在搜罗遗籍，或版已久佚者，或未曾刊行者，皆择其至精至要，无愧国粹，切于时用者，审定印行。汇为《国粹丛书》一大部，分作三集。今先将征采所得者，陆续付印行世。有宝国学，好古敏求之君子，当亦乐乎此也。"②《国粹丛书》的出版，是基于对民族危机的独特思考，他们欲借中国文化智慧避免西方资本主义制度弊端，以此来适应排满革命的需要。邓实等人"不仅感受到民族危机，更看到了民族危机与文化危机的一致性。相信文化危机是更本质、更深刻的民族危机"③，这种出版理念更多的是出于政治考虑。

历代藏书家中，秉持较为先进出版理念的，清人鲍廷博堪为代表。

乾隆三十九年（1774），因为向四库全书馆进献大量珍贵典籍，发还原书的时候，高宗御笔题诗于鲍氏所献之《唐阙史》《宋仁宗武经总要》二书上，

---

① 《广东藏书纪事诗稿》，第83页。
② 转引自汪家熔《辛亥革命前国粹派的出版活动》，《出版科学》2004年第6期。
③ 郑师渠：《晚清国粹派文化思想研究》，北京师范大学出版社2000年版，第36页。

以示宠耀，诗曰："知不足斋奚不足，渴求书籍是贤乎。长编大部都庋阁，小说卮言亦入厨。"另赏赐《古今图书集成》等，时人称羡，"盖千载稽古之士未有荣遇如斯者"①。鲍廷博亦商亦儒，无任何官职，其献书之目的主要是秉承"以散为聚"的思想，没有任何功利因素，他万万没有想到此举不但受到帝王赐书奖赏，居然还能得到御制诗和御墨。受此鼓励，鲍廷博决计将自家藏书以更为便捷的方式推广开来，这个方式便是刊刻《知不足斋丛书》。

丛书刊刻伊始，鲍廷博就命其为《知不足斋丛书》，这个名称凝注了他对父祖的深切纪念。鲍家本是官商相结合的家族，祖上是官宦之家，因此对于文化典籍并不陌生。鲍廷博祖父名鲍贵，是家族中从安徽歙县迁到杭州做生意的第一代人，他收藏一批祖传书籍文献，并教子习文，以求仕途有成。鲍贵儿子鲍思诩有文化，爱读书，把仕途作为主攻目标，把经商作为谋生手段。但是仕途不济，屡考不中，遂专心经营，家业渐厚。鲍思诩酷嗜书籍，在帮助父亲料理生意之余，只要见到珍本、善本，一定要设法购得，这样，鲍家藏书逐渐丰富，他取《大戴礼记》"学然后知不足"之语，名藏书楼曰"知不足斋"，有藏书永不满足之意。

鲍廷博自幼聪慧，以孝闻名，"事大父能孝，念父游四方，恒以孙代子职，得大父欢。大父卒，既葬，君父携家居杭州。君事父又以孝闻"②。这样一位对父祖充满孝心的人，在藏书、刻书上自然亦不忘先人，他善守心性，自称知不足斋后人，又名丛书为"知不足斋"，其意显然。

从乾隆四十一年（1776）开始，直到嘉庆十九年（1814）去世，鲍廷博后半生近40年时间，将全部家财和精力都用在了刻书之上，他无怨无悔，持之以恒，以巨大的耐心和毅力始终其事。随着丛书逐渐广为人知，清廷对此事也颇为关注，嘉庆十八年（1813），闻知鲍廷博《知不足斋丛书》已经刊刻到第二十六集，嘉庆皇帝十分欣慰，褒奖说："鲍廷博年逾八旬，好古积学，老而不倦。著加恩赏给举人，俾其世衍书香，广刊秘籍。"那年鲍廷博86

---

① （清）朱文藻：《知不足斋丛书序》，《知不足斋丛书》第一集卷首，上海古书流通处民国十年（1921）影印清乾隆嘉庆间刻本。

② （清）阮元：《揅经室集》卷五《知不足斋鲍君传》，中华书局1993年版，第495页。

岁，因为一生致力于《知不足斋丛书》刊刻而被赐为举人，诚为"艺林之胜事也"①。

再次受到鼓舞，鲍廷博刻书之志老而弥坚，可惜第二年，87 岁高龄的鲍氏因病去世。临终之际，他交代子士恭、孙正言，一定要将丛书刊刻完毕，以便感念浩荡之皇恩。儿孙们谨记鲍廷博遗训，又经过几年的努力，终于将全部 30 集丛书刊刻完毕。好友朱文藻论及其刻书缘由时，直言"戴君恩且承先志也"②，意思是鲍廷博为了感念君恩，同时也是发扬父祖藏书之家风才有刻书之举，十分切当。

二 版刻情况

藏书与刻书是古代文化中的双子座，在典籍产生、保存和传播中作用巨大。藏书纪事诗作者在弘扬藏书家藏书事迹时，大多能够联系他们的刻书事迹，收集相关的刻书史料，记述他们的版刻情况。

叶昌炽《藏书纪事诗》记载第一位藏书家为五代人毋昭裔，叶氏引用《宋史》相关资料，对毋氏藏书情况记载仅一句："性好藏书。"而主要内容是关于其刻书的："在成都令门人句中正、孙逢吉书《文选》《初学记》《白氏六帖》镂板。"接着又引用《焦氏笔乘》和《挥麈录》，内容还是关于毋氏刻书的。根据叶氏引用资料可知，毋昭裔及其儿子毋守素刻书具有以下几方面特征：一是刻书缘起于其为布衣时，"从人借《文选》《初学记》，多有难色。公叹曰：'恨余贫不能力致，他日稍达，愿刻板印之，庶及天下学者。'"借书被拒，遂有刻书之志。二是刻书内容以正经正史为主，先刻《九经》，接着刻《史记》《汉书》和《后汉书》等，其中，也坚持刊刻《文选》《初学记》和《白氏六帖》等大型典籍。三是刻书影响颇大，后唐时曾仿《九经》版式刻《五经》，而宋太祖灭蜀后，"命使尽取蜀文籍诸印本归阙。"③

宋代藏书家以刻书名者当数岳珂。岳珂是抗金名将岳飞之孙，一生著述

---

① （清）阮元：《揅经室集》卷五《知不足斋鲍君传》，中华书局 1993 年版，第 494 页。
② （清）朱文藻：《知不足斋丛书序》，《知不足斋丛书》第一集卷首，上海古书流通处民国十年（1921）影印清乾隆嘉庆间刻本。
③ 以上几则引文见《藏书纪事诗》卷一《毋昭裔守素》，第 1 页。

甚富，传世者有《鄂国金佗粹编》《鄂国金佗续编》《桯史》《愧郯录》《宝真斋法书赞》《棠湖诗稿》《玉楮诗稿》等。这位南宋著名学者在刻书史上亦享有盛名，主要"刊《九经》《三传》，以家塾所藏诸刻，并兴国于氏、建安余仁仲本，凡二十本。又以越中旧本注流、建本有音释注疏、蜀注疏合二十三本。专属本经名士，反覆参订，始命良工入梓"。与其他刻书家不同，岳珂所刻《九经》以南宋廖莹中世彩堂本为底本，又刻《春秋左传》《公羊传》和《穀梁传》，在此过程中开始有意识总结刻书中遇到的具体问题，并结合刻书实践，提出合理解决方案，撰写《相台书塾刊正九经三传沿革例》一书，在原本《九经总例》基础上充实完善校勘凡例和细则，这个校勘凡例和细则共分书本、字画、注文、音释、句读、脱简、考异七个方面，十分完备，"考异皆罗列条目，详审精确，不可不家置一编也"①。

藏书纪事诗还记载诸多藏书家刻书逸事。明人王士禛在《池北偶谈》中有一则刻书趣事，叶昌炽收入《藏书纪事诗》中：

> 明尚宝少卿王延喆，文恪少子也。其母张氏，寿宁侯鹤龄之妹，昭圣皇后同产。延喆少以椒房入宫中，性豪侈。一日，有持宋椠《史记》求鬻者，索价三百金，延喆给其人曰："姑留此，一月后可来取直。"乃鸠工就宋本摹刻，甫一月而毕。其人如期至，绐之曰："以原书还汝。"其人不辨真赝，持去。既而复来曰："此亦宋椠，而纸差不如吾书，岂误邪？"延喆大笑，告以故，因取新雕本数十部，散置堂上。示之曰："君意在获三百金耳，今如数予君，且为君书幻千万亿化身矣。"其人大喜过望。今所传有"震泽王氏摹刻"印，即此本也。②

文中的王延喆为明代名臣、著名学者，"震泽先生"王鏊之长子，以父荫为官。归田后勤于藏书，喜宋元善本，并精于校勘，又据其家藏秘本宋椠，翻刻书颇多，所刻之书，必经雠校，方印行。不过，王渔洋所谓王延喆一月时间刻成《史记》之事，学界多不信其说，明人钱泰吉在《王刻史记跋》中

---

① 《藏书纪事诗》卷一《岳珂肃之》引《曝书杂记》，第60页。
② 《藏书纪事诗》卷二《王文恪鏊　子延喆子贞　徐文敏缙》引《池北偶谈》，第129页。

第十一章 藏书纪事诗与古代典籍史料

考证认为，王延喆以家藏宋本为底本，且前后用时15个月之久，叶昌炽给以诗曰："一月何能付枣梨，新城谰语太无稽。"当为公允之论。

清及近代，藏书家更有财力、精力从事刻书事业。有刻书重视流传的，如鲍廷博"多刻所藏古书善本，公诸海内"①；还有喜欢仿宋的，如刘世珩"精鉴藏，刻书好仿宋，皆出武昌陶子麟手。所刻如《孔子家语》《陶诗》《杜诗》之类，余终疑是明翻宋本，非果宋本也。凡陶氏所刻之书，皆作如是观"②；有笃重友谊为朋好刻书的，如李宣龚"为挚友所刊诗文有诸贞壮《大至阁集》、林旭《晚翠轩遗诗》、林亮奇《寒碧诗》、杨锺羲《历代五言古诗评选》《圣遗先生诗》、冒广生《后山诗笺注》、王允晳《碧栖诗词》，其笃厚于友谊如此"③；有不惜花费巨资刻书的，如姚石子，"曾力任刊印《南社丛刊》22集，耗资巨甚，在所不惜，人多赞之"④，等等，不一而足。

记载藏书家刻书成就之外，藏书纪事诗诸作还收集了许多古代印刷技术史料，可供研究古代印刷术者利用。

"范铜制出胶泥上，屈铁萦丝字字分。一日流传千百本，何人不颂会通君。"⑤ 这是叶昌炽在《藏书纪事诗》中专咏"活字板"一首诗，诗作将历史上发明和利用活字印刷术的代表人物毕昇、华燧、华珵、华坚等合为一传，充分体现出叶氏对于古代印刷术变革的关注。

毕昇发明的活字印刷术，同雕版印刷术一样，是萌芽于古代特有的文化文明和物质生产基础之上的，"从思想文化角度看，几千年传统文化的不断发展，著作大量产生，而且有越来越多的人需要图书，这就促使人们去寻求比雕版印术更先进的印刷技术来适应思想文化发展的历史需要，促使人们去研究、创造活字印刷术"⑥。《藏书纪事诗》引用《梦溪笔谈》记述此事说：

> 庆历中，有布衣毕昇为活板。其法用胶泥刻字，薄如钱唇，每字为

---

① 《藏书纪事诗》卷五《鲍廷博以文》引阮文达《知不足斋鲍君传》，第526页。
② 《辛亥以来藏书纪事诗》，第46—47页。
③ 《上海近代藏书纪事诗》，第32页。
④ 同上书，第51页。
⑤ 《藏书纪事诗》，第730页。
⑥ 李万健：《中国古代印刷术》，大象出版社1997年版，第75页。

· 443 ·

一印，火烧令坚。先设一铁板，其上以松脂蜡和纸灰之类冒之。欲印，则以一铁范置铁板上，乃密布字印，满铁范为一板。持就火炀之，药稍熔，则以一平板按其面，则字平如砥。若止印二三本，未为简易，若印数十百千本，则极为神速。①

毕昇所发明的泥活字印刷术，印刷程序十分明朗，但是史上一直没有留存泥活字印刷实物。毕昇之后，从事活字印刷术研究者大有人在，后人多在金属活字印刷上下功夫。据文献记载，早在南宋末年就出现了锡活字，而现存最早的金属活字印本是元至正元年（1341）的铜活字印本《御试策》。到了明代，铜活字印刷达到高潮，分布地区也非常广泛，无锡、常州、苏州、南京、杭州等地都使用过铜活字印刷。其中无锡华燧、华坚等华氏家族是较有代表性的一家。

华燧（1439—1513），字文辉，号文通，无锡人。邵宝记载其创制使用活字印刷经过云："少于经史多涉猎，中岁好校阅同异，辄为辩证，手录成帙，遇老儒先生，即持以质焉。既而为铜字板以继之，曰：'吾能会而通之矣！'乃名其所曰'会通馆'，人遂以会通称或丈之，或君之，或伯仲之，皆曰会通云。君有田若干顷，称本富，后以勚书，故家少落，而君漠如也。"② 至今流传于世的华氏会通馆铜活字印本有《锦绣万花谷》《容斋随笔》等。华坚，生卒年不详，字允刚，为华燧之侄，书坊名"兰雪堂"，印有《艺文类聚》《蔡中郎集》等。其中，华氏活字印刷的《艺文类聚》留存至今，为研究古代活字印刷术不可缺少之实物。

记载古代印刷术史料外，藏书纪事诗亦关注近代藏书家运用新式印刷术印制书籍的情况。伦明记载民国江西丰城藏书家熊罗宿说：

> 晚岁于故都设丰记书庄，又影印《旧五代史》《岳刻五经》，俱获利，而败于《江氏音学十书》。盖印此书时，因图雇工购料之便，移家上

---

① 《藏书纪事诗》卷七《毕昇　华燧文辉　华珵汝德　华坚》，第 730 页。
② 《藏书纪事诗》卷七《毕昇　华燧文辉　华珵汝德　华坚》引邵文庄《会通君传》，第 730 页。

海。又欲究求一更精更捷之新法，诸工人皆待先生指挥，而先生午夜读书，至翌日午始起床，工人上半日皆不事事。又以款不足，奔走筹措，常数月不归，数月中，工人俱无所事事。数年书未印成，又须退回购预约者之原值，所借未皆出重息，遂到破产。先生未设肆前二年，居故都研求，得一新法，系用影版粘钢版上，以某项药水浸之，取出如字刻木上。据云较石印工省，而先生是时境已大窘，不得一试。方研求之际，助之者有书庄伙计黄玉，玉能传其法，亦无有试之者。先生殁后，遗稿并仅存之书，归南昌图书馆，尚得三千金。①

熊罗宿先生一生致力于藏书和印书，虽然最后因为印刷《江氏音学十书》而家业散亡，但他矢志不渝，仍大胆革新，采用比石印较省的新式印刷方法，在近代私家印刷史上留下光彩的一页。

第三节　图书流传史料

我国图书典藏事业历史悠久，而私人藏书是这一专门史中的一个重要组成部分。古代私人藏书家以毕生精力聚书藏书、修书补书、买书卖书、读书校书，甚至著书刻书，他们与文化创造、传播，有着直接关系，因此，藏书史是传统文化的重要组成部分。藏书纪事诗"所写有关藏书家的著作，都是研究和编写中国图书馆事业发展史不可缺少的参考资料"②，收录了较多图书流传史料。

一　藏书厄运

关于私家藏书去向，藏书纪事诗重点记述藏书所遭受的种种厄运，归纳起来，大致有如下数种。

---

① 《辛亥以来藏书纪事诗》，第97页。
② 《续补藏书纪事诗》卷首李希泌《前言》，第2页。

（一）毁于兵

古代中国战争频仍，战火带来的不仅是生命财产的焚荡，亦于典籍有灭顶之灾。早在西汉末年，黄巾起义波及都城，史载"昔王莽、更始之际，天下散乱，礼乐分崩，典文残落"[①]。此后，每次朝代更迭，总有战乱相随，而典籍亦每每充当战争牺牲品。以宋代而论，其时经济繁荣，文化昌明，统治者奉行右文政策，雕版印刷已经普及开来，图书编纂蔚然成风，仅以文集论，"君臣上下，未尝顷刻不以文学为务，大而朝廷，微而草野，其所制作、讲说、记述、赋咏、动成卷帙，繁而数之，有非前代所及也"[②]，职此之故，宋代私家藏书远迈前代。但是，北宋末年的靖康之难和南宋末年的元兵南侵，私家藏书多毁于战火。陆游记载说："李邯郸所蓄三万卷，靖康之变，金兵犯阙，散亡皆尽。"[③]周密亦云："世间万物，未有聚而不散者，而书为甚。宋室承平时，如南都戚氏、历阳沈氏、庐山李氏、九江陈氏、鄱阳吴氏、王文康、李文正、宋宣献、晁以道、刘壮舆，皆号藏书之富，靡不厄于兵火。"[④]宋代出现大量私人藏书家，史书多不载其姓名，究其原因，多为藏书被毁而湮没史册。

史书对于宋代私家藏书毁于战火之事记载粗略，难言其详，明清以后，记载渐详。明代嘉兴项氏累世藏书，"尽为千夫长汪六水所掠，荡然无遗"[⑤]，这是被军人掠走；明末乌程（今浙江吴兴）藏书家潘曾纮的藏书在鼎革时惨遭兵燹，"士兵至以书于溪中叠桥为渡，以搬运什物"[⑥]，书籍竟成为"筑桥"的建筑材料；捻军侵袭聊城时，海源阁主杨以增带领藏书四处躲避战乱，但

[①] （南北朝）范晔：《后汉书》卷七十九上《儒林传序》，中华书局1969年版，第2545页。
[②] （元）脱脱等：《宋史》卷二百零二《艺文志叙》，中华书局1977年版，第5033页。
[③] 《藏书纪事诗》卷一《李淑献臣》引陆游《跋京本〈家语〉》，第21页。按，叶昌炽引用此文有删节，原文为："本朝藏书之家，独称李邯郸公、宋常山公。所蓄不减三万卷，而宋校雠尤为精详。不幸两遭回禄之祸，而方策扫地矣。李氏书属靖康之变，金兵犯阙，散亡皆尽。"见陆游《渭南文集》卷二十八《跋京本〈家语〉》，《四部丛刊》第1223册。
[④] 《藏书纪事诗》卷一《南都戚氏　九江陈氏　胡仲尧》引周密《齐东野语》，第12页。
[⑤] 《藏书纪事诗》卷三《项元汴子京　项禹揆子毗　项德棻》引《韵石斋笔谈》，第247页。
[⑥] 《藏书纪事诗》卷三《潘曾纮昭度》引《吴兴藏书录》，第289页。

最终藏书中"宋元旧椠,所焚独多"①,这是被军人所烧。藏书毁于战争较详的记载,莫过于晚清四大藏书楼之一的常熟瞿氏铁琴铜剑楼:

> 咸丰庚申(1860)四月,粤寇陷苏州。吾邑瞿氏,家世藏书。闻警,敬之、濬之昆仲检世所罕有者,分置邨北之荷花溇、西之桑坝及香塘角,又取经部寄于周泾口张氏。八月,常熟陷,亲至各处捆载,舍去十之二三,择千余种,一寄归市董氏,再寄张市秦氏,复运至鹿阿唐氏。已而土寇蜂起,复运至定心潭苏氏。同治元年(1861)十二月,吾邑首先反正,四乡蹂躏殆遍。瞿氏之书,一劫于菰里,再劫于香塘角,所存仅苏氏一处。乃更择宋元刊及秘钞精校本,汇集十夹板,二年二月渡江,藏之海门大洪镇。五月寇退,载书回里,其幸存者计若干种,可谓艰矣。②

铁琴铜剑楼藏书,"除兼收了张氏爱日精庐、陈氏稽瑞楼之大部分善本之外,还有许多收自汪士钟艺芸书舍、黄丕烈百宋一廛、周锡瓒水月亭、袁又恺五研楼及顾抱冲小读书堆"③,品质很高,仅《铁琴铜剑楼藏书目录》就收录善本秘籍1242种,其中宋版161种、金版3种、元版105种,堪与黄丕烈"百宋一廛"相媲美。但是,咸丰间洪杨之乱,瞿氏藏书惨遭厄运,"幸存者计若干种",令人惋惜。又如近代上海藏书家周越然藏书楼曰"言言斋",地处上海闸北,是一幢西式二层楼房,"被毁于'一二八'战火中,藏书亦随之化为灰烬"④,苦心经营多年,一场战火过后,片纸无存,战争于藏书之危害至巨至大。

(二)毁于火

火灾是图书遭受自然灾害中最常见和最为严重的一种,历史上,官府藏书屡次因火灾而被毁。如《左传》哀公三年(前492)载:"夏五月辛卯,司铎火,火逾公宫,桓、僖灾,救火者皆曰顾府。南宫敬叔至,命周人出御书,

---

① 《藏书纪事诗》卷六《杨端勤以增 子绍和彦合》引《楹书隅录》,第628页。
② 《藏书纪事诗》卷六《瞿绍基》引张瑛《虹月归来图记》,第647页。
③ 肖东发、李云:《中国私家藏书》(下),贵州人民出版社2009年版,第180—181页。
④ 《上海近代藏书纪事诗》,第45页。

俟于宫。……子服景伯至，命宰人出礼书。……季桓子至……命藏象魏，曰：'旧章不可亡也。'"①这是有文献记载的史上最早在火灾现场抢救国家藏书的事例。以私家藏书而言，最早遭受火灾的记载当数东晋葛洪，他称自己藏书"累遭兵火，先人典籍荡尽"②，此后，历代私家藏书楼遭受火灾之厄者比比皆是，藏书纪事诗于此记载较多。

宋代苏州著名学者、藏书家叶梦得藏书数万卷，但叶氏去世不久，"守者不谨，屋与书俱烬于火"③。南宋上虞（今属浙江宁波）藏书家李庄，藏书多达10万卷，于丁卯年（1147）"俱荡一燎"④。藏书家面对一生心血汇聚的藏书惨遭祝融之灾，往往痛不欲生，如明代"前七子"之一、山东历城藏书家边贡，癖于求书，搜访金石古文甚富，"一夕，毁于火，仰天大哭曰：'嗟乎，甚于丧我也。'病遂笃"⑤，哀痛之情太甚，最后竟因此而去世，可为叹息。史上私家藏书遭受火灾最为惨痛的莫过于明末清初钱谦益绛云楼被焚，这场火灾使绛云楼中73个大书柜所藏的宋刻孤本等化为灰烬，曹溶记载说：

> 虞山宗伯，生神庙盛时。早岁科名，交游满天下。尽得刘子威、钱功父、杨五川、赵汝师四家书，更不惜重赀购古本。书贾奔赴捆载无虚日，用是所积充牣，几埒内府，视叶文庄、吴文定及西亭王孙或过之。中年，构拂水山房，凿壁为架庋其中。晚岁居红豆山庄，出所藏书，重加缮治，区分类聚，栖绛云楼上，大楷七十有三。顾之自喜曰："我晚而贫，书则可云富矣！"甫十余日，其幼女中夜与乳媪嬉楼上，剪烛炧落纸堆中，遂燧。宗伯楼下惊起，焰已张天，不及救，仓皇出走。俄顷楼与书俱尽。余闻骇甚，特过唁之。谓余曰："古书不存矣！"宗伯每一部书，能言旧刻若何，新板若何，中间差别几何，验之纤悉不爽，盖于书无不

---

① 《春秋左传正义》卷五十七，《十三经注疏》整理本，北京大学出版社1999年版，第1625—1626页。
② （东晋）葛洪《抱朴子·外篇》卷五十《自叙》，《诸子集成》本，中华书局1954年版，第200页。
③ 《藏书纪事诗》卷一《叶梦得少蕴》引《直斋书录解题》，第37页。
④ 《藏书纪事诗》卷一《李庄简光》引《挥麈录》，第37页。
⑤ 《藏书纪事诗》卷二《边贡庭实》引《列朝诗传》，第140页。

读，去他人徒好书束高阁者远甚。然大偏性，未为深爱古人者有二端：一所收必宋元板，不取近人所刻及钞本；虽苏子美、叶石林、三沈集等，以非旧刻，不入《目录》中。一好自矜啬，傲他氏以所不及，片楮不肯借出；尽有单行之本，烬后不复见于人间。余深以为鉴戒。①

钱氏藏书多宋元善本、孤本，几可与内府埒。关于这次大火造成的藏书损失，钱氏事后曾说："甲申（1644）之乱，古今书史图籍一大劫也；吾家庚寅（1650）之火，江左书史图籍一小劫也。今吴中一二藏书家，零星捃摭，不足当吾家一毛片羽。"②

同样因火灾而遭"江左"图籍之难者，还有晚清江西九江藏书家李盛铎。李氏三代藏书，楼名"木犀轩"，后又有藏书室"古欣阁""凡将阁""蜚英馆"等十余处，收有四明卢氏、长沙袁氏、宁波范氏等藏书，并编有《木犀轩藏书目录》。惜保护不慎，光绪十九年（1893）冬，"知木斋（李盛铎号）扬州寓庐火，藏书二百箧尽为祝融氏所收，中多明人集部，世间不经见之本，亦江左文献之厄也"③，令人痛惜不已。

藏书与火是一对天然的冤家，任何时代都难免两者之间的"碰撞"，但是，史上也有极端的例子，如王謇记载：

> 陆颂尧（鸣冈），世居上海，专收郭天锡而下尽明清迄辛亥初之私家起居注，在日记一类，可谓上下古今，真知笃好者矣。寓邸曾遇祝融，楚人一炬，六丁悉数收去。人谓书神无灵，实则陋规积习，救火警士未遂所欲，则坐视不救。已允总犒五千金矣，而中夜无从支付现钞，遂使名家稿抄校本日记真迹火炎昆冈，玉石俱焚矣，可胜浩叹！④

陆颂尧，生卒年不详，字陇梅，号花好迟斋，秭园诗词社社员。与海上

---

① 《藏书纪事诗》卷四《钱谦益受之》引曹溶《绛云楼书目题词》，第335—336页。
② 钱氏语载《天禄琳琅书目·宋本汉书跋语》，见《清人书目题跋丛刊》（十），中华书局1995年版。《藏书纪事诗》卷四《钱谦益受之》引，第336页。
③ 《缘督庐日记钞》第二册"光绪十九年十一月二日"，第272页。《续藏书纪事诗》卷七《李盛铎木斋》引，文字稍异，第265页。
④ 《续补藏书纪事诗》，第33页。

诸书画人、鉴藏家交往甚密。作为上海近代著名收藏家，陆氏收藏图书很有特色，然不幸遇火，本尚有救，怎奈其时有陋习，火警到后，先讨费用，而后救火，闻所未闻。可知典籍虽小，关乎国运。

当然，古代典籍毁于火也有人为因素。如南唐江南藏书家江正（字元叔），入宋任越州刺史，藏书多达万卷，其人去世后，子孙不能守，悉数散出，"有张氏者，所购最多。其贫乃用以为爨，凡一箧书为一炊饭"①。以藏书为炊火烧饭，令人瞠目。

（三）毁于水

藏书怕火，亦惧水，史上毁于水之图籍不在少数。史载，隋代官府藏书盛时多达37万卷，隋末战乱，频遭摧残，最大一次即为水灾。唐武德五年（622），李世民打败王世充收复洛阳，尽收其图籍，"命司农少卿宋遵贵载之以船，泝河西上，将致京师。行经底（砥）柱，多被漂没，其所存者，十不一二"②。此次典籍没于水中，为古代文化一厄，各类史书皆有记载。唐诗人陆龟蒙《奉和袭美二游诗》中云："砥柱不我助，惊波涌沦涟。遂令因去书，半在余浮泉。"③就是吟咏此事的。

藏书纪事诗对史上私家藏书毁于水灾多有记载。宋代洛阳藏书家富弼为官各地，藏书万卷，但"甲子岁（1084），洛阳大水。公第书无虑万卷，率漂没放失，市人得而鬻之，'镇海节度'印章犹存"④。其时富弼刚刚作古，地下有知，该痛惜若何。南宋时普州（今四川安岳县）藏书家刘仪凤，将俸禄之半用于购书，藏书万卷之多，"既归蜀，亦分作三船，以备失坏。已而行至秭归新滩，一舟为滩石所败，余二舟无他，遂以归普慈，筑阁藏之"⑤，藏书三分之一沉没于长江，情形与唐初宋遵贵运送隋朝宫廷藏书漂没于黄河十分相似。

---

① 《藏书纪事诗》卷一《江正元叔》引《挥麈后录》，第5页。
② 《隋书》卷三十二《经籍志》，中华书局1973年版，第908页。
③ 《全唐诗》卷六百一十七，中华书局1960年版，第7113页。
④ 《藏书纪事诗》卷一《富文忠弼》引《东观余论》，第22页。
⑤ 《藏书纪事诗》卷一《刘仪凤韶美》引《老学庵笔记》，第51页。

明代私家藏书淹没于水最为惨痛者，莫过周定王六世孙朱睦㮮之藏书。《明史》称："睦㮮幼端颖，郡人李梦阳奇之。及长，被服儒素，覃精经学，从河、洛间宿儒游。年二十通《五经》，尤邃于《易》《春秋》。谓本朝经学一禀宋儒，古人经解残阙放失，乃访求海内通儒，缮写藏弃，若李鼎祚《易解》、张洽《春秋传》，皆叙而传之。吕柟尝与论《易》，叹服而去。益访购古书图籍，得江都葛氏、章丘李氏书万卷，丹铅历然。论者以方汉之刘向。"① 朱氏藏书处称为万卷堂，图书大多购自江都葛氏、章丘李氏。明崇祯十五年（1642）二月，李自成率军攻打开封城，守军议决朱家寨黄河水淹李自成军，而其时李自成军亦议决马家口黄河水淹守军。九月，天大雨，两处同时决口，声如雷霆，水从北门入，穿东南门出，城中百万户皆没，朱氏万卷堂毁于一旦，"漂荡于洪流怒涛，可胜叹哉"②，叶昌炽为之诗曰：

　　一线惊涛逼丽谯，西亭万卷叹漂摇。
　　经衣史服何从见，栎下生歌汴上谣。③

（四）毁于人

人类是文明的创造者，也是文明的毁灭者。就典籍灭没而言，人类加于其上最甚。史上典籍遭受人祸，莫过于秦，《史记》记载说："臣（李斯）请诸有《诗》《书》百家语者，蠲除去之。令到满三十日弗去，黥为城旦。所不去者，医药卜筮种树之书。"④ 此次人祸毁灭了大量先秦典籍，究竟有多少古代文化随之湮灭，不可得知，这不仅是中华民族的文化灾难，也是世界文化的一场浩劫。

古代统治者为统治需要，多有禁毁典籍之举，大量图籍因之消失。徐信符记载广东藏书家屈大均说：

---

① 《明史》卷一百一十六，中华书局1974年版，第3569页。
② 《藏书纪事诗》卷二《周定王橚　朱睦㮮灌甫》引《明诗综》，第95页。
③ 《藏书纪事诗》卷二《周定王橚　朱睦㮮灌甫》，第94页。
④ （汉）司马迁：《史记》卷八十七《李斯列传》，中华书局1959年版，第2546页。

翁山著述繁博，其《广东新语》《四朝成仁录》《翁习易外》《翁山文外》《翁山诗外》五种，号曰"屈沱五书"。此外，《道援堂集》《军中集》《四书考》犹不在内。又欲辑《广东文集》，书虽未成，序例犹可概见。已成之《广东文选》，于乡邦文献搜罗宏富，则当时收藏可见一斑。至乾隆间四库馆开，以修书为名，实以焚书为务，凡有抵触违碍清朝者概行毁禁。翁山富有民族思想，所为词句慷慨激昂，致遭清廷之忌，以其著述悉入《全毁书目》中，片纸只字不得流传。因所著而及所藏，乡祠遗籍也悉荡然。此后吉光片羽，殊不易睹矣。①

屈大均生在明末清初，为当时著名学者、诗人，与陈恭尹、梁佩兰并称"岭南三大家"。清兵南侵，他曾与魏耕等从事反清活动，因而，其集中有较多的反清主张。清乾隆间修《四库全书》，清廷欲通过征收典籍，彻底了解民间到底存在多少不利于本朝统治的典籍，而散在民间的明末野史及相关诗文一向为清廷主要关注的对象，一经发现，铲尽不留，这便是"寓禁于征"之举。乾隆帝亲力亲为，指名查禁多位著名学者文集，屈大均即其一也。乾隆帝谕旨说："据李侍尧等奏，查出屈大均悖逆诗文，粘签进呈销毁，并请将私自收藏之屈稔浈等按律治罪一折，已明降谕旨，将屈稔浈、屈昭泗免其治罪，止将其书销毁，并再行宣示，令各及早呈报，各督抚等务当实力妥办。"②

统治者禁毁典籍之外，藏书家后人不守，亦为人祸之大者。如明人胡应麟记载："刘元子从朝鲜还，言彼中书籍多中国所无。且刻本精良，无一字不仿赵文敏。惜为倭残毁，圊溷之间，往往以书幅拭秽。"③ 这是以书除秽，是对典籍的莫大侮辱，真真斯文扫地也。藏书纪事诗对于藏书毁于人祸记载颇多，其情形大致有如下几种。

有子孙荒疏，不承父祖业者。如清末广东番禺藏书家石德芬，曾任晚清广东、四川等地道员，民国时，先后在广东、北京设学馆，授徒讲学，任惠

---

① 《广东藏书纪事诗》，沈云龙《近代中国史料丛刊》第20辑，台北文海出版社1975年版，第146—147页。
② 中国第一历史档案馆：《纂修四库全书档案》，上海古籍出版社1997年版，第282页。
③ （明）胡应麟：《甲乙剩言》，《中国野史集成续编》第17册，巴蜀书社2000年版，第827页。

州丰湖书院讲习。家以经营盐业致富，嗜藏书，收书颇富，有"石室""徂徕山馆"等藏书室，自称藏书四部略备，宋本元刊亦有数种。但是，石氏因为有一个逆子，藏书在其生前即遭贱卖。徐信符记载说："星巢（石德芬字）入蜀后，其子某娱情声色，在珠江花舫一席千金，经史阁书贾卢某为之作介，不须论价，不及一载书已斥卖殆尽矣。"①

还有门生不遵师道者。如明代鄞县（今浙江宁波）丰坊出身藏书世家，极喜藏书，其家藏书起自北宋。宋南渡后，历元迄明，代有闻人，收藏愈富，建书楼"万卷楼"，所藏《千字文》《孝经》《龙瑞宫记》及诸多宋元刻本、钞本、碑帖等，皆称海内墨宝。丰氏有良田千余亩，典卖以购法书、名帖、古籍，藏古碑刻较多，人称"书淫""墨癖"。但他"晚得心疾，潦倒于书淫墨癖之中，丧失其家殆尽。而楼上之书，凡宋椠与写本，为门生辈窃去者，几十之六"②，万卷藏书毁于门生之手。

有吏以为苦，故意毁坏者。宋人王得臣《麈史》记载了这样一件事："（姚）铉谪居连州，尝写所著《文粹》一百卷，好事者于县建楼贮之。官属多遣吏写录，吏以为苦，以盐水噀之，冀其速坏。后以火焚其楼。"③姚铉所撰《文粹》即《唐文粹》，选录《文苑英华》中唐人作品，以古体诗为主，不收四六文、近体诗，唐文风貌于此书可以一览无余，但连州俗吏无知，以抄书为苦，竟多次人为毁坏，甚而焚楼毁书，真真令人愤怒。

有奴仆无知者。《世说新语》载："郑玄家奴婢皆读书。尝使一婢，不称旨，将挞之。方自陈说，玄怒，使人曳箸泥中。须臾，复有一婢来，问曰：'胡为乎泥中？'答曰：'薄言往愬，逢彼之怒。'"④大学者家的奴婢满口经传，传为佳话。但是，在古代等级社会中，奴仆是统治阶级的私有财产，统治者为了便于管理，自然不愿意将文化知识传给他们，能够像郑玄家奴仆拥有一定文化知识的实在鲜少。缺少文化知识的奴仆对于典籍的价值自然缺少

---

① 《广东藏书纪事诗稿》，第81页。
② 《藏书纪事诗》卷二《丰坊存礼》引全祖望《天一阁藏书记》，第178—179页。
③ 《藏书纪事诗》卷一《姚铉宝臣》引《麈史》，第15页。
④ （南朝宋）刘义庆：《世说新语校笺》卷上《文学》，徐震堮校笺，中华书局1984年版，第105页。

足够的认识，如元代阙里（今山东曲阜）藏书家孔文昇，为孔子五十四世孙，其藏书之毁令人惋惜，《至正直记》载：

> 吾家自先人寓溧阳，分沈氏居之，半以为别业。多蓄书卷，平昔爱护尤谨，虽子孙未尝轻易检阅。必告于先人，得所请，乃可置于外馆。晚年子弟分职，任于他所，惟婢辈几人在侍。予一日自外家归省，见一婢执《选诗演》半卷，又国初名公柬牍数幅，皆剪裁之余者。急叩其故，但云：某婢已将几卷梢鞋帮，某婢已将几卷覆酱瓿。予奔告先人，先人曰："吾老矣，不暇及此。尔等居外，幼者又不晓事，婢妮无知，宜有此哉！"不觉叹恨，亦无如之何矣。①

婢女无知，竟将珍贵典籍剪作女红材料，殊可叹息。还有的是奴仆熟悉典籍价值，偷偷变卖取值，如元代鄞县（今属浙江）学者袁桷，"承祖父之业，广蓄书卷。国朝以来，甲于浙东。伯长没后，子孙不肖，尽为仆干窃去，转卖他人，或为婢妾所毁者过半"②。近代广东番禺藏书家梁思孝遵照亡父梁鼎芬遗愿，将600箱典籍捐给广东省图书馆，但剩余藏书在其身后多毁于仆妾之手。伦明为之诗传中有"小人女子败而家"之句，并沉痛记载此事说：

> 梁按察子思孝，性谨而痴。按察素主满汉通婚，取满官族女为子妇。妇与其母兄俱吸鸦片，母兄乏，则移家就女，倾产不足以供。按察有仆史某，殁后，其妾倚用之。史乘间窃书出，久之，事破。其戚崔介其余书归余，佳本略尽矣。按察每得一书，必自写书名卷数刻于木夹上，字秀劲，售书时，其子以木夹有先人手迹，留之，余争不能得，然弃置不复问，厨妇旋杂薪炭摧烧矣。③

清末广东梅州著名藏书家丁日昌藏书也是毁于仆妾之手，伦明记载说："持静斋书之散出，世人多不知其故，亦不知其始于何时。以余所闻，揭阳城

---

① 《藏书纪事诗》卷二《孔文昇退之　子克齐行素》引《至正直记》，第87—88页。
② 《藏书纪事诗》卷二《袁文清桷》引《至正直记》，第84页。
③ 《辛亥以来藏书纪事诗》，第23页。

内有书店多家，专伺丁书。书之出也，悉由婢仆之手，多少精劣全缺不一。久之又久，而书已尽。广州有华英书局者，亦分支店于揭阳，有所得，随寄广州。"① "久之又久，而书已尽"，仆妾破坏力之大，可以想见。

（五）毁于其他

上述四种外，中国私家藏书还可能因为诸多因素而被毁或分流，这些因素有的是单一的，有的则是综合的。如宋代著名藏书家赵明诚和李清照夫妇的藏书，"金寇陷洪州，遂尽委弃。所谓连舻渡江之书，又散为云烟矣。独余少轻小卷轴书帖，写本李、杜、韩、柳集，《世说》《盐铁论》，汉、唐石刻副本数十轴，三代鼎彝十数事，南唐写本书数箧。偶病中把玩，搬在卧内者，岿然独存。绍兴壬子，将家中所有寄剡。官军收叛卒，取去，闻尽入故李将军家。所谓岿然独存者，无虑十去五六矣。惟有书、画、砚、墨可五七簏，更不忍置他所，常在卧榻下，手自开阖。在会稽，卜居土民钟氏舍。忽一夕，穴壁负五簏去"②，赵、李夫妇二人的藏书连遭兵燹、官府查获与贼窃，南渡后所剩 15 车，十去七八。上文提到梁鼎芬的藏书先后经历了偷窃、变卖和摧烧，好在梁思孝把剩下的 600 余箱藏书悉数捐给了广东省图书馆，否则亦不可逆料去向。

元末明初，江南三大藏书家之一的松江人庄肃（号蓼塘），储藏书画达 8 万卷之多。他曾仕于宋，任秘书院小吏，宋亡后隐居不仕。史载庄肃既没，藏书倍遭摧残，"子孙不知爱惜，或为虫鼠蚀啮，或为邻识盗窃，或供饮博之需，或应糊覆之用，编帙散乱，所存无几。至正六年（1346），诏求遗书，有以书献者予一官。江南藏书多者止三家，庄其一也。继命危学士素特来选取。其家恐兵遁图谶干禁，悉付祝融"③，先后经历了虫鼠蚀啮、邻里盗窃、烧柴、糊墙、盖瓮、火灾等，先世藏书至此毁焚殆尽。

面对藏书散佚，古人有很多感慨，更有很多无奈，诚如黄宗羲所言："尝

---

① 《辛亥以来藏书纪事诗》，第 8 页。
② 《藏书纪事诗》卷一《赵明诚德父　李清照易安》引李清照《金石录后序》，第 40—41 页。按，叶昌炽所引《金石录后序》多节文。
③ 《藏书纪事诗》卷二《庄肃恭叔》引《辍耕录》，第 81 页。

叹读书难，藏书尤难，藏之久而不散，则难之难矣。"①

二 辗转私藏

藏书家之间的相互授受，使得图书一直受到应有的重视，也为典籍的研究、整理、保存等提供了便利，藏书纪事诗诸作对此记述较多。

叶昌炽《藏书纪事诗》所载藏书家事迹从五代到宋元，且传文部分以罗列各类史料为主，因而记述私家间藏书流转呈现轮廓化倾向。如黄丕烈记载明末清初泰兴藏书家季振宜说："季氏书半出钱氏。"② 钱曾记载自己曾售书给江苏太仓藏书家顾湄说："丙午丁未（1666—1667）之交，余售书季沧苇。"③ 清代浙江仁和（今杭州）赵昱之藏书，"卒后，悉载归广陵马氏"④，"马氏"即扬州大盐商马曰琯、马曰璐兄弟二人，号称"扬州二马"，兄弟二人拥有雄厚的资金，兴建小玲珑山馆、丛书楼等藏书楼，远近士子前来读书。叶昌炽仅是搜集各种史料来为藏书家作传，因而关于藏书流向问题较为简略。

叶氏之后的各种续作所记藏书家多为晚近以来人，作者与闻其人其事，因而对于典籍在藏书家之间的流转记载颇为具体，而流转的途径有赠送、买卖、抵押、互换、托管、巧取等多种方式。其中，《上海近代藏书纪事诗》记载藏书家典籍多流入公藏，而《扬州近代藏书纪事诗》记载私人间流转仅有测海楼吴氏："吴氏昆仲殁后，于民国二十年（1931），适逢大水，吴氏后人遂将其测海楼藏书以四万元售于富晋书社书贾王富晋。其书共计五百八十九箱，八千零二十余种。"⑤

笔者排比各书，将书中记载典籍在私家间流转情况表列如下。

---

① （清）黄宗羲：《天一阁藏书记》，李希泌、张椒华《中国古代藏书与近代图书馆史料（春秋至五四前后）》，中华书局1982年版，第36页。
② 《藏书纪事诗》卷四《季振宜沧苇》引黄丕烈《季沧苇书目序》，第378页。
③ 《藏书纪事诗》卷四《顾湄伊人》引《读书敏求记》，第377页。
④ 《藏书纪事诗》卷五《赵昱功千 弟信辰垣 子一清诚夫》引《碧溪诗话》，第472页。
⑤ 《扬州近代藏书纪事诗》，《扬州史志》（内部刊物）1989年第2期，第58页。

《辛亥以来藏书纪事诗》记载图书在私家流传情况表

序号	藏书家	藏书流向	流转途径	相关记载
1	丁日昌	揭阳城内书店	售卖	持静斋书之散出，世人多不知其故，亦不知其始于何时。以余所闻，揭阳城内有书店多家，专伺丁书
2	孔广陶	康有为	不详	光绪戊申（1908）后，书已散出。余方归自桂林，四五年间，月必数登其楼。菁华渐尽，剩者惟巨帙及习见本而已。岁壬子（1912），尽归康长素
3	陈澧	徐信符	不详	陈东塾先生澧，所藏书迩年尽散出，多为徐信符所得
4	张之洞	傅增湘、伦明	不详	公殁后，所藏书至辛酉散出，宋本止数种，《文中子》最佳。余明刻旧抄若干种，皆归傅沅叔。余亦得精椠数种
5	柯逢时	邃雅斋	购买	殁后，二子各得其半。其次子不克守，岁丁卯（1927），邃雅斋以万二千金得之。多至百簏，无宋元本，大抵四部中重要而切用者
6	盛昱	景朴孙、醉香阁	不详	所藏书分次散出，至癸丑（1913）而尽。佳本多为景朴孙所得。己庚之间余游宣武门内小市，有醉香阁者，不知从何处拾其残余
7	王仁俊	不详	出售	《缘督室日记抄》载捍郑遗书出售，索值万金，系甲辰（1904）闰五月，地在上海
8	杨钟羲	不详	出售	贫甚，尽货其书
9	徐乃昌	李嗣香	不详	闻所藏已尽散，其佳者多归天津李嗣香

续表

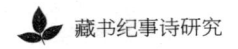

序号	藏书家	藏书流向	流转途径	相关记载
10	刘鹗	会文斋、文友堂	不详	铁云素以收藏著称,除书外,金石甲骨之属尤富。旋尽散,其书为会文斋、文友堂所得
11	陶湘	北平文友、直棣书店	售卖	其殿本类、开花纸类,即售与北平文友、直棣两书店
12	景廉	袁克文、傅增湘、李赞侯、叶恭绰	不详	有宋刊《张于湖集》《纂图互注周礼》《绝妙好词选》等,后归袁寒云;宋抄《洪范政鉴》,后归傅沅叔;《翁覃谿诗文杂著》手稿三十余册,后归李赞侯,转归叶誉甫
13	耆龄	袁克文	不详	所藏有汲古阁抄本《古文苑》《宋高僧诗选》《酒边词》《琴趣三编》等,后皆归袁寒云
14	王鸿甫	刘绰云	不详	君藏多归刘绰云
15	袁克文	李赞侯、潘明训	不详	项城败后,随即星散大半,为李赞侯、潘明训所有

《续补藏书纪事诗》记载图书在私家流传情况表

序号	藏书家	藏书流向	流转途径	相关记载
1	沈锡胙	同乡某藏家	巧取	一九一六年归道山后,所藏所校书数十箧,为其同乡某藏家亦寓我吴者所觊觎,诡称将迻录镂签以刊札记。由朱古微(祖谋)作介,仅费一千四百元,囊括而去
2	余一鳌	滂熹斋	托管	殁于京邸……(令嫒)以目录示余,余为之召滂熹斋后人辈保存
3	孙毓修	百双楼书店	托管	留庵故后,其家人斥其所藏之部分展转以入我吴百双楼书店

续 表

序号	藏书家	藏书流向	流转途径	相关记载
4	于省吾	通学斋	售卖	解放后，藏书有稍出以易米者，余托海王村通学斋书友孙耀卿（殿起）商购其藤县苏时《学爻山笔话》（注，应为苏时学《爻山笔话》）、闽侯叶大壮《偕寒堂读书记》，厥直几垺嘉靖本
5	蔡有守	伦明	赠送	余为填莺啼序一阕。未几，哲夫捐书致谢，且赠以谈月色夫人（溶）手镌余姓名表字小印二、元嘉千叶莲堪小印一，以予赠哲夫寒家所藏刘宋元嘉千叶莲华造象（像）原石拓本也
6	陈惟壬	周叔弢	互换	初不甚收书，所买以册计值，取其廉，断残不拘也。既而周叔弢欲斥所藏明刊精本百种以易第三宋本《庄子》，一甫（陈惟壬字）遂收之。嗣是颇收书

《广东藏书纪事诗》记载图书在私家流传情况表

序号	藏书家	藏书流向	流转途径	相关记载
1	曾钊	不详	质押	道光辛丑壬寅（1841—1842）间，夷事孔棘，制府祁项檄令修碉筑坝募勇团守，旋因议款，敌兵不至，而所支帑不能扳销者至三十二万余金，倾家不偿，坐此免官，藏书数万卷，并质于人

续 表

序号	藏书家	藏书流向	流转途径	相关记载
2	谭宗浚	雅堂书店谭某	巧取	光绪晚年尝觅儒雅堂书店谭某为之整理，谭某利其售也，凡全者分而散之，诡称残缺，因无后命，遂弃置阁中，逾年濠畔街某画店，以百金得之，一转移间，遂获千金，而希古堂之藏书遂星散矣
3	冯龙官	不详	售卖	中年后藏书，以次易米几尽
4	陈澧	徐信符南州书楼	不详	近年东塾遗书多已播散，其稿本及评校本，余南州书楼搜藏最多
5	辛仿苏	徐信符南州书楼、莫天一五十万卷楼、胡毅生隋斋	典当等	其宋元椠古本，最初典按于胡毅生，其后明钞各孤本，分年散出，一入于余南州书楼，一入于莫天一五十万卷楼，一入于胡毅生隋斋，而遗籍尽矣
6	黄节	不详	典当、售卖	任北京教授时，中间曾因学校欠薪，及至典鬻所藏图书，藉以维持生活
7	曾习经	翰文斋	售卖	殁后，遗书数十簏。叶裕甫笃念旧谊，拟尽购之，嘱伦哲如为之检查，议给值七千金，后迁延未果，其戚陈某举以售之琉璃厂翰文斋，得值无几，而湖楼藏弆空矣

三 归入公藏

古代图书公藏和私藏互为补充，相互依赖。每当朝代更迭，新朝建立，统治者便会在第一时间向民间征集图籍，以充实被战火摧毁的官藏图书，汉隋唐宋之初，莫不如此。而另一方面，当各级官藏充盈时，又为私人阅读和抄纂图书提供了方便。公藏和私藏就是在这种互动下，谱写了几千年辉煌的古代图书史。

历史上，公藏和私藏图书最有影响的互动交流是清乾隆间纂修《四库全书》时的典籍征集活动。在地方政府大力协助和私人藏书家积极响应下，征书工作进展顺利，各地踊跃进书，共征集图书12237种。私人藏书家进书500种以上者有马裕、鲍士恭、范懋柱、汪启淑等4家，19种以上者有徐乾学、袁枚、纪昀、周永年等28人，进书不到10种者有陆费墀、邵晋涵、任大椿、翁方纲等60余人。虽然各位藏书家"愿以私箧所藏，上充秘府，芹曝之献，实出至诚"[1]，但是清廷并非要将各家进献之书充实秘府，而只是以此为底本，另行抄录，所有进呈原本还是要发还本人的，为此，乾隆三十八年（1773）四月二十八日，高宗专门谕旨："所有进到各书籍，将来办竣后，仍须给还各本家自行收藏。"[2] 私家进书热情和数量超乎原来预期，乾隆帝十分高兴，他向进书较多的几家赏赐《古今图书集成》等典籍。官私间的积极互动，保证了《四库全书》的如期编纂。

《四库全书》编成后，先后抄纂7部，分贮各地，其中，杭州西湖畔的文澜阁收藏一部，另有一部《古今图书集成》，然"洪杨之乱"时，两部图籍惨遭战火荼毒，流落外间。从同治元年（1862）始，清末四大藏书楼之一的杭州八千卷楼主人丁丙、丁申兄弟开始积极收购散落的文澜阁《四库全书》，后又几经抄补，终还原貌。但是，《古今图书集成》就没有那么幸运了，众家忙于抄补《四库全书》，把《古今图书集成》给忽略了，又因这部书是清廷

---

[1] 《浙江巡抚三宝奏鲍士恭等五家呈献遗书等事摺》，《纂修四库全书档案》，第97—98页。
[2] 《寄谕浙江巡抚三宝所有鲍士恭等进到书籍办竣后仍给还各本家》，《纂修四库全书档案》，第107页。

以铜活字所印，故难以抄录补配。好在光绪六年（1880），知不足斋主鲍廷博曾孙鲍寅将家藏《古今图书集成》献呈西湖文澜阁保藏，"书虽缺四十余册，尚为基本完整，后丁丙将其补抄齐全"①。

近代以来，私家藏书楼逐渐式微，公共图书馆兴起，大量典籍从私藏流向公藏，古代典籍得以有了较为长久的保存之所。藏书纪事诗对于私家藏书的这一流向十分关注，记载颇多。如鲁迅先生逝世后，其藏书历经磨难，最后大部归北京图书馆，周退密、宋路霞记载个中情况说：

> 先生逝世后，周作人出任华北伪要职，佯称家人生活困难，私自托人将全部藏书分为中文、日文、外文三大类，并整理成目录三册，交来薰阁向南方兜售。先携书目至南京，后又携至上海。许广平得知后，托人借来一阅，大为震惊，因辗转托人买下全部藏书。抗战胜利后，先生在京寓所几经别人借住和看管，先后又失书不少。北京图书馆赵万里先生曾买得一大批。解放后由博物馆议价收回。上海的存书亦于解放后运京庋藏，先生藏书自此可永无散失之虞。②

鲁迅先生藏书流向可谓一波三折，但终有归属，先生地下有知，当含笑九泉。《上海近代藏书纪事诗》记载盛宣怀藏书流向亦为详尽：

> 盛氏故后，其藏书于抗战中屡见散出，中国书店曾整批购下数十箱，散售而尽。余书一部分于1934年由其家属分别捐入圣约翰大学、交通大学及山西铭贤学校，其中不乏稀世珍品。三家中以圣约翰大学所得最多，仅地方志即达600余种，其明刊《淳熙三山志》等7种为海内孤本；三百余中医书中属久已失传的孤本居三十余种。解放后，圣约翰所得调归华东师范大学，交通大学所得调归安徽大学，山西铭贤学校所得由山西农大继藏。1958年，华东师大又将三十余种孤本医书赠送给上海中医学院，该院曾为之隆重庆贺。此外，解放初从盛氏祠堂中移交与公库之图

---

① 童正伦：《文澜阁与藏书》，《图书馆研究与工作》2006年第2期。
② 《上海近代藏书纪事诗》，第40页。

书尚有 81287 册，其中善本 45 种 1060 册（按解放初的标准），盛氏自印书 18 种 27074 册。由上海市房管局移交的盛氏后嗣盛升颐案内之图书 3042 册，文件、档案、信函、账册等计 808 包，分装 40 箱，1956 年经上海图书馆突击整理后，尚余文件、信函 20 箱、账簿 13 箱，目前均藏上海图书馆。①

书目之详具体到了某箱某册，这是因为，作者之一的宋路霞先生曾任职华东师范大学图书馆，作为见证人，她详悉盛氏藏书的流向问题，因而记载至为详尽，为学界提供了准确丰富的信息。

笔者排比《辛亥以来藏书纪事诗》《广东藏书纪事诗》《续补藏书纪事诗》和《扬州近代藏书纪事诗》等传文，表列各书中藏书家典籍流入公藏如下。

《辛亥以来藏书纪事诗》所载私家藏书流入公藏情况表

序号	藏书家	流入公藏单位	途径	相关资料
1	李慈铭	北平图书馆	不详	其家以"越缦堂遗书"九千余册，归北平图书馆
2	陈伯陶	广东惠州酥醪观	捐献②	先生殁于辛未（1931），遗命以所藏书，捐置枚酥醪观中
3	徐梧生	文友堂、文奎堂、宝文书局、晋华书局、待求书社	出售	有所谓五公司者（即文友堂、文奎堂、宝文书局、晋华书局、待求书社），以八万金得其书，售之，不偿所出云
4	梁鼎芬	焦山寺、广州梁祠	赠送	君藏书数百簏，三分之，一赠焦山寺，一存广州梁祠，一留自读，今保存者惟焦山寺书耳

---

① 《上海近代藏书纪事诗》，第 6—7 页。
② 《广东藏书纪事诗稿·陈伯陶》载："子砺晚年遗命，以所藏书捐置酥醪观中，故罗浮有'道同图书馆'之设，即以其书为基本也。"可知为捐献。

续　表

序号	藏书家	流入公藏单位	途径	相关资料
5	李盛铎	北平图书馆、北平某书店	出售、抵押	近岁境大窘，商售于北平图书馆，当事者以费绌不敢答。曾以宋本数种抵押北平某书店，余得见之，非其精者
6	缪禄保	上海古书流通处	出售	己未岁（1919），以所藏书售之上海古书流通处
7	刘承幹	北平图书馆	不详	所藏古本精椠不可胜数，旧钞本稿本亦多，若王惟俭《宋史记》、徐松《宋会要》皆巨帙，已归北平图书馆
8	蒋汝藻	北平图书馆	捐赠	君收储富于先世，编有《传书楼书目》十二卷，未刊。后以营商失败，尽捐其所有。宋元本多归刘晦之，明刻本多归北平图书馆，贵阳陈松山经谏因撰《明诗纪事》，收明人集部最多。陈殁后尽归于君，今北平图书馆所得，即陈氏故物也
9	杨守敬	北洋政府国务院	不详	遗书尽归国务院
10	黄节	东方图书馆、北京大学	出售、寄存	所储既多，不无罕见本，但性吝不肯示人。藏有汪龙撰《毛诗申成》稿本，未殁前数日，由余作价以副本归东方图书馆，余书则韫椟存北京大学
11	熊罗宿	南昌图书馆	出售	先生殁后，遗稿并仅存之书，归南昌图书馆，尚得三千金
12	马廉	北京大学	出售	身后所藏曲本，售之北京大学，得值万数千金。前岁朱迪先以昇平署档案让于北平图书馆，得值万金

续　表

序号	藏书家	流入公藏单位	途径	相关资料
13	李士珍	北平图书馆	出售	士珍殁，其子以所有归北平图书馆，得值六万金。中多明抄精刻本及他精刻本，宋本项安世《周易玩辞》，最佳

《广东藏书纪事诗》所载私家藏书流入公藏情况表

序号	藏书家	流入公藏单位	途径	相关资料
1	李文田	燕京大学	寄存	迨广州沦陷，泰华楼所藏，闻有损失，惟有一部分早已移置北平，转寄于燕京大学云
2	梁鼎芬	广东省立图书馆	捐献	身没而后，其子学劬，将在粤藏书，捐入广东省立图书馆。余为部署编目，备载《广东图书馆藏书目录》中
3	康有为	广西大学图书馆	出售	身没而后，遗书出售，归广西大学图书馆所藏，尚称得所焉
4	梁启超	北平图书馆、清华大学图书馆	寄存	其于图书学研究尤勤，今有《饮冰室藏书目录》，种类颇为丰富。乃因身没后寄存北平图书馆，及清华大学图书馆中，馆长袁守和嘱馆员编纂斯目，而余绍宋为之序。绍宋谓："任公服膺顾亭林，慨然谓世之颛爱宋元版本者，真是骨董家，其所藏但期于实用，不必求其精椠，上自曲册高文，正逮百家诸子，旁及朱瀛海外之书，无不殚事收集。"故饮冰室所藏之书，但求裨于实用，非斤斤于版本也
5	陈伯陶	酥醪观	捐献	子砺晚年遗命，以所藏书捐置酥醪观中，故罗浮有"道同图书馆"之设，即以其书为基本也
6	方功惠	北京大学	捐赠	方氏以售余之书赠大学堂

《续补藏书纪事诗》所载私家藏书流入公藏情况表

序号	藏书家	流入公藏单位	途径	相关资料
1	王植善	合众图书馆	捐献	培荪（王植善字）年臻大耋，命尽其所有捐入叶揆初（景葵）创设之合众图书馆，公之于世
2	叶恭绰	合众图书馆	捐献	所藏地志山经之属数千册，尽捐入上海蒲石路畔叶揆初（景葵）所创设、顾起潜（廷龙）所主持之合众图书馆，平生行谊，足风世矣
3	徐恕	不详	捐献	闻其即逝前，已以所藏三分之一输归公家。殁后，其子遵遗志全部捐献
4	周叔弢	北京图书馆	捐献	其藏书今悉捐献
5	陈惟壬	北京图书馆	捐献	今一甫已故，其书捐献北京图书馆
6	屈爔	振华女学图书馆	捐献	作缘归诸前振华女学图书馆
7	瞿熙邦	北京图书馆	出售	铁琴铜剑楼后人，抗战之役，世守藏书毁于兵燹，而行箧精品尚有存者。抗战后，以平直贡诸北京图书馆，得所归矣
8	孙祖同	北京图书馆	出售	其业不振，负重债，拟鬻书以救燃眉，北京图书馆闻之，以近亿金购之去。架上空而心中泰然矣

· 466 ·

续　表

序号	藏书家	流入公藏单位	途径	相关资料
9	林石庐	科学院考古研究所	不详	其所藏金石书，闻已归科学院考古研究所
10	陈奇猷	辅仁大学书库	寄存	曾抄储皖峰所藏杨惺吾（守敬）补正、严铁桥（可均）原辑《上古三代秦汉三国两晋南北朝隋先唐诗》目，与《文录》可以相俪。全目十巨册，均注出处，辑补原文，如按图索骥。于抗战期间曾寄存后十册于辅仁大学书库，不知尚存否
11	冯雄	合众图书馆	捐赠	将全部藏书捐赠合众图书馆
12	方树梅	苏州图书馆	捐献	将所得吴中先哲蔡复午《西碛山房足稿》未刊本十六卷，四倍于刊本，慨让与沧浪亭省立图书馆

《上海近代藏书纪事诗》所载私家藏书流入公藏情况表

序号	藏书家	流入公藏单位	途径	相关资料
1	李鸿章	复旦大学图书馆	捐献	1940年由其孙李国超捐献于震旦大学图书馆，计18000册……解放后震旦大学图书馆藏书随院系调整归入复旦大学图书馆和华东师范大学图书馆，李氏藏书归复旦大学

续 表

序号	藏书家	流入公藏单位	途径	相关资料
2	盛宣怀	中国书店、华东师大图书馆、安徽大学图书馆、山西农大图书馆、上海图书馆等	出售、捐献	盛氏故后，其藏书于抗战中屡见散出，中国书店曾整批购下数十箱，散售而尽。余书一部分于1934年由其家属分别捐入圣约翰大坽、交通大学及山西铭贤学校。……解放后，圣约翰大学所得调归华东师范大学，交通大学所得调归安徽大学，山西铭贤学校所得由山西农大继藏
3	王存善	浙江省立图书馆	没收	抗战时期一再投敌，成为民族罪人。抗战胜利后，一部分被没收归公，杭州所藏拨交浙江省立图书馆
4	蔡鸿鉴	北京图书馆、浙江省图书馆	捐献	解放后，萱荫楼最后一位主人李庆诚先生（任职上海图书馆，已退休）将藏书全部捐献给人民政府，目前此大宗藏书分别贮于北京图书馆与浙江省图书馆两处
5	张元济	合众图书馆	捐献	1941年先生与叶景葵、陈陶遗创办合众图书馆，涉园藏书之地方文献全部寄存于该馆供公众阅览，继而改为永远捐助（有潘景郑先生编《海盐张氏涉园藏书目》一册铅印出版），解放后又与合众图书馆馆藏一起捐入上海图书馆

续 表

序号	藏书家	流入公藏单位	途径	相关资料
6	潘宗周	北京图书馆	出售	抗战期间，潘氏所藏辗转运抵香港，美国国会图书馆闻讯，大有囊括之意，幸潘氏哲嗣潘世兹先生（原圣约翰大学教授，解放后任复旦大学图书馆馆长），深明爱国大义，决计将存在香港宋元善本100余种全部捐献国家，并主动致函北京国家文物局局长郑振铎，表明心迹，同时又为无人精于此道而苦恼。郑氏闻讯大为震惊，适徐森玉长子徐伯郊由港来京，便委其具体办理此事，并由郑氏请示政务院拨巨款收购滞留香港之其他文物。经徐伯郊先生往返奔走，此大宗瑰宝终于安全抵达上海，政务院又为此特批专列，由上海直运北京，书现藏北京图书馆
7	封文权	上海图书馆、江苏省博物馆	没收	全部藏书于1950年冬被籍没，分装货船8艘运至上海，移交上海市文物保管委员会，后由文管会拨与上海图书馆与江苏省博物馆两处收藏
8	徐乃昌	复旦大学图书馆、华东师大图书馆	不详	身后所藏尽散，其后人曾于老西门设一书店售其未尽之书，未几书店亦歇业，其佳者多归天津李嗣香，藏书家黄裳及复旦大学图书馆亦有所得。金石碑刻拓本万余张于解放初辗转归诸华东师范大学图书馆收藏

续 表

序号	藏书家	流入公藏单位	途径	相关资料
9	蔡元培	浙江省图书馆	寄存	先生藏书以实用为主，早年所藏多为线装古籍，抗战前寄存于浙江省图书馆，总额达百箱之巨，惜于战乱中不知所终
10	陶湘	台湾"中央图书馆"	出售	最后一批明版书80余种，先在盐业银行作押款，旋为南京中央银行图书馆买去，今在台湾
11	张钧衡	台湾"中央图书馆"	出售	1941年由张寿镛代表馆方以70万元收购……张氏祖孙三代藏书，成为台湾中央图书馆最大宗而且最完整之故家旧藏
12	王绶珊	中国科学院南京地质研究所	出售	王氏故后，后裔未能确守藏书，大部分售与当时中国科学院南京地质研究所
13	倪春如	上海图书馆	捐赠	1952年8月上海市政府号召大搞爱国卫生运动，家人诳以他语，促先生将新购之书连同旧藏图籍悉数捐赠市政府，未留目录，亦未见钤盖藏印。书至上海图书馆后，该馆为之整理
14	冒广生	上海市文管会	捐献	1961年，先生家属据其遗愿将家藏文物书画九百余件捐献与上海市文管会……均具重要文献价值

· 470 ·

续 表

序号	藏书家	流入公藏单位	途径	相关资料
15	瞿启甲	北京图书馆	捐献、出售	1940年启甲去世，遗命后辈："书若分散，不能守则归之公。"解放后，子济苍、旭初、凤起将一部分善本捐献给国家，一部分由国家收购，绝大部分为北京图书馆所得
16	叶景葵	合众图书馆	捐献	1939年5月邀张元济、陈陶遗创办合众图书馆于上海，并首出其所藏以为倡……丁、戊间吴昌绶斥明刊旧钞40种为嫁女奁资，悬价千元割爱，先生受之，是为蒐罗善本之始。嗣后年有所置，共得2800余部3万余册，其中唐写本2，宋元本9、明刻善本400余种，稿本、钞本600余种，后皆捐入合众图书馆
17	丁福保	上海图书馆、震旦大学图书馆、上海博物馆、北京图书馆	捐献	1935年捐入上海市立图书馆图书一万五千册；1938年捐入震旦大学二万册，该校为之设"丁氏文库"以资纪念；解放后又将自周代迄清代的古泉三全套及甲骨等文物，捐入上海博物馆，图书捐入上海图书馆，将一千余册珍本捐入北京图书馆
18	蒋抑卮	上海图书馆	捐献	解放初，先生长子蒋俊吾处尚有遗书若干箱，全部捐献给华东文管会，文管会又转入上海图书馆

续　表

序号	藏书家	流入公藏单位	途径	相关资料
19	刘世珩	苏州图书馆、上海图书馆、"文献保存同志会"	出售、捐献等	（《杜陵诗史》）世珩去世后传其子刘公鲁，现藏苏州市图书馆……（金石拓片等）归吴县潘景郑先生，建国后由潘先生悉数捐赠给上海图书馆。刘氏去世后，子公鲁靠典卖家藏度日，抗战初期"文献保存同志会"购去不少宋元珍本
20	荣德生	无锡市图书馆、上海市文管会	捐献	解放后哲嗣荣毅仁先后将家藏遗书三十余万卷悉数捐入无锡市图书馆及上海市文管会，同时捐献有文物数千件
21	王植善	合众图书馆	捐献	1952年冬，先生年逾古稀，命将全部藏书包括地方志类共76000余册悉数捐入上海合众图书馆
22	李宣龚	合众图书馆	捐献	1941年出所藏经史子集各类书籍千余种及师友简札、书画、卷轴等一并捐入合众图书馆
23	蒋汝藻	浙江兴业银行、商务印书馆涵芬楼、北京图书馆	典押	抗战前蒋氏事业失败，家境逊前，不得不殃及藏书。诸多善本先典质于浙江兴业银行，后归诸上海商务印书馆涵芬楼。一二八战火后，尚余200余部，解放后归北京图书馆

续 表

序号	藏书家	流入公藏单位	途径	相关资料
24	胡朴安	合众图书馆	捐献	先生1947年逝世后,哲嗣道彦等遵遗嘱将藏书十万册悉数捐入合众图书馆
25	高吹万	复旦大学图书馆、上海图书馆	捐献	解放后所藏《诗经》连同手编《诗经目录》均捐于复旦大学图书馆,该校基此曾举办《诗经》展览会。先生其余藏书亦于解放初捐入上海图书馆
26	刘体智	上海图书馆	捐献	解放后,藏书于1950年捐入上海图书馆,计67873册,另22包51张
27	鲁迅	北京图书馆	出售	抗战胜利后,先生在京寓所几经别人借住和看管,先后又失书不少。北京图书馆赵万里先生曾买得一大批。解放后由博物馆议价收回。上海的存书亦于解放后运京庋藏
28	叶恭绰	合众图书馆、上海图书馆	捐献	1943年5月将其地理类藏书、朋好书札及亲历诸事文书捐入合众图书馆……解放后居北京,仍捐入上海图书馆书籍1719册,文物194件
29	徐鸿宝	上海博物馆	捐赠	"文化大革命"后书籍得蒙发还,其家属悉数捐赠于上海博物馆

续　表

序号	藏书家	流入公藏单位	途径	相关资料
30	刘承干	重庆中央图书馆、北京图书馆、浙江省立图书馆、"中央研究院"、南京国学图书馆、复旦大学图书馆	出售、捐赠	抗战中为妥善起见……由重庆中央图书馆购去大宗，中有明刊 1300 余种、钞本 36 种。北京图书馆、浙江省立图书馆、前中央研究院、南京国学图书馆亦各有所得。新中国成立后，又以半捐半售方式归诸复旦大学图书馆 2000 余种
31	胡怀琛	华东师大图书馆、复旦大学图书馆	捐献	1940 年哲嗣道静将藏书捐入震旦大学，新中国成立后书归华东师范大学图书馆及复旦大学图书馆
32	柳亚子	上海图书馆	捐献	解放后，全部藏书共 7 万册，于 1953 年捐献给国家，由陈乃乾先生等代表上海文管会前往吴江县接收……由文管会转入上海图书馆收藏
33	姚石子	上海图书馆	捐献	解放后，哲嗣昆群、昆田等，整理遗书近五万册，悉数捐献与上海市文物保管委员会，现存上海市图书馆，陈毅市长曾撰文大为嘉奖
34	顾颉刚	中国科学院图书馆	捐献	1980 年殁后，藏书悉数捐献给中国科学院图书馆

续 表

序号	藏书家	流入公藏单位	途径	相关资料
35	陈清华	北京图书馆、上海图书馆	出售、捐献	解放后，陈氏家人辗转抵达香港，离沪时曾携去珍籍数十种，引起中外人士关注。美国国会图书馆及文物收藏家侯士泰均有囊括之意。时徐伯郊先生（徐森玉先生长子）受政务院及郭沫若、沈雁冰、郑振铎委托，在港代国家收购文物，经徐伯郊先生往返奔走，此大宗国宝竟得重归故土，入藏北京图书馆，永为国家所有。闻当年周恩来总理曾亲自过问此事，其受重视如此。……上海寓所尚留存大量图籍，归其女儿陈国瑛及女夫刘吉敖保存，亦不乏宋元古本。其清刻本大都于"文革"前由上海古籍书店转售与上海图书馆，其余稿本、钞本及明清精刻，于十年浩劫中不幸被抄，1980年发还时，由陈氏后人捐献给国家，现藏上海图书馆
36	周明泰	合众图书馆	寄存、捐献	与上海合众图书馆诸创办人为至交，赴港之前先将藏书寄于该馆，以后又作正式捐献
37	郑振铎	北京图书馆	捐献	1958年因公殉职后，家中尚存遗书17224部计94441册，其中有宋元珍籍陶集、杜诗、佛经等数种，682部古小说中有明刊44部，均由其夫人高君箴捐献于国家，现存北京图书馆

续　表

序号	藏书家	流入公藏单位	途径	相关资料
38	蒋鹏骞	北京图书馆、上海图书馆、浙江图书馆	捐献	当抗日军兴，蒋氏后人为避兵计，再次将先世遗书携至沪上，贮于某银行保险库中，历时八年，使数十万卷珍籍终于化险为夷，历劫无恙。新中国成立后，鹏骞、鹭涛兄弟将全部藏书捐献给国家，分贮于北京、上海、浙江三大图书馆
39	王大隆	复旦大学图书馆	出售	时值"文化大革命"方兴，烧书、卖书之风气席卷全国。为免藏书招祸，经与上海旧书店联系，论斤斥售，装去盈盈两卡车。事后为复旦中文系徐鹏先生闻知，急急赶去，方将先生手批校本、稿本与明刻本全部留下，载返复旦大学。书至中文系后，又由复旦图书馆作价购下
40	刘公鲁	台湾、苏州图书馆	抵押、出售、掠夺	1937年日寇逼苏州，藏书损失大半，公鲁惊愕成疾，不久去世。敌伪时期，汉奸陈群又掠走劫余图籍，置"泽存图书馆"，抗战后没入公库，新中国成立前为国民党政府携往台湾。……1974年苏州市古旧书店居然于民间重新发现此罕见古籍（宋刊《杜陵诗史》），时隔半个世纪，终于楚弓楚得归诸苏州市图书馆矣

续 表

序号	藏书家	流入公藏单位	途径	相关资料
41	龙榆生	上海图书馆、上海音乐学院、浙江省图书馆、广西省图书馆、南宁市图书馆、杭州大学	捐献	30年代已藏书几十箱，抗战中颇多损失。解放初及1964年，先生将较好版本分别捐赠于上海图书馆、上海音乐学院、浙江省图书馆、广西省图书馆、南宁市图书馆、杭州大学，其中包括王鹏运、朱祖谋、沈增植、俞陛云、曹元忠、吴梅、赵尊岳等人的手稿，以及他们批注、点校的词学文献，刻本、钞本兼而有之
42	赵景深	复旦大学图书馆	捐赠	1985年先生逝世后，其夫人李希同及其子女赵怡林、赵超林遵遗嘱将先生所藏图书连同平生著作全部捐献给复旦大学图书馆，凡得线装书2195种8052册，中文平装书9000余册，外文书200余册，共计二万余册
43	潘承厚、潘承弼	北京图书馆、合众图书馆	捐献	新中国成立初又以宋元善本27部捐入北京图书馆。上海藏书以及承弼毕生精力所聚之历代金石拓片10000余件（包括叶昌炽五百经幢馆拓本3千余件），由承弼一并捐入合众图书馆

《扬州近代藏书纪事诗》所载私家藏书流入公藏情况表

序号	藏书家	流入公藏单位	途径	相关资料
1	壶园何氏	涵芬楼	出售	其书于民国间,悉售于上海商务印书馆,成为涵芬楼藏籍
2	棣华馆吴氏	扬州县图书馆	不详	一部分于日寇侵华时散失于扬州阴阳巷吴锡龄故居,另一部分在吴氏避难时毁于日寇侵占丁沟的兵燹之中,尚有少数现存县图书馆
3	榕园张氏	当地书院	捐献	(张)安保之子张丙炎,字午桥,亦极嗜书。移知肇庆时购书千卷,藏于当地书院之中,供学子阅读
4	周叔弢	北京图书馆	捐献	1952年,周叔弢将其藏书全部运往北京,捐入北京图书馆
5	刘梅先	扬州图书馆	捐献	解放后返回扬州,所藏古籍六千余册尽数捐赠扬州市图书馆,又先后多次向沪宁图书馆、扬州诸耆老征集典籍达六万余册,对扬州图书馆古籍部的建设作出极大贡献

四 流传他处

近代以来,受西学东渐影响,西方公共藏书制度逐渐传入中国,受到众多学者追捧,渐渐地,从19世纪末开始,以公众阅览为核心的西方公共藏书制度及其以书育才的实际功用已经深入人心,藏书形势发生了新的变化。伦明比较敏感地意识到这个问题,他在《辛亥以来藏书纪事诗》中提到:"掠书之贾始河南、北,山东、西,渐推及苏、浙、皖、赣,又渐推及川、陕、闽、粤,极于滇、桂,挨家而索,等于竭泽。百数十年来之积蓄,尽于一旦;万数千里之输送，集于一隅。"①"掠书之贾"指的是近代以来以贩书为生的书商，他们学问不高，但在长期经营中积累了丰富的版本鉴别经验，常常贱买贵卖，从中牟取暴利，有的还为求高价，将珍贵典籍卖往国外，造成中华典籍的大量流失。在古籍买卖当中，近代出现了另一个有别于传统的现象是，那些拥有雄厚资财的实业家成为购书主体，伦明说：

> 近来银行家，多喜藏书，武进陶兰泉、庐江刘晦之，其最著者也。闻杭州叶揆初者，亦浙江兴业银行董事，收藏稿本、钞校本甚夥。②

关于银行家、实业家藏书现象，《辛亥以来藏书纪事诗》《续补藏书纪事诗》《上海近代藏书纪事诗》多有记载，可视为近代以来私家藏书一重要特征。此外，各地纷纷兴建公共图书馆，严重冲击私家藏书秘不示人的传统，伦明认识到"书之聚散，公私无别，且今后藏书之事，将属于公而不属于私，今已萌兆之矣"，因此撰写《辛亥以来藏书纪事诗》时强调"所重在书之聚散"③。藏书纪事诗对于藏书流传在近代变化的关注，反映了他们对于这一新变的敏感态度，伦明等人已经站在了时代变化的高度从事藏书研究，而不再拘泥于一家一人。

藏书纪事诗还记载藏书流落海外的情况，其中，以流入日本为最早、最多。史书记载，早在公元四世纪后半期，《论语》等书已经传到日本，此后一千多年，各类汉籍源源不断地进入东瀛。今人严绍璗论汉籍流入日本作用说："在中日关系史上，曾经起着无可替代的文化桥梁作用。他们作为文化的载体，把悠久而丰富的中国文化传入了日本，成为促进日本文化发展的营养素。日本的传统汉学和近代中国学，都是以中国文化的传入为基本条件而发展起来的。"④

但是，近代以来，日本军国主义盛行，军事入侵中国之际，文化掠夺亦同时展开，多数汉籍传入日本是低价出售或巧取豪夺形成的，藏书纪事诗对

---

① 《辛亥以来藏书纪事诗》卷首《自序》，第1页。
② 《辛亥以来藏书纪事诗》，第109页。
③ 《辛亥以来藏书纪事诗》卷首《自序》，第2页。
④ 严绍璗：《汉籍在日本的流布研究》，江苏古籍出版社1992年版，第194页。

此多有记载。如清末民初北京琉璃厂会文斋书店主人何厚甫精于古籍版本，店中收藏大量善本，殁后，"其子介文友堂售于日本，得值七千金"[①]；清末钱塘（今杭州）藏书家汪鸣鸾"归道山后，遗书扫地以尽，卒易银币八千元售诸日人"[②]。两者所售价皆极廉。民国江苏武进著名藏书家、刻书家陶湘，一生藏书甚巨，酷爱开花纸所印之书，一时有"陶开花"美称，然为生活所迫，不得不出售藏书，"丛书类全部售于日本，误以足本五百册《石仓诗选》杂其中"[③]，《上海近代藏书纪事诗》对此事记载更详："丛书 574 种 27000 册为日本东方文化学院京都研究所囊括而去，中有宋刊《百川学海》、明钞《儒学警悟》等珍秘之籍。"[④] 令人叹惋不已。

---

① 《辛亥以来藏书纪事诗》，第 111 页。
② 《续补藏书纪事诗》，第 7 页。
③ 《辛亥以来藏书纪事诗》，第 43 页。
④ 《上海近代藏书纪事诗》，第 16—17 页。

第十二章　藏书纪事诗与藏书文化

文化产生于人类生活的各个方面，是人类活动的写照，更是人类文明的反映。而作为人类的高级精神生活，藏书文化内涵十分丰富，对其他文化发展助益最大，潘美月说："典籍之藏，其关系学术文化者甚巨。欲察一时代学术文化之盛衰，辄可于其典籍收藏之丰盛与否窥见消息。"① 所论尤允。关于藏书文化特征，桑良至说：

> 在诸种文化中，有一种高级的文化活动是藏书。如：搜集图书、鉴定图书、校勘图书、品赏图书、典藏图书、管理图书、借阅图书，以及题跋、评点图书、藏书等。这一系列活动组成了藏书文化。藏书文化是其他诸种文化形成一定规模后产生的。如果没有其他文化的一定形态，就没有可作记载的图书文献。没有图书文献，就没有藏书活动。藏书是文化沉淀的结果，又是文化发展的阶梯。藏书文化源自于其他诸种文化，又是诸种文化总和的反映。藏书文化的形成，说明社会的文明发展到了一个相当成熟的阶段。如果说藏书文化是人类文化之花，那么其他文化便是浇灌这枝花朵生长的营养液。各种特色文化汇而聚集，丰富了藏书文化。②

叶昌炽等人创作藏书纪事诗，在为私人藏书家作传的同时，十分重视搜集和总结私家藏书文化史料，进一步挖掘藏书家的藏书心态和文化心理，把藏书家传记融入中国古代思想文化的整体中。藏书文化涉及藏书的方方面面，如果从广义的藏书文化来说，前文各章也应属于这一范畴，本章再从藏书观、

---

① 潘美月：《宋代藏书家考》，台北学海出版社1980年版，第1页。
② 桑良志：《中国藏书文化》，中国财政经济出版社2012年版，第2页。

藏书楼、藏书印及藏书诗等展开论述。

第一节　藏书观

《周易·系辞上》云："神以知来，知以藏往。"① 说的是贤者能够对未来有所预见，对已往了然心中。那么，贤者依靠什么做到知来藏往？无疑地，那就是藏书。中国古代图书大致可以分为钞本时代和刻本时代。在钞本时代，典籍以官藏为主，其流传从一个时代的官方转移到下一个时代的官方，私人在这个转移过程中大多起到了辅助作用，他们协助官府完成典籍的交接，私有者较少。到了刻本时代，图书数量增加了，私家藏书蔚然兴起，无论藏量和藏品都可以与官藏平分秋色，古代藏书文化迎来了辉煌时代。古代私家藏书的主要特征之一就是秘惜所藏的封闭性。私有制度下，个人对于知识载体具有垄断性，藏书乃个人及其家庭花费无数心血和钱财搜罗所致，故一般不愿意对公众开放。

古代图籍流传受到多种因素制约，远远达不到后世公共图书馆保存和流传图书的效果。在交通落后和信息交流不便的古代，藏书作用十分重要，人们依靠它可以感知世界，可以与前人对话，可以掌握他人不具备的知识，以便在竞争中提升自身素养，占据优势。古代一直有"借书一痴，还书一痴"及"鬻及借人为不孝"等说法。在私有制社会，文化产品一如物质产品，往往成为私密之物，使拥有者在各种社会利益的角逐中取得先机，是克敌制胜的法宝之一，诚如明代浙江海盐藏书家姚士粦所言：

> 知以秘惜为藏，不知以传布同好为藏耳。何者？秘惜则箱囊中有不可知之秦劫，传布则毫楮间有递相传之神理。此传不传之分，不可不察者。然所谓不知传布之说有四，大抵先正立言，有一时怒而百世与者，则子孙为门户计，而不敢传。斗奇炫博，乐于我知人不知，则宝秘自好

---

① 《周易正义》卷七，《十三经注疏》整理本，北京大学出版社 1998 年版，第 287 页。

而不肯传。卷轴相假，无复补坏刊谬，而独踵还痴一谚，则虑借抄而不乐传。旧刻精整，或手书妍妙，则惧翻摹致损而不忍传。①

职此之故，许多藏书家往往视典籍为私物，不轻易示人，只作为家产贻留子孙，原本作为天下公器的文化遗产只能眼睁睁看着被秘存、被禁锢，甚至因而消失。《藏书纪事诗》对于这种藏书心理多有反映。如宋代维扬（今扬州）词人、藏书家陈亚"藏书千卷、名画一千余轴。晚年，复得华亭双鹤及怪石异花。作诗戒其后曰：'满室图书作典坟，华亭仙客岱云根。他年若不和花卖，便是吾家好子孙。'亚死，悉归他姓"②。虽然陈亚一再告诫子孙坚守藏书，结果还是在其死后"悉归他姓"。

古代私家藏书秘不示人的代表为明代宁波天一阁范氏，其家藏书不外借成为传世家规，叶昌炽记载说："范氏立法尽善，其书不借人，不出阁，子孙有志者就阁读之，故无散佚之患。其阁四面皆水，读者不许夜登，不嗜烟艸，故永无火厄。迄今三百年，虽十亡四五，然所存尚可观也。"③通过这段话可知，天一阁藏书得以保全几代，约在几端：一是绝不借给外人阅读。明清以来，天下学者多知天一阁藏书丰富，但能够借阅者几稀，直到清康熙十二年（1673），著名学者黄宗羲才历经曲折进入天一阁，成为天一阁历史上第一位外姓读者，而黄宗羲阅尽天一阁藏书后不由发出感慨道："读书难，藏书尤难。藏之久而不散，则难之难矣。"④二是子孙若读书，必须入阁，不许将书带出阁。三是严密的保护措施，如书阁四周环水，夜晚不许入阁，严禁烟草入阁，等等。

明末清初大学者钱谦益，凭借自己历仕三朝的仕宦经历，且具超越常人的鉴别眼光，购储珍善之本甚多，亦不愿外借。钱谦益与曹溶相交甚厚，曹在京师时，堂上列书六、七千册书，钱常去曹处看书，每见自家所乏，恒借抄而归，充实己藏。曹溶亦希冀异日可因此借观钱氏之书，于是问钱："先生

---

① 《藏书纪事诗》卷三《姚士粦叔祥 吕兆禧锡侯》引姚士粦《尚白斋秘笈序》，第272页。
② 《藏书纪事诗》卷一《周煇昭礼》引《清波杂志》，第59页。
③ 《藏书纪事诗》卷二《范钦尧卿 从子范大澈子宣》引《东斋脞语》，第186页。
④ （清）黄宗羲：《天一阁藏书记》，李希泌、张椒华《中国古代藏书与近代图书馆史料（春秋至五四前后）》，中华书局1982年版，第36页。

必有路振《九国志》、刘恕《十国纪年》，南归幸告借。"钱谦益当下许诺，不料事后却反悔，说："我家无此二书。"及至绛云楼遭火，曹溶前来吊其灾，钱方后悔地说："我有惜书癖，畏因借辗转失之。子曾欲得《九国志》、刘恕《十国纪年》，我实有之，不以借子。今此书永绝矣。使钞本在，余可还抄也。"①

一 提倡流通

当然，并非所有藏书家都持秘不示人的藏书心态，早在南北朝时，清河东武城（今山东武城西）藏书家崔慰祖"聚书至万卷，邻里年少好事者多来从假借，日数十袠，慰祖亲自取与，未尝为辞"②。南北朝时期，图书载体由简牍向纸张过渡，且尚未发明雕版印刷，书籍都是抄录而成，极为珍贵，而崔氏却能大方出借，实在难能可贵。

随着文献载体使用的普遍性以及雕版印刷术利用的广泛性，图书典藏不再遮遮掩掩，秘不示人的做法逐渐不为大家认可，藏书家们认识到相互交流图书的重要性，正是图籍的不断传抄、雕版，公之于众，才能长存世间，有功于学林，其价值才能真正得到利用。

叶昌炽等人在编撰藏书纪事诗时，十分重视搜集私人藏书家藏书理念变迁的史料，有助于后人研究这一文化现象。藏书纪事诗对于私人藏书家从隐密不传到提倡流通，是有一个过程的。早在宋代，赵令畤就开始批判借书不还的恶习，他说：

> 比来士大夫借人之书，不录不读不还，便为己有，又欲使人之无本。颍川一士子，《九经》各有数十部，皆有题记，是为借诸人不还者。每炫本多。余未尝不戒儿曹也。③

赵令畤虽不能扭转那个时代的不良风习，但他"戒儿曹"之举，确实有

---

① 林申清：《明清著名藏书家·藏书印》，北京图书馆出版社2000年版，第49页。
② （南朝梁）萧子显：《南齐书》卷五十二《崔慰祖》，中华书局1972年版，第901页。
③ 《藏书纪事诗》卷一《赵令畤德麟》引《侯鲭录》，第12页。

· 484 ·

为士大夫树立楷模之意。当然，这还是针对借书不录不读不还现象的，距离提倡流通还稍远。南宋周密对此认识较前一步，认为完全依赖私藏是不可能保证图书长久流传的，他说："世间万物，未有聚而不散者，而书为甚。"①周密并以当时多位藏书逾万卷的藏书家为例，指出他们藏书尽皆"散失无遗"的事实。宋代藏书家中开明之士居多，从不吝惜藏书外借，因而博得了时人赞誉，如陆游记好友、藏书家闻人滋说："喜留客食，然不过蔬豆而已。郡人求馆客者多就谋之。又多蓄书，喜借人。自言作门客牙，充书籍行，开豆腐羹店。"② 这位生平事迹不见史料记载的闻人滋，通经史，善诗文，喜欢留客食宿，喜欢借书与人，有着非同常人的博大心胸。

历史发展到了明代，多位藏书家提出了公开私藏，利于流通的倡议，如胡震亨说："秘不示人，非真好书者。"③ 姚士粦云："以传布为藏，真能藏书者也。"④ 李鄂翀更是把自家藏书楼命名"共读楼"，公开宣扬"天下好书，当天下人共之"⑤。

明代藏书家提倡典籍流通的代表人物是浙江秀水（今浙江嘉兴）藏书家曹溶，他专门撰写了一篇《流通古书约》：

> 自宋以来，书目十有余种，其书十不存四五，非尽久远散佚也，不善藏者护惜所有，以独得为可矜，以公诸世为失策也。藏书家当念古人竭一生心力，辛苦成书，渺渺千百岁，崎岖兵攘、劫夺之余，仅而获免，可称至幸。又幸而遇赏音者，知蓄之珍之，谓当绣梓通行，否亦广诸好事。何计不出此，使单行之本，寄箧笥为命，稍不致慎，形踪永绝。自非与古人深仇重怨，不应若尔。然其间有不当专罪吝惜者。时贤解借书不解还书，改"一瓻"为"一痴"，见之往记，即不乏忠信不欺之流。书既出门，舟车道路，遥遥莫定，或僮仆狼藉，或水火告灾，时出意料

---

① 《藏书纪事诗》卷一《周密公谨》引《齐东野语》，第75页。
② 《藏书纪事诗》卷一《闻人滋茂德》引《老学庵笔记》，第56页。
③ （明）胡震亨：《津逮秘书·题辞》，毛晋《津逮秘书》卷首，博古斋1922年版，第1页。
④ 《藏书纪事诗》卷三《姚士粦叔详 吕兆禧锡侯》引姚士粦《尚白斋秘笈序》，第273页。
⑤ 李鄂翀之语见钱谦益《牧斋有学集·李贯之先生墓志铭》，上海古籍出版社1996年版，第1156—1159页。

之外，不借未可尽非。今酌一简便法：彼此藏书家各就观目录，标出所缺者，先经，次史，次文集，次杂说。所著门类同，时代先后同，卷帙多寡同，约定有无相易，则主人自命门下之役，精工缮写，校对无误。一两月间，各赍所钞互换。此法有数善：好书不出户庭也，有功于古人也，己所藏日以富也，楚南燕北皆可行也。敬告同志，鉴而听许。或曰，此贫者事也，有力者不然，但节燕游玩好诸费，可以成就古人，与之续命。出未经刊本，寿之梨枣，始小本，讫巨编，渐次恢扩，四方必有闻风接响以表章散帙为身任者。山潜冢祕，羡衍人间，予矫首跂足俟之矣。①

曹溶《古书流通约》影响很大，差不多与其同时，侯官（今福建福州）藏书家曹学佺进一步发展曹溶"流通说"，提出建立儒藏的观点："尝谓'二氏有藏，吾儒何独无'，欲修儒藏与鼎立。采撷四库书，因类分辑，十有余年，功未及竣，两京继覆。"②曹学佺"儒藏"学说具体构想可以通过其《建阳斗峰寺清藏碑文》领会一二。他在这篇文章中写道："释道有藏，吾儒独无藏，释藏南北二京皆有版，道藏惟北京有版，以此见释教之传布者广，而奉释者为教之念公也。《隋书经籍志》以经史子集分为四库，宋《崇文总目》亦然，《文献通考》，郑夹漈《十二略》皆因之循名，责实未尝不与二藏相颉颃，惟是藏书家馆阁自馆阁，私塾自私塾，未尝流通，故其积之不久，或遇水火盗贼之灾，易姓播迁之事，率无有存者。……天下之物公则久，私则不能久。"③曹学佺虽然没有明确把书藏在何处，但却点出了藏书应当"传布""流通"，只有这样，才能改变历来藏书旋聚旋散，聚散无常的局面。其所谓"天下之物公则久，私则不能久"的理论，实际是公共图书馆建立思想的早期萌芽。

当然，从理论到实践提倡私家图籍之相互流通，以利文化传播者，清代

---

① 《藏书纪事诗》卷四《曹溶洁躬》引《静惕堂集》，第352—353页。
② 《明史》卷二百八十八，中华书局1974年版，第7400页。
③ （明）曹学佺：《曹学佺诗文集》（庄可庭纂辑，高祥杰点注）第12册《石仓文稿》，香港文学报社出版公司2013年版，第1085页。

藏书家、刻书家鲍廷博最为代表。其好友赵怀玉《知不足斋丛书序》曾引述鲍廷博之语：

> 物无聚而不散，吾将以散为聚耳。金玉良玑，世之所重，然地不爱宝，耗则复生，至于书，则作者之精神性命托焉。著古昔之暗暗，传千里之态态者甚伟也。书愈少则传愈难，设不广为之所，古人几微之绪，不将自我而绝乎？乞火莫若取燧，寄汲莫若凿井。惧其书之不能久聚，莫若及吾身而善者散之也。①

鲍廷博一直秉持"以散为聚"的藏书理念，他认识到人的生命是有限的，而精神是无尽的，书籍作为人的思想精神载体之一，如果得到妥善的流传从某种意义来讲就是延续人的思想。藏书家子孙设若不守祖上规矩，则藏书易于散为云烟，如果那样的话，还不如公之于人。鲍廷博认为图籍"散"的过程也是"聚"的过程，这种"散"实际上就是藏书家之间的互通有无，相互交换。

鲍廷博提出图书流通的途径可以用"进呈、交流、赠阅"三个词来概括。

所谓"进呈"，就是将藏书中的精品献给朝廷，以期天下人都有机会阅读。在《四库全书》纂修过程中，鲍氏一家进呈珍善古本无论数量还是质量都为当时私家献书翘楚。此外，鲍氏后人又将朝廷赏赐的《古今图书集成》璧还浙江府，现存浙江省图书馆，方便后人借阅。

所谓"交流"，是指他但有珍籍秘本绝不私留，而是乐与人共。赵怀玉称赞他："人从假借，未尝逆意。"② 鲍廷博与黄丕烈、吴骞、陈鳣、吴翌凤等交谊深厚，他们相互之间频频互借、互抄秘籍，一时在江浙间传为佳话。因为有了知不足斋藏书可以借阅，一些大学者治学有了更加可靠的文献依据。

当然，通过借给好友传阅，鲍廷博自己也从他们手中借来相关书籍帮助自己藏书和刻书，他每刻一书，绝不仅仅以自己藏书为唯一依据，而是广泛

---

① （清）赵怀玉：《知不足斋丛书序》，《知不足斋丛书》第十一集卷首，上海古书流通处民国十年（1921）影印清乾隆嘉庆间刻本。

② 同上。

借阅，以资借鉴，他说："是编（《知不足斋丛书》）每刻一书，必广借诸藏书家善本，参互校雠。"①正是因为通过互换书籍，他能够得到一书的多个底本来校勘，从而保证了刻书质量。

所谓"赠阅"，是说鲍廷博为了嘉惠学林，向那些没有书籍的学者开放自家藏书，或将自家刻书无偿赠送。藏书家吴长元为此称赞鲍廷博说："每得异书，不自珍锢枕函帐秘，往往播往艺林，公诸同好。"②

由于知不足斋藏书影响极大，加上获赠朝廷1部《古今图书集成》，故那些与鲍廷博本不相识的学者为了能够借阅鲍氏藏书，不惜辗转相托。但有陌生学者来访，鲍氏总是热情接待，将藏书无偿提供阅读、抄写。黄廷鉴记述过这样一件事："月霄张子，辑《金源文》有年，虽广搜金石之遗，旁采道、释之藏，终以未读鲍氏赐书为恨。娄东张明楷椒卿……为之介绍，许假馆乌镇，次第借读。月霄欣然，遂于己卯闰月，买舟招余同往。值主人有事吴门未归，属小阮听香秀才为之主，居停于镇之南宫道院，日自斋中载五六百册分编披读。……凡六日而毕。"③从而可以看出鲍氏对于自己的珍藏并不完全据为己有，而是以博大的胸怀给学者以方便。

鲍廷博"以散为聚"的藏书思想受到了时人高度称赞，尤其是他将大量藏书无私进献给四库全书馆后，"知不足斋"之名闻于朝廷，上接圣听，乾隆皇帝十分赞赏并题御诗嘉赏。鲍廷博深受鼓励，谓"诸生不可报称，乃多刻所藏古书善本，公诸海内。至嘉庆十八年（1813），年八十有六，所刻书至二十七集，未竣，而君以十年秋卒"④，鲍廷博所刻丛书即著名的《知不足斋丛书》，有功学林，自不待言。

到了近代，许多藏书家更为理性和实际，多方促进藏书流通。如上海大藏书家丁福保尝云："自今以往，不蓄财产，勿造新屋，勿置一切精好之物。须将

---

① 语见《知不足斋丛书》卷首"凡例"，上海古书流通处民国十年（1921）影印清乾隆嘉庆间刻本。
② 语见《知不足斋丛书》第二十六集《斜川集》卷首序，上海古书流通处民国十年（1921）影印清乾隆嘉庆间刻本。
③ （清）黄廷鉴：《第六弦溪文钞》卷二《读知不足斋赐书图记》，《丛书集成初编》第2461册，第36页。
④ 《藏书纪事诗》卷五《鲍廷博以文》引阮元《知不足斋鲍君传》，第526页。

书籍、碑帖、古泉等散去,空其所有,本无一物带来,亦将无一物带去也。"[1]非常超脱,且丁福保还多次将私藏捐为公藏,他自述:"余性喜聚书而又喜散,无锡竢实学堂、无锡县立图书馆、上海市立图书馆、震旦大学图书馆,余捐书亦多。"[2] 此外,受西方近代图书馆制度的影响,近代许多藏书家深刻认识到私家藏书终究难以长久持续,故纷纷变私藏为公藏,促进中国近代图书馆建设。

二 重视典藏

《墨子·明鬼篇》说:"古者圣王必以鬼神为,其务鬼神厚矣。又恐后世子孙不能知也,故书之竹帛,传遗后世子孙。咸恐其腐蠹绝灭,后世子孙不得而记,故琢之盘盂,镂之金石以重之。"[3] 书籍自从产生那一天起,典藏工作就开始了。古代藏书家在长期的藏书实践中,积累了丰富的经验,对图书采取了各种有效的珍藏措施,为后人留存下浩如烟海的典籍,在图书典藏史上积攒了宝贵的经验。藏书纪事诗诸作在为藏书家作传的时候,留意收集这方面的史料,方便后人了解古代藏书家在图书典藏方面积累的经验和做法。

虫蠹是古书最大的天敌之一,文献记载,早在汉代古人就有图书防蠹措施。西汉成帝时,刘向奉命校理国家藏书,他对书写材料竹简有过精心的研究:"杀青者,直治竹作简书之耳。新竹有汁,善折蠹。凡作简者,皆于火上炙干之,陈、楚间谓之汗。汗者,去其汁也。吴、越曰杀,亦治也。"[4] 魏晋以后,文献典籍以纸张为主要载体,藏书家们就在纸张的选择上动足脑筋,便于保护。如宋代藏书家赵元考,家富藏书,曾编撰有《澄心堂书目》及《建业文房书目》,著录图书多达三千余卷,并刊刻图书数种,他对书籍防蛀有过专门研究,《后山丛谈》记载说:"赵元考用寒食面、腊月雪水为粘,则

---

[1]《上海近代藏书纪事诗》,第 26 页。
[2]《续藏书纪事诗》卷八《丁福保祐林》引《畴隐七十自叙》,第 363 页。
[3] (清)孙诒让:《墨子闲诂》卷八《明鬼上》,《诸子集成》第 4 册,中华书局 1954 年版,第 147 页。
[4] 刘向之语原载《别录》,此处转印自东汉应劭《风俗通义校释》,吴树平校释,天津人民出版社 1980 年版,第 409 页。

不蠹。"①

精选写本纸张，重视别本保藏是古代藏书家普遍采用的，且行之有效的典籍珍藏措施，本书第十章已经对古代藏书家辛勤抄纂图籍一事有论述，此处再举一例。北宋藏书家王洙藏书甚富，多达4万余卷，其珍藏图书的主要措施是另写一部，以防遗失，《却扫编》记载说：

> 每得一书，必以废纸草传之，又求别本参校。至无差误，乃缮写之。必以鄂州蒲圻县纸为册，以其紧慢厚薄得中也。每册不过三四十叶，恐其厚而易坏也。此本传以借人及子弟观之。又别写一本，尤精好，以绢素背之，号"镇库书"。②

所谓"镇库书"，类似于今日图书馆中的样本书、保存本，可以观看，但绝不外借。有此一法，则家藏典籍永无遗失矣。

古代藏书家善于总结珍藏典籍的方法，但其形式多为只言片语，不成系统，在珍藏图籍上能够总结出系统理论方法且嘉惠后人的，当为清代常熟学者孙从添。孙氏虽贫而聚书万卷，视若珍璧，建上山堂贮之。在多年的藏书实践中，他精心呵护，不断总结，撰写《藏书记要》专论藏书方法。其中第七则曰《收藏》，文字虽短，但是对于典籍收藏过程中应注意事项作了全面总结：

> 收藏书籍，不独安置得法，全要时常检点开看，乃为妙也。若安置虽妥，弃置不管，无不遗误。至于书柜，须用江西杉木，或川柏、银杏木为之。紫檀、花梨小木，易于泛潮，不可用。做一封书式，朴素精雅，兼备为妙。请名手集唐句，刻于柜门上。用白铜装角，装订不用花纹，以雅为主，可分可并。趁屋高下，置于楼上。四面窗棂，须要透风。窗小棂大，楼门坚实，锁要紧密，式要精工。锁匙上挂小方牌，或牙或香，将"经、史、子、集、释、道"字刻于正面，字外用圆线，嵌红色，字嵌蓝色，旁刻某字号第某书柜，嵌绿色，下刻小圈中，反面写宋刻、元

---

① 《藏书纪事诗》卷一《赵元考彦若》引，第11页。
② 《藏书纪事诗》卷一《王洙原叔　子钦臣仲至》引，第18页。

刻、明刻、旧钞、精钞、新钞等名色为记。古有石仓，藏书最好，可无火患，而且坚久，今亦鲜能为之。惟造书楼藏书，四围石砌风墙，照徽州库楼式乃善。不能如此，须另置一宅，将书分新旧钞刻，各置一室封锁，匙钥归一经管。每一书室，一人经理，小心火烛，不致遗失，亦可收藏。若来往多门，旷野之所，或近城市，又无空地，接连内室、衙署、厨灶之地，则不可藏书，而卑湿之地，不待言矣。藏书断不可用套，常开看，则不蛀。柜顶用皂角炒为末，研细，铺一层，永无鼠耗。恐有白蚁，用炭屑、石灰、锅锈铺地，则无蚁。柜内置春画、辟蠹石，可辟蠹鱼，供血经于中，以辟火。书放柜中，或架上，俱不可并，宜分开寸许，放后亦不可放足。书要透风，则不蛀不霉。书架宜雅而精，朴素者佳，下隔要高，四柱略粗，不可太狭，亦不可太阔，约放书二百本为率。安置书架，勿于近窗并壁之处。案头之书，三日一整，方不错乱。收藏之法，惟此为善也。①

孙从添收藏典籍之法可以归纳为以下几点：第一，书柜制作非常重要，选材要精，装订亦雅；第二，书柜钥匙制作要有文化品位，且分类制作利于取用图书；第三，造藏书楼应该照徽州库楼款式；第四，藏书室建造一定要考虑防火措施；第五，藏书室内要考虑如何防鼠、防蚁、防蠹；第六，书架应以实用为主，以雅为善。上述各条经验对于古代私家藏书十分实用可取，故文章一经面世，大受好评，黄丕烈以"言之甚详且备，盖亦真知笃好者"②论之。叶昌炽对于孙从添在收藏典籍理论方法上的成就十分推崇，以诗赞之曰：

> 鸳鸯不惜度金针，字字书林座右箴。
> 三折肱为医国手，广长舌是佛家心。③

---

① （清）孙从添：《藏书记要》，与祁承㸁《藏书记》等合刊本，广陵书社2010年版，第52—53页。
② （清）黄丕烈：《藏书记要跋》，祁承㸁《藏书记》等合刊本，广陵书社2010年版，第55页。
③ 《藏书纪事诗》卷五《孙从添庆增》，第489页。

三　彰显特色

　　藏书家历经艰辛，所聚良多，此为人生乐事，这种快乐常常溢于言表，如宋嘉熙中许棐序其《梅屋书目》云："予贫喜书，旧积千余卷，知无不市；人有奇编，见无不录。故环室皆书也。"又云："自古不义而富贵者，书中略可考也，竟何如哉！予少安于贫，壮乐于贫，老忘于贫。人不鄙夷予之贫，鬼不揶揄予之贫，书之赐也。如彼百年，何乐之有哉！"①大诗人钱谦益晚年将所聚书藏在绛云楼内，"大椟七十有三。顾之自喜曰：'我晚而贫，书则可云富矣！'"②古代藏书家多方聚书，并不完全看重数量，更多的是根据自己喜好，刻意彰显藏书特色来。从藏书品质来说，自然是时代越久远越受到藏书家追捧，因而，明清以来藏书家多爱宋元椠本，藏书楼名出现像"百宋一廛""千元一驾"等此类藏书佳话。但是，宋元椠本在流传过程中越来越少也是不争的事实，并非所有藏书家都有机缘获得，如何在藏书中凸显特色，是大多数藏书家深入思考的问题，久之则呈现出多样性来。

　　有以藏法书、名画知名者。元末明初苏州藏书家虞子贤，因得到朱子《城南杂咏》一部，故专建书堂收藏，名之曰"城南佳趣"，一作"佳趣楼"。《苏州府志》记其藏书特色说："家藏书史及古今法书、名画，甲于三吴。"③

　　有专门收《四库全书》原本的。民国安徽庐江藏书家刘体智独具慧眼，文物收藏堪称海内一流，尤其是龟甲骨片和青铜器收藏，世间罕有其匹。在藏书方面，他有一个与众不同的特点，凡是《四库全书》中被馆臣删改过的书，他必须收得原来旧本，并立志要把《四库全书》中"存目"之书，依目录统统收齐，收不齐就借来抄录副本，并立下誓言，要以一己之力收齐《四库全书》所收书之原刻本，统统恢复旧貌，因此长年雇佣十几名抄书、校书的工匠，书山藏海，终日忙个不停，因此之故，伦明赞美其"为藏书家别开一格"④。

---

　　① 《藏书纪事诗》卷一《许棐忱父》引《曝书杂记》，第 67 页。
　　② 《藏书纪事诗》卷四《钱谦益受之》引曹溶《绛云楼书目题词》，第 335 页。
　　③ 《藏书纪事诗》卷二《虞堪胜伯　虞子贤》引，第 108 页。
　　④ 《辛亥以来藏书纪事诗》，第 44 页。

有专爱古代一家著述，因而遍收其藏书者。如近代著名爱国民主人士、民国政要、河北定县人王瑚，出生于书香世家，清末进士，一生仕宦曲折，政务之余酷爱读书，尤好《老子》，只要遇到《老子》的不同版本，一定设法收藏，久之以藏《老子》而称名藏书界。伦明非常喜爱王瑚此人此举，为之诗曰：

王公夙好老子学，为吏人传廉介名。
岭表携归盗泉水，淮南鸡犬未飞升。①

有重视藏书实用价值的。如梁启超"慨然谓世之颛爱宋元版本者，直是骨董家数，故所藏但期切于实用，不必求其精椠。上自典册高文，下逮百家诸子，旁及东瀛海外之书，无不殚事收集。其意非徒广己于不可畔岸之域，谓先哲皮藏之意无所不赅，固如是也"②。

有喜欢收集近代史料，为后人保存文献的。如民国著名学者、广东东莞人张伯桢，幼年与伦明同学，后和伦明一同治学20年，喜收藏古籍和刊刻图书，他因仰慕乡贤袁崇焕，整理出版《袁督师遗集》。伦明对其藏书特征尤为了解，直言其"喜收集近世史料"③。此外，张伯桢一生仕途主要在北京，他把这里当作第二故乡，因而在其收藏近代史料时，更加注重北京历史风物资料，为后人研究北京地方文化提供了很有价值的文献史料。再如近代满族藏书家金梁"所藏则有清史未刊稿，如《氏族散派》等志，及太平天国诸王将传，皆至奇变。又旧藏各地方志，府以上皆全，亦至难得者也"④。

有爱近代文集收藏的。古代藏书家大多重视经史，轻视子集，而近代以来，随着科举的废除，藏书家的藏书品味随之发生了转移，向不为大家重视的文集也成了收藏的重点。如近代广东番禺藏书家陈融，隐居于广州。通诗文，喜藏书，搜集清代、近代诗文集近万家，2000余种，拟仿《元诗纪事》

---

① 《辛亥以来藏书纪事诗》，第78页。
② 《续藏书纪事诗》卷八《梁启超》引国家图书馆藏《梁任公遗书目录》卷首余绍宋《序》，第336页。
③ 《辛亥以来藏书纪事诗》，第86页。
④ 同上书，第100页。

和《明诗纪事》而编纂《清诗纪事》，惜未果。徐信符记其藏书说："近廿年来，就性所好者，专搜罗清人集部。"①当代学者马叙伦极好藏书，有藏书楼名为"天马山房"，所藏宋、元、明、清本、稿本、钞本、批校本数百种，其中"近代人词集，多至数百册，君不善词，而好收词集"②。

藏书特色也与藏书家本人信仰密切相关。民国著名藏书家、佛教大护法叶恭绰先生，一向重视佛教经典文物的保存，对于维护三宝及佛教的弘法事业，无不全力以赴。早在 1923 年，他在北京发起影印日本《卍字续藏》，1932 年，由于查访西安发现的《碛砂藏》缺册，在山西赵城县广胜寺中，又发现金代藏经，他与时在北平的周叔迦居士等共同发起，将金藏中有关法相唯识典籍 64 种选出来影印，名之曰《宋藏遗珍》，故其藏书显示出与众不同的特色，徐信符说："（叶恭绰）好藏书，惟与俗不同，专搜山水游记、书院名胜志，为藏家之别树一帜。精研佛典，于宋椠释典，颇有收藏。"③诚然。

从历代藏书家典藏特色可以看出，时代较早的藏书家，由于图书编纂、传抄和版刻不便，更由于古代社会崇尚儒家典籍风气使然，他们藏书不自觉地体现出重经史之共性，难以完全彰显个人藏书特色，仅在数量上见出区别。而晚近以来，科举制废除，西方学校制度引入，士子不再专究儒经，且先进印刷术传入中国，图书印刷便捷广泛，因而藏书家们有条件收藏各类典籍，进而根据自己性情爱好和治学来选择，从而能够体现出独特的典藏特色。

第二节 藏书楼

藏书楼即藏书处，亦称藏书室，是藏书家收藏典籍图书的处所。古代藏书处所多以"楼"命名，主要寓意处所之高大轩敞和藏书量之多。古代藏书史上，专门建造藏书之所最初是为最高统治者服务的，秦有明堂、石室、金

---

① 《广东藏书纪事诗稿》，第 84 页。
② 《辛亥以来藏书纪事诗》，第 101 页。
③ 《广东藏书纪事诗稿》，第 84 页。

匦，汉有延阁、广内、兰台、石渠、天禄、麒麟，等等，以后代有兴造，皆规模宏大，藏量丰富。

随着藏书事业不断向前发展，私家逐渐有了专门的藏书之所，见于文献记载最早的当属东汉"曹氏书仓"。晋人王嘉《拾遗记》记载说："曹曾，鲁人也。本名平，慕曾参之行，改名为曾。家产巨亿……天下名书，上古以来，文篆讹落者，曾皆刊正，垂万余卷。及国难既夷，收天下遗书于曾家，连车继轨，输于王府。诸弟子于门外立祠，谓曰'曹师祠'。及世乱，家家焚庐，曾虑先文湮没，乃积石为仓以藏书。"① 根据文意，可知"积石为仓"即用石头建造的处所，主要目的在于防火。

史上第一位构楼储书者当为北魏平恒。平恒（412—486），字继叔，燕国蓟人（今属河北）。祖视，父儒，皆为北魏朝廷官员，可谓仕途通达。平恒耽勤读诵，研综经籍。历任幽州别驾、著作佐郎、秘书丞等职。他安贫乐道，廉贞寡欲，不营资产，衣食至常不足。迁秘书丞后，常年在馆阁中担任管理校书之职，对图书藏庋、抄录不遗余力，《魏书》称其"别构精庐，并置经籍于其中。一奴自给，妻子莫得而往，酒食亦不与同"②。后世史书对私家藏书楼不乏记载，如唐代田弘正"于府舍起书楼，藏书万余卷"③；李磎"家有书至万卷，世号'李书楼'"④；张建章"聚书至万卷，所居有书楼，但以披阅清净为事"⑤。由于唐代以前私家藏书楼数量不大，且藏书楼建造并未形成风气，故学界对这一时期私家藏书楼研究较少。

五代及宋以后，私人藏书数量剧增，专门藏书楼不断涌现，并且大都有专名。范凤书先生说："在长期的封建时代，私家藏书楼相对地说开放性最大，对中国学术的发展推动作用也最大。"⑥ 藏书纪事诗诸作在为历代藏书家立传时，多方搜集藏书楼史料，为古代藏书文化写下了绚丽一笔。

---

① （前秦）王嘉等：《拾遗记》（外三种，王根林等校点）卷六，上海古籍出版社2012年版，第46页。
② 《魏书》卷八十四《儒林传》，中华书局1974年版，第1846页。
③ 《旧唐书》卷一百四十一，中华书局1975年版，第3850页。
④ 《新唐书》卷一百四十六，中华书局1975年版，第4747页。
⑤ （宋）孙光宪：《北梦琐言》卷十三，三秦出版社2003年版，第239页。
⑥ 范凤书：《私家藏书风景》，河北教育出版社2007年版，第183页。

一　藏书楼命名

自古以来,藏书家有一个突出特点,那就是在他们搜集、整理典籍之余,常常喜欢给自己藏书楼起一个甚至几个楼名。"楼"是藏书处通名,除此之外,常见的还有馆、院、堂、斋、室、居、轩、阁、庵、亭等。

以"斋"命名,表示藏书家一心读书,别无他求。如近代原籍安徽泾县藏书家朱犀园生长吴中,"其祖德兰坡,有小万卷斋,以藏书著称。当时犀园复雅擅山水,且善园林建筑,一丘一壑,饶有意境"[①]。朱犀园为园林专家,曾助陈谷岑修葺拙政园,获园林界好评。

以"馆"命名,表示藏书楼是藏书家暂住之所,图书可与人共享。如全祖望记载清扬州盐商马曰琯小玲珑山馆说:"迸叠十万余卷。予南北往还,道出此间,苟有宿留,未尝不借其书。而嶰谷相见,寒暄之外,必问近来得未见书几何,其有闻而未得者几何,随予所答,辄记其目,或借抄,或转购,穷年兀兀,不以为疲。去得异书,则必出以示予。"[②] 小玲珑山馆是扬州二马接待文人的重要场所,他们用经营盐业所得购置了大量珍贵的图书,典藏在小玲珑山馆内,对四方文人免费开放。

以"庵"命名,表示一心藏书读书,远离尘俗,行同僧尼,不问人间功名利禄,惟书是爱。如宋藏书家蔡瑞名其藏书楼曰"石庵",叶适记述说:

> 石庵书若干卷,承奉郎蔡君瑞藏之。始蔡君之伯父曰居士,葬母,因其地为庐居。绍兴十九年(1149),大旱,居士将以所余谷散之,而患无名。时庵傍有石冒土,而奋如蟠根,丛萌欲发而尚郁者,遂为万夫佣使出之。高二丈,广可三之。石温润如玉,故名石庵云。蔡君念族人多贫,不尽能学,始买书置石庵,增其屋为便房,愿读者处焉。蔡君可谓能教矣。[③]

[①]《续补藏书纪事诗》,第62页。
[②]《藏书纪事诗》卷五《马曰琯秋玉　马曰璐佩兮》引全祖望《丛书楼记》,第475—476页。
[③]《藏书纪事诗》卷一《蔡瑞　陈伯明》引叶适《石庵藏书目序》,第66页。

"亭"表示与自然亲近。金末元初著名学者、藏书家元好问作为宋金对峙时期北方文学的主要代表,一生著述颇丰,史载其"往来四方,采撷遗逸,有所得,辄以寸纸细字亲为纪录,至百余万言。捆束委积,塞屋数楹,名之曰'野史亭'"①。

"阁"表示规模宏大。最为代表者属明代宁波范氏天一阁。天一阁由兵部右侍郎范钦于嘉靖四十年(1561)主持建造,占地面积2.6公顷,可谓宏大无比。范钦平生喜欢收集古代典籍,后又得到鄞县李氏万卷楼的残存藏书,存书达到了7万多卷。书阁为木构的二层硬山顶建筑,通高8.5米,底层面阔、进深各六间,前后有廊。二层除楼梯间外为一大通间,以书橱间隔。此外,还在楼前凿天一池通月湖,既可美化环境,又可蓄水以防火。清帝乾隆在《四库全书》修撰完毕后,派遣杭州织造寅著前往天一阁了解建筑格局,并下旨仿天一阁建造文渊阁等内廷四阁。其中,文渊阁于乾隆四十一年(1776)建成,位于故宫东华门内文华殿后,阁制仿浙江宁波范氏天一阁构置。阁的东侧建有一座碑亭,亭内立石碑一通,正面镌刻有乾隆皇帝撰写的《文渊阁记》:"藏书之家颇多,而必以浙之范氏天一阁为巨擘,因辑《四库全书》,命取阁式,以构庋贮之所。既图以来,乃知其阁建自明嘉靖末,至于今二百一十余年,虽时修葺,而未曾改移。"对天一阁的构建给予充分的赞许。

"室""堂""居"表示藏书楼是藏书家的生活组成部分,规模不等,亦表示藏书量不多。如宋代赵明诚、李清照夫妇,皆爱藏书,取陶渊明《归去来兮辞》之意,名藏书室曰"归来堂"。所谓"堂",其实不过是卧室兼书房,但夫妇二人常常于此研玩金石,摩挲藏书,十分温馨。李清照晚年回忆说:"余性偶强记,每饭罢,坐归来堂烹茶,指堆积书史,言某事在某书某卷第几叶第几行,以中否角胜负,为饮茶先后。中即举杯大笑,至茶倾覆怀中,反不得饮而起。甘心老是乡矣。"②

"庄"则代表藏书家物质上极为富有,藏书量极为丰富。如近代上海藏书家高吹万藏书楼名较多,先后有葩庐、吹万楼、可读斋、格簃、卷窝、风雨

---

① 《藏书纪事诗》卷二《元好问裕之》引郝经《遗山先生墓铭》,第78页。
② 《藏书纪事诗》卷一《赵明诚德父 李清照易安》引李清照《金石录后序》,第40页。

鸡鸣之室等，而最为其所爱的藏书楼名曰"闲闲山庄"，关于这个名称，周退密、宋路霞说：

> （高吹万）酷爱《诗经》，取其"桑者闲闲"之意，筑园于秦山之麓，占地 10 亩，曰"闲闲山庄"。生平富收藏，善诗歌，聚书至数万卷，颇多善本。初收有朱慎初"抱经堂"之书，后刻意搜求《诗经》历代版本。1937 年日寇于金山卫登陆，山庄首当其冲，深夜出走，未及携一书。及至上海，请人返里取书，往返数次，共取出书画碑帖 2 箱、书籍 24 箱，《诗经》一类为数独全，其余各类包括精刊、孤本凡二百七、八十箱，则均遭劫难。藏《诗经》一类各种版本达数百种之多，分别部居凡 14 类，如石经、训诂、传笺义疏。①

高氏闲闲山庄占地 10 亩，可谓富甲一方。而更让人感动者，高吹万酷爱《诗经》，藏书楼名出自《诗经》，藏书中最多、最全的一类也是《诗经》。

以上仅述及私家藏书楼名称分类，事实上，藏书家们还在藏书楼命名上赋予丰富的文化含义，反映他们的多样志趣、修养及藏书情况等。

第一，藏书楼名凸显藏量之多的。内敛和谦逊是中国最为推崇的传统美德，但在藏书文化中，绝大多数藏书家却愿意示人以富有，极言藏量之多。这并不矛盾。藏书属于精神财富，而精神财富是有影响力的，这种财富越多，文化价值越高，因而人们不愿意在这方面内敛与谦逊，周少川说："古代有些藏书家喜好夸示自己藏书之富与藏书之精，就像曹操用兵，号称百万一样。"②极有道理。藏书楼命名上，太多藏书家使用"万卷"一词，关于史上用此名的藏书家人数，范凤书先生统计说："自宋至清代不下四十多家。"③ "万卷"之外，更有甚者用"三万卷""五万卷""十万卷""二十万卷""三十三万卷""五十五万卷"命名的，数量的不断增长，既说明藏书家争博斗富之心态，随着图书编刻技术发展，也的确反映了藏书量不断增多的事实。

---

① 《上海近代藏书纪事诗》，第 37 页。
② 周少川：《藏书与文化：古代私家藏书研究》，北京师范大学出版社 1999 年版，第 245 页。
③ 范凤书：《中国私家藏书史》，大象出版社 2001 年版，第 663 页。

第二，藏书楼命名体现藏品之精。唐宋藏书家并不十分在意版本，因为那时雕版印刷刚开始流行，古人对此认识不足。随着雕版印刷技术日益成熟和藏书事业繁荣发展，明清时期藏书家渐渐重视宋元版本，以此靳密，博求美誉。藏书史上有这样一段佳话：清代藏书家黄丕烈藏书楼名甚多，而为学界津津乐道的是"百宋一廛"，这是因为他"购得宋刻百余种，学士顾纯颜其室曰'百宋一廛'"①。在清代，宋刻本已经十分珍贵了，清初即计页售卖，藏书家们拥有1部都是荣耀，而况藏有百部？而另一位藏书家吴骞独爱元刻，名藏书楼"千元十驾"，黄丕烈记载说："余藏书所曰百宋一廛，海昌吴槎客闻之，即自题其居曰千元十驾，谓千部元板，遂及百部之宋版，如驽马十驾耳。"②

藏书楼命名体现藏品之精，更多缘于某部珍贵典籍，可见出藏书家对这部图籍的嗜爱之深。这样的轶事尤多，藏书纪事诗诸作不厌其烦收录，笔者择要列表如下。

序号	藏书家	藏书楼名	所嗜爱之图籍	文献来源
1	元·虞子贤	城南佳趣	朱子《城南杂咏》	《藏书纪事诗》卷二
2	明·陈继儒	宝颜堂	颜鲁公书《朱巨川告身》	《藏书纪事诗》卷三
3	清·翁方纲	宝苏室	宋椠《苏诗》施顾注本	《藏书纪事诗》卷五
4	清·周春	礼陶斋、宝陶斋、梦陶斋	宋刻《汤注陶诗》、宋刻《礼书》	《藏书纪事诗》卷五
5	清·吴寿旸	苏阁	宋椠《东坡先生集》	《藏书纪事诗》卷五
6	清·马瀛	汉晋斋	宋本《汉书》《晋书》	《藏书纪事诗》卷六
7	清·计光炘	二田斋	沈石田、恽南田真迹	《藏书纪事诗》卷六

---

① 《藏书纪事诗》卷五《黄丕烈绍甫》引《同治苏州府志》，第573页。
② 《藏书纪事诗》卷五《吴骞槎客》"昌炽案"引黄丕烈《席上辅谈跋》，第543页。

续　表

序号	藏书家	藏书楼名	所嗜爱之图籍	文献来源
8	邓邦述	群碧楼	得黄荛圃藏《群玉》《碧云》二集	《辛亥以来藏书纪事诗》
9	傅增湘	双鉴楼	宋元本《通鉴》二部	《辛亥以来藏书纪事诗》
10	袁思亮	苏斋	宋本《苏诗》	《辛亥以来藏书纪事诗》
11	董康	密韵楼	海内孤本周密《草窗韵语》	《辛亥以来藏书纪事诗》
12	陈澧	传鉴堂	《资治通鉴》、附《通鉴目录》《通鉴释文》《辨误宋元通鉴》凡四种	《广东藏书纪事诗》
13	潘宗周	宝礼堂	宋刊《礼记正义》	《广东藏书纪事诗》《上海近代藏书纪事诗》
14	陈清华	荀斋	宋版《荀子》	《上海近代藏书纪事诗》
15	周暹	双南华馆	两宋本《庄子》	《续补藏书纪事诗》

第三，藏书楼命名寓意藏书家勤于读书治学。藏书与读书相得益彰，历史上，绝大多数藏书家亦致力于读书治学，取得骄人成就，他们在藏书楼命名上往往别有深意，以勤于读书激励自己。陆游一生辗转多地，每至一处，辄建自己的藏书室，大小不拘，容身其中，浸淫书海。为此，他撰写《书巢记》说：

·500·

第十二章　藏书纪事诗与藏书文化

　　陆子既老且病，犹不置读书，名其室曰"书巢"。客有问曰："今子幸有屋以居，而谓之巢，何邪？"应之曰："吾室之内，或栖于椟，或陈于前，或枕藉于床，俯仰四顾，无非书者。吾饮食起居，疾痛呻吟，悲忧愤叹，未尝不与书俱。宾客不至，妻子不觌，而风雨雷雹之变，有不知也。间有意欲起，而乱书围之，如积槁枝。或至不得行，则辄自笑曰：'此非吾所谓巢者耶？'乃引客就观之。客始不能入，既入，又不能出，乃亦大笑曰：'信乎其似巢也。'"①

陆游的"书巢"特征有二：一是地方局促，书籍随处摆放，"俯仰四顾，无非书者"；二是"巢"用途多，藏书、读书其中，尚且于中"饮食起居"。以"巢"为名，实在神似。

宋代藏书家江西永丰刘君，生平不详，勤于读书，书楼曰"勤有堂"，当地士子乐从之游，时人记其书楼得名因由说："（刘君）居西山之下，洪崖天宝，列其左右，萧台临其上。筑室奉亲，念诗书历世，辛勤插架，取韩公语，名之为'勤有'。"② 按，唐代大诗人韩愈诗歌《符读书城南》中有"诗书勤乃有，不勤腹空虚"二句，通过"勤"与"不勤"的对比，指出勤读诗书才能有所收获，学习不勤就腹中空虚。刘氏深受此诗启发，故藏书楼以之取名。南宋学者周密藏书楼名"书种堂"，他自述得名原因说：

　　山谷云："四民皆坐世业，士大夫子弟能知忠、信、孝、友，斯可矣。然不可令读书种子断绝。有才气者出，便当名世矣。"练兼善尝对书太息曰："吾老矣，非求闻者，姑下后世种子耳。"余家有书种堂，盖兼取二公之说云。③

元代云间（今上海华亭）藏书家孙道明，"虽甚贫，用前人苦志笃学，名

---

① 《藏书纪事诗》卷一《陆游务观　子子遹》引《渭南文集·书巢记》，第52页。
② 《藏书纪事诗》卷一《西山刘君》引刘将孙《刘氏勤有堂记》，第58页。
③ 《藏书纪事诗》卷一《周密公瑾》引《齐东野语》，第75—76页。按，叶昌炽此处引文与原文稍不同。

· 501 ·

其斋曰映雪"①。晚近长洲（今苏州）藏书家章珏一生收藏图籍3000余部，7万余卷，他"取宋尤延之饥读当肉，寒读当衣，孤寂读当友朋，幽忧读当金石琴瑟语，名其斋曰四当"②。

第四，藏书楼命名寄托藏书家对子孙后世的期许。这方面最为典型的代表是清代昆山藏书家徐乾学，作为著名学者顾炎武的外甥，徐氏出身书香世家，生性爱书。明末清初的战火，导致众多藏书之家不能守护，待清政权渐趋安定，各家散出之书始在民间流传，徐乾学乘机广为搜购，加之门生故吏遍及各地，知其有嗜书之癖，无不尽力为之网罗放佚，一时南北藏书家旧物，汇于昆山徐氏门庭。徐乾学看到卷帙浩繁的藏书，乃于居所筑楼，名之曰"传是楼"，好友汪琬叙述得名经过云：

> 徐健庵尚书筑楼于所居之后。凡七楹，斫木为厨，贮书若干万卷。部居类汇，各以其次，素标缃帙，启钥烂然。与其子登斯楼而诏之曰："吾何以传女曹哉？"因指书而欣然笑曰："所传者惟是矣！"遂名其楼为"传是"。③

第五，藏书楼命名寄托感恩之情。古代藏书楼往往成于几代人之手，是家族文化积淀的产物，因而藏书家在藏书楼的命名上若有深意托焉，以之铭记先人之恩德，弘扬藏书读书之精神。如浙东地区私家藏书楼除天一阁外，当数郑性"二老阁"，关于楼名来历，全祖望说：

> 太冲先生最喜收书，其搜罗大江以南诸家殆遍。垂老遭大水，卷轴尽坏；身后一火，失去大半。吾友郑丈南溪理而出之，其散乱者复整，其破损者复完，尚可得三万卷。而如薛居正《五代史》，乃天壤间罕遇者，已失去，可惜也。郑氏自平子先生以来，家藏亦及其半，乃于所居之旁筑二老阁以贮之。二老阁者，尊府君高州之命也。高州以平子先生

---

① 《藏书纪事诗》卷二《孙道明明叔　夏庭芝伯和》引郑元祐《孙高士象赞引》，第90页。
② 《续补藏书纪事诗》，第21页。
③ 《藏书纪事诗》卷四《徐乾学健庵》引汪琬《传是楼记》，第391页。

为父,以太冲先生为师。因念二老交契之厚,遗言欲为阁以并祀之。①

"太冲先生"即黄宗羲,"平子"乃郑溱。黄、郑二人平生为莫逆交,两家亲如同姓。黄宗羲去世时,郑溱子郑梁恸哭墓上,如丧考妣。郑性为郑溱孙,嗜书,家藏书甚富,郑梁与子郑性谋建"二老阁",设郑溱及黄宗羲神位于其中,岁时以祀。二老阁建在郑梁翰林第东首,坐北朝南,为二层楼歇山式建筑。面阔三间,阁前有明堂,阁后有池塘,围墙北面即半生亭,栽竹木花卉,是郑梁游咏之所。二老阁楼上中间一间供奉黄宗羲、郑溱、郑梁神位,左右两间贮黄氏遗书,楼下收藏郑氏遗书。郑性去世后,藏书由长子郑大节管理。大节怕善本遭失,就把宋元珍椠及稀见的抄本抽出来藏于私室。乾隆三十八年(1773),清政府纂修《四库全书》,命各省进呈图书作为底本,当时二老阁进呈了一批书。

又如清代藏书家鲍廷博,其藏书楼名"知不足斋"和"赐书堂",皆是寄托感恩之情。鲍廷博"事大父能孝,念父游四方,恒以孙代子职,得大父欢。大父卒,既葬,君父携家居杭州。君事父又以孝闻"②。父亲鲍思诩经商之余,将心思用在了收集图书和教习子弟上面,他利用经商所赚来的钱财,开始收购古代的图籍,久而久之,形成了一定的规模,于是专门辟室储藏,并取《大戴礼记》"学然后知不足",将自家的藏书处命名为"知不足斋"。家业传到鲍廷博手上时,他仍沿用这一名称,且时常自称"知不足斋后人",凝注对父亲的深切纪念。而"赐书堂"的命名,则是出于对皇恩的感念。乾隆三十八年(1773),清廷开修《四库全书》,鲍廷博嘱长子鲍士恭献书七百余种,号称"献书之最",清廷给他多次赏赐。好友翁广平说:"(乾隆)三十九年,拜《古今图书集成》之赐;四十年蒙恩给还所进书籍,内有《唐阙史》《武经总要》二书并荷御题;四十五年圣驾五次南巡,迎銮献颂,蒙赏大缎二匹,又叠荷赐《伊犁得胜图》《金川图》,诏书褒奖。先生自念一介儒生,何以图报,遂以所藏善本,付之梨枣,谨以御题《唐阙史》冠首,名

---

① 《藏书纪事诗》卷四《郑梁寒村 子性义门》引全祖望《二老阁藏书记》,第417页。
② (清)阮元:《揅经室集二集》卷五《知不足斋鲍君传》,中华书局1993年版,第494—495页。

《知不足斋丛书》,朝夕雠校,寒暑不辍,数十年如一日。"①鲍廷博亦商亦儒,无任何官职,献书目的主要是秉承"以散为聚"的思想,没有任何功利因素,他万万没有想到此举受到了帝王的赐书奖赏。对于这份来自清廷最高统治者的隆誉,鲍廷博时刻铭记在心,他一方面刊刻《知不足斋丛书》广布学林,另一方面则专门兴建藏书楼储藏朝廷的赐书,翁广平说:"高宗纯皇帝赐《古今图书集成》,先生既拜受是书,辟堂三楹,分贮四大厨,颜其堂之额曰'赐书'。"②

受经济条件、时代发展等因素制约,"古代私人藏书楼为数众多,深入考察,其中却有'实构'与'虚拟'两种情况。所谓'虚拟',即虽有藏书楼的专号,而实际上并非真的专构楼堂以庋藏书籍"③。因此,论及藏书楼命名问题,要清楚的一点是,有的藏书楼是实体建筑,但多数却是虚拟的,从而也反映出藏书家对待藏书的态度,以及通过藏书楼命名而刻意昭示人生志趣。

不论"实构"还是"虚拟",藏书家对藏书楼的命名实在是古代文化中一道亮丽的风景,诚如林申清所说:"藏书楼名的变化,从一个侧面反映了若干藏书历史的变迁,从中也可以领悟到藏书家们辛勤收访、呵护图籍的情趣,并借此了解各家藏书的特色。也正是前人们的坚韧不拔、逆流永进式的接力递藏,才构成了一部丰富多彩的藏书历史。"④

二 藏书楼保护

古代私人藏书家大都特别留意藏书楼建筑格局,当然他们更注意藏书楼的保护工作。如明代浙江义乌藏书家虞守愚将书楼建在池水中央,利于防火防盗。明代著名学者、藏书家胡应麟藏书室"屋凡三楹,上固而下隆其阯,使避湿,而四敞之可就日"⑤,主要目的在于防潮。明代藏书家祁承㸁澹生堂藏书楼系三开间的两层砖木结构楼房,坐北朝南,前后均有窗户,以利通风

---

① (清)李桓:《国朝耆献类征初编》卷四百四十一,《清代传记资料》第184册,(台北)明文书局1985年版,第252页。
② 《藏书纪事诗》卷五《鲍廷博以文》引翁广平《赐书堂记》,第526页。
③ 周少川:《藏书与文化:古代私家藏书研究》,北京师范大学出版社1999年版,第239页。
④ 林申清:《明清著名藏书家·藏书印》,北京图书馆出版社2000年版,第7页。
⑤ 《藏书纪事诗》卷三《胡应麟元瑞》引王世贞《二酉山房记》,第258页。

防潮；楼上为一大统间，中间用书橱隔开，用以藏书；楼下用于阅览，布局十分合理，有利于书楼之保护。藏书纪事诗在记载古代私家藏书楼时，收集了多种藏书楼保护史料，时至今日仍有借鉴意义。不过，最为典型的事例为宁波天一阁的保护措施和效果。

天一阁始建于明嘉靖四十年（1561），存书达到了 7 万多卷，以地方志和登科录最为珍稀。范钦着手兴建新藏书楼之初，看到元代揭傒斯书写的《龙虎山天一池记》，该帖上有"天一生水，地六成之"一句，他从中得到启发，决定按照《易经·系辞》这句话的含义将藏书楼命名为"天一阁"。范氏天一阁藏书历经 13 世，存续四百余年，虽然也有过几次大的失窃，但事后范氏族人又会想方设法不惜重金赎回。历代藏书楼很多，其藏书能保存百年以上的并不多见，而范氏藏书却保存至今，与范钦对藏书的管理制度密不可分。清代大学者阮元记载天一阁严格的护书制度说：

> 此阁构于月湖之西，宅之东，墙围周回，林木荫翳。阁前略有池石，与阛阓相远。宽闲静闷，不使持烟火者入其中，其能久一也。司马殁后，封闭甚严。继乃子孙相约为例，凡阁厨锁钥，分房掌之。禁以书下阁梯，非各房子孙齐至，不开锁。子孙无故开门入阁者，罚不与祭三次；私领亲友入阁及擅开厨者，罚不与祭一年；擅将书借出，罚不与祭三年；因而典鬻者，逐不与祭。其例严密如此，所以能久二也。①

阮元的记载可以分为三个层次来看：

第一，精心设计藏书楼，"墙围周回，林木荫翳"，做到与其他房舍隔离，并能够减少盗贼觊觎。天一阁共六开间，西偏一间安设楼梯。东楼一间，以近墙壁受潮气，并不置书。惟居中三间排列大橱 10 口，内 6 橱，前后有门，两面贮书，以便透气。后列中橱 1 间，小橱 2 间，排列中橱 12 口。橱下各置英石一，以收潮湿。阁前凿池，东北隅为曲池。

第二，保护重点放在防火上，其防火办法有：在阁前有一水池，距离藏

---

① 《藏书纪事诗》卷二《范钦尧卿》引阮元《天一阁书目序》，第186—187 页。

书楼不到 5 米远，水池终年绿水盈满，一旦发现火情，可及时利用；楼中不准点灯、不准吸烟，楼周围不准放鞭炮，不给供火，杜绝一切火种，且不论官衔、不论出身、不论品第、不论内外，所有人都必须遵守书籍保管制度；房屋建筑一律用防火墙，所谓防火墙，就是两头将墙一直用砖砌到顶，不让木质材料显露出来，如果外面有火患，有墙壁隔离，火不可逾。

第三，订立严格的家规，保证藏书不受毁灭，"其书不借人，不出阁，子孙有志者就阁读之，故无散佚之患。其阁四面皆水，读者不许夜登，不嗜烟艸，故永无火厄"①。

天一阁精美实用的建筑构造和严格成功的保护措施，在古代私家藏书楼史上影响深远，清乾隆时期，朝廷修建七阁用于典藏《四库全书》，基本上是仿天一阁样式。私家藏书楼构建，也有模仿天一阁规制的，如清代藏书家卢文弨建抱经楼以备藏书，钱大昕直言："兹楼之构，修广间架，皆摹天一阁。"② 当代著名文化学者余秋雨先生在参观完天一阁后曾不无感慨地说："不错，它只是一个藏书楼，但它实际上已成为一种极端艰难、又极端悲怆的文化奇迹。"③

与范氏相类，明代浙江山阴（今绍兴）藏书家祁承㸁亦十分重视藏书楼保护，他给子孙制定了严格的登楼阅览制度，撰写《澹生堂藏书约》说：

> 今与尔辈约，及吾之身，则月益之，及尔辈之身，则岁益之。子孙能读者，则以一人尽居之，不能读者，则以众人递守之。入架者不复出；蠹啮者必速补；子孙取读者，就堂检阅，阅竟即入架，不得入私室；亲友借观者，有副本则以应，无副本则以辞；正本不得出密园外。书目视所益多寡，大较近以五年，远以十年一编次。勿分析，勿覆瓿，勿归商贾手，如此而已。④

《澹生堂藏书约》分子目四：《读书训》《聚书训》《购书训》《鉴书训》，

---

① 《藏书纪事诗》卷二《范钦尧卿》引吴翌凤《东斋脞语》，第 186 页。
② 《藏书纪事诗》卷五《卢文弨绍弓》引钱大昕《抱经楼记》，第 501 页。
③ 余秋雨：《风雨天一阁》《文明的碎片》，春风文艺出版社 1994 年版，第 6 页。
④ 《藏书纪事诗》卷三《祁承㸁尔光》引《澹生堂藏书约》，第 278 页。

其约简明，对藏书楼和藏书保护十分实用。近代以来，藏书家在藏书楼建设和保护上，一仍前代做法，并有所改进。如河北徐水藏书家袁同礼1920年赴美，在哥伦比亚大学、纽约州立图书馆专科学校学习。1924年回国，在北京大学讲授目录学，兼图书馆主任。由于接触了西方图书学知识，袁氏对于私家藏书楼的研究具备较为科学的理念，他提出如下3则保护之法：

（一）编目不以经史子集分，而以笔画多少分，诸要书各附索引，亦有合若干种书，共作一索引者，于检甚便。（二）记书目于散片上，可以随时更调增损。（三）书帙包上下四周，不似旧式之空其上下。书本大小长短不同，而帙则同，插架有整齐画一之观。此三事，藏书家皆当遵用者。①

可惜袁同礼提出的方法在那时的中国已经不大行得通，多数私家藏书楼面临着社会巨变带来的诸多新问题，私藏已不可避免地朝向公藏流转。

三 藏书楼衰落

秘惜所藏和文化封闭是古代私家藏书楼的主要特征，虽然史上有许多开明的藏书家一再呼吁开放藏书，借书与人，但受到各种条件制约收效甚微，这种状况导致了大量藏书楼毁灭和典籍的亡佚，如清初曹溶论绛云楼主钱谦益说："好自矜啬，傲他氏以所不及，片楮不肯借出，尽有单行之本，烬后不复见于人间，余深以为鉴别。"② 私家藏书楼秘不示人的现状到了近现代逐渐被打破，而打破这种局面的原因主要有：一是西方近代文明传入中国，靳密典籍的做法逐渐受人诟病；二是鸦片战争后，国门大开，晚清洋务运动开展及科举制度废除，传统经典不再受到士子追捧，私家藏书的实用价值大打折扣；三是西方现代印刷术传入国内，逐渐取代烦琐昂贵的传统印刷术，图书价格十分低廉，普通之家也有能力购买；四是近代公共图书馆创建，公藏观

---

① 《辛亥以来藏书纪事诗》，第104页。
② （清）曹溶：《绛云楼书目题辞》，李希泌、张椒华《中国古代藏书与近代图书馆史料（春秋至五四前后）》，中华书局1982年版，第33页。

念深入人心。

在上述背景下，私家藏书楼受到严重冲击，诚如吴晗所说："晚近欧风东渐，各城市渐有图书馆之设，采集古今载籍，付之公开阅览，其用意至美至善。且其建筑大多先事预防，尽力于火灾及潮湿致腐之设备。其规模组织率较私人为宏大，其管理编列率较私人为精密。两者相律，私人藏书在将来之必归淘汰也无疑。"① 果然，近代以来，大量的私家藏书楼开始衰落，藏书纪事诗敏锐地捕捉到这一现象，书中多有记载。

藏书虽为纯粹的文化事业，但摆脱不了政治干预。近代以来，藏书风气大变，一些政客亦附庸风雅，兴建自己的藏书楼，当其权高位重之时，大量藏书源源不断涌进藏书楼，而一旦失去威权，一切尽化泡影，烟消云散。如康有为讲学于万木草堂及参与戊戌变法之时，藏书堆积如山，而变法失败后，其人避难海外，藏书"尽被籍没"②，藏书楼不复旧时光景。民国后，康氏回国，多方收书，拟重建藏书楼，但"身没之后，遗书售出，归广西大学图书馆所藏"③。

兵燹也加速了近代藏书楼的衰落。清末私家四大藏书楼之一的海源阁，在山东聊城杨氏家族几代经营下，藏书总计多达4千余种22万卷，其中有大量珍善孤本。然晚清捻军之乱中，海源阁开始衰落，伦明记载说："岁己巳（1869）战乱，匪于其家驻军，其家设司令部，至以阁中书炊火。后官兵又大肆劫掠，其书散见于济南、保定各地。北京书客，争往收之，皆最善本也。"④伦明所述只是海源阁遭受劫难的一部分，丁延峰经过专门调查之后说："由于晚清社会动荡不安，民国间军阀混战，海源阁却无法抗拒人为的破坏，从咸丰十一年（1861）至民国二十年（1931）的近七十年的时间里，迭遭劫难，损失惨重。"⑤

商业对近代藏书楼的冲击亦不容小觑。近代以来，藏书家队伍发生了变

---

① 吴晗：《两浙藏书家史略》序言，中华书局1981年版，第2页。
② 《辛亥以来藏书纪事诗稿》，第82页。
③ 《广东藏书纪事诗稿》，第82页。
④ 《辛亥以来藏书纪事诗》，第5页。
⑤ 丁延峰：《清代聊城杨氏藏书世家研究》，中华书局2013年版，第362页。

化，众多商人和实业家加入进来，他们凭借雄厚的经济实力，往往在收购典籍上占得先机，藏书楼得以充实，但是，一旦经营失败，在不得已的情况下他们会出售藏书来偿还债务。如近代藏书家蔡鸿鉴原为浙江宁波人，侨寓上海，其父为宁波富商。蔡鸿鉴自幼勤读，藏书甚富，在上海沪西建有"墨海楼""二百八十峰草堂"藏书楼，藏书近10万卷，中多宋椠元刻，号称继"天一阁""抱经楼"之后的第三大藏家。1929年，蔡氏后裔因经商失败，"向李氏泰巽钱庄透支白银10万两，无力偿还，不得已以藏书抵银了结欠款，于是墨海楼藏书从此归宁波李氏所有。1930年墨海楼改名为萱荫楼"①。这类藏书楼其兴也速，其衰也捷，因为近代工商实业界藏书家对于典籍并非出自内心地喜好，他们兴建藏书楼的目的不外两个：一是附庸风雅，博得儒商之虚名；二是转移资产，视典籍为可以带来利润的财产。

近代公共图书馆兴建，加速了众多私家藏书楼的衰落。宣统元年（1909），在各方努力下，清政府正式颁布《京师图书馆及各省图书馆通行章程》，对中央、省、州、县图书馆的设立程序、收藏范围、职责、管理制度，以及图书管理和流通方法等，均作了明确规定，为传统藏书楼向近代公共图书馆的转变提供了法律依据。公共图书馆兴办之初，已有私人藏书家径直将私家藏书楼命名为图书馆者，以示公开藏书，嘉惠学人。如扬州近代学者、藏书家李详"藏书室名'二研堂'，1929年他将其藏书陈列于兴华北大街东寺巷东侧，名为'审言图书馆'，俗称'李家大书院'，供人借阅"②。

与李氏把私家藏书楼改名为"图书馆"不同，晚近时期，多处私家藏书楼在各地纷纷兴建公共图书馆的背景下，无可避免地受到严重冲击，加速衰败进程。如清末四大藏书楼之一的杭州丁氏八千卷楼，原为丁国典慕其远祖宋代丁颙藏书八千卷而名，清咸丰十一年（1861）毁于兵燹，光绪十四年（1888），丁国典之孙丁丙重建。八千卷楼藏书不仅数量多，且版本类型多样，虽然所藏宋元刊本不多，但特色在于收藏四库馆修书底本、浙江地方文献、名人稿本、名人校本及钞本等。到了晚清，八千卷楼开始衰败，叶昌炽记述

---

① 《上海近代藏书纪事诗》，第9页。
② 《近代扬州藏书纪事诗》，《扬州史志》（内部刊物）1989年第2期，第60页。

原因说："归安陆氏皕宋楼精本与守先阁所藏明以后刻本，日本以六万金并金石拓本捆载而去。是时匋斋制府督两江，闻丁氏书亦将散，惧其为平原之续，亟属缪筱珊前辈至武林访之，尽辇之白下，开图书馆以惠学者。两家之书，同一不能守，而松存身后，不至流入海舶，视存斋为幸矣，亦匋公之力也。"①原来，光绪三十四年（1908），两江总督端方在南京奏请清政府创设江南图书馆（今南京图书馆），时为陆心源皕宋楼藏书售与日本的第二年，为防止古籍再次外流，才有将八千卷楼藏书收购入藏江南图书馆之事。

实业家盛宣怀在上海创办愚斋图书馆，藏书基础就是在多家藏书楼衰败时，他及时收购散出藏书。盛宣怀不以藏书著名，但几十年掌管案牍、兴办洋务、经营资本主义工商业的经历，使其非常注意实际问题，较多地留心国内外社会、经济、文化的发展，这些经历对其藏书活动有相当影响。1906年，盛宣怀考虑到上海作为全国第一大城市，却没有一所公共图书馆，与其大都市地位不相符，遂与时任两江总督的端方相约在上海合建"淞滨金石图书院"，将各自所藏图书公布天下。4年后，盛宣怀另行兴建一所公共图书馆，名曰"愚斋图书馆"，周退密和宋路霞记载说：

> 1910年盛氏于上海寓所附近构一西式三层楼房，占地十余亩，曰愚斋图书馆（旧址在南京西路成都路），入藏经史子集各类凡十余万册，延请名士缪筱珊（荃孙）编印目录，目录达18卷16册之巨。所藏多由江南藏书故家散出，如苏州江氏灵鹣阁、巴陵方氏碧琳琅馆、杭州王氏退圃等等。②

苏州江氏灵鹣阁、巴陵方氏碧琳琅馆和杭州王氏退圃都是晚清小有名气的私家藏书楼，有了这些藏书楼散出之书，再加上盛氏在日本所购，据载愚斋图书馆藏书超过10万卷，其中有600余种地方志，内有7种属海内孤本；300余种医书中也有30余种孤本，还有历代状元手迹200余份。图书馆落成后，清帝溥仪亲赐"惠周多士"的匾额，以示奖掖，惜盛氏身殁之后，愚斋

---

① 《藏书纪事诗》卷七《丁丙嘉鱼》"昌炽案"，第706页。
② 《上海近代藏书纪事诗》，第6页。

图书馆经营维艰,很快不复存在,令人惋惜。

近代许多私家藏书楼的衰败,是很让人痛心的事,但是,我们也看到,历史不断向前发展,新事物一定要在取代旧事物的前提下产生,变私藏为公藏,图书真正成为天下公器,未必不是好事。近代以来,藏书思想从传统的以藏为主向藏用结合方向发展,西方先进的公共藏书制度和思想深深地吸引中国开明人士的注意,公共藏书观念在中国越来越深入人心。各种公共图书馆在藏书规模、图书馆建筑和服务方式上都与传统的私家藏书楼有着明显的不同,各大图书馆皆从图书的采购、分类、典藏、流通、阅览等方面制订了一系列章程,私家藏书楼终于完成了使命,让位于更加先进的公共图书馆,这是历史的必然。

第三节　藏书印

印章的出现和使用大约始于春秋战国时期,《说文解字》释"印"曰:"印,执政所持信也。"传世印文最早的有战国时"上师之印"。在印章出现后很长时间内,只是作为权力的象征和取信的实物,随着社会发展,印章的功能不断增加,而用于藏书是其多种功能中最具文化特色的一面。

藏书印是钤印在图书上的,能够体现藏书所有关系或表达特定思想内容。古代藏书家多有印,因其制作形式、蕴含内容、价值作用等十分丰富,成为藏书文化中不可缺少的内容。关于古代藏书印起源,晚清学者叶德辉说:"吾尝忆及古人藏书印记,自唐至近世,各有不同,而亦同为不达而已。"[1] 味其语,似乎是说私家藏书印始于唐代,而事实上,早在东晋时期,已有人在收藏的名画上加盖印记,唐张彦远《历代名画记》说:"诸好事家印,有东晋仆射'周顗'印,古小雌字。"[2] 其中的"古小雌字",指的是用唐以前的古体字所作的白文。现存最早的藏印为敦煌写本《杂阿毗昙心经》上的"永兴郡印",永兴郡为南齐郁林王萧昭业隆昌元年(494)所设,因此此印当为南齐

---

[1] (清)叶德辉:《书林清话》卷十《藏书家印记之语》,广陵书社2007年版,第199页。
[2] (唐)张彦远:《历代名画记》卷三《叙自古公私印记》,中华书局1985年版,第99页。

时代之物。到了唐代，私家藏书普遍使用印章，据张彦远《历代名画记》载，其高祖张嘉贞藏印为"河东张氏"，曾祖张延赏藏印为"乌石侯瑞"。[1] 诗人皮日休《鲁望戏题书印囊奉和次韵》诗云："金篆方圆一寸余，可怜银艾未思渠。不知夫子将心印，印破人间万卷书。"[2] 更有寻常人家，"偶获图书，便即印之"[3]，反映了唐代藏书家用印已经十分普遍的现象。

宋代私家藏书蔚为大观，藏书印使用也超越前代，大多藏书家在藏书上加盖印章，以取信于人。宋人藏书印在形制和内容上都远超唐人。宣和年间（1122年前后）文士开始钤章用印于书画藏品，受此影响，藏书家开始镌刻自己的藏书印，宋室南渡后，此风尤盛，主要有名号印、室名堂号印、纪事印、鉴赏印、校读印、箴语印、诗文印、纪年印等。明清时期，私家藏书风气更盛，再加上文人刻印的流行，藏书印遂成了藏书家必备的征信之物，藏书家几乎都有几方乃至十几方、上百方印，每得好书，把玩欣赏或阅读之余，必钤印书上，成为那时的时尚。

古代私家藏书印内容多样，部分印语体现着特定时期的藏书风尚和藏书家的藏书思想，是研究古代历史文献承继传播、藏书事业发展变化的主要依据之一，亦可资古代篆刻艺术史的研究。藏书纪事诗诸作中，叶书所记藏书印最多，这是因为，叶昌炽本人尤好金石学，先后撰著《语石》和《邠州石室录》等，与金石学关系至密的印章学，自然也在其研究范围之内。此外，吴则虞《续藏书纪事诗》体例上最类叶书，于藏书印记载亦多。今略述藏书纪事诗所载藏书印文化内涵。

一 释印文内容

宋元之际著名书画家赵孟頫书斋名"松雪斋"，他对书籍非常爱护，谆谆告诫子弟谨为保守，不少藏书流传至今，如所收藏的宋刻本《汉书》《后汉书》一直为明清藏书家所称羡。赵孟頫藏书最大的特点是喜欢钤盖名氏印和

---

[1] （唐）张彦远：《历代名画记》卷三《叙自古公私印记》，中华书局1985年版，第101页。
[2] 《全唐诗》卷六百一十五，中华书局1960年版，第18册，第7096页。
[3] （唐）张彦远：《历代名画记》卷三《叙自古公私印记》，中华书局1985年版，第104页。

闲章，所用印章成为判断宋元刻本的重要标志之一，其常用印章有"赵"字方圆二印，还有"松雪斋""赵孟頫印""赵氏子昂""大雅""水晶宫道人""天水郡图书印"等。关于"水晶宫道人"之印的来历，《藏书纪事诗》记载说："孟頫以湖州四面皆水，自号水晶宫道人。"① 又如明末清初江苏常熟藏书家黄翼（1596—1659），字子羽，号摄六。黄氏一生性好古铜瓷器及宋元版书，搜访把玩，视如美人好友，乐此不疲。黄氏爱用藏书印，常用的有"黄子羽读书记""印溪黄子羽氏藏书记"等。此外，其中一方比较特殊，曰"有明黄翼收藏"，钤在宋本《林和靖诗》卷首，圜朱记。卷尾跋称该书为"戊子夏"收购而来。关于这方藏书印中的文字，叶昌炽解释说："戊子为顺治五年（1648）。子羽国变后，杜门不出，此跋仅题戊子，而无纪元，图记冠以'有明'二字，盖犹有故国故君之思焉。"② 其时虽在清朝，但是身为明遗民，黄翼通过藏印隐含故国之思，因惧怕清初残虐的文字狱，而只好隐晦如此。

二　记藏书事实

藏书印是藏书文化的重要表现之一，因而印文内容对藏书故实多有反映，可以借此研究藏书家的藏书喜好及情趣。如清代居住在阳湖（今常州）的汉军镶黄旗藏书家杨继振收藏甚富，主要是金石和图书，自称藏书有数10万卷之多，皆卷帙精整，标识分明。其藏书楼名较多，有"石筝馆""苏斋""雪蕉馆""星凤堂"等，至清末，因贫困潦倒，相继将藏书出售，叶昌炽曾得零散本数种。杨氏酷爱藏书印，印文主要有"石经厂""古燕杨氏星凤堂鉴藏""承寿双碑之馆""宏农杨氏世家""又云""继振"等。其中一枚为长方印，文曰：

> 予席先世之泽，有田可耕，有书可读，自少及长，嗜之弥笃。积岁所得，益以青箱旧蓄，插架充栋，无虑数十万卷。暇日静念，差足自豪。

---

① 《藏书纪事诗》卷二《赵孟頫文敏》引《天禄琳琅》，第80页。
② 《藏书纪事诗》卷三《黄翼圣子羽》"昌炽案"，第307页。

顾书难聚而易散。即偶聚于所好，越一二传其不散佚殆尽者亦鲜矣。昔赵文敏有云："聚书藏书，良非易事。善观书者，澄神端虑，静几焚香，勿卷脑，勿折角，勿以爪侵字，勿以唾揭幅，勿以作枕，勿以夹刺。"予谓吴兴数语，爱惜臻至，可云笃矣，而未能推而计之于其终，请更衍曰："勿以鬻钱，勿以借人，勿以贻不肖子孙。"星凤堂主人杨继振手识，并以告后之得是书而能爱而守之者。①

全印196个字，不啻一篇小品文，堪称巨印。在这篇印文中，杨氏自述藏书因由，并引用了赵孟頫（文敏）的藏书箴言，敷演爱书情状，谆谆告诫，用心良苦。

三　述藏书情怀

清代秀水（浙江嘉兴）学者、藏书家朱彝尊精于金石文史，游大江南北，所到之处无不搜剔考证。曾先后收购李延昰、项元汴藏书，又到曹溶、徐乾学等家借抄，所藏益富，自称拥书8万卷。朱氏藏书处曰"曝书亭""古藤书屋""潜采堂"等。所用藏书印有"购此书，颇不易，愿子孙，勿轻弃""梅会里朱氏""潜采堂藏书""七品官耳""我生之年岁在屠维大荒落月在橘庄十四日癸酉时""秀水朱彝尊锡鬯氏""南书房镝史记""南书房旧讲官""小长芦钓鱼师""得之有道传之无愧""别业在小长芦之南穀山之东东西峡石大小横山之北"等。其中一方尤为独特——"七品官耳"，关于此印来历，朱氏自述说："予中年好抄书，通籍以后，见史馆所储，京师学士大夫所藏弆，必借之。有小史能识四体书，日课其传写，坐是为院长所弹去官，而私心不悔也。"② 因为偷抄史馆藏书而丢官，可为藏书一痴，但是朱氏并不后悔，"七品官耳"，一语道破心中重书轻官之意，十分难得。朱氏还撰《书楔铭》称："予入史馆，以楷书手王纶自随，录四方经进书。纶善小词，宜兴陈其年见而击节，寻供事翰苑。忌者潜请学士牛钮形之白简，遂罢予官。归田之后，

---

①《藏书纪事诗》卷六《杨继振幼云》"昌炽案"，第687—688页。
②《藏书纪事诗》卷四《朱彝尊锡鬯》引《曝书亭集·鹊华山人诗序》，第402页。

家无恒产。聚书三十楹,老矣,不能遍读也。铭曰:'夺我七品官,写我万卷书。或默或语,孰智孰愚。'"① 同样洒脱。

晚清近代藏书家叶德辉有一印曰:"长沙叶氏郎园藏书处曰丽廔藏金石处曰周情孔思室藏泉处曰归贷斋著书处曰观古堂。"② 印文交代自家四个藏书室的不同功能:藏书、藏金石、藏古币和著述,叶氏果真如此富有?非也,此为叶氏以藏书印表明一心向古,从事学术之心态。历史上,叶德辉学问渊博,历仕三朝,骨子里反对维新,反对社会变革,所以对这方印章要辩证看待。

藏书家用印并非一枚,一般都有多枚,众多藏印更能反映出他们丰富的藏书心态。明代常熟藏书家毛晋建汲古阁广收天下图籍,从事刻书和藏书工作,其藏书印众多,大致有如下几类:(一)钟爱宋元刻本者,如"宋本""元本";(二)表明藏书所有者,如"菰谿""弦歌草堂""仲雍故国人家""汲古主人""汲古得修绠""毛晋秘箧审定真迹""毛氏藏书""东吴毛氏图书""汲古阁世宝";(三)告诫子孙精心保存,如"子孙永宝""子孙世昌""在在处处有神物护持""赵文敏公书卷末云,吾家业儒,辛勤置书,以遗子孙,其志何如?后人不读,将至于鬻,颓其家声,不如禽犊。若归他室,当念斯言。取非其有,无宁舍旃"等;(四)提倡阅读,如"开卷一乐""笔研精良人生一乐",等等,③ 众多藏印有助于对毛晋及其汲古阁藏书进行研究。

四　嘱子孙永守

叶德辉在《藏书十得·印记》中说:"藏书必有印记,宋本《孔子家语》以有东坡折角玉印,其书遂价重连城。晋家明文庄公篆竹堂藏书,每抄有书,钤以历官关防,至今收藏家资以考证。"④ 叶德辉所强调的正是藏书印的价值。

古代藏书印文,多明藏书之艰,要后人妥为保守。明代山阴(今浙江绍兴)藏书家祁承㸁建藏书楼曰澹生堂,藏书9000多种,10万多卷,这个规模在当时比天一阁藏书还多3万余卷。为了不让藏书流失,祁氏曾与儿辈订立

---

① 《藏书纪事诗》卷四《朱彝尊锡鬯》引《曝书亭集·书楗铭》,第402—403页。
② 《续藏书纪事诗》卷七《叶德辉焕彬》,第281页。
③ 《藏书纪事诗》卷三《毛晋子晋》引《东湖丛记》,第310页。
④ 叶德辉:《叶德辉书话》,李庆西标校,浙江人民出版社1998年版,第13页。

《澹生堂藏书约》，并撰写藏书铭镌刻于印，文曰："澹生堂中储经籍，主人手校无朝夕。读之欣然忘饮食，典衣市书恒不给。后人但念阿翁癖，子孙益之守弗失。"①

无独有偶，清代青浦（今属上海）藏书家王昶，建藏书室曰"蒲褐山房"，富于藏书。其有一藏印说："二万卷，书可贵；一千通，金石备。购且藏，剧劳勤。愿后人，勤讲肄。敷文章，明义理，习典故，兼游艺。时整齐，勿废置。如不材，敢卖弃。是非人，犬豕类，屏出族，加鞭棰。述庵传诫。"②告诫子孙不可变卖藏书，用语严厉，甚至用上了诅咒之语、动用了家法。纵然藏书家们苦口婆心，但是，自来藏书不过三世，子孙能够永守者鲜有其人，如祁承㸁死后十几年，即发生明末战乱，澹生堂藏书开始散失，入清，藏书楼不复存在。

清代藏书家洪颐煊（1765—1837），字旌贤，号筠轩，晚号倦舫老人，浙江临海人。洪氏一生读书、为官，性喜聚书，曾广购岭南旧本至三万余卷，碑版彝器多世所罕见，致仕归里后，聚书更多，为防子孙不守，刻多枚藏书印，谆谆告诫，有"子子孙孙永为宝""子孙宝之""子孙世守""鬻及借人为不孝""子孙保之"③等，用心极为良苦。

当然，藏书纪事诗在收集各类用印情况时，也不忘批评史上藏书家乱用藏书印的恶习。如明代秀水（浙江嘉兴）藏书家项元汴家资雄厚，收藏大量的法书名画，建有天籁阁储之，其藏书印主要有"世济美堂""传家永宝""神游心赏""古檇李狂儒墨林山房史籍印"等。但项元汴有个恶习，每得珍贵典籍、书画，必在上面钤满累累的印章，这一习惯众人皆知，其印章又多出于俗手所制，手法恶劣，粗俗不堪，时人给以"美人黥面""佛头着粪"之喻。针对项元汴乱用藏书印一事，叶昌炽以诗刺之："十斛明珠聘丽人，为防奔月替文身。紫茄白苋秋风里，一度题诗一怆神。"④语虽尖刻，却是切中肯綮。

---

① 《藏书纪事诗》卷三《祁承㸁尔光》，第278页。
② 《藏书纪事诗》卷五《王昶德甫》引《东湖丛记》，第508页。
③ 《续藏书纪事诗》卷三《洪颐煊》，第98页。
④ 《藏书纪事诗》卷三《项元汴子京》，第247页。

藏书印在藏书史上具有重要价值，它是鉴定古籍版本的重要依据之一，借助藏书印，研究者可以了解一部书的收藏及流传过程，后人品味前人藏书印，明古人之思，探古人之幽，解古人之情，小中见大，趣味丰饶。而一部古书，因为有了古人的藏书印，给人以返璞归真的历史气息，当然，一部古籍往往也因为钤有古代著名藏书家的印而身价百倍。

第四节 藏书诗

咏藏书的古诗可以追溯到魏晋南北朝时期，陈江总《诒孔中丞奂诗》称："借问藏书处，唯君故人在。"① 这是"藏书"一词最早现身于古诗中。隋朝李巨仁《登名山篇》中云："藏书凡几代，看博已经年。"② 可知李氏已然为藏书世家了。入唐，藏书诗创作渐多，大诗人杜甫《闻官军收河南河北》说："却看妻子愁何在，漫卷诗书喜欲狂。"这里的"诗书"显然是诗人随身携带的藏书，因为常年奔波，居无定所，估计杜甫藏书不是很多。韩愈《送诸葛觉往随州读书》诗说："邺侯家多书，插架三万轴。一一悬牙签，新若手未触。"③"邺侯"是唐德宗时宰相李泌，因其累封邺县侯，时人有此称呼，"插架三万卷"，可见李泌藏书之多。李泌分别用红绿青白色的牙质书签来区别所藏经史子集等书，实在很有创意。但是，受时代风习和诗人审美趣味所限，隋唐为古代藏书诗创作的初始期，还没有形成蔚然成风的创作局面，藏书诗普及而颇具影响力的创作时代是在宋代以后。宋代雕版印刷术流行之后，印本书籍渐多，为藏书之家提供了更多的文献来源，私家藏书更为普遍，相应地，宋人藏书诗亦大量涌现，著名诗人如苏轼、黄庭坚、陆游等人皆创作相关诗作，进一步丰富了古代诗歌内涵和藏书内涵，是藏书文学发展繁荣的标志。

---

① 逯钦立：《先秦汉魏晋南北朝诗·陈诗》卷八，中华书局1983年版，第2580页。
② 逯钦立：《先秦汉魏晋南北朝诗·隋诗》卷七，中华书局1983年版，第2726页。按，关于此诗，明人杨慎《升庵诗话》卷一以为庾信所作。
③ 《全唐诗》卷三百四十二，中华书局1960年版，第10册，第3838页。

藏书纪事诗诸作在搜集各种藏书史料时，收录了大量藏书诗作，为古代藏书文化研究提供了众多史料。今从如下几方面略述藏书纪事诗收录各时代藏书诗的文化意义。

一　创作主体

中国是诗歌的国度，自古以来，从事诗歌创作的群体堪称全面而普及，帝王和平民在诗坛上平分秋色，各有建树。以藏书诗为例，宋真宗《劝学诗》说："富家不用买良田，书中自有千锺粟；安居不用架高堂，书中自有黄金屋；出门莫恨无人随，书中车马多如簇；娶妻莫恨无良媒，书中自有颜如玉；男儿若遂平生志，六经勤向窗前读。"该诗流传极广，影响极大，其主旨为劝学，勉励士子读书，诗中的"书"多指"读书"，但理解为"藏书"亦切题，并不违忤。藏书纪事诗中所收录的藏书诗诗人，遍及各阶层。

1. 宰辅涵咏。古代宰辅绝大多数是文人出身，他们协助帝王治理天下之余，与一班饱读诗书的幕僚品茶斗棋、鉴赏藏书、唱和往还，过着悠游的生活。宰辅们大多家藏万卷，且与其他藏书家往还，在藏书活动中不经意间创作了大量藏书诗作。笔者检索叶昌炽《藏书纪事诗》，得这类藏书诗作者13人，列表如下：

序号	时代	作者	官职	藏书诗作
1	宋	黄庭坚	秘书丞	《戏简田子平》《戏赠李材叟、翘叟兼简田子平》
2	宋	王禹偁	知制诰	《顷年谪宦解梁收得令孙补阙毛诗音义其本乃会》
3	宋	苏颂	右仆射兼中书门下侍郎	《书〈管子〉后》

续　表

序号	时代	作者	官职	藏书诗作
4	宋	苏轼	翰林学士知制诰，知礼部贡举	《回先生过湖州东林沈氏饮醉，以石榴皮书其家东老庵之壁云："西邻已富忧不足，东老虽贫乐有余。白酒酿来因好客，黄金散尽为收书。"西蜀和仲闻而次其韵三首，东老，沈氏之老自谓也，湖人因以名之。其子偕作诗有可观者》《犍为王氏书楼》
5	宋	陈师道	秘书省正字	《次韵回山人赠沈东老》
6	宋	范成大	参知政事	《次韵刘韶美大风雨坏门屋》
7	明	都穆	礼部郎中	《口占绝句》
8	明	邵宝	户部员外郎、江西提学副使	《偶闻书香诗》
9	清	吴伟业	国子监祭酒	《汲古阁歌》
10	清	徐乾学	刑部尚书	《寄曹秋岳先生》
11	清	谢启昆	布政使、广西巡抚	《咏东丹王倍》
12	清	查慎行	翰林院编修	《抄书三首》
13	清	朱彝尊	入直南书房	《题秀野草堂诗》

　　从上表可以看出，古代宰辅所作藏书诗涉及内容较广，而以记载藏书家间的交游为主，从中也透露出大量的藏书信息。如清代江苏昆山著名藏书楼——"传是楼"主人徐乾学为康熙九年（1670）殿试探花，授编修，先后

担任日讲起居注官、《明史》总裁官、侍讲学士、内阁学士等，康熙二十六年（1687），升左都御史、刑部尚书。徐乾学文集《憺园集》卷七《寄曹秋岳先生》写道：

> 嗟余才绾发，屈首事诵习。博赡服茂先，弇陋愧难及。
> 发愤购遗书，搜罗探秘笈。从人借钞写，瓶甔日不给。①

诗题中的"曹秋岳"为明末清初浙江秀水（今嘉兴）著名藏书家曹溶，"秋岳"是其字。徐乾学在诗中追忆自己藏书之辛苦，"发愤购遗书，搜罗探秘笈"句，可想见其网罗典籍之勤。史载"昆山藏书家，自叶文庄后，为顾御潜园、周孝廉士淹兄弟，能蓄能读，周于舜多购法书名画、樽罍彝鼎，建凝香、云谷、梦芝、六如诸馆以储之。何上舍道光独喜藏书，焚香煮茗，哦咏万卷中。上舍死，其子琪枝取其爱玩者以殉。至清初则惟徐尚书潜学传是楼所藏益富，宋钞本以百计"②，诗与史相互印证。

2. 藏书家担纲。古代藏书诗的创作主体自然还是藏书家，他们不慕名利，不恋仕途，终生与书为伴，抄、校、编、刻、读、藏……对书寄寓了太多的情感。在长期的藏书活动中，藏书家文化水平逐渐提高，藏书之余或治学，或创作，于是有藏书诗之作。藏书家的藏书诗或许不是有意为之，但寄托的情感太真、太厚。如明长洲（今江苏苏州）藏书家俞弁所藏钞本、稿本尤多，读书、藏书处所名"紫芝堂""逸老堂"，经史百家、法帖名画充牣其中。日居其中，铅椠编帙，未尝去手，自称："余性疏懒，平居自粝食粗衣外，无他嗜好，寓情图史，翻阅披校，竟日忘倦。"③俞氏有藏书诗描述自己藏书、读书生活说：

> 心爱奇编雨汗流，山妻笑我不封侯。
> 偷闲八月闲中写，一笔看来直到头。④

---

① （清）徐乾学：《憺园集》卷七，《续修四库全书》第1412册，第409页。
② 王揖唐：《今传是楼诗话》，张金耀校点，辽宁教育出版社2003年版，第239—240页。
③ （明）俞弁：《逸老堂诗话》卷首《序》，丁福保《历代诗话续编》，中华书局2001年版，第1298页。
④ 《藏书纪事诗》卷二《柳金大中 俞弁子容》引《随隐漫录》，第163页。

诗作诙谐、幽默，但透露出乐观豁达的情趣。又如近代藏书家方尔谦雅好集藏文物，尤以古泉为多，曾在袁世凯家做过教师，受其影响，袁二公子克文长大成人后，亦走上了购书、藏书之途，藏书史上小有名气。方尔谦一生创作了大量的藏书诗，其《有有诗》曰：

> 十年生聚五车书，有有须知必有无。罍及借人真细事，存亡敢说与身俱。畀予犹有此区区，何日相逢还旧居。空锁扬州十间屋，渡江能得几连舻。①

诗序说："无隅有书百余簏，七八年，国中不靖，叠罹干戈水火苦，移居，屋渐小，转病书多。忆易安《金石录后序》云拉杂为书困，吾叔韬好古，同病相怜，喜其助余太息也。"② 方地山为人疏狂，而又诙谐风趣，他不求仕进，不治生业，有钱便花，家无余帑，更兼恃才傲物、放荡不羁，虽酷爱藏书，但与一般藏书家斤斤于藏书得失不同，他辩证地看待藏书的得失，故言"有有须知必有无"，十分有远见。

3. 商人创作。藏书既需要智力投入，更需要财力的支持，因而那些饶有余财且喜爱艺文的商人，不自觉地加入藏书家队伍，给藏书带来了新的血液。当然，古代商人作为四民之末，他们绝不满足于现有的身份，多转而鼓励子侄弃商从文，从事文化活动的商人在藏书上十分专精，如清代藏书家程晋芳、扬州二马、汪启淑、鲍廷博、吴骞、汪中等，皆为商人之后，他们在藏书事业上取得了突出成就，以扬州二马兄弟为例，他们筑有"丛书楼"和"小玲珑山馆"，藏书、读书其中，并创作了多首藏书诗。马曰琯《丛书楼》诗说：

> 下规百弓地，上蓄千载文。他年亲散帙，惆怅岂无人。③

诗中可知，马家的丛书楼规模很大，占地"百弓"，也就是五百尺；丛书

---

① 《续补藏书纪事诗》，第 28 页。
② 同上。
③ 《藏书纪事诗》卷五《马曰琯秋玉 弟曰璐佩兮》，第 476 页。

楼的藏书很有特色，"千载文"，寓示藏书多古本、善本。丛书楼以十万卷藏书极负美名，清廷编纂《四库全书》，征求海内秘本，马曰璐之子马裕进献之书多而精，数量为私家献书之首。马家藏书之外，还不惜花费，刊刻大量典籍，闻名于世，世称"马版"。

徽商鲍廷博为乾嘉时期著名藏书家，他亦有多首藏书诗，《挽汪鱼亭比部》写道：

> 整整牙签万轴陈，林间早乞著书身。种松渐喜龙鳞老，埋玉俄惊马鬣新。清白家声钦有素，丹黄手泽借还频。西风谁送山阳笛，偏感春明僦宅人。①

"汪鱼亭"即汪宪（1721—1771），字千陂，号鱼亭，浙江钱塘（一作仁和）人。乾隆十年（1745）进士，官刑部陕西司员外郎，以亲老乞养归。汪氏为清代杭州著名的藏书世家，有藏书楼振绮堂，"整整牙签万轴陈"之句形象描绘振绮堂内藏书之丰富。四方学者争来借阅，鲍廷博就是振绮堂的常客，这首诗下有自注说："先生既捐馆，余尚向邺架借书。"说的就是这种盛况。

4. 贫士助兴。藏书文化的魅力，不在于藏者财力深厚，亦不求藏者文化水准，只要喜爱藏书，即可加入进来，成为其中一员。如清代杭州城北沈敬履，生卒年不详，屋无片瓦，无力娶妻，却爱好读书、藏书，无力购买，则以抄书为能事，一生抄纂近万卷，全是异书善本，受到当时诸多藏书大家的关注。贫士藏书家对于藏书事业充满激情，于传抄、修补、典藏等用力最勤，亦有相关的藏书诗之作，如清人何琪有藏书诗专咏扬州二马藏书说：

> 我来广陵三月半，帘幕家家飞紫燕。城东有园春尚赊，芳树初飘花一片。主人嗜古兼耽吟，欧赵风流今再见。朝来示我诗一编，睦亲坊刻此为冠。绿萝阴里乍开函，醃馤古香纷扑面。②

---

① 《藏书纪事诗》卷五《汪宪千陂》引，第496页。
② 《藏书纪事诗》卷五《马曰琯秋玉　弟曰璐佩兮》引何琪《小玲珑山馆观汪雪礓所藏宋刻江湖小集》，第476页。

何琪，生卒年不详，字东甫，号春渚，又号南湾渔叟、湘砚生等，清乾嘉时在世，钱塘（今杭州）人。工诗、善隶书。不乐仕进。阮元主政时，欲以孝廉荐举，何赋诗婉谢。与杭世骏等杭城名士有较深交往，著有《小山居诗稿》。"朝来示我诗一编，睦亲坊刻此为冠"，说的是马氏所藏宋版《江湖小集》的事，该书为南宋杭州陈起睦亲坊所刻，极为珍贵，诗作为了解《江湖小集》的流传提供了宝贵线索。

5. 侍妾偶题。古代从事诗歌创作的群体中，那些名不见经传的贩夫走卒类小人物也常常名列其中。而论及藏书诗，则这类人的创作就鲜少了，原因在于他们难于接触藏书，基本上无缘藏书活动。但是，藏书家的婢女侍妾由于长期整理藏书，受此熏陶，无意间亦创作藏书诗。《逊志堂杂钞》记载了这样一则故事：

> 嘉靖中，朱吉士大韶性好藏书，尤爱宋时镂板。访得吴门故家有宋椠袁宏《后汉纪》，系陆放翁、刘须溪、谢叠山三先生手评，饰以古锦玉签，遂以一美婢易之。盖非此不能得也。婢临行，题诗于壁，曰："无端割爱出深闺，犹胜前人换马时。他日相逢莫惆怅，春风吹尽道旁枝。"①

朱大韶（1517—1577），字象元，一作象玄，号文石。华亭（今上海松江）人。朱大韶自幼好读书，嘉靖二十六年丁未科（1547）中进士，选庶常，授检讨之职。然不久却解官归田，修筑园舍，贮藏典籍，友朋往还。朱大韶尤好宋版书，常常不惜家财，竭力购求，然这次遇到的宋版《后汉书》要价太高，实在拿不出家财，他居然以爱妾交换。爱妾临行前的这首诗作，陡然唤醒了朱氏爱怜之情，他反悔了，但无济于事，不久竟因之而抑郁捐馆。

二　题写形式

藏书诗是一种随性的文学创作，没有严格的书写体式和题写方式，通过藏书纪事诗的记载，可知题写方式主要有如下几种。

---

① 《藏书纪事诗》卷三《朱大韶象元》引，第228页。

一是座右铭。铭最初是刻在器物上记述生平、事业或警惕身身的文字，随着时间久长，内容不仅仅可以借鉴的往事，形式也不仅仅是限于放在座位的右边了，举凡可以激励人生的内容都可以成为座右铭。藏书诗作为座右铭，起始于孔子五十四世孙元代藏书家孔文昇，其座右铭为十六字的四言诗："宁人负我，毋我负人。宁存书种，无苟富贵。"① 诗作一反曹操所信奉的价值观，"宁存书种，无苟富贵"，放大了私家藏书的意义。且事实上，孔文昇品德高尚：遵守孝道，尊敬长辈，和睦兄弟，言行一致，为人诚实，乐善好施，济世行道，提倡节俭，反对奢侈。做人原则与座右铭十分吻合。

二是题于书橱。古人藏书用橱，起源很早，而文献中有关"书橱"的记载最早指的却是人，史书载南齐时吴郡陆澄："当世称为硕学，读《易》三年不解文义，欲撰《宋书》竟不成。王俭戏之曰：'陆公，书厨也。'"② 意思是说陆澄读书不解文义，与两脚书橱没有差别。宋以后，私家藏书楼纷纷出现，藏书家十分重视典籍保护，书收在帙中，成帙的典籍摆放于书橱内，书橱成为藏书楼的重要设施，故诸多藏书诗题写于其上。明代江苏昆山著名藏书家叶盛曾在书橱上题曰："读必谨，锁必牢；收必审，阁必高。子孙子，惟学敩，借非其人亦不孝。"③ 谆谆告诫子孙精心爱护藏书，不许借出。清代浙江嘉兴藏书家朱彝尊撰写一段《书椟铭》，其中说："夺侬七品官，写我万卷书。或默或语，孰智孰愚。"④ 朱氏的意思是在官位和藏书面前，他会毫不犹豫地选择后者。当然，从诗歌艺术来说，明代吴县（今苏州）藏书家杨循吉的一首《题书橱诗》应该是严格意义上题在书橱上的藏书诗：

> 吾家本市人，南濠居百年。自我始为士，家无一简编。辛勤二十载，购求心颇专。小者虽未备，大者亦略全。经史及子集，无非前古传。一一红纸装，辛苦手自穿。当怒读则喜，当病读则痊。恃此用为命，纵横堆满前。当时作书者，非圣必大贤。岂待开卷看，抚弄亦欣然。奈何家

---

① 《藏书纪事诗》卷二《孔文昇退之》引《至正直记》，第88页。
② 《南齐书》卷三十九《陆澄传》，中华书局1972年版，第685—686页。
③ 《藏书纪事诗》卷二《叶文庄盛》引《东斋脞语》，第117页。
④ 《藏书纪事诗》卷四《朱彝尊锡鬯》，第402—403页。

人愚，心惟财货先。坠地不肯拾，坏烂无与怜。尽吾一生已，死不留一篇。朋友有读者，番当相奉捐。胜遇不肖子，持去将鬻钱。①

这首题在书橱上的藏书诗，阐发的是作者致力于藏书的人生意义，"辛勤一十载"，这是购求；"一一红纸装"，这是典藏；"当病读则瘥"，这是阅读；"死不留一篇"，这是注重流传……短短的一首诗，道出了杨循吉为藏书而付出的种种努力，他的确是一个将精神生活与藏书维系在一起的学者。

三是题在壁上。《晋书》载："至（汉）灵帝好书，时多能者，而师宜官为最，大则一字径丈，小则方寸千言，甚矜其能。或时不持钱，诣酒家饮，因书其壁，顾观者以酬酒值，讨钱足而灭之。"② 此为有记载的题壁文学之起源，唐宋时期，题壁之风大兴，崔颢、李白、杜甫、白居易、寒山、苏轼，等等，皆有诗作题在壁上而闻名天下，将诗歌题写为壁成为古代诗歌文化的重要特征之一。藏书诗也有题于壁上的，上文所述朱大韶婢女的藏书诗即是一例。另，宋叶梦得《避暑录话》记载藏书家沈思有一首题壁诗：

东林去吾山东南五十余里，沈氏世为著姓。元丰间，有名思者，字东老，家颇藏书，喜宾客。东林当钱塘往来之冲，故士大夫与游客胜士闻其好事，必过之，沈亦应接不倦。尝有布裘青巾，称"回山人"，风神超迈，与之饮，终日不醉。薄暮，取食余石榴皮，书诗一绝壁间，曰："西邻已富忧不足，东老虽贫乐有余。白酒酿来缘好客，黄金散尽为收书。"即长揖出门，越石桥而去。追蹑不见，意其为吕洞宾也。③

沈思，生卒年不详，归安（今浙江吴兴）人，一生不仕，隐居于县东之东林，因号"东老"。沈思虽隐居，但酷爱藏书，多与士大夫往还，苏轼、陈师道等皆有诗述与之交往事。"回山人"用石榴皮书于壁之诗是对沈思好客好书的绝好写照。

四是镌刻于藏书印。在藏书热潮中，印鉴成为藏书家不可或缺的物品，

---

① 《藏书纪事诗》卷二《杨循吉君谦》引《静志居诗话》，第135页。
② 《晋书》卷三十六引卫恒《四体书势》，中华书局1974年版，第1064页。
③ 《藏书纪事诗》卷一《沈思持正》引《避暑录话》，第27—28页。

史载唐太宗李世民有"贞""观"联珠印，唐玄宗李隆基也有"开""元"联珠印，宰相李泌有"端居室"印，为斋堂馆阁印之始。藏书必有印，成为藏书文化一个普遍的现象，藏书印内容五花八门，异彩纷呈，而其中，把藏书诗作为藏书印内容是古代藏书家喜欢的做法。如明代吴县（今苏州）藏书家钱榖，家无典籍，游文徵明门下，日取架上书读之。他看到文徵明收藏的丰富典籍，顿生羡慕之心，遂有志于藏书。闻有异书，虽病必强起借观，手自抄写，校雠至子夜不辍，皆为当时佳本秘籍。手录古文金石书几万卷。所抄之书，一丝不苟，历来为藏家所重。钱榖建藏书楼"悬磬室"，由文徵明为其命名并亲题匾额，取空无所有之意，既是钱榖一生清贫的实录，又是他刻苦用功的写照。面对主要靠手抄得来的藏书，钱榖万分珍惜，唯恐不守，于是在一方藏书印上刻文说：

  百计寻书志亦迂，爱护不异随侯珠。
  有假不返遭神诛，子孙不宝真其愚。①

  钱榖的这枚藏书印文，表达了对藏书的深厚情感，令人动容。明代苏州另一位藏书家柳佥刻有一枚藏书印，印中说：

  钞书与读书，日日爱楼居。窗下满池水，萍间却饵鱼。
  时名随巧拙，天道已盈虚。莫信村居好，山居乐有余。②

  柳佥（1508—约1555），字大中，号安愚。隐居不仕，为吴之隐君子，专以藏书、校书、抄书为事。读书处名为"清远楼"。柳氏藏书印文以标榜抄书、读书相炫，十分自豪，且满足于这种与世无争的生活。无独有偶，叶昌炽曾亲在业师潘祖荫滂熹斋见明刻《刘屏山集》，前有朱文大方印，刻藏书铭曰："名山草堂，萧然独居。门无车马，坐有图书。沈酣枕藉，不知其余。俯仰今昔，乐且宴如。萧蓼亭铭。"③

---

① 《藏书纪事诗》卷三《钱榖叔宝》引《爱日精庐藏书志》，第200页。
② 《藏书纪事诗》卷二《柳佥大中　俞弁子容》引《士礼居藏书题跋记》，第163页。
③ 《藏书纪事诗》卷四《萧梦松静君》昌炽案，第427页。

三 咏歌内涵

"典籍之藏,其关系学术文化者甚巨。欲察一时代学术文化之盛衰,辄可于其典籍收藏之丰盛与否窥见消息。"[1] 刻本流行之后,大量典籍走下神坛,走进寻常百姓家,古代文化迎来了发展高峰,反映古代藏书文化有多种渠道和方式,而藏书诗最具艺术性,其在凝练的语言中,既形象地展示了藏书活动的丰富内涵,又给诗歌创作注入了新颖的素材。

(一) 藏书家

藏书活动的对象是典籍,主体是藏书家,因而藏书诗首先把藏书家作为吟咏的中心,藏书家人生志趣及各种与藏书有关的活动在藏书诗中得到反映。

其一,藏书家本人对于自己藏书生活的观照。南宋大诗人陆游,也是一位著名的藏书家,其《示儿诗》描述自己生活说:"人生百病有已时,独有书癖不可医。"[2] 自称"书癖",可见其生活与书已不可分离。清代仁和(今杭州)藏书家童铨,贫无余资,但雅爱藏书,常常去市集搜访,所得亦富,临终前赋诗曰:"亡魂愿化庄周蝶,只恋书香不恋花。"[3] 在行将离世时,祈盼来世依然与书为伴。明代吴县藏书家邵宝官至户部侍郎兼左佥都御史,藏书室曰"容春精舍",藏书万卷,著有《容春堂集》。其《偶闻书香诗》说:

少爱新书楮墨香,不辞书价借钱偿。
坐来精舍还怀旧,海鹤诗中万卷堂。[4]

邵宝的日常生活中离不开藏书,他把典籍视同精神伴侣,曾镌刻一印曰:"性命可轻至宝是重。"在生命和书籍的天平上,他由衷地向书籍倾斜。

前文提到的苏州藏书家柳佥,也创作过一首感人的藏书诗:

---

[1] 潘美月:《宋代藏书家考》,台北学海出版社1980年版,第1页。
[2] 《藏书纪事诗》卷一《陆游务观 子子通》,第53页。
[3] 《藏书纪事诗》卷六《童铨佛庵》引《杭郡诗辑》,第635页。
[4] 《藏书纪事诗》卷二《邵文庄宝》,第138页。

>偶病不粒食,抄书二十番。娱生无此癖,守死亦为冤。
>把笔头欹帽,衣绵酒罢樽。时名付流水,此外复何言。①

柳佥是在正德十年乙亥(1515)七月二十二日抄录《乐府古题要解》2卷之后创作这首诗的,诗后署题"布衣柳佥"。这首诗是柳佥一生的绝好写照,他不慕名利,谢绝繁华,了无他好,唯书为伴。清代这类藏书家更多,后人可以从他们的藏书诗作中体会很深的感悟,如广东番禺藏书家汪瑔曾有诗自述藏书生活道:"坐拥图书未是贫,忘饥聊学葛天民。"② 浙江海宁著名学者、藏书家查慎行晚年退居里中,贮书万卷,家有"得树楼",藏书甚富,查氏坐卧其中。其《抄书三首》诗说:

>人言冬是岁之余,自分生涯伴蠹鱼。比似王筠犹有愧,白头方解手抄书。无数空花乱眼生,摩娑细字欠分明。西洋镜比传神手,八廓重开为点睛。乌鸡已疗病风手,秋兔犹存见猎心。炳烛余光君若此,儿曹那不惜分阴。③

藏书家自作的藏书诗真切、自然,所记藏书活动细腻、真实,为后人研究他们藏书生活提供了绝好史料。

其二,歌颂藏书家之间的纯真友情。藏书家间的友谊大多建立在藏书这一共同爱好的基础上,不染尘俗,因而更加纯净,清澈如水。南宋著名诗人、出版家、藏书家陈起(字宗之),于杭州睦亲坊开书肆芸居楼,所刊书牌记题"临安府棚北大街陈氏书籍铺",与之交游者多诗人或藏书家。他常以新刊书相赠,朋友则以诗回馈,如许棐《谢陈宗之叠寄书籍小诗为谢》中说:"君有新刊须寄我,我逢佳处必思君。"④ 正是藏书这种活动,促使二人感情十分密切和单纯。

清初黄宗羲与多位藏书家交往很深,其《感旧诗》说:

---

① 《藏书纪事诗》卷二《柳佥大中》引《皕宋楼藏书志》,第163页。
② 《广东藏书纪事诗稿》,第76页。
③ 《藏书纪事诗》卷四《查慎行悔余》引《敬业堂集》,第422页。
④ 见叶德辉《书林清话》卷二,广陵书社2007年版,第36页。

> 抄书结社自刘城，余与金阊许孟宏。
> 好事于今仍旧否？烟云过眼亦伤情。①

黄宗羲曾与诗中提及的"刘城"和"许孟宏"（名元溥）等人约为抄书社，世所罕见之书，多赖以传。抄书社各位成员在黄宗羲带领下，不自觉地担当起系统收集明代资料的大任，他们提倡藏书致用，反对藏而不用、视为珍玩的鉴赏家。如黄宗羲还谆谆告诫学者说："当以书明心，无玩物丧志也。"② 他们收集史料的方法，也影响了同时代的学者如全祖望、厉鹗等人，对清代文化、学术的发展有着重要影响。

清乾隆间，时居住杭州的藏书家鲍廷博和郁礼，二人间友谊尤为真挚，他们"无三日不相过，过必挟书以来，借书以去，虽寒暑风雨不少间"③。郁礼为乾隆时杭州著名藏书家之一，书楼名曰"东啸轩"，鲍廷博常常来此抄书、读书，他曾在藏书跋语中不吝笔墨，追忆两人交游的情形说："花时每招余信宿其中，香炉茗椀，婆娑竟日，更深月上，两人徘徊花影下，仿佛东坡与张怀民承天寺之游。"④

浙江嘉兴学者、藏书家王蘧常先生，博通艺文，藏书多善本。王氏与钱仲联长于诗才，时称"江南二仲"，王瑧有《怀人感旧诗》咏王、钱两君友谊曰：

> 江南二仲洵天才，章草唐碑各别裁。
> 海日诗笺寐叟谱，抗兵有梦苕华开。⑤

钱仲联先生尝为清人沈增植《海日楼诗》作注，而王蘧常则撰写《沈寐

---

① 《藏书纪事诗》卷三《许元溥孟宏》引黄宗羲《南雷集》，第300页。
② （清）徐珂：《清稗类钞》第九册《鉴赏类》"黄梨洲好聚书"，中华书局2010年版，第4214页。
③ （清）徐珂：《清稗类钞》第九册《鉴赏类》"郁礼藏书于东啸轩"，中华书局1984年版，第4244页。
④ 《藏书纪事诗》卷五《郁佩先礼》引鲍廷博《庶斋老学丛谈跋》，第530页。
⑤ 《续补藏书纪事诗》，第52页。

叟年谱》,"寐叟"为沈增植晚年所用的号。钱书博大宏深,资料翔实,而王书为缅怀恩师之作,用心专一,二书相得益彰,堪称沈增植研究双璧。

其三,反映藏书家丰富多彩的藏书轶事。古代藏书家们并非困守书楼,老死蠹鱼一类的腐儒,他们的藏书生活丰富多彩,为藏书文化涂上一抹亮色。南宋藏书家刘仪凤任地方官多年,嗜好藏书,用薪俸所入之半数于购书,收藏图书达数万卷。《庚溪诗话》记其藏书轶事说:

> 刘韶美酷嗜书,喜传录。又置副本,亲自雠校,至杜门绝交。张持国之纲为副端,言其书癖至旷废职事,以是罢归蜀。关寿卿以诗赠行,云:"只因翻故纸,不觉堕危机。"①

因嗜好藏书而被罢官,刘仪凤可谓"书痴"。明末清初常熟(今江苏常熟)学者、著名藏书家、刻书家冯舒,出身藏书世家,自父冯复京始,家中已有万卷藏书,后保管不当,流散颇多,冯舒重整故书,多方采求,藏书益富,多异本,仅次于毛晋、钱曾之藏,与叶树廉、陆贻典相仿。冯氏还与各藏书家相互搜访,互通有无。黄廷鉴《读知不足斋赐书图记》记载冯舒一件逸事说:"吾乡冯己苍昆仲,闻寒山赵氏藏有宋椠本《玉台新咏》,未肯假人。尝于冬月挈其友舣舟支硎山下,于朔风飞雪中,挟纸笔,袖炊饼数枚入山,径造其庐。乃许出书传录,堕指呵冻,穷四昼夜之力,抄副本以归。"② 黄廷鉴记载少了1人,当时同去的还有常熟人何大成,何为此事创作《同冯己苍昆季入寒山钞〈玉台新咏〉毕遂游天平》诗道:

> 吾侪真书淫,余事了游癖。既理支硎棹,旋放天平屐。自惟老脚硬,尚堪年少敌。登登及山椒,千步始一息。凭高一以眺,万木静如拭。湖光浩渺平,山容逶迤出。忆昨小宛堂,抄书忘日昃。手如蚕食桑,心似蜂营蜜。今朝始毕功,探奇何孔棘。蝇营满天地,此乐无人得。游山拟为樵,搜书甘作贼。幸兹江南安,二事乃吾职。③

---

① 《藏书纪事诗》卷一《刘仪凤韶美》,第51页。
② (清)黄廷鉴:《第六弦溪文集》卷二,《丛书集成初编》第2461册,第36页。
③ 《藏书纪事诗》卷三《何大成君立》引,第240页。

古代藏书家以其淡泊心情,求知境界,不但在学问上受人尊重,即便是蟊贼流盗,叛军匪寇,也对他们刮目相看,推尊至极。清代吴县(今江苏苏州)学者叶廷琯《浦西寓舍杂咏》说:

真读书人贼亦钦,纤尘不使讲帷侵。
黄巾知避康成里,汉季儒风又见今。

诗后自注云:"仁和劳季言,家塘栖,累代富藏书,季言尤以博洽名。贼酋至其门,戒其徒谓:'此读书人家,毋惊之。'入室取架上卷帙观之,曰:'闻此家多藏秘籍,何此皆非善本,殆移匿他处邪?'徘徊良久,不动一物而去。贼亦知书,异哉!季言人素笃实,贻札自述,当非虚语。"① 诗中的"真读书人"乃清代仁和(今杭州)藏书家劳权和劳格兄弟二人,劳家世代藏书,有藏书楼"丹铅精舍""学林堂"等,储书富于一时。咸丰十年(1860),洪杨太平军攻克浙江,劳氏兄弟出城避乱,太平军进入劳家后,不但没有破坏,反而对书楼加以保护。这是首次记载太平军保护民间藏书楼的文化善举,难能可贵。

(二)咏藏书活动

宋代以后,社会经济文化逐渐步入繁荣阶段,尤其是雕版印刷流行之后,藏书活动出现了许多新内容,诗人们及时捕捉到这些信息,行诸歌咏,既充实了诗歌内涵,又为后人留下了丰富的藏书史料。藏书纪事诗收录的藏书诗涉及藏书活动的方方面面,今从以下几端述之。

1. 藏书之富。雕版印刷带给图书最直接的变化是数量的激增,读书之人不再辗转传抄而后读,藏书之家不必雇人传抄而后藏,寻常百姓之家典藏图籍亦变得容易,苏轼记载这种情形说:"近岁士人转相摹刻(《史记》《汉书》),诸子百家之书日传万纸。学者之于书,多且易致如此。"② 这种便利在

---

① 《藏书纪事诗》卷六《劳权平甫 弟格季言》,第674页。
② (宋)苏轼:《苏轼文集》卷十一《李氏山房藏书记》,中华书局1986年版,第359页。

文化事业史上是一次革命,诚如元人所说:"学者生于今之时,何其幸也!无汉以前耳受之艰,无唐以前手抄之勤。"① 古代私家藏书随着时代发展呈现递增趋势,仅以宋代为例,今人范凤书统计,超过万卷的藏书家见诸载籍者有213人,约占宋代藏书家总数的1/3。② 明清以后,藏书家动辄家藏万卷已不足为奇,藏至10万卷、20万卷、50万卷者比比皆是,这些藏量巨大的藏书家从宰辅至普通士人皆有。面对如此众多的藏书之家,诗人当然会及时反映,多首藏书诗中突出了"万卷"的藏书量。

北宋江陵(今湖北荆州)藏书家田伟建有博古堂用作藏书,《郡斋读书志》称其"家藏书几三万卷"③。田伟有子二:一田镐,编《田氏书目》6卷;一田钧,字子平,与黄庭坚友善。黄庭坚称:"吾校中秘书,及遍游江南,文士图书之富,未有过田氏者。"④ 黄庭坚与田钧有多首唱和诗作,诗作记载田家藏书之富,如《戏简田子平》:

不趋吏部曹中版,且绘高沙湖里鱼。
虽无季子六国印,要读田郎万卷书。⑤

明代吴县(今江苏苏州)藏书家邵宝书堂名曰"容春精舍",邵氏晚年致仕回乡,在容春精舍中读书、写诗,其中一首《偶闻书香诗》道:

少爱新书楮墨香,不辞书价借钱偿。
坐来精舍还怀旧,海鹤诗中万卷堂。

诗后邵宝自注云:"予二十岁时,海鹤寓于家。尝题先世画,有'万卷一堂邀我共'之句。"⑥ 可知邵宝藏书量在万卷之上。清代藏书家藏量更为惊

---

① (元)吴澄:《吴文正公集》卷十九四《赠鬻书人杨良辅序》,新文丰出版公司编辑部编著《元人文集珍本丛刊》,台湾新文丰出版公司1985年版,第353页。
② 范凤书:《中国私家藏书史》,大象出版社2001年版,第62—82页。
③ 《藏书纪事诗》卷一《田伟》引《郡斋读书志》,第22页。
④ (宋)祝穆撰,祝洙增订:《新编方舆胜览》卷二十七"江陵府"条,中华书局2003年版,第486页。
⑤ 《藏书纪事诗》卷一《田伟》引,第23页。
⑥ 《藏书纪事诗》卷二《邵文庄宝》引,第138页。

人，但藏书诗对于他们的藏量反映不多，仅有几首，如清吴之骙咏曹寅藏书称"书卷拥百城"①，孙淇咏常熟藏书家曹炎（字彬侯）藏书称"羡尔家藏万卷余"②，张叔未咏朱彝尊藏书诗句有"管领奇书八万卷"③，都重在反映藏书量之多。

由于雕版的普及，从宋代开始，版本概念深入人心，藏书家于藏书质量有了新的认识，那些刊刻精美的版本及世间孤本往往最受藏家喜爱。如南宋尤袤藏书之富，在其生前已经闻名于世，受到时人称颂。尤袤于藏书，嗜之尤深，凡是没有读过的，只要他得知书名，就要想尽办法找来阅读，读后不仅要做笔记，借来的还要抄录收藏，久之，藏书日丰，建遂初堂贮之，并编有《遂初堂书目》，"独并注众本于各书目下。说者乃以版本学之创始推之"④。尤袤对于图书版本尤为重视，因而藏书品质很高，陆游有诗赞曰："异书名刻堆满屋，欠身欲起遭书围。"⑤"异书名刻"说的正是遂初堂藏书品质之精。而上文提到的北宋田氏藏书，亦多珍品，大诗人黄庭坚有诗说：

> 田郎杞菊荒三径，文字时追二叟游。
> 万卷藏书多未见，老夫端拟乞荆州。⑥

诗中"万卷藏书多未见"绝非虚誉，说明田氏藏书中孤本居多。北宋政和中（1113年以后），朝廷征求四方遗书，田氏上书千余卷，充实三馆秘阁之缺。其藏书楼中珍籍秘本如《凿金度》、韩愈《论语笔解》两种，诸家官私书目如《崇文总目》《邯郸图书志》等均无著录，独《田氏书目》有。

2. 抄书之勤。在雕版印刷未行之前，图书皆为钞本，抄书活动在藏书过程中具有重要作用，藏书家要么佣人抄录，要么亲自笔抄，抄书是一件十分辛苦

---

① 《藏书纪事诗》卷四《曹寅子清》引，第401页。
② 《藏书纪事诗》卷四《曹炎彬侯》引孙淇《市肆蓄书歌为曹彬侯作》，第438页。
③ 《藏书纪事诗》卷四《朱彝尊锡鬯》引张叔未《桂馨堂集·咏梅会里朱氏潜在堂藏书象牙印》，第403页。
④ 姚名达：《中国目录学史》，上海古籍出版社2005年版，第297页。
⑤ 钱仲联，马亚中：《陆游全集校注·剑南诗稿校注》卷二十一《尤延之侍郎屡求作遂初堂诗诗未成延之去国因以奉送》，浙江教育出版社2011年版，第334页。
⑥ 《藏书纪事诗》卷一《田伟》引黄庭坚《戏赠李材叟翘叟戏赠兼简田子平》，第23页。按，《豫章黄先生集》载诗题为"入穷巷谒李材叟翘叟戏赠兼简田子平三首"。

的工作。宋代以后，雕版流行，但限于各种条件，并非所有典籍皆被付梓，藏书家还需依靠抄书来积聚图史。藏书纪事诗收录的藏书诗有涵咏抄书之作。如陈师道《次韵回山人赠沈东老》其二：

> 随世功名非所望，称家丰俭不求余。
> 青衫出指论奇字，白发挑灯写细书。①

诗题中的"沈东老"即北宋浙江湖州藏书家沈思，字持正。南朝梁著名学者沈约后裔。沈思生性疏达，笃于孝义，住在湖州东林山，号"东老"。他好贤礼士，济人利物，传与苏轼、吕洞宾为友，自称"回道人"，《避暑录话》《齐东野语》等均有记载。沈思不慕名利，超脱世俗，但酷嗜收书、抄书，陈师道诗即为此而作。

清代江苏昆山著名藏书家徐乾学曾有一首诗《寄曹秋岳先生》道：

> 嗟予才绾发，屈首事诵习。博赡服茂先，弇陋愧难及。
> 发愤购遗书，搜罗探秘笈。从人借抄写，甀瓿日不给。②

曹秋岳即曹溶，"秋岳"为其字，藏书楼名"静惕堂"，藏书极富，尤好收集宋、元文集，藏书中宋元古本丰富，有近千种，编撰有《静惕堂书目》（又名《静惕堂藏宋元人集目》），按四部分类编排。曹溶于藏书理论卓有贡献，所著《流通古书约》1卷，首次提出古书流通法，提出藏书职责在于流通，不仅仅为保藏，务必使作者的思想和劳动，不以靳秘珍藏而与世隔绝。徐乾学平生对曹溶拳拳服膺，诗作论及二人藏书事，称自己藏书难以与曹氏相比，故发愿"购遗书""借抄写"，以追踪前贤。

3. 购书之形。购书是藏书活动的一个重要内容，宋赵明诚结束太学生生活之后，辗转各地，与妻子李清照志趣相投，常常"竭其俸入以事铅椠。每获一书，即同共校勘，整集签题"③。宋普州（今四川安岳县）藏书家刘仪凤

---

① 《藏书纪事诗》卷一《沈思持正》引，第28页。
② 《藏书纪事诗》卷四《徐乾学健庵》引《憺园集》，第390—391页。
③ 《藏书纪事诗》卷一《赵明诚德父　李清照易安》引《金石录后序》，第39页。

也一样,"在朝十年,俸入半以储书"①。购书是藏书活动的重要内容,藏书诗于此自然多有反映,前文提及的藏书诗中,已有多首涉及购书情形,兹再举两例。

清钱塘(今杭州)吴城,生卒年不详,字敦复,号鸥亭,藏书家吴焯之子,其有诗云:

> 手泽犹存小劫中,金台重购自城东。去来空自悲雷剑,得失何须问楚弓。风景年年人代换,殡宫寂寂梦魂通。九原不共残编作,洒泪摩挲读未终。浪漫天涯剧可怜,放怀随处领山川。凄凉过眼云烟录,停泊浮沈书画船。灯火青荧如昨梦,风帘点勘记当年。纵横私印犹完好,故物归来信宿缘。汗简芸箱破寂寥,古香依旧伴清宵。拜经莫笑同痂嗜,啜墨何能慰腹枵。检校归装惟笔研,思量生计只鱼樵。江山风月虽堪主,岂忍重经丁卯桥。②

诗首有一段序文说:"先君子旧藏许浑《丁卯集》,失去二十余年。余于京师重得之,先子图章,宛然简端。抚今追昔,因得长律三首。"此事一时传为书林佳话。丁申《武林藏书录》于此事也有记载:"其旧藏宋刻许浑《丁卯集》,失去廿余年,瓯亭忽于京师重得之,赋诗纪事。属同人和之(和诗略)。"③"楚人失之,楚人得之",从吴焯到吴城,围绕《丁卯集》演绎出来的这出悲喜剧,折射的正是藏书家对于典籍的赤诚之心。

清初江苏常熟有一位名叫曹炎的藏书家,生卒年不详,一作曹琰,字彬侯。曹炎精书法,嗜藏书,藏书至万卷。关于其购书情形,好友孙淇《市肆蓄书歌为曹彬侯作》云:

> 我怪曹生市廛里,逼仄喧嚣拥文史。一厨连屋当屏风,一匧庋门充阁庋。丛残断缺勤购买,犹秃千兔写万纸。吁嗟市隐类古人,令我长怀

---

① 《藏书纪事诗》卷一《刘仪凤韶美》引《宋史·刘仪凤传》,第51页。
② 《藏书纪事诗》卷五《吴焯尺凫 子城敦复》引,第468页。
③ (清)丁申:《武林藏书录》卷下《秀谷瓶花斋》,《澹生堂藏书约》(外八种),上海古籍出版社2005年版,第68页。

颡流汕。世人有书不肯读，问之不答我能揣。温饱嬉闲事游荡，饥寒齷龊忧妻子。昏昏索索年复年，牛马襟裾略无耻。①

曹炎生平史料记载不多，这首诗弥足珍贵。孙淇诗介绍曹炎藏书来源有二：一抄；二购。"丛残断缺勤购买"一句，形象地道出曹炎购书之勤、之广，他广购"丛残断缺"不为矜于夸示，是在抢救文献。

4. 借书之趣。藏书家间互通有无，相互借抄借阅，促进了典籍的流通，藏书纪事诗中的藏书诗于此多有记载。清人王芑孙有《题吴枚庵明经借书图》诗说：

> 君昔富搜罗，藏家所争诧。偶食武昌鱼，儵然皆羽化。晚归空四壁，往梦付嚘唶。虽无千金市，幸可一瓻藉。久亡忆之频，骤得喜如乍。昏灯摩老眼，积渐仍满架。图成应自哂，兹身亦传舍。②

吴枚庵即吴翌凤，字伊仲，号枚庵、一作眉庵，别号古欢堂主人，初名凤鸣。祖籍安徽休宁，侨居吴郡（今苏州），藏书家吴铨后裔。家贫而笃好典籍，无力购置，往往借书阅览。吴翌凤借书之后，往往抄录一部，并为之认真校勘。如乾隆四十一年（1776）夏，吴翌凤借江藩藏宋僧文莹《玉壶清话》以备抄录，该本讹脱严重，脱句误字十之五六，又向其他藏书家求借，皆脱讹严重，久无善本。乾隆四十四年（1779）春二月，吴翌凤又借抄朱奂藏本，凡用朱笔涂改校补1600余字，"虽未详尽，亦颇精允。若其底本，则与此无一不同也"③。

清初黄宗羲有一首《谢胡令修借孝辕先生藏书》诗说：

> 闻说匡床扬子居，何期得见昔人书。尘封蠹走精神在，墨艳朱明岁月除。襄海被兵方贱士，传家有集胜垂鱼。一瓻还借我无有，惭愧此来幸不虚。④

---

① 《藏书纪事诗》卷四《曹彬炎侯》，第438页。
② 《藏书纪事诗》卷五《吴翙凤伊仲》引，第540页。
③ （清）吴翌凤：《跋玉壶清话》，《知不足斋丛书》第六集《玉壶清话》卷尾，上海古书流通处民国十年（1921）影印清乾隆嘉庆间刻本。
④ 《藏书纪事诗》卷三《胡震亨孝辕》引《南雷诗历》，第275页。

诗题中的"孝辕"指的是明人胡震亨，"孝辕"为其字，号遁叟，又号赤诚山人。浙江海盐人。胡震亨家里原有好古堂藏书楼，是他父亲胡彭述留下的，经过他继续收藏，藏书达万卷以上，而且多秘册异书。"胡令修"即胡震亨之子，黄宗羲是通过他借阅到乃父藏书的，黄宗羲说："丙辰（1676）至海盐，胡孝辕考索精详，意其家必有藏书，访其子令修，慨然发其故箧，亦有宋、元集十余种，然皆余所见者。孝辕笔记称引《姚牧庵集》，令修亦言有其书，一时索之，不能即得，余书则多残本矣。"①"传家有集胜垂鱼"，是说家有藏书胜过佩戴金银鱼袋的五品官；而"一瓶还借我无有，惭愧此来幸不虚"，黄宗羲意思是即便这次借到的书不是自己想要的，但是对于胡家还是万分感激的。

5. 校书之乐。为了提高文献的可信度，古代藏书家往往对所藏典籍进行精心校勘，如唐人韦述"蓄书二万卷，皆手自校定，黄墨精谨，内秘书不逮也"②。宋代以后，图书大规模从钞本向刻本转换，校书活动蔚然兴盛，藏书与校书一时如并蒂双生，密不可分。正是藏书家精于校勘在客观上保留了许多古籍善本的原貌，为后人研究利用提供了可靠的版本依据。

陆游一生兴趣广泛，于书情有独钟，读书、藏书、抄书、校书……终生事之，以此为乐，其有诗作《雨后极凉料简箧中旧书有感》专记校书之事说：

笠泽老翁病苏醒，欣然起理西斋书。十年灯前手自校，行间颠倒黄与朱。区区朴学老自信，要与万卷归林庐。③

病后"欣然"校书，前后坚持10年，万卷藏书丹黄颠倒，身为藏书家，陆游做了多方面的工作。历史上，像陆游一样边藏边校的藏书家不胜枚举，有的因为校书专精而终生事之，如近代广东韶关学者陈奇猷，毕业于北京辅仁大学中国文学系，曾任上海震旦大学文理学院、光华大学、诚明文学院教

---

① （清）黄宗羲：《天一阁藏书记》，李希泌、张椒华《中国古代藏书与近代图书馆史料（春秋至五四前后）》，中华书局1982年版，第36页。
② 《新唐书》卷一百三十二《韦述传》，中华书局1975年版，第4530页。
③ 《藏书纪事诗》卷一《陆游务观》引，第53页。

授、中华书局上海编辑所、上海古籍出版社特约编审等。主要从事《韩非子》《吕氏春秋》研究。王謇与陈氏交往较深，对其校书一事尤为赞许，为之诗曰：

    法家裒举吃公子，论议洋洋洒洒然。
    斠补疏通百万字，长沙旧业美难专。①

陈奇猷为校《韩非子》，曾遍考公私所藏善本，下逮考证札记，积稿盈尺，历时20年方成此事，王謇诗作确乎为陈奇猷校书生活实录。

近代藏书家傅增湘终生忙于图书收藏、校勘和出版等，所校之书数量极大，如1913年往京师图书馆读书，从夏历秋，在馆106天，先后校勘《后汉书》104卷、《宋书》73卷、《梁书》40卷、《陈书》9卷、《北齐书》16卷、《容斋随笔》5卷《四笔》5卷、《赵清献集》10卷，《苏文忠集》4卷、《和陶诗》4卷、《苏文定集》44卷、《嵇中散集》10卷、《温飞卿集》7卷《别集》1卷、《长江集》1卷等，共342卷，为此，陈宝琛深为感佩，作《题傅沅叔藏园校书图》称：

    投老书城被世尘，廿年绨椠未离身。寻山独惜分阴暇，隔海亲搜秘藏珍。取次校刊媲黄顾，会看著录过晁陈。一楼双鉴松声里，已傲同光几辈人。②

当然，上述各种藏书活动并不是独立的，藏书家们往往借书、读书、抄书、校书……综合进行，藏书诗于此亦进行歌咏。清代苏州藏书家金俊明，少随父官宁夏，往来燕赵间，以任侠自喜。归里后，折节读书，藏书甚多，收经籍秘本、名人手稿数百种，装成巨帙，藏书楼曰"春草闲房"。时人姜垓有诗咏金氏曰：

---

① 《续补藏书纪事诗》，第63页。
② 《续藏书纪事诗》卷七《傅增湘沅叔》引，第289页。

> 春水蛟龙卧，芳洲薜荔衣。经纶人半老，兵甲客仍稀。
> 济世名山大，编年信史非。行藏所郑重，不是恋鱼矶。①

史载金俊明对宋、元人秘本，细加校勘后，自刻成书行世。他终日端坐春草闲房，读、抄、校、刻……从不知疲倦，又好录异书，工诗古文兼善书画，为人称道。

（三）咏藏书楼

宋代以后，随着私人藏书数量剧增，专用藏书楼不断涌现，并且大多有专名，"在长期的封建时代，私家藏书楼相对地说开放性最大，对中国学术的发展推动作用也最大"②。咏藏书楼是藏书诗非常重要的主题。

第一，描绘藏书楼的建筑格局。古代藏书楼选址多在山清水秀，环境幽雅的地方，大多数离开热闹的府城、州城或县城的中心地带，环境幽雅，了无干扰，适宜学子专心读书。宋代明州鄞县（今浙江鄞县）藏书家楼钥《赵资政建三层楼中屋藏书》诗说：

> 四山宽围城在中，地平楼小望易穷。
> 安得高卧陈元龙，丽谯公府难从容。③

诗题中的"赵资政"即赵抃（1008—1084），字阅道，宋衢州西安（今浙江衢州市）人。景祐元年（1034）进士，任殿中侍御史，官至资政殿大学士。弹劾不避权势，时称"铁面御史"，死后谥号"清献"。赵抃所建藏书楼四面环山，为避南方潮湿，只在二楼藏书，格局独特，为时人称羡。

藏书楼是古代知识分子寻找精神家园的庙堂，他们虽不提倡消极遁世，却也多有道不明则隐的思想，或按"大隐隐于市"之道，在喧闹的城市中选一僻静所在，或在郊外风景优美处择地建楼。藏书家追求人与自然的统一，故藏书楼与自然有机结合，在优美的自然环境中揉入人的思想感情和藏书精

---

① 《藏书纪事诗》卷三《金俊明孝章》引《乾隆苏州府志》，第320页。
② 范凤书：《私家藏书风景》，河北教育出版社2007年版，第183页。
③ 《藏书纪事诗》卷一《楼宣献钥　潘景宪叔度》引《攻媿集》，第58页。

神。如苏轼《犍为王氏书楼》：

> 树木幽翠满山谷，楼观突兀起江滨。云是昔人藏书处，磊落万卷今生尘。江边日出红雾散，绮窗画阁青氤氲。山猿悲啸谷泉响，野鸟嘐戛岩花春。借问主人今何在？被甲远戍长苦辛。先登搏战事斩级，区区何者为三坟。书生古亦有战阵，葛巾羽扇挥三军。古人不见悲世俗，回首苍山空白云。①

嘉祐四年（1059）第二次赴京的途中，苏轼自眉山沿岷江、长江而下，船航行时，于树林茂密的山谷之中，远远看过去一座楼观出现在江边，非常显眼，于是欣然创作此诗。"楼观突兀起江滨"一句，表明王氏书楼是当时犍为的一座标志性建筑。诗作把藏书楼周边优美的环境历历描绘出来，似一处人间仙境。四川一带历来有藏书之风，犍为王氏为藏书世家，当年的王氏书楼是犍为一处非常宏伟的建筑，正是苏轼这首诗确证了犍为在宋代就出现了有记载的私人藏书活动，犍为由于苏轼的这首诗而被载入了中国藏书史册。

明嘉靖间常熟藏书家孟守约，生卒年不详，字益君，建藏书楼曰玉辉楼。关于该楼的建筑格局，好友孙楼在《守约孟君藏书于楼扁曰玉辉诗以赠之》诗中说："君家富缃素，庋之重檐楼。朱甍敞绮疏，绛帷揭纤钩。"② 可知孟氏修建藏书楼时十分重视建筑的结构和外观，他采用重檐的形式，增添屋顶的高度和层次，增强书楼的雄伟感和庄严感，使玉辉楼成为当地有名建筑。

在济南72名泉中有一处名林汲泉，位于龙洞风景区佛峪钓鱼台东侧，泉水甘洌，风景秀丽，清乾隆间著名藏书家周永年曾在此畔筑藏书楼林汲山房。关于林汲山房的建筑结构，翁方纲《林汲山房图》二首说：

> 因山并寺托幽居，对画看山十载余。清梵云中出钟磬，浩歌风外答樵渔。芳菲百本仍开圃，怅望千秋更借书。敧枕春明劳梦寐，故乡如此好林庐。
>
> 抄从馆阁逮瞿昙，中麓储藏比未堪。万卷波澜泻瓶水，千峰结构到

---

① 《藏书纪事诗》卷一《犍为王氏　胡定之》引，第31页。
② 《藏书纪事诗》卷三《孟守约》引，第219页。

茅庵。载书莫漫推池北，名士从来属济南。春雨欲摧农事起，暮云如画点烟岚。①

在入《四库全书》馆之前，周永年家境贫寒，百无所嗜，独好书，曾于此地苦读，因爱此处佳山水，故自号"林汲山人"，并建楼广储典籍，提倡借阅，为此撰写了著名的《儒藏说》。晚年，周永年回到济南旧居，读书、藏书、交友、创作……至乐至美，他还绘有一幅《林汲山房图》，翁方纲的诗就是咏这幅图的，诗作形象地描绘出林汲山房的构造和功用。

第二，记载藏书楼的多种用途。受生活条件限制，古代多数私家藏书楼还不能作为藏书之专用，藏书家们往往在藏书楼中从事多种活动，如陆游晚年藏书楼曰"书巢"，既是他藏书读书之所，也是饮食起居之处，客人来访，亦于此会谈。

南宋陈起的书肆名芸居楼，集藏书、刻书、售书于一体，名动天下，清代著名藏书家兼刻书家鲍廷博对陈起刻书之举拳拳服膺，千载遥思，有诗云：

大街棚北睦亲坊，历历刊行字一行。
喜与太丘同里闬，芸编重拟续芸香。②

鲍廷博诗作主要赞美陈起芸居楼刻书之功，并因居处与棚北睦亲坊很近，故有继承陈氏遗风，继续刻书之举。而事实上，究鲍廷博一生，将全部家财用于刊刻《知不足斋丛书》等典籍，有功学林，陈起垂范作用不可小视。

清代藏书家兼数学家泽州阳城（今山西阳城）人张敦仁（1754—1834），字古余，号古愚。多地为官，任职扬州知府时，专建"六一堂"用于藏书，时人彭兆荪《扬州郡斋杂诗》对此有专咏：

维阳剧郡雄财赋，太守清寒似我曹。绝学九章都探遍，只输能吏算钱刀。牙签压架万琳琅，官阁新开六一堂。我有贪心同脉望，神仙三字

---

① 《藏书纪事诗》卷五《周永年书昌》，第517页。
② 《藏书纪事诗》卷七《陈起宗之　陈思　陈世隆彦》引，第734页。

要分尝。

诗后彭兆荪自注说:"古馀太守藏书最富,于郡廨东偏茸六一堂,奉欧阳公像,而储图籍其中,设小史掌之。"① 在藏书楼中奉祠欧阳修像,从某种意义上说,藏书楼具有了祠堂的作用,这也解释了楼名的来历。

第三,描绘藏书楼内读书情形。藏书兼读书是古代私家藏书楼普遍的用途,藏书家全部精神生活寄寓于此,藏书楼不再是冷冰冰的场所,而是充满人文气息,最有文化氛围。诸多藏书诗刻画了藏书家在藏书楼内的读书生活,如宋人楼钥《寄题江西刘氏勤有斋》诗:

> 朴斫敷畬皆用勤,况吾儒者务多闻。万书插架非关我,一卷入心方属君。为学从来无止法,立身宁只富多文。自怜习气今犹在,尚欲焚膏到夜分。②

唐韩愈《符读书城南》诗说:"诗书勤乃有,不勤腹空虚。"③ 辩证说明勤奋与收获的关系,深得后人喜爱,故历史上众多藏书家将藏书楼命名为"勤有堂"。宋代生平无考的西山刘君即为其中一位,他在勤有堂中夜以继日,遍阅群书。

清代扬州二马有丛书楼、街南书屋、小玲珑山馆等多处藏书楼,兄弟二人常在楼中阅读,"所与游皆当世名家,四方之士过之,适馆授餐,终身无倦色"④。其藏书楼免费对外开放,来此读书者络绎不绝,何琪《小玲珑山馆观汪雪礓所藏宋刻〈江湖小集〉》诗说:

> 我来广陵三月半,帘幕家家飞紫燕。城东有园春尚赊,芳树初飘花一片。主人嗜古兼耽吟,欧赵风流今再见。朝来示我诗一编,睦亲坊刻此为冠。绿萝阴里乍开函,醃馤古香纷扑面。⑤

---

① 《藏书纪事诗》卷五《张敦仁古馀 张征斋》引,553 页。
② 《藏书纪事诗》卷一《西山刘君》引,第 59 页。
③ 《全唐诗》卷三百四十一,中华书局 1960 年版,第 10 册,第 3822 页。
④ (清)李斗:《扬州画舫录》卷四,中华书局 2007 年版,第 54 页。
⑤ 《藏书纪事诗》卷五《马曰琯秋玉 弟曰璐佩兮》引,第 476 页。

诗歌叙述在二马小玲珑山馆读书之事。"主人嗜古兼耽吟",描写二马兄弟嗜好读书、吟诗的情形;"朝来示我诗一编,睦亲坊刻此为冠",交代二马兄弟向何琪出示小玲珑山馆中的宋刻善本《江湖小集》,他们毫不吝惜,愿意与众人分享奇书。而事实上,正是二马兄弟这种乐与人共的藏书情怀,《江湖小集》才能够得以流传下来。①

藏书纪事诗中的藏书诗对藏书楼的吟咏,包含着对读书生涯的热爱,对文人雅事的沉迷,以及对人文对象的独特审美倾向,塑造了一个与其他生活场所有别的士人生活空间,从而大力凸显了藏书楼所独具的文学审美意蕴。

四 文化旨趣

"夫情动而言形,理发而文见;盖沿隐以至显,因内而符外者也。"② 诗歌创作过程,首先是诗人有了某种情感冲动,然后才能发而为诗。藏书诗创作也一样,在藏书活动中,或感发于藏书家之风险精神,或感发于藏书本身之文化意蕴,或抒藏书之情,或表达诗人自身之藏书旨趣,最后行诸歌咏,流传诗坛。古代藏书诗之文化旨趣是多样的,而最有影响的旨趣约在如下两端。

(一)传承有继的"家庭精神"

"家庭精神"是黑格尔在论述中国文化的根本原则时提出的概念,他说:"中国纯粹建筑在这一种道德的结合上,国家的特性便是客观的'家庭孝敬'。中国人把自己看作是属于他们家庭的,而同时又是国家的儿女。"③ 黑格尔的话可以这样理解:中国文化具有"家庭精神",最主要的特征是以人为本、道德至上和修身致知的人文精神。这种精神反映在藏书诗创作中,就是将藏书作为珍贵的精神遗产留传给后人。

---

① 参阅费君清《〈南宋群贤小集〉汇集流传经过揭秘》,《绍兴文理学院学报》1999 年第 4 期。
② (南朝梁)刘勰:《增订文心雕龙校注》卷六《体性》,黄叔琳注、李详补注,杨明照校注拾遗,中华书局 2000 年版,第 375 页。
③ [德]黑格尔:《历史哲学》,王造时译,上海书店出版社 2006 年版,第 114 页。

唐代及以前的图书因为主要是钞本，复制很难，故藏书家多不愿借人，而明清时期的典籍容易获得，藏书家转而重视古本、孤本，图书的版本价值远超史料价值。两宋时期，藏书家之间互通有无非常频繁，他们更注重的是典籍的文化价值，以之教育子弟，以之传给后人，"田园贫宰相，图史富书生"①，意思是拥有万卷图书的一介寒儒比占有万顷良田的宰相更为富有。藏书纪事诗诸作所收众多藏书诗也表达出了这个观念，如清代藏书家黄宗羲《谢胡令修借孝辕先生藏书》写道：

　　闻说匡床扬子居，何期得见昔人书。尘封蠹走精神在，墨艳朱明岁月除。寰海被兵方贱士，传家有集胜垂鱼。一瓻还借我无有，惭愧此来幸不虚。②

"传家有集胜垂鱼"，意思是家有藏书胜过佩戴金银鱼袋的五品官，通过比较，以此说明藏书家社会地位之高。又如北宋扬州藏书家陈亚，尝为杭之於潜令，守越州、润州、湖州等，仕至太常少卿。陈亚为官各地，每到一地皆搜罗藏书，家致数千卷，又有名画数十轴，为生平之所宝。陈亚晚年，惧怕自己殁后藏书散落，于是吟诗一首：

　　满室图书作典坟，华亭仙客岱云根。
　　他年若不和花卖，便是吾家好子孙。③

记载这首诗的是宋代周煇的《清波杂志》，诗作之前，周煇说："聚而必散，物理之常。父兄藏书，惟恐子弟不读。读无所成，犹胜腐烂箧笥。"④ 陈亚出于家族文化种子不灭的担忧，劝诫子孙保有藏书，认真阅读。但遗憾的是，陈氏子孙皆无向学之心，陈亚去世后，所典藏的图籍很快烟消云散。

藏书承担了传承文化和推动人类进步的重要作用，从某种意义上讲，藏

---

① 宋人庞籍语，见吴处厚《青箱杂记》卷四，朱易安、傅璇琮《全宋笔记》第一编，大象出版社 2008 年版，第 216 页。
② 《藏书纪事诗》卷三《胡震亨孝辕》引，第 275 页。
③ 《藏书纪事诗》卷一《周辉昭礼》引《清波杂志》，第 59 页。
④ 同上。

书之火不熄,则人类精神永在,诚如黄庭坚在《郭明甫作西斋于颖尾请予赋诗二首》中所云:"万卷藏书宜子弟,十年种木长风烟。"① 强调诗书传家才能创设出更适合后代成才的环境。宋人苏仁仲为丞相苏颂之孙,得家传,酷嗜读书、藏书,为光耀苏氏门楣,他在《管子》一书后留诗一首:

> 惟苏氏世,宜学以儒。何以遗后?其惟此书。非学何立?非书何习?终以不倦,圣贤可及。②

业儒好学的苏家,制定了学以致圣的家规,历经千载,苏氏后人谨相遵守,代有名人,当代著名数学家苏步青就是苏颂的后人。

古代社会,一个家族能否持久兴旺,族人能否尽显聪明才智,往往与藏书关系至重,晚清民国藏书家叶德辉《还吴集日本兼山春筐先生俊兴画〈丽楼藏书图〉见赠,赋诗志谢》于此阐发较为明晰:

> 先代藏书三十世,孙枝分秀到湖湘。纳楹敢讽同金匮,列架居然似石仓。秘阁书图摹汲古,故园尘劫胜灵光。烦君远道来相访,一幅丹青几席香。

叶氏于诗后自注云:"吾族由北南旋廿六世祖宋少保石林先生,以藏书名,其后子孙世世相仍。中如明之文庄公盛之子晨,五世孙恭焕,七世孙国华,八世孙文敏公霭,鸿博公奕苞,及二十五世石君公树廉,林宗公奕,至今残编断册得之者宝若球图。"③ 叶德辉远祖为南宋著名学者叶梦得,以藏书而闻名,其后世子孙多秉持这一优良家风,历千年而不衰。

将藏书贻留给后人,是古代众多藏书家的共同心愿,如宋代恩州清河(今属河北省)藏书家丁顗将大部分家资用来购书,总八千卷之多,并专门构筑藏书室贮藏。他说:"吾聚书多,虽不能读,必有好学者为吾子孙矣。"④

---

① (宋)黄庭坚:《山谷诗集注》,任渊、史容、史季温注,上海古籍出版社 2011 年版,第 543 页。
② 《藏书纪事诗》卷一《苏魏公颂》引吕祖谦《入越记》,第 27 页。
③ 《续藏书纪事诗》卷七《叶德辉焕彬》引《观古堂诗》,第 280 页。
④ 《藏书纪事诗》卷一《孙光宪孟文 丁顗 孙长孺》引《涑水纪闻》,第 3 页。

目光十分长远。即便是家境贫寒，守拙田园的读书人家，也能够恪守读书传世的"家庭精神"。清代杭州藏书家吴允嘉雅好文史，旁通六经之学，生平爱藏书，凡山经地志、墓碣家乘，下逮百家小说丛残诸书，搜讨不遗余力，积数十年，藏书数万卷。他曾有诗《口占示儿辈》说：

> 几卷残书几亩田，祖宗相守已多年，
> 后人穷死休相弃，免教而翁恨九泉。①

吴氏把藏书和田产作为留给后人的最好遗产，希望儿孙"穷死休相弃"，希望吴氏读书种田的"家庭精神"代代相传。

（二）藏、读结合的文化旨趣

"长久以来书籍以识字者和文盲都便于理解的方式，在人类文明的发展中占据着中心地位。它们包含甚至构成了世界最流行宗教的典籍基础，包含了今天多数政府所声称的权威合法性的文本基础。作为一种受人青睐的书写载体，它们被用来传递大量的信息，这些信息为大多数文化和社会所珍视。"② 藏书与读书是一对孪生姐妹，藏书提供更多的可读之书，而读书多了，见识大长，更有眼光访求、甄选和鉴别藏书。

古代藏书家多好学，他们博览群书，对藏书和读书的关系有清醒认识，如尤袤尝云"饥读之以当肉，寒读之以当裘，孤寂而读之以当友朋，幽忧而读之以当金石琴瑟"③，千古传为名言。我国在宋代形成了"为父兄者，以其子弟不文为咎；为母妻者，以其子与夫不学为辱"④ 的良好风气。绝大多数藏书家通过藏书而读书，而治学，最终走上仕途，他们对于读书十分看重，影响了一代又一代人，藏书诗对此有所反映。如清代藏书家何绍基诗作《阅宁乡刘春禧康红豆山房藏书目喜而有赠》说：

---

① 《藏书纪事诗》卷五《吴允嘉志上》引，第465页。
② [美] 周绍明：《书史与士人书籍的非士人背景》，《书籍的社会史：中华帝国晚期的书籍与士人文化》，何朝晖译，北京大学出版社2009年版，卷首。
③ 《藏书纪事诗》卷一《尤文简袤》引，第55页。
④ （宋）洪迈：《容斋随笔》卷五"饶州风俗"，上海古籍出版社1978年版，第665—666页。

第十二章 藏书纪事诗与藏书文化

藏书不解读，如儿嬉戏得珠玉；读书不能藏，如千里行无糇粮。刘侯生自湖湘秀，要与俗儒饰寒陋。善本莹莹金璧光，古人堂堂天地寿。深山楼屋可百楹，新篇蠹册皆有情。山中日月圣贤宇，山外风烟蝉蚓鸣。贱子藏书无最目，读书贪多不贪熟。正流歧港各有会，要与壑源同一族。示君此语然未然，何时铅椠相周旋。期君来蹑蓬山路，共校金绳册府篇。①

开篇四句"藏书不解读，如儿嬉戏得珠玉；读书不能藏，如千里行无糇粮"，两个比喻形象而生动地阐释了藏书与读书之间的辩证关系。其实早在明代，大学者胡应麟对藏书和读书关系做过类似的阐述："夫书好而弗力，犹亡好也……夫书聚而弗读，犹亡聚也……夫书好而聚，聚而必散，势也。曲士讳之，达人齐之，益愈见聚者之弗可亡读也。"② 胡应麟主张做学问与多读书本非二途，而是相辅相成的，他认为图书只能通过阅读才能发挥它的价值，才有收藏的必要。胡应麟不仅从理论上阐释藏书与读书的关系，而且亲身事之，他自述说："于他无所嗜，所嗜独书。饥以当食，渴以当饮，诵之可以当《韶》《濩》，览之可以当夷施，忧藉以释，忿藉以平，病藉以起。性既畏客，客亦见畏，门屏之间，剥啄都尽。亭午深夜，坐榻隐几，焚香展卷，就笔于砚，取丹铅而雠之。倦则鼓琴，以抒其思，如是而已。"③

清代藏书家徐乾学也有一首诗，论自己读书和藏书生活：

嗟予才绾发，屈首事诵习。博赡服茂先，弇陋愧难及。
发愤购遗书，搜罗探秘笈。从人借抄写，瓶罍日不给。④

因为从小嗜读，徐乾学学问日深，高中进士，成为朝官后不废学术，参编《明史》《大清会典》《大清一统志》等，又撰《通志堂经解》及多部文

---

① 《藏书纪事诗》卷六《刘康春禧 袁芳瑛漱六》引何绍基《东洲草堂集》，第684—685页。
② （明）胡应麟：《少室山房笔丛》卷四《经籍会通四》，上海古籍出版社2001年版，第52页。
③ 《藏书纪事诗》卷三《胡应麟元瑞》引王世贞《二酉山房记》，第258页。
④ 《藏书纪事诗》卷四《徐乾学健庵》引《憺园集·寄曹秋岳先生》，第390—391页。

· 547 ·

集。因为酷嗜收藏，他多年来聚集大量藏书，建传是楼贮之，史载"楼十楹，跨地亩许，特远人境，无附丽，启后牖，几席与玉峰相接。中置庋阁七十有二，高广径丈有五尺，以藏古今之书，装潢精好，次第胪序，首经史，以宋版者正位南面；次有明实录奏议，多钞本；又次诸子百家二氏方术稗官野乘齐谐，靡不具备。曲折纵横，部勒充四阿，各有标目"①。

而在藏、读关系的阐述中，徐世昌《藏书诗》全面而深刻，诗曰：

藏书十万帙，所读能几何？黄农上古世，存古已无多。唐虞开治化，经籍始访罗。大文炳日星，奇绩莫山河。传世既已遥，至道平不颇。删订待尼山，邹鲁闻弦歌。祖龙开烈焰，焚书政烦苛。汉兴重儒术，故老苦编摩。卷轴目已繁，四部复殊科。充栋不有容，藏弆入山阿。宛委在何处，古本不可得。东观化烟云，柱下亦失职。秘典气如虹，舶载入异域。海内有心人，储藏恐不及。高楼上切云，牙签美锦袭。四壁散古香，观者簪履集。我堂名退耕，我楼名书髓。校书蓬莱归，插架分图史。宋刊与元椠，古墨殊可喜。巍然汲古阁，至今存毛氏。校雠聚群彦，陈列勤十指。可以教孙曾，可以惠乡里。耄年不废学，僻居独乐此。敢云拥百城，日隐乌皮几。白云护我书，饭蔬而饮水。相将毕百年，如是而已矣。②

徐世昌从一介武夫升至民国大总统，有多方面因素，然其好读治学的一面不可忽视。他嗜古好文，人称"文治"总统，家藏书达8万卷，其中宋元珍本极多，藏书楼名"晚晴簃""书髓楼"，意即古籍中的精品之书。下野之后，徐世昌致力于藏书、编书和刻书，编纂《书髓楼藏书目》8卷附1卷，是家藏古籍普通书目，著录图书7千余种。辑《晚晴簃所藏清人别集目录》4册，抄本，录清人别集图书2700余种。设"徐东海编书处"，刊刻著述数十种，所刻之书质量和书品为上乘。这首《藏书诗》站在图书史的高度，总结藏书历史经验和深远文化意义，不可否认，诗歌隐显"帝王"之气。

---

① 《藏书纪事诗》卷四《徐乾学健庵》引彭士望《传是楼藏书记》，第393页。
② 《续藏书纪事诗》卷六《徐世昌菊人》引《海西草堂诗·藏书诗》，第255页。

第十二章 藏书纪事诗与藏书文化

"睹乔木而思故家，考文献而爱旧邦"，绵长悠久的古代文化史中，藏书至为关键，它是各种文化得以发展繁荣的基础，是中华文明长盛不衰的根本保障。自古以来，藏书家不自觉地拥有一种文化担当精神，他们视图书为神圣之物，购之、校之、抄之、刻之、藏之、读之、传之……精心呵护之时，将图书价值发挥到最大化，正是藏书家们对图书的良苦用心，才使文化种子不绝，薪火得以相传。藏书纪事诗以历代藏书家为传主，多方勾稽史料，全面反映他们的文化贡献和历史地位，给这一群体树碑立传，运用别具一格的书写模式，史学和文学交汇，诗作与传文互补，是藏书史、诗歌史、文化史和图书馆史等多个园地的奇葩，能够在短时间内大放异彩也就不足为奇了。

参考文献

一 藏书纪事诗文献

（清）叶昌炽：《藏书纪事诗》，元和江氏灵鹣阁丛书。

（清）叶昌炽：《藏书纪事诗》，叶氏家刻本。

（清）叶昌炽：《藏书纪事诗》，清光绪文学山房刻本。

（清）叶昌炽：《藏书纪事诗》，古典文献出版社1958年版。

（清）叶昌炽：《藏书纪事诗》，台北世界书局1965年版。

（清）叶昌炽：《藏书纪事诗（附补正）》，上海古籍出版社1989年版。

（清）叶昌炽：《藏书纪事诗》，书目文献出版社1989年版。

（清）叶昌炽：《藏书纪事诗》（附补正），上海古籍出版社1999年版。

（清）叶昌炽：《藏书纪事诗》，北京燕山出版社2005年版。

（清）叶昌炽：《藏书纪事诗》，江苏广陵古籍刻印社1990年版。

伦明：《辛亥以来藏书纪事诗》，《正风》半月刊（1935—1936年）。

伦明：《辛亥以来藏书纪事诗》，《矩园余墨》（1948年）本。

伦明：《辛亥以来藏书纪事诗》，雷梦水校补，上海古籍出版社1990年版。

伦明：《辛亥以来藏书纪事诗》，北京燕山出版社2005年版。

徐信符：《广东藏书纪事诗》，《矩园余墨》（1948年）本。

徐信符：《广东藏书纪事诗稿》，《广大学报》（1949年）复刊第一卷第一期。

徐信符：《广东藏书纪事诗》，香港商务出版社1963年版。

徐信符：《广东藏书纪事诗》，《中国近代史料丛刊续编》本，台北文海出版社1975年版。

徐信符：《广东藏书纪事诗》，北京燕山出版社 2005 年版。

吴则虞：《续藏书纪事诗》，油印本。

吴则虞：《续藏书纪事诗》，国家图书馆出版社 2016 年版。

王謇：《续补藏书纪事诗》，书目文献出版社 1987 年版。

王謇：《续补藏书纪事诗》，北京燕山出版社 2005 年版。

蔡贵华：《扬州近代藏书纪事诗》，《扬州史志》（内部刊物）1989 年第 2 期。

周退密、宋路霞：《近代上海藏书纪事诗》，华东师范大学出版社 1993 年版。

徐雁、谭华平编：《续补藏书纪事诗传》，书目文献出版社 1987 年版。

二　论著

（南朝宋）刘义庆：《世说新语校笺》，徐震堮校笺，中华书局 1984 年版。

（南朝梁）刘勰：《增订文心雕龙校注》，黄叔琳注，李详补注，杨明照校注拾遗，中华书局 2012 年版。

（唐）孟棨：《本事诗》，古典文学出版社 1957 年版。

（宋）陈振孙：《直斋书录解题》，上海古籍出版社 1987 年版。

（明）许学夷：《诗源辨体》，人民文学出版社 1987 年版。

（明）祁承㸁等：《藏书记》，广陵书社 2010 年版。

（明）祁承㸁等：《澹生堂藏书约》（外八种），上海古籍出版社 2005 年版。

（清）施北研：《金源纪事诗》，清嘉庆十八年（1813）刊本。

（清）沈嘉辙、厉鹗等：《南宋杂事诗》，道光九年（1829）扶荔山房刊本。

（清）永瑢等：《四库全书总目》，中华书局 1965 年版。

（清）江藩：《国朝汉学师承记》，中华书局 2008 年版。

（清）张之洞撰：《书目答问补正》，范希曾补正，上海古籍出版社 2001 年版。

（清）叶昌炽：《缘督庐日记钞》，北京图书馆出版社 2007 年版。

（清）叶德辉：《书林清话》，广陵书社 2007 年版。

（清）何文焕：《历代诗话》，中华书局 1981 年版。

蔡金重编：《藏书纪事诗引得》，哈佛燕京学社 1937 年印行。

徐珂编：《清稗类钞》，中华书局 2010 年版。

中华文化协进会编：《广东文物》，中国文化协进会 1941 年刊行。

张舜徽：《清人文集别录》，中华书局 1963 年版。

邓之诚：《清诗纪事初编》，上海古籍出版社 1965 年版。

潘美月：《宋代藏书家考》，台北学海出版社 1980 年版。

吴晗：《江浙藏书家史略》，中华书局 1981 年版。

李希泌、张椒华编：《中国古代藏书与近代图书馆史料（春秋至五四前后）》，中华书局 1982 年版。

顾颉刚：《苏州史志笔记》，江苏古籍出版社 1987 年版。

郑伟章、李万健：《中国著名藏书家传略》，书目文献出版社 1986 年版。

李玉安、陈传艺：《中国藏书家辞典》，河北教育出版社 1989 年版。

刘尚恒：《古籍丛书概说》，上海古籍出版社 1989 年版。

梁启超：《近三百年学术史》，东方文化出版社 1996 年版。

中国第一历史档案馆编：《纂修四库全书档案》，上海古籍出版社 1997 年版。

梁启超：《中国历史研究法》，河北教育出版社 1998 年版。

程千帆、徐有富：《校雠广义·典藏编》，齐鲁书社 1998 年版。

李雪梅：《中国近代藏书文化》，现代出版社 1999 年版。

周少川：《藏书与文化》，北京师范大学出版社 1999 年版。

林申清编著：《明清著名藏书家·藏书印》，北京图书馆出版社 2000 年版。

傅璇琮、谢灼华：《中国藏书通史》，宁波出版社 2001 年版。

范凤书：《中国私家藏书史》，大象出版社 2001 年版。

马积高：《清代学术思想的变迁与文学》，湖南人民出版社 2002 年版。

梁启超：《清代学术概论》，河北教育出版社 2003 年版。

刘尚恒：《徽州刻书与藏书》，广陵书社 2003 年版。

王澄：《扬州刻书考》，广陵书社 2003 年版。

顾志兴：《文澜阁与〈四库全书〉》，杭州出版社 2004 年版。

广东炎黄文化研究会编：《岭峤春秋——徐信符研究文献集》，广东人民出版社 2004 年版。

秋禾、少莉编：《旧时书坊》，生活·读书·新知三联书店 2005 年版。

郑伟章：《文献家通考》，中华书局 2005 年版。

郑振铎：《西谛书话》，生活·读书·新知三联书店 2005 年版。

金振华：《叶昌炽研究》，吉林人民出版社 2005 年版。

董宁文编：《我的书缘》，岳麓书社 2006 年版。

范凤书：《私家藏书风景》，河北教育出版社 2007 年版。

王桂平：《清代江南藏书家刻书研究》，凤凰出版社 2008 年版。

郑伟章：《书林丛考》（增补本），岳麓书社 2008 年版。

肖东发、李云编：《中国私家藏书》，贵州人民出版社 2009 年版。

[美] 周绍明：《书籍的社会史》，何朝晖译，北京大学出版社 2009 年版。

王立民：《叶昌炽〈缘督庐日记〉研究》，东北师范大学出版社 2009 年版。

苏精：《近代藏书三十家》，中华书局 2009 年版。

吴承学、何诗海：《中国文体学与文体史研究》，凤凰出版社 2011 年版。

严迪昌：《清诗史》，人民文学出版社 2011 年版。

伦明：《伦明全集（一）》，广东人民出版社 2012 年版。

桑良志：《中国藏书文化》，中国财政经济出版社 2012 年版。

三　论文

胡一女：《叶昌炽与〈藏书纪事诗〉》，硕士学位论文，武汉大学，2004 年。

孙荣耒：《叶昌炽和〈藏书纪事诗〉》，硕士学位论文，山东大学，2004 年。

李永：《叶昌炽书学研究》，硕士学位论文，西南大学，2008 年。

翟朋：《藏书纪事诗研究》，硕士学位论文，南开大学，2010 年。

冼玉清：《记大藏书家伦哲如》，《艺林丛录》第五编，香港商务印书馆1962年版。

徐雁：《〈藏书纪事诗〉收录藏书家不足千人》，《广东图书馆学刊》1986年第2期。

徐雁：《叶昌炽的〈藏书纪事诗〉》，《史学史研究》1986年第4期。

傅振伦：《记目录学家伦明先生二三事》，《文献》1987年第2期。

胡道静：《谈"〈藏书纪事诗〉体"》，《读书》1988年第1期。

蔡贵华：《〈续补藏书纪事诗〉点注本校补》，《文献》1988年第1期。

魏文峰：《北图所藏〈藏书纪事诗〉王国维批语辑录》，《文献》1988年第3期。

徐雁：《中国历史藏书重要学术语诠释》，《图书情报知识》1989年第1期。

翟冕良：《喜读〈清代藏书楼发展史·续补藏书纪事诗传〉》，《江苏图书馆学报》1989年第3期。

林夕：《"二分尘土，一分流水"——评藏书家传略与记事之作》，《读书》1992年第2期。

陈少川：《叶昌炽及其目录学浅探》，《河北科技图苑》1994年第1期。

蔡振翔；《藏书纪事诗简介》，《古籍整理研究学刊》1994年第2期。

陈少川：《藏书纪事诗简评》，《图书馆杂志》1994年第5期。

陈思：《学者型藏书家——伦明》，《广东史志》1995年第1期。

黄正雨：《伦明与辛亥以来藏书纪事诗》，《图书馆论坛》1995年第5期。

祁龙威：《敦煌失宝记恨——读叶昌炽〈缘督庐日记钞〉》，《扬州大学学报》（人文社会科学版）1996年第1期。

赵长林：《中国藏书家阶层流变史》，《图书与情报》2000年第1期。

王新田：《中国古代藏书家之统计分析》，《镇江师专学报》2000年第4期。

江庆柏：《王謇〈续补藏书纪事诗〉考说》，《古籍研究》2002年第1期。

曲文军、朱孔伦：《文献学家王献唐〈藏书十咏〉笺释》，《山东图书馆季刊》2004年第1期。

俞黎华：《评藏书研究的拓荒之作——〈藏书纪事诗〉》，《山东图书馆季刊》2004 年第 2 期。

孙荣耒：《如何评价叶昌炽在近代文化学术上的贡献》，《山东图书馆季刊》2005 年第 4 期。

王立民：《叶昌炽生卒年辨证》，《古籍整理研究学刊》2005 年第 5 期。

徐雁平：《私家藏书之兴衰与社会文化之变迁》，《博览群书》2005 年第 9 期。

张荣刚、王爱平：《王献唐先生藏书纪事诗辑注》，《济南职业学院学报》2006 年第 1 期。

王立民：《叶昌炽字号及藏书印考》，《古籍整理研究学刊》2008 年第 4 期。

杨旭辉：《王謇〈续补藏书纪事诗〉清稿本叙录》，《语文知识》2009 年第 4 期。

伦志清：《藏书家伦明与史学家陈垣的书缘》，《莞水情》2011 年第 9 期。

苏晓君：《黄国瑾补辑本〈藏书纪事诗〉》，《中国典籍与文化论丛》第十四辑，凤凰出版社 2012 年版。

后　记

　　本书是笔者主持的国家社科基金"藏书纪事诗研究"最终成果。早在2007年5月，笔者以"太平御览研究"为题，提交博士论文，并顺利通过答辩，2009年又开始徽商鲍廷博研究，先后出版了《鲍廷博藏书与刻书研究》《鲍廷博序跋集》（与季秋华合作）《鲍廷博评传》（与杨瑞合作）等。如果说博士论文是专书研究，鲍廷博是藏书家个案研究的话，那么本书可以称得上藏书研究史之研究了，笔者稍感欣慰的是，最近十年来的读书治学一脉相承，在藏书学方面不断有新知新得。

　　从事本课题研究，最大的困难是资料搜寻，7部藏书纪事诗作居然有两部隐而不传，不过，在搜辑史料过程中，笔者十分幸运得到诸多师友相助，关于寻找《扬州近代藏书纪事诗》之经过，书中已有交代，此不赘述，当然还要再次感谢扬州大学退休教师朱江教授和扬州大学八怪研究所客座研究员罗加岭先生。

　　而关于寻找《续藏书纪事诗》的过程，需要着重交代一下。吴则虞先生的《续藏书纪事诗》成书后，仅将其中的6首发表出来，以飨读者，全部书稿一直没有公开。笔者阅读吴受琚《悼念我的父亲——吴则虞教授》一文后，通过百度搜索，知悉吴则虞先生女公子吴受琚教授已从中国社会科学院退休，2012年底，通过社科院文学所张剑先生帮助，我与吴受琚教授有了一次电话联系，吴教授告知《续藏书纪事诗》仅存油印本一册，她已经交给出版社，要我等待出版后再行研究，出版前不宜借阅。

　　接下来的三年时间，我一边研究其他著述，一边关注《续藏书纪事诗》的出版情况，但迟迟没有结果，再次与吴受琚教授联系时，电话已成空号，而吴教授之前也没有透露书稿交给哪家出版社。正倍感沮丧之际，2015年秋

后 记

忽从网上读到一篇名为《先睹为快：刘承幹〈续藏书纪事诗〉序》的博文，博主名为"文献影印"，多读其几篇博文后，知"文献影印"为国家图书馆出版社南江涛先生。我与南先生素昧平生，贸然与之联系时，心里十分忐忑，但南先生古道热肠，告知吴则虞《续藏书纪事诗》将由国家图书馆出版社出版，正处在校对阶段，距离正式出版还有一段时间，不过，因为吴受琚先生有交代，出版前不宜外传，故爱莫能助。闻听此话，我又喜又急，喜的是终于知道该书稿下落了，急的是课题大部分都写好了，独独缺少这部分内容，等待结项，一时不知如何是好。南江涛先生在出版社工作多年，爱书若痴，且有丰富的社会经验，得悉我的窘况后，过几天他主动联系，提出要我担任《续藏书纪事诗》的校对工作，这样既便于我利用和研究该书，又恪守与吴受琚教授的承诺，真是一位聪明人！就这样，我不但校对好全部书稿，还很快完成课题成果，并按时顺利结项，结项半年后，《续藏书纪事诗》也正式出版了。对南江涛先生的感激非言语能表达。

还要说明的是，本书撰写经历了两个阶段：第一阶段为2012—2014年，笔者时在安徽淮北师范大学文学院工作，在那里得到了王政教授的悉心关怀和帮助，从课题申报到资料寻找，以及全书结构安排，王政教授都亲自过问，不厌其烦地释难解惑，令人感动万分。回想在淮北和王政教授共事的日子，多方面都有收获，时常铭刻在心，不敢废忘。第二阶段为2014年至今，2014年9月，笔者有幸调来苏州大学文学院，得以在业师马亚中先生身边工作，荣幸之至。具有百年历史的苏大文学院，名家辈出，代不乏人，学术研究饶有特色，更兼学校环境优美，诸同事宅心仁厚，是多少学者梦寐以求的理想工作之所。3年多来，业师马亚中教授、王尧教授、马卫中教授、陈桂声教授、钱锡生教授、王福利教授、涂小马副教授、薛玉坤副教授、陈国安副教授以及诸位同人在生活和工作中给予我无微不至的帮助，感激之情难以尽表。本书之出版，仰赖文学院中国语言文学学科规划建设之资助，在此深表敬谢。

丁酉年春月于独墅湖邻甪斋